에듀윌과 함께 시작하면,
당신도 합격할 수 있습니다!

자소서와 면접, NCS와 직무적성검사의 차이점이 궁금한
취준을 처음 접하는 취린이

대학 졸업을 앞두고 취업을 위해 바쁜 시간을 쪼개며
채용시험을 준비하는 취준생

내가 하고 싶은 일을 다시 찾기 위해
회사생활과 병행하며 재취업을 준비하는 이직러

누구나 합격할 수 있습니다.
이루겠다는 '목표' 하나면 충분합니다.

마지막 페이지를 덮으면,

에듀윌과 함께
취업 합격이 시작됩니다.

KB215496

eduwill

누적 판매량 242만 부 돌파
베스트셀러 1위 3,615회 달성

공기업 NCS | 100% 찐기출 수록!

NCS 통합 기본서/실전모의고사
피듈형 | 행과연형 | 휴노형 봉투모의고사

매1N
매1N Ver.2

한국철도공사 | 부산교통공사
서울교통공사 | 국민건강보험공단
한국수력원자력+5대 발전회사

한국전력공사 | 한국가스공사
한국수자원공사 | 한국수력원자력
한국토지주택공사 | 한국도로공사

NCS 6대 출제사 찐기출문제집
NCS 10개 영역 기출 600제

대기업 인적성 | 온라인 시험도 완벽 대비!

20대기업 인적성 통합 기본서

GSAT 삼성직무적성검사
통합 기본서 | 실전모의고사

LG그룹 온라인 인적성검사

SKCT SK그룹 종합역량검사
포스코 | 현대자동차/기아

농협은행
지역농협

영역별 & 전공

공기업 사무직 통합전공 800제
전기끝장 시리즈 ❶. ❷

이해황 독해력 강화의 기술
PSAT형 NCS 수문끝

취업상식 1위!

공기업기출 일반상식

기출 금융경제 상식

언론사 기출 최신 일반상식

더 많은
에듀윌 취업 교재

취업 대세 에듀윌!
Why 에듀윌 취업 교재

기출맛집 에듀윌!
100% 찐기출복원 수록

주요 공·대기업 기출복원 문제 수록
과목별 최신 기출부터 기출변형 문제 연습으로 단기 취업 성공!

공·대기업 온라인모의고사
+ 성적분석 서비스

실제 온라인 시험과 동일한 환경 구성
대기업 교재 기준 전 회차 온라인 시험 제공으로 실전 완벽 대비

합격을 위한
부가 자료

교재 연계 무료 특강
+ 교재 맞춤형 부가학습자료 특별 제공!

취업 교육 1위
에듀윌 취업 무료 혜택

교재 연계 강의

- 최신 출제경향&빈출유형 무료특강(5강)
- NCS 주요 영역 문제풀이 무료특강(19강)

※ 2025년 6월 13일에 오픈될 예정이며, 강의명과 강의 오픈 일자는 변경될 수 있습니다.
※ 무료 특강 이벤트는 예고 없이 변동 또는 종료될 수 있습니다.

교재 연계
강의
바로가기

교재 연계 부가학습자료

다운로드 방법

STEP 1	STEP 2	STEP 3
에듀윌 도서몰 (book.eduwill.net) 로그인	도서자료실 → 부가학습자료 클릭	[6대 출제사 찐기출문제집] 검색

- NCS 주요 영역 256제(PDF)
- 120여 개 공기업/공공기관 프리패스 실전모의고사 2회(PDF)
- 최신 고난도 유형 대비 하프모의고사 1회(PDF)
- NCS 모듈이론 핵심노트(PDF)

온라인모의고사 & 성적분석 서비스

참여 방법

하기 QR 코드로 응시링크 접속	해당 온라인 모의고사 [신청하기] 클릭 후 로그인	대상 교재 내 응시코드 입력 후 [응시하기] 클릭

※ '온라인모의고사 & 성적분석' 서비스는 교재마다 제공 여부가 다를 수 있으니, 교재 뒷면 구매자 특별혜택을 확인해 주시기 바랍니다.

모바일 OMR 자동채점 & 성적분석 서비스

실시간 성적분석 방법

STEP 1	STEP 2	STEP 3
QR 코드 스캔	모바일 OMR 입력	자동채점 & 성적분석표 확인

※ 혜택 대상 교재는 본문 내 QR 코드를 제공하고 있으며, 교재별 서비스 유무는 다를 수 있습니다.
※ 응시내역 통합조회
에듀윌 문풀훈련소 → 상단 '교재풀이' 클릭 → 메뉴에서 응시확인

처음에는 당신이 원하는 곳으로
갈 수는 없겠지만,
당신이 지금 있는 곳에서
출발할 수는 있을 것이다.

– 작자 미상

최신판

6대 출제사 찐기출문제집

6대 출제사의 모든 것!

합격을 위한! 알짜!
정보만 모았다

6대 출제사에는 어떤 것이 포함되나요?

기업별로 출제사가 자주 변경되나요?

최근 5개년 6대 출제사 출제 기업 한눈에 보기

➦ P. 6

휴노, 한국사회능력개발원, 휴스테이션, 사람인, 인크루트, 매일경제는 최근 주목받는 6대 신흥 출제사입니다.
주요 출제사는 시기에 따라 달라질 수 있지만, 최근 3년간 가장 활발하게 대규모 채용을 진행한 출제사들을 기준으로 선정하였습니다.
'최근 5개년 6대 출제사 출제 기업 한눈에 보기'에서 자세히 알려드립니다.

최근 5개년 주요 공기업 출제사 변화 한눈에 보기

➦ P. 8

공기업의 출제사는 보통 1~2년 주기로 변화하고 있습니다. 어떤 기업이 출제를 담당하느냐에 따라 문항 스타일이 달라지기 때문에 미리 알아두는 것이 필요합니다.
'최근 5개년 주요 공기업 출제사 변화 한눈에 보기'에서 자세히 알려드립니다.

출제사 정보는 어디서, 어떻게 확인하나요?

출제사 확인하기

◑ P. 10

지원하는 기업의 출제사 정보를 미리 알고, 변화에 대비하는 것이 어떠한 변수에도 합격할 수 있는 방법이 됩니다.
'출제사 확인하기'에서 나라장터 사이트를 통해 공기업의 출제사를 확인하는 방법을 자세히 알려드립니다.

출제사별 숙지해야 하는 특징은 무엇인가요?

6대 출제사 상세분석

◑ P. 12

각 출제사별 3개년 출제 기업명, 출제 경향, 영역별 출제 패턴을 알아두는 것은 기출문항을 더욱 심층적으로 학습하는 방법입니다.
궁금한 6대 출제사 이름을 찾으면 출제사의 특징을 확인할 수 있습니다.

NCS 시험 유형에는 어떤 것들이 있나요?

NCS 시험 유형 구분

◑ P. 19

NCS 출제사별 분석이나 영역별 분석에서 모듈형, 응용모듈형, PSAT형, 피듈형 등의 용어를 많이 들어보았을 것입니다. 그러나 정확하게 어떠한 시험을 칭하는 것인지 익숙하지 않을 수 있습니다. 'NCS 시험 유형 구분'에서 자세히 알려드립니다.

6대 출제사
출제 패턴을 벗기다!

최근 5개년 6대 출제사 출제 기업 한눈에 보기

구분	휴노	한국사회능력개발원 (한사능)	휴스테이션
2025년	한국수자원공사, 한국전력공사, 한국공항공사 등	화성산업진흥원, 한국철도공사, 대구교통공사 등	건강보험심사평가원, 한국보건산업진흥원, 서울교통공사, 서울교통공사 9호선, 한국주택금융공사 특정직, 서울시설공단 경력직 등
2024년	코레일테크, 한국수자원공사, 한국전력공사, 한국조폐공사, 한국공항공사, 한국지역난방공사, 한국도로공사, 한전KPS 등	한국철도공사, 한전KDN, 대구교통공사, 대구도시개발공사, 국가철도공단, 공무원연금공단, 에스알 등	코레일유통, 서울교통공사, 서울시설공단, 서울교통공사 9호선, 건강보험심사평가원, 한국석유공사, 한국교통안전공단, 한국에너지공단 등
2023년	코레일테크, 한국수력원자력, 한국수자원공사, 한국전력공사, 한국조폐공사, 한국지역난방공사 등	대구교통공사, 공무원연금공단, 국가철도공단, 케이워터운영관리, 국립공원공단 등	서울교통공사, 건강보험심사평가원, 서울시설공단, 한국교통안전공단, 서울신용보증재단, 한국에너지공단, 한국석유공사 등
2022년	한국수자원공사, 한국토지주택공사, 한국전력공사, 한국철도공사 등	서울교통공사 9호선, 한국국토정보공사, 공무원연금공단, 대구도시철도공사 등	서울시설공단, 국립생태원, 한국에너지공단, 서울디자인재단 등
2021년	한국전력공사, 한국철도공사, 한국지역난방공사 (전문/지원직) 등	한국수자원공사, 국민건강보험공단, 대구도시공사, 한국가스안전공사, 한국국토정보공사 등	경기교통공사, 서울시설공단, 서울신용보증재단, 한국석유공사, 해양수산과학기술진흥원 등

최근 5개년 동안 주요 6대 출제사에서 채용시험 출제 및 채용대행을 진행했던 기업명을 정리했습니다. 6대 출제사가 진행하는 기업들의 변화를 한눈에 볼 수 있습니다. 출제(대행)사의 변화를 보면서 출제사별 문항 스타일 등을 익히는 것이 필요합니다.

구분	인크루트	사람인에이치알 (사람인)	매일경제
2025년	한국무역보험공사, 코레일유통, 부산항만공사, 용인도시공사, 공항철도, 우체국금융개발원, 국민건강보험공단, 한국산업은행 등	부산시, 경기도, 안산시, 경상남도, 전라남도 공공기관 통합채용, 대구공공시설관리공단, 한국중부/남부발전, 한국남동발전, 한국가스공사, 한전KPS, 한국전력거래소 등	한국수력원자력 제1차, 한국서부발전, 국가철도공단 등
2024년	우체국금융개발원, 부산항만공사, 한국산업은행, 국민건강보험공단, 항만공사 통합채용, 근로복지공단, 기술보증기금, 공항철도 등	국민연금공단, 부산시, 경기도, 안산시, 대전광역시, 광주광역시, 대구광역시, 전라남도 공공기관 통합채용, 한국남동/동서발전, 한국중부/남부발전, 한국전력거래소, 한국가스공사 등	한국서부발전, 한국수력원자력 제1차/제3차, 한국토지주택공사 (업무직/채용형인턴) 등
2023년	한국철도공사, 공항철도, 국민건강보험공단, 근로복지공단, 기술보증기금, 한국수출입은행, 항만공사 통합채용 등	한전KPS, 한국중부/남부발전, 한국가스공사, 국민연금공단, 대전시, 전라남도 공공기관 통합채용, 한국산업은행 등	한국서부발전, 한국남동발전, 한국토지주택공사, 한국도로공사 등
2022년	국민건강보험공단, 서울교통공사, 근로복지공단, 코레일테크, 수협중앙회, 부산항만공사, 국가철도공단 등	한전KPS, 한국중부/남부발전, 부산시, 경기도, 수원시, 경상북도 공공기관 통합채용, 국민연금공단, 한국가스공사, 한국산업은행 등	한국도로공사, 한국지역난방공사 등
2021년	국민건강보험공단, 지방공기업평가원, 한국국토정보공사, 공항철도, 부산항만공사, 항만공사 통합채용, 서울교통공사 등	한전KPS, 한국중부발전, 부산시, 경기도, 경상북도, 광주시 공공기관 통합채용, 국민연금공단, 한국산업은행, 한국가스공사 등	한국도로공사, 한국동서발전 등

※ 기준 시기에 따라 출제사 정보가 달라질 수 있습니다.
※ 2025년 상반기까지의 내용을 포함하고 있습니다.

최근 5개년 주요 공기업 출제사 변화 한눈에 보기

기업명	2025년	2024년	2023년	2022년	2021년
한국전력공사	휴노	휴노	휴노	휴노	휴노
한국지역난방공사	휴노	휴노	휴노	매일경제	휴노
한국공항공사	휴노	휴노	기타 (엑스퍼트 컨설팅)	기타 (엑스퍼트 컨설팅)	기타(행과연)
한국수자원공사	휴노	휴노	휴노	휴노	한사능
한국도로공사	기타 (스카우트)	휴노	매일경제	매일경제	매일경제
한국철도공사	한사능	한사능	인크루트	휴노	휴노
대구교통공사	한사능	한사능	한사능	한사능	스카우트
건강보험심사평가원	휴스테이션	휴스테이션	휴스테이션	인크루트	인크루트
서울교통공사	휴스테이션	휴스테이션	휴스테이션	인크루트	기타 (태드솔루션)
근로복지공단	인크루트	인크루트	인크루트	인크루트	기타(스카우트)

기업명	2025년	2024년	2023년	2022년	2021년
국민건강보험공단	인크루트	인크루트	인크루트	인크루트	인크루트
한국가스공사	사람인	사람인	사람인	사람인	사람인
한국중부발전	사람인	사람인	사람인	사람인	사람인
한국남동발전	사람인	사람인	매일경제	기타(트리피)	기타(OPR)
한국남부발전	사람인	사람인	매일경제	기타(트리피)	사람인
부산시 공공기관	사람인	사람인	사람인	사람인	사람인
한전KPS	사람인	휴노	사람인	사람인	사람인
한국수력원자력	매일경제	매일경제	휴노	기타(행과연)	기타(행과연)
한국서부발전	매일경제	매일경제	매일경제	기타(엑스퍼트 컨설팅)	기타(엑스퍼트 컨설팅)

※ 주요 출제사 휴노 · 한국사회능력개발원 · 휴스테이션 · 인크루트 · 사람인 · 매일경제를 기준으로 작성되었습니다.
※ 기준 시기에 따라 출제사 정보가 달라질 수 있습니다.

출제사 확인하기

앞서 5개년 동안 출제사가 어떠한 기업의 채용을 담당했는지를 살펴보았습니다. 여러분이 시험을 보는 시기에 출제사의 변동이 없다면, 기존 기출문항을 통해 충분한 대비가 가능합니다. 그러나 출제사에 변화가 있고, 해당 출제사의 특징적인 문항 유형이 다르다면, 변화된 출제사에 맞는 맞춤형 대비가 반드시 필요합니다.
지원하는 기업의 출제사를 확인하는 방법은 다음과 같습니다.

STEP 1 나라장터 사이트 접속 - 검색 ON 클릭

STEP 2 공고명에 '기관명' 또는 '채용' 기입 후 검색

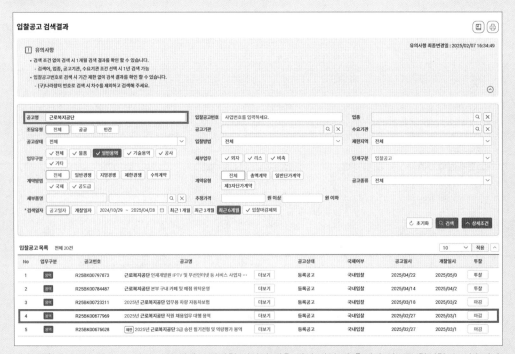

※ '채용' 키워드로 검색 시, 관심 기업 외에도 다양한 기업의 채용 예정 기업 및 출제사 정보를 확인할 수 있습니다.

STEP 3 공고명의 더보기 클릭 후 진행상황 확인

STEP 4 계약현황 클릭 후 계약업체 정보 확인

계약현황

Ⅰ 계약담당자 정보

사무관 또는 서기관		계약담당자	전태준	공정계약 서약서 동의	☐ 공정계약 서약서 동의

Ⅰ 계약자 정보

수요기관	근로복지공단본부	수요기관 담당자	전태준	수요기관 전화번호	052-704-7018
계약대표업체	인크루트 주식회사	업체 담당자	이유하		

Ⅰ 계약공통

계약번호	R25TA00412445-00	계약일자	2025/04/10	공동도급방식	단독계약
계약명	2025년 근로복지공단 직원 채용업무 대행 용역				
신규장기구분	신규(단기)	장기여부	예 **아니오**	계약방법	일반경쟁
총 계약금액(원)	858,440,000	금차 계약금액(원)	858,440,000	계약보증금율(%)	7.5
계약법구분	**국가계약법** 지방계약법	조항호	제43조제1항	근거내역	협상에 의한 계약
계약유형	총액계약	지급방법	**직불** 대지급	국내/국제입찰	**국내** 국제
총 납품기간 선택	납품기한 납품일수	총 납품기한		총 납품일수	
총 완수일자	2025/12/31	착수일자	2025/04/14	완수일자	2025/12/31
하자보수보증금율(%)		하자담보책임기간			

Ⅰ 계약업체 정보

No	구분	공동도급방식	사업자등록번호	업체명	공종	지분율(%)	전체지분율(%)	업체담당자	대표자명
1	대표	단독계약	3208701210	인크루트 주식…	공동이행	100	100	이유하	서미영

※ 개찰 단계에서 개찰 1순위가 아닌 후순위 업체와 계약하는 경우가 있으므로, 마지막 계약업체 정보를 확인하
도록 합니다.

※ 사전에 채용사를 알아두면, 채용사의 변화를 우선적으로 파악할 수 있으며, 해당 유형에 대한 대비도 가능합니다.

(주)휴노

최근 3개년 출제 기업명

2025년	한국전력공사, 한국수자원공사, 한국지역난방공사, 한국공항공사 등
2024년	한국전력공사, 한국수자원공사, 한국지역난방공사, 한국공항공사, 한국도로공사 등
2023년	한국전력공사, 한국수자원공사, 한국수력원자력, 한국지역난방공사 등

※ 기준 시기에 따라 출제사 정보가 달라질 수 있습니다.

휴노 출제 경향

☑ 의사소통능력, 수리능력, 문제해결능력을 기본으로 주로 출제하며, 기업에 따라 그 외 영역이 추가된다.
☑ 의사소통과 수리능력, 문제해결능력에서는 주로 5지선다형의 PSAT형 문항이 출제된다.
☑ 기타 영역(자원관리, 대인관계 등)에서는 모듈형·응용모듈형 등 다양한 유형이 혼합되어 출제되고 있다.
☑ 난이도 자체는 높지 않으나 지문이 길거나 자료가 많아 해석에 시간이 오래 걸려, 영역별·문항별 시간 분배가 중요하다.

휴노 출제 패턴(대표 출제 영역 및 유형)

※ 기업에 따라 출제 영역이 달라지므로 대표적인 영역의 주요 유형만을 소개한다.

의사소통능력
· 글의 세부 내용과 중심 내용을 파악하는 비문학 독해 유형의 비중이 높은 편이다.
· 문단 순서를 배열하는 문항, 지문이나 [보기]의 ㉠과 ㉡에 들어갈 말을 바르게 짝지은 것을 묻는 문항이 출제되었다.
· 독해능력으로만 구성된 문항이 출제되기도 하는데 기본적으로 단일 문항으로 출제된다. 다만 1개의 지문에 2개 이상의 문항이 출제되는 묶음문항도 출제된다.

수리능력
· 간단한 응용수리(거속시, 확률, 사칙연산 등) 문항이 일부 출제되고, 자료해석 문항이 주를 이룬다. 기업에 따라 응용수리를 다루지 않는 경우도 있다.
· 단일 자료가 아닌 다수의 [표]를 분석하거나 [표]와 [그래프] 등 복합 자료를 활용한 자료해석 문항도 출제된다.
· 자료 해석을 통해 증가율을 구하거나 총 금액을 구하는 등 계산하는 문항이 출제되었다.
· 자료해석은 주로 2개씩 묶음 문항 형태로 출제가 되며, 자료이해, 계산, 그래프 변환 등이 출제된다.

문제해결능력
· 명제 및 진실과 거짓을 묻는 추론 문항, 조건을 바탕으로 배열/배치하는 조건추리 문항 등이 출제되고, 자료를 해석하여 문제를 해결하거나 자료를 바탕으로 추론하여 답을 하는 문항이 출제되는 패턴을 보인다.
· 자료를 해석하여 문제를 해결하고, 추론하여 답을 하는 문항, 선발가능성이 높은 기업이나, 승진하는 직원을 고르는 문항이 출제되었다.
· 문제해결능력 안에 일부 의사소통능력과 자원관리능력이 포함된 형태의 문항도 출제된다. 의사소통능력처럼 긴 지문을 읽고 푸는 문항 혹은 자료 해석을 통한 계산 문항 등이 출제되는 형태이다.

자원관리능력
· 일정 관리, 최저 비용 대여/대관, 비품 비용 계산 등의 문항이 출제되었다.
· 일부 문항은 모듈형으로도 출제되었다. 기출문항을 통해 이전에 출제된 모듈형 문항을 바탕으로 학습한다면 충분히 대비가 가능하다.

※ 대표적인 출제 경향을 기준으로 하였으며 기업별/시기에 따라 달라질 수 있습니다.

㈜한국사회능력개발원

최근 3개년 출제 기업명

2025년	한국철도공사, 대구교통공사 등
2024년	한국철도공사, 대구교통공사, 한전KDN, 국가철도공단, 공무원연금공단 등
2023년	대구교통공사, 국가철도공단, 공무원연금공단 등

※ 기준 시기에 따라 출제사 정보가 달라질 수 있습니다.

한사능 출제 경향

☑ 기업에 따라 모듈형(응용모듈형), PSAT형, 피듈형으로 출제된다.
☑ 의사소통능력, 수리능력, 문제해결능력 이외에 10개 직업기초능력 안에서 기업에 따라 출제 영역을 달리하는 경향이 있다.
☑ 기업에 따라 주어진 지문과 자료 등의 길이도 달라지는데, 직전의 시험과 거의 유사한 패턴을 따른다. 이러한 경우는 출제사보다는 공기업의 출제 가이드의 영향을 더 받는다.
☑ 기업에 따라 지원 기업과 관련한 내용이 출제되기도 한다.

한사능 출제 패턴(대표 출제 영역 및 유형)

※ 기업에 따라 출제 영역이 달라지므로 대표적인 영역의 주요 유형만을 소개한다.

의사소통능력
· 어휘 · 어법, 주제 파악, 일치/불일치, 핵심내용 파악 등 기본적인 의사소통능력 유형이 출제된다.
· 문학 작품에서 일치하지 않는 것을 찾는 문항, 지문 이해를 통해 사자성어를 고르는 문항이 출제되었다.
· 독해능력으로만 구성된 문항이 출제되기도 하는데 기본적으로 단일 문항으로 출제된다. 다만 1개의 지문에 2개 이상의 문항이 출제되는 묶음문항도 출제된다.

수리능력
· 간단한 응용수리(농도, 확률, 사칙연산, 수추리 등) 문항이 일부 출제되고, 자료해석 문항이 주를 이룬다.
· 기업에 따라 응용수리가 전혀 출제되지 않기도 한다.
· 단일 자료가 아닌 다수의 [표]를 분석하거나 [표]와 [그래프] 등 복합 자료를 활용한 자료해석 문항도 출제된다.

문제해결능력
· 명제 및 진실과 거짓을 묻는 추론 문항, 조건을 바탕으로 배열/배치하는 조건추리 문항 등이 출제되고, 자료를 해석하여 문제를 해결하거나 자료를 바탕으로 추론하여 답을 하는 문항이 출제되는 패턴을 보인다.
· 자료 해석을 통해 전체 채용인원을 구하거나, 주차 요금을 구하는 등 계산하는 문항이 출제되었다.

자원관리능력
· 주로 모듈형 문항들이 출제되었다.
· 기업에 따라, 조건에 맞는 회의실을 선택하거나, 출장비를 계산하는 등의 PSAT형 문항이 출제되었다.

조직이해능력
· 모듈형 문항들이 출제되었다.
· 국제감각에 관련한 비즈니스 에티켓, 팔로워십, 경영 방법이나 전략을 묻는 문항이 출제되었다.

※ 대표적인 출제 경향을 기준으로 하였으며 기업별/시기에 따라 달라질 수 있습니다.

휴스테이션

최근 3개년 출제 기업명

2025년	서울교통공사, 서울교통공사 9호선, 서울시설공단, 건강보험심사평가원 등
2024년	서울교통공사, 서울교통공사 9호선, 서울시설공단, 건강보험심사평가원 등
2023년	서울교통공사, 서울시설공단, 건강보험심사평가원 등

※ 기준 시기에 따라 출제사 정보가 달라질 수 있습니다.

휴스테이션 출제 경향

☑ 의사소통능력, 문제해결능력 이외에 10개 직업기초능력 안에서 기업에 따라 출제 영역을 달리하는 경향이 있다.

☑ 의사소통능력, 수리능력, 문제해결능력은 PSAT형 문항이 주로 출제되고 있으며, 그 외 기타 영역은 모듈형 이론을 기반으로 한 피듈형 문항이 주로 출제되고 있다.

☑ 기타 영역에서는 모듈 이론에 기반한 지문과 자료제시형 문항이 주를 이루므로, 이에 대한 철저한 대비가 필요하다.

휴스테이션 출제 패턴(대표 출제 영역 및 유형)

※ 휴스테이션은 기업에 따라 모듈형, PSAT형, 피듈형 등 출제 유형이 달라지므로 대표적인 영역의 주요 유형만을 소개한다.

의사소통능력

· 어휘·어법, 프레젠테이션과 공문서 작성 시 유의해야 하는 사항, 일치/불일치, 핵심내용을 파악하는 문항이 출제되었다.

· 독해능력으로만 구성된 문항이 출제되기도 하는데 기본적으로 단일 문항으로 출제된다. 다만 1개의 지문에 2개 이상의 문항이 출제되는 묶음문항도 출제된다.

수리능력

· 응용 수리(일률, 수 추리 등) 문항이 일부 출제되고, 도표와 자료를 해석하는 문항도 비슷한 비율로 출제된다.

· 단일 자료가 아닌 다수의 [표]를 분석하거나 [표]와 [그래프] 등 복합 자료를 활용한 자료해석 문항도 출제된다.

· 한 묶음의 자료 또는 복합 자료로 2개 이상의 문항이 출제되는 묶음문항도 출제된다.

문제해결능력

· 명제, 조건을 바탕으로 배열/배치하는 조건추리 문항 등이 출제되고, 자료를 해석하여 문제를 해결하거나 자료를 바탕으로 추론하여 답을 하는 문항이 출제되는 패턴을 보인다.

· 조건에 맞는 비밀번호 설정, 조건에 맞는 세미나실을 대관하는 문항이 출제되었다.

자원관리능력

· 모듈형 문항들이 출제되었다.

· 기업에 따라, 상황에 맞게 다양한 자원들을 활용하는 PSAT형 문항이 함께 출제되기도 한다.

· 조건에 따른 소요시간 구하기, 출장비 구하기, 이용금액 구하기 등 계산 문항이 출제되었다. 인력배치나 인사관리 원칙, 자원관리 원칙에 관련된 문항도 출제되었다.

※ 대표적인 출제 경향을 기준으로 하였으며 기업별/시기에 따라 달라질 수 있습니다.

인크루트(주)

최근 3개년 출제 기업명

2025년	코레일유통, 공항철도, 국민건강보험공단, 한국산업은행, 부산항만공사 등
2024년	공항철도, 국민건강보험공단, 한국산업은행, 부산항만공사, 근로복지공단 등
2023년	한국철도공사, 공항철도, 국민건강보험공단, 근로복지공단 등

※ 기준 시기에 따라 출제사 정보가 달라질 수 있습니다.

인크루트 출제 경향

☑ 모듈형, 응용모듈형, PSAT형, 피듈형 등 다양한 형태의 문항으로 시험을 구성한다.
☑ 의사소통능력, 수리능력, 문제해결능력, 자원관리능력 이외에 직업기초능력 안에서 기업에 따라 출제 영역을 달리하는 경향이 있다.
☑ 기업에 따라 4지선다 혹은 5지선다로 출제되기 때문에 기출문항을 통해 미리 해당 기업의 시험 유형을 파악하도록 한다.
☑ 기본적으로 출제되었던 유형을 익혀두고, 직전의 기출유형과 난이도를 파악하는 것이 필요하다.
☑ 각 기업과 관련된 지문을 주로 활용하므로 회사 홈페이지를 통해 보도자료나 사보 등을 미리 확인하는 것이 도움이 된다.

인크루트 출제 패턴(대표 출제 영역 및 유형)

※ 인크루트는 기업에 따라 모듈형, PSAT형, 응용모듈형, 피듈형 등 출제 유형이 달라지므로 대표적인 영역의 주요 유형만을 소개한다.

의사소통능력
· 주제파악, 일치/불일치, 문단 배열, 핵심내용 파악, 논리전개 방식, 자료 수정문제 등 기본적으로 의사소통능력에서 주로 출제되는 유형의 문항들이 출제된다.
· 공문서 작성, 문서 작성 방식에 대한 문항이 출제되었다.
· 묶음문항으로 구성 시 어법, 빈칸 삽입 문항이 출제되는 경향이 있고, 단독으로는 출제 빈도가 낮은 편이다.

수리능력
· 간단한 응용수리(방정식, 사칙연산 등) 문항이 일부 출제되고, 자료해석 문항이 주를 이룬다.
· 단일 자료가 아닌 다수의 [표]를 분석하거나 [표]와 [그래프] 등 복합 자료를 활용한 자료해석 문항도 출제된다.
· 자료해석은 주로 2개씩 묶음 문항 형태로 출제가 되며, 자료이해, 계산, 그래프 변환 등이 출제된다.

문제해결능력
· 자료를 바탕으로 한 사고력, 문제처리능력 문항이 주를 이룬다. 해당 기업에 관련한 내용이 포함된 문항이 출제되기도 한다.
· 명제, 참 · 거짓과 관련한 문항이 출제되었다.
· 임금 계산, 심사 평가, 최단거리/비용 계산 문항이 출제되었다.
· 기업에 따라 일부 문항은 모듈형으로 출제되기도 한다.

자원관리능력
· 최종 선정 물품, 출 · 퇴근 시간 계산, 업체 선정, 최종 선발 인원 문항 등이 주로 출제된다.
· 기업에 따라 일부 문항은 모듈형으로 출제되기도 한다.

※ 대표적인 출제 경향을 기준으로 하였으며 기업별/시기에 따라 달라질 수 있습니다.

㈜사람인에이치알

최근 3개년 출제 기업명

2025년	부산시, 경기도 등 공공기관 통합채용, 한국중부/남부발전, 한국남동발전, 한국가스공사 등
2024년	부산시, 경기도 등 공공기관 통합채용, 한국중부/남부발전, 한국남동/동서발전, 한국가스공사, 국민연금공단 등
2023년	부산시, 경기도 등 공공기관 통합채용, 한국중부/남부발전, 한국가스공단, 국민연금공단 등

※ 기준 시기에 따라 출제사 정보가 달라질 수 있습니다.

사람인 출제 경향

☑ 주로 모듈형이나 피듈형으로 구성된 시험이 다수이나 일부 PSAT형으로 구성된다.
☑ 의사소통능력, 수리능력, 문제해결능력 이외에 기업에 따라 10개 직업기초능력 중에서 출제 영역을 달리 구성한다.
☑ 모듈형 문항의 경우 주어진 자료를 활용하여 유추할 수 있는 형태보다는 산업인력공단에서 배포하는 직업기초능력 가이드북을 바탕으로 출제되었다. 따라서 해당 내용을 미리 숙지하고 있을 필요가 있다.
☑ 기업에 따라 4지선다 혹은 5지선다로 출제되기 때문에 기출문항을 통해 미리 해당 기업의 시험 유형을 파악하도록 한다.

사람인 출제 패턴(대표 출제 영역 및 유형)

※ 사람인은 기업에 따라 모듈형, 피듈형 등 출제 유형이 달라지므로 대표적인 영역의 주요 유형만을 소개한다.

의사소통능력
· 어휘 · 어법, 일치/불일치, 제목 찾기, 주제 찾기, 문단 배열, 추론, 문서 작성 방법 등의 문항들이 출제되었다.
· 사자성어, 빈칸에 어휘 넣기, 공문서 작성 규정에 대한 문항이 출제되었다.

수리능력
· 응용수리(방정식, 거속시, 확률, 사칙연산 등) 문항과 자료해석 문항이 출제된다.
· 면적 구하기, 경우의 수, 왕복 교통비 구하기, 항목별 가중치를 두고 가격이 제일 저렴한 회사를 구하는 문항이 출제되었다.
· 단일 자료가 아닌 다수의 [표]를 분석하거나 [표]와 [그래프] 등 복합 자료를 활용한 자료해석 문항도 출제된다.

문제해결능력
· 모듈형으로 출제될 때에는 배열/배치를 포함한 조건추리 문항이 출제된다.
· 제공된 표에서 전체 점수와 평균점수를 확인하여 학생 수 구하기, 주차료의 합계를 구하는 문항이 출제되었다.

대인관계능력
· 일반적인 대인관계 능력 카테고리의 팀워크, 리더십, 갈등관리, 협상능력, 고객서비스 능력이 출제된다.
· 관리자와 리더의 역할 구분, 리더십 유형, 임파워먼트, 유화 전략 관련 문항이 출제되었다.

조직이해능력
· 경영이해능력, 체제이해능력, 업무이해능력, 국제감각 관련한 문항들이 고르게 출제된다.
· 간트차트, 조직의 특징, 영리조직과 비영리 조직 구분하기 관련 문항이 출제되었다.

※ 대표적인 출제 경향을 기준으로 하였으며 기업별/시기에 따라 달라질 수 있습니다.

매일경제

최근 3개년 출제 기업명

2025년	한국수력원자력, 한국서부발전, 국가철도공단 등
2024년	한국수력원자력, 한국서부발전, 한국토지주택공사 등
2023년	한국서부발전, 한국남동발전, 한국토지주택공사, 한국도로공사 등

※ 기준 시기에 따라 출제사 정보가 달라질 수 있습니다.

매일경제 출제 경향

☑ 주로 PSAT형으로 구성된다.
☑ 의사소통능력, 수리능력, 문제해결능력, 자원관리 능력을 기본으로 주로 출제하며, 기업에 따라 그 외 영역이 추가된다.
☑ 모든 영역에서 묶음 문항(2~3문항)으로 출제하는 편이다.
☑ 기업에 따라 4지선다 혹은 5지선다로 출제되며, 같은 기업이라도 출제시기에 따라 변경될 수 있다.
☑ 기업에 따라 영역 구분 없이 전체 영역이 섞여서 출제된 경우도 있었으며, 문항별로 배점을 따로 표기하기도 하였다.
☑ 옳은 것의 개수를 구하는 유형이 출제되며, 제시된 자료에 대한 정확한 이해를 요구한다.
☑ 수리능력, 문제해결능력, 자원관리능력에서는 과정과 계산이 복잡한 문항을 주로 출제한다.
☑ 각 기업과 관련있는 지문을 주로 활용하므로 회사 홈페이지를 통해 보도자료나 사보 등을 미리 확인하는 것이 도움이 된다.
☑ 같은 해의 다른 기업 시험에서 비슷한 유형의 문항이 출제된 것을 확인할 수 있다. 따라서 기본적으로 출제되었던 유형을 익혀두고, 직전의 기출유형과 타 회사의 기출문항으로 난이도를 파악하는 것이 필요하다.

매일경제 출제 패턴(대표 출제 영역 및 유형)

※ 기업에 따라 출제 영역이 달라지므로 대표적인 영역의 주요 유형만을 소개한다.

의사소통능력
· 일치/불일치, 빈칸삽입(접속부사), 문장 삽입 등 일반적인 유형의 의사소통 문항이 출제되었다.
· 맞춤법과 사자성어는 출제되지 않았다.
· 지문의 길이가 다른 출제사의 의사소통능력 문항보다 월등히 긴 편이며, 대부분 해당 기업의 내용과 밀접한 연관이 있다.
· 대부분 2~3문항씩 연결된 묶음 문항으로 출제되었다.

수리능력
· 응용수리는 출제되지 않았다.
· 2문항씩 연결된 묶음 문항으로 출제되었으며, 회사와 관련 있는 내용의 자료가 제시되었다.
· 증감 계산, 빈칸 수치 계산 문항이 출제되었다.

문제해결능력
· PSAT형으로 다른 기업에서도 많이 출제하는 최단거리와 최저비용 찾기, 순위 정하기, 조건에 해당하는 회사 고르기 , 물건 (기계) 사용법 등이 출제되었다.
· 명제, 참 · 거짓 문항은 출제되지 않았다.
· 주어지는 조건과 계산 과정이 복잡한 형태의 문항이 주로 출제되었다.

자원관리능력
· 일정 관리, 최저 비용 대여/대관, 비용 계산, 강의료/강사 선정, 결재(전결 관련) 등의 문항이 출제되었다.
· 주어지는 조건과 계산 과정이 복잡한 형태의 문항이 주로 출제되었다.

※ 대표적인 출제 경향을 기준으로 하였으며 기업별/시기에 따라 달라질 수 있습니다.

기타 출제사

2025년 출제 기업명

인트로맨	한국장애인개발원, 한국수자원조사기술원, 평택산업진흥원, 국방기술진흥연구소, 인천도시공사 등
잡플러스	서울의료원, 한국보육진흥원, 한국해양교통안전공단, 한국재정정보원, 한국언론진흥재단 등
태드솔루션	충남테크노파크, 국립낙동강생물자원관, 한국사회보장정보원, 한국보건의료정보원 등
트리피	새만금개발공사, 한국수출입은행, 한국인터넷진흥원, 서울주택도시공사, 한국가스안전공사 등
스카우트	한국도로공사, 인천공항시설관리, 경상북도문화관광공사, 국방기술품질원, 한국전력기술 등

※ 기준 시기에 따라 출제사 정보가 달라질 수 있습니다.

출제 경향

☑ 채용 기업에 따라 모듈형, 피듈형, PSAT형, 응용모듈형으로 출제되는데, 직전 기출과 유사하게 문항 유형과 난이도가 구성되는 경우가 많으므로 반드시 기출 유형, 소재, 난이도 등을 파악한다. 단, 출제사가 변경될 경우 유형이 달라질 수 있으므로 출제사 정보도 확인하도록 한다.

☑ 의사소통능력, 수리(자료해석), 문제해결능력, 자원관리능력, 조직이해능력에서 기업과 관련된 자료를 많이 활용하는 편이다. 시험 전 회사 홈페이지의 보도자료, 사보 등 회사와 관련한 내용에 대해 미리 확인한다면 해당 내용에 대한 이해가 빨라져 실전에서 체감 난도를 낮추는 방법이 된다.

출제 패턴(대표 출제 영역 및 유형)

의사소통능력

· 주로 출제되는 의사소통능력에 해당하는 유형이 주로 출제되었다. 주제 파악, 일치/불일치, 문단 배열, 핵심내용 파악, 논리 전개 방식, 특정 문장 삽입, 맞춤법, 고사성어와 몇몇 기업에서는 모듈형으로 의사소통, 언어의 특성과 관련한 내용을 출제하기도 하였다.

수리능력

· 응용수리는 경우의 수 확률, 기본 방정식을 활용하는 문제인 소금물, 속도 · 시간 · 거리 계산, 일률 문항 등이 출제되었으며, 기업에 따라 해당 내용의 비중이 달라졌으며, 난이도는 평이한 수준으로 출제되었다.
· 수추리와 관련한 문항을 출제한 기업도 있었다. 숫자 사이에 기호를 제시하여 사칙연산 부호를 유추하는 문항이 출제되었다.
· 자료해석은 기업과 관련한 도표를 활용하는 경우가 많았으며, 단순한 증감율, 수치 계산이 주를 이뤘다. 도표를 제시하고 그래프로 변환하는 문항도 출제되었다.

문제해결능력

· 기업에 따라 조건추리, 참 · 거짓, 명제 문항을 포함하였다. 수리능력이 없는 기업에서는 문제해결능력에 자료해석과 유사한 형태의 문제해결능력 문항을 배치하여 계산 문항을 출제하였다.
· 기업에 따라 모듈형(응용모듈형), PSAT형으로 출제하였다.

자원관리능력

· 피듈형으로 출제하는 기업이 대다수이며, 수리능력이 없는 기업에서는 자원관리능력에서 자료해석과 유사한 형태의 자원관리능력 문항을 배치하여 계산 능력을 확인하였다.
· 모듈형 또는 응용모듈형 문항은 NCS 직업기초능력 가이드북의 개념을 바탕으로 출제된다.

조직이해, 대인관계능력, 정보능력, 기술능력

· 해당 영역은 대부분의 기업에서 모듈형 문항을 출제하였다. 산인공 개념을 바탕으로 출제하는 문항과 응용모듈형이 섞여 있는 형태로 해당 개념을 미리 숙지하고 간다면 시간을 아낄 수 있는 영역에 해당한다.

※ 대표적인 출제 경향을 기준으로 하였으며 기업별/시기에 따라 달라질 수 있습니다.

NCS 시험 유형 구분

피듈형

'피듈형'은 '피(PSAT)'와 '듈(모듈)'의 합성어로, 아래에서 설명하는 PSAT형 문항과 모듈형 문항 유형이 혼합되어 출제되는 방식을 뜻한다. 피듈형 문항은 NCS 필기시험에서 이론·암기 중심의 모듈형 문항과 논리·자료해석 중심의 PSAT형 문제를 한 시험에 함께 출제하는 유형이다. 실무와의 연관성이 높고 두 가지 역량을 동시에 평가하기 때문에 균형 잡힌 준비가 필요하다. 최근 피듈형 시험이 차지하는 비중이 커지고 있어, 이를 대비한 학습이 더욱 중요해지고 있다.

PSAT형

PSAT(Public Service Aptitude Test; 공직 적격성 시험)는 공무 수행에 필요한 기본적 지식과 소양, 자질 등을 종합적으로 평가하는 국가 시행 시험이다. 제시된 지문이나 그래프, 표 등의 자료를 '정보를 파악하고 분석하는 방식'이 PSAT와 매우 유사하여 PSAT형 문항이라고 불린다.

PSAT형 문항은 기존의 NCS 학습모듈 위주의 단순 이론 암기형 문항에서 벗어나, 문서 작성 및 처리 능력과 수치 자료 분석 능력 등을 측정하는 적성검사형 문항을 의미한다. 특히 다수 기업의 NCS 수리능력 및 문제해결능력 문항은 PSAT의 자료해석과 상황판단 영역과 매우 비슷한 소재와 유형(조건, 선택지, 풀이 방법)으로 출제되고 있다.

모듈형

모듈형 문항은 국가직무능력표준(NCS) 사이트에서 제공하는 10개 직업기초능력 영역의 학습자용 워크북 및 교수자용 매뉴얼에 수록된 이론을 기반으로 출제되는 문항을 의미한다. 이 문항들은 직업인이 업무를 수행하는 데 필요한 기본적인 능력과 자질을 평가하며, 주로 이론 암기와 이해를 바탕으로 빠르게 정답을 찾을 수 있는 문항이 다수 포함되어 있다.

일상생활에서 접할 수 있는 상식적인 내용도 출제되지만, 학습모듈에 제시된 이론을 숙지하지 않으면 풀기 어려운 문항도 많다. 또한, 각 이론을 실제 기업 사례나 상황에 적용해보는 유형도 일부 포함되어 있어, 단순 암기뿐 아니라 이론의 실제 적용 능력도 요구된다. 따라서 모듈형 문항 대비를 위해서는 학습자용·교수자용 가이드북의 내용을 학습하는 것이 중요하다.

응용모듈형

응용모듈형 문항은 기존의 모듈형 문항(기본 이론 암기형)보다 한 단계 발전된 형태이다.

이 유형은 단순한 이론 암기에서 벗어나, 실무적 사고력과 응용력을 함께 평가한다. 최근 공기업 NCS 필기시험에서는 변별력을 높이기 위해 응용모듈형 문항이 자주 출제되고 있다. 응용모듈형 문항은 교재에 명시된 이론을 실질적인 업무 맥락에 연결하여 문제를 해결해야 하므로, 실무 경험이나 다양한 사례에 대한 이해, 그리고 이론의 실질적 적용 능력이 중요하다.

PART I | 6대 출제사 공통 빈출유형

의사소통/수리/문제해결/자원관리/기타능력별 6대 출제사의 공통 빈출유형을 소개합니다.

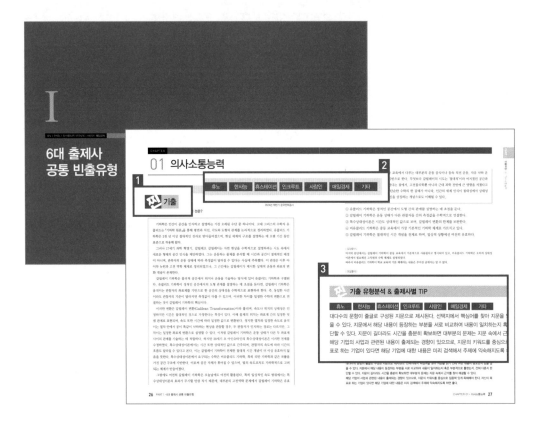

1 빈출유형별 최신 기출복원 문제

6대 출제사의 유형별 최신 기출복원 문제를 통해 빈출유형의 출제경향을 파악할 수 있습니다.

2 해당 유형의 출제사 정보

어떤 출제사에서 출제되는 유형인지 한눈에 바로 확인할 수 있습니다.

3 출제사별 문항 공략 TIP

빈출유형에 대한 상세한 설명, 출제사별 특징, 접근법을 통해 유형별로 전략적인 학습을 할 수 있습니다.

PART Ⅱ ~ Ⅶ | 휴노 / 한사능 / 휴스테이션 / 인크루트 / 사람인 / 매일경제

실제 시험지처럼 구성된 찐기출 모의고사를 통해 출제사별 기출유형 파악을 돕고, 실전감각을 익힐 수 있습니다.

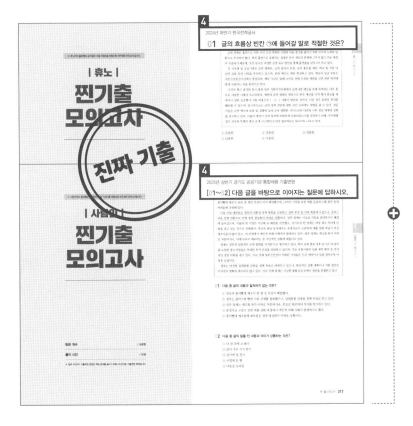

어떤 출제사든 문제없이 대비 가능!

4 문제별 기출 정보 제공(기업명, 시기)

찐기출 문항으로 구성하고 변형했기에, 시기와 기업명을 함께 알 수 있습니다.

※ 인크루트, 사람인, 매일경제에서 출제하는 일부 기업의 4지선다 기출복원 문항은 학습 효과를 높이기 위해 5지선다로 기출 변형하였습니다.

※ 본 모의고사는 PSAT형, 응용모듈형, 피듈형 중심으로 구성되었습니다.

※ 찐기출 모의고사는 기출복원 정보를 활용하여 재구성한 모의고사입니다.

기출문제 풀이는

출제사의 난이도 파악과 문제유형,

현장감을 익히는 가장 좋은 방법입니다.

6대 출제사 찐기출문제집

최근 5개년 6대 출제사 출제 기업
한눈에 보기   6

최근 5개년 주요 공기업 출제사 변화
한눈에 보기   8

출제사 확인하기   10

6대 출제사 상세분석

 － ㈜휴노   12
 － ㈜한국사회능력개발원   13
 － 휴스테이션   14
 － 인크루트㈜   15
 － ㈜사람인에이치알   16
 － 매일경제   17
 － 기타 출제사   18

NCS 시험 유형 구분   19

PART I
6대 출제사 공통 빈출유형

의사소통능력   26

수리능력   46

문제해결능력   62

자원관리능력   76

기타능력

 － 자기개발능력   88
 － 대인관계능력   92
 － 정보능력   100
 － 기술능력   106
 － 조직이해능력   112
 － 직업윤리   120

PART II
휴노

찐기출 모의고사   132

PART V
인크루트

찐기출 모의고사   270

PART III
한국사회능력개발원(한사능)

찐기출 모의고사   188

PART VI
사람인

찐기출 모의고사   316

PART IV
휴스테이션

찐기출 모의고사   226

PART VII
매일경제

찐기출 모의고사   348

[별책] 정답과 해설

I

휴노 | 한사능 | 휴스테이션 | 인크루트 | 사람인 | 매일경제

6대 출제사
공통 빈출유형

※ 6대 출제사의 기출복원 문항을 수록하였습니다.

Chapter 01 의사소통능력

Chapter 02 수리능력

Chapter 03 문제해결능력

Chapter 04 자원관리능력

Chapter 05 기타능력

01 의사소통능력

 기출

다음 글을 읽고 알 수 <u>없는</u> 내용인 것은?

기하학은 인간이 공간을 인식하고 설명하는 가장 오래된 수단 중 하나이다. 고대 그리스의 수학자 유클리드는 『기하학 원론』을 통해 평면과 직선, 각도와 도형의 관계를 논리적으로 정리하였다. 유클리드 기하학은 2천 년 이상 절대적인 진리로 받아들여졌으며, 현실 세계의 구조를 설명하는 데 오랜 기간 동안 표준으로 작용해 왔다.

그러나 17세기 과학 혁명기, 갈릴레오 갈릴레이는 자연 현상을 수학적으로 설명하려는 시도 속에서 새로운 형태의 공간 인식을 제안하였다. 그는 운동하는 물체를 분석할 때 시간과 공간이 절대적인 배경이 아니며, 관측자의 운동 상태에 따라 측정값이 달라질 수 있다는 사실에 주목했다. 이 관점은 이후 아이작 뉴턴과 고전 역학 체계로 정리되었으나, 그 근간에는 갈릴레이가 제시한 상대적 운동과 좌표의 변화 개념이 존재한다.

갈릴레이 기하학은 물리적 공간에서 위치나 운동을 기술하는 방식에 있어 유클리드 기하학과 구별된다. 유클리드 기하학이 정적인 공간에서의 도형 관계를 설명하는 데 초점을 둔다면, 갈릴레이 기하학은 움직이는 관찰자의 좌표계를 기반으로 한 공간의 상대성을 수학적으로 표현하려 한다. 즉, 동일한 사건이라도 관찰자의 기준이 달라지면 측정값이 다를 수 있으며, 이러한 차이를 일정한 수학적 변환으로 연결하는 것이 갈릴레이 기하학의 핵심이다.

이러한 변환은 갈릴레이 변환(Galilean Transformation)이라 불리며, 속도나 위치의 상대성은 인정하지만 시간은 절대적인 것으로 가정한다는 특징이 있다. 이때 물체의 위치는 좌표계 간의 일정한 덧셈 관계로 표현되며, 속도 또한 시간에 따라 일정한 값으로 변환된다. 정지한 열차와 일정한 속도로 움직이는 열차 안에서 공이 똑같이 낙하하는 현상을 관찰할 경우, 두 관찰자가 인지하는 경로는 다르지만, 그 차이는 일정한 좌표계 변환으로 설명할 수 있다. 이처럼 갈릴레이 기하학은 운동 상태가 다른 두 좌표계 사이의 관계를 기술하는 데 적합하다. 하지만 20세기 초 아인슈타인의 특수상대성이론은 이러한 전제를 수정하였다. 특수상대성이론에서는 시간 또한 상대적인 값으로 간주되며, 관찰자의 속도에 따라 시간의 흐름도 달라질 수 있다고 본다. 이는 갈릴레이 기하학이 전제한 절대적 시간 개념이 더 이상 유효하지 않음을 뜻한다. 특수상대성이론에서 요구되는 수학은 비유클리드 기하학, 특히 리만 기하학과 같은 곡률을 가진 공간 구조에 기반한다. 이로써 공간 자체가 휘어질 수 있으며, 빛의 속도조차도 기하학적으로 고려되는 체계가 만들어졌다.

그럼에도 여전히 갈릴레이 기하학은 오늘날에도 여전히 활용된다. 특히 일상적인 속도 범위에서는 특수상대성이론의 효과가 무시할 만큼 작기 때문에, 대부분의 고전역학 문제에서 갈릴레이 기하학은 유효한 근사 모델로 사용된다. 중등 교육에서 다루는 대부분의 운동 공식이나 등속 직선 운동, 자유 낙하 운동 등도 이 기하학적 체계를 기반으로 한다. 무엇보다 갈릴레이의 시도는 '절대적'이라 여겨졌던 공간과 시간의 개념을 의심하게 만들었다는 점에서, 고전물리학뿐 아니라 근대 과학 전반에 큰 영향을 끼쳤다고 평가된다. 갈릴레이 기하학은 단순한 수학의 한 갈래가 아니라, 인간의 세계 인식이 절대에서 상대성으로 전환되는 사유 방식의 혁신을 상징하는 개념으로도 이해될 수 있다.

① 유클리드 기하학은 정적인 공간에서 도형 간의 관계를 설명하는 데 초점을 둔다.

② 갈릴레이 기하학은 운동 상태가 다른 관찰자들 간의 측정값을 수학적으로 연결한다.

③ 특수상대성이론은 시간도 상대적인 값으로 보며, 갈릴레이 변환의 한계를 보완한다.

④ 비유클리드 기하학은 중등 교육에서 가장 기본적인 기하학 체계로 가르치고 있다.

⑤ 갈릴레이 기하학은 절대적인 시간 개념을 전제로 하며, 일상적 상황에선 여전히 유효하다.

| 정답풀이 |

마지막 문단에서는 갈릴레이 기하학이 중등 교육에서 기본적으로 사용된다고 명시되어 있고, 비유클리드 기하학은 오히려 상대성 이론에서 필요해진 고차원의 수학 체계로 설명되었다.

따라서 비유클리드 기하학이 학교 교육의 기본 체계라는 내용은 주어진 글에서는 알 수 없다.

| 오답풀이 |

① 세 번째 문단에서 유클리드 기하학의 정의적 특성을 설명하고 있다.

② 세 번째 문단에서 갈릴레이 변환을 통해 속도, 위치 측정이 좌표계에 따라 달라질 수 있음을 설명하고 있다.

③ 네 번째 문단에서 시간의 상대성, 갈릴레이의 절대시간 개념을 대체함에 대해 설명하고 있다.

⑤ 네 번째 문단에서 '절대시간 전제', 마지막 문단에서 '일상적인 속도 범위에서는 유효한 근사 모델로 사용'된다고 설명하고 있다.

| 정답 | ④

 기출 유형분석 & 출제사별 TIP

휴노   한사능   휴스테이션   인크루트   사람인   매일경제   기타

대다수의 문항이 줄글로 구성된 지문으로 제시된다. 선택지에서 핵심어를 찾아 지문을 읽기 전에 어떤 내용이 중요한지 감을 잡을 수 있다. 지문에서 해당 내용이 등장하는 부분을 서로 비교하여 내용이 일치하는지 혹은 부분적으로 틀렸는지, 전혀 다른지 판단할 수 있다. 지문이 길더라도 시간을 충분히 확보하면 대부분의 문제는 지문 속에서 근거를 찾아 해결할 수 있다.

해당 기업의 사업과 관련된 내용이 출제되는 경향이 있으므로, 지문의 키워드를 중심으로 집중력 있게 독해해야 한다. 자신이 목표로 하는 기업이 있다면 해당 기업에 대한 내용은 미리 검색해서 주제에 익숙해지도록 하면 좋다.

기출

2024년 상반기 대전광역시 공공기관 통합채용

다음 글을 읽고, K사원이 이해한 내용으로 옳지 <u>않은</u> 것은?

빛을 한 곳에서 다른 곳으로 전달하는 것은 여간 어려운 일이 아니다. 그러나 인류는 전반사라는 물리적 현상을 훌륭하고 적절하게 활용해 이 난제를 극복했다. 1842년 프랑스의 물리학자 쟝─다니엘 콜라돈은 곡선을 그리며 바닥으로 떨어지는 물줄기 안에 빛이 갇힌 채 퍼지지 않고 물줄기와 함께 진행하는 현상을 관측했고 그 원인이 물줄기 속에서 진행하는 빛이 물의 경계면에서 계속 반사하기 때문이라는 것을 알아냈다. 이런 현상을 내부 전반사라고 한다.

전반사를 이해하기 위해서는 빛의 굴절과 물질의 굴절률에 대한 이해가 필요하다. 가장 쉬운 사례로 공기 중에 있는 빛이 물을 통과할 때를 생각해 보자. 공기와 물의 경계면에서 빛의 일부는 공기 중으로 반사되고 나머지는 투과하여 물속을 지나간다. 이때 물을 투과한 빛의 진로가 경계면에서 꺾이게 되는데 이를 굴절이라 하고, 물속을 지나가는 빛의 속력은 공기 중의 빛보다 약 1.3배 정도 느려지는데 이 느려지는 비율을 굴절률이라고 한다.

흔히 빛의 속력은 불변이라고 말하지만, 정확히 말하자면 진공 속을 달리는 빛의 속력이 일정하다는 의미이다. 빛은 왜 물속에 들어가면 느려질까? 그것은 바로 물을 구성하고 있는 각종 원자들이 빛을 흡수하기 때문이다. 물은 다양한 종류의 원자로 구성되어 있고 각 원자에는 제각각 그 원자핵에 구속된 전자가 있는데, 유리 속을 지나는 빛은 이런 전자를 만날 때마다 전자에게 흡수되었다가 다시 방출된다. 이런 흡수와 방출 과정이 반복되면서 빛의 진행 속력은 느려진다.

그러면 빛이 공기 중에서 물속으로 들어갈 때 굴절하게 되는 이유는 될까? '페르마의 정리'로 유명한 페르마는 1658년 빛이 굴절하는 이유에 대한 혁신적인 생각을 제시한다. 우선 페르마는 빛이 한 점에서 다른 점까지 여러 개의 직선 경로를 만들면서 움직인다고 가정했다. 시작점과 끝점을 직선으로 이으면 두 점을 잇는 '최단 경로'가 만들어진다.

그런데 빛은 최단 경로를 따라가지 않고 '최소 시간' 경로를 따라간다. 물에서는 빛이 좀 느릿느릿 움직이기 때문에 빛이 물속에서 이동하는 시간을 가급적 줄여야만 전체적으로 빛이 물 밖의 한 점에서 물속의 다른 한 점으로 이동하는 시간을 최소화할 수 있는 것이다. 최소 시간의 원리를 좀 더 직관적으로 이해하고 싶다면 도로 위를 굴러가는 드럼통이 모래밭에 다다를 때를 생각해 보자. 도로 위를 굴러가던 통의 한쪽 끝이 모래밭에 먼저 닿아 속력이 느려지는 동안, 다른 쪽은 여전히 빠르게 움직이면서 자연스럽게 드럼통의 진행 방향이 바뀌게 된다.

이렇게 페르마의 원리에 따른 빛의 굴절을 이해했다면 이번엔 거꾸로 물속에서 출발한 빛이 물 밖으로 진행하는 과정을 그려보자. 이번엔 빛이 물 표면에 훨씬 가까운 방향으로 휘어진다. 극단적인 경우 빛이 공기 중으로 나오는 순간 물 표면과 나란해질 수도 있다. 여기서 한 걸음 더 나아가면 아예 빛이 공기 중으로 나오지 못하는 경우도 상상할 수 있다. 전반사는 (물처럼) 굴절률이 큰 물질에서 (공기처럼) 굴절률이 작은 물질로 빛이 진행할 때 경계면에 비스듬하게 진행하는 빛의 표면을 투과하지 못한 채 빛이 온전히 반사되는 현상이다.

① 빛이 물줄기 속에서 물줄기와 함께 진행하는 현상은 빛의 반사로 인한 것이다.

② 공기와 물의 경계면에서 공기 중으로 반사되는 빛을 제외하고 투과한 빛은 굴절한다.

③ 물이나 유리 속을 지나는 빛의 속력은 진공 속을 달리는 빛의 속력보다 빠르다.

④ 빛이 물 밖의 한 점에서 물속의 다른 한 점으로 이동할 때는 최소시간 경로를 따라간다.

| 정답풀이 |

물이나 유리 속을 지나는 빛의 속력은 진공 속을 달리는 빛의 속력보다 느리다. 두 번째 문단에서 '물을 투과한 빛의 진로가 경계면에서 꺾이게 되는데 이를 굴절이라 하고, 물속을 지나가는 빛의 속력은 공기 중의 빛보다 약 1.3배 정도 느려지는데 이 느려지는 비율을 굴절률이라고 한다.'라고 언급하고 있다. 공기 중의 빛보다 느리다고 했으므로 진공의 속도보다도 느리다는 것을 알 수 있다.

| 오답풀이 |

① 첫 번째 문단의 '1842년 프랑스의 물리학자 장－다니엘 콜라돈은 곡선을 그리며 바닥으로 떨어지는 물줄기 안에 빛이 갇힌 채 퍼지지 않고 물줄기와 함께 진행하는 현상을 관측했고 그 원인이 물줄기 속에서 진행하는 빛이 물의 경계면에서 계속 반사하기 때문이라는 것을 알아냈다.'라는 내용을 통해 빛이 물줄기 속에서 물줄기와 함께 진행하는 현상은 빛의 반사로 인한 것임을 알 수 있다.

② 두 번째 문단의 '가장 쉬운 사례로 공기 중에 있는 빛이 물을 통과할 때를 생각해 보자. 공기와 물의 경계면에서 빛의 일부는 공기 중으로 반사되고 나머지는 투과하여 물속을 지나간다.'라는 내용을 통해 공기와 물의 경계면에서 공기 중으로 반사되는 빛을 제외하고 투과한 빛은 굴절함을 알 수 있다.

④ 다섯 번째 문단의 '그런데 빛은 최단 경로를 따라가지 않고 '최소 시간' 경로를 따라간다.'라는 내용을 통해 빛이 물 밖의 한 점에서 물속의 다른 한 점으로 이동할 때는 최소시간 경로를 따라간다는 것을 알 수 있다.

| 정답 | ③

기출 유형분석 & 출제사별 TIP

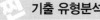

| 휴노 | 한사능 | 휴스테이션 | 인크루트 | 사람인 | 매일경제 | 기타 |

지문의 내용을 올바르게 파악해야 풀 수 있는 문항이 출제된다.

☑ 출제되었던 유형과 풀이 방법

① 반응(판단)

반응(판단)을 묻는 문항은 1) 지문을 읽고 보인 반응/판단 내용을 묻는 문제, 2) 지문의 논조와 다른 혹은 같은 반응을 고르는 문항으로 나뉜다. 1)의 유형은 일치/불일치 문항과 접근 방법이 같고, 2)의 유형은 글의 중심내용을 찾아서 풀어야 한다는 점에서 주제 파악 문항과 접근법이 같다.

② 사례 매칭

보통은 지문에서 지칭하고 있는 특정 단어만 읽고도 선택지의 사례와 매칭할 수 있도록 출제된 문항이 대부분이다. 다만 지문에서 지칭하는 단어에 대한 사전 지식이 없다면, 지문에서 해당 부분을 발췌독해야만 답을 구할 수 있다.

③ 일치 · 불일치, 추론 결합형

지문의 내용을 올바르게 이해하고 있는지를 확인하는 문항 중에는 일치 · 불일치적인 내용을 포함하여 지문의 내용을 올바르게 파악하고 있는지를 묻고, 난이도를 높이기 위해 추론의 성격을 가미한 문항도 있다.

기출

2024년 지역농협

다음 글을 읽고 추론한 내용으로 가장 적절한 것은?

국민 소득이 높아지고 저출산·고령화와 1인 가구 증가가 맞물리면서 반려동물을 키우는 가구가 꾸준히 늘고 있다. 국내 반려동물 관련 산업 시장 규모는 2022년에 8조 6천억 원을 기록했고 2032년에는 21조 2천억 원으로 연평균 9.5%의 성장세를 보일 것으로 예상된다. 반려동물 산업은 펫 푸드, 펫 헬스케어, 펫 서비스, 펫 테크 등 반려동물과 반려인의 수요를 겨냥한 다양한 분야로 확장되고 있다.

현재 가장 급격한 성장세를 보이고 있는 펫 푸드는 단순한 사료 제조를 넘어 반려동물의 건강과 취향을 고려한 맞춤형 식사와 간식을 제공하는 산업으로 발전하고 있다. 수제, 유기농, 비건(Vegan) 등 선택의 폭도 넓어졌으며 반려동물 전용 영양제도 꾸준히 출시되고 있다. 2010년에는 반려동물 관련 사업 전체 시장에서 펫 푸드 시장의 점유 비중이 51.3%, 펫 용품 시장이 48.7%로 유사한 수준이었으나, 2022년에는 펫 푸드의 시장규모가 빠르게 확대되면서 점유 비중이 60.3%로 확대되었다.

펫 헬스케어는 반려동물의 건강과 복지 향상을 위한 제품이나 서비스를 제공하는 산업으로 예방접종, 정기 검진 등 의료서비스와 펫보험이 대표적이다. 코로나19 발생 전후 시기인 2019~2020년에는 국내 반려동물 양육 규모가 크게 증가하지 않았음에도 관련 산업은 15.5% 성장했으며, 2028년에는 40% 이상 성장할 것으로 전망된다. 펫 서비스는 반려동물 위탁, 교육, 장묘 시설 관련 산업으로 소비자의 요구가 커지면서 성장세가 뚜렷하다. 펫 호텔과 같은 위탁시설은 장기 여행을 계획하는 반려인들에게 인기를 끌고 있으며, 반려동물 행동 교정을 위한 훈련·교육기관과 장례 서비스 등은 다각화된 펫 산업을 보여주고 있다.

펫 테크 산업은 사물인터넷(IoT), 인공지능(AI) 기술을 활용해 반려동물 양육을 돕는다. 펫 관련 앱(App)을 통해 반려동물의 건강과 움직임을 실시간 모니터링할 수 있으며 원격 청소 기능으로 편리함을 더해준다. 펫 테크 제품은 반려동물의 안전, 건강, 놀이 등 다양한 측면에 기여해 반려동물과 반려인의 삶의 질을 높이는 데 큰 역할을 하고 있다. 현재 시장규모는 미미하나, 다른 펫 관련 사업에 비해 가장 높은 성장세를 보이고 있어 2028년에는 시장규모가 17조 원가량으로 확대될 것으로 전망된다.

① 2032년에는 반려동물의 건강 및 수명 관련 의료 분야에 대한 시장 고급화가 두드러질 것이다.

② 펫 관련 산업에서 펫 용품 시장은 향후 10년 안에 감소세로 접어들 것이다.

③ 앞으로 펫 푸드 시장에서 프리미엄 푸드에 대한 수요가 점점 더 높아질 것이다.

④ 2028년에는 펫 관련 사업에서 푸드 분야보다 테크 분야가 크게 성장해 있을 것이다.

| 정답풀이 |

주어진 글에서는 반려동물 산업을 소개하고 이를 펫 푸드, 펫 헬스케어, 펫 서비스, 펫 테크로 구분하여 각 분야별 특징과 전망을 설명하고 있다. 마지막 문단을 보면 펫 테크 산업이 다른 펫 관련 산업에 비해 가장 높은 성장세를 유지하면서 2028년에 시장규모가 17조 원가량으로 확대될 것으로 전망하고 있다고 하였다. 이 수치는 2032년에 전망된 시장규모인 21조 2천억 원의 과반수를 훨씬 넘어서는 수치이므로, 2028년에는 펫 관련 사업 중에서 푸드 분야보다 테크 분야가 크게 성장해 있을 것임을 추론할 수 있다.

| 오답풀이 |

① 2032년에는 반려동물 관련 시장 규모가 21조 2천억 원으로 연평균 9.5%의 성장세를 보일 것으로 예상한다는 내용을 찾을 수는 있으나, 반려동물의 건강 및 수명 관련 의료 분야에 대한 시장 고급화가 두드러질 것이라는 내용은 지문을 통해 추론할 수 없다.

② 펫 용품 시장은 펫 푸드 시장의 성장을 강조하기 위해 언급되어 있다. 그러나 펫 관련 산업에서 펫 용품 시장이 향후 10년 안에 감소세로 접어들 것인지는 추론할 수 없다.

③ 펫 푸드 시장이 단순한 사료 제조를 넘어 반려동물의 건강과 취향을 고려한 맞춤형 식사와 간식을 제공하는 산업으로 발전하고 있음은 확인할 수 있으나, 앞으로 펫 푸드 시장에서 어떤 푸드에 대한 수요가 높아질 것인지는 추론할 수 없다.

| 정답 | ④

기출 유형분석 & 출제사별 TIP

　휴노　　한사능　　휴스테이션　　인크루트　　사람인　　매일경제　　기타

일반적으로 일치/불일치 문항보다 조금 더 난이도가 높다. 단순히 지문에서 주어진 직접적인 정보를 찾는 것이 아닌, 글에 암시되거나 논리적으로 이끌어 낼 수 있는 내용을 찾는 문항이다. 추론 문항은 제시된 지문의 중심 내용 파악, 논리적 연결 이해, 암시된 정보를 읽어내는 능력이 필요하다. 그리고 선택지에서 글에 없거나 반대되는 정보, 지나친 확장이나 과도한 해석을 제외하는 판단이 필요하다. 대체적으로 지문의 길이가 긴 형태로 출제되고 있기 때문에 선택지를 먼저 읽고 선택지를 기준으로 지문을 꼼꼼하게 읽을 수 있어야 한다.

기출

2024년 지역농협

다음 글의 필자가 주장하는 바로 가장 적절한 것은?

> 기후변화와 식량 위기는 연계되어 있다. 기후변화가 나타나면 식량 생산이 줄어들고 곡물 가격이 올라가기 때문이다. 그러다 보니 많은 과학자들은 인류가 코로나19 같은 질병에 걸려 사망하기 전에 영양실조로 사망할 것이라고 전망한다. 전문가들은 기후변화로 수십 년 내에 전 인류가 '식량 안보' 문제에 직면할 것이며 2050년에는 주요 곡물 가격이 최대 23% 상승할 것으로 전망하고 있다.
>
> 이런 대내외 평가에도 그간 우리가 식량 안보 문제를 민감하게 받아들이지 않은 것은 쌀 자급률이 비정상적으로 높았기 때문이다. 실제 쌀 자급률은 최근까지도 90~100%대를 유지하고 있다. 특히 201X년에는 풍년으로 인해 공급량이 소비량을 초과해 자급률이 104.7%를 기록했다. 이후 쌀 의무수입 물량 등이 생기면서 소폭 감소했지만 202X년에도 92.8%로 높은 수준을 나타냈다.
>
> 하지만 이는 밀 등 다른 곡물의 소비량이 늘면서 쌀 수요가 감소하고 있다는 점을 간과한 것이다. FAO의 농업 전망에 따르면 한국의 쌀 소비량은 2018년 450만 톤에서 올해 390만 톤으로 줄어들 것으로 예측된다. 반면 밀 소비량은 같은 기간 370만 톤에서 400만 톤으로 증가할 전망이다. 만약 전적으로 수입에 의존하고 있는 밀과 콩 등 대체자원의 수급이 악화되어 극단적으로 수입이 완전히 중단될 경우 현재의 쌀 생산량으로는 이를 대체할 수 없게 되는 것이다.

① 기후변화가 식량 위기를 가져오는 원인을 파악해야 한다.

② 쌀의 생산량은 줄이고 밀과 콩의 생산량을 늘려야 한다.

③ 곡물 생산량이 줄어든 만큼 쌀 의무수입 물량을 늘려야 한다.

④ 전체적인 곡물의 소비량을 고려하여 쌀의 자급률을 높여야 한다.

| 정답풀이 |

주어진 글에서는 쌀 자급률이 높은 수준을 유지하고 있어서 식량 안보 문제를 민감하게 받아들이지 않았으나, 실제로는 밀과 콩 등의 곡물 소비량이 늘면서 쌀 수요가 감소했기에 나타난 현상이었다고 말하고 있다. 즉, '자급률 착시'로 인해 몰랐으나, 우리나라 또한 식량 안보 문제가 심각하다는 것이다. 따라서 미래의 곡물 가격 상승 및 식량 부족 문제를 대비하기 위해서는 지금부터 전체적인 곡물의 소비량을 파악하여 쌀의 자급률을 높여야 한다는 것이 글쓴이가 주장하는 바이다.

| 오답풀이 |

① 글쓴이는 기후변화가 식량 위기를 가져온다는 점에 대해서 이견을 가지고 있지 않다. 그러므로 원인을 파악해야 한다는 내용은 글쓴이의 주장이 아니다.

② 현재 쌀 자급률이 높은 편이지만 다른 곡물의 소비량을 감안할 때, 쌀 생산량이 충분하다고 볼 수 없다. 그러므로 쌀의 생산량을 줄이자는 것은 글쓴이의 주장이 될 수 없다.

③ 곡물 가격이 상승할 것으로 전망하는 만큼 쌀의 의무수입 물량을 늘려야 한다는 것은 글쓴이의 주장이 될 수 없다.

| 정답 | ④

다음 글의 밑줄 친 ㉠을 바탕으로 주어진 글의 제목을 지을 때, 가장 적절한 것은?

서울교통공사의 2023년 1~8월 선로유실물 접수 건이 전년 동월 대비 14% 증가하였다.

2023년 1~8월 동안 월평균 160건의 선로유실물이 접수되었다. 휴대전화 547건(약 40%대), 휴대전화 외 전자기기 및 블루투스 이어폰 203건(약 16%대), 지갑 136건(약 10%대)이다.

2022년에는 월평균 144건의 선로유실물이 접수되었다. 휴대전화 772건(약 40%대), 휴대전화 외 전자기기 및 블루투스 이어폰 216건(약 10%대)이다.

2021년에는 월평균 97건의 선로유실물이 접수되었다. 휴대전화 547건(약 40%대), 휴대전화 외 전자기기 및 블루투스 이어폰 126건(약 10%대)이다.

2021~2023년 선로유실물 접수 건에 따르면 휴대전화와 전자기기 및 블루투스 이어폰이 높은 비율을 차지하고 있는 것을 알 수 있다. 휴대전화 및 블루투스 이어폰은 크기가 작기 때문에 승하차 시 부딪힘 등으로 선로에 잘 빠질 수 있으니 특별히 주의를 기울여야 한다.

소지품 분실 시, 분실물 회수는 열차 운행에 방해가 되기 때문에 즉시 회수가 불가능하다. 따라서 영업 종료 후 역무원이 분실물을 회수하므로, 물건을 잃어버린 당일에 찾는 것이 불가능할 수도 있다는 점을 알아둬야 한다. 분실물을 바로 찾아 달라고 하면 역무원이 굉장히 난감해 할 수도 있다.

서울교통공사 관계자는 ㉠"소지품을 항상 신경 쓰고, 열차와 선로 사이에 발빠짐 사고 등이 생기지 않게 마음의 여유를 갖고 열차 이용에 주의해 주시기 바랍니다."라며 승객들에게 당부하였다.

지하철에서 소지품 분실 시, www.lost112.go.kr로 유실품이 등록되며, 유실물센터로 인계 후 7일 동안 보관된다. 이후에는 경찰서로 이관된다.

---

① 월평균 유실물 160건… 역대 최대

② 승하차 시 발빠짐 사고에 주의합시다.

③ 5초 간 마음의 여유… 우리의 소지품과 안전을 지킵시다.

④ 선로에 전자기기가 빠지지 않도록 각별히 주의합시다.

⑤ 유실물센터에서 잃어버린 분실물을 찾아가세요.

| 정답풀이 |

밑줄 친 ㉠은 개인 소지품을 항상 신경쓰고 열차 이용 시 안전사고에 주의하자는 내용이므로 '5초 간 마음의 여유… 우리의 소지품과 안전을 지킵시다.'가 제목으로 적절하다.

| 오답풀이 |

① 글 전체의 내용을 포괄하고 있지 않으므로 '월평균 유실물 160건… 역대 최대'라는 제목은 적절하지 않다.

② 개인 소지품에 주의를 기울이자는 내용을 포괄하고 있지 않으므로 '승하차 시 발빠짐 사고에 주의합시다.'라는 제목은 적절하지 않다.

④ 열차와 선로 사이에 발빠짐 사고 등이 생기지 않도록 안전에도 주의를 기울이자는 내용을 포괄하고 있지 않으므로 '선로에 전자기기가 빠지지 않도록 각별히 주의합시다.'라는 제목은 적절하지 않다.

⑤ 소지품과 개인 안전에 주의하라는 내용과는 거리가 먼 제목이므로 '유실물센터에서 잃어버린 분실물을 찾아가세요.'라는 제목은 적절하지 않다.

| 정답 | ③

기출 유형분석 & 출제사별 TIP

`휴노` `한사능` `휴스테이션` `인크루트` `사람인` `매일경제` `기타`

제목이나 주제를 파악하는 문항을 풀기 위해서는 글의 중심 내용을 파악해야 한다. 중심 내용은 글에서 반복되거나 강조되는 핵심 생각을 말한다. 글쓴이의 의도와 목적이 무엇인지 파악하는 것도 중요하다.

각 문단의 요지를 연결해 전체 흐름을 이해하고, 그 흐름 속에서 주제를 찾아야 한다. 제목은 글의 핵심을 짧고 간결하게 표현한 것이므로, 예시나 부차적인 내용을 제목으로 선택하면 안 된다.

글의 처음과 끝 문장에 주제를 포함하는 경우가 많으며, 반복되는 단어나 문장을 통해 주제를 유추할 수 있다. 포함하는 내용의 범위가 너무 좁거나 넓은 제목은 피하고, 글 전체를 대표할 수 있는 표현을 선택해야 한다.

기출

2025년 상반기 한국수자원공사

다음 글의 [가]~[마] 문단을 논리적 순서에 맞게 배열한 것은?

[가] 공황장애는 단지 생리적인 이상 반응으로만 이해되어서는 안 된다. 사고 방식, 자기 해석, 감정 조절, 대인 관계에 대한 신념 등 다양한 인지 요소가 복합적으로 작용하는 문제이기 때문이다. 치료 역시 단순히 증상을 억제하는 약물치료에 의존하는 것을 넘어, 환자가 자신의 경험을 어떻게 해석하고 받아들이는지를 중심으로 접근해야 한다. 특히 잘못된 신체 감각 해석을 수정하고, 스스로를 병리적 존재로 간주하지 않도록 돕는 인지 재구성 훈련이 중요하다. 이러한 접근은 공황의 직접적 원인뿐 아니라 그로 인해 형성된 회피 행동과 부정적 자기 인식을 함께 다룰 수 있다.

[나] 공황 발작은 특정 장소나 상황과 연결되면서 회피 행동을 유발하거나 강화시킨다. 예컨대 엘리베이터 안에서 발작을 경험한 사람은 이후 유사한 환경 자체를 피하게 되며, 이는 생활 반경의 축소나 사회적 고립으로 이어질 수 있다. 공황장애 환자들은 평범한 신체 감각도 위협으로 인식하는 경향이 있다. 심장이 조금 빠르게 뛰는 현상을 단순한 긴장 상태가 아니라 '심장에 이상이 생긴 것'이라고 판단하면서 불안이 증폭되고, 그 불안은 다시 신체 증상을 유발해 악순환을 형성한다.

[다] 공황장애를 효과적으로 다루기 위해서는 단순히 공포를 줄이는 데 그치지 않고, (　㉠　)을 완화하고 건강한 (　㉡　)을 정립하는 것이 핵심이다. 이 과정에는 자신의 감각을 정확히 해석하고, 불안을 현실적인 수준에서 받아들이며, 스스로에 대한 판단을 유연하게 전환하는 사고 훈련이 포함된다. 또한 치료적 환경은 환자가 자신을 병이 있는 사람으로 규정하지 않도록 하는 데 중점을 둬야 한다. 공황장애는 단순한 일시적 증상이 아니라, 인지와 감정, 자기 인식이 얽힌 복합적인 심리적 현상으로 이해되고 접근되어야 한다.

[라] 공황장애는 특별한 물리적 위협이 없음에도 불구하고, 갑작스럽게 극심한 공포와 신체적 반응이 나타나는 정신 질환이다. 심박수 증가, 호흡 곤란, 흉부 압박, 어지러움, 발한 등 다양한 증상이 동반되며, 많은 환자들이 이를 생명이 위협받는 상황으로 오해한다. 실제로 심장마비나 질식으로 착각하는 경우도 흔하다. 공황 발작은 보통 수 분 내에 자연스럽게 사라지지만, 단 한 번의 발작 경험이 이후의 일상생활에 큰 영향을 미치기도 한다.

[마] 심리학에서는 이러한 현상을 설명하기 위해 다양한 인지 이론을 적용한다. 특히 인간은 자신의 신념과 실제 감각 사이에 모순이 발생할 때 심리적 불편함이나 긴장을 경험하게 되며, 이를 해소하기 위해 현실을 재해석하거나 자기 자신에 대한 부정적인 신념을 형성하는 경향이 있다. 인지적 왜곡은 단순한 감정 반응을 넘어 개인의 자기 인식에까지 영향을 미친다. 반복적인 공황 발작 속에서 '나는 정상적이지 않다.'는 생각이 굳어지면, 그 인식 자체가 또 다른 불안과 회피 행동의 원인이 되며 공황장애를 고착시키는 악순환으로 작용한다.

① [나]－[마]－[가]－[라]－[다]

② [라]－[나]－[마]－[가]－[다]

③ [나]－[가]－[다]－[마]－[라]

④ [라]－[다]－[가]－[나]－[마]

⑤ [마]－[라]－[다]－[나]－[가]

| 정답풀이 |

공황장애의 정의에서 출발하여 증상 → 인지적 해석 → 치료적 접근 → 결론으로 구조화된 설명문이다.

[라]에서는 공황장애의 정의와 주요 증상, 그리고 공황 발작 경험의 충격에 대해 소개하며 글의 서론 역할을 한다.

[나]는 이러한 발작이 특정 상황과 연계되어 회피 행동으로 이어지는 경과를 설명한다.

[마]는 그러한 반응의 심리적 원인을 인지 이론을 통해 해석하고, '인지적 왜곡'과 '자기 인식의 변화'가 어떻게 공황장애를 악화시키는지를 보여준다.

[가]에서는 공황장애를 생리적 문제로만 보지 않고, 인지적, 해석적 요인을 포함한 복합적 치료 접근의 필요성을 설명한다.

[다]는 인지적 왜곡을 줄이고 건강한 자기개념을 회복하는 것이 핵심임을 강조하면서 글을 마무리한다.

따라서 전체 흐름은 정의 → 증상 및 반응 → 인지적 원인 → 치료 접근 → 종합적 결론의 구조이며, '[라]－[나]－[마]－[가]－[다]'의 순서가 가장 자연스럽다.

| 정답 | ②

찐 기출 유형분석 & 출제사별 TIP

휴노 **한사능** **휴스테이션** **인크루트** **사람인** **매일경제** **기타**

문맥(논리적)의 흐름에 맞게 문단을 배열하는 문항의 경우 보통 4~5개 정도의 문단 순서를 파악하는 문항으로 출제된다. 해당 문항은 선택지를 우선적으로 보고, 처음 시작하는 문단 혹은 마지막 문단으로 적합한 것을 고를 수 있어야 한다. 선택지에 따라 문단의 첫 문장이 전체 글을 이끌어 나갈 수 있는 화두를 던지고 있는지 등을 파악한다. 첫 문장을 찾는 것이 어렵다면, 마지막 문단 또는 마지막 문장으로 적합한 것을 찾아 선택지를 소거하는 순으로 접근하는 것도 좋은 방법이다.

고난도의 문항으로 출제되지는 않으나 대다수의 출제대행사에서 출제하고 있는 유형에 속한다. 따라서 NCS 직업기초능력 시험에 응시할 예정이라면 해당 유형을 빠르게 푸는 방법은 반드시 익혀둘 필요가 있다.

☑ 출제되었던 유형과 풀이 방법

① 문단 배열

논리적 흐름을 파악하는 단순 문단 배열 문제가 주로 출제된다.

② 문단 구분

지문에 주어진 문단의 순서는 고정되어 있으나, 논리적 흐름을 파악하여, 서론/본론/결론 등으로 내용을 구분할 수 있는지를 묻는 문제로 출제된다. 문항의 형태는 문단 배열과 유사할 수 있으나 문항의 속성 자체는 내용 이해에 가깝다. 각 문단이 어떠한 구조로 연결되었는가를 파악하고 문항을 풀 수 있어야 한다. 보통 각 문단의 첫 문장을 통해 독립적인 성격의 문장인지(화제 전환), 종속적인 성격의 문장인지(부연설명) 등을 파악하여 문단을 구분할 수 있다.

③ 문단 삽입 / 문단 삭제

논리적 흐름을 파악하여 필요한 문단을 삽입하거나, 내용의 흐름과 맞지 않는 문단(내용)을 삭제하는 문항이 출제된다. 빈칸을 추론하는 문항과 함께 출제되기도 한다. 주로 빈칸에 들어갈 말로 적절한 것을 고르는 문항이 출제되지만, 간혹 적절하지 않은 것을 고르는 문항이 출제되기도 한다.

기출

2024년 부산시 상반기 공공기관 통합채용

다음 글의 빈칸 ㉠~㉢에 들어갈 말이 바르게 짝지어진 것은?

오픈소스 AI와 폐쇄형 AI는 인공지능 기술의 개발 및 활용 방식에서 근본적인 차이를 보인다. 오픈소스 AI는 소스 코드가 공개되어 있어 누구나 자유롭게 접근하고 수정할 수 있는 방식이다. 이 방식은 개발자들 간의 협력을 촉진하고, 혁신적인 아이디어와 개선을 빠르게 반영할 수 있는 장점이 있다. 또한, 커뮤니티의 지원을 통해 지속적으로 발전할 수 있으며, 다양한 사람들에게 기술적 장벽을 낮춰 주며, 교육적인 활용에도 적합하다. 예를 들어, 텐서플로우(TensorFlow)와 파이토치(PyTorch)와 같은 오픈소스 라이브러리는 많은 개발자들에게 인기 있는 도구로, 다양한 프로젝트와 연구에서 활발히 사용된다.

(㉠) 오픈소스 AI의 단점도 존재한다. 소스 코드가 공개되기 때문에 보안 문제에 취약할 수 있다. 또한, 특정 기업이나 기관의 상용 솔루션에 비해, 지원과 유지 관리에 한계가 있을 수 있다. (㉡) 문제가 발생했을 때 즉각적인 대응이 어려운 경우가 있으며, 이를 해결하려면 많은 시간과 자원이 소요될 수 있다. 또한 커스터마이징은 자유롭지만, 이를 제대로 구현하기 위한 전문적인 기술이 필요하기 때문에, 초보자에게는 사용이 어려울 수 있다.

반면, 폐쇄형 AI는 특정 기업이나 기관에 의해 독점적으로 개발되고 관리되는 인공지능이다. 이 방식은 소스 코드가 비공개로, 외부에서 수정하거나 접근할 수 없으며, 기업의 기술력과 노하우를 보호하는 데 유리하다. 폐쇄형 AI는 품질 관리와 보안 측면에서 강점을 가진다. (㉢) 구글의 알파고(AlphaGo)나 애플의 Siri와 같은 서비스는 폐쇄형 AI 모델로 운영되며, 상용 서비스를 제공하는 데 있어 안정적인 성능과 품질을 유지할 수 있다. 기업들은 이 모델을 통해 자신의 기술적 우위를 보호하고, 사용자가 안전하고 일관된 경험을 할 수 있도록 보장한다.

	㉠	㉡	㉢		㉠	㉡	㉢
①	그래서	한편	그러나	②	그러나	즉	예를 들어
③	한편	예를 들어	즉	④	그런데	그리고	즉

| 정답풀이 |

㉠의 앞 문단에서는 오픈 소스 AI의 장점에 대해 소개하였고 ㉠의 뒤부터 오픈 소스 AI의 단점을 소개하므로 역접을 뜻하는 '그러나'가 적합하다. ㉡에서는 앞에서 설명한 내용을 간결하게 다시 말하고 있으므로 '즉'이 적합하다. ㉢의 앞에서는 폐쇄형 AI에 대해 설명하고 ㉢의 뒤부터 폐쇄형 AI의 예시를 들고 있으므로 '예를 들어'가 적합하다.

| 정답 | ②

기출 유형분석 & 출제사별 TIP

휴노 한사능 휴스테이션 인크루트 사람인 매일경제 기타

빈칸 삽입 문항은 접속부사 삽입과 지문 내용을 유추해 단어를 삽입하는 두 가지 유형이 있다. 두 유형 모두 빈칸과 전후 문장을 함께 읽고 문맥에 맞는 단어를 고르면 된다. 접속부사는 각 성격을 미리 익혀두면 도움이 되고, 단어 삽입형은 어휘력에 따라 선택지 단어를 알고 있는지 먼저 판단한 후 시간을 투자하는 것이 좋다.

07 어휘 · 어법

휴노　한사능　휴스테이션　인크루트　사람인　매일경제　기타

찐 기출

2024년 하반기 서울신용보증재단

다음 글의 밑줄 친 ㉠~㉢에서 올바른 단어를 골라 짝지은 것은?

> 　요즘 웬일인지 그녀와의 관계에 대해 생각하는 일이 잦아졌다. 그녀가 ㉠ (왠지/웬지) 나를 피한다는 생각 때문이다. 그녀가 나와 헤어지기를 원하고 있을지 모른다는 생각이 자꾸 드는 것이다. 지난번 싸운 일을 ㉡ (곰곰이/곰곰히) 생각하니 정말로 그런 것 같기도 했다. 생각이 여기까지 이르자, 그녀에 대한 나의 고민은 더욱더 깊어지게 됐다. ㉢ (하여튼/하옇든) 내일은 그녀를 꼭 만나야겠다.

	㉠	㉡	㉢
①	왠지	곰곰이	하여튼
②	왠지	곰곰히	하옇든
③	왠지	곰곰히	하여튼
④	웬지	곰곰이	하여튼
⑤	웬지	곰곰히	하옇든

| 정답풀이 |

㉠ '왠지'는 '왜인지'의 줄임말로 '왜 그런지 모르게. 또는 뚜렷한 이유도 없이'라는 의미로 감정이나 직감을 표현할 때 사용한다. '웬지'는 표준어가 아니므로 사용할 수 없다.

㉡ '곰곰이'는 '여러모로 깊이 생각하는 모양'을 뜻하며 심사숙고하는 상황에서 사용한다. 한글 맞춤법 제25항에서는 '하다'가 붙은 어근에 '―히'나 '―이'가 붙어서 부사가 되거나, 부사에 '―이'가 붙어서 뜻을 더하는 경우에는 그 어근이나 부사의 원형을 밝히어 적는다고 말하고 있다. '곰곰이'는 부사 '곰곰'에 '―이'가 붙어서 역시 부사가 되는 경우에 해당한다. 따라서 '곰곰이'가 맞는 표현이다.

㉢ '하여튼'은 '의견이나 일의 성질, 형편, 상태 따위가 어떻게 되어 있든'이라는 뜻의 부사이다. 한글 맞춤법 제4장 제5절 제40항 붙임 [3]에서 '결단코', '결코', '기필코', '무심코', '하여튼', '필연코' 등의 부사는 소리대로 적는다고 말하고 있다. 따라서 '하여튼'이 맞는 표현이다.

| 정답 | ①

다음 밑줄 친 ㉠~㉯ 중 순우리말로만 구성된 단어를 골라 짝지은 것으로 옳은 것은?

> • 하루 종일 대청소를 했더니 몸이 ㉠ 녹초가 되었다.
> • ㉡ 멜빵 바지를 입고 학교에 갔더니 친구들이 초등학생이라고 놀렸다.
> • 아파트 ㉢ 바자회에서 산 청소기 성능이 생각보다 좋다.
> • 저녁 ㉣ 노을을 바라보면서 하루를 되돌아보는 것이 나는 너무 좋다.
> • 친구와 떡볶이를 하려다가 ㉤ 냄비를 태우고 말았다.
> • ㉯ 담배는 몸에 해로우니 피우지 마세요.

① ㉠, ㉡, ㉢   ② ㉠, ㉡, ㉣   ③ ㉡, ㉢, ㉤
④ ㉡, ㉣, ㉯   ⑤ ㉣, ㉤, ㉯

| 정답풀이 |

㉠ 녹초: '맥이 풀어져 힘을 못 쓰는 상태' 또는 '물건이 낡고 헐어서 아주 못 쓰게 된 상태'를 의미하는 순우리말이다.

㉡ 멜빵: '멜(메다)'과 '빵(끈)'의 합성어로 '바지나 치마 따위가 흘러내리지 않도록 어깨에 걸치는 끈'을 의미하는 순우리말이다.

㉣ 노을: '해가 뜨거나 질 무렵에, 하늘이 햇빛에 물들어 벌겋게 보이는 현상'을 의미하는 순우리말이다.

| 오답풀이 |

㉢ 바자회: 페르시아어로 공공시장을 뜻하는 '바자르(bazar)'와 '모이다'는 뜻을 가진 회(會)가 합쳐진 합성어이다.

㉤ 냄비: '냄비'의 어원은 일본어 'nabe'이며, '음식을 끓이거나 삶는 데 쓰는 용구의 하나'를 의미한다.

㉥ 담배: '담배'는 포르투갈에서 유래한 외래어로 태초에 멕시코 인디언이 '타바코'라고 부르던 것을 포루투갈이 일본에 전파했고 한국에 들어오면서 '담배'로 변형되었다.

| 정답 | ②

 ## 기출 유형분석 & 출제사별 TIP

> 휴노 │ 한사능 │ 휴스테이션 │ 인크루트 │ 사람인 │ 기타

어휘 유형은 단어의 쓰임이 적절한지 확인하거나, 지문 안의 빈칸에 적절한 단어를 삽입하는 문항 등이 출제된다. 한자어를 병기하여 출제되기도 한다. 지문의 길이는 대체로 한 문단 정도이지만 경우에 따라 2~3개의 문단으로 구성되기도 한다. 어휘력 문항은 지원하는 회사와 무관한 일반적인 지문을 바탕으로 출제되는 경우가 더 많다.

☑ 출제되었던 유형과 풀이 방법 − 어휘

① 단어의 쓰임 적/부 확인

밑줄 친 부분의 전후 부분을 발췌독하여 의미를 유추한다. 문맥상 의미 파악이 어려울 경우, 소거법을 활용하여 접근한다.

② 적절한 단어 삽입

지문 안에서 빈칸을 주고, 선택지 안에서 적절한 단어를 고르는 문항이다. 난이도가 높은 경우, 선택지들이 유의어로 구성되어 있어 헷갈릴 수 있다. 이 경우에는 빈칸 전후 내용을 살펴보고 가장 명확하게 답을 고를 수 있는 단어를 포함한 선택지부터 접근한다.

☑ 출제되었던 유형과 풀이 방법 − 어법

① 어법에 맞지 않는 부분을 고르는 문항

지문 전체에서 어법에 맞지 않는 부분이 1개인 문항, 지문 안에서 어법에 맞지 않는 부분이 다수인 문항으로 구분된다. 이 중에서도 어법에 맞지 않는 부분이 다수이면서, 어법이 틀린 곳이 몇 개인지를 묻는 문항이 출제되기도 한다(한사능). 밑줄 등으로 특정 부분이 제시되지 않고 전체 지문을 제시하는 경우, 모든 부분을 살펴야 하므로 풀이 시간이 길어질 수 있다. 따라서 풀이 순서를 전략적으로 고려할 필요가 있다. 반면, 밑줄 등으로 특정 부분이 제시되는 문항이라면 해당 부분만 발췌독하여 빠르게 풀 수 있으므로 시간 관리에 유리하다.

② 어법에 맞지 않는 부분을 수정하는 문항

지칭된 부분만 발췌독하여 판단할 수 있기 때문에 상대적으로 수월하다. 어법 문항의 경우 기출문항을 통해 출제되었던 개념 등은 필수로 정리해 볼 필요가 있다.

찐 기출

2024년 상반기 한국토지주택공사

[01~02] 다음의 자료를 읽고 이어지는 질문에 답하시오.

○○기관에서는 업무 일처리의 명확성과 효율성을 확보하기 위해 운영되는 사항에 대한 내부 기준을 아래와 같이 배포하였다.

1. 기본 결재 체계
   - 모든 문서는 작성자가 기안하고, 최소 1인의 중간관리자(과장 또는 팀장 이상) 이상의 결재를 받아야 한다.
   - 결재권자는 문서의 중요도 및 범주에 따라 차등 지정한다.
   - 문서 내용이 예산 편성 또는 계약, 외부 기관과의 협약 관련인 경우, 반드시 부서장(부장급) 이상의 결재를 받아야 하며 필요시 본부장 또는 이사급 결재를 추가로 받아야 한다.

2. 보고 체계 기준
   - 정기보고, 주간업무보고 등은 팀장급 이상에게 보고하며, 월간단위 실적은 본부장급까지 상신한다.
   - 긴급 상황 보고는 부서장에게 구두 보고 후, 추후 서면으로 보완 제출한다.
   - 보고문서 내 숫자 수치가 잘못된 것으로 확인될 경우, 보고자는 수정 보고서 제출과 함께 과실 사유서를 별도로 작성해야 한다.
   - 대외 보도자료 초안 작성 시에는 본부장 및 홍보실 책임자의 공동 결재를 받아야 하며, 통계 수치가 포함된 경우 기획예산실의 협조 결재를 반드시 포함해야 한다.

3. 부서 간 협조 문서 기준
   - 타 부서 협조가 필요한 경우, 협조 요청서는 요청 부서의 팀장 이상, 협조 부서의 팀장 이상이 모두 결재해야 한다.
   - 예산이 수반되거나 외부 기관에 송부될 문서의 경우, 협조 부서 부서장 이상 결재가 필요하다.
   - 세 개 이상의 부서가 공동으로 기안하거나 협조하는 경우에는 각 부서 부서장 및 소관 본부장의 최종 결재가 있어야 한다.

4. 결재 생략 가능 기준
   - 팀 내부의 단순 실적 보고나 회의 결과 공유 문서 등은 과장급 이상 1인의 결재만으로 갈음할 수 있다.
   - 정형화된 문서 양식에 따라 작성된 품의서 중 예산 변경이 없는 경우, 팀장 이상 결재로 마무리할 수 있다.
   - 내부 교육 참석 결과보고서, 워크숍 후기 등은 해당 부서 과장 결재로 갈음 가능하나, 외부 공유 목적일 경우 부서장 결재가 필수이다.

5. 기타 예외 사항
   - 출장, 교육, 휴가 신청서 등 인사 관련 문서는 팀장-부서장 순으로 결재하며, 3박 이상의 출장 또는 타 지역 교육일 경우 본부장까지 상신한다.

- 문서 작성일 기준으로 결재권자가 부재 중일 경우, 동일 직급의 대행자가 결재할 수 있으며, 보고
계통 내 명시적으로 지정된 자여야 한다.
- 연말 정산 관련 문서, 임직원 복리후생비 신청, 공사 전산망 개선 요청 등 특정 항목은 해당 부서 외
에도 경영지원실 또는 정보전산실의 협조 결재가 필요하다.

※ 본 매뉴얼은 2023년 7월 개정판 기준이며, 전사 공지에 따라 연 1회 이상 개정된다.

01 이 글의 제목으로 가장 적절한 것은?

① 문서 작성 및 양식 활용 기준
② 부서 간 협조 문서 처리 절차
③ 결재 생략 문서 구분 기준
④ 보고 및 결재 체계 운영 매뉴얼

02 다음 사례에서 A사원이 결재를 받아야 할 최종 결재권자를 고른 것은?

A사원은 최근 참석한 '2024년 ○○기관 조직문화 개선 교육'에 대한 결과보고서를 작성했다. 해당
보고서에는 교육 개요, 참석자 명단, 설문 통계 수치, 개선안 요약 등이 포함되어 있으며, 일부 내용은
향후 부서 워크숍이나 외부 컨퍼런스에서 발표될 가능성이 있다. A사원은 이 보고서를 부서 내부 게
시판에 업로드하려 한다.

① 동일 팀 소속의 선임 사원
② 해당 부서의 과장
③ 해당 부서의 팀장
④ 해당 부서의 부서장

01

| 정답풀이 |

주어진 글은 ○○기관 내부에서 이루어지는 문서 결재의 전반적인 기준과 흐름을 제시하고 있다. 기안자의 역할, 결재권자의 범위, 예외 상황, 협조 절차, 생략 요건 등이다.

따라서 글 전체를 포괄하는 제목으로 적절한 것은 '보고 및 결재 체계 운영 매뉴얼'이다.

| 오답풀이 |

① 문서 형식과 작성 요령 중심의 제목으로 결재 흐름과 체계를 설명하는 내용과는 거리가 멀다.

②, ③ 일부 해당 내용이 있으나 전체 지문의 범위를 포괄하지는 못한다.

02

| 정답풀이 |

'4. 결재 생략 가능 기준'에 따르면 내부 교육 보고서는 과장 결재로 갈음 가능하지만, 외부 공유 목적일 경우에는 반드시 부서장 결재가 필요하다. 향후 결과보고서가 외부 컨퍼런스 발표에 활용될 수 있어 외부 공유 대상 문서에 해당하므로 부서장 결재가 적절하다.

| 정답 | 01 ④ 02 ④

🖉 기출 유형분석 & 출제사별 TIP

| 휴노 | 한사능 | 휴스테이션 | 인크루트 | 사람인 | 매일경제 | 기타 |

복합문항은 하나의 지문에 대해 2~3개의 문항이 함께 제시되는 유형으로, 최근 직무 기반 독해 평가에서 자주 출제되고 있다. 정보량이 많고 지문이 길어지는 경향이 있어, 처음부터 정독하는 방식보다는 문항을 먼저 확인하고 필요한 정보만 선별적으로 읽는 전략이 효과적이다.

풀이 시에는 발문을 먼저 훑어본 후, 전 문항을 다 풀지 일부만 선택할지 판단해야 하며, 시험 시간이 촉박한 경우에는 발췌독으로 해결 가능한 문항부터 우선 처리하는 것이 유리하다.

발췌독에 적합한 문항은 다음과 같다.

• 빈칸 삽입(문장 또는 접속부사)
• 어휘력 판단
• 주제 또는 요지 찾기

이러한 문항은 지문의 특정 문장이나 단락만 읽고도 정답을 도출할 수 있어 시간 대비 효율이 높다.

반면, 일치/불일치나 추론형 문항은 전체 맥락을 파악해야 하므로 시간이 더 소요된다. 이런 유형은 상황에 따라 뒤로 미루고 명확히 답할 수 있는 문항부터 우선적으로 해결하는 것이 좋다.

복합문항은 단순한 독해를 넘어 문항 분류와 시간 배분 능력을 요구하는 유형이다. 전략적인 접근을 통해 효율적으로 대응하는 것이 핵심이다.

02 수리능력

01 응용수리 | 기본공식

휴노 | 한사능 | 휴스테이션 | 인크루트 | 사람인 | 매일경제 | 기타

기출

2024년 상반기 한전KDN

농도가 24%인 설탕물 A와 농도가 40%인 설탕물 B가 있다. 설탕물 A와 설탕물 B를 섞은 후 물 50g을 넣었더니 농도가 29%가 되었다. 이때, 설탕물 A가 150g이었다면, 설탕물 B에 들어 있는 설탕의 양으로 옳은 것은?

① 50g   ② 64g   ③ 75g   ④ 80g   ⑤ 84g

| 정답풀이 |

설탕물 B의 설탕물의 양을 xg이라고 하면, 설탕물 B의 설탕의 양은 $x \times 0.4 = 0.4x(\text{g})$이 된다.

설탕물 A(150g)의 농도가 24%이므로 설탕물 A의 설탕의 양은 $150 \times 24\% = 36(\text{g})$이다.

두 설탕물을 섞은 후 물 50g을 넣으면 농도는 29%가 되므로 계산하면 다음과 같다.

$$\frac{36 + 0.4x}{150 + x + 50} \times 100 = 29(\%),\ x = 200$$

그러므로 설탕물 B의 설탕의 양은 $200 \times 40\% = 80(\text{g})$이다.

| 문제해결 Tip |

설탕물 A와 B를 섞은 후 물 50g을 첨가하는 것은 현재 설탕물 A(150g)를 200g으로 바꾸어서 생각하면 된다.

즉, 처음 설탕물 A의 설탕은 36g이므로 설탕물의 농도는 $\frac{36}{150 + 50} \times 100 = 18\%$가 된다.

즉, 농도 18%인 설탕물 200g과 농도 40%인 설탕물을 섞으면 농도가 29%가 된다는 것이다.

이때, 농도 18%와 농도 40%의 평균은 29%이므로 설탕물 B의 양은 설탕물 A의 양과 동일하다는 것을 알 수 있다. 그러므로 설탕물 B의 설탕의 양은 $200 \times 40\% = 80\text{g}$이다.

| 정답 | ④

기출 유형분석 & 출제사별 TIP

[휴노] [한사능] [휴스테이션] [인크루트] [사람인] [기타]

기본적으로 공식을 알면 쉽게 답을 구할 수 있는 문항들이 일부 출제된다. 대다수의 출제대행사에서 출제하고 있는 유형에 속한다. 대부분 수리에서 응용수리와 자료해석을 함께 출제하지만, 특히 한사능(대구교통공사)과 사람인(한국동서발전, 한국남동발전, 경기도 공공기관 통합채용, 부산시 공공기관 통합채용 등)에서 출제하는 수리는 응용수리의 출제 비중이 높은 편이다. 따라서 빈출 문항과 관련된 공식들을 반드시 암기하고, 문항에 적용할 수 있어야 한다.

① 거·속·시 관련 문항: 출발지에서 출발하여 특정 장소에서 얼마간 머문 뒤 도착 후 도착지까지 평균 속력 또는 시간, 기차가 터널을 지나는 데 걸리는 시간, 호수 또는 운동장의 맞은편에서 출발하여 만나는 데 걸리는 시간 등의 문항이 출제되었다.

  • 거리＝속력×시간

  • 시간＝$\dfrac{거리}{속력}$

  • 속력＝$\dfrac{거리}{시간}$

② 작업량: 수도꼭지 두 개를 틀어 물통을 가득 채우는 데 걸리는 시간, 몇 명이 어떤 작업을 완료하는 데 걸리는 시간 등의 문항이 출제되었다.

  전체 일의 양을 1로 하여, 각각의 작업량을 $\dfrac{1}{n}$로 한다.

③ 농도: 서로 다른 농도의 소금물을 섞었을 때 최종 농도 또는 특정 소금물의 농도, 어떤 소금물에 물을 추가할 때, 추가한 물의 양 등의 문항이 출제되었다.

  • 농도(%)＝$\dfrac{소금의\ 양}{소금물의\ 양}$×100

  • 소금의 양＝$\dfrac{농도×소금물의\ 양}{100}$

④ 최대공약수, 최소공배수

  최대공약수: 2개 이상의 자연수의 공약수 중 가장 큰 수

  최소공배수: 2개 이상의 자연수의 공배수 중 가장 작은 수

⑤ 도형 활용: 휴노(한국수자원공사), 한사능(대구교통공사), 사람인(한국동서발전, 한국남동발전, 경기도 공공기관 부산시 공공기관 통합채용, 대전광역시 공공기관 통합채용 등), 휴스테이션(한국석유공사)의 경우 사다리꼴의 넓 형, 마름모의 대각선 길이와 넓이 계산, 삼각형에서 삼각함수를 이용한 길이와 넓이 계산, n각형의 내각 계 각도 계산 등의 문항이 출제되었다.

기출

2024년 지역농협

어느 공장에서는 작년에 N제품 1개를 생산하는 데 원가로 600원짜리 A부품 2개, 800원짜리 B부품 1개를 사용하였고, N제품 전체 생산에 사용된 총원가는 480만 원이었다. 올해는 작년 대비 부품 가격이 증가하여 총원가는 15% 증가하였고, 생산제품 수는 100개 감소하였다. 작년 대비 A부품 가격이 30% 증가했을 때, B부품 가격은 몇 % 증가했는지 고른 것은?(단, '총원가=제품 1개당 원가×생산제품 수'이다.)

① 5%　　　　　② 10%　　　　　③ 15%　　　　　④ 20%

| 정답풀이 |

제품 1개는 600원짜리 A부품 2개, 800원짜리 B부품 1개로 이루어진다고 했으므로 1개당 원가는 $(600 \times 2)+800=2{,}000$(원)이다. 또한 '총원가=제품 1개당 원가×생산제품 수'이므로 작년의 생산제품 수는 $4{,}800{,}000 \div 2{,}000=2{,}400$(개)이다. 그러므로 올해 생산제품 수는 $2{,}400-100=2{,}300$(개)이다.

올해 총원가는 $4{,}800{,}000 \times 1.15=5{,}520{,}000$(원)이므로, 올해 제품 1개당 원가는 $5{,}520{,}000 \div 2{,}300=2{,}400$(원)이다. 이때 올해 A부품 가격은 $600 \times 1.3=780$(원)이므로, B부품 가격은 $2{,}400-(780 \times 2)=840$(원)이다.

따라서 B부품 가격은 작년 대비 $\frac{840-800}{800} \times 100=5$(%) 증가했다.

| 정답 | ①

기출 유형분석 & 출제사별 TIP

휴노　한사능　휴스테이션　인크루트　사람인　기타

기본 방정식을 활용하는 문항은 다양하게 출제되지만, 실제로 사용하는 수학적 구조는 매우 유사하다.
• 금액 관련 요소: 원가, 정가, 할인율, 이익률 등
• 수량 관련 요소: 판매 개수, 구입 개수, 부품 수, 혼합 비율 등
위와 같이 형태가 다양하게 제시되지만 결국 풀어야 하는 방정식의 구조는 비슷하다.
• 총비용=단가×수량
• 정가=원가+이익
• 할인 후 가격=정가×(1-할인율)
• 총원가=(부품 1개당 단가×수량)
이 외에도 가지고 있는 물건을 n명에게 배분하는 문항, 총금액 제시 후 A물건, B물건을 살 때 각각 최대 구매 개수, 나이 계산 등의 문장으로 제시된 문항, 연립방정식, 일차·이차 함수를 제시하는 경우 등 다양한 형태의 방정식 활용 문항이 출제되었다. 특히 수리에서 응용수리의 비중이 높은 한사능(한전KDN, 대구교통공사 등), 사람인(한국동서발전, 한국남동발전, 경기도 공공기관 통합채용, 부산시 공공기관 통합채용, 대전광역시 공공기관 통합채용, 광주광역시 공공기관 통합채용 등)은 다양한 형태의 방정식 문항을 활용하여 출제하였다.
최대한 다양한 형태의 방정식 문항을 풀면서 미지수를 정해서 풀이 속도를 단축시키는 연습이 필요하다. 미지수를 어떻게 잡느냐에 따라 방정식이 간단해지기도, 복잡해지기도 한다. 또한, 형태가 다른 듯 보여도, 결국 같은 틀의 방정식으로 풀 수 있는 경우도 많다. 따라서 다양한 변형 문항을 풀면서 공통된 구조를 파악하고 자신만의 빠른 풀이 패턴을 만드는 것이 중요하다.

03 경우의 수

🔶 기출

2024년 상반기 부산시 공공기관 통합채용

A, B 두 사람은 각각 오전과 오후에 하나씩 총 2개의 강의를 들어야 한다. 오전에는 서로 다른 세 강의가 동시에 진행되고 오후에는 서로 다른 네 강의가 동시에 진행될 때, 두 사람이 단 하나의 강의만 동시에 듣는 경우의 수로 옳은 것은?

① 12가지   ② 24가지   ③ 48가지   ④ 60가지

| 정답풀이 |

두 가지의 경우로 나눌 수 있다.

- 오전에 다른 강의를 듣고, 오후에 같은 강의를 듣는 경우

  오전에 A와 B가 서로 다른 강의를 선택 $=_3P_2=3\times2=6$

  오후에 A와 B가 같은 강의를 선택 $=_4C_1=4$

  따라서 $6\times4=24$

- 오전에 같은 강의를 듣고, 오후에 다른 강의를 듣는 경우

  오전에 A와 B가 같은 강의를 선택 $=_3C_1=3$

  오후에 A와 B가 서로 다른 강의를 선택 $=_4P_2=4\times3=12$

  따라서 $3\times12=36$

모든 경우의 수는 $24+36=60$(가지)이다.

| 정답 | ④

🔶 기출 유형분석 & 출제사별 TIP

확률 문항은 응용수리에서는 활용도가 매우 높은 유형이다. 그만큼 형태가 다양하고, 난이도 또한 다양하게 출제되고 있다. 수리에서 응용수리의 비중이 낮은 출제사(휴노)도 확률 문항은 적어도 1 문제를 포함하고 있다. 최근 사람인에서 출제한 시험에서는 확률 문항이 많이 출제되었으며, 난이도는 하~상까지 다양하게 출제되었다.

확률은 기본 개념을 확실하게 알고, 주어지는 문항에 맞는 개념을 파악하는 것이 중요하다.

① 경우의 수: 한 줄로 세우는 경우, 여러 가지 수 카드 중에서 n개의 카드를 뽑는 경우(0을 포함하는 경우, 포함하지 않는 경우), 대표를 뽑는 경우(같은 위치의 대표, 서로 다른 위치의 대표), 원형의 테이블에 앉는 경우의 수 등의 문항이 출제되었다.

- 사건 A 또는 사건 B가 일어나는 경우(동시에 일어나지 않을 때) = 합의 법칙
- 사건 A와 사건 B가 동시에 일어나는 경우(동시 또는 연달아 일어날 때) = 곱의 법칙

② 확률: 특정 경우를 제외하는 확률(적어도), 주머니에서 공을 꺼내는 확률(꺼낸 것을 넣는 경우, 넣지 않는 경우), 화살을 쐈을 때 명중 또는 맞지 않을 확률 등의 문항이 출제되었다. 특히 순열과 조합을 응용하여 출제되는 문항이 많이 출제되었다.

- 순열: 순서가 있는 경우의 수, 서로 다른 n개에서 $r(0<r\le n)$개를 택하여 일렬로 나열하는 것

  $$_nP_r=n(n-1)(n-2)(n-3)\cdots(n-r+1)$$

- 조합: 순서 없이 선택하는 경우의 수, 서로 다른 n개에서 순서를 생각하지 않고 $r(0<r\le n)$개를 택하는 것

  $$_nC_r=\frac{_nP_r}{n!}=\frac{n(n-1)(n-2)(n-3)\cdots(n-r+1)}{r!}=\frac{n!}{r!(n-r)!}$$

- 여사건: 어떤 사건 A가 일어나지 않는 경우(전체 확률은 항상 1)

  $$P(여사건)=1-P(A)$$

기출

2025년 상반기 코레일

다음 수들이 일정한 규칙으로 나열되어 있다. 빈칸에 들어갈 수로 알맞은 것은?

92, 143, 106, 157, 120, 171, 134, 185, ( ), ⋯

① 145   ② 146   ③ 147
④ 148   ⑤ 149

| 정답풀이 |
홀수 번째 항에 해당하는 숫자를 나열하면 다음과 같은 규칙을 찾을 수 있다.
$92 \rightarrow (+14) \rightarrow 106 \rightarrow (+14) \rightarrow 120 \rightarrow (+14) \rightarrow 134 \rightarrow (+14) \rightarrow (\quad)$
따라서 빈칸에 들어갈 수는 $134+14=148$이다.

| 정답 | ④

기출

2024년 하반기 국가철도공단

다음 두 수열의 빈칸에 공통으로 들어갈 수로 알맞은 것은?

> 수열1: 4 180 (   ) 444 532 708
>
> 수열2: 801 3 (   ) 342 18 20

① 256 ② 268 ③ 348
④ 352 ⑤ 356

| 정답풀이 |

수열1은 짝수 번째 항에는 이전 항에 88×2를 더하고, 홀수 번째 항에는 이전 항에 88×1을 더한다.

4	4+88×2=180	180+88×1=(268)	268+88×2=444	444+88×1=532	532+88×2=708

수열2는 셋째 항=(첫째 항÷둘째 항)+1의 규칙이 반복된다.

801	3	(801÷3)+1=(268)	342	18	(342÷18)+1=20

그러므로 공통으로 들어갈 수는 268이다.

| 정답 | ②

🔳 기출 유형분석 & 출제사별 TIP

[휴노] [한사능] [휴스테이션] [인크루트] [사람인] [기타]

수추리 문항은 규칙성을 빠르게 찾아 답을 낼 수 있어야 하는 문항이다. 기출문항을 많이 풀어 기출문항에서의 다양한 규칙을 파악해 두는 것이 필요하다. 시험 당일, 규칙이 한번에 보이지 않을 경우에는 오랜 시간을 투입해서 규칙을 발견하려고 하기보다는 해당 문항은 우선 SKIP하고 다른 문항을 푸는 것을 권한다.

☑ 출제되었던 유형과 풀이 방법

① 단순 숫자 나열 문항

숫자들의 변화를 보면서 어떠한 규칙성을 가지고 커지거나, 줄어들었는지를 파악하는 것이 필요하다.

② 제곱수가 활용된 문항

선택지나 주어진 문항 등에서 256, 1,024와 같은 숫자가 보일 때에는 2^n의 규칙이 활용된 문항이라는 것을 파악하고 답을 찾을 수 있다. 이처럼 몇몇의 특징적인 제곱수를 익혀 두면 빠르게 답을 낼 수 있다.

③ 분수 문항

분수의 규칙성이 보이지 않을 경우에는 분모는 분모끼리, 분자는 분자끼리 비교하여 수의 증감을 파악한다. 이때, 중간중간 규칙이 깨지는 부분이 발생할 경우 약분의 가능성을 염두하고 약분 전 분수로 변환하여 문제에 접근해 볼 수 있어야 한다.

④ 연산 규칙 문항

연산자를 ▲, ■ 등의 기호로 대체하여 연산 규칙을 파악한 후에 제시된 식의 결괏값을 묻는 문항이다. 연산 규칙 파악 수추리 문항은 사람인에서 출제한 이력이 있다. 두 자리수 결괏값의 자리를 서로 바꾸기도 하므로 2단계에 걸쳐 사고를 할 수 있어야 한다.

기출

2024년 하반기 한국전력공사

다음 [표]는 냉난방비 열요금표에 대한 자료이다. 김 사무관은 계약면적 60m² 이하인 주택에 대해서 12~2월 동안 에너지 바우처를 지급하게 된다. 주택용의 계약면적이 60m²이고, 사용량이 매월 200Mcal일 때 옳지 <u>않은</u> 것은?(단, 최종 금액에 대해서 1원 단위는 절사함.)

[표] 냉난방비 열요금표
(단위: 원, 부가가치세 10% 별도)

계약 종별	용도	기본요금	사용요금	
주택용	난방용	계약면적 m²당 520원	• 단일요금: Mcal당 112원 • 계절별 차등요금 　－ 춘추절기: Mcal당 110원 　－ 하절기: Mcal당 90원 　－ 동절기: Mcal당 115원	
	냉방용		5~9월	Mcal당 25원
			1~4월 10~12월	난방용 사용요금(단일요금) 적용
업무용	난방용	계약용량 1Mcal/h당 396원	• 단일요금: Mcal당 145원	
	냉방용		5~9월	－ 1단 냉동기: Mcal당 34원 － 2단 냉동기: Mcal당 25원
			1~4월 10~12월	난방용 사용요금(단일요금) 적용

※ 계절별 차등요금은 신청한 세대에 한함.
※ 춘추절기(3~5월, 9~11월), 하절기(6~8월), 동절기(12~2월)
※ 에너지 바우처 사용 시 전체 요금에 대해 50%를 감면 받음.

① 계절별 차등요금을 신청한 10월 난방용 기본요금은 34,320원이다.

② 계절별 차등요금을 신청한 12월 난방용 사용요금은 12,300원이다.

③ 계절별 차등요금을 신청한 8월 난방용 사용요금은 19,800원이다.

④ 9월 냉방용 단일 사용요금은 5,500원이다.

⑤ 계절별 차등요금을 신청한 1월 난방용 사용요금은 12,650원이다.

| 정답풀이 |

계절별 차등요금을 신청한 12월 난방용 사용요금은 $200 \times 115 \times 1.1 = 25,300$(원)이며, 에너지 바우처 지급 대상에 해당하여 전체 요금에 대해 50% 감면을 받아 12,650원이다.

| 오답풀이 |

① 계절별 차등요금을 신청한 10월 난방용 기본요금은 $60 \times 520 = 31,200$(원)이며, 부가가치세 10%를 가산하면 34,320원이다.

③ 계절별 차등요금을 신청한 8월 난방용 사용요금은 $200 \times 90 \times 1.1 = 19,800$(원)이다.

④ 9월 냉방용 사용요금은 $200 \times 25 \times 1.1 = 5,500$(원)이다.

⑤ 계절별 차등요금을 신청한 1월 난방용 사용요금은 에너지 바우처 지급 대상에 해당하여 전체 요금에 대해 50% 감면을 받아 $200 \times 115 \times 0.5 \times 1.1 = 12,650$(원)이다.

| 정답 | ②

 ## 기출 유형분석 & 출제사별 TIP

| 휴노 | 한사능 | 휴스테이션 | 인크루트 | 사람인 | 매일경제 | 기타 |

자료해석은 주어진 정보가 많아 자칫하면 시간을 많이 뺏기게 되는 대표적인 유형으로 이에 대한 구분이 없이 무작정 풀면 시간 관리에 실패할 수 있다. 주로 휴노에서 출제하는 시험(코레일, 한국전력공사, 한국수자원공사, 한국도로공사 등)은 자료해석의 비중이 높은 편이다. 항상 주어진 자료의 형태가 단순히 특정 자료에 대한 수치인지 증가 또는 감소율인지에 대한 확인을 먼저 해야 한다. 또한 연도와 관련하여 제시한 자료의 경우, 연도가 특정 주기(예: 5년 주기, 10년 주기 등)에 대한 것인지 또한 파악해야 한다.

자료해석은 주어진 자료에 따라 질문에 매우 다양한 형태로 제시되며, 자료의 이해와 자료의 계산 문항이 동일 자료 내에서 묶음 으로 출제되기도 한다.

자료해석 문항은 최근 세 가지 형태로 출제가 되고 있다.

① 보기에서 수치를 보여주지만 실제 계산이 필요 없는 형태

수치에 대해서 말하고 있으나 실제로 계산이 필요하지 않은 보기의 경우 근삿값을 활용하여 확인, 또는 단순한 비교(크다/작다) 를 요구하는 내용으로 구성이 되는 경우가 대부분이다.

② 자료의 수치를 활용하여 실제 계산이 필요한 형태

정확한 계산을 요구하는 문항에서는 주어진 자료에서 필요한 데이터를 정확히 파악하는 것이 필수이다. 가끔 전체 계산을 하지 않아도 특정 자릿수의 숫자만 확인하는 것으로 보기의 옳고 그름을 확인할 수도 있다. 단, 계산 실수가 발생하면 반복 계산으로 인해 시간 낭비가 크므로 침착하고 정확한 계산이 필수이다.

③ 자료 설명 기반의 판단형 보기 제시 형태(2025년 상반기 코레일-한사능)

최근 몇몇 대행사에서 출제하는 자료해석에서는 자료의 계산보다는 이해와 분석만을 필요로 하는 문항이 출제되기도 하였다. 주어진 자료를 바탕으로 단순한 설명을 통해 해당 내용의 일치 여부를 판단하는 형태로, 주어진 자료와 관련 없는 내용으로 보기를 구성하여 정답을 쉽게 찾을 수 있는 경우도 있었으나, 모든 보기의 내용이 모호하여 정답을 확신할 수 없는 형태의 문항도 출제가 되었다. 이러한 형태의 문항은 항상 제시된 자료를 근거로 하여 보기의 내용을 검토하는 것이 중요하다.

짠 기출

2024년 하반기 코레일

다음은 2020~2023년 초·중·고등학교 진학률에 대한 자료이다. 이에 대한 설명으로 옳지 <u>않은</u> 것은?

[표] 2020~2023년 초·중·고등학교 진학률 (단위: 명, %)

구분	진학자				진학률			
	2020년	2021년	2022년	2023년	2020년	2021년	2022년	2023년
초등학교 → 중학교 과정	474,688	450,896	431,698	454,592	100.0	100.0	100.0	100.0
중학교 → 고등학교 과정	444,042	411,471	426,078	467,067	99.7	99.7	99.7	99.6
고등학교 → 고등교육기관	362,888	322,246	326,986	313,012	72.5	73.7	73.3	72.8

※ 진학률(%)$=\dfrac{(\text{해당연도 졸업자 중 진학자})}{(\text{해당연도 졸업자})}\times100$

※ 고등교육기관은 전문대학, 일반대학, 교육대학, 각종학교로 구분함

① 초등학교 졸업자는 100% 중학교로 진학한다.

② 중학교 졸업자는 99% 이상 고등학교로 진학한다.

③ 초등학교 졸업자 수가 가장 많았던 해는 2020년이다.

④ 2023년 고등학교 졸업자는 420,000명이 넘는다.

⑤ 고등교육기관 진학률은 매년 증가하고 있다.

| 정답풀이 |

2022~2023년 고등교육기관 진학률은 72.5%, 73.7%, 73.3%, 72.8%로, 2021년에만 전년보다 증가하였고 다른 연도에는 감소하였다.

| 오답풀이 |

①, ② 매해 초등학교 졸업자의 중학교 진학률은 100%, 중학교 졸업자의 고등학교 진학률은 99% 이상이다.

③ 초등학교 진학률은 모든 해가 100%이다. 진학률은 $\dfrac{(해당연도\ 졸업자\ 중\ 진학자)}{(해당연도\ 졸업자)} \times 100$로 계산한다. 따라서 진학자 수=졸업자 수이며, 진학자 수가 가장 많았던 해는 2020년이다.

④ 2023년 고등학교 → 고등교육기관 진학자는 313,012명이며 진학률은 72.8%이다.

진학률 계산식을 활용하여 계산하면 다음과 같다.

2023년 고등학교 졸업자 $= \dfrac{313,012}{72.8} \times 100 = 429,961$(명)

따라서 2023년 고등학교 졸업자는 420,000명이 넘는다.

| 정답 | ⑤

기출 유형분석 & 출제사별 TIP

휴노 한사능 휴스테이션 인크루트 사람인 매일경제 기타

자료해석에서 단순계산 문항은 제시하는 자료에 따라 계산이 다양해진다. 대표적으로 많이 활용되는 유형은 다음과 같다.

• 특정 값을 연도별로 제시하여 증감량이나 비율을 계산하는 유형
• 가격과 관련된 자료를 제시하여 특정 금액을 계산하는 유형
• 기업의 재무제표를 활용하여 계산하는 유형

① 증감률, 비율, 비중 등

연도별 증감률, 비율, 비중 등을 파악해서 계산하는 문항은 자료 계산의 가장 기본적인 유형이다. 따라서 계산 실수 없이 빠르고 정확하게 해결할 수 있도록 충분한 연습이 필요하다.

② 도표 내 빈칸 제시

도표 안에 빈칸이 제시되는 경우, 주어진 자료 중 계산 과정이 가장 간단한 항목(가로 항이나 세로 항의 수치)을 골라 계산하는 것이 효율적이다. 또한, 선택지의 숫자 간격이 넓다면 반올림(근삿값)을 활용해 계산을 단순화하고, 가장 근접한 값을 정답으로 선택하는 방식도 효과적이다.

단순 계산 문항의 경우 선택지 내에서 복잡한 계산 없이 단순 수치 비교로 확인이 가능한 것들 위주로 먼저 확인한다면 시간 관리에 도움이 된다.

기출

다음 [표]는 2022년 1~5월 공공분야 비대면과 대면 업무시스템 이용 현황을 나타낸 자료이다. 이를 이용하여 작성한 자료로 옳지 않은 것은?

[표] 2022년 1~5월 공공분야 비대면과 대면 업무시스템 이용 현황 　　　　　　　　　　(단위: 명, 건)

업무환경	1월	2월	3월	4월	5월
PC영상회의 이용자 수	36,500	66,400	132,500	155,000	160,000
영상 회의실 이용횟수	1,600	3,000	7,200	9,600	12,000
일반 회의 이용자 수	150,000	120,000	105,000	96,000	90,000
일반 회의실 이용횟수	20,400	18,000	15,000	12,000	9,000

※ 영상 회의실 수(800개), 일반 회의실 수(1,200개)

① 2022년 1~5월 영상 회의실 이용횟수

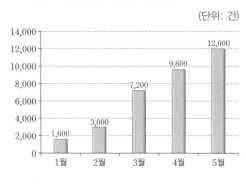

② 2022년 1~5월 비대면과 대면 회의 이용자 수

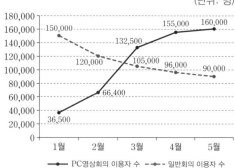

③ 2022년 1~5월 대면 회의실당 이용횟수

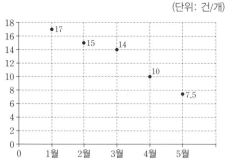

④ 2022년 1~5월 비대면 회의 이용자 수와 회의실 이용횟수

⑤ 2022년 2월 비대면과 대면 회의실 이용횟수와 이
  용자 수

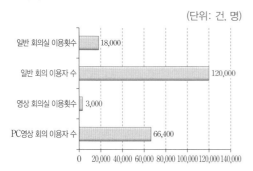

(단위: 건, 명)

| 정답풀이 |

대면 회의실당 이용횟수는 다음과 같다.

업무환경	1월	2월	3월	4월	5월
회의실 당 이용횟수 (건/개)	17	15	12.5	10	7.5

3월의 회의실당 이용횟수는 12.5건/개이다.

| 정답 | ③

기출 유형분석 & 출제사별 TIP

`휴노`　`한사능`　`휴스테이션`　`인크루트`　`사람인`　`매일경제`　`기타`

제시된 자료를 파악하여 적합한 형태의 그래프를 나타내는 문항으로, 전달하고자 하는 정보의 종류 또는 특성에 따라 적합한 그래프를 선택할 수 있는지를 묻는다. 그래프의 수치, 항목 이름 등이 정확한지 파악하여 답을 찾아야 한다. 또한 이와 반대로 그래프를 제시하고, 해당 그래프와 관련한 자료가 바르게 작성된 선택지를 찾는 형태도 출제되었다.

난이도에 따라 유형을 분석하면 다음과 같다.

① 난이도 상: 제시된 자료를 가공(계산)하여 그래프를 선택
② 난이도 중: 제시된 자료의 수치를 정확히 나타낸 그래프 선택
③ 난이도 하: 제시된 자료의 그래프를 선택(정답 외의 그래프는 주어진 자료와 관련 없음)
④ 그 외: 설문 조사 또는 제품 평가서를 제시, 해당 내용을 나타낸 그래프 선택

이런 형태의 문항은 그래프 종류별 특성을 알고 있다면 문제를 해결하는 데 도움이 된다.

- 꺾은선 그래프: 선으로 연결된 점을 통해 변화의 추이(시간에 따른 변화, 증가·감소 경향)를 표현
- 막대 그래프: 항목별 수치를 막대의 길이로 표현(항목 간 비교, 개수나 수치의 차이)
- 원형 그래프: 전체를 100%로 보고 각 항목의 비율을 표현(전체에 대한 각 부분의 비율 비교)
- 누적 막대 그래프: 여러 항목의 값을 하나의 막대에 누적하여 표현(전체＋부분 비교, 구성 비율)
- 방사형 그래프: 여러 항목을 축으로 하여 거미줄 모양으로 비교(항목별 강약, 다차원 평가 비교)

기출

2024년 상반기 코레일

다음은 열차 운행에 대한 자료이다. 주어진 자료를 바탕으로 고객센터에서 할 수 있는 응대로 적절하지 <u>않은</u> 것은?

열차는 다음과 같은 조건으로 운행된다.

- 각 역에서의 정차 시간은 10분이다.
- 환승 시 정차 시간은 15분이다.
- 출발 시간이 같은 경우 KTX−ITX−무궁화호 순으로 출발한다.
- 열차는 서로 추월할 수 없다. 후행 열차가 빠른 경우 선행 열차와 동시에 도착한다.

구분	KTX		ITX-새마을		무궁화	
	소요시간	정차 유무	소요시간	정차 유무	소요시간	정차 유무
서울 → 오송	40분	일부정차	50분	○	80분	○
오송 → 대전	20분	○	30분	○	40분	○
대전 → 동대구	40분	일부정차	50분	○	90분	○
동대구 → 울산	20분	×	25분	○	70분	○
울산 → 부산	20분	○	25분	○	70분	○

열차	출발시간	예매 가능 여부			운임(서울 → 부산)		
		특실	일반	입석	특실	일반	입석
KTX101(동대구 정차)	09:32	○	○	○	85,000원	60,000원	50,000원
무궁화1207	09:53	×	○	×	42,000원	30,000원	25,000원
ITX1005	10:22	×	○	○	56,000원	40,000원	34,000원
KTX023(동대구 정차)	10:27	○	○	○	85,000원	60,000원	50,000원
KTX107(오송 정차)	10:47	×	○	○	85,000원	60,000원	50,000원

① ITX1005는 오송에서 KTX로 환승할 수 있습니다.

② 무궁화호는 울산에서 ITX로 환승이 불가합니다.

③ 4명이 단체로 좌석을 예약할 경우 가장 저렴한 운임은 120,000원입니다.

④ 부산에 가장 빨리 도착하는 열차는 대전에서 11시에 탑승할 수 있습니다.

⑤ 오후 1시 전에 부산에 도착하고자 할 때는 KTX를 이용할 수 있습니다.

| 정답풀이 |

부산에 가장 빨리 도착하는 열차는 KTX101이며, 대전 도착 시각은 10:32이고 출발 시각은 10:42이다. 따라서 대전에서 11시에 탑승할 수 없다.

| 오답풀이 |

① ITX1005 열차가 서울에서 출발하여 오송에 도착하는 시간은 11:12이다. 해당 시간에 환승 가능한 열차는 오송에 11:27에 도착하여 오송에서 정차하는 KTX107이다.

② 무궁화호와 ITX는 모두 울산에서 정차하며 ITX는 13:27에 울산에 도착하고, 13:37에 출발한다. 하지만 무궁화호는 울산에 15:03에 도착하여 환승이 불가하다.

③ 가장 저렴한 좌석요금은 무궁화1207 일반실을 예매하는 경우이다. 따라서 4명이 예약하면 운임은 총 30,000×4=120,000(원)이다. 이때, 입석은 좌석에 해당하지 않으므로 제외된다.

⑤ KTX101은 부산에 12:12에 도착한다. 다음에 도착하는 열차는 KTX023으로 13:07에 부산에 도착한다. 따라서 오후 1시 전에 부산에 도착하기 위해 이용할 수 있는 기차는 KTX101이다.

| 정답 | ④

🏁 기출 유형분석 & 출제사별 TIP

| 휴노 | 한사능 | 휴스테이션 | 인크루트 | 사람인 | 매일경제 | 기타 |

복합자료 문항은 두 개 이상의 자료가 함께 제시되는 형태를 말하며, 표, 그래프, 문서 등 다양한 형식이 조합되어 출제된다. 복합자료 문항은 각 선택지가 어떤 자료에 해당하는지 우선 파악할 수 있어야 한다. 경우에 따라서는 2개 이상의 자료를 모두 고려하여 답을 내야 하는 경우의 문항이 출제되기도 한다. 자료의 유형과 구성 방식에 따라 문항의 난이도는 크게 달라지며, 자료 간의 연계성을 정확히 파악하는 것이 중요하다.

주로 매일경제에서 출제될 때 복합자료 문항이 출제되는 편이며 [지문]+[표]+[표], [지문]+[표]+[그래프], [표]+[표], [표]+[그래프] 등 다양한 형태로 출제된다. 주어진 자료의 양이 방대하기 때문에 상대적으로 문항 풀이에 시간이 많이 소요되는 편이므로 전략적 접근이 필요하다.

찐기출

2025년 상반기 서울교통공사

[01~02] 다음은 교통약자 편의시설을 나타낸 자료이다. 이를 바탕으로 이어지는 질문에 답하시오.

[표] 교통약자 편의시설 설치 현황 (단위: %)

구분		기준 충족	기준 미달	미설치
교통수단	버스	88	4.0	8.0
	지하철	99.4	0.6	0
	기차	97.3	1.2	1.5
	비행기	73.9	0.5	25.6
	여객선	74.9	12.3	12.8
	전체	88.3		
여객시설	버스	61.7	14.5	23.8
	지하철	83.9	4.4	11.7
	기차	91	3.0	6.0
	비행기	93.7	2.2	4.1
	여객선	89.6	1.2	9.2
	전체	82.8		

※ '미설치'는 '기준 미달'에 포함되지 않는다.

01 주어진 자료에 대한 설명으로 [보기] 중 옳은 것은?

┤ 보기 ├

㉠ 교통수단 중 지하철의 '기준 충족' 비율이 가장 높다.

㉡ 교통수단 중 비행기의 '설치' 비율이 가장 낮다.

㉢ 여객시설 중 '기준 미달' 비율이 가장 낮은 것은 '미설치' 비율이 가장 높다.

㉣ '설치' 비율이 가장 높은 여객시설은 교통수단에서의 '미설치' 비율이 가장 낮다.

㉤ '기준 충족' 비율이 전체보다 높은 교통수단은 여객시설에서도 전체보다 높다.

① ㉠, ㉡, ㉢   ② ㉠, ㉡, ㉤   ③ ㉡, ㉢, ㉣

④ ㉡, ㉢, ㉤   ⑤ ㉢, ㉣, ㉤

02 교통수단 중 버스에서 교통약자 편의시설이 '기준 미달'인 것과 '미설치'인 것을 수리하여 시설 기준을 충족시키려고 한다. 전체 버스에 대한 [조건]이 다음과 같을 때, 전체 버스 중 수리해야 하는 버스의 대수로 알맞은 것은?

┌─ 조건 ├───
│ • 조사한 버스는 총 1,785,000대이며 이는 전체(모집단) 버스의 35%이다.
│ • 전체 버스의 '기준 미달' 비율과 '미설치' 비율은 조사한 내용과 같다고 가정한다.
└──

① 591,000대   ② 594,000대   ③ 603,000대

④ 609,000대   ⑤ 612,000대

01

| 정답풀이 |

㉠ 교통수단 중 지하철의 '기준 충족' 비율은 99.4%로 가장 높다.
㉡ 교통수단 중 비행기의 '미설치' 비율이 가장 높으므로 '설치' 비율이 가장 낮다.
㉤ '기준 충족' 비율이 전체보다 높은 교통수단은 지하철, 기차이고, 이는 여객시설에서도 전체보다 높다.

| 오답풀이 |

㉢ 여객시설 중 '기준 미달' 비율이 가장 낮은 것은 여객선이고, '미설치' 비율이 가장 높은 것은 버스다.
㉣ '설치' 비율이 가장 높은 여객시설은 비행기로 95.9%이고, 교통수단에서 비행기의 '미설치' 비율은 25.6%로 가장 낮지 않다.

02

| 정답풀이 |

조사한 버스 1,785,000대가 전체 버스의 35%이므로 전체 버스는 1,785,000÷0.35=5,100,000(대)이다.
교통수단 중 버스의 '기준 미달' 비율은 4%, '미설치' 비율은 8%이므로 수리해야 하는 버스는 5,100,000×0.12=612,000(대)이다.

| 정답 | 01 ② 02 ⑤

기출 유형분석 & 출제사별 TIP

휴노   한사능   휴스테이션   인크루트   사람인   매일경제   기타

묶음 문항은 2개 이상의 문항이 연계되어 출제되는 유형을 말한다. 제시되는 자료는 [설명]+[표], [설명]+[그래프], [표]+[표], [표]+[그래프], [표]+[조건] 등 다양한 형태가 있으며, 연계되는 문항은 이해, 계산, 빈칸, 그래프 변환 등 매우 다양한 형태가 출제된다. 이때 묶은 문항이 서로 연결되어 출제되는 경우가 있어 주의가 필요하다. 단순히 과정만 연결되는 경우도 있으며, 앞선 문항의 결과를 활용하여 해결해야 하는 문항도 있다. 이런 경우에는 하나의 문항을 틀리게 되면 모든 문항에 영향이 있으므로, 자료에 대한 더욱 정확한 이해와 계산이 필요하다.

특히, 매일경제의 경우 수리능력은 자료해석으로만 구성되어 있으며, 모든 문항이 2개씩 묶음 문항으로 구성되어 있다. 또한, 계산 과정이 긴 편으로 충분한 계산 연습이 필요하다.

03 문제해결능력

01 명제

기출

다음 명제가 모두 참일 때, 항상 옳은 것은?

- 사과를 좋아하면 배를 좋아한다.
- 바나나를 좋아하면 파인애플을 좋아한다.
- 사과를 좋아하지 않으면 파인애플을 좋아한다.

① 사과를 좋아하면 바나나를 좋아하지 않는다.
② 배를 좋아하면 사과를 좋아한다.
③ 파인애플을 좋아하면 사과를 좋아하지 않는다.
④ 파인애플을 좋아하지 않으면 배를 좋아한다.
⑤ 바나나를 좋아하면 사과를 좋아하지 않는다.

| 정답풀이 |

주어진 명제를 도식화하면 다음과 같다.
- 사과 → 배 (대우: ~배 → ~사과)
- 바나나 → 파인애플 (대우: ~파인애플 → ~바나나)
- ~사과 → 파인애플 (대우: ~파인애플 → 사과)

이를 정리하면 ~파인애플 → 사과 → 배, ~배 → ~사과 → 파인애플이다.
따라서 '파인애플을 좋아하지 않으면 배를 좋아한다.'는 항상 옳다.

| 오답풀이 |

①, ⑤ '파인애플을 좋아하지 않으면 바나나를 좋아하지 않는다.'와 '파인애플을 좋아하지 않으면 사과를 좋아한다.'에서 바나나와 사과에 대한 관계는
    명시되지 않았기 때문에 알 수 없다.
② 첫 번째 명제의 역으로 항상 옳다고 할 수 없다.
③ 세 번째 명제의 역으로 항상 옳다고 할 수 없다.

| 정답 | ④

기출 유형분석 & 출제사별 TIP

대부분 출제사에서 출제하는 기본 유형이지만 기업에 따라 제외하는 경우도 있다. 크게 다음과 같은 두 가지 형태로 구분된다.

• 정언명제: 다음과 같이 조건이 붙지 않은 네 가지 기본 명제

구분	명제	벤다이어그램	
전칭 (all 개념)	모든 S는 P이다.	P⊃S or S=P	한 쪽이 다른 쪽에게 포함되거나 서로 동일한 관계
	모든 S는 P가 아니다.	~P⊃S or S=~P	
특칭 (some 개념)	어떤 S는 P이다.	S∩P or P⊃S or S⊃P or S=P	서로 공통 영역을 공유하는 관계
	어떤 S는 P가 아니다.	S∩~P or ~P⊃S or S⊃~P or S=~P	

• 명제의 역, 이, 대우:

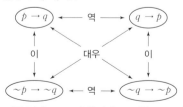

어떤 명제 $p \to q$가 참이어도 그 역 $q \to p$나 이 $\sim p \to \sim q$는 반드시 참이라고 할 수는 없지만, 그 대우 $\sim q \to \sim p$는 반드시 참이다.

기출

2024년 하반기 한국전력공사

다음은 A~E 5명 직원의 진술이다. 이들 중 4명이 진실을 말했을 때, 거짓을 말한 사람은?

> A: 야근을 한 사람은 2명 이상이야.
> B: E는 야근을 하지 않았어.
> C: 나와 A는 야근을 하지 않았어.
> D: B는 거짓을 말하고 있어.
> E: 나와 D는 야근을 했어.

① A　　　　② B　　　　③ C　　　　④ D　　　　⑤ E

| 정답풀이 |

한 명이 거짓말을 한 경우를 설정하여 모순점을 찾아낼 수 있다.
B가 거짓이면 D는 진실이고 E는 야근을 했다.
또한 E의 발언에 의해 야근을 한 인원은 최소 E와 D이므로 2명 이상으로 모든 조건을 충족한다.

| 오답풀이 |

① A가 거짓이면 E도 거짓이다.
③ C가 거짓이면 D의 진술은 참이고, B의 진술은 거짓이다.
④ D가 거짓이면 B의 진술은 참이고, B와 E의 진술은 모순이다.
⑤ E가 거짓이면 B와 D의 진술은 모순이다.

| 정답 | ②

기출 유형분석 & 출제사별 TIP

휴노　한사능　휴스테이션　인크루트　사람인　기타

다수의 사람이 등장하고, 거짓말을 한 사람 혹은 항상 진실을 말하는 사람을 고르는 문항으로 출제된다. 또는, 모든 명제가 진실일 때 거짓인 것을 고르는 문항도 포함된다. 진실과 거짓을 말함에 있어, 서로 상충하는 지점이 있는지를 파악해야 한다. 이때 등장하는 인물들의 발언에 모순이 있는지가 중요하고, 주어진 명제의 역ㆍ이ㆍ대우를 활용하여 오류가 있는지를 찾을 수 있어야 한다.
매일경제를 제외하고 대다수의 출제사에서 출제하는 유형에 속하기는 하나, 기업에서 출제 유형으로 포함시키지 않는 경우에는 출제되지 않는다.

03 조건추리 | 배열/배치

휴노 한사능 휴스테이션 인크루트 사람인 매일경제 기타

 기출

2024년 하반기 부산시 공공기관 통합채용

A~E 5명은 구내식당에서 점심을 먹기 위해 일렬로 줄을 서 있다. 이들 중 1명만 거짓을 말하고 있을 때, 항상 참인 것은?(단, 5명 외에 줄 서 있는 사람은 없다.)

A: B는 나보다 뒤에 서 있다.

B: C는 나보다 앞에 서 있다.

C: D는 A보다 뒤에 서 있다.

D: E는 나의 바로 앞에 서 있다.

E: A는 B보다 앞에 서 있다.

---

① D는 B보다 뒤에 서있다.

② A는 B보다 앞에 서 있다.

③ E와 D 사이에는 아무도 없다.

④ B의 진술은 거짓이다.

| 정답풀이 |

A~E 5명 중 1명만 거짓을 말하고 있으므로 서로 동일한 이야기를 하는 A와 E의 진술은 항상 사실이다.

따라서 A는 항상 B보다 앞에 서 있다.

| 오답풀이 |

① C의 진술이 거짓인 경우 D는 B보다 앞에 서 있을 수 있으므로 항상 참인 설명은 아니다.

③ D의 진술이 거짓인 경우 E와 D 사이에 사람이 서 있을 수 있으므로 항상 참인 설명은 아니다.

④ B의 진술이 참이고, C의 진술이나 D의 진술이 거짓인 경우에도 모순이 없으므로 항상 참인 설명은 아니다.

| 정답 | ②

기출 유형분석 & 출제사별 TIP

휴노 한사능 휴스테이션 인크루트 사람인 기타

조건추리 중에 배열/배치 문항을 수월하게 풀기 위해서는 주어진 조건 중에 가장 명확하고, 많은 정보를 갖고 있는 조건부터 고정하여 정보를 기입한 후, 나머지 조건들을 차례대로 대입하면서 위치를 잡아갈 수 있어야 한다.

☑ 조건추리 중 어려운 문항

① 조건 중 문항을 푸는 데 큰 의미가 없는 조건이 추가되어 있다. 해당 조건을 무시하고 문항을 풀어도 답을 낼 수 있다. 조건의 수를 증가시켜 사람들에게 더 많은 조건을 고려하고 시간을 더 소요하게 한다.

② 주어진 조건 1개로는 문항을 풀 수 없으나, 조건 2개 이상을 병렬할 경우 문항을 풀 수 있는 조건을 포함한다. 이때 보통 주어진 조건만으로는 케이스에 대입을 시킬 수 없을 경우, 빠르게 다른 조건을 보면서 주어가 같아 하나의 조건으로 취합할 조건이 있는지 유무를 확인해야 한다.

기출

2024년 상반기 부산시 공공기관 통합채용

다음 [보기]의 논리적 오류와 같은 것은?

┤ 보기 ├

- 머리카락 하나가 빠지면 대머리가 되지 않는다.
- 두 개가 빠져도, 100개가 빠져도 그렇다.
- 따라서 1만 개가 빠져도 대머리가 되지 않는다.

① 모든 사람은 평등하다고 하였으므로 나는 다른 사람들과 똑같이 나쁜 행동을 해도 상관없다고 생각했다.

② 장발장이 빵을 훔쳤다는 증거는 없다. 그러니 그는 결백한 거다.

③ 조금씩 야근을 늘린다고 큰 문제가 생기지 않아. 그러니까 매일 야근을 해도 문제없어.

④ 자동차가 많아져서 환경 문제가 심각해지고 있다. 따라서 모든 자동차를 없애야 한다.

| 정답풀이 |

[보기]는 결합의 오류에 해당한다. 결합의 오류란 하나의 사례에는 오류가 없지만 여러 사례를 잘못 결합하면 완전히 오류에 빠지게 되는 것으로, 조금씩 야근을 늘리는 것은 크게 문제가 생기지 않는다는 하나의 사례에서 매일 야근이라는 여러 사례(큰 범위)를 잘못 결합하여 오류에 빠진 것으로 결합의 오류에 해당한다.

| 오답풀이 |

① 과대해석의 오류에 해당한다.
② 무지의 오류에 해당한다.
④ 허수아비 오류에 해당한다.

| 정답 | ③

기출 유형분석 & 출제사별 TIP

휴노　한사능　휴스테이션　인크루트　사람인　기타

추리 과정에서 범할 수 있는 논리적 오류, 논증의 전개 과정에서 발생할 수 있는 논리적 오류 등을 묻는 문항이 출제된다. 기출문항을 풀어보면서 출제되었던 논리적 오류가 무엇인지를 정리해 두는 작업이 필요하다.

☑ 선택지에 자주 언급되는 오류의 종류
　① 원천봉쇄의 오류: 우물에 독약 치는 오류로도 불린다. 자신의 주장은 좋은 것이며 반대쪽 의견은 싹을 자르려는 오류이다.
　② 군중에 호소하는 오류: 다수가 그렇게 한다는 것을 내세워 주장하거나 대중을 선동하여 주장을 관철한다.
　③ 성급한 일반화의 오류: 적절한 증거가 부족함에도 불구하고 성급하게 결론을 내린다.
　④ 피장파장의 오류: 다른 사람의 잘못을 들어 자기의 잘못을 정당화하려고 한다.
　⑤ 은밀한 재정의의 오류: 용어의 의미를 자의적으로 해석·정의하여 발생하는 오류를 말한다.
　⑥ 흑백의 오류: 흑 아니면 백이라고 주장하여 이 세상 모든 일을 이분법으로 보려는 사고의 오류를 뜻한다.
　⑦ 인신공격의 오류: 의견 자체보다는 상대방을 공격한다.
　⑧ 논점 일탈의 오류: 관련이 없거나 망상적인 쟁점을 인용하여 논증의 핵심으로부터 주위를 돌린다.
　⑨ 순환논증의 오류: 논증의 결론 자체를 전제의 일부로 사용하는 오류이다.
　⑩ 분할의 오류: 전체에 대해 참인 명제에 대해 전체를 이루는 부분에 대해서 참이라고 판단하여 발생하는 오류이다.
　⑪ 결합·합성의 오류: 단일 사례에서는 오류가 없었으나 여러 사례를 잘못 결합하여 오류에 빠지는 경우를 말한다.

기출

2025년 상반기 서울교통공사

[01~02] 다음은 ○○공사에서 운영하는 짐 배송 및 보관 서비스 요금표를 나타낸 자료이다. 이를 바탕으로 이어지는 질문에 답하시오.

[표1] 이용요금(배송서비스)   (단위: 원)

구분	공항 당일배송(역 ↔ 인천공항)		서울 당일배송(A역 ↔ B역)	
	평일	주말	평일	주말
S~M(~23" 미만)	20,000	29,000	17,000	27,000
L(23~27" 미만)	26,000	38,000	26,000	38,000
XL(27"~)	31,000	45,000	31,000	45,000

[표2] 이용요금(보관서비스)   (단위: 원)

구분	기본 4시간		추가 요금 (주중 · 주말 동일)
	주중	주말	
S(~20" 미만)	3,000	6,000	+1,000/1시간
M(20~23" 미만)	5,000	8,000	
L(23~27" 미만)	7,000	12,000	
XL(27"~)	11,000	19,000	

※ 캐리어 개당 금액임
※ 캐리어 사이즈는 높이를 기준으로 하고 1인치는 2.54cm임

A는 12월 9일(토) 인천공항을 통해 한국에 입국하였다. A의 짐은 모두 두 개이며, 하나는 가로×세로×높이가 36×24×57(cm) 크기의 캐리어이고, 다른 하나는 가로×세로×높이가 42×36×76(cm) 크기의 캐리어이다.

---

01 A가 공항에서 홍대입구역까지 짐 배송서비스를 이용한 후 홍대입구역에서 8시간 동안 일정이 있어 짐을 보관하려고 할 때, 총비용은?(단, 1개만 맡기는 경우와 2개 모두를 맡긴다고 했을 때 비용 차이가 만 원 미만인 경우 2개를 모두 맡기고, 그렇지 않을 경우 더 큰 사이즈 하나만 보관한다.)

① 35,000원   ② 74,000원   ③ 86,000원

④ 97,000원   ⑤ 109,000원

02 A는 홍대입구역에서 일정을 마친 후 34km 떨어져 있는 수서역으로 이동하려고 한다. 이때 A의 짐을 모두 배송서비스를 이용하여 보낸다면 지불할 금액은?

구분	추가 요금
20km 이하	없음
20km 초과 시	5km당 5,000원

※ 배송 요금 총합이 10만 원 이상인 경우 추가 요금에 대해 50% 감면함

① 72,000원   ② 87,000원   ③ 92,000원

④ 102,000원   ⑤ 113,000원

01

| 정답풀이 |

A는 공항 당일배송(인천공항 → 홍대입구역)과 짐 보관 서비스(8시간)를 이용하게 된다. 공항 당일배송 이용 금액은 M사이즈 캐리어 1개+XL사이즈 캐리어 1개=29,000+45,000=74,000(원)이며, 짐 보관 서비스(8시간) 이용 금액은 M사이즈 캐리어는 기본(4시간)+추가 4시간=8,000+4,000=12,000(원), XL사이즈 캐리어는 기본(4시간)+추가 4시간=19,000+4,000=23,000(원)이다. 이때, 두 짐의 보관비용의 차이가 만 원 이상이므로 큰 짐(XL사이즈)만 보관한다.
따라서 총비용은 74,000+23,000=97,000(원)이다.

| 상세해설 |

A의 캐리어 각각의 크기를 먼저 구한다. 캐리어 사이즈는 높이를 기준으로 구분한다. 첫 번째 캐리어는 가로×세로×높이가 36×24×57(cm)로 높이가 57cm이므로 57÷2.54≒22.4(인치), M사이즈에 해당한다. 두 번째 캐리어는 가로×세로×높이가 42×36×76(cm)로 높이가 76cm이므로 76÷2.54≒29.9(인치), XL사이즈에 해당한다.
공항에서 홍대입구역까지 짐 배송서비스를 이용하면, 12월 9일(토)은 주말에 해당하므로 M, XL사이즈 각각 하나씩 보낼 때 29,000원, 45,000원으로 총 74,000원의 비용이 든다.
홍대입구역에서 짐 보관서비스를 이용하는 경우 이용 요금은 M사이즈의 짐은 주말(기본 4시간) 기준 8,000원이며 시간당 1,000원씩 추가되므로 8시간을 보관하면 총 12,000원이다. XL사이즈의 짐은 주말(기본 4시간) 기준 19,000원이며 시간당 1,000원씩 추가되므로 8시간을 보관하면 총 23,000원이다. 두 짐의 보관비용 차이는 23,000−12,000=11,000(원)으로 비용 차이가 만 원을 초과하므로 큰 사이즈 짐만 보관 서비스를 이용하게 된다.
따라서 인천공항 → 홍대입구역으로 이동, 홍대입구역에서 8시간 보관서비스를 이용할 경우 총 비용은 74,000+23,000=97,000(원)이다.

02

| 정답풀이 |

A의 짐은 M, XL사이즈 두 개이며 홍대입구역에서 수서역으로의 짐 배송서비스는 서울 당일배송서비스로 주말 요금은 각각 27,000원, 45,000원이다. 기본 20km 이후 14km에 대해 5km당 5,000원씩 부과되므로 각각에 대해 15,000원씩, 총 30,000원이 추가된다.
총 배송 요금은 27,000+45,000+30,000=102,000(원)이며, 배송 요금 총합이 10만 원 이상인 경우 추가 요금에 대해 50% 감면되므로, 102,000−30,000×0.5=87,000(원)이다.

| 정답 | 01 ④ 02 ②

기출 유형분석 & 출제사별 TIP

휴노   한사능   휴스테이션   인크루트   사람인   기타

문제해결은 직무에서 발생하는 다양한 상황 속 문제를 인식하고, 이에 어떻게 대처할지를 바탕으로 출제되는 유형이다. 이와 관련된 다양한 자료나 상황이 제시되며, 그 속에서 도출되는 계산이나 설명을 통해 일치 여부를 판단하거나 직접 계산하는 형태로 출제된다.

앞서 제시한 문항은 피셋형으로 대부분의 출제사에서 공통으로 활용하는 문항 형태다. 기본적인 배경지식이 부족하더라도, 제시된 자료나 상황을 파악하면 문제를 해결할 수 있다는 점에서 난이도가 높지 않다. 다만 출제사별로 문항 형태의 비중에는 차이가 있다. 사람인과 한사능을 제외한 대부분의 출제사는 피셋형 문제해결 문항의 비중이 높은 반면, 사람인과 한사능에서는 모듈형에 가까운 응용모듈형으로 출제되었다.

한 가지 주목할 것은 최근 휴스테이션(서울교통공사)에서 출제한 문제해결 문항이다. 단순히 자료(수치)를 그대로 사용하는 것이 아니라, 추가로 주어진 조건을 적용해 계산해야 하는 형태로 출제되었다. 이러한 유형은 조건이 복잡하게 설정되어 있어, 자료를 정확히 해석하고 계산까지 수행해야 하므로 풀이 시간이 늘어나 체감 난이도가 높아지는 경향이 있다. 따라서 이러한 유형에 대비하려면, 관련 문항을 직접 풀어보며 풀이 시간을 점검하고, 자료 해석과 조건 적용에 익숙해지는 연습이 필요하다.

이처럼 출제사에 따라 문항 구성 방식이 다르기 때문에, 문제해결은 피셋형과 모듈형 두 가지 모두를 대비해 두는 것이 유리하다. 또한, 문제해결능력 문항 중 일부는 성격에 따라 자원관리에 포함될 수 있는 문항이 출제되기도 하고, 자원관리를 따로 출제하지 않는 기업의 경우, 해당 문항을 문제해결능력에 포함하여 출제하기도 한다.

찐 기출

2024년 하반기 한국수력원자력

[01~02] 다음 자료를 바탕으로 이어지는 질문에 답하시오.

위험물이란 일반적으로 물질의 화학적, 물리적 또는 생물학적 성질상 그 물질 자체의 특성, 서로 다른 2종류 이상의 물질이 접촉 또는 특별한 상황하에서의 마찰 등으로 인하여 폭발, 인화성, 유독성, 부식, 방사성, 질식, 자연발화, 전염, 중합, 동상 등을 초래하여 인간, 생명체 또는 환경에 위험을 야기하는 물질 또는 제품을 의미한다.

모든 화학물질이 위험물로 분류되는 것은 아니며 항공기로 운송될 때 위험물로 분류된 제품이 선박으로 운송 시 일반 화물로 분류될 수도 있다. 반면에 미국 내에서는 규제 없이 운송되던 제품이 유럽에서는 위험물로 분류되는 경우도 있기 때문에 위험물 운송규정을 기반으로 위험물을 정의한다. 위험물은 단순하게 정의되는 것이 아니라 운송수단과 현지 국내법 등에 따라서 최종적으로 위험성의 여부가 확정된다. 최초로 위험물을 규정한 유엔에서도 다양한 사고 사례 및 오랜 경험과 기록을 토대로 위험물 관련 법을 규정하고 있다. 해상으로 운송 시에는 IMDG CODE에 등재된 제품을 해상 위험물로 분류하는 것이 합당하다.

제1급(화약류, explosives)은 폭발성 물질, 폭발성 제품 및 실제적인 폭발효과 또는 화공효과가 발생하도록 할 목적으로 제조된 기타의 물질 및 제품을 말한다. 제1급은 다음의 6가지 위험등급으로 구분한다.

• 등급 1.1(division 1.1): 대폭발 위험성이 있는 물질 및 제품
• 등급 1.2(division 1.2): 비산 위험성은 있지만 대폭발 위험성은 없는 물질 및 제품
• 등급 1.3(division 1.3): 화재 위험성이 있으며 또한 약한 폭풍 위험성이나 약한 비산 위험성 중 어느 한쪽 또는 양쪽 모두의 위험성은 있지만 대폭발 위험성은 없는 물질 및 제품
• 등급 1.4(division 1.4): 심각한 위험성이 없는 물질 및 제품
• 등급 1.5(division 1.5): 대폭발 위험성이 있는 매우 둔감한 물질
• 등급 1.6(division 1.6): 대폭발 위험성이 없는 극도로 둔감한 제품

제2급(가스류, gases)은 50℃에서 증기압이 300kPa을 초과하는 물질 또는 20℃, 표준압력 101.3kPa에서 완전히 기체 상태인 물질을 말한다. 제2급은 다음과 같이 세분한다.

• 제2.1급(Class 2.1): 인화성 가스
• 제2.2급(Class 2.2): 비인화성 · 비독성 가스
• 제2.3급(Class 2.3): 독성 가스

제3급(인화성 액체, flammable liquids)은 일반적으로 '인화점(액체의 증기가 공기와 섞여서 발화성 혼합물을 형성하는 가장 낮은 액체온도)'을 참조하여 밀폐식 시험법(closed-cup test)으로 60℃ 이하의 온도에서 인화성 증기를 방출하는 액체, 액체 혼합물 또는 용해되거나 현탁된 상태의 고체가 함유된 액체(예를 들면, 페인트, 바니시, 래커 등과 같은 것을 말하지만, 자신의 다른 위험특성을 고려하여 다른 등급으로 분류되는 물질은 제외)를 말한다.

제4급(가연성 물질)은 운송조건하에서 쉽게 연소하는 물질 또는 화재를 일으키거나 조장할 수 있는 물질로서, 화약류로 분류되는 물질 이외의 것을 말한다. 제4급은 다음과 같이 세분한다.

- 제4.1급(Class 4.1) − 가연성 고체: 운송 중 조우하는 조건에서, 쉽게 연소하는 고체 또는 마찰에 의하여 화재를 일으키거나 조장할 수 있는 고체
    − 격렬하게 발열반응(exothermic reaction)이 일어날 수 있는 자기반응성 물질(고체 및 액체)
    − 충분히 희석되지 아니하는 경우에 폭발할 수 있는 고체 둔감화 화약류
- 제4.2급(Class 4.2) − 자연발화성 물질: 운송 중 조우하는 정상조건에서 자연적으로 발열하거나 공기와 접촉하여 발열하기 쉬우며, 그 결과 화재를 일으키기 쉬운 물질(고체 및 액체)
- 제4.3급(Class 4.3) − 물과 접촉 시 인화성 가스를 방출하는 물질: 물과 상호 작용하여 자연적으로 인화성이 되거나 위험한 양(量)의 인화성 가스를 방출하기 쉬운 물질(고체 및 액체)
    제5급은 산화성 물질 및 유기과산화물을 말한다. 제5급은 다음의 2가지 급으로 세분한다.
- 제5.1급(Class 5.1) − 산화성 물질: 물질 자체는 반드시 가연성이 아니지만, 일반적으로 산소를 발생하여 다른 물질을 연소하게 하거나 연소를 돕는 물질을 말한다. 그러한 물질은 제품에 포함되어 있을 수 있다.
- 제5.2급(Class 5.2) − 유기과산화물: 2가(二價)의 −○−○− 구조가 있고, 1개 또는 2개의 수소 원자가 유기 래디칼(radical)로 치환된 것으로서, 과산화수소의 유도체로 간주할 수 유기물질을 말한다. 유기과산화물은 수은이나 납처럼 발열성 자기가속분해가 일어날 수 있는 열적으로 불안정한 물질이다.
    제6급은 독성 물질 및 전염성 물질을 말한다. 제6급은 다음의 2가지 급으로 세분한다.
- 제6.1급(Class 6.1) − 독성 물질: 섭취, 흡입 또는 피부 접촉 시 사망하게 하거나, 심한 장애를 주거나, 인간의 건강을 해칠 우려가 있는 물질을 말한다.
- 제6.2급(Class 6.2) − 전염성 물질: 병원체가 포함된 것으로 알려졌거나 합리적으로 예상되는 물질을 말한다. 병원체(pathogen)란 인간 또는 동물에게 질병을 유발할 수 있는 미생물(박테리아, 바이러스, 리케차, 기생충, 진균류 포함) 및 기타 작용 인자(프라이온(prion)과 같은 것)를 말한다.

01 다음 중 주어진 자료를 이해한 내용으로 적절하지 않은 것은?

① 화학물질의 위험성 여부는 운송수단과 현지 국내법에 근거한다.
② IMDG CODE는 배로 운송하는 경우 위험물을 규정하고 있다.
③ 제1급 위험물 중에서 등급 1.6은 등급 1.1보다 더 조심스럽게 다뤄야 한다.
④ 인화점이 낮을수록 발화성 혼합물을 형성하지 않도록 수송온도에 주의해야 한다.

02 주어진 내용에 근거할 때, '살충제, 쥐약, 잡초제거제'가 속하는 분류를 추론한 것은?

① 제2.1급(Class 2.1)

② 제4.3급(Class 4.3)

③ 제5.2급(Class 5.2)

④ 제6.1급(Class 6.1)

01

| 정답풀이 |

주어진 내용에서 등급 1.1(division 1.1)은 대폭발 위험성이 있는 물질 및 제품이고 등급 1.6(division 1.6)은 대폭발 위험성이 없는 극도로 둔감한 제품이다. 그러므로 제1급 위험물 중에서 등급 1.1을 등급 1.6보다 더 조심스럽게 다뤄야 한다.

| 오답풀이 |

① 지문에 위험물은 단순하게 정의되는 것이 아니라 운송수단과 현지 국내법 등에 따라서 최종적으로 위험성의 여부가 확정된다고 언급되어 있다. 따라서 화학물질의 위험성 여부는 운송수단과 현지 국내법에 근거함을 알 수 있다.

② 지문에서 '해상으로 운송 시에는 IMDG CODE에 등재된 제품을 해상 위험물로 분류하는 것이 합당하다.'고 언급하고 있으므로 IMDG CODE는 배로 운송하는 경우 위험물을 규정한다.

④ 액체의 증기가 공기와 섞여서 발화성 혼합물을 형성하는 가장 낮은 액체온도를 인화점이라고 한다. 그러므로 인화점이 낮을수록 발화성 혼합물을 형성하지 않도록 수송온도에 주의해야 한다.

02

| 정답풀이 |

살충제, 쥐약, 잡초제거제는 모두 독성물질이다. 전염성 물질은 아니므로 제6.1급(Class 6.1)에 포함된다.

| 오답풀이 |

① 제2.1급(Class 2.1)은 인화성 가스이므로 부탄가스, 프로판가스, 라이터, 스프레이류가 관련 물질이다.

② 제4.3급(Class 4.3)은 물과 접촉 시 인화성 가스를 방출하는 물질로, 물과 상호 작용하여 자연적으로 인화성이 되거나 위험한 양(量)의 인화성 가스를 방출하기 쉬운 물질(고체 및 액체)이므로 아연, 마그네슘, 바륨이 관련 물질이다.

③ 제5.2급(Class 5.2)은 유기과산화물로 수은이나 납처럼 발열성 자기가속분해가 일어날 수 있는 열적으로 불안정한 물질이다.

| 정답 | 01 ③ 02 ④

기출 유형분석 & 출제사별 TIP

휴노   한사능   휴스테이션   인크루트   사람인   매일경제   기타

독해력을 기반으로 하는 지문제시형 문항은 최근 출제 빈도가 높아지고 있다. 문항 형태는 의사소통능력과 큰 차이가 없어 보이기는 하나, 추론능력을 묻거나 선택지의 내용이 단순 독해가 아닌 계산을 통해 일치/불일치를 찾아내는 경우도 있다. 단순 독해형의 경우 법령 등을 제시하고, 해당 법령에 맞는 사례를 매칭하는 문항 등이 출제되며 단순 독해형의 경우 초고난이도에 속하지는 않는다.

07 문제해결 | 모듈형

휴노　한사능　휴스테이션　인크루트　사람인　매일경제　기타

기출

2024년 하반기 코레일

다음 설명에 해당하는 문제해결 방법은?

> 어떤 그룹이나 집단이 의사결정을 잘하도록 도와주는 일을 가리킨다. 깊이 있는 커뮤니케이션을 통해 서로의 문제점을 이해하고 공감함으로써 창조적인 문제해결을 도모한다. 구성원의 동기가 강화되고 팀워크도 한층 강화된다는 특징을 보인다.

① 소프트 어프로치　　　② 하드 어프로치　　　③ 퍼실리테이션
④ 코디네이터　　　　　⑤ 브레인스토밍

| 정답풀이 |
문제해결 방법 중 '퍼실리테이션'에 대한 설명이다. 퍼실리테이션이란 '촉진'을 의미하며, 어떤 그룹이나 집단이 의사결정을 잘하도록 도와주는 일을 말한다.

| 오답풀이 |
① 소프트 어프로치: 대부분의 기업에서 볼 수 있는 전형적인 스타일로 조직 구성원들은 같은 문화적 토양을 가지고 이심전심으로 서로를 이해하는 상황을 가정한다. 시사 또는 암시를 통해 의사를 전달하고 감정을 통함으로써 문제해결을 도모한다.
② 하드 어프로치: 상이한 문화적 토양을 가지고 있는 구성원을 가정하여 서로의 생각을 직설적으로 주장하고 논쟁이나 협상을 통해 의견을 조정해 가는 방법이다. 이때 중심적 역할을 하는 것이 논리, 즉 사실과 원칙에 근거한 토론이다. 제3자는 이것을 기반으로 구성원에게 지도와 설득을 하고 전원이 합의하는 일치점을 찾아내려고 한다.
④ 코디네이터: 소프트 어프로치에 개입하는 역할로서 결론으로 끌고 갈 지점을 미리 머릿속에 그려가면서 권위나 공감에 의지하여 의견을 중재하고, 타협과 조정을 통하여 해결을 도모한다.
⑤ 브레인스토밍: 창의적 사고와 관련한 개념으로 집단의 효과를 살려서 아이디어의 연쇄반응을 일으켜 자유분방한 아이디어를 이끌어 내는 것이다.

| 정답 | ③

기출 유형분석 & 출제사별 TIP

휴노　한사능　인크루트　사람인　기타

문제해결에서 몇몇 출제사는 모듈형으로 출제하기도 한다. 특히 사람인(한국동서발전, 한국남동발전, 부산교통공사 등)은 모듈형 문항을 많이 출제하였으며, 한사능(대구교통공사, 한전KDN 등)은 모듈형과 모듈형에 가까운 응용모듈형 문항을 선택하여 출제하였다. 모듈형 문항의 경우 한국산업인력공단에서 배부하는 직업기초능력 가이드북 내용을 바탕으로 한 이론형 문항으로 구성되며, 관련 이론을 숙지하고 있다면 비교적 쉽게 풀 수 있다는 장점이 있다. 응용모듈형 문항 역시 해당 이론을 바탕으로 재구성(직무에 적용)한 내용으로, 예를 들면, 인물들 간의 대화를 제시하고 '해당하는 의사결정 과정을 묻는 형태로(사람인: 부산교통공사 출제) 출제가 되었다. 다만, 같은 출제사라도 기업에 따라 문항 유형이 달라질 수 있으므로, 기본적인 이론을 미리 학습하고 모든 형태를 대비할 필요가 있다.

04 자원관리능력

01 자원관리능력

휴노 | 한사능 | 휴스테이션 | 인크루트 | 사람인 | 매일경제 | 기타

🔲 기출

2025년 상반기 서울시복지재단

다음 중 올바른 자원관리 순서를 고른 것은?

① 자원 활용 계획 → 자원 편리성 추구 → 자원 활용 계획자원 수집 → 수행

② 자원 활용 계획 → 자원의 종류와 양 확인 → 자원 활용 계획자원 수집 및 수행

③ 자원의 종류와 양 확인 → 자원 활용 계획 → 자원 수집 → 수행

④ 자원의 종류와 양 확인 → 자원 수집 → 자원 활용 계획 → 수행

| 정답풀이 |

자원을 적절하게 관리하기 위해서는 일반적으로 4단계의 자원관리 과정을 거쳐야 한다.

어떤 자원이 얼마나 필요한지 확인 → 이용 가능한 자원 수집(확보) → 자원 활용 계획 설립 → 계획에 따라 수행

| 정답 | ④

기출

2024년 상반기 서울교통공사

신입사원인 윤 사원은 선배들로부터 효율적인 자원관리에 대한 조언을 들었다. 선배들의 조언으로 적절하지 않은 것은?

① A선배: 우선순위를 선정하여 무엇이 급한 것인지를 알아야 한다.

② B선배: 자원을 확보하기 전에 필요한 자원이 무엇인지를 파악해야 한다.

③ C선배: 업무 효율을 높이기 위해 주어진 시간에 딱 맞도록 계획한다.

④ D선배: 왜 자원을 확보하고 관리하는지에 대한 명확한 목표를 설정해야 한다.

⑤ E선배: 자원의 유한성을 인식해야 한다.

| 정답풀이 |

시간자원을 효과적으로 관리하기 위해서는 예측 못한 상황에 대비하기 위한 여유를 갖는 것이 좋다. 이와 관련하여 전문가들은 시간계획의 기본 원리로서 60 : 40의 규칙을 제시하고 있다. 이는 자신에게 주어진 시간 중 60%는 계획된 행동을 하여야 한다는 것을 의미한다. 즉, 예측하지 못한 사태와 일의 중단(낭비 시간의 발생 요인), 개인적으로 흥미를 가지는 것과 개인적인 일 등에 대응할 수 있도록 자신이 가지고 있는 시간 중 60%를 계획하는 것을 말한다.

| 정답 | ③

기출 유형분석 & 출제사별 TIP

휴노   한사능   휴스테이션   인크루트   사람인   기타

업무 수행에 필요한 자원을 검토하고 확보하는 방법을 분석하고 평가하며 활용계획을 구체화하여 효율적으로 할당이 되었는지 파악하는 문항이 출제된다. 한국산업인력공단에서 배부하는 NCS 자원관리능력을 바탕으로 모듈형 또는 응용모듈형으로 출제된다. 자원의 종류, 자원관리의 중요성, 자원의 낭비 요인 제거 방법, 효과적인 자원관리 과정에 대한 통합적인 개념을 이해하고, 사례에 적용시킬 수 있어야 한다.

특히 모듈형 문항은 개념만 알고 있다면 바로 정답을 찾을 수 있으며 동시에 정답률도 쉽게 올릴 수 있는 유형으로 미리 학습해 둔다면 전체 시간 관리에 유리해진다는 장점이 있다.

휴노　한사능　휴스테이션　인크루트　사람인　매일경제　기타

기출

2024년 상반기 공무원연금공단

다음은 C대리가 내일 팀 회의에 이용하려는 회의실과 이용 가능 시각을 나타낸 것이다. [조건]을 고려했을 때, C대리가 선택할 수 있는 회의실과 사용 시작 시각으로 옳은 것은?(단, 이동시간은 고려하지 않는다.)

구분	회의실 이용 가능 시간		
제1소회의실	09:00 ~ 12:00	12:00 ~ 14:00	14:00 ~ 18:00
제2소회의실	09:00 ~ 12:00	13:00 ~ 15:00	15:00 ~ 19:00
제1회의실	10:00 ~ 11:50	13:10 ~ 15:00	15:00 ~ 18:00
제2회의실	10:30 ~ 12:00	12:30 ~ 14:00	14:30 ~ 16:30
제3회의실	10:00 ~ 11:00	15:00 ~ 16:00	17:00 ~ 18:00

┤ 조건 ├
- P과장은 오늘부터 한 주간 오전 10시에 출근하고 오후 7시에 퇴근한다.
- C대리는 내일 오전 11시부터 오후 3시 사이에 외부 미팅 일정이 있다.
- A사원은 내일 오전 반차이므로 1시에 출근 예정이다.
- J사원은 오늘 오후 반차이므로 오전 12시 퇴근 예정이다.
- P과장과 C대리, A사원과 J사원이 모두 참석할 수 있어야 한다.
- 기본적인 근무시간은 오전 9시~오후 6시이다.
- 회의시간은 넉넉히 2시간 정도 걸릴 것으로 예상된다.

① 제1소회의실, 12:00

② 제2소회의실, 17:00

③ 제1회의실, 16:00

④ 제2회의실, 15:00

⑤ 제3회의실, 10:00

| 정답풀이 |

조건에 따라 사용 가능한 제1소회의실 사용 시작 시각은 14:00~18:00, 제2소회의실 사용 시작 시각은 15:00~19:00, 제1회의실 사용 시작 시간은 15:00~18:00이므로 제1회의실에서 16:00에 회의실을 사용할 수 있다.

| 오답풀이 |

① 12시에는 C대리와 A사원이 회의에 참여할 수 없다.
② 오후 6시 이후 P과장을 제외한 직원들이 회의에 참여할 수 없다.
④ 회의시간을 충분히 확보할 수 없다.
⑤ A사원이 회의에 참여할 수 없다.

| 정답 | ③

기출 유형분석 & 출제사별 TIP

휴노　한사능　휴스테이션　인크루트　사람인　매일경제　기타

시간 관리 문항은 주어진 조건을 바탕으로 회의 참여가 가능한 시간대를 묻거나 회의실, 교통 수단을 이용할 수 있는 시간을 묻는 문항이 주로 출제된다. 물적자원 관리 문항과 결합하여 묶음 문항으로 나오는 경우가 많다.

시간 관리 문항이 강화된 형태로 출제될 때에는 시차가 있는 두 국가에서 동시에 회의를 진행한다고 했을 때 적합한 시간을 고르는 문항, 혹은 출장 시 가장 적합한 운송 수단의 이용 시간을 고려하는 문항 등이 출제된다. 또한 제시된 자료를 바탕으로 조건에 맞는 일정을 고르는 문항이 주로 출제되고 있다. 해당 일정에 참여 가능한 인원수까지 함께 묻는 문항이 출제되기도 한다.

기출

2024년 상반기 공무원연금공단

이 과장은 하기 일정으로 독일 공장 출장을 갈 예정이다. 다음 출장비 규정에 따를 때 이 과장이 사전 품의 상신 시 지원받을 수 있는 출장비로 알맞은 것은?

[출장비 규정]
- 출장 시 일비는 14일까지 $80로 계산하며, 15일차부터는 $60로 계산한다.
- 일비에는 식비와 출장지 내 교통비를 포함하며, 숙박비와 항공료는 실비로 계산한다.
- 출장지 내에서 별도의 중식, 석식 행사에 참여할 경우, 매 식사마다 출장비에서 $10를 제한다.
- 2024년 4월 환율은 $1＝1,465원으로 계산한다.
- 사전 품의 상신 시, 전체 비용의 80%를 지급받으며, 출장 완료 후 품의 재상신 시 잔여 비용인 20%가 지급된다.

[일정]
- 출장 기간: 2024년 4월 1~16일(15박 16일)
- 항공편: 한국항공, 왕복 1,654,000원
- 식사 행사 참석: 4월 4일 석식(법인장), 9일 중식(협력업체), 10일 석식(공정팀)
- 숙박비: $90/1박

① 4,323,520원　　② 4,423,520원　　③ 4,523,520원
④ 5,304,400원　　⑤ 5,404,400원

| 정답풀이 |

이 과장이 출장비로 받게 될 비용은 다음과 같다.

구분	항공편	출장비		숙박비	식사 공제
원화	1,654,000	–	–	–	–
달러	–	80×14	60×2	90×15	$(-10) \times 3$

따라서 출장비는 $1,654,000$원$+\$1,120+\$120+\$1,350-\$30=1,654,000$원$+\$2,560=1,654,000$원$+(2,560 \times 1,465)$원 $=5,404,400($원$)$이다. 이 과장이 상신한 것은 사전 품의이므로 전체 비용의 80%만 지원받을 수 있다. 그러므로 이 과장이 사전 품의 상신 시 지원받을 수 있는 출장비는 $5,404,400 \times 80\%=4,323,520($원$)$이다.

| 정답 | ①

찐 기출 유형분석 & 출제사별 TIP

휴노　　한사능　　휴스테이션　　인크루트　　사람인　　매일경제　　기타

자원관리 유형 중에서 활용이 높은 대표적인 문항이 예산관리이다. 회식비, 회사의 기념품 제작 비용, 출장비 등의 키워드를 활용하여 피셋형의 문항을 출제하고, 간접비, 직접비라는 키워드로 모듈형과 응용모듈형 문항을 출제하기도 한다. 예산관리 문항의 경우 계산이 필요한 문항이 주로 출제되어 자원관리 영역을 따로 출제하지 않는 기업의 경우 수리능력에 포함시키기도 하는 유형의 문항이다.

기출

2024년 상반기 공무원연금공단

조 사원은 고객 미팅을 준비하면서 회의실을 예약하려고 한다. 다음 [표]와 [보기]의 내용을 바탕으로 할 때, 조 사원이 예약할 회의실로 알맞은 것은?

[표] A~E회의실 정보

구분	공장과의 거리	권장 인원	비용/최소 예약 시간	비용/추가 시간	시설
A	12km	16인	32만 원 / 8시간	10만 원/2시간	화이트보드, 프로젝터, 마이크, 화상 회의 장비
B	28km	20인	16만 원 / 2시간	6만 원/1시간	화상 회의 장비, 마이크
C	9km	24인	20만 원 / 3시간	5만 원/1시간	프로젝터, 마이크
D	16km	10인	25만 원 / 4시간	5만 원/2시간	화이트보드, 마이크
E	7km	18인	10만 원 / 1시간	6만 원/1시간	화상 회의 장비, 프로젝터

┤ 보기 ├

　　차주 수요일에 고객 미팅이 진행될 예정이다. 고객 참석자는 6명이고, 자사에서는 8명이 참석할 예정이다. 회의는 3시간으로 예정되어 있으나, 사전 준비 및 회의가 길어질 때를 대비하여 총 6시간을 예약할 예정이다. 중간에 고객 임원진이 화상 회의로 참석할 예정이므로 화상 회의 장비가 필요하다. 회의가 끝나고 자사 라인 투어가 예정되어 있으므로 공장과의 거리가 25km 이상인 회의실은 후보에서 제외하고자 한다. 모든 조건을 충족할 경우, 비용이 저렴한 회의실을 예약할 예정이다.

① 회의실 A　　　　② 회의실 B　　　　③ 회의실 C
④ 회의실 D　　　　⑤ 회의실 E

| 정답풀이 |

공장과의 거리가 25km 이상이면 제외하고, 14명 참석이 가능해야 하므로 회의실 B와 D는 제외한다. 또한 화상회의 장비가 없는 회의실 C도 제외한다. 이 경우 가능한 예약 가능한 회의실은 A와 E이다.

총 6시간 예약이 필요한데, 회의실 A의 경우 최소 예약 시간이 8시간이므로 32만 원의 비용이 필요하다. 회의실 E의 경우 최소 예약 시간 1시간+5시간 추가 예약이 필요하다. 그러므로 회의실 E 예약에 필요한 비용은 10만+(6만×5)=40만 원이다.

즉, A 회의실과 E 회의실 중 저렴한 회의실은 A 회의실이므로 조 사원이 예약할 회의실은 A 회의실이다.

| 정답 | ①

기출 유형분석 & 출제사별 TIP

휴노 **한사능** **휴스테이션** **인크루트** **사람인** **매일경제** **기타**

물적자원관리 문항은 시간관리 문항과 묶음 문항으로 출제되기도 한다. 문항에서 제공되는 다양한 정보들을 취합하여 문항을 풀 수 있어야 한다. 주로 사용 가능한 회의실 선택, 대여 가능한 비품 문항 등이 출제된다. 물적자원관리 문항은 경우에 따라서는 물적자원관리에 따른 비용 문항으로 출제되기도 하여 예산 문항과 유사한 형태를 보이는 경우도 있다.

자원관리를 출제하는 대부분 출제사에서는 피셋형, 모듈형으로 다양하게 출제하고 있다. 예를 들어 휴노(2025년 상반기 한국수자원공사)는 선입선출, 회전대응 원칙에 대해서 모듈형으로 출제하였다.

자원관리 문항의 경우 휴노, 한사능, 사람인에서 출제하는 문항에서 모듈형, 피듈형, 피셋형이 다양하게 활용하고 있으므로 이론학습을 놓치지 않도록 해야 한다.

기출

2024년 하반기 근로복지공단

[01~02] 다음은 A사에서 개최하는 미래 재생에너지 포럼과 관련 회의 내용이다. 이를 바탕으로 이어지는 질문에 답하시오.

◎ 2024 미래 재생에너지 포럼

— 행사개요

행사명	2024 미래 재생에너지 포럼
주제	재생에너지 향후 전략
일시	2024년 04월 09일(수)
장소	A사 대회의실

— 프로그램

시간	구분	연사 및 주제	비고
09:00 ~ 09:30	오프닝	개회식, 축사	
09:30 ~ 10:00	강연1	세계 에너지 정책의 변화 및 기조	경영혁신팀 관련 강연
10:00 ~ 10:20		휴식	
10:20 ~ 12:00	강연2	세계 정책에 따른 변수와 향후 전략	경영혁신팀 관련 강연
12:00 ~ 13:00		점심시간	
13:00 ~ 13:50	강연3	탄소 중립 실천을 위한 자세	정책수립팀 관련 강연
13:50 ~ 14:40	강연4	세계 에너지 기조에 따른 혁신방법	연구개발팀 관련 강연
14:40 ~ 15:00		휴식	
15:00 ~ 16:00	토론회	전체 토의	
16:00 ~ 16:10	엔딩	폐회식	

[회의 내용]
— 오프닝/엔딩/토론회 시간대는 직급이 부장/차장인 직원 2명이 참석하여야 한다.
— 각 강연에는 2명의 직원만 참석 가능하다.
— 오프닝/엔딩/토론회를 제외한 각 시간대에 일정이 없는 과장 이하 직급만 강연 참석 가능하다.
— 강연 혹은 토론회에 두 타임 이상은 참석할 수 없다.
— 각 강연/토론회에 관련 팀에 해당하는 직원은 적어도 1명은 꼭 참석해야 한다.

01 다음은 A사의 포럼에 참석하기 위해 여러 직원들의 회의 내용과 스케줄을 종합하여 참석자 명단을 취합하였다. 포럼에 참석할 직원들로 적절하지 <u>않은</u> 것은?(단, 각 부서는 부장, 차장, 과장, 대리, 사원 직급이 각 1명씩 구성되어 있다.)

시간	정책수립팀	경영혁신팀	연구개발팀	인사팀
09:00 ~ 09:30			외부 미팅 (과장)	
09:30 ~ 10:00	외부 미팅 (과장)			
10:00 ~ 10:20				
10:20 ~ 12:00		외부 미팅 (대리, 사원)		외부 미팅 (대리, 사원)
12:00 ~ 13:00	외부 미팅 (대리)			
13:00 ~ 13:50			외부 미팅 (사원)	
13:50 ~ 14:40		외부미팅 (사원)		
14:40 ~ 15:00				외부 미팅 (과장)
15:00 ~ 16:00	외부 미팅 (사원)			
16:00 ~ 16:10				임원 회의 (부장)
비고		부장 연차		차장, 사원 오후 출장

① 강연1: 경영혁신팀(대리), 연구개발팀(대리)
② 강연2: 경영혁신팀(과장), 인사팀(과장)
③ 강연3: 정책수립팀(과장), 인사팀(사원)
④ 강연4: 연구개발팀(과장), 정책수립팀(사원)
⑤ 토론회: 연구개발팀(부장), 경영혁신팀(차장)

02 직원들의 스케줄과 가장 짧은 이동 시간을 고려했을 때, 포럼에 참석하는 직원으로 적절하지 <u>않은</u> 것은? (단, A사 대회의실과 외부 미팅 장소는 모두 1분 내외 거리이다.)

① 강연1: 경영혁신팀(대리), 연구개발팀(과장)

② 강연2: 정책수립팀(과장), 경영혁신팀(과장)

③ 강연3: 정책수립팀(대리), 인사팀(대리)

④ 강연4: 인사팀(과장), 연구개발팀(대리)

⑤ 토론회: 연구개발팀(차장), 인사팀(부장)

01

| 정답풀이 |

정책수립팀(과장), 인사팀(사원) → 인사팀 사원의 경우 오후 출장이므로 강연3에 참석할 수 없다.

| 오답풀이 |

① 강연1: 경영혁신팀(대리), 연구개발팀(대리)

→ 경영혁신팀은 과장을 제외하고 가능함. / 연구개발팀은 모두 가능함.

② 강연2: 경영혁신팀(과장), 인사팀(과장)

→ 경영혁신팀은 강연1에 참석한 직원을 제외하고 가능함. / 인사팀은 과장 가능함.

④ 강연4: 연구개발팀(과장), 정책수립팀(사원)

→ 연구개발팀은 강연1에 참석한 직원을 제외하고 가능함. / 정책수립팀은 강연1, 2에 참석한 직원을 제외하고 가능함.

⑤ 토론회: 연구개발팀(부장), 경영혁신팀(차장)

→ 연구개발팀 부장은 해당 시간에 일정 없음. / 경영혁신팀 차장은 해당 시간에 일정 없음.

02

| 정답풀이 |

A사 대회의실과 외부 미팅 장소는 모두 1분 내외 거리이므로 강연 전/후 외부 미팅에 직원이 참석하는 것이 이동 시간이 가장 짧게 걸린다.

• 강연1 전 연구개발팀(과장)이 외부 미팅이 있으므로, 외부 미팅 종료 후 강연1에 참석하면 된다.
• 강연2 전 정책수립팀(과장)이 외부 미팅이 있으므로, 외부 미팅 종료 후 강연2에 참석하면 된다.
• 강연3 전 정책수립팀(대리)이 외부 미팅이 있으므로, 외부 미팅 종료 후 강연3에 참석하면 된다.
• 강연4 전 연구개발팀(사원)이 외부 미팅이 있으므로, 외부 미팅 종료 후 강연4에 참석하면 된다.
• 토론회 후 인사팀(부장)이 임원 회의가 있으므로, 토론회 종료 후 임원 회의에 참석하면 된다.

그러므로 보기 ④의 강연4에는 연구개발팀(대리)보다 연구개발팀(사원)이 참석하는 것이 이동 시간이 더 짧게 걸린다.

| 정답 | 01 ③ 02 ④

기출 유형분석 & 출제사별 TIP

휴노   한사능   휴스테이션   인크루트   사람인   매일경제   기타

주어진 자료를 참고하여 조건에 해당하는 신입 사원 또는 업체를 선발, 평가 점수에 가중치를 적용하여 순위를 나열, 공모전에 참가한 업체(개인)의 평가 점수로 순위(상금) 부여 등의 형태로 주로 출제된다. 또한, 물적자원능력, 시간관리능력 등과 결합되어 복합 형태를 띄는 문항이 출제(휴가 또는 회의에 참석 가능한 인원 파악)되기도 한다.

주로 도표 형태로 정리된 자료를 제시하고 해당 자료를 분석하여 답을 찾는 형태로 출제되고 있다.

주의할 것은 자원관리에서 휴노(2025년 상반기 한국수자원공사)는 적재적소, 균형주의 원칙에 따라 인력을 배치하는 이론 학습을 기반으로 하는 모듈형 문제가 출제되었고, 사람인(2024년 상반기 부산교통공사)은 같은 이론을 바탕으로 응용모듈형(두 팀장이 팀원 배치를 논의하는 대화 제시)으로 출제하였다. 그 외에도 한사능, 사람인에서 출제하는 자원관리 문항에는 모듈형이 포함되어 있으므로 관련 이론 학습도 해야 한다.

05 기타능력❶ 자기개발능력

01 자아인식능력 　휴노　한사능　휴스테이션　인크루트　사람인　매일경제　기타

 기출

2024년 상반기 서울교통공사

다음 글을 참고할 때 자아의 세 가지 유형 중 심리적 자아에 해당하는 것은?

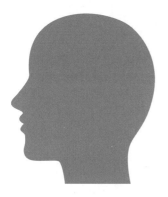

　자아(self)란 '자신의 것이라고 부를 수 있는 모든 것의 총합'이라고 정의하고 자아를 인식 주체로서의 자아와 인식 대상으로서의 자아로 구분한다.

　인식 대상으로서의 자아를 경험적 자아라고 하며, 크게 물질적 자아, 심리적 자아, 사회적 자아로 구분한다.

　물질적 자아는 자신과 관련된 물질적 측면 또는 소유물들로서 가장 중심부에 신체가 위치하고 다음에 의복, 집, 소유물 등이 차례로 포함된다.

　심리적 자아는 개인의 내적 또는 심리적인 제반능력과 성향을 지칭한다. 이러한 심리적 자아는 반성적 과정의 결과로 지적 능력, 지식, 가치관, 인생관 등이 포함된다.

　사회적 자아는 개인이 동료들로부터 받는 인정을 지칭한다. 가족, 연인이나 배우자, 친구, 직장 동료들로부터 받는 사랑, 명성, 명예 등이 사회적 자아를 구성한다.

① 자신의 외모　　　　② 자신의 직업　　　　③ 자신의 재산
④ 자신의 건강　　　　⑤ 자신의 성격

| 정답풀이 |
• 물질적 자아: 외모, 건강, 재산 등 물질적 측면
• 사회적 자아: 가족, 친구, 이성, 사회적 지위 및 신분 등 관계적 측면
• 심리적 자아: 성격, 지적 능력, 자기조절 및 대인관계 능력, 적성, 가치관 등 내면적 측면

| 정답 | ⑤

기출 유형분석 & 출제사별 TIP

　휴노　한사능　휴스테이션　인크루트　사람인　매일경제　기타

자아인식의 의미와 자아인식 방법, 흥미 및 적성의 파악과 개발 방법, 반성적 성찰의 방법과 중요성에 대한 문항이 출제된다. 모듈 형태로도 출제되지만 사례를 통해 내용을 파악할 수 있도록 출제되기도 하기 때문에 이론과 그에 따른 사례를 살펴보는 것이 좋다.

02 자기관리능력

휴노　한사능　휴스테이션　인크루트　사람인　매일경제　기타

 기출

2024년 상반기 서울교통공사

다음 글의 밑줄 친 ㉠에 대한 설명으로 옳지 않은 것은?

> B씨는 취업을 위해 컴퓨터와 외국어능력을 키우고자 한다. 이를 위해 교재를 사고 학원에 등록하였다. 그런데 처음 마음과는 달리 현재 하고 있는 아르바이트, 친구들과의 모임, 몰려오는 피로감 등으로 교재는 숙독하지 못하고 학원에 출석도 잘 못하고 있다. 이렇게 ㉠ 자기개발을 하는 데에는 많은 장애요인이 작용한다.

① 격무에 시달려 자기개발에 필요한 시간을 내지 못한다.

② 적당한 자기개발의 방법을 제대로 알지 못한다.

③ 가정, 사회, 직장 등 많은 문화적 장애에 부딪힌다.

④ 자기중심적이고 제한적인 사고를 한다.

⑤ 욕구와 감정이 작용하여 합리적으로 통제되지 못한다.

| 정답풀이 |

바쁜 업무 때문에 자기개발에 필요한 시간을 갖지 못하였다는 것은 자기개발의 장애요인이 될 수 없다. 자기개발을 업무와 구분지어 생각하는 것은 적절하지 않으며, 맡은 바 업무를 성실히 수행하는 과정에서도 이룰 수 있어야 한다. 업무 분야에서의 자기개발은 업무를 통하여, 업무 외적인 분야에서의 자기개발은 출근 전이나 퇴근 후, 주말 시간 등을 이용하여 얼마든지 성취할 수 있으며 이는 스스로의 의지와 실천의 문제로 보아야 한다.

| 오답풀이 |

선택지 ②~⑤와 같은 내용은 자기개발을 방해하는 대표적인 요인들이며, 이를 미리 알고 극복할 준비가 되어 있어야 성공적인 자기개발을 이룰 수 있다.

| 정답 | ①

 기출 유형분석 & 출제사별 TIP

휴노　한사능　휴스테이션　인크루트　사람인　매일경제　기타

자기개발 방해 요인, 과제 수행 우선 순위, 합리적 의사결정의 의미와 절차, 업무수행 성과를 높이기 위한 자기개발 전략이 주로 출제되고 있다. 현업에서 볼 수 있는 자료나 사례를 제시하고, NCS 직업기초능력평가 교수자용 및 학습자용 매뉴얼에 제시된 학습모듈 이론을 결합한 문항이 출제된다. 이론도 알고 있어야 하지만, 주어진 지문이나 자료를 파악하여 답을 구할 수 있어야 한다.

☑ 자기개발 주요 장애요인
- 자기정보의 부족: 자신의 흥미, 장점, 가치, 라이프스타일을 충분히 이해하지 못함
- 내부 작업정보 부족: 회사 내의 경력기회 및 직무 가능성에 대해 충분히 알지 못함

기출

2024년 하반기 서울교통공사 9호선

다음 [보기] 중 경력단계에 대한 설명으로 옳지 <u>않은</u> 것을 모두 고른 것은?

┤ 보기 ├

㉠ 경력초기에는 조직이 요구하는 능력, 환경, 가능성, 보상 등 직업에 대한 탐색이 이루어진다.

㉡ 경력초기는 궁극적으로 조직에서 자신의 입지를 확고히 다져나가 승진에 많은 관심을 가지는 시기이다.

㉢ 경력말기에는 직업 및 조직에서 어느 정도 입지를 굳히게 되어 더 이상 수직적인 승진가능성이 적은 경력 정체시기에 이르게 된다.

㉣ 경력말기에는 퇴직에 대한 개인적인 고민과 함께 조직의 압력을 받기도 한다.

① ㉠, ㉡   ② ㉠, ㉢   ③ ㉡, ㉢

④ ㉡, ㉣   ⑤ ㉠, ㉡, ㉢

| 정답풀이 |

㉠ 경력초기에는 직무와 조직의 규칙과 규범에 대해서 배우게 되며, 특히 자신이 맡은 업무의 내용을 파악하고, 새로 들어간 조직의 규칙이나, 규범, 분위기를 알고 적응해 나가는 것이 중요한 과제이다. 궁극적으로 조직에서 자신의 입지를 확고히 다져나가 승진에 많은 관심을 가지는 시기이다. 조직이 요구하는 능력, 환경, 가능성, 보상 등 직업에 대한 탐색이 이루어지는 시기는 직업 선택 과정에서 먼저 이루어져야 한다.

㉢ 경력말기에는 조직의 생산적인 기여자로 남고 자신의 가치를 지속적으로 유지하기 위하여 노력하며, 동시에 퇴직을 고려하게 된다. 직업 및 조직에서 어느 정도 입지를 굳히게 되어 더 이상 수직적인 승진가능성이 적은 경력 정체시기에 이르게 되는 것은 경력중기이다.

| 정답 | ②

 기출 유형분석 & 출제사별 TIP

휴노 　 한사능 　 휴스테이션 　 인크루트 　 사람인 　 매일경제 　 기타

경력의 의미, 경력개발의 의미나 필요성, 개인의 경력단계나 경력단계별 특징이 주로 출제되고 있다. 상대적으로 문항의 형태가 단순하지만, 이론에 대한 이해가 없다면 정확한 답을 선택하기 어렵다. 상식적인 수준으로 출제되는 경우도 있지만, 모듈 이론을 정확히 알지 못하는 경우 풀이할 수 없는 문항도 다수 출제되고 있으므로 평소 기출문항을 풀어 보며 출제 포인트를 학습해야 한다.

05 기타능력❷ 대인관계능력

01 팀워크능력

휴노　한사능　휴스테이션　인크루트　사람인　매일경제　기타

기출

2024년 상반기 서울교통공사

다음 글의 내용을 참고할 때, [보기]의 ㉠~㉦ 항목으로 알 수 있는 팀워크 구성요소가 바르게 짝지어진 것은?

　　팀워크의 정의는 너무나 다양하다. 이것을 이해하는 것이 팀워크를 향상시키는 첫 번째 단계라 할 수 있다. 팀워크에 대한 정의는 다음과 같이 내릴 수 있다.

　　'팀워크(teamwork)'란 팀 구성원이 공동의 목적을 달성하기 위하여 상호관계성을 가지고 서로 협력하여 업무를 수행하는 것을 말한다. Teamwork＝Team＋Work에서 볼 수 있듯이 팀워크의 정의는 '팀(team)'과 '일(work)'이라는 키워드를 지니고 있다.

　　그렇다면 응집력과 팀워크는 어떤 차이가 있을까?

　　우선, 응집력은 "사람들로 하여금 집단에 머물도록 만들고, 그 집단의 멤버로서 계속 남아 있기를 원하게 만드는 힘"이라 할 수 있다. 즉, 팀이 성과를 내지 못하면서 분위기만 좋은 것은 팀워크가 좋은 것이 아니고 응집력이 좋은 것이다. 단순히 모이는 것을 중요시하는 것이 아니라 목표달성의 의지를 가지고 성과를 내는 것이 바로 팀워크이다.

┌ 보기 ├───┐

㉠ 팀 구성원들이 서로 신뢰하는가?

㉡ 주어진 과제가 잘 연계되어 있는가?

㉢ 팀 구성원들이 단결하여 조직에 헌신하는가?

㉣ 조직 내 업무 분배가 잘 이루어지는가?

㉤ 팀 구성원들이 공동의 목표를 위해 협력하는가?

㉥ 조직 내의 의견 교류가 활발히 이루어지는가?

㉦ 팀 구성원들이 가지고 있는 정보를 서로 기꺼이 공유하는가?

└───┘

	협업	업무조정	의사소통	응집력
①	㉠, ㉢	㉣	㉡, ㉦	㉤, ㉥
②	㉡	㉣, ㉥	㉠, ㉢	㉤, ㉦
③	㉢, ㉣	㉤, ㉦	㉠, ㉡	㉥
④	㉣, ㉤	㉠, ㉡	㉢, ㉦	㉥
⑤	㉤	㉡, ㉣	㉥, ㉦	㉠, ㉢

| 정답풀이 |

팀워크의 구성요소 중 협업이 제대로 이루어지고 있는지를 알아보기 위해서는 팀 구성원들이 공동의 목표를 위해 협력하는지를 확인해야 한다. 업무가 적절하게 조정되어 효율적인 팀워크가 유지되고 있는지 여부는 주어진 과제가 잘 연계되어 있는지 혹은 조직 내 업무 분배가 잘 이루어지고 있는지를 확인해야 한다. 또한 조직 내의 의견 교류가 활발히 이루어지고 있는지를 확인하고 팀 구성원들이 가지고 있는 정보를 서로 기꺼이 공유하는지를 확인하여 원활한 의사소통이 이루어지고 있는지를 알 수 있다. 팀의 응집력은 팀 구성원들이 서로 얼마나 신뢰하고 있는지를 통해 알 수 있으며, 팀 구성원들이 단결하여 조직에 헌신하는 정도 역시 응집력의 척도가 될 수 있다.

| 정답 | ⑤

㉚ 기출 유형분석 & 출제사별 TIP

[휴노] [한사능] [휴스테이션] [인크루트] [사람인] [매일경제] [기타]

팀워크의 정의나 유형, 팀워크와 응집력의 차이나, 팀의 유형 및 효과적인 팀의 특징에 대해 출제된다. 최근에는 팔로워십 관련 출제(2024년 하반기 대구교통공사, 2024년 하반기 광주광역시 공공기관 통합채용, 2024년 상반기 안산시 공공기관 통합채용 등) 빈도가 높았다. 팔로워십 유형이나 팔로워십과 리더십의 차이에 대해 알아두면 도움이 될 수 있다.

기출

아래 주어진 글을 바탕으로 할 때, 다음 그림에서 구성원들의 감정을 이해하는 리더의 '인지·지각'에 해당하는 것은?

서번트 리더십(servant leadership)이란 구성원에게 목표를 공유하고 구성원들의 성장을 도모하면서, 리더와 구성원의 신뢰를 형성시켜 궁극적으로 조직성과를 달성하게 하는 리더십이다. 서번트 리더십은 리더가 구성원을 섬기는 자세로 그들의 성장 및 발전을 돕고, 조직 목표 달성에 구성원 스스로 기여하도록 만든다.

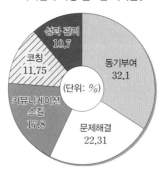

리더십에 가장 필요한 덕목은?

성과 관리 10.7
코칭 11.75
커뮤니케이션 스킬 17.8
(단위: %)
동기부여 32.1
문제해결 22.31

서번트 리더는 자신의 역할을 조직 구성원의 서비스와 지원으로 보며, 그들의 개인적 성장과 만족을 중요하게 생각한다. 이들은 주로 리더십을 위한 봉사자로서 행동하는 경향이 두드러지며, 구성원들로 하여금 자기효능감을 향상시킬 수 있도록 돕는 역할을 한다. 서번트 리더십은 협업, 신뢰, 공감, 권력의 윤리적 사용에 중점을 둔다는 점에서 주목할 수 있다. 서번트 리더십의 핵심은 리더를 팀원들의 필요를 우선시하고 팀원들이 최대한 높은 성과를 낼 수 있도록 권한을 부여하는 서번트로 변화시키는 것이다. 이러한 접근 방식은 비즈니스, 공공서비스, 교육, 비영리 단체 등 다양한 맥락에 적용되어 왔으며, 높은 수준의 참여, 응집력 있는 팀, 개선된 성과 등으로 이어지는 것으로 나타났다.

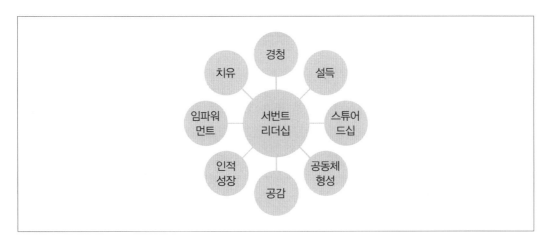

① 설득 ② 임파워먼트 ③ 인적성장

④ 공감 ⑤ 공동체 형성

| 정답풀이 |

리더의 인지·지각은 자기를 알고 주변 상황을 분석하여 상황과의 역학관계를 파악하는 능력을 의미한다. 공감은 차원 높은 이해심이
라고 할 수 있는데, 리더는 조직 구성원들의 감정을 이해하고 이를 통해 구성원들이 필요로 하는 것이 무엇인지를 알아내어 리드할 줄
알아야 한다. 따라서 인지·지각은 리더의 공감능력을 통해 표출될 수 있는 가치라고 할 수 있다.

| 정답 | ④

기출 유형분석 & 출제사별 TIP

휴노 **한사능** **휴스테이션** **인크루트** **사람인** **매일경제** **기타**

리더와 관리자의 차이, 리더십 유형과 임파워먼트 등이 출제되고 있다. 최근 리더십능력 관련 출제 빈도가 매우 높은 편(2025년
상반기 서울교통공사, 2025년 상반기 출연(연) 공동채용, 2025년 상반기 코레일유통, 2025년 상반기 전라남도 공공기관 통합채
용, 2024년 하반기 안산시 공공기관 통합채용, 2024년 하반기 한국에너지공단, 2024 하반기 대구교통공사 등)으로 대인관계능력
을 출제하는 기업을 준비한다면 빼놓지 말고 훑어보아야 한다.

찐기출

2024년 하반기 광주광역시 공공기관 통합채용

다음 [보기]의 사례에서 발생하는 갈등의 핵심에 해당하는 것은?

┤ 보기 ├

　E박사가 P과장을 보더니 언제부터 직접 만나 따져서 물어보려고 했는데 잘 되었다며 로비로 걸어 나와 재빨리 P과장을 막아서고는 본인이 요청한 자재 주문이 어떻게 되었냐며 다그쳐 물었다. P과장은 병원 규정대로 주문건수를 해결하고 있으나 그 전에 주문 들어온 걸 처리하느라 아직 구매할 수 없다고 했다. E박사는 화를 내면서 많은 수술환자가 대기하고 있는데, 당장 주문서를 처리하지 않으면 원장에게 보고하여 문책하도록 하겠다고 협박하였다. P과장은 병원 규정을 무시하면서 수술용 의료자재를 먼저 구매해 줄 수 없으니 원장에게 보고하든지 말든지 마음대로 하라고 반박했다.

① 목표에 대한 불일치
② 절차에 대한 불일치
③ 책임에 대한 불일치
④ 통제나 권력 확보를 위한 싸움

| 정답풀이 |

[보기]는 병원 규정에 따라 자재를 주문하는 상황에 대한 사례로, 절차에 대한 불일치가 갈등의 핵심이다. 감정적인 문제들이 갈등을 복잡하게 만들고 있으나, 갈등을 해결하기 위해서는 핵심적인 문제부터 해결해야 한다.

| 정답 | ②

기출 유형분석 & 출제사별 TIP

휴노 한사능 휴스테이션 인크루트 사람인 매일경제 기타

NCS 직업기초능력평가 교수자용 및 학습자용 매뉴얼에 제시된 학습 모듈 이론을 기반으로 문항이 출제된다. 이론 자체를 묻는 유형과 상황을 주고 적용하는 유형이 모두 출제되고 있다. 최근 윈-윈 전략을 소재로 한 문항 출제가 잦은 편이니, 학습해 두는 것이 좋다.

☑ 갈등의 핵심 문제
  • 역할 모호성
  • 방법에 대한 불일치
  • 목표에 대한 불일치
  • 절차에 대한 불일치
  • 책임에 대한 불일치
  • 가치에 대한 불일치
  • 사실에 대한 불일치

☑ 윈-윈 전략
  윈-윈(Win-Win) 전략이란 갈등과 관련된 모든 사람으로부터 의견을 받아서 문제의 본질적인 해결책을 얻는 것을 의미한다. 자신의 관심사를 직시하고, 상대의 관심사를 경청할 용의가 있으며, 상호적으로 만족할 만한 해결책을 모색하려는 굳건한 자세가 요구된다.

기출

2025년 상반기 전라남도 공공기관 통합채용

다음 [보기]의 사례에 대한 설명으로 옳은 것은?

┤ 보기 ├

　중소기업 H사의 자재 구매를 담당하고 있는 최연지 사원은 P기업으로부터 자재를 구매하는 업무를 수행하고 있다. H사는 주요 자재인 유리를 기존에는 P기업에서 평당 12,000원에 구매해 왔다. 그러나 최근 P기업으로부터 유리 가격을 평당 12,500원으로 인상하겠다는 통보를 받았다. 이에 최연지 사원은 내부적으로 과장과 충분한 협의를 진행한 결과, P기업의 가격 인상안을 수용하기로 결정하였다. 단기적으로는 비용 증가로 인한 부담이 발생할 수 있으나, 장기적인 관점에서 P기업과의 안정적인 거래 관계 유지가 회사에 더 큰 이익이 될 것으로 판단하였다.

① H사와 P기업은 협동과 통합으로 문제를 해결하였다.

② 호혜 관계 형성 전략과 관련된 것으로서, 차후에 힘의 우위를 활용하여 P기업과 추가 협상이 가능할 것이다.

③ 유화전략과 관련된 것으로서, 상대방과의 충돌을 피하고자 하는 경우에도 이 전략이 유용하게 사용될 수 있다.

④ 회피전략과 관련된 것으로서, 가격 협상을 하는 중 얻게 될 이익이 전혀 없다고 판단하여 협상하지 않고 철수하였다.

| 정답풀이 |

[보기]는 유화전략과 관련된 것으로서, 최연지 사원은 장기적인 이익을 위해 P기업의 제안을 순응하고 수용하고 있다. 유화전략이 유용한 경우로는 상대방과의 충돌을 피하거나, 자신의 이익보다는 상대방의 이익을 고려하거나, [보기]의 사례처럼 단기적으로는 손해를 보더라도 장기적 관점에서 이득이 되는 경우들이 있다.

| 정답 | ③

기출 유형분석 & 출제사별 TIP

`휴노` `한사능` `휴스테이션` `인크루트` `사람인` `매일경제` `기타`

갈등의 원인 파악이나, 갈등의 쟁점과 유형, 갈등 해결 방법에 관한 문항들이 출제된다. 협상 전략에 대해서는 꾸준히 출제(2025년 상반기 전라남도 공공기관 통합채용, 2024년 상반기 안산시 공공기관 통합채용, 2024년 하반기 대구교통공사 등)가 되고 있으니 관련 이론이나 대표 사례를 체크하면 도움이 될 수 있다.

05 기타능력❸ 정보능력

| 01 | **정보능력** | 정보 수집 · 분석 · 활용 | 휴노 | 한사능 | 휴스테이션 | 인크루트 | 사람인 | 매일경제 | 기타 |

 기출

2024년 상반기 부산시 공공기관 통합채용

다음 [보기]에 대한 설명으로 옳지 않은 것은?

┤ 보기 ├

　　빅데이터의 특성 중 하나인 다양성(Variety)은 정형 데이터(날짜, 이름, 우편번호, 신용카드 번호, 메트릭 등), 비정형 데이터(영상, 이미지, 음성 등), 반정형 데이터(JSON, HTML, XML, 로그 등)의 세 가지 데이터 종류를 포함한다.

① 반정형 데이터는 추가 가공을 거쳐도 정형 데이터로 만들 수 없다.

② 정의된 구조, 모형을 따르는 데이터로 비교적 쉽게 분석이 가능한 것은 정형 데이터의 특징이다.

③ 비정형 데이터는 정해진 규칙이 없는 데이터로, 연산이 불가능하다.

④ 반정형 데이터는 형식이 있으나 연산이 불가능한 데이터를 말하며, 데이터의 형식과 구조가 변경될 수 있다.

| 정답풀이 |

반정형 데이터에 해당하는 HTML이나 JSON 등의 파일 구조가 비록 눈에 익숙한 관계형 데이터베이스 테이블 형태로 구성되어 있지는 않으나, 나름의 규칙을 가지고 있는 파일 형태로 저장되어 있어 필요한 경우 원하는 형태로 가공하여 정형 데이터로 만들 수 있다.

| 상세해설 |

데이터는 수집 형태에 따라 정형, 반정형, 비정형으로 구분된다. 빅데이터는 정형 데이터보다는 비정형, 반정형의 데이터가 더 많이 수집된다. 수집된 데이터를 다양한 도구를 이용하여 정형 형태로 변형하고 분석에 이용하는 경우가 많다.

정형 데이터는 데이터베이스, CSV, 엑셀과 같이 칼럼 단위의 명확한 구분자와 형태가 존재하는 데이터이며, 반정형 데이터는 XML, HTML, JSON 형태와 같이 여러 가지 형태가 있을 수 있지만, 메타데이터나 스키마가 존재하는 데이터를 의미한다. 비정형 데이터는 동영상, SNS 메시지, 사진, 오디오, 음성 데이터처럼 형태가 존재하지 않는 데이터를 말한다.

| 정답 | ①

☆ 기출 유형분석 & 출제사별 TIP

| 휴노 | 한사능 | 휴스테이션 | 인크루트 | 사람인 | 매일경제 | 기타 |

정보능력은 업무와 관련된 정보를 다양한 매체와 방법을 통해 의미와 가치를 평가하여 활용목적에 따라 정보를 수집 및 분석하고 목적에 따라 활용할 수 있도록 데이터베이스화하여 조직하며 선택 및 활용하는 것을 말한다. 이러한 과정에 컴퓨터가 필요한 대부분에서 컴퓨터를 활용한다. 따라서 정보능력의 하위 능력은 컴퓨터활용능력과 정보처리능력으로 나뉜다. 정보, 자료 및 지식의 차이나 컴퓨터 활용분야와 정보처리 과정, 네트워크 관련 학습으로 유형을 대비할 수 있다.

02 컴퓨터활용능력 | 윈도우

휴노　한사능　휴스테이션　인크루트　사람인　매일경제　기타

 기출

2024년 상반기 영화진흥위원회

다음 중 한글 프로그램에서 '다른 이름으로 저장하기'에 해당하는 단축키와 윈도우 운영 체제에서 '바탕화면으로 바로가기'에 해당하는 단축키를 차례로 바르게 나타낸 것은?

① Alt+V, Windows 키+D

② Alt+V, Windows 키+L

② Alt+S, Windows 키+N

④ Ctrl+V, Windows 키+L

⑤ Ctrl+S, Windows 키+N

| 정답풀이 |

한글 프로그램에서 '다른 이름으로 저장하기'에 해당하는 단축키는 [Alt+V]이고, 윈도우 운영 체제에서 '바탕화면으로 바로가기'에 해당하는 단축키는 [윈도우키+D](또는 윈도우키+M: 모든 창을 최소화)이다.

| 정답 | ①

기출 유형분석 & 출제사별 TIP

휴노　한사능　휴스테이션　인크루트　사람인　매일경제　기타

윈도우 운영 체제나 워드프로세서에서 이용하는 단축키에 대한 문항이나, 파워포인트의 조작법 등이 출제되고 있다. 간단한 단축키들은 기출문항을 통해 암기해 둘 필요가 있다.

☑ 윈도우 운영 체제에서 사용되는 주요 단축키
- Windows 키+M: 모든 창을 최소화
- Windows 키+빼기(−): 돋보기를 축소
- Windows 키+N: 알림 센터 및 일정 열기
- Windows 키+O: 디바이스 방향 잠그기
- Windows 키+D: 바탕화면으로 이동
- Windows 로고 키+PrtScn: 화면 인쇄
- Windows 키+A: 알림 센터를 시작
- Ctrl+X: 잘라내기
- Ctrl+C: 복사하기
- Ctrl+V: 붙여넣기
- Ctrl+A: 문서의 모든 텍스트를 선택
- Alt+Tab: 앱을 전환
- Ctrl+Shift+B: 그래픽카드 드라이버 등을 다시 로딩
- Win+Alt+B: HDR을 켜거나 끄기

기출

2025년 상반기 서울교통공사

다음은 호선별 역별 승하차인원 정보를 엑셀로 정리한 자료이다. 원하는 값을 얻기 위해 F6셀에 입력할 수식으로 적절하지 <u>않은</u> 것은?

[표] 일부 역별 승하차인원 정보

	A	B	C	D	E	F
1	사용일자	호선명	역명	승차총승객수	하차총승객수	등록일자
2	2024-05-23	8호선	강동구청	7409	7265	2024-05-28
3	2024-05-23	경의선	강매	2644	2465	2024-05-28
4	2024-05-23	9호선	개화	1884	1509	2024-05-28
5	2024-05-23	경의선	가산디지털단지	7780	7580	2024-05-28
6	2024-05-23	7호선	건대입구	13531	14542	2024-05-28

※ 등록일자는 사용일자 5일 후이며, 사용일자는 목요일임

※ A6의 셀서식은 "날짜"로 설정되어 있음

① A6+5

② $A6+5

③ EDATE(A6, 5)

④ WORKDAY(A6, 3)

⑤ DATE{YEAR(A6), MONTH(A6), DAY(A6)+5}

| 정답풀이 |

EDATE 함수는 지정한 날짜 전이나 후의 개월 수를 나타내는 날짜의 일련번호를 반환하므로, EDATE(A6, 5)는 '2024−10−23'
이라는 값이 나온다.

| 오답풀이 |

④ WORKDAY 함수는 특정일(시작 날짜)로부터 지정된 작업 일수의 이전 또는 이후에 해당하는 날짜를 반환한다. 작업 일수에 주말과 휴일은
포함되지 않는다.

| 정답 | ③

기출 유형분석 & 출제사별 TIP

 휴노   한사능   휴스테이션   인크루트   사람인   매일경제   기타

일반적으로 엑셀 함수를 활용한 문항들이 출제되고 있다. 최근에는 ROUND, AVERAGEIF, SUMIF, SUM, CHOOSE,
IF, COUNTIFS, DAVERAGE 함수들이 출제(한국전력공사, 한국도로공사, 한국공항공사, 대구교통공사, 공무원연금공단,
경기도 공공기관 통합채용, 대전광역시 공공기관 통합채용, 한국서부발전 등)되었다.

함수명	함수식	의미
COUNT	=COUNT(지정 범위)	지정된 범위에서 숫자 포함 셀의 개수 및 인수 목록에 포함된 숫자 개수를 세는 함수 예) =COUNT(A1:A8) 셀 A1부터 A8까지의 범위에서 숫자가 포함된 셀의 개수 구하기
IF	=IF(조건, 참인 데이터, 거짓인 데이터)	조건에 부합하면 참인 데이터 출력, 부합하지 않으면 거짓인 데이터를 출력하는 함수 예) =IF(A1)70, "면접 진행", "서류 불합격") 셀 A1의 값이 70보다 클 경우 '면접 진행', 그렇지 않을 경우 '서류 불합격' 표시
SUM	=SUM(지정 범위)	지정 범위의 합계를 구하는 함수 예) =SUM(A1:A8) 셀 A1부터 A8까지의 합계 구하기
AVERAGEIF	=AVERAGEIF(지정 범위, 조건, 평균을 구할 범위)	지정 범위 중 조건에 맞는 셀의 평균을 구하는 함수 예) =AVERAGEIF(A1:A8,)70, D1:D8) 셀 A1부터 A8의 범위에서 70보다 큰 셀에 대응되는 D1에서 D8 사이 값의 평균 구하기
ROUND	=ROUND(대상값, 소수점 자리수)	셀에 포함되어 있는 숫자를 지정한 소수점 이하의 자릿수로 반올림할 때 사용하는 함수 예) =ROUND(A1, 2) 셀 A1에 포함되어 있는 숫자가 24.5634라고 할 경우, 소수점 아래 두 자릿수로 반올림할 경우 24.56으로 표시됨
SUMIF	=SUMIF(조건범위, 조건, 합계범위)	조건범위에서 조건에 맞는 셀을 찾아 합계범위의 값의 합을 구하는 함수 예) =SUMIF(A1:A10, "(100", B1:B10) A1부터 A10까지 범위에서 100보다 작은 값에 대응하는 B1부터 B10까지의 합 구하기
CHOOSE	=CHOOSE(인덱스번호, 값1, 값2, 값3, ...)	예) =CHOOSE(2, A1, B1, B2, B3, ...) 2번째 값인 B1 셀의 값을 표시

찐기출

2024년 상반기 서울교통공사

[01~02] 다음은 팩토리얼 함수에 대한 설명이다. 이를 바탕으로 이어지는 질문에 답하시오.

[팩토리얼 함수의 개요]

팩토리얼 함수는 1부터 양의 정수 n까지 자연수의 곱이다. 예를 들어, fac(n) = 1*2*3···(n−1)*n이다.
팩토리얼 함수는 재귀 구조와 반복 구조로 구현할 수 있고, 다음은 수도 코드로 작성된 팩토리얼 함수의
예시이다.

[재귀 구조]

```
1 function fac(n)
2   if n <= 1 then
3     return 1
4   else
5     (가)
6   end if
7 end function
```

[반복 구조]

```
1 function fac(n)
2   x = 1
3   for i from 1 to n do
4     (나)
5   end for
6   return x
7 end function
```

01 주어진 글을 참고할 때, 함수를 완성하기 위해 (가)에 들어가야 하는 코드로 옳은 것은?

① return n * fac(n)

② return (n−1) * fac(n)

③ return n * fac(n−1)

④ return (n+1) * fac(n)

⑤ return n * fac(n+1)

02 주어진 글을 참고할 때, 함수를 완성하기 위해 (나)에 들어가야 하는 코드로 옳은 것은?

① i = x * (i−1)

② i = x * i

③ x = x * (i−1)

④ x = x * i

⑤ x = x * (i+1)

01

| 정답풀이 |

1부터 양의 정수 n까지를 곱한 결과를 만들기 위해서는, 1부터 n−1까지 곱한 값에 n을 곱하면 된다는 것을 재귀적으로 생각해 보면 알 수 있다. 따라서 답은 fac(n−1)와 n의 곱인 ③이다.

02

| 정답풀이 |

수도 코드를 해석해 보면, x=1이라는 초기 값으로 세팅된 변수가 존재하고, i라는 변수가 1부터 n까지 증가하는 동안 매번 (나)행의 코드가 실행된다는 것을 알 수 있다. 따라서 1부터 n까지의 양의 정수를 곱한 결과를 만들기 위해서는 x=x * i라는 값으로 계속 업데이트되어야 한다는 것을 할 수 있다. i가 n까지 변하면 x=1 * 2 * … * (n−1) * n이라는 값이 된다. 따라서 답은 ④이다.

| 정답 | 01 ③ 02 ④

기출 유형분석 & 출제사별 TIP

휴노　한사능　휴스테이션　인크루트　사람인　매일경제　기타

코드에 담긴 정보를 해석할 수 있는지를 묻는 문항이 출제된다. 정보처리의 가장 대표적인 유형으로, ISBN, 바코드 외에도 다양한 코드 생성 및 코드 해석 문항이 출제된다. 지문 안에 답이 모두 있는 형태로 출제되기 때문에 충분한 시간만 확보하면 어렵지 않게 답을 낼 수 있는 유형이다. 수험번호를 보고 지원자의 지원분야, 고사장 등을 묻는 문항, 코드번호를 보고 제품의 제조연월일, 제조국가, 출고시점 등을 매칭하는 문항 등 다양한 형태로 출제되고 있다.

05 기타능력❹ 기술능력

01 기술능력

휴노 | 한사능 | 휴스테이션 | 인크루트 | 사람인 | 매일경제 | 기타

기출

2025년 상반기 서울교통공사

[01~02] 다음은 전기집진기에 관한 설명이다. 이를 바탕으로 이어지는 질문에 답하시오.

전기집진기란 공기 중에 부유하는 분진에 전기장을 작용시켜 전하를 띠게 하여 입자를 정전적인 힘으로 모아 공기를 깨끗하게 하는 장치이다. 전기집진기의 방식으로는 모인 분진을 제거하는 방법에 따라 습식과 건식이 있으며, 가스의 흐름에 따라 수직인 것과 수평인 것이 있다. 전기집진기의 집진극을 양으로 하고, 방전극을 음의 직류고전압을 가해 원통 내에 분진이 있는 가스를 아래에서 보내면 분진이 음으로 대전되며 원통에 부착되고, 위로 빠지는 가스는 깨끗해진다. 원통의 하부에 쌓인 분진은 물로 씻어 내리거나, 기계적 충격을 주어 제거한다.

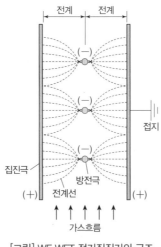

[그림] WF WET 전기집진기의 구조

01 다음 중 전기집진기에 대한 설명으로 옳은 것은?

① 전기집진기에는 고압 직류전기가 흐른다.

② 전기집진기의 종류를 나누는 방법은 1가지뿐이다.

③ 전기는 상부에서 집진되며, 물로 씻어 내리거나 기계적인 충격을 주어 제거한다.

④ 전기집진기와 먼지에는 같은 전극이 생성된다.

⑤ 집진이란 먼지에 음의 전극을 생기게 하는 과정이다.

02 다음 [보기]는 양방향 전기집진기에 관한 설명이다. 이를 참고할 때, 양방향 전기집진기에 대한 설명으로
옳지 <u>않은</u> 것은?

┤ 보기 ├

　　양방향 전기집진기란 터널 급배기구를 통해 터널 내로 유입되거나 터널 밖으로 배출되는 다량의
미세먼지 및 유해가스를 전기집진과 광플라즈마 기술을 이용해 공기 내 유해물질을 저감시키는
장치이다. 지하철이 역사에 진입하면서 통과할 때 유입되는 미세먼지와 유해물질이 1차로 전기집진기에
집진되면, 2차로 광플라즈마가 휘발성 유기화합물과 가스 등의 유해물질을 제거하는 정화과정을
거쳐 깨끗한 공기가 된다. 집진된 미세먼지는 물로 세척이 가능하고 상시로 씻어 내릴 수 있으며, 세정
시 발생하는 오수를 정화 처리하여 내보낸다. 이러한 과정을 거쳐 터널 내부의 공기가 정화되고,
순환한 뒤에 깨끗한 공기는 터널 밖으로 배출된다.

① 미세먼지에 전자극이 생긴다.

② 터널 내부와 외부 공기의 질이 좋아진다.

③ 열차와 터널의 간격이 좁아질수록 흐르는 공기의 양이 많아진다.

④ 집진된 미세먼지를 물로 씻어 내릴 수 있으며 여러 번 세정이 가능하다.

⑤ 집진극에 전류가 흐르게 된다.

01

| 정답풀이 |

주어진 설명에서 전기집진기는 집진극을 양으로 하고 방전극을 음으로 하여 직류고전압을 가해 원통 내에 분진이 있는 가스를 아래에서 보낸다고 하였다. 따라서 전기집진기에는 고압 직류전기가 흐른다는 것을 알 수 있다.

| 오답풀이 |

② 전기집진기는 방식에 따라 건식과 습식으로 구분하고, 가스의 흐름에 따라 수직인 것과 수평인 것으로 구분할 수 있으므로 종류를 나누는 방법은 1가지가 아니다.

③ 제시된 글에서 원통에 부착되는 것은 분진이며, 이 분진은 원통의 하부에 쌓인다고 하였다.

④ 전기집진기의 집진극에는 양극이 형성되고 분진은 음극으로 대전된다고 하였으므로 서로 다른 극으로 전극이 생성된다.

⑤ '집진'이란 먼지나 쓰레기 등을 한곳에 모으거나 가스에 섞인 분진이나 먼지를 분리하여 잡아내는 일을 말한다. 즉, 먼지에 음극을 발생시키는 과정만을 의미하는 것은 아니다.

02

| 정답풀이 |

열차와 터널의 간격이 좁으면 그만큼 터널 내에 흐르는 공기의 양이 적어진다.

| 오답풀이 |

①, ⑤ 양방향 전기집진기에서는 미세먼지 등의 분진이 1차로 전기집진기에 집진되므로 미세먼지에 전자극이 발생하고 집진극에는 전류가 흐르게 된다.

② 집진기의 기본적인 역할이 공기의 질을 좋게 만드는 것이다. 특히 양방향 전기집진기는 터널 급배기구를 통해 터널 내로 유입되거나 터널 밖으로 배출되는 다량의 미세먼지 및 유해가스를 정화하여 터널 내부와 외부 공기의 질이 좋아지게 만든다.

④ 집진된 미세먼지는 물로 세척이 가능하고 상시로 씻어 내릴 수 있다고 하였으므로 옳은 내용이다.

| 정답 | 01 ① 02 ③

![찐] 기출 유형분석 & 출제사별 TIP

[휴노] [한사능] [휴스테이션] [인크루트] [사람인] [매일경제] [기타]

기술능력은 업무에 필요한 복잡한 기술을 이해하고, 상사의 지시에 따라 기술을 선택하여 기술을 적용하는 것을 말한다. 하위능력으로 기술이해능력, 기술선택능력, 기술적용능력으로 나뉜다.

예시 문항처럼 기술을 이해하고, 적합한 방식으로 적용할 수 있는 것에 대한 문항이 주로 출제된다. 산업재해의 의미와 예방대책에 대해서도 자주 출제(2025년 상반기 서울교통공사, 2024년 하반기 코레일, 2024년 하반기 대구교통공사, 2024년 하반기 한국수력원자력 등)되고 있으니 함께 살펴보는 것이 좋다.

02 기술이해능력

휴노 　한사능 　휴스테이션 　인크루트 　사람인 　매일경제 　기타

 기출

2024년 하반기 대구교통공사

다음 [보기]의 기술혁신의 특성 중 옳은 것을 모두 고른 것은?

┤ 보기 ├

㉠ 기술혁신은 그 과정 자체가 매우 불확실하다.

㉡ 기술혁신은 노동 집약적인 활동이다.

㉢ 혁신 과정은 기업 내에서 많은 논쟁과 갈등을 유발할 수 있다.

㉣ 기술혁신은 조직의 경계를 넘나드는 특성을 갖고 있다.

㉤ 기술혁신은 비교적 단기간의 시간을 필요로 한다.

① ㉠, ㉡
② ㉠, ㉢, ㉣
③ ㉡, ㉢, ㉣
④ ㉡, ㉢, ㉤
⑤ ㉠, ㉡, ㉢, ㉣, ㉤

| 정답풀이 |

기술혁신은 그 과정 자체가 매우 불확실하고 장기간의 시간을 필요로 하며, 지식 집약적인 활동이다. 혁신 과정의 불확실성과 모호함은 기업 내에서 많은 논쟁과 갈등을 유발할 수 있으며, 조직의 경계를 넘나드는 특성을 갖고 있다. 따라서 답은 ㉠, ㉢, ㉣이다.

| 정답 | ②

기출 유형분석 & 출제사별 TIP

휴노 　한사능 　휴스테이션 　인크루트 　사람인 　매일경제 　기타

기술이해능력에서는 기술시스템과 기술혁신에 대해 이해하고 있는지를 파악하는 문항과 실패한 기술이 우리 사회에 미치는 영향이나 미래 사회에 유망한 기술에 대해 이해할 수 있는지를 파악하는 문항이 출제되고 있다.

☑ 기술시스템의 발전 단계

1단계-발명, 개발, 혁신의 단계	기술시스템의 탄생과 성장
2단계-기술 이전의 단계	성공적인 기술이 다른 지역으로 이동
3단계-기술 경쟁의 단계	기술시스템 사이의 경쟁
4단계-기술 공고화 단계	경쟁에서 승리한 기술시스템의 관성화

찐기출

2024년 하반기 대구교통공사

다음은 벤치마킹의 유형을 분류한 자료이다. 이를 참고할 때, 주어진 두 사례 모두에 해당하는 벤치마킹의 유형으로 옳은 것은?

구분	유형	내용
비교대상에 따른 분류	내부 벤치마킹	같은 기업 내의 다른 지역, 타 부서, 국가 간의 유사한 활용을 비교 대상으로 함.
	경쟁적 벤치마킹	동일 업종에서 고객을 직접적으로 공유하는 경쟁기업을 대상으로 함.
	비경쟁적 벤치마킹	제품, 서비스 및 프로세스의 단위 분야에 있어 가장 우수한 실무를 보이는 비경쟁적 기업 내의 유사 분야를 대상으로 하는 방법
	글로벌 벤치마킹	프로세스에 있어 최고로 우수한 성과를 보유한 동일업종의 비경쟁적 기업을 대상으로 함.
수행 방식에 따른 분류	직접적 벤치마킹	벤치마킹 대상을 직접 방문하여 필요한 자료를 얻는 수행 방법
	간접적 벤치마킹	인터넷 및 문서 형태의 자료를 통해서 수행하는 방법

> 사례1.
> Amazon은 고객의 구매 데이터를 분석하여 맞춤형 추천 시스템을 구축하는데, 매체를 통해 이러한 정보를 얻은 다른 소매업체나 기업들이 벤치마킹을 하며, 패션 업계나 전자상거래 업체들은 고객의 쇼핑 패턴을 분석하여 개인화된 마케팅을 제공하려고 시도하기도 한다.
> 사례2.
> 많은 대기업들이 스타트업의 유연한 조직 문화를 벤치마킹하여 변화와 혁신을 더 잘 받아들이도록 유도한다. 실제로 구글이나 Facebook과 같은 기업들이 시도하는 자율적인 팀 구조나 개방적인 의사소통 방식을 대기업들도 일부 채택하여 조직 문화를 혁신하려고 한다.

① 내부 벤치마킹 ② 경쟁적 벤치마킹 ③ 비경쟁적 벤치마킹
④ 직접적 벤치마킹 ⑤ 간접적 벤치마킹

| 정답풀이 |

두 사례 모두 간접적 벤치마킹으로 분류할 수 있다.

사례1은 Amazon의 경쟁기업이라고 볼 수 있는 전자상거래 업체에서 벤치마킹을 시도한다는 내용으로 비경쟁적 벤치마킹의 사례로 보기 어렵고, 직접 방문이 아닌 매체를 통해 정보를 얻는 방법이므로 간접적 벤치마킹으로 분류할 수 있다.

사례2는 세계적인 유수의 기업이 가진 조직구조나 의사소통 방식 등은 직접 방문보다는 인터넷이나 기타 매체를 통해 얻을 수 있는 정보로 보는 것이 타당하므로 간접적 벤치마킹으로 분류할 수 있다.

| 정답 | ⑤

찐 기출 유형분석 & 출제사별 TIP

휴노　한사능　휴스테이션　인크루트　사람인　매일경제　기타

업무 수행에 필요한 기술을 비교분석 후 장단점을 파악하여 선택할 수 있는 능력을 체크하는 영역이다. 주로 벤치마킹(2025년 상반기 한국중부발전, 2024년 하반기 대구교통공사, 2024년 상반기 한전KDN 등)이나 기술 매뉴얼 문항이 출제되었으니 벤치마킹에 대한 개념을 이해하고 대표사례들을 확인해야 한다.

05 기타능력❺ 조직이해능력

01 조직이해능력 　　휴노　한사능　휴스테이션　인크루트　사람인　매일경제　기타

☞ 기출

2025년 상반기 출연(연) 공동채용

다음 중 민쯔버그 5가지 조직 분류와 특징으로 옳지 않은 것은?

① 단순구조 유형은 최고 관리층이 직접 감독하는 데에 핵심이 있다.

② 사업부제 유형은 대규모 조직 규모에서 상대적으로 안정적이다.

③ 전문적 관료제 유형은 전문가에게 많은 자율성을 보장하고, 민주적 관계를 형성한다.

④ 기계적 관료제 유형은 작업과정이 표준되어 있고, 환경 변화에 유동적으로 대처가 가능하다.

⑤ 임시체제 유형은 분권화의 유기적 구조로 책임소재가 불문명하여 갈등과 혼돈의 유발 가능성이 있다.

| 정답풀이 |

기계적 관료제 유형은 단순하고 안정적인 대규모 조직에 적합한 유형으로 높은 전문화, 공식화, 경직성을 가지므로 환경 변화에는 부적합하다.

| 정답 | ④

 기출 유형분석 & 출제사별 TIP

`휴노` `한사능` `휴스테이션` `인크루트` `사람인` `매일경제` `기타`

조직이해능력은 전반적인 조직 체제와 조직 운영을 이해하며, 업무와 관련된 국제동향을 파악하는 것을 말한다. 공식 조직과 비공식 조직, 영리 조직과 비영리 조직을 비교하는 문항이 출제되거나 예시 문항처럼 민쯔버그의 조직 유형 또는 애자일 조직 경영, 포터의 산업구조 등의 구체적인 이론들도 출제되고 있다.

☑ **조직의 유형**

공식성	공식 조직	조직의 구조, 기능, 규정 등이 조직화되어 있는 집단
	비공식 조직	개인들의 협동과 상호작용에 따라 형성된 자발적인 집단
영리성	영리 조직	기업과 같이 이윤을 목적으로 하는 집단
	비영리 조직	정부, 병원, 대학, 시민단체와 같이 공익을 추구하는 집단
규모	소규모 조직	가족 소유의 상점 등
	대규모 조직	대기업, 글로벌 기업 등

☑ **조직 구조의 특징**

종류	특징
기능 조직	• 유사성 · 관련성을 가진 업무에 따라 조직을 분류하고 결합 • 기본적으로 수평적 조정의 필요가 낮을 때 가장 효과적 • 유사 기능을 수행하는 조직구성원 간의 분업을 통해 전문기술을 발전시킴 • 의사결정의 상위 집중화로 최고관리층의 업무 부담 증가
사업부 조직	• 사업부 단위에 따라 각각의 독자적인 관리 권한을 부여 • 사업부서 내의 기능 간 조정이 용이하고 신속한 환경 변화에 적합 • 성과책임의 소재가 분명해 성과관리 체제에 유리하며, 의사결정의 분권화가 이루어짐 • 사업부서 내의 조정은 용이하지만, 사업부서 간의 조정은 곤란 • 사업부서 간 경쟁이 심화될 경우 조직 전반적인 목표달성에 문제가 생길 수 있음
매트릭스 조직	• 기능 조직과 사업 조직의 화학적 결합을 시도하는 구조 • 유기적 조직 구조로 불안정하고 변화가 빈번한 환경에서 적절한 대응과 복잡한 의사결정이 가능 • 신속한 의사소통, 효율적 자원 사용 등으로 의사결정 지연이나 수비적 경영 등의 단점을 보완
네트워크 조직	• 경영자가 조직을 최소화하기 위해 선택하는 조직 구조 • 유기적 조직 유형의 하나로 정보통신기술의 확산으로 채택된 새로운 조직 구조 접근법 • 각 사업부서가 독립적으로 기능을 수행함과 동시에 본사와의 계약에 의해 상호 연결되어 있어 필요한 경우 서로 협력 • 직원이나 업무에 대한 관리자들의 통제 · 관리가 수월하지 않음

기출

2024년 하반기 서울신용보증재단

다음은 마이클 포터(M. Porter)의 본원적 경쟁전략에 관한 내용이다. 이를 바탕으로 할 때 다음 [사례]에서 C사가 사용한 전략에 대한 설명으로 가장 적절한 것은?

[마이클 포터(M. Porter)의 본원적 경쟁전략]

1. 원가우위 전략: 경쟁기업보다 더 낮은 원가로 재화 또는 서비스를 생산함으로써 경쟁자를 능가하는 전략이다.
2. 차별화 전략: 기업이 제공하는 제품, 서비스를 차별화함으로써 산업 전반에 걸쳐서 독특함으로 인식시키는 경영전략이다.
3. 집중화 전략: 특정 소비자 집단, 일부 제품 종류 등을 집중적으로 공략하는 것을 말한다.

[사례]

　기존의 배달 플랫폼은 고객과 요식업체를 이어주기만 하고, 요식업체가 직접 배달 서비스 업체와 연락하여 음식을 건네주는 방식으로 진행된다. 이 과정에서 몇 가지 문제점이 발생한다.

　첫째, 배달의 속도나 동선 등은 배달 서비스 업체가 결정하기 때문에 동선이 겹치는 경우 여러 가게의 음식들을 받아 한 번에 배달할 수도 있어 배달 시간이 지연될 가능성이 항상 존재한다. 둘째, 배달 플랫폼 내에 등록된 업체들의 수가 많기 때문에 별도의 마케팅 비용을 소비하여 매장 노출도를 올려야 한다. 셋째, 배달은 배달 서비스 업체를 통해 이루어짐에도 불구하고 플랫폼 내에 올라온 배달 관련 문의나 불만 사항은 입주가 직접 답변해야 하기 때문에, 처리 과정이 비효율적이고 형식적일 수 있다.

　C사는 이러한 문제점을 해결하기 위해서 요식업체는 음식 제조, 포장까지만 관리하고 배달 서비스와 문의, 홍보 등 기타 모든 업무는 C사가 담당하는 방식을 선택하였다.

> **[C사의 전략]**
> 1. 배달 서비스 품질 하락(1 대 N 배차)
> 　→ 플랫폼에서 1 대 1 배차 방식 직접 운영
> 2. 과도한 마케팅 비용 경쟁
> 　→ 스토어의 운영 노력으로 플랫폼 내 노출 상승 가능
> 　　(일정 조건을 만족시키면 노출도 상승)
> 3. 요식업체의 주문 ─ 배달 동시 관리 문제
> 　→ 음식 제조를 제외한 모든 부분을 플랫폼에서 관리

① 기존 플랫폼보다 배달비용을 더 저렴하게 책정한 원가우위 전략을 사용하였다.

② 기존 플랫폼과 배차방식을 달리하여 배달 서비스를 높일 수 있는 차별화 전략을 사용하였다.

③ 요식업체에서 배달까지 직접 관리하여 배달 품질을 높일 수 있는 집중화 전략을 사용하였다.

④ C사의 운영비용 부담으로 요식업체의 주문 비용을 더 낮게 공급하는 원가우위 전략을 사용하였다.

⑤ C사는 경쟁 업체들이 소홀히 하는 요식업계에 대하여 집중 공략하는 집중화 전략을 사용하였다.

| 정답풀이 |
C사는 하프스택 모형을 통해 소비자와 Store의 pain point를 개선했다고 할 수 있다. 이는 차별화 전략에 해당한다.

| 오답풀이 |
① 배달 비용이 더 저렴하다거나 요식업체의 주문 비용이 더 낮다는 내용은 제시되어 있지 않다.

③ 요식업체는 음식 제조만 담당하며, 나머지 배달, 홍보, 문의 등의 서비스는 C사가 담당한다.

④ C사가 비용절감을 위해 요식업체 주문비용을 낮췄다는 내용은 제시되어 있지 않다.

⑤ 경쟁 업체들이 요식업계를 소홀히 하였다는 내용은 제시되어 있지 않다.

| 정답 | ②

찐 기출 유형분석 & 출제사별 TIP

휴노 **한사능** **휴스테이션** **인크루트** **사람인** **매일경제** **기타**

마이클포터의 본원적 경쟁전략이나 SWOT 분석 관련 문항이 주로 출제된다.

본원적 경쟁전략은 해당 사업에서 경쟁우위를 확보하기 위한 전략으로 원가우위 전략, 차별화 전략, 집중화 전략으로 구분된다.

조직의 내·외부 환경을 분석하는 데에는 SWOT 분석이 가장 많이 활용된다. SWOT 개념을 묻는 문항은 조직이해능력이 출제되지 않는 기업에서 문제해결능력으로 연결 지어 출제하기도 하므로 반드시 개념을 익혀둘 필요가 있다.

☑ SWOT 분석에서의 조직 환경 요인

내부 환경		외부 환경	
강점(Strength)	약점(Weakness)	기회(Opportunity)	위협(Threat)
조직이 우위를 점할 수 있는 요인	조직의 효과적인 성과를 방해하는 자원, 기술, 능력 면에서의 요인	조직 활동에 이점을 주는 환경 요인	조직 활동에 불이익을 주는 요인

기출

2025년 상반기 서울교통공사

[01~02] 다음은 S공사의 조직도이다. 이를 바탕으로 이어지는 질문에 답하시오.

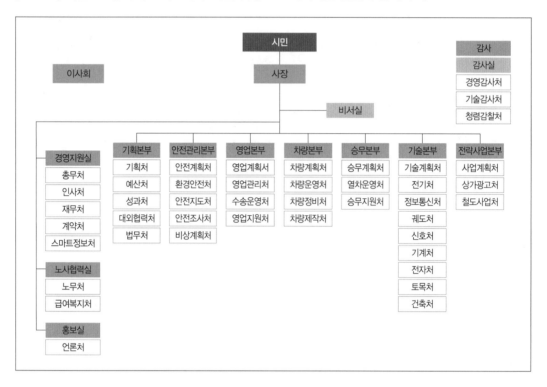

01 위의 조직도를 참고하여 아래와 같이 2024년 조직별 업무 내역을 작성하였다. 해당 부서의 업무 내역 (㉠~㉤)이 올바르게 기재되지 <u>않은</u> 것은?

	부서명	수행 업무	수행 업무 상세	예산
①	차량정비처	차량정비	㉠ 전동차 정밀안전진단 관련 업무	6억 원
②	사업계획처	신사업	㉡ 스마트팜 운영	—
③	경영감사처	일상감사	㉢ 감사원 감사 관련 수감 및 보고	7천만 원
④	총무처	총무 업무 총괄	㉣ 원가관리 및 회계결산	3천만 원
⑤	인사처	신규인력 충원	㉤ 우수한 인력 추가 채용	—

02 다음은 S공사의 내부 전결규정의 일부이다. 앞 문제를 참고한 결재양식으로 옳지 <u>않은</u> 것은?

> • 대리, 과장, 차장, 부장, 처장, 본부장, 사장 순으로 결재한다.
> • 예산이 없는 경우에는 각 본부장이 전결로 처리한다.
> • 그 외의 경우에는 사장이 모두 최종 결재한다.
> • 비용이 100억 원 이상인 경우 기획조정실장에게 협의를 해야 한다.

① 전동차 정밀안전진단 관련 업무(전결권자 없음)

대리	과장	차장	부장	처장	본부장	사장
서명	서명	서명	서명	서명	서명	서명

② 스마트팜 운영

대리	과장	차장	부장	처장	본부장	사장
서명	서명	서명	서명	서명	전결	/

③ 감사원 감사 관련 수감 및 보고(전결권자: 처장)

대리	과장	차장	부장	처장	본부장	사장
서명	서명	서명	서명	전결	/	처장 서명

④ 원가관리 및 회계결산(전결권자: 부장)

대리	과장	차장	부장	처장	본부장	사장
서명	서명	서명	전결	/	/	부장 서명

⑤ 우수한 인력 추가 채용

대리	과장	차장	부장	처장	본부장	사장
서명	서명	서명	서명	서명	전결	본부장 서명

01

총무처는 일반 기업의 총무부(팀)와 같은 역할을 수행하는 조직으로 볼 수 있다. 따라서 비품이나 자산 관리 등의 총무 업무를 총괄하게 될 것이며, 원가관리 및 회계결산 등의 업무는 세무회계를 담당하는 재무처의 업무로 보는 것이 타당하다.

02

앞 문제에 주어진 표에서 스마트팜 운영 업무는 예산이 없는 것을 알 수 있으므로, 이는 본부장이 전결권자가 된다. 따라서 본부장의 결재란에는 '전결'이 표기되어야 하며, 본부장은 최고결재권자인 사장의 결재란에 서명을 해야 한다.

전결권자가 없는 경우 모든 직책자가 자신의 결재란에 서명을 해야 하며, 전결권자가 지정되어 있는 경우, 전결권자의 결재란에는 '전결'이 표시되며, 전결권자는 최고결재권자인 '사장'의 결재란에 서명하는 것이 일반적인 결재 방법이다. 또한 주어진 조건과 같이 예산이 없는 경우에는 본부장이 전결권자가 되므로 본부장의 결재란에 '전결'이 표시되며, 본부장은 '사장'의 결재란에 서명해야 한다. 결재가 필요치 않은 직책자의 결재란에는 상향대각선을 표시한다.

| 정답 | 01 ④ 02 ②

🔍 기출 유형분석 & 출제사별 TIP

| 휴노 | | 한사능 | | 휴스테이션 | | 인크루트 | | 사람인 | | 매일경제 | | 기타 |

조직도와 관련한 문항은 조직이해 영역에서 가장 기본이 되는 문항이다. 조직도를 보고 해당 조직의 특성을 묻는 문항이 출제되기도 한다. 또한 지원 기업의 조직도가 그대로 출제되기도 한다. 해당 조직에서 하는 업무는 무엇인지, 민원이 발생하였을 때 어떤 부서로 연결하면 되는지, 독립적으로 위치하고 있는 기관은 어디인지 등을 묻는 문항이 출제되고 있다.

조직도에 대한 기본적인 이해와 해당 조직에서 어떠한 업무를 하고 있는지에 대한 이해를 하고 있다면 어렵지 않게 문항을 풀 수 있다. 또한 대부분의 조직명에서 어떤 일을 하는지 유추가 되기 때문에 수월하게 풀 수 있다.

04 국제감각

찐기출

다음 중 명함 관리에 대한 설명으로 가장 적절하지 <u>않은</u> 것은?

① 영미권에서는 업무용 명함을 교환하기 전에 악수를 먼저 하는 것이 좋다.

② 명함을 건넬 때는 일어서서 정중하게 인사한 뒤 회사명과 이름을 밝히는 것이 좋다.

③ 영미권에서는 아랫사람이나 손님이 명함을 먼저 꺼내 오른손으로 상대방에게 건네는 것이 좋다.

④ 상대에게 받은 명함은 깔끔하게 보관하는 것이 예의이므로 명함에 별도의 낙서나 메모 등은 하지 않는 것이 좋다.

| 정답풀이 |
상대에게 받은 명함에 상대의 개인 신상이나 특징 등 자신이 참고할 수 있는 정보를 메모하여 활용하는 것은 명함관리 방법 중 하나이다.

| 오답풀이 |
① 영미권에서는 악수를 한 이후 업무용 명함을 교환하는 것이 예절이므로 적절하다.
② 명함을 건넬 때는 일어서서 정중하게 인사한 뒤 회사명과 이름을 밝히는 것이 좋으므로 적절하다.
③ 영미권에서는 아랫사람이나 손님이 명함을 먼저 꺼내 오른손으로 상대방에게 건네는 것이 예절이므로 적절하다.

| 정답 | ④

찐기출 유형분석 & 출제사별 TIP

휴노　한사능　휴스테이션　인크루트　사람인　매일경제　기타

국제감각은 국제적인 동향을 분석하고 업무상황에서 활용하는 것에 대한 영역이다. 다른 나라 문화 이해와 관련된 국제매너나 비즈니스 매너에 대한 문항이 주로 출제(2025년 상반기 경기도 공공기관 통합채용, 2024년 하반기 국가철도공단, 2024년 하반기 한국서부발전 등)되고 있으므로 국제매너에 대해 미리 숙지해 둘 필요가 있다. 국제감각의 필요성, 국제동향 파악방법에 대한 문항도 출제되니 이론을 파악해 두는 것이 좋다.

05 기타능력❻ 직업윤리

01 직업윤리

| 휴노 | 한사능 | 휴스테이션 | 인크루트 | 사람인 | 매일경제 | 기타 |

기출

다음 중 직업윤리의 5대 원칙에 대한 설명으로 옳지 <u>않은</u> 것은?

① 객관성의 원칙: 업무의 공공성을 바탕으로 공사 구분을 명확히 하고, 공공의 이익을 기준으로 처리하는 원칙

② 고객 중심의 원칙: 고객에 대한 봉사정신을 최우선으로 생각하고 실천 중심, 현장 중심으로 일하는 원칙

③ 전문성의 원칙: 자기업무에 전문가로서의 능력과 의식을 가지고 책임을 다하며, 능력을 계속 연마하는 원칙

④ 정직과 신용의 원칙: 업무와 관련된 모든 것을 숨김없이 정직하게 수행하고, 본분과 약속을 지켜 신뢰를 유지하는 원칙

⑤ 공정경쟁의 원칙: 법규를 준수하고, 경쟁원리에 따라 공정하게 행동하는 원칙

| 정답풀이 |

객관성의 원칙은 업무의 공공성을 바탕으로 공사 구분을 명확히 하고, '모든 것을 숨김없이 투명하게' 처리하는 원칙이다. 공공의 '이익'을 기준으로 처리하는 원칙은 아니다.

| 정답 | ①

 기출 유형분석 & 출제사별 TIP

휴노 한사능 휴스테이션 인크루트 사람인 매일경제 기타

상대적으로 문항의 형태가 단순하지만, 이론에 대한 이해가 없다면 정확한 답을 선택하기 어렵다. 상식적인 수준으로 출제되는 경우도 있지만, 모듈 이론을 정확히 알지 못하는 경우 풀이할 수 없는 문항도 다수 출제되고 있다. 상식으로 접근하기 무리가 있는 유형들은, 평소 기출문항을 풀어보며 출제 포인트를 학습해야 한다.

☑ 직업 윤리 의식
　① 소명의식: 자신이 맡은 일은 하늘에 의해 맡겨진 일이라고 생각하는 태도
　② 천직의식: 자신의 일이 자신의 능력과 적성에 꼭 맞는다 여기고 그 일에 열성을 가지고 성실히 임하는 태도
　③ 직분의식: 자신이 하고 있는 일이 사회나 기업을 위해 중요한 역할을 하고 있다고 믿고 수행하는 태도
　④ 책임의식: 직업에 대한 사회적 역할과 책무를 충실히 수행하고 책임을 다하는 태도
　⑤ 전문가의식: 자신의 일이 누구나 할 수 있는 것이 아니라 해당 분야의 지식과 교육을 밑바탕으로 성실히 수행해야만 가능한 것이라 믿고 수행하는 태도
　⑥ 봉사의식: 직업 활동을 통해 다른 사람과 공동체에 대하여 봉사하는 정신을 갖추고 실천하는 태도

🎴 기출

일반적으로 조직 내의 직원들은 정직과 신용의 원칙, 공정거래의 원칙, 친절 서비스의 원칙, 고객 정보보호의 원칙 등을 준수하여야 한다. 이를 토대로 할 때, 다음 [사례]에 대한 내용으로 적절하지 <u>않은</u> 것은?

[사례]

(가) 서울의 한 음식점에서 외국인 관광객에게 '이중 메뉴판'을 이용해 바가지를 씌운 것이 적발되었다. 이 음식점은 메뉴판 2개를 만들어 한국인에게는 정가 메뉴판을, 외국인에게는 정가보다 더 비싸게 책정한 메뉴판을 보여주었다. 그러다 같은 손님에게 두 개의 메뉴판을 동시에 전달하면서 덜미를 잡혔다.

(나) 스페인에서 온 외국인 기자 바스코(Basco) 씨는 시장에서 순대 가격을 물었다가 욕설을 들었다. 바스코가 순대 가격을 묻고 순대를 구매하지 않자 직원은 "사지도 않을 거면서 가격은 왜 물어"라고 소리치고 욕설을 하였다. 이 직원은 음식 사진을 찍는 관광객들에게도 욕을 했다. 바스코 씨는 "가격을 공손히 물었음에도 불구하고 무례한 대답을 들어야 했다."라며 "환영받지 못하는 기분이 들었다."라고 말했다.

(다) ○○제약업체는 □□병원에 자사에서 생산·공급하는 의약품을 납품하였다. ○○제약업체는 판매를 증가시킬 목적으로 자사 의약품의 신규채택 및 처방량 증대를 요구하며 □□종합병원에 약품채택비, 처방사례비, 접대비 등을 지급하였다.

(라) 직원의 클릭 실수로 사용자들이 게시글을 올릴 때 '친구에게만 공개'로 조정했던 것이 전부 '전체 공개'로 전환됐다. 1천 4백만 사용자가 여기에 영향을 받았다. 즉, 1천 4백만 명의 사용자가 '친구에게만' 공개하려고 했던 내용을 원치 않게 모두에게 보여주게 된 것이다.

(마) U브랜드를 운영 중인 F사 대표이사는 지난 2일 이 회사 인사조직부문장에게 구조조정이 필요하다는 취지의 이메일을 발송했다. 대표이사는 이메일을 보내면서 실수로 다른 임직원들을 참조로 넣은 것으로 알려졌다. 이에 대해 회사 측은 '일종의 해프닝'이라고 선을 그었지만, 대표이사가 전 직원에게 구조조정 내용이 담긴 이메일을 전송하면서 직원들은 충격에 휩싸였다.

---

① (가) 사례는 정직과 신용의 원칙을 지키지 않고 외국인 손님에게 바가지를 씌우려다 적발된 경우이다.

② 직원은 고객에게 친절한 서비스를 제공해야 할 원칙이 있는데, (나) 사례는 이 원칙이 지켜지지 않은 경우에 해당한다.

③ (다) 사례에서는 ○○제약업체가 정직하지 못한 방법으로 매출을 늘리려고 한 경우이므로, 정직과 신용의 원칙에 어긋났다고 볼 수 있다.

④ 고객 정보보호의 원칙에 따라 신중히 시스템을 관리해야 하는데, (라) 사례의 직원은 이를 준수하지 못해 여러 피해자가 발생하게 되었다.

⑤ (마) 사례를 통해 참조란에는 해당 메시지를 함께 공유해야 하는 꼭 필요한 사람만 추가해야 한다는 것을 알 수 있다.

| 정답풀이 |

(다) 사례는 제약업체가 자사의 제품으로 판매를 유인하기 위해 부당한 방법을 사용한 것으로, 이는 정직과 신용의 문제가 아니라 공정거래의 원칙에 어긋난 경우에 해당한다.

| 정답 | ③

 기출 유형분석 & 출제사별 TIP

`휴노`　`한사능`　`휴스테이션`　`인크루트`　`사람인`　`매일경제`　`기타`

근로윤리는 근면한 태도, 정직한 행동, 성실한 자세로 분류된다. 근면, 정직, 성실의 의미를 파악하여 주어진 사례들을 그에 맞춰 이해할 수 있어야 한다.

☑ 근면, 정직, 성실의 의미

근면의 의미	정직의 의미	성실의 의미
– 근면은 고난의 극복을 의미한다. – 근면은 비선호의 수용 차원에서 개인의 절제나 금욕을 반영한다. – 근면은 지속적이고 장기적인 행위 과정으로 인내를 요구한다.	– 사회시스템은 구성원 서로의 신뢰가 있어야 운영이 가능한 것이며, 정직은 그 신뢰를 형성하고 유지하는 데 필요한 가장 기본적이고 필수적인 규범이다. – 정직만이 신뢰를 형성하는 충분한 조건은 아니지만, 신뢰를 위해서는 빠질 수 없는 요소이다.	– 성실은 근면함보다는 충(忠) 혹은 신(信)의 의미와 더 가깝다. – 심리학자들은 '책임감이 강하고 목표한 바를 이루기 위해 목표 지향적 행동을 촉진하며 행동의 지속성을 갖게 하는 성취 지향적인 성질'이라고도 설명한다.

기출

2025년 상반기 서울교통공사

[01~02] 다음 자료를 보고 이어지는 질문에 답하시오.

인권경영 추진체계

□ 2024년 인권경영 추진체계

비전	"사람 중심, 인권을 존중하는 기업문화 조성"		
목표	인권침해 발생 ZERO		
추진 로드맵	인권경영 구축 및 정착 (~2021) • 인권경영 추진기반(이행지침, 조직, 제도 등) 조성·강화	인권경영 안정·내실화 (2022~2024) • 인권경영 추진체계 고도화 및 인권존중 의식 내재화	인권경영 확산 선도 (2025~) • 이해관계자 인권증진 강화 및 인권존중 문화 확산
추진 전략	① 인권경영 추진체계 고도화	② 인권의식 내재화 및 존중문화 확산	③ 인권침해 예방 및 구제 강화
추진 내용	• 인권경영 정책 선언·공표 • 인권경영위원회 전문성 향상 • ㉠인권경영 이행지침 개정 • ㉡임직원 인권의식 함양 교육	• 인권감수성 향상 활동 활성화 • 인권경영 정보공유·홍보 강화 • 협력회사 인권경영 확산 확대 • 고객 인권보호·증진 캠페인	• 인권영향평가 실효성 제고 • 개선과제 이행현황 모니터링 • 인권침해 신고센터 홍보 강화 • 인권침해 구제절차 평가·개선
성과 지표	• 경영진 인권정책 선언 실시 • 인권교육 이수율 99.5% 이상	• 인식개선 캠페인 매월 실시 • 협력회사 간담회 반기별 실시	• 인권영향평가 실시결과 1등급 • 전년도 개선과제 이행률 100%

01 다음 중 주어진 자료의 밑줄 친 ⊙에 해당하는 규정의 일부이다. 각 조항의 해당 항목명으로 적절하지 **않은** 것은?

> [제4조] 공사는 인종, 종교, 장애, 성별, 학력, 연령, 출신지역, 사회적 신분, 정치적 견해, 성적(性的) 지향 등을 이유로 노동자의 고용, 승진, 교육 등에 대한 차별대우를 하지 않는다.(개정 '22. 12. 27.)
>
> [제5조] ① 공사는 노동자가 자유롭게 노동조합을 결성하는 것을 보장하며, 노동조합의 가입이나 활동을 이유로 불이익을 주지 않는다.
>
> ② 공사는 노동자 대표를 통해 단체교섭할 권리를 보장하고, 단체교섭의 결과를 존중하며 성실하게 이행한다.(전문개정 '22. 12. 27.)
>
> [제7조] ① 공사는 노동자들에게 안전하고 위생적인 작업환경을 제공해야 하며 작업장에서 발생한 사고나 질병에 대해서는 관련법에 따른 조치를 취해야 한다.
>
> ② 공사는 사업을 추진함에 있어 모든 이해관계자의 안전을 보장하는 제도와 환경을 조성하도록 노력한다. (전문개정 '22. 12. 27.)
>
> [제9조] 공사는 사업활동이 일어나는 지역에서 현지주민의 생명권, 거주이전의 자유, 안전에 대한 권리 및 재산소유권 등을 존중하고 보호한다.(개정 '22. 12. 27.)
>
> [제10조] ① 공사는 사업활동이 일어나는 지역에서 현지주민들이 유해물질과 소음 등을 비롯한 각종 고충을 겪지 않도록 예방적 접근의 원칙을 견지한다.
>
> ② 공사는 환경경영체제를 수립 및 유지하고 지속적으로 관련 정보를 대내 · 외에 공개한다.

① [제4조] — 고용상의 차별 금지
② [제5조] — 결사 및 단체교섭의 자유 보장
③ [제7조] — 산업안전 보장
④ [제9조] — 현지주민의 인권 보호
⑤ [제10조] — 근로자의 인권 보호

02 다음 중 주어진 자료의 밑줄 친 ⓒ에서 언급한 임직원 인권의식 함양을 위한 교육 내용으로 적절하지 **않** 은 것은?

① 직장 내 괴롭힘 및 폭력 예방
② 직장 내 성희롱 및 성차별 예방 교육
③ 평등한 대우와 차별 금지
④ 공익과 개인의 권리 균형
⑤ 행정상 이득 추구를 위한 인권 보호의 제한

01

제10조에서는 제9조와 더불어 사업활동이 일어나는 지역의 현지주민의 인권과 환경 보호에 관한 내용을 언급하고 있다. 따라서 '근로자의 인권 보호'보다 '현지의 환경오염 보호' 정도의 항목 명칭이 적절하다.

02

| 정답풀이 |

인권교육은 어떠한 경우에도 인권을 제한하는 방향이 아닌, 행정처리 과정에서의 효율성 추구가 인권 침해로 이어지지 않도록 보호하는 방법을 안내해야 한다.
따라서 행정상 이득을 추구할 때도 개인의 권리를 어떻게 보호해야 하는지에 대해 교육하는 것이 적절하다.

| 오답풀이 |

① 직장 내 괴롭힘과 폭력이란 무엇인지, 이를 어떻게 예방하고 대처할 수 있는지에 대한 교육과 함께 괴롭힘이나 폭력 발생 시 피해자가 보호받을 수 있는 절차를 안내하는 교육이 필요하다.
② 성희롱과 성차별이 무엇인지 정의하고, 이를 예방하기 위한 적절한 행동 지침을 제공해야 할 것이며, 성평등한 근무 환경을 만들기 위한 노력과 성희롱 발생 시 대처 방법을 교육할 필요가 있다.
③ 임직원은 성별, 나이, 인종, 종교, 장애 등에 관계없이 평등하게 대우받아야 한다는 원칙을 강조할 필요가 있다.
④ 공익이란 사회 전체의 이익을 추구하는 것으로, 개인의 권리와 충돌할 수 있는 경우가 많아, 공익을 추구하면서도 개인의 인권을 존중하는 방법을 교육할 필요가 있다.

| 정답 | 01 ⑤　02 ⑤

기출 유형분석 & 출제사별 TIP

휴노 한사능 휴스테이션 인크루트 사람인 매일경제 기타

공동체윤리에서는 인간 존중을 바탕으로 봉사하며, 책임감 있게 규칙을 준수하고, 예의 바른 태도로 업무에 임하는 자세가 중요하다. 기업의 사회적 책임인 CSR에 대한 지문들이 등장하기도 하며, 비즈니스 매너나 직장 내 괴롭힘 또는 직장 내 성희롱 관련하여 출제되기도 한다. 비즈니스 매너 관련하여서는 조직이해영역에서도 출제되고 있으니 반드시 체크하는 것이 좋다. 직장 내 괴롭힘이나 직장 내 성희롱 관련하여서는 행위 요건이나 성립 요건에 대해 명확하게 확인해 두면 관련 문항에 대한 대비가 수월하다.

☑ 비즈니스 매너 – 인사 예절

① 악수
- 오른손을 사용하고, 너무 강하게 쥐어짜듯이 잡지 않는다.
- 서로의 이름을 말하고 간단한 인사 몇 마디를 주고받는 정도의 시간 안에 끝내야 한다.
- 악수할 때는 상대방을 바라보며 미소를 짓는다.
- 악수는 윗사람이 아랫사람에게, 여성이 남성에게, 선배가 후배에게, 상급자가 하급자에게 청한다.

② 소개
- 소개할 때는 직장 내에서의 서열과 나이를 고려한다.
- 일반적으로 직장 내 서열과 직위를 고려한 소개의 순서는 나이 어린 사람을 연장자에게, 자신이 속해 있는 회사의 관계자를 타 회사의 관계자에게, 동료를 고객에게 소개한다.

③ 명함
- 명함은 반드시 명함지갑에 보관하되 넉넉하게 소지하는 것이 좋다.
- 명함을 건넬 때는 일어서서 정중하게 인사한 뒤 회사명과 이름을 밝힌다.
- 왼손으로 받치고 오른손으로 건네고, 자신의 이름이 상대방을 향하도록 한다.

도중에 포기하지 말라.
망설이지 말라.
최후의 성공을 거둘 때까지 밀고 나가자.

– 헨리 포드(Henry Ford)

II

휴노 | 한사능 | 휴스테이션 | 인크루트 | 사람인 | 매일경제

휴노

| 휴노 |

찐기출
모의고사

맞은 개수   / 50문항

풀이 시간   / 50분

---

01 글의 흐름상 빈칸 ⊙에 들어갈 말로 적절한 것은?

금연 정책은 흡연으로 인한 국민 건강 악화와 사회적 비용 증가를 줄이기 위한 국가적 노력의 일환으로 추진되어 왔다. 특히 흡연으로 유발되는 질병은 단지 개인의 문제에 그치지 않고 의료 재정과 직결되기 때문에, 보건 당국은 다양한 금연 유도 방안을 통해 흡연율을 낮추고자 하고 있다.

각 지자체 및 공공기관은 금연 캠페인, 금연 클리닉 운영, 금연 홍보물 제작, 학교 및 직장 내 금연 교육 등의 사업을 추진하고 있으며, 관련 예산도 매년 편성되고 있다. 예산의 상당 부분은 국민건강증진기금에서 충당되며, 해당 기금은 담배 소비로 인해 조성된 재원을 금연 관련 목적에 맞게 사용하는 것을 원칙으로 한다.

그러나 최근 감사원 감사 결과 일부 지방자치단체에서 금연사업 예산을 본래 목적과는 다른 용도로 사용한 사례가 보고되었다. 예컨대 금연 캠페인 명목으로 받은 예산을 지역 행사 홍보물 제작이나 일반 공공행사 지원 비용으로 (⊙) 사례가 발견된 것이다. 이런 경우 본래의 취지를 훼손할 수 있으며, 장기적으로는 금연 정책 전반에 대한 국민 신뢰에도 영향을 줄 수 있다. 전문가들은 금연 예산의 운용 및 집행에 있어 보다 명확한 가이드라인 마련과 사후 점검 체계의 강화를 권고하고 있다. 아울러 예산이 금연 목적에 부합하게 사용되었는지를 점검하기 위해, 지자체별 정기 감사와 투명한 예산 공개 시스템의 도입이 필요하다는 목소리도 나오고 있다.

① 준용한
② 전용한
③ 적용한
④ 남용한
⑤ 이용한

02 다음 글을 읽고 추론할 수 있는 내용으로 적절한 것은?

스트레스는 '팽팽히 조인다.'는 의미의 라틴어 스트링게르(Stringer)에서 유래하였다. 이 표현이 처음으로 사용된 것은 물리학 분야였고, 의학적 용어로 사용된 것은 20세기에 들어서 캐나다의 학자 한스 셀리에 의해서였다. 그는 스트레스를 '정신적 육체적 균형과 안정을 깨뜨리려고 하는 자극에 대해 자신이 있던 안정 상태를 유지하기 위해 변화에 저항하는 반응'이라고 정의하였다. 다시 말해 우리 몸과 마음은 늘 일정한 상태에 있으려는 습성인 항상성(恒常性)이 있는데, 이 항상성을 깨는 모든 자극을 스트레스라고 보는 것이다. 신체적 변화는 물론 감정의 변화도 스트레스로 작용한다. 만약 몸도 마음도 자극이 없는 무자극 상태를 유지할 수 있다면 스트레스는 발생하지 않을 것이다. 하지만 당연하게도 이런 삶을 사는 것은 불가능하다. 결국 죽을 때까지 스트레스를 피할 수 없다는 얘기다. 그렇다면 남은 것은 스트레스를 어떻게 받아들일 것인가이다.

기본적으로 사람들은 자신의 스트레스가 객관적 기준이나 실제적 영향보다 더 많이 더 쉽게 자신을 괴롭힌다고 생각한다. 그뿐만 아니라 대부분 스트레스는 나쁘기 때문에 스트레스를 받지 않도록 해야 한다고 믿고 피하기 바쁘다. 이쯤에서 한 가지 생각해 볼 것은 스트레스의 유해함이다. 누구도 스트레스가 왜 나쁜 것인지, 스트레스를 받을 때 가장 효과적인 대응법은 무엇인지 제대로 알아본 적이 없는데 우리는 오랫동안 그렇게 믿어왔으며, 의심도 하지 않았다. 그래서 여기 스트레스에 대한 오해를 풀어줄 보고들을 찾았다. 스트레스가 해롭지 않은 것에서 나아가 오히려 건강에 도움을 주기도 한다는 긍정적 영향에 대한 연구 보고이다.

미국의 시사매거진 〈TIME〉에 따르면 스트레스는 두뇌의 힘을 증가시키는 데 도움을 준다. 낮은 수준의 스트레스 요인은 신경트로핀이라 불리는 뇌 화학물질의 생성을 자극하고, 뇌의 뉴런 사이의 연결을 강화한다. 사실 이것은 운동이 생산성과 집중력을 높이는 데 도움이 되는 주요한 메커니즘과 유사하다고 한다. 또 적당한 스트레스는 면역력을 증대하는 효과도 있다. 스트레스를 느낀 신체는 부상이나 감염의 위협을 느끼고 이를 대비하는 여분의 인터루킨(Interleukin)을 분비하는데 이 분비물이 일시적으로 면역력을 강화한다. 낮은 수준의 스트레스에 반복적으로 노출됨으로써 더 큰 스트레스 상황에 대처할 수 있는 능력이 배양된다는 주장은 상식적으로도 충분히 이해할 만하다.

그리고 또 한 가지 스트레스의 긍정적 영향을 볼 수 있는 재미있는 실험 결과가 있다. 하버드대학 연구팀은 실험 시작 전 일부 참가자들에게 스트레스가 유익하다고 생각하도록 가르쳤다. 긴장으로 쿵쾅거리는 심장과 가빠진 호흡은 문제가 아니라 뇌에 산소를 더 공급하는 것일 뿐이라고 안심시켰다. 이후 스트레스 상황을 만들어 참가자들의 신체 반응을 살핀 결과, 스트레스에 대해 긍정적 인식을 심어준 참가들의 심박수가 올라가고 혈관이 이완되는 것을 볼 수 있었다. 심박수가 올라가고 혈관이 수축되는 일반적인 스트레스 반응과는 달랐다. 스트레스를 긍정적으로 생각하고 받아들이는 이들에게는 심혈관 질환을 부를 수도 있는 혈관 수축 반응이 나타나지 않은 것이다.

이처럼 스트레스는 같은 내용이라도 수용하는 자세에 따라 다른 결과를 부른다. 혹여 스트레스를 피하려고 노력하면 오히려 삶의 만족감, 행복감이 크게 줄어든다고 심리학자들은 말한다. 스트레스를 피하는 사람들은 향후 10년 동안 우울감을 보이는 경향이 더 컸고 자신이 처한 상황을 더 악화시킨다는 견해도 있다. 심리학자들은 이것을 '스트레스 유발'이라고 한다. 한마디로 스트레스를 피하기 위해 노력하다가 스트레스 원천을 더 많이 만들어 낸다는 것이다.

① 스트레스는 부정적 영향만 주므로 스트레스 상황을 최대한 피해야 한다.

② 스트레스는 뉴런 생성을 유도하여 기억력을 향상시키는 데 도움이 된다.

③ 적당한 스트레스는 인터루킨을 분비하여 지속적으로 면역력을 증대시킨다.

④ 스트레스는 사람들이 수용하는 태도에 따라 신체에 미치는 영향이 상이하다.

⑤ 높은 수준의 스트레스에 반복적으로 노출될 경우 상황 대처 능력이 향상된다.

[03~04] 다음 글을 읽고 이어지는 질문에 답하시오.

　　중국의 우주선 창어 4호가 달의 뒷면에 무인 탐사선을 착륙시켜 화제가 되었다. 여러 국가가 우주 탐사를 하고 있지만, 지금까지 달에 우주선을 착륙시킨 나라는 미국·러시아·중국 세 나라뿐이다. 중국은 창어 4호 전에 2013년 창어 3호를 달의 앞면에 착륙시킨 적이 있다. 중국 이전에 달에 탐사선을 보낸 것은 구소련이 1976년에 보낸 루나 24호가 마지막이라고 한다. 미국은 1972년 아폴로 17호가 마지막이다. 이후에는 금성·화성·목성·토성 등 더 멀리 떨어져 있는 태양계의 다른 행성들을 탐사하는 데 주력했다고 한다. 기술이 충분한데 왜 37년 동안 어느 나라도 달에 우주선을 보내지 않았던 걸까?

　　우주 전문가들은 "다시 달에 갈 과학적 이유가 없었기 때문"이라고 말했었다. 70년대에 진행된 달 탐사계획으로 달의 돌을 이미 지구로 가져왔고, 이 돌을 분석해서 달에 대한 궁금증은 충분히 해소할 수 있었기 때문이다. 그러나 1994년 나사의 달 탐사 위성이 달에 '얼어붙은 물'이라는 자원이 존재할 가능성을 보여주는 실험 결과를 얻은 후부터 달은 다시 전 세계 우주 연구의 중심이 되고 있다. 가까이 있는 데다가, 인류에게 필요한 자원이 있다면 달을 식민지 삼거나, 필요한 광물들을 캐서 쓸 수 있기 때문이다.

　　달에는 지구에서 얻기 힘든 자원이 풍부하다. 대표적인 자원이 '헬륨3'이다. 헬륨3은 헬륨의 동위원소(원자 번호는 같고 질량수는 다른 원소)로 차세대 핵융합발전 원료로 주목받는 물질이다. 전문가들은 헬륨3 외에도 희토류, 백금, 우라늄 등 지구에 부족한 희귀 광물들이 다량 분포되어 있을 것으로 추정한다. 이 원소들은 지구에서의 채굴 및 가공 과정에서 엄청난 비용 부담 및 환경오염을 일으킨다. 달에는 이 원소들이 표면에 쌓여 있다고 한다.

　　미국은 2017년, 45년 만에 유인 달 탐사를 재개하겠다는 계획을 밝혔다. 우리나라에서도 올해 1월부터 '국가 우주 위원회－우주 협력 소위원회'를 설치하는 등 글로벌 우주 이슈에 대응하기 위해 움직임을 펼치고 있다. 민간에서도 연구가 활발한데, 전기차로 유명한 테슬라의 CEO 일론 머스크는 항공 우주 업체 '스페이스X'를 설립하고 달과 화성 탐사를 추진하고 있고 아마존 창업자 제프 베이조스도 '블루 오리진'이라는 회사를 설립하고 우주 탐사에 뛰어들었다. 이 와중에 중국이 가장 먼저 달의 뒷면에 도착한 것이다. 달에 도착한 우주선이 처음도 아닌데 화제가 되는 이유는 우주선 최초로 달의 뒷면에 착륙했기 때문이다. 달은 자전주기와 공전 주기가 같기 때문에 지구와 톱니바퀴처럼 맞물려 돌아가고 지구에서 영원히 볼 수 없는 부분이 있다. 지구에서 볼 수 있는 부분을 달의 앞면, 지구에서 볼 수 없는 부분을 달의 뒷면이라고 부르는데, 창어 4호가 최초로 달의 뒷면에 도착한 것이다. 평평하고 낮은 앞면에 비해 뒷면은 험한 산지가 많아 더 많은 자원이 숨어있을 수도 있다고 한다. 그러나 지구와의 통신이 두절되는 완전히 단절된 공간이라 별도의 중계위성을 이용해야 했다. 중국은 창어 4호를 위해 위성 '췌차오(오작교)'를 2017년에 미리 발사하는 등 만반의 준비를 했다.

　　지구에서 발견되는 자원은 그 자원이 묻힌 땅 주인에게 소유권이 돌아간다. 한편 우주에는 아직 소유권이 없다. 우주에서 발견되는 자원들은 누구의 것이 되는 걸까? 시작은 달이지만 수십 년 내로 우주 기술이 발달하면 달뿐 아니라 화성, 목성, 수성 등 우주 여러 행성에 대한 소유권 분쟁이 벌어질 것으로 보인다.

　　1967년 국제연합(UN)은 '우주조약(Outer Space Treaty)'은 우주 공간과 천체는 인류 공동의 유산이기 때문에 특정 국가나 기관이 상업적 목적으로 소유권을 주장할 수 없다고 정했다. 우리나라를 비롯한 미국, 유럽 등 100여 개국이 이 사항에 합의하고 있다. 하지만 조약은 공동 합의에 불과해 강제할 만한 법적인 효력이 없다. 또 조항도 미비해 국가나 기관이 소유할 수 없다는 조항만 있고 개인이 소유할 수 없다는 조항은 없다.

이런 상황을 방지하기 위해 모두가 달을 공평하게 소유하게 하자는 움직임도 커지고 있다. 대표적인 움직임이 Together Moon 운동 본부가 진행 중인 '다이아나'라는 시민 참여형 블록체인 프로젝트이다. 또한 특정 국가나 단체에 의한 달 독점을 차단하고 인류에게 평등하게 달 등기 기회를 가질 수 있게 블록체인을 달 등기소로 활용하는 운동을 펼치고 있다.

03 다음 중 [보기]의 ㉠과 ㉡에 들어갈 말을 바르게 짝지은 것은?

> ┤ 보기 ├
>
> 달에는 지구에서 얻기 (㉠   ) 자원들이 많이 분포되어 있습니다. 이 자원들은 특히,
> (㉡   ) 원료로 주목받는 물질들입니다.

	㉠	㉡
①	쉬운	핵융합발전
②	쉬운	원자력 발전
③	힘든	핵융합발전
④	힘든	원자력 발전
⑤	힘든	핵원자력발전

04 다음 중 글을 통해 알 수 있는 내용으로 적절하지 **않은** 것은?

① 달에 인간의 생존과 관련된 물질이 존재할 가능성을 보여주는 실험 결과 이후 달은 다시 전 세계 우주 연구의 중심이 되고 있다.

② 헬륨3과 같은 지구에 부족한 희귀 광물들은 채굴 및 가공 과정에서 환경오염과 비용 부담 증가라는 문제점을 가지고 있다.

③ 달의 뒷면을 지구에서 영원히 볼 수 없는 이유는 달의 자전 주기와 공전 주기의 동일성 때문이다.

④ 창어 4호가 최초로 달의 뒷면에 도착한 사건은 추후에 중국의 자원 확보에 큰 도움을 줄 수도 있다.

⑤ 달의 소유권이 국가 혹은 개인에게 국한될 수 없다는 우주조약은 법적 효력을 가지고 있지 않다.

[05~06] 다음 글을 읽고 이어지는 질문에 답하시오.

사람의 염색체 수는 2n＝46이라고 표기한다. 이는 세포 하나에 들어있는 46개의 염색체가 어머니의 난자와 아버지의 정자로부터 각각 23개씩 물려받은 것이기 때문이다. 이 염색체들은 상염색체(常染色體)와 성염색체(性染色體)로 구분이 되는데, 상염색체는 염색체 중 성염색체를 제외한 나머지 염색체들을 일컫는 말이다.

사람의 염색체는 44개의 상염색체와 2개의 성염색체로 이루어져 있으며, 성염색체는 X염색체와 X염색체보다 크기가 훨씬 작은 Y염색체로 구분이 된다. 부모로부터 22개씩 물려받는 상염색체는 모양과 크기가 같은 염색체가 짝(22쌍)을 이루는데, 이렇게 짝을 이루는 염색체는 상동염색체(相同染色體)라고 부른다. 상동염색체들을 크기와 모양에 따라 쌍으로 구분하는 것을 핵형(核型, Karyotype) 분석이라 한다.

상동염색체 쌍은 길이 순서로 1번부터 22번까지 고유번호가 정해져 있어, 염색체들은 고유번호에 따라 구분이 되며, 성염색체는 X와 Y로 따로 구분한다. X와 Y로 구별되는 성염색체 조성에서 여성은 X염색체가 두 개(XX)인 데 비해 남성은 X염색체와 Y염색체를 하나씩(XY) 가지고 있다. 그래서 사람의 염색체 조합을 나타낼 때, 상염색체와 성염색체를 구별해 남성은 2n＝46＝44＋XY, 여성은 2n＝46＝44＋XX로 표기한다. 핵 안에 들어있는 22쌍의 상염색체와 한 쌍의 성염색체는 감수분열 과정을 통해 반으로 나뉘어져 정자나 난자로 들어가기 때문에 남성에서는 22＋X와 22＋Y의 두 가지 정자가 생성되지만, 여성에서는 22＋X의 한 가지 유형의 난자만 만들어진다. 그래서 난자에 정자가 들어가 수정이 될 때, 22＋X의 정자가 들어가면 딸이 태어나고, 22＋Y의 정자가 들어가면 아들이 태어나는 것이다.

유전자가 성염색체에 놓여있으면 유전 양상은 성(Sex)에 따라 차이를 보인다. 그 실례로 X염색체에 놓인 열성유전자에 의해 나타나는 색맹(色盲)의 유전에 대해 알아보자. 색맹의 유전에서 열성유전자를 가진 염색체를 X'로 표기할 때, 남성에서의 성염색체 조합은 XY와 X'Y의 두 가지이지만, X염색체가 두 개인 여성에서는 XX, XX' 및 X'X'의 세 가지 유형이 나타난다.

남성은 X염색체를 하나만 가지고 있기 때문에 X'Y 유전자형에서 열성유전자가 발현되어 색맹이 된다. 그에 비해 여성의 경우 XX는 정상, X'X'는 색맹으로 나타나지만, X'X는 색맹을 유발하는 열성유전자(X')가 우성유전자(X)에 눌려 외형적으로는 정상인 보인자(Carrier)로 나타난다.

아버지가 색맹(X'Y)이고 어머니는 정상(XX)일 때 태어날 수 있는 자녀들의 유전자 조합에 따른 표현형은 딸들은 모두 색맹유전자를 지니지만 외형으로는 정상인 보인자(X'X)로 태어난다. 그에 비해 아들들은 아버지가 색맹이지만 우성유전자를 지닌 어머니로부터 X염색체를 물려받기 때문에 모두 정상(XY)으로 태어난다. 아버지가 정상(XY)이고 어머니가 색맹(X'X')일 경우 자녀들의 성염색체 조합은 딸들은 모두 보인자(XX')로 태어나지만, 어머니로부터 X'염색체를 물려받고 태어나는 아들들은 모두 색맹(X'Y)으로 태어난다.

X염색체에는 천 개가 넘는 유전자가 간직된 것으로 알려져 있다. 그에 비해 성의 결정에 관여하는 Y염색체는 X염색체에 비해 크기가 작을 뿐만 아니라 기능적인 유전자의 수도 40여 종 이하로 매우 적은 것으로 알려져 있다.

05 다음 중 글의 내용과 일치하지 <u>않는</u> 것은?

① 사람의 염색체는 44개의 성염색체와 2개의 상염색체로 이루어져 있다.

② 사람의 염색체는 상염색체와 성염색체를 구별하여 조합한다.

③ 성(Sex)에 따라 유전 양상이 차이를 보이는 이유는 성염색체 때문이다.

④ 아버지가 색맹($X'Y$)이고 어머니는 정상(XX)일 때 딸들은 모두 색맹유전자를 지니고 태어난다.

⑤ 성의 결정에 관여하는 염색체는 Y염색체이다.

06 다음 중 글의 제목으로 가장 적절한 것은?

① 상동염색체와 핵형분석

② 성염색체 유전 — 색맹 유전

③ 염색체의 종류와 특징

④ 성염색체 유전 — 혈우병 유전

⑤ 성염색체와 인공 수정

[07~08] 다음은 공익사업을 위한 토지 등의 취득 및 보상에 관한 법률에 관한 내용이다. 이를 바탕으로 이어지는 질문에 답하시오.

제61조(사업시행자 보상) 공익사업에 필요한 토지 등의 취득 또는 사용으로 인하여 토지소유자나 관계인이 입은 손실은 사업시행자가 보상하여야 한다.

제62조(사전보상) 사업시행자는 해당 공익사업을 위한 공사에 착수하기 이전에 토지소유자와 관계인에게 보상액 전액을 지급하여야 한다. 다만, 천재지변 시의 토지 사용과 시급한 토지 사용의 경우 또는 토지소유자 및 관계인의 승낙이 있는 경우에는 그러하지 아니하다.

제63조(현금보상 등) ① 손실보상은 다른 법률에 특별한 규정이 있는 경우를 제외하고는 현금으로 지급하여야 한다. 다만, 토지소유자가 원하는 경우로서 사업시행자가 해당 공익사업의 합리적인 토지이용계획과 사업계획 등을 고려하여 토지로 보상이 가능한 경우에는 토지소유자가 받을 보상금 중 본문에 따른 현금 또는 채권으로 보상받는 금액을 제외한 부분에 대하여 다음 각 호에서 정하는 기준과 절차에 따라 그 공익사업의 시행으로 조성한 토지로 보상할 수 있다.

1. 토지로 보상받을 수 있는 자: 토지의 보유기간 등 대통령령으로 정하는 요건을 갖춘 자로서 대지의 분할 제한 면적 이상의 토지를 사업시행자에게 양도한 자(공익사업을 위한 관계 법령에 따른 고시 등이 있은 날 당시 다음 각 목의 어느 하나에 해당하는 기관에 종사하는 자 및 종사하였던 날부터 10년이 경과하지 아니한 자는 제외한다)가 된다. 이 경우 대상자가 경합할 때에는 제7항 제2호에 따른 부재부동산 소유자가 아닌 자 중 해당 공익사업지구 내 거주하는 자로서 토지 보유기간이 오래된 자 순으로 토지로 보상하며, 그 밖의 우선순위 및 대상자 결정방법 등은 사업시행자가 정하여 공고한다.

    가. 국토교통부

    나. 사업시행자

    다. 협의하거나 의견을 들어야 하는 공익사업의 허가·인가·승인 등을 하는 기관

    라. 공익사업을 위한 관계 법령에 따른 고시 등이 있기 전에 관계 법령에 따라 실시한 협의, 의견 청취 등의 대상인 중앙행정기관, 지방자치단체, 공공기관 및 지방공기업

2. 보상하는 토지가격의 산정 기준금액: 다른 법률에 특별한 규정이 있는 경우를 제외하고는 일반 분양가격으로 한다.

3. 보상기준 등의 공고: 제15조에 따라 보상계획을 공고할 때에 토지로 보상하는 기준을 포함하여 공고하거나 토지로 보상하는 기준을 따로 일간신문에 공고할 것이라는 내용을 포함하여 공고한다.

제64조(개인별 보상) 손실보상은 토지소유자나 관계인에게 개인별로 하여야 한다. 다만, 개인별로 보상액을 산정할 수 없을 때에는 그러하지 아니하다.

제65조(일괄보상) 사업시행자는 동일한 사업지역에 보상시기를 달리하는 동일인 소유의 토지 등이 여러 개 있는 경우 토지소유자나 관계인이 요구할 때에는 한꺼번에 보상금을 지급하도록 하여야 한다.

제66조(사업시행 이익과의 상계금지) 사업시행자는 동일한 소유자에게 속하는 일단의 토지의 일부를 취득하거나 사용하는 경우 해당 공익사업의 시행으로 인하여 잔여지의 가격이 증가하거나 그 밖의 이익이 발생한 경우에도 그 이익을 그 취득 또는 사용으로 인한 손실과 상계할 수 없다.

제67조(보상액의 가격시점 등) ① 보상액의 산정은 협의에 의한 경우에는 협의 성립 당시의 가격을, 재결에 의한 경우에는 수용 또는 사용의 재결 당시의 가격을 기준으로 한다.

---

② 보상액을 산정할 경우에 해당 공익사업으로 인하여 토지 등의 가격이 변동되었을 때에는 이를 고려하지 아니한다.

제68조(보상액의 산정) ① 사업시행자는 토지 등에 대한 보상액을 산정하려는 경우에는 감정평가법인 등 3인(제2항에 따라 시·도지사와 토지소유자가 모두 감정평가법인 등을 추천하지 아니하거나 시·도지사 또는 토지소유자 어느 한쪽이 감정평가법인 등을 추천하지 아니하는 경우에는 2인)을 선정하여 토지 등의 평가를 의뢰하여야 한다. 다만, 사업시행자가 국토교통부령으로 정하는 기준에 따라 직접 보상액을 산정할 수 있을 때에는 그러하지 아니하다.

② 제1항 본문에 따라 사업시행자가 감정평가법인 등을 선정할 때 해당 토지를 관할하는 시·도지사와 토지소유자는 대통령령으로 정하는 바에 따라 감정평가법인 등을 각 1인씩 추천할 수 있다. 이 경우 사업시행자는 추천된 감정평가법인 등을 포함하여 선정하여야 한다.

07 주어진 자료에 대한 설명으로 옳은 것은?

① 사업시행자는 공익사업의 경우 임의로 공사를 진행하고, 공사가 완료된 이후에 토지소유자와 관계인에게 보상액 전액을 지급할 수 있다.

② 협의에 의해 보상액을 산정하는 경우 협의를 시작할 당시의 가격을 기준으로 보상액을 결정한다.

③ 손실보상은 반드시 현금으로 보상해야 한다.

④ 토지소유자는 동일한 사업지역에 자신이 소유한 토지가 여러 개 있는 경우 각각의 보상시기가 다르더라도 한꺼번에 보상금을 지급받을 수 있다.

⑤ 토지소유자는 공익사업으로 소유한 잔여 소유 토지 가격이 상승하였더라도 토지소유자는 그 이익을 취득할 수 없다.

08 A~E는 공익사업 시행에 따라 보상을 받으려고 한다. 이 중 한 명만 보상을 받을 수 있다고 할 때, 가장 먼저 토지로 보상을 받을 수 있는 사람은?(단, A~E는 대통령령으로 정하는 요건을 갖춘 자로서 대지의 분할 제한 면적 이상의 토지를 사업시행자에게 양도하였다.)

구분	부재부동산 소유 여부	해당 공익사업지구 내 거주 여부	토지 보유 기간	비고
A	×	○	7년	국토교통부 종사자
B	○	×	11년	
C	×	○	9년	12년 전 공익사업의 허가 기관 근무자
D	×	○	10년	
E	○	×	15년	

① A ② B ③ C ④ D ⑤ E

09 다음 중 밑줄 친 ㉠, ㉡의 의미 관계와 <u>다른</u> 것은?

　기사문을 작성할 때에는 독자의 반응을 고려해 표현은 직설적이게, 하지만 맥락은 완곡하게 다
듬기도 해야 한다.
　　　　　　　　　　　　　　　　　　　　　　　　　　　　㉠　　　　　　　　　　㉡

---

① 간과하다 : 추궁하다

② 고무하다 : 억제하다

③ 선동하다 : 회피하다

④ 통보하다 : 은폐하다

⑤ 호도하다 : 무마하다

10 다음 중 공룡 이름의 구성 방식이 나머지와 <u>다른</u> 것은?

① ankylo(융합된)＋saurus(도마뱀)＝안킬로사우루스(Ankylosaurus)

② tyranno(폭군)＋saurus(도마뱀)＝티라노사우루스(Tyrannosaurus)

③ Tuojiang(투오장 강)＋saurus(도마뱀)＝투오지앙고사우루스(Tuojiangosaurus)

④ ornitho(새)＋lestes(도둑)＝오르니토레스테스(Ornitholestes)

⑤ veloci(날쌘)＋raptor(약탈자)＝벨로키랍토르(Velociraptor)

11 일정한 속력으로 달리는 기차 A, B는 터널을 통과한다. 두 기차가 동시에 터널에 진입할 때, 기차 A의 속력은 기차 B보다 시속 4km 더 빠르다. 열차 A가 터널의 $\frac{2}{3}$ 지점에서 속력을 현재보다 시속 6km 늦추었더니 두 기차가 터널을 동시에 통과하였다. 이때, 기차 B의 속력은 기차 A의 처음 속력의 몇 배인가?

① 0.5배   ② 0.75배   ③ 0.8배

④ 0.875배   ⑤ 1.2배

12 서로 다른 3개의 문자 A, B, C와 숫자 0, 1, 2를 활용하여 다음 [조건]에 맞게 비밀번호를 생성하려고 한다. 이때 주어진 문자와 숫자를 임의로 조합하여 비밀번호를 푼다면 비밀번호를 풀 수 있는 확률로 옳은 것은?(단, 문자나 숫자를 중복하여 사용할 수 없다.)

┌─ 조건 ├─
- 비밀번호는 총 6자리이다.
- 뒷 두 자리는 숫자 1개와 문자 1개로만 구성한다.
- 비밀번호의 첫 번째 자리는 숫자가 올 수 없다.

① $\frac{2}{5}$ ② $\frac{3}{5}$ ③ $\frac{1}{10}$

④ $\frac{2}{10}$ ⑤ $\frac{3}{10}$

13 다음 주어진 사각형에서 $\overline{AE}=\overline{AC}$ 이고, $\overline{BC}=\sqrt{12}$ 일 때, 사각형 ABDE의 넓이는?

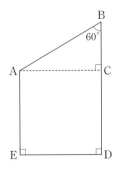

① $24+6\sqrt{2}$ ② $36+6\sqrt{2}$ ③ $24+6\sqrt{3}$

④ $36+6\sqrt{3}$ ⑤ $36+9\sqrt{2}$

[14~15] 다음 [표]는 휴노야구장의 입장료를 나타낸 자료이다. 이를 바탕으로 이어지는 질문에 답하시오.

구분		주중(화~목)	주말(금~일, 공휴일)
중앙석		70,000원	70,000원
테이블석		45,000원	53,000원
블루석		20,000원	25,000원
레드석		15,000원	18,000원
오렌지석		12,000원	16,000원
네이비석		10,000원	12,000원
외야석	일반	7,000원	8,000원
	청소년 군경	5,000원	6,000원
	어린이 경로자 유공자	3,000원	5,000원

구분	할인내용	비고
○○카드	블루석 이하 경기당 1매, 2,000원 할인	특정 카드만 가능
SU 통신사 할인(일반등급)	블루석 이하 경기당 1매, 2,000원 할인	1일 1매 한정, 포인트 차감
SU 통신사 할인(VIP 등급)	블루석 이하 경기당 1매, 3,000원 할인	
문화가 있는 날	매주 마지막 주 수요일 외야석 50% 할인	중복할인 불가
미취학 아동	36개월 미만 어린이에 한해 무료입장 가능. 단, 좌석이 제공되지 않으며, 좌석을 이용하려면 티켓을 구매해야 합니다.	
휠체어석 할인	블루석 이하 50% 할인	본인 외 동반 1인까지 가능
어린이 회원 할인	블루석 이하 2,000원 할인	발권 시 어린이 회원증 제시
경로자 · 유공자 할인	경로 및 유공자 증빙서류 제출 시 요금표에 제시된 경로자 · 유공자 금액으로 발권 가능	

14 A가 이번 주말, 아내와 생후 18개월 딸, 어린이 회원인 아들, 장인, 장모, 군인인 처남을 데리고 휴노야구장에 갈 때 최소로 낼 수 있는 입장료의 총비용으로 알맞은 것은?(단, 모든 티켓은 현금으로 결제한다.)

- A: 외야석이긴 해도 당일 예매로 온 가족이 이렇게 한곳에 모여 앉긴 힘든데 운이 좋았어.
- 아내: 소영이는 36개월 미만이라 공짜인줄 알았는데, 티켓을 따로 사야 하는 줄은 몰랐네요.
- A: 그래도 아이를 안고 하루 종일 경기를 볼 순 없잖아. 그리고 민수가 어린이 회원증 할인을 받았으니 괜찮아.
- 장인: 나랑 아내도 할인받을 수 있다니 요즘은 복지가 좋구나.
- 처남: 저는 군인신분을 증명할 수 없어서 슬펐어요.

---

① 35,000원   ② 38,000원   ③ 40,000원

④ 42,000원   ⑤ 45,000원

15 다음 중 주어진 자료의 내용과 일치하지 <u>않는</u> 것은?

① 아내랑 둘이서만 주말 데이트를 왔을 경우, 블루석 관람 시 입장료는 50,000원이다.

② 휠체어석은 본인만 할인이 가능하다.

③ 문화가 있는 날에는 다른 할인을 중복 적용할 수 없다.

④ 중앙석은 할인이 불가능하다.

⑤ 통신사 VIP 할인 시 포인트가 차감된다.

[16~17] 다음 [표]와 [그래프]는 2015~2019년 어느 국가의 공공기관에 대하여 재무 현황을 조사하여 나타낸 자료이다. 이를 바탕으로 이어지는 질문에 답하시오.

[표] 최근 5년간(2015~2019년) 재무 현황 (단위: 조 원)

구분 \ 연도	2015년	2016년	2017년	2018년	2019년
자산	182.9	185.9	177.9	193.4	204.9
부채	72.2	68.1	52.3	52.5	52.5
부채비율(%)	65.2	57.9	41.6	37.3	34.4
자본	110.7	117.8	125.6	140.8	152.4

[그래프] 주요 지표 전년 대비 증감 현황 (단위: 조 원)

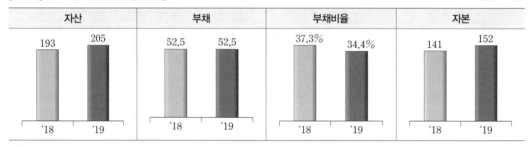

※ [그래프]는 [표]를 바탕으로 반올림하여 나타낸 것임

16 다음 중 자료에 대한 설명으로 옳지 <u>않은</u> 것만을 [보기]에서 모두 고른 것은?

> ─┤ 보기 ├─
>
> ㉠ 지난 5년간 자본과 자산은 꾸준히 상승하였다.
>
> ㉡ 자본이 전년 대비 가장 크게 증가한 해는 2018년이다.
>
> ㉢ 2019년에는 전년 대비 자산이 11.5조 원 증가하였고, 부채는 변동이 없었다.
>
> ㉣ 2019년에는 전년 대비 자산과 자본이 모두 증가하여 부채비율은 2.9% 감소하였고, 이는 지난 5년간 역대 최저이다.

① ㉠, ㉡   ② ㉠, ㉣   ③ ㉡, ㉢

④ ㉡, ㉣   ⑤ ㉢, ㉣

17 다음 중 2018년 대비 2019년 자산과 자본의 증가 비율을 각각 바르게 짝지은 것은?(단, 소수점 둘째 자리에서 반올림한다.)

	자산 증가 비율	자본 증가 비율
①	5.9%	8.2%
②	5.9%	8.3%
③	6.1%	8.2%
④	6.1%	8.3%
⑤	6.2%	8.3%

[18~19] 다음 [표]는 △△공기업의 녹색제품 구매 금액에 관한 자료이다. 이를 바탕으로 이어지는 질문에 답하시오.

[표1] 녹색제품 구매계획 금액

(단위: 천 원)

물품	전체 구매계획 금액	녹색제품 구매계획 금액
복사기	622,676	617,009
개인용 컴퓨터	4,972,812	4,940,909
의자	917,590	882,540
책상(탁자)	491,046	401,706
OA칸막이	428,671	396,148
노트북	288,800	285,244
사무용지	267,821	253,610
프린터	158,915	157,275
카트리지(토너/잉크)	27,764	21,199
페인트	13,587	13,587
화장지	4,160	4,077
세제	996	975
합계	8,194,838	7,974,279

[표2] 녹색제품 구매 금액

(단위: 천 원)

물품	전체 구매 금액	녹색제품 구매 금액
복사기	1,150,864	1,145,001
개인용 컴퓨터	2,264,583	2,263,894
의자	833,465	682,816
책상(탁자)	557,773	357,477
OA칸막이	607,998	573,694
노트북	603,200	482,780
사무용지	238,430	188,173
프린터	155,832	150,996
카트리지(토너/잉크)	123,376	94,816
페인트	189,024	134,046
화장지	3,440	3,440
세제	1,170	972
합계	6,729,154	6,078,105

18 다음 중 자료에 대해 설명한 것으로 옳은 것은?

① 녹색제품 구매계획 금액보다 더 많은 금액을 쓴 녹색제품은 여섯 가지이다.

② 모든 물품을 녹색제품으로만 구매한 물품은 없다.

③ 각 물품은 모두 전체 구매 금액의 70% 이상을 녹색제품으로 구매하였다.

④ 녹색제품 구매개수가 가장 많은 물품의 구매 금액은 구매계획 금액의 절반 이하이다.

⑤ 전체 구매 금액 중 녹색제품 구매 금액이 차지하는 비중은 전체 구매계획 금액 중 녹색제품 구매계획 금액이 차지하는 비중보다 5%p 이상 낮다.

19 다음 [보기] 중 전체 구매계획 금액에서 녹색제품 구매계획 금액 비중이 큰 순서대로 나열한 것은?

┌─ 보기 ├──
│ ㉠ 복사기   ㉡ 의자   ㉢ 사무용지   ㉣ 화장지
└──

① ㉠ㅡ㉣ㅡ㉡ㅡ㉢

② ㉠ㅡ㉣ㅡ㉢ㅡ㉡

③ ㉢ㅡ㉣ㅡ㉠ㅡ㉡

④ ㉣ㅡ㉠ㅡ㉡ㅡ㉢

⑤ ㉣ㅡ㉠ㅡ㉢ㅡ㉡

20 다음 A, B, C, D의 네 도시 중 한 곳에 정차역을 신설하려고 한다. 정차역 신설 시 총인구수, 철도 이용 비율, 향후 3년간 철도 이용자의 전년 대비 예상 변동률을 고려하고자 할 때, 주어진 자료에 대한 설명으로 옳은 것은?(단, 현재는 2021년이며, $1.05^2 = 1.1$, $1.05^3 = 1.16$, $1.1^2 = 1.21$, $1.1^3 = 1.33$으로 계산한다.)

[표] 지역별 총인구수, 현재 철도 이용 비율 및 예상 변동률   (단위: 명, %)

구분	총인구수	현재 철도 이용 비율	철도 이용자의 전년 대비 예상 변동률		
			2022년	2023년	2024년
A도시	2,128,536	28	5	5	5
B도시	1,985,263	32	5	5	10
C도시	1,625,384	26	5	10	10
D도시	1,859,414	20	10	10	10

① 총인구수가 많은 A−B−C−D도시 순서로 신설해야 한다.

② 현재 철도 이용 비율이 높은 B−C−A−D도시 순서로 신설해야 한다.

③ 현재 철도 이용 인구가 가장 많은 D도시에 신설해야 한다.

④ 3년 후 철도 이용자 증가율이 가장 높은 C도시에 신설해야 한다.

⑤ 3년 후 철도 이용자 증가 인원이 가장 큰 B도시에 신설해야 한다.

21 동아리별로 연말 행사일정을 잡으려고 한다. 한 주에 1개의 동아리만 행사일정 예약이 가능하다. 다음 [조건]을 바탕으로 각 동아리의 행사일정을 알맞게 짝지은 것은?

┤ 조건 ├
- 등산 동아리는 둘째 주 또는 다섯째 주에 행사 일정을 예약한다.
- 축구 동아리는 둘째 주에 행사 일정을 예약하지 않는다.
- 사진 동아리와 댄스 동아리 모두 둘째 주 또는 넷째 주에 행사 일정을 예약하지 않는다.
- 사진 동아리는 축구 동아리보다 늦게, 댄스 동아리보다 먼저 행사 일정을 예약한다.
- 여행 동아리는 넷째 주 또는 다섯째 주에 행사 일정을 예약한다.

① 첫째 주 ― 사진 동아리
② 둘째 주 ― 등산 동아리
③ 셋째 주 ― 댄스 동아리
④ 넷째 주 ― 축구 동아리
⑤ 다섯째 주 ― 여행 동아리

22 A~E는 같은 학급의 학생이다. 등교 순서에 대하여 A~E가 다음 [대화]와 같이 말하였는데, 이 중 한 명은 거짓을 말하고 있다. 이때 가장 늦게 교실에 도착한 사람을 모두 고른 것은?

┤ 대화 ├
- A: "나는 D보다 빨리 교실에 도착했어."
- B: "나는 가장 먼저 도착하진 않았지만, E보다 빨리 교실에 도착했어."
- C: "나는 E와 D보다 빨리 교실에 도착했어."
- D: "나는 B보다 빨리 교실에 도착했어."
- E: "내 바로 앞에 도착한 사람은 D야."

① A, B
② B, C
③ B, E
④ C, D
⑤ C, E

[23~24] 다음 글을 읽고 이어지는 질문에 답하시오.

우리가 살고 있는 지구의 지각은 여러 종류의 암석으로 구성된다. 그리고 이 암석은 한 가지 이상의 광물로 구성되며, 광물은 지각을 구성하는 최소단위이다. 일반적으로 광물은 천연산이고 무기적으로 생성된 고체이며, 일정한 화학조성과 결정구조를 가지고 있는 물질이다. 그러나 인공적으로도 천연산인 광물과 성질이 똑같은 인조광물 또는 합성광물을 만들 수 있다. 광물은 고체이어야 하지만 수은의 경우에는 상온에서 액체이면서도 광물로 취급한다. 광물은 지구에만 존재하는 것이 아니라 달이나 다른 행성에도 존재한다.

광물의 특성은 화학구조와 결정구조에 의해 결정된다. 일단 어떤 광물의 특성을 알게 되면 그 성질을 이용하여 광물을 판별하는 데 이용할 수 있으므로 광물을 감정하기 위하여 꼭 화학분석을 하거나 결정구조를 알아낼 필요는 없다. 광물의 감정을 위해 사용될 수 있는 특성으로는 색, 결정형태. 경도 등을 들 수 있으며 이 외에도 광택, 벽개, 그리고 비중 등의 특성들도 사용할 수 있다.

어떤 화합물들은 원자들이 한 가지 이상의 방법으로 배열하기 때문에 두 가지 또는 그 이상의 광물들을 이루는 경우가 있다. 다이아몬드와 흑연이 좋은 예다. 두 광물 모두 순수한 탄소만으로 이루어져 있지만 서로 다른 특징적인 구조를 이룬다. 화합물 $CaCO_3$도 두 가지 광물을 이루는 예다.

광물의 색상은 흰색, 검은색은 물론 빨, 주, 노, 초, 파, 남, 보 등 아주 다양하다. 색은 몇 가지 요소에 의해 결정되는데 주로 화학성분이 중요한 역할을 한다. 순수한 석영은 무색투명하지만, 다른 광물질이 내포되면 다양한 색상을 나타내게 된다. 우리가 아는 순수 납은 칙칙한 회색이지만, 몰리브덴과 산소와 화학 결합하면서 아름다운 빛깔을 띠게 되어 광물 수집가들에게는 아주 인기 있는 광물 중의 하나다. 특히 아름다운 결정의 내부에서 풍겨 나오는 아름답고 신비로운 빛깔은 어떤 화가의 붓으로도 표현해낼 수 없는 조물주의 작품이다. 문명시대 이전에 그려진 스페인의 알타미라 동굴 벽화, 고대 이집트의 벽화나 예술품에도 많이 사용되었고, 또한 그때부터 아이새도 등 화장품으로도 많이 이용되었다. 거기에 사용된 붉은색은 산화철 안료이고, 검은색은 산화망간으로 된 안료이다.

이처럼 광물이 다양한 색상을 갖게 되는 것은 화학조성, 결정구조, 불순물, 물리적 효과에 기인한다. 이 중 특히 발색 원소의 영향이 가장 크다. 이들 발색 원소 '티타늄, 바나듐, 크롬, 망간, 철, 니켈, 코발트, 구리'는 원자구조에서 전자 껍질이 불완전하여 복사 에너지를 흡수하게 되어 특정의 색상을 띠게 된다. 사물의 색상은 사물에 모든 가시광선이 흡수되면 검은색이 되고, 모두가 통과되면 흰색이 된다. 예로서 붉은색은 타 가시광선은 흡수되고 붉은 빛만 통과하거나, 반사된 색의 결과이다. 이 같은 발색 원소가 광물의 주 성분으로 된 광물을 자색 광물, 발색 원소가 불순물로 섞여 색을 띠는 광물을 타색 광물이라 한다. 동일한 녹주석이라도 크로뮴이 불순물로 들어 있으면 초록빛 에메랄드가 되고, 철이 불순물로 존재하면 하늘색 빛깔의 아쿠아마린이 된다. 값비싼 보석인 강옥은 그다지 귀하지 않을 것 같은 산화 알루미늄이다. 루비는 크롬이 불순물로 내포되었기 때문에 붉은색을 띤다. 반면, 사파이어는 불순물 때문에 청색을 띤다. 붉은 빛 강옥만이 루비로 불리는 반면에 핑크, 그린, 자주 빛을 띤 강옥도 있지만, 상업적 목적으로 핑크 사파이어, 그린 사파이어 등으로 호칭되고 있다.

경도는 광물의 고유한 특성이다. 경도도 결정형이나 벽개처럼 결정구조나 원자들 간 결합의 강약에 의한 영향을 받는다. 결합이 강할수록 광물은 단단하다. 상대적인 경도의 수치는 한 광물을 다른 광물로 긁었을 때 긁힐 수 있느냐 없느냐로 결정할 수 있다. 모스 상대 경도계는 10단계로 구분되는데 각 경도별로 광물이 지정되어 있다. 각 경도 간의 차이가 항상 실제 단단함의 차이와 동일한 것이 아니며 경도계의 중요성은 경도가 높은 광물은 항상 그보다 낮은 광물을 긁을 수 있다는 점이다. 같은 경도의 광물들끼리는 서로 긁을 수 있다. 편리함 때문에 가끔 동전 칼날, 유리 같은 물질들을 사용하여 광물을 긁어 경도를 결정하는 데 이용한다.

23 주어진 글을 읽고 이해한 내용으로 적절하지 <u>않은</u> 것은?

① 대체적으로 광물은 고체이지만 상온에서 액체인 것도 있다.
② 화학구조와 결정구조가 광물을 결정하지만 광물을 감정하는 데 필수적인 요소는 아니다.
③ 인류는 문명이 시작되면서부터 광물을 안료로 사용해 왔다.
④ 우리가 보는 사물의 색상은 가시광선의 스펙트럼에서 흡수되지 않고 통과된 빛이나 반사된 빛이다.
⑤ 경도는 광물을 긁었을 때 상대적으로 견뎌내는 정도를 나타내는 용어이다.

24 다음 중 강옥을 부르는 호칭을 모두 고른 것은?

㉠ 루비	㉡ 에메랄드
㉢ 핑크 사파이어	㉣ 아쿠아마린
㉤ 그린 사파이어	

① ㉠
② ㉠, ㉢
③ ㉡, ㉣
④ ㉠, ㉡, ㉣
⑤ ㉠, ㉢, ㉤

[25~26] 다음은 공공기숙사 사업에 관한 자료이다. 이를 바탕으로 이어지는 질문에 답하시오.

○ 공공기숙사란?

대학생을 위해 건설한 원룸형 기숙사 및 매입한 다가구주택을 대학생에게 저렴하게 공급하는 임대주택

○ 임대 기간: 2년(입주 자격 유지 시, 1회 재계약 가능)

○ 주거 형태: 기숙사형, 다가구형, 그룹형

○ 임대 조건: 보증금＋임대료

○ 모집 주택 유형

구분	행복기숙사(한국사학진흥재단)		희망하우징(서울주택도시공사)	
주거 형태	공공기숙사형	1인실	다가구형	1인 1실(호당 2~3실)
		2인실	원룸형	1인 1실(호당 1실)
		4인실	공공기숙사형	1인실 또는 2인실

○ 주거 형태

구분	비고
다가구형	방 두, 세 개의 1호에서 거실, 화장실, 주방을 공유하며 각 방에 거주(대학가의 하숙집과 유사)
그룹모집형	방 하나의 1호에서 거실, 화장실, 주방을 공유하며 대학생인 형제, 자매 혹은 친구 2인이 함께 신청, 거주
4인실	기숙사 형태의 주택에 거주

○ 신청 대상

• 행복기숙사

사생실	공통 선발	사회적배려대상 우선 선발
1인실	• 직전학기 성적이 C0(4.5만점의 2.0) 이상인 자(신입생 제외)	장애인(여학생만)
2인실	• 학부모의 주민등록등본상 주소지가 기숙사 해당 시도가 아닌 자 ※ 신청자의 실 거주지가 부모와 다른 경우 등본 및 가족관계증명서 제출	사회적배려대상자 • 기초생활수급 가구 자녀 • 차상위계층 가구 자녀 • 전년도 도시근로자 월평균 소득 70% 이하 가구 자녀
4인실		

• 희망하우징

입주자모집 공고일 현재 서울시 소재 대학교(전문대 포함)에 재학 중인 학생으로서, 선발 기준에 해당하는 자

※ 신청인이 유주택자이거나 서울 내 공공임대주택 거주자, 학점은행제학교, 사이버대학교, 방송통신대학교 및 대학원 재학생 제외

○ 선발 기준

순위	행복기숙사	희망하우징
1순위	장애인	본인이 수급자이거나 수급자 자녀로서 서울 제외 지역 거주자 아동복지시설 퇴거자(전국)
2순위	기초생활수급 가구 자녀	차상위계층 자녀로서 서울 제외 지역 거주자
3순위	차상위계층 가구 자녀	도시근로자 가구당 월평균 소득 50%(원룸형은 70%) 이하 세대의 자녀로서 서울 제외 지역 거주자
4순위	전년도 도시근로자 월평균 소득 30% 이하 가구 자녀	수급자 자녀로서 서울 지역 거주자(단, 부모 중 공공임대주택에 현재 거주자는 제외)
5순위	전년도 도시근로자 월평균 소득 50% 이하 가구 자녀	차상위계층 자녀로서 서울 지역 거주자
6순위	전년도 도시근로자 월평균 소득 70% 이하 가구 자녀	도시근로자 가구당 월평균 소득 50%(원룸형은 70%) 이하 세대의 자녀로서 서울 지역 거주자(단, 부모 중 공공임대주택에 현재 거주자는 제외), 건강보험료 납입액 등으로 가계형편이 곤란한 계층의 자녀 등으로 서울시장이 인정한 자

○ 동일순위 경쟁 시 입주자 선정 방법

순위	행복기숙사	희망하우징
1순위	원거리 거주자(거리 점수 상위자)	학년이 낮은 자
2순위	성적 점수 상위자	연령이 낮은 자
3순위	가구 총소득 금액이 낮은 자	

※ 그룹모집의 경우, 자격순위가 높은 신청인을 기준으로 입주자 선정

25 다음 중 공공기숙사 사업에 관한 설명으로 옳은 것은?

① 서울 지역에 거주하는 경우 희망하우징에 선발될 수 없다.

② 대학교 4학년인 A씨가 공공기숙사 입주 후 1년 뒤에 졸업을 한 경우 재계약이 불가능하다.

③ 부모 중 공공임대주택에 현재 거주자가 있는 경우 희망하우징에 선발될 수 없다.

④ 희망하우징 그룹모집에 신청한 경우 모두 21세인 2학년 2명은 동점인 22세인 1학년 1명, 3학년 1명보다 우선순위가 높다.

⑤ 직전학기 성적이 C0보다 낮은 경우 희망하우징에 입소할 수 없다.

26 행복기숙사에 A~E 중 4명이 입사한다고 할 때, 탈락하는 지원자는?(단, A~E는 모두 공공기숙사와 다른 시도에 거주하고, 거리점수는 A=B=C>D>E이다.)

[표] 지원자별 정보

지원자	직전학기 성적 (4.5점 만점)	성별	장애인 여부	수급자 여부	전년도 도시근로자 월평균 소득 대비 비율
A	2.7점	남자		기초생활수급자	20%
B	2.7점	여자	○		60%
C	3.8점	여자		차상위계층	30%
D	2.7점	여자			40%
E	3.8점	남자			40%

① A   ② B   ③ C   ④ D   ⑤ E

27 김 대리는 국내 중소기업의 해외 시장 진출에 관한 아래의 [자료]를 활용하여 중소기업 지원 방안에 대한 보고서를 작성하려고 한다. 다음 중 [자료]의 활용 방안으로 가장 적절한 것은?

[자료] 중소기업의 해외 진출 관련 설문조사(단일 응답)

◆ 해외 진출 희망 국가별 응답률

동남아	미국	중국	인도	남미	일본	유럽	러시아	호주	기타
27.5%	15.3%	13.2%	12.7%	10.2%	9.7%	6.4%	2.3%	1.7%	1.0%

◆ 해외 진출 동기별 응답률

국내 시장 포화로 새로운 판로 개척	24.2%
가격 품질 경쟁력 확보로 해외 시장 진출	20.5%
해외 인지도 상승을 위해서	16.3%
생산비 절감을 위해서	15.8%
대기업과 동반 진출을 위해서	10.2%
해당국의 무역 규제를 피하려고	7.5%
해외 선진 기술 습득을 위해서	3.2%
기타	2.3%

◆ 해외 진출 시 애로 사항 응답률

바이어/파트너	해외 구매선 바이어 발굴 역량 부족(23.6%)
	현지 제휴 합작 투자 파트너 발굴 곤란(11.0%)
해외 시장 정보	해외 시장 정보 획득 어려움(16.3%)
	소비 트렌드 현지 법규 이해 부족(10.1%)
	물류 통관 등 현지 정보 부족(7.0%)
글로벌 역량	해외 현지 상황에 맞는 판매 역량 부족(11.3%)
	수출 제품 등 생산 역량 부족(8.3%)
기타	해외 투자 자금 조달 곤란(8.2%)
	투자 종합 컨설팅 지원 미흡(4.2%)

① 해외 진출 지역으로 가장 선호되는 지역이 동남아인 이유가 해외 구매선과 바이어를 발굴하기 용이하기 때문이라는 점을 집중 분석한다.

② 중소기업이 제품 생산 부분보다 판매와 관련된 부분에서 곤란을 겪고 있으니 해외 시장 전문 인력을 제공해야 한다고 밝힌다.

③ 해외 진출 시 국내 대기업과 동반 진출을 모색하기 때문에 현지에서 제휴하고 합작 투자할 파트너를 발굴하기 곤란하다는 점을 강조한다.

④ 해외 시장에 진출하기 위한 글로벌 역량을 확보하기 어렵다는 점을 중소기업의 가장 큰 애로 사항으로 제시하고 해결 방안을 제시한다.

⑤ 동남아 및 중국 지역을 선호하는 것을 근거로 하여 저렴한 인건비가 중소기업의 해외 진출의 가장 큰 장점임을 밝힌다.

28 다음은 일반 건강검진과 의료급여 생애전환기검진 안내문이다. 안내문과 [표]를 바탕으로 현재 건강검진 대상자 5명에 대한 내용으로 반드시 옳지 <u>않은</u> 것은?(단, [표]는 각 건강검진 대상자의 일부 검진 항목만 제시되었다.)

■ 일반 건강검진

    ○ 대상자: 지역세대주, 직장가입자, 20세 이상 세대원과 피부양자, 20~64세 의료급여수급권자

    ○ 검진주기: 매 2년마다 1회, 비사무직은 매년 실시

    ○ 공통 검사항목

       1. 진찰, 상담, 신장, 체중, 허리둘레, 체질량지수, 시력, 청력, 혈압측정

       2. AST(SGOT), ALT(SGPT), 감마지티피

       3. 공복혈당

       4. 요단백, 혈청 크레아티닌, 혈색소, 신사구체여과율(e-GFR)

       5. 흉부방사선촬영

       6. 구강검진

    ○ 성·연령별 검사항목

       1. 이상지질혈증(총콜레스테롤, HDL콜레스테롤, LDL콜레스테롤, 트리글리세라이드) 검사
         : 남자 24세부터 4년 주기, 여자 40세부터 4년 주기

       2. B형간염검사: 40세(보균자 및 면역자는 제외)

       3. 치면세균막검사: 40세

       4. 골다공증: 54·66세 여성

       5. 정신건강검사(우울증): 20·30·40·50·60·70세, 해당 연령을 시작으로 10년 동안 1회

       6. 생활습관평가: 40·50·60·70세

       7. 노인신체기능검사: 66·70·80세

       8. 인지기능장애검사: 66세 이상, 2년 주기

■ 의료급여 생애전환기검진

    ○ 대상자: 66세 이상의 의료급여수급권자

    ○ 검진주기: 매 2년마다

    ○ 공통 검사항목: 진찰, 상담, 신장, 체중, 허리둘레, 체질량지수, 시력, 청력, 혈압 측정

    ○ 성·연령별 검사항목

       1. 골다공증: 66세 여성

       2. 정신건강검사(우울증): 70세

       3. 생활습관평가: 70세

       4. 노인신체기능검사: 66·70·80세

       5. 인지기능장애검사: 66세 이상, 2년 주기

[표] 현재 건강검진 대상자 현황

대상자	A	B	C	D	E
나이	60대	40대	20대	60대	50대
검진 항목	노인신체기능검사	B형간염검사	이상지질혈증	골다공증	골다공증
비고				의료급여수급권자	

① A씨의 검진항목에는 인지기능장애검사도 있다.

② B씨는 B형간염 면역자가 아니고, 검진항목으로 치면세균막검사도 있다.

③ C씨가 이전에 우울증검사를 받지 않았다면, 현재 우울증검사를 받을 수 있다.

④ D씨의 검진항목에는 생활습관평가도 있다.

⑤ E씨의 검진항목에 이상지질혈증검사는 없다.

29 아래 공고 내용을 보고 다음 중 선발 가능성이 가장 높은 기업은?

> ○○기관에서는 아래와 같이 용역 수행 협력업체를 선정하고자 입찰공고하오니 해당 업체의 많은 관심과 참여를 부탁드립니다.
>
> **1. 용역의 개요**
> - 용역명: inXk 모바일프로그램 개발
> - 용역 목적 및 내용: 모바일에서 inXk Device와 연계하여 환자 관리 및 관리자가 사용할 수 있는 모바일 프로그램 개발(첨부1. 개발정의서 및 기능정의서 참조)
> - 용역기간: 계약일로부터 1년
> - 용역금액: 최대 1억 원
>
> **2. 입찰의 일시 및 방법**
> - 공고 개시일시: 202X년 6월 6일부터 ○○기관 홈페이지(www.n○○.com)
> - 공고 마감일시: 202X년 6월 15일 오후 16시
> - 서류제출 마감일시: 202X년 6월 15일 오후 16시까지
> - 서류제출방법: 담당자 이메일 접수(직접 방문 및 우편접수 불가)
> - 담당자 이메일: 연구기획팀 윤□□ 팀장 yoon@nXXX.com
> - 선정평가일시: 202X년 6월 20일 ※변경될 수 있음.
> - 입찰구비서류: '공고 하단 별첨' 문서 참조
>
> **3. 선정방법**
> - 평가표에 따라 배점하여 최다배점업체 선정
>
> | 평가지표 | | 평가기준 | 배점 |
> |---|---|---|---|
> | **용역수행 적정성** | 용역목적과 부합성 | 용역목적과의 부합성 | 20 |
> | | 추진전략 적절성 | 신기술 및 고품질 소프트웨어 투입 | 20 |
> | | 투입인력의 적절성 | 박사 이상의 전문인력 4명 포함 | 20 |
> | **용역수행 역량** | 업체 이력 | 관리 프로그램 개발 10년 이상 | 15 |
> | | 용역수행 이력 | 모바일 프로그램 개발 5건 이상 | 15 |
> | | 입찰금액의 적절성 | 용역 수행 대비 입찰금액의 적절성 | 10 |
>
> - 가점: 규제자유특구혁신사업육성(R&D) 사업의 일환으로 강원도 지역 업체에 가점 5점 부여
>
> **4. 입찰참여자격(제한 및 제외사항)**
> - 본 용역의 기본 목적에 부합하지 않는 경우
> - 업무범위가 명확하지 않거나 지나치게 넓은 경우
> - 공고일 현재 기업이 부도 또는 휴·폐업 상태인 경우
> - 국세·지방세 체납 또는 금융기관으로부터 채무불이행이 확인된 경우
> - 부채비율이 1,000% 이상이거나 자본전액잠식인 경우
> - 파산·회생절차·개인회생절차의 개시 신청이 이루어진 경우

5. 기타

- 참여업체는 선정기준 및 방법 등에 대해 일체 이의를 제기할 수 없음

- 제출된 서류의 허위사실 있을 시 입찰자격 박탈 또는 협력업체 선정 취소

- 제출된 서류는 일체 반환하지 않으며 상기에 명시되지 않은 사항은 ○○기관의 해석에 따름

- 기타 문의사항은 담당자에게로 문의 바람

① A사: 관리 프로그램 개발경력 5년, 모바일 프로그램 개발 10건, 석사 8명으로 구성, 입찰금액 1억 2,000만 원

② B사: 관련된 신기술을 개발하여 고품질 소프트웨어를 투입할 수 있는 박사 10명으로 구성, 자본전액잠식 상태

③ C사: 관리프로그램 개발 11년 이력, 모바일 프로그램 12건, 박사 4명, 석사 6명으로 구성, 회생 개시 신청

④ D사: 입찰금액 8,000만 원, 고품질 소프트웨어 투입 가능, 박사 6명과 석사 2명으로 구성, 지방세 체납 상태

⑤ E사: 강원도 지역에 위치, 관리 프로그램 개발 14년, 모바일 프로그램 개발 10건, 공고마감일 다음 날 폐업 예정

30 다음 글을 읽고, [보기]에서 논지를 강화할 수 있는 근거를 모두 고른 것은?

최근 백 년 사이 우리나라 갯벌은 40% 이상 개간되었다. 이런 추세로 가면 백 년 이백 년 뒤에는 우리나라 갯벌이 거의 다 사라질 수도 있다는 관측도 있다. ○○초등학교 학생들은 우리들이 지금 대규모로 개발하는 갯벌이 현세대들만의 전유물이 아니라 미래세대도 누리고 이용해야 할 공동의 자산이기 때문에 미래세대를 위해 남겨달라는 성명을 발표했다. 과연 우리에게는 이들 미래세대를 배려하고 보호할 의무와 책임이 있는가?

동양에서는 미래세대에 대한 배려를 당연한 덕목으로 보아왔다. 가족주의 전통이 강한 한국, 중국, 일본 등 동양권에서 도덕의 기초는 효(孝)이다. '부자유친'(父子有親)의 덕목은 부모에게는 자식에 대한 사랑을, 자식에게는 부모에 대한 존경을 요구해 왔다. 이런 부모와 자식의 관계는 조상과 후손의 관계로 확장되었다. 후손들에게는 조상에 대한 존경심이, 조상들에게는 후손들에 대한 사랑이 요구되었던 것이다.

현세대의 이익과 미래세대의 이익에 대한 공정하고 균형 잡힌 분배가 필요하다. 기후변화와 그 영향을 관측하는 가장 권위 있는 기구인 유엔 산하의 '기후변화에 관한 정부간 협의체'(IPCC: International Panel on Climate Change)'가 예측한 시나리오에 따르면, 현재의 추세를 그대로 유지한다면 2100년에는 연평균 기온이 현재보다 6도 더 상승하고 해수면 수위는 25~50cm 높아진다. 그리고 가장 유리한 경우라고 해도 연평균 기온이 현재보다 1.1~2.9도 더 높아지고 해수면 수위는 18~38cm 상승한다.

우리나라의 온난화 추세는 지구의 온난화 추세를 상회하고 있다. 우리나라는 1912년 이후 평균 기온이 2.7도 상승하였으며, 강수량은 22% 증가한 것으로 분석되었다. 겨울은 한 달 가량 짧아지고 여름은 길어졌으며, 서리일, 결빙일 등 저온일은 감소하고, 열대야, 여름일 등 고온일은 증가하였다. 해양에서는 연근해 바닷물의 온도가 2도 가량 상승하고 해수면도 지구 평균보다 빠르게 상승해 해양생태계에도 변화가 감지되고 있다.

IPCC는 기후 상승 및 이상기후의 핵심원인을 이산화탄소(CO_2)로 지목하고 이산화탄소 영향이 66~99%라고까지 주장하고 있다. 대기 중 이산화탄소 농도는 산업화 이전 280ppm에서 현재 390ppm으로 변화했다. 이렇듯 높은 이산화탄소 농도는 석탄, 석유에 의존한 인류의 산업 활동 때문이다. 현재의 증가 속도가 유지되면, 수십 년 안에 이산화탄소가 산업화 이전의 두 배인 560ppm에 도달할 것으로 예측된다.

우리는 미래세대가 무엇을 원할지 전부 다 알 수는 없지만, 미래세대도 우리와 마찬가지로 깨끗한 공기와 물, 적절한 기온, 질병과 유독물질로부터의 보호를 원할 것이라는 것은 안다. 이제는 현세대가 멈출 때이다.

| 보기 |

㉠ 가난한 나라들은 기후변화에 대처할 수 있는 대응능력이 취약하다는 점에서 어려움이 가중된다.

㉡ 고위도 지역의 경우 기후가 따뜻해지면서 곡물의 생육기간이 길어져 다모작이 가능하고 소출 도 늘어났다.

㉢ 우리는 나의 이익만을 생각해서는 안 되고 타인의 이익을 공평하게 생각해야 한다.

㉣ 미래세대와 현세대 간에는 서로를 배려해야 서로에게 이득이 되는 호혜성(reciprocity)이 성 립하지 않는다.

① ㉠, ㉡
② ㉠, ㉢
③ ㉡, ㉣
④ ㉠, ㉡, ㉢
⑤ ㉡, ㉢, ㉣

31 인적자원은 기업 경영 목적을 달성하기 위한 조직의 구성원으로, 기업 경영은 조직 구성원들의 역량과 직무 수행에 기초하여 이루어지므로 구성원들이 능력을 최고로 발휘하기 위해서는 인적자원의 선발, 배치 및 활용이 무엇보다 중요하다. 다음 중 효과적인 인력배치의 원칙만을 나열한 것은?

① 능동주의, 적재적소주의, 능력주의

② 균형주의, 적재적소주의, 합리주의

③ 적재적소주의, 능력주의, 균형주의

④ 능력주의, 균형주의, 능동주의

⑤ 적재적소주의, 균등주의, 능력주의

32 다음 [보기] 중 시간 자원을 관리했을 때 기업 또는 근로자가 기대할 수 있는 효과를 모두 고른 것은?

보기

| ㉠ 시장점유율 증가 | ㉡ 가격 인하 |
| ㉢ 스트레스 감소 | ㉣ 균형적인 삶 |

① ㉠, ㉡   ② ㉠, ㉣   ③ ㉡, ㉢

④ ㉠, ㉢, ㉣   ⑤ ㉡, ㉢, ㉣

33 회사가 재고를 보관하여 관리할 때 적용하는 여러 가지 원칙이 있다. 재고의 효율성을 높이기 위한 원칙 중 다음 설명에 해당하는 것을 순서대로 바르게 나열한 것은?

> • 출하 품목의 다양성에 따른 보관 및 출하상의 곤란을 예상하여 물품 정리 및 이동 거리를 최소화하도록 지원하는 방식으로, 출하 품목의 연대적 출고가 예상되는 제품들을 한데 모아 정리하고 계통적으로 보관하는 방식이다.
>
> • 먼저 보관한 물품을 먼저 출고하는 원칙으로서, 일반적으로 상품의 생명주기(life cycle)가 짧거나 회전율이나 입출고 빈도가 높은 경우에 많이 적용한다.
>
> • 입출하 빈도가 높은 화물은 출입구에 가까운 장소에 보관하고, 빈도가 낮은 경우에는 먼 장소에 보관하는 것이다.

① 통로대면 보관의 원칙, 선입선출의 원칙, 형상 특성의 원칙

② 네트워크 보관의 원칙, 선입선출의 원칙, 회전대응 보관의 원칙

③ 동일성 및 유사성의 원칙, 명료성의 원칙, 선입선출의 원칙

④ 위치 표시의 원칙, 형상 특성의 원칙, 회전대응 보관의 원칙

⑤ 네트워크 보관의 원칙, 회전대응 보관의 원칙, 통로대면 보관의 원칙

34 다음은 임금피크제에 관한 자료이다. 이 자료를 읽고 [보기]에서 임금피크제의 유형에 맞는 것을 바르게 나타낸 것은?

---

1. 임금피크제 도입 배경

   1) 청년 일자리 창출 필요성

     • 2013년 「고용상 연령차별금지 및 고령자고용촉진에 관한 법률」 개정에 따라 2016년부터 지방공기업 근로자 정년이 60세로 보장됨

     • 2017년부터 향후 2~3년간 청년 고용이 줄어드는 고용절벽 발생 가능

   2) 성과 중심의 임금체계 개편 필요성

     기존 급여체계는 연공서열에 기반하고 있어 연령별 생산성 수준 등이 보수에 반영되지 않음

2. 임금피크제 개념 및 유형

   1) 임금피크제 개념

     사업주가 근로자에게 일정 연령 이상까지 고용을 보장하는 조건으로 임금을 조정하는 제도

   2) 임금피크제 유형

     정년보장형, 정년연장형, 고용연장형

3. 임금피크제 기대효과

   임금피크제 도입을 통해 공공기관, 근로자, 청년구직자 모두에게 긍정적 효과가 발생하도록 제도 운영

   1) 공공기관: 인건비 부담 증가를 해소하고, 보다 저렴한 비용으로 훈련된 인력을 활용함으로써 생산성 향상 가능

   2) 근로자: 정년연장 또는 보장으로 고용안정에 도움

   3) 청년구직자: 임금피크제 절감재원으로 신규 채용을 증가시킬 수 있으므로 청년구직자에 일자리 제공 가능

보기

㉠ 근로자의 정년을 연장하는 전제로 연장된 정년 기간만큼 정년 전의 임금수준을 조정하는 방식을 말한다. 임금피크제 실시로 인한 종업원의 반발을 최소화하는 방안이 될 수 있다.

㉡ 일단 정년이 된 종업원이 퇴직하고, 계약직 등의 신분으로 고용이 연장되는 제도를 말한다. 계약직 등 비정규직으로 전환되면, 퇴직자들은 퇴직 전의 임금 수준을 밑도는 임금을 받게 된다.

㉢ 단체협약이나 취업규칙으로 정한 정년을 보장하는 것을 전제로 정년 전의 임금을 조정하는 제도이다. 현재 임금피크제를 도입한 국내 기업들은 대부분 정년보장형이다. 정년보장형 임금피크제는 고령 근로자가 많은 조직에서 인건비 절감효과가 큰 반면, 근로자의 조직 몰입 및 조직 충성도는 하락하는 결과를 가져올 수 있다.

① ㉠: 정년보장형, ㉡: 정년연장형, ㉢: 고용연장형
② ㉠: 정년연장형, ㉡: 정년보장형, ㉢: 고용연장형
③ ㉠: 정년연장형, ㉡: 고용연장형, ㉢: 정년보장형
④ ㉠: 고용연장형, ㉡: 정년보장형, ㉢: 정년연장형
⑤ ㉠: 고용연장형, ㉡: 정년연장형, ㉢: 정년보장형

[35~36] 다음은 일상감사 매뉴얼에 대한 자료이다. 이를 바탕으로 이어지는 질문에 답하시오.

[일상감사 매뉴얼]

□ 감사목적: 일반적인 사후감사로는 시정이나 치유가 곤란한 인력·예산집행 등과 관련된 주요사업 등에 대하여 행정적 낭비요인과 시행착오를 사전에 예방함으로써 감사의 실효성 확보 및 행정의 신뢰성 제고

□ 감사근거: 「공공감사에 관한 법률」 제22조, 동법 시행령 제13조 및 제13조의2, 공단 감사규정 제5조

□ 실시주체: 감사주관 부서

□ 감사원칙: 일상감사 업무를 처리하고자 하는 부서의 장은 일상감사 실시기간을 고려해 충분한 시간 전에 요청

□ 일상감사의 절차

일상감사 의뢰		일상감사 수행		감사결과 통보		조치결과 통보
집행부서 → 감사담당	➡	감사담당	➡	감사담당 → 집행부서	➡	집행부서 → 감사담당

□ 일상감사의 범위

1. 기본사업계획의 수립 및 예산의 편성

2. 각 부서의 주요 건의 및 요망사항에 대한 조치

3. 예산의 전용, 이월사용과 예비비 지출

4. 매 건당 예정금액 1천만 원을 초과하는 공사, 예정금액 1천만 원을 초과하는 제조, 예정금액 5백만 원을 초과하는 물품구입의 경비 및 자본예산 지출. 다만, 다음 각 호의 어느 하나에 해당될 때에는 제외한다.

   가. 사전에 감사의 협의를 받은 사항

   나. 정기적으로 지출하는 인건비

   다. 국내 출장비

   라. 세금 등 제세공과금 및 공공요금

   마. 법령, 규정 등 일정한 기준에 의한 경비

   바. 월정액으로 확정된 경비

   사. 기타 부서장의 전결 사항으로서 감사가 제외함이 타당하다고 인정하는 사항

   단, 사전에 감사의 협의를 받은 사항이라도 이사회 의결사항(「이사회 운영규정」 제3조 관련)의 경우 일상감사대상에 해당

5. 전 조의 경비 중 매 건 2백만 원을 초과하는 접대비와 잡비의 지출

6. 매 건당 2백만 원을 초과하는 가지급금의 지급. 다만, 지출을 요하거나 별도로 기관의 장이 정하는 사항은 제외할 수 있다.

7. 제4호 사업 추진 중 설계 변경으로 인한 계약금액이 10% 이상 증액 또는 감액되는 사업

8. 결산, 가결산 및 잉여금 처분에 관한 사항

9. 중요한 물자의 대외 이관에 관한 사항

   ─ 취득가액 1천만 원을 초과한 자산의 이관, 공유재산 임대(사용·수익허가) 등

   ─ (수의계약인 경우) 금액 무관, (입찰인 경우) 예정가격 1천만 원 초과 시

35 다음은 일상감사 대상에서 제외되는 사업과 관련한 내용이다. 이를 바탕으로 일상감사의 범위에 속하는 경우를 고른 것은?

> [일상감사의 제외 대상 사업]
> ① 「조달사업에 관한 법률」에 의한 조달발주 입찰사업
>   - 조달청 제3자 단가 입찰 계약품목 물품이거나 조달청을 통한 관급 자재 입찰 구매·발주
> ② 예산 변경사항 중 '조정'에 관한 사항
>   - 동일예산 '목' 내에서 '세목' 간 상호융통
> ③ 재공고 입찰 결과 유찰에 따른 수의계약(「지방계약법 시행령」 제26조 관련)
> ④ 단순 물량 조정에 따른 수정(변경)계약
> ⑤ 정책심의회에서 타당성 등의 심의를 거친 사업
> ⑥ 천재지변, 재해복구사업 등 긴급을 요하는 사업
> ⑦ 상품권, 콘도회원권, 유류, 종량제 규격봉투, 예술품, 보험 등과 같이 일상감사의 실익이 없다고 판단되는 물품(완제품) 구매 사업

① 갑작스러운 폭우로 인한 굴착 보수 공사 금액 1,200만 원이 지출되는 사업
② 시설 유지 보수를 위해 들어가는 인건비 1,000만 원이 자본예산으로 매달 지출되는 사업
③ ○○기관이 사택을 이용한 임대 수익을 올리기 위해 1,100만 원에 입찰되어 진행되는 사업
④ 작년 일상감사를 마친 3,000만 원 계약금액 전산시스템 구축 사업이 추진 중 설계 변경으로 인해 200만 원이 더 증액이 되어버린 상황
⑤ 송전철탑 안전 발판 물품 1,200만 원어치를 구입하기 위해 조달청에 발주를 넣어 입찰 계약을 진행한 사업

36 ○○기관에서 9월 20일(수)에 일상감사 의뢰서가 접수되었다. 사안이 복잡하여 최종 결과 통보 때까지 최대한의 시간이 소요되었다면 집행 부서에 근무하는 강 대리는 늦어도 몇 월 며칠까지 결과를 감사담당자에게 제출해야 하는지 고른 것은?(단, 9월과 10월의 공휴일은 추석 연휴(9월 28~30일), 개천절(10월 3일)을 제외하곤 없다.)

[일상감사 통보 일정]

□ 통보 기한: 감사 의뢰일(문서접수일) 다음 날부터 7일 이내 일상감사 의견서를 작성하여 집행부서에 회신

□ 기한 연장: 일상감사 사안이 복잡하거나 신중한 처리 등을 위하여 검토 기간의 연장이 필요한 경우에는 집행부서의 장과 협의를 거쳐 1차에 한하여 검토 기간(7일 이내)을 연장할 수 있음

□ 통보내용: '행정상 및 재정상 조치' 요구 또는 '특이사항 없음'

□ 결과통보: 집행 부서의 장은 일상감사 의견에 따라 적절한 조치를 취하고 그 조치결과를 감사의견서를 통보받은 날 다음 날부터 14일 이내에 감사부서로 제출

※ 기한: 근무일 기준이며, 공휴일 및 주말은 포함하지 아니함.

---

① 10월 30일　　　② 10월 31일　　　③ 11월 1일
④ 11월 2일　　　⑤ 11월 3일

37 N사 자재관리팀에 근무 중인 양 사원은 비품 구매를 위해 상점별 가격 정보 및 할인 정보를 확인하였다. 양 사원이 구매할 비품은 볼펜 35개, 점착 메모지 24개, 클립 40개, 플래그 25개이며, 총 구매 가격이 가장 저렴한 상점에서 모든 비품을 구매한다고 할 때, 양 사원이 비품을 구매할 상점은?

[표1] 상점별 가격 정보

구분	볼펜	점착 메모지	클립	플래그
A	500원	700원	1,000원	1,500원
B	700원	600원	1,100원	1,400원
C	400원	800원	800원	1,200원
D	600원	900원	900원	1,300원
E	500원	1,000원	800원	1,300원

[표2] 상점별 할인 정보

구분	할인 정보			
A	모든 품목 20개 이상 동시 구매 시 20,000원 할인			
B	각 품목별 기준 수량 이상 구매 시 해당 품목 25% 할인			
	구분	볼펜	점착 메모지	클립	플래그
	기준 수량	40개	20개	30개	25개
C	플래그 및 클립 각각 30개 이상 구매 시 볼펜 및 점착 메모지 가격의 50% 할인			
D	플래그 및 클립 각각 20개 이상 구매 시 플래그 및 클립 가격의 30% 할인			
E	총 구매 금액 10만 원 이상 시 총 구매 금액의 15% 할인			

① A
② B
③ C
④ D
⑤ E

[38~39] ○○기업은 2024년 신입사원 교육을 위한 오리엔테이션을 준비 중이다. 이를 바탕으로 이어지는 질문에 답하시오.

Sent: Tuesday, October 28 , 2023

To: 규 대리

Subject: 2024년 신입사원 교육을 위한 오리엔테이션(OT) 1박 2일 준비 건

안녕하세요. 황 과장입니다. 2024년 신입사원 교육을 위한 오리엔테이션과 관련하여 연수원을 예약해야 하는데, 연수원 예약 가능 날짜를 확인하여 교육 일정을 확정할 예정입니다. 최근 5년 동안 교육을 실시하였던 연수원 리스트를 보내드립니다. 이 리스트 중에 한 곳을 예약한 후 교육 일정을 공지해 주시길 바랍니다. 금번 채용 인원은 150명이고, 주말을 제외한 날짜로 예약해 주시길 바랍니다. 또한, 아시다시피 신입사원의 자세 및 매너 교육을 세미나실에서 1일 차 오후 4시간, 2일 차 오전 3시간 동안 진행하되 2일 차의 경우 12시에 점심식사 후 해산할 예정이므로 참고하시길 바랍니다.

연수원	룸			세미나실(1일)		비고
	타입(평)	가격(원)	기준인원/최대인원	수용가능 인원(명)	가격(원)	
A	32	110,000	4명/6명	110~150	1,200,000	거리는 가까우나 식사가 별로임
B	28	100,000	4명/6명	130~150	1,300,000	현재 보수공사 중이라 소음이 있을 수 있음
C	40	150,000	6명/8명	120~160	1,200,000	부대시설은 양호하나 거리가 멂
D	30	90,000	4명/6명	150~170	1,500,000	깨끗한 시설을 갖추고 있으나 부대시설이 부족함
E	35	100,000	5명/6명	120~140	1,800,000	가장 최근에 리모델링을 한 후 후기가 많지 않음

※ 룸 기준인원 1인 초과 시 1명당 10,000원 추가됨.
※ 세미나실은 수용가능 인원에 맞춰 사용해야 함.

38 다음 [대화]를 바탕으로 규 대리가 예약할 연수원을 고른 것은?

┤ 대화 ├

• 황 과장: "지난번 신입사원 교육과 관련해서 연수원 섭외 요청 드렸었는데, 회사 기준에 적합한 신입사원이 부족하여 30명 적게 채용했다고 합니다. 또한, 기존 직원 15명이 진행요원으로 함께 하오니 연수원 섭외 시 참고하시길 바랍니다."

• 규 대리: "알겠습니다. 혹시 진행요원은 신입사원과 함께 방을 사용하나요? 또한, 제가 더 고려해야 할 사항이 있을까요?"

• 황 과장: "진행요원은 신입사원과 함께 방을 사용하지 않도록 해주세요. 그리고 저희 회사가 매출은 증가했으나 원자재 값이 올라 실제 영업이익은 줄었습니다. 최대한 비용을 줄이는 방향으로 부탁드립니다."

• 규 대리: "이해했습니다. 말씀 하신 내용을 바탕으로 리스트에서 연수원을 섭외하겠습니다."

① A연수원   ② B연수원   ③ C연수원

④ D연수원   ⑤ E연수원

39 규 대리는 연수원 예약 시 이틀 연속 동일한 세미나실을 이용해야 한다는 추가 요청을 받았다. 황 과장의 메일, 대화 내용, 세미나실 이용 시간을 모두 고려하여 연수원을 예약하려 할 때, 규 대리가 예약할 수 있는 날짜를 고른 것은?

[○○연수원 1월 세미나실 예약 일정]

일	월	화	수	목	금	토
3 RED(10) PINK(10) BLUE(11)	4 GREEN(11) RED(14) PINK(15)	5 GREEN(10) BLUE(14) RED(14)	6 BLACK(9) GREEN(10) PINK(11)	7 BLACK(10) GREEN(10) PINK(14)	8 BLUE(10) BLACK(11) GREEN(11)	9 PINK(10) RED(11) GREEN(13)
10 GREEN(10) RED(11) BLUE(13)	11 BLACK(10) BLACK(14) BLUE(15)	12 GREEN(9) PINK(11) BLACK(13)	13 GREEN(10) RED(10) PINK(11)	14 BLACK(10) PINK(10) GREEN(12)	15 BLACK(10) PINK(11) BLUE(14)	16 RED(10) PINK(11) GREEN(12)
17 BLACK(10) GREEN(13) RED(14)	18 PINK(12) BLUE(13) GREEN(14)	19 BLACK(9) GREEN(14) PINK(15)	20 GREEN(11) BLUE(12) BLACK(12)	21 GREEN(11) BLUE(13) PINK(13)	22 GREEN(14) BLACK(11) RED(12)	23 BLACK(10) PINK(12) BLUE(13)
24 BLUE(10) GREEN(11) RED(13)	25 RED(10) GREEN(12) BLUE(11)	26 BLACK(11) PINK(11) RED(12)	27 BLACK(10) GREEN(11) PINK(11)	28 GREEN(10) PINK(10) BLACK(11)	29 GREEN(10) PINK(11) BLACK(11)	30 RED(11) PINK(14) BLUE(14)

※ ( )는 현재 예약이 완료된 시간임.
※ 세미나실 이용시간은 오전 9시부터 오후 7시까지 가능함.
※ 세미나실 최대 이용시간을 초과할 수는 없음.
※ 세미나실은 최대 이용시간 적용 후 다음 예약팀이 바로 이용 가능함.
※ 해당 날짜에 일정표에 나와 있지 않은 세미나실은 종일 예약 가능함.

[표] 세미나실별 최대 수용 가능 인원 및 최대 이용시간

세미나실	최대 수용 가능 인원	최대 이용시간(1일)
RED	120명	4시간
BLACK	150명	4시간
BLUE	150명	3시간
GREEN	150명	4시간
PINK	160명	4시간

① 3~4일   ② 12~13일   ③ 18~19일

④ 20~21일   ⑤ 25~26일

40 다음 설명에 따라 직접비용과 간접비용을 [보기]에서 찾아 바르게 분류한 것은?

• 직접비용: 제품 생산 또는 서비스를 창출하기 위해 직접 소비된 것으로 여겨지는 비용
• 간접비용: 제품을 생산하거나 서비스를 창출하기 위해 소비된 비용 중에서 직접비용을 제외한
  비용으로, 제품 생산에 직접 관련되지 않은 비용

┤ 보기 ├

ⓘ 인건비   ⓛ 시설비   ⓒ 재료비

ⓔ 건물관리비   ⓜ 광고비

	직접비용	간접비용
①	㉠, ㉡	㉢, ㉣, ㉤
②	㉠, ㉢	㉡, ㉣, ㉤
③	㉠, ㉡, ㉢	㉣, ㉤
④	㉠, ㉡, ㉣	㉢, ㉤
⑤	㉠, ㉢, ㉣	㉡, ㉤

41 다음 글을 참고하여 버블 현상이 발생할 때 나타날 수 있는 주요 현상으로 가장 적절한 것은?

> 버블 현상은 특정 자산의 가격이 그 자산의 실제 가치보다 과도하게 상승하는 경제적 현상을 의미한다. 이 현상은 보통 자산 시장에서 발생하며, 주식, 부동산, 암호화폐 등 다양한 분야에서 나타날 수 있다. 버블 현상은 자산의 가격이 급격하게 상승한 후, 결국 시장의 비이성적인 투자 열기와 과도한 기대가 붕괴하면서 가격이 급락하는 특성을 보인다.
>
> 자산의 가격이 상승하면, 더 많은 투자자들이 이 자산을 구매하려 하며, 이는 자산 가격을 더욱 부풀리게 만든다. 이때 자산 가격이 실제 가치에 비해 지나치게 높게 형성되면, 결국 시장의 열기가 식으면서 자산 가격이 급락하는 상황이 발생한다. 이를 버블 붕괴라고 하며, 이는 금융 위기나 경제 불황을 초래할 수 있다.
>
> 버블 현상이 발생하는 과정에서 시장 과열과 과도한 투기가 중요한 역할을 한다. 자산 가격이 빠르게 상승할 때, 많은 투자자들이 가격이 계속 오를 것이라는 기대감을 가지고 자산에 투자하게 된다. 하지만 이러한 기대는 지속될 수 없으며, 결국 현실적인 가치와 거리가 먼 자산 가격은 수정될 수밖에 없다. 버블이 터진 후에는 많은 투자자들이 큰 손실을 입고, 자산의 가격은 급격하게 하락하면서 경제 전반에 큰 충격을 주게 된다.

① 투자자들이 해당 자산에 대해 과도한 신뢰를 가지며, 수요가 급격히 증가한다.
② 자산에 대한 수요가 감소하고, 이에 따른 공급 과잉이 발생한다.
③ 정부가 자산에 대해 과도한 규제를 가하고, 시장 참여자가 적어진다.
④ 해당 자산의 실제 가치는 급격히 상승하고, 투자자들이 이를 정확히 반영한다.
⑤ 자연재해나 기타 외부 충격으로 인해 시장이 안정된 상태를 유지한다.

42 다음 글의 빈칸에 들어갈 말로 옳은 것은?

> (   )은 기업이나 조직의 경영진에서 자주 활용하고 있는 정보 시스템의 일종이다. 이 시스템은 자료(Data), 정보(Information), 지식(Knowledge)이라는 세 가지 주요 요소를 다루며, 기업 경영에 필요한 결정을 내리는 데 중요한 역할을 한다. 이는 복잡한 데이터를 수집하고 처리하여, 의사결정자가 최적의 결정을 내릴 수 있도록 도와주는 도구이다. 이 시스템은 이러한 자료, 정보, 지식을 효과적으로 연결하여, 의사결정자가 빠르고 정확한 결정을 내릴 수 있도록 돕는다. 예를 들어, 경영자는 이를 사용하여 판매 데이터를 분석하고, 해당 정보를 바탕으로 판매 전략을 조정할 수 있어, 정보의 정확성과 지식의 활용을 바탕으로 경영 행위의 판단과 결론의 질을 높이고, 전략적 목표 달성에 기여할 수 있게 된다.

① 경영정보시스템

② 전략정보시스템

③ 마케팅정보시스템

④ 의사결정시스템

⑤ ERP시스템

43 다음 중 디지털 트윈의 주요 특징으로 가장 적절한 것은?

> 디지털 트윈(Digital Twin)은 물리적인 시스템이나 객체의 실시간 데이터를 기반으로 가상의 모델을 생성하고, 이를 통해 물리적 시스템의 상태를 모니터링하고 분석할 수 있는 기술이다. 디지털 트윈은 IoT(Internet of Things), 인공지능(AI), 빅 데이터, 클라우드 컴퓨팅 등을 결합하여 실제 시스템의 동작을 가상 환경에서 실시간으로 시뮬레이션할 수 있게 한다. 이를 통해 실제 시스템에서 발생할 수 있는 문제를 사전에 예측하고, 최적화된 운영을 가능하게 한다.
>
> 디지털 트윈의 주요 장점은 실시간 모니터링과 예측 분석을 통한 효율성 향상에 있다. 또한, 다양한 산업 분야에서 활용되며, 산업 자동화, 스마트 시티, 제조업, 헬스케어 등에서 응용된다. 디지털 트윈은 물리적 자산의 상태를 디지털로 복제함으로써 실제 환경에서 발생할 수 있는 문제를 미리 예측하고 대응할 수 있도록 도와준다.

① 실시간 데이터 수집과 분석을 통해 물리적 시스템의 상태를 예측하고 최적화할 수 있다.
② 물리적 시스템을 가상 환경에서 전혀 복제하지 않고 직접 조작할 수 있다.
③ 디지털 트윈은 IoT 기술을 사용하지 않고, 가상 환경에서만 작동한다.
④ 디지털 트윈은 주로 물리적 시스템의 동작을 분석하는 데만 사용된다.
⑤ 디지털 트윈은 주로 데이터 저장과 보안만을 위한 시스템으로 사용된다.

44 다음은 MS Excel을 활용하여 만든 직급별 성과급에 관한 자료이다. 과장 직급을 가진 사람들의 성과급 평균을 구하는 함수식으로 옳은 것은?

	A	B	C
1	직원명	직급	성과급
2	갑	과장	500,000
3	을	부장	600,000
4	병	과장	550,000
5	정	대리	450,000
6	무	과장	520,000

① =AVERAGEIF(B1:B6,"과장",C1:C6)

② =AVERAGEIF(B2:B6,"과장",C2:C6)

③ =AVERAGEIF(A2:B6,"과장",C2:C6)

④ =AVERAGE(B2:B6,"과장",C1:C6)

⑤ =AVERAGE(A2:B6,"과장",C2:C6)

45 다음 내용은 바코드 부여방식에 대한 설명이다. 이를 바탕으로 [보기]의 B제품에 부여해야 할 바코드 번호로 옳은 것은?

8801039542541

    바코드는 대개 13자리로 되어 있는 제품과 상품의 인식코드이다. 바코드의 종류에는 표준형과 단축형이 있다. 표준형이 우리가 쉽게 볼 수 있는 13자리 바코드로 총 30개의 줄로 구성되어 있으며, 단축형은 8자리 숫자로 22개의 줄무늬로 구성되어 있다.

    표준형 바코드는 맨 앞 3자리가 국가 식별 코드, 그다음 6자리가 제조업체 코드, 그다음 3자리는 상품 코드, 마지막 1자리는 검사숫자를 나타내고 있다. 맨 앞 3자리 국가 식별 코드는 국제 바코드 관리를 관장하는 GS1 International에서 부여하고 있으며, 우리나라의 국가 식별 코드는 880이다. 제조업체 코드는 일반적으로 6자리 숫자이나, 특별한 경우 4자리(의약품 제조 및 판매업체), 5자리(의료기기 제조 및 판매업체)가 부여되기도 한다. 3자리 상품코드는 바코드를 생성한 해당업체에서 자사의 제품에 부여하는 고유한 상품 코드이다. 마지막 1자리 검사숫자는 체크 디지트라고도 하며 바코드를 구성하는 데이터가 올바르게 되어 있는지 검증하는 오류 측정 기능을 담당하고 있다. 검사숫자 부여 방식은 10−{(홀수 번째 숫자를 더한 값+짝수 번째 숫자를 더한 값의 3배)의 값에서 일의 자릿수로 구할 수 있다.

┤ 보기 ├

갑기업은 미용 목적의 크림 A와 의료용 크림 B를 생산하는 한국 기업이다.
갑기업과 제품 A, B에 대한 고유번호는 다음과 같다.
- 업체코드: 256613(일반제품을 생산할 경우) 또는 2566(의료제품을 생산할 경우)
- 크림 A의 상품 코드: 555
- 크림 B의 상품 코드: 187

① 8802566135552   ② 8802566131875   ③ 88025665558
④ 88025661871   ⑤ 88025661879

[46~47] 다음 글은 바둑판 모양의 도형을 일정한 규칙의 적용에 따라 흰색과 검은색 칸으로 변환하는 과정을 설명한 것이다. 이를 바탕으로 이어지는 질문에 답하시오.

바둑판 모양의 3×3 정사각형이 있고, 흰색 또는 검은색으로 채워져 있다. 각 칸의 색깔은 주변 최대 8개의 칸의 색에 따라 다음의 변환 순서로 변환한다. 규칙 1)을 적용하면 흰색 칸은 주변에 검은색 칸이 3개일 때 검은색으로 변한다. 규칙 2)를 적용하면 검은색 칸은 주변에 검은색 칸이 2개 또는 3개가 아닌 경우 흰색으로 변한다.

예를 들어 위의 규칙 1), 규칙 2)을 순서대로 적용하면 아래의 처음 도형이 최종 도형으로 도출된다.

[예시]

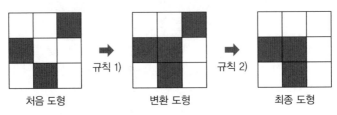

46 다음 중 글에서 파악된 규칙 1)과 규칙 2)를 아래의 모양에 순서대로 적용했을 때, 주어진 모양을 규칙에 맞도록 변환한 것은?

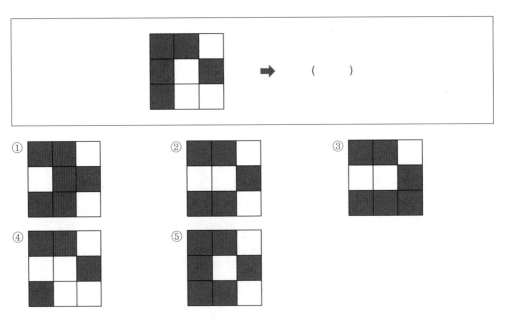

47 다음 중 글에서 파악된 규칙 1)과 규칙 2)를 아래의 모양에 순서대로 적용했을 때, 주어진 모양을 규칙에 맞도록 변환한 것은?

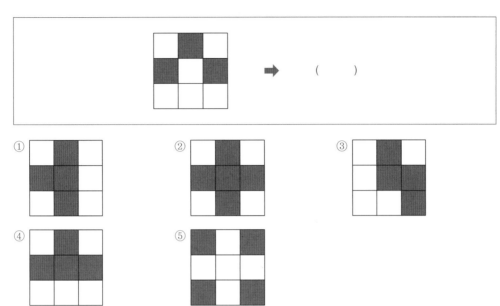

48 다음 두 사례에 공통적으로 적용된 기술로 옳은 것은?

- 국회도서관에서는 대량의 기사, 원문 등 보존과 활용가치가 높은 학술 정보들을 분산 관리하여 국민들이 학술 정보를 찾고 활용하기에 불편함이 있다고 판단하여 여러 기관이 축적 관리 중인 국가의 대량 학술 정보를 365일 24시간 동안 실시간으로 검색, 다운로드할 수 있는 시스템을 구축하였다.
- 한국정보화진흥원에서는 2018년부터 초·중·고 SW교육이 의무화되면서 PC기반 교육은 교사의 기기 관리의 부담이 크고, 학생의 과제 수행이 쉽지 않아서 우려가 있는 상황임을 인식하고 사전 수업 준비, 교실 수업, 학생의 숙제, 복습 등에 동일한 SW교육 환경을 제공하고, 조별 활동에 각자의 기기로 접속해 동시 협업이 가능하도록 프로그램을 정비하였다.

① 융합형 IT 서비스
② 빅 데이터 활용 서비스
③ 클라우드 컴퓨팅 서비스
④ 사물 인터넷 활용 서비스
⑤ 인공지능형 네트워크 서비스

49 다음과 같이 MS Excel에 입력한 자료를 참고하여 [보기]에 주어진 3개의 함수식에 대한 결과 값의 합으로 옳은 것은?

◢	A	B	C	D
1	2	4	6	8
2	1	3	5	7
3	9	8	7	6

| 보기 |

- =SQRT(A3)
- =INDEX(A1:D3,3,4)
- =COUNTA(A1:D2)

① 15　　　　　　② 16　　　　　　③ 17

④ 18　　　　　　⑤ 19

50 다음 자료와 [상황]에 대한 설명으로 옳은 것은?

[전자제품 모델넘버 표기 방식]

AA65QK01M3W

    AA는 2020년 처음 출시된 해이며 AB는 2021년, AC는 2022년과 같은 규칙을 따른다. 65는 이 제품의 규격이고, QK는 국내 출시 제품, QI는 해외 출시 제품이다. 01은 1월 출시 제품임을 뜻하고, M은 판매처가 대형마트임을 나타내는 표기이며 이 외에 D는 백화점, S는 그 외 판매처임을 뜻한다. 3은 추가된 옵션의 개수이고, W는 흰색을 나타내는 표기이며 이 외에 B는 검정색, G는 회색, R은 그 외의 색을 뜻한다.

[고객 서비스]
• 무상 수리 보장 기간

구분 \ 판매처	마트, 백화점	그 외
구입 내역 증빙이 가능한 경우	구입일로부터 2년 이내	구입일로부터 2년 이내
구입 내역 증빙이 불가능한 경우	제품 출시월로부터 2년 이내	제품 출시월로부터 2년 이내

• 제품 정기 정비 시 소요 시간

판매처 \ 구분	국내 출시 제품	해외 출시 제품
마트, 백화점	기사 출장 시 기사 출장 도착 시점부터 $\{(추가된 옵션 개수)^2+1\}\div2$ (시간) 제품 수거 시 제품 수거 시점부터 $(추가된 옵션 개수)^2\div2+36$ (시간)	접수 불가
그 외	제품 수거 시 제품 수거 시점부터 $(추가된 옵션 개수)^2\div2+36$ (시간)	

• 제품 수거 가능 여부

구분	제품 수거 가능	제품 수거 불가능
제품 규격	70 미만	70 이상
컬러	흰색, 검정색	그 외 특수 컬러

⊢ 상황 ⊢

오늘은 2024년 5월이다.

① AA75QI12S2W 제품을 2022년 3월 구매했다면 구입 내역 증빙이 가능한 경우 무상 수리를 받을 수 있다.
② AB55QI02S2G 제품은 구입 내역 증빙이 불가능하더라도 무상 수리를 받을 수 있다.
③ AC65QK02S2B 제품은 제품 수거 시점부터 4일 이내 정기 정비를 받을 수 있다.
④ AA75QK07S3W 제품은 제품 수거 시점부터 4일 이내 정기 정비를 받을 수 있다.
⑤ AC45QI01S1R 제품은 구입 내역 증빙과 상관없이 기사 출장 시점부터 1시간 내 무상으로 정기 정비를 받을 수 있다.

정답과 해설 P.2

III

휴노 | 한사능 | 휴스테이션 | 인크루트 | 사람인 | 매일경제

한국사회능력개발원
(한사능)

| 한사능 |

찐기출
모의고사

맞은 개수	/ 50문항
풀이 시간	/ 50분

01 다음 내용의 밑줄 친 문장과 어울리는 사자성어로 가장 적절한 것은?

> 나는 우리나라가 세계에서 가장 아름다운 나라가 되기를 원한다. 가장 부강한 나라가 되기를 원하는 것은 아니다. 내가 남의 침략에 가슴 아팠으니, 내 나라가 남을 침략하는 것을 원치 아니한다. 우리의 부력(富力)은 우리의 생활을 풍족히 할 만하고, 우리의 강력(强力)은 남의 침략을 막을 만하면 족하다. 오직 한없이 가지고 싶은 것은 높은 문화의 힘이다. 문화의 힘은 우리 자신을 행복하게 하고, 나아가서는 남에게 행복을 주기 때문이다. 지금 인류에게 부족한 것은 무력도 아니오, 경제력도 아니다.
>
> 자연과학의 힘은 아무리 많아도 좋다. 그러나 인류 전체로 보면 현재의 자연과학만 가지고도 편안히 살아가기에 넉넉하다. 인류가 현재에 불행한 근본 이유는 인의(仁義)가 부족하고, 자비가 부족하고, 사랑이 부족한 때문이다. 이 마음만 발달이 되면 현재의 물질력으로 20억이 다 편안히 살아갈 수 있을 것이다.
>
> — 김구 〈백범일지〉

① 삼고초려　　　　② 와신상담　　　　③ 동병상련
④ 이이제이　　　　⑤ 순망치한

02 다음 중 문장의 밑줄 친 부분을 바르게 발음한 것은?

① 그는 밭이랑[바치랑]을 가로지르며 농작물을 거두었다.
② 신선한 달걀을 먹기 위해 닭을[다글] 직접 키우기로 했다.
③ 그녀는 슬픔에 잠긴 친구를 껴안고[껴안코] 위로해 주었다.
④ 모든 시민은 평등하게 권리[권니]를 누릴 수 있어야 한다.
⑤ 날이 추워지니 홑이불[혼니불]만 덮으면 몸에 한기가 든다.

03 다음 글에 대한 설명으로 가장 적절하지 <u>않은</u> 것은?

> 우치는 동정을 살피다가 옥졸(옥에 갇힌 사람을 지키는 사람)이 죄인을 내리고 형을 집행하려는 틈을 타 얼른 주문을 외웠다. 우치는 큰 바람으로 변하여 장세창 부부를 데리고 순식간에 하늘로 올라가 버렸다. 그러자 감형관(형의 집행을 감독하는 관리)이 매우 놀라 자신이 본 것을 그대로 왕께 알렸다. 왕 또한 매우 놀라 이 일을 수상히 여겼다. 그 사이 우치는 집으로 돌아와 장세창 부부를 내려놓고 약을 꺼내어 각각 입에 넣어 주었다. 이윽고 부부가 깨어나서는 아무것도 모르고 어리둥절하자 우치가 전후 사정을 설명해 주니, 부부는 거듭 고개를 숙이며 우치에게 사례했다. 우치는 집으로 돌아와 어머니께 있었던 일들을 말씀드리고 또 구름을 타고 가다 한 사람이 통곡하고 있는 것을 보았다. "나는 한자경이라는 사람이오. 부친상을 당하였으나 가난하여 장사도 못 지내고, 홀로 남으신 노모 역시 제대로 봉양할 수 없어서 이렇게 서러워하고 있었소." 사연을 들은 우치는 그를 불쌍히 여겨 소매에서 족자 하나를 꺼내 주며 말했다. "이 족자를 집에 걸고 '고직아!' 하고 부르면 대답하는 자가 있을 것이니 그때 백 냥을 달라고 하시오. 그러면 그 돈으로 우선 장사를 지내고 그 뒤로는 매일 한 냥씩만 달라고 하여 늙으신 어머니를 봉양하시오. 만일 욕심을 부려 더 달라고 하면 큰일이 날 것이니 부디 조심하시오." 자경은 족자를 받아 들고도 반신반의(반쯤은 믿고 반쯤은 의심함)하며 우치의 집 주소와 이름을 묻고 집으로 돌아왔다. 족자를 펼치니 족자 안에는 큰 집 한 채와 열쇠를 차고 있는 동자 한 명이 그려져 있었다. 자경은 시험 삼아 그림을 향해 소리쳤다. "고직아!"
>
> – 작자미상 〈전우치전〉

① 영웅형 인물이 등장해 극적 긴장감을 유도하고 있다.

② 인물 간의 갈등보다 사회 제도의 부조리를 부각한다.

③ 주인공은 고통받는 인물에게 공감하며 행동에 나선다.

④ 이야기 전개는 사건 발생부터 해결까지의 구조를 따른다.

⑤ 대화체를 사용해 인물의 감정을 자연스럽게 전달하고 있다.

04 다음 글을 읽고 이해한 내용으로 적절하지 <u>않은</u> 것은?

> 흥보기가 싫다마는 저 부인의 거동을 보소. 시집간 지 석 달 만에 시집살이가 심하다고 친정에 편지하여 시집 흥을 잡아내네. 계엄한 시아버지에 암상스런 시어머니라. 고자질 잘 하는 시누이와 엄숙한 맏동서며, 요사스럽고 간악한 아우 동서와 여우 같은 시앗년에 드세구나 남녀 하인 들며나 며 흥구덕에 남편이나 믿었더니 열 번 찍은 나무가 되었구나. 여기저기 말이 많고 구석구석 모함이라. 시집살이 못 하겠다며 자살하려고 간수를 마치고 치마를 쓰고 내닫기도 하고 봇짐을 싸 가지고 도망하기도 하며, 오락가락 견디지 못해 스님이나 따라갈까 긴 담뱃대를 벗 삼아서 들 구경이나 하여 볼까. 점치기로 세월을 보내는구나. 겉으로는 시름에 쌓여 있지만 속으로는 딴 생각에 얼굴 단장으로 일을 삼고 털 뽑기로 시간을 보낸다. 시부모가 타이르면 말 한 마디 지지 않고 남편이 나무라면 뒤받아 대꾸하고, 드나드는 초롱꾼에게 팔자나 고쳐 볼까. 양반자랑은 모두 하면서 색줏집이나 하여 볼까. 남문 밖 뺑덕어미처럼 천생이 저러한가 배워서 그러한가. 본데없이 자라나서 여기저기 무릎맞춤에 싸움질로 세월을 보내고, 남의 말 옮기기와 들어와서는 음식얘기, 조상은 안중에 없고 불공드리기로 일을 삼을 때, 무당, 소경을 불러다가 푸닥거리 하느라고 의복들을 다 내주어, 남편 모양을 볼 것 같으면 삽살개 뒷다리처럼 초라하고 자식 모습을 볼 것 같으면 털 빠진 소리개처럼 헐벗었다. 엿장사, 떡장사를 아이 핑계로 다 부르고 물레 앞에서 하품을 하고 씨아 앞에서는 기지개를 켠다. 이 집 저 집 이간질 시키고 음담패설을 하는 것으로 일을 삼는다. 남을 모함하고 골탕 먹이기, 살림살이는 줄어가고 걱정은 늘어간다. 치마는 짧아가고 허리통은 길어간다. 총 없는 헌 짚신에 어린 자식 들쳐 업고 혼인 장사(葬思) 집집마다 음식 추심(推尋) 일을 삼고 아이 싸움 어른 싸움에 남의 죄에 매 맞히기 까닭없이 성을 내고 이쁜 자식 두다리며 며느리를 좇았으니 아들은 홀아비라. 딸자식을 다려오니 남의 집은 결딴이라. 두 손뼉을 두다리며 방성대곡(放聲大哭) 괴이하다. 머리 싸고 드러눕기. 관비정속(官婢定屬) 몇 번인가. 무식한 창생들아 저 거동을 자세보고 그릇 일을 알았거든 고칠 改(개)자 힘을 쓰소. 옳은 말을 들었거든 행하기를 위업(爲業)하소.
>
> – 작자미상 〈용부가〉

① 당대 여인들의 어렵고 고달픈 시집살이가 제재이다.
② 당대 여인들의 행동 개선에 대한 당부로 마무리하고 있다.
③ 불교와 미신을 경시하는 유교적 가치관이 드러나 있다.
④ 풍자를 통해 당대 여인의 바람직한 행실에 대해 직접적으로 교훈을 주고자 하였다.
⑤ 조선 후기 양반의 생활상에 대해서 비판하고 있다.

[05~06] 다음 글을 읽고 이어지는 질문에 답하시오.

스마트 리터러시에 대한 역량 강화는 스마트 리터러시에 취약한 중장년층 근로자에게 보다 시급한 과제이다. 젊은 세대에 비해 스마트 리터러시 능력이 상대적으로 낮은 중장년층 근로자의 경우, 실생활에서 정보 습득이나 업무 수행뿐만 아니라, 스마트 미디어를 이용하여 언제 어디서든 소통하며 확장된 현실 속에서 일과 업무를 처리할 수 있는 호모 모빌리스들과 함께 업무를 수행하고 학습하고 의사소통해야 하기 때문이다.

지능형 업무 수행의 지원 도구로 평가되는 스마트 단말기들은 인지적, 정서적, 신체적 변화와 생활 및 업무 기능의 저하를 경험하는 중장년층 직장인들의 활동 반경을 ㉠ 늘려주고 삶을 풍요롭게 하는 데 기여할 것이다. 이 연구는 스마트 리터러시의 증진에 대한 후속 연구의 근간이 될 수 있는 개인의 심리, 정서적 적응에 대해 관심을 두었다. 특히 의사소통능력과 연계하여 대인 간 정보 소통뿐만이 아닌 정보를 구축하고, 창조하며, 평가하는 역량으로서의 리터러시를 중장년층이 어떻게 체득하는지를 시간의 경과에 따라 살피고자 하였다. 의사소통능력이 스마트 리터러시를 개선㉡ 시키는지, 아니면 스마트 리터러시가 의사소통능력을 개선시키는 선행 요인인지에 대한 분석을 통해 중장년층의 스마트 리터러시가 개인에게 어떤 의미나 용도로 활용될 수 ㉢ 있는지에 대한 후속 연구들의 기틀이 될 것으로 기대한다.

현재까지 스마트 러닝과 관련한 스마트 리터러시 연구들은 학교 교육이나 기업에서의 연령차를 고려하지 않은 채 불특정 사용자들을 대상으로 수행되어 왔다. ㉣ 특히, HRD 분야에서 중장년층 근로자 대상의 스마트 리터러시나 의사소통능력에 관한 관심과 연구는 더욱 미미한 편이다. 이 연구는 다음의 몇 가지 관심사에서 출발했다. 첫째, 기업에서의 직무능력 향상을 위해 설계 및 활용 가능한 스마트 환경은 잠재적으로 스마트 리터러시에 영향을 주어 비형식 혹은 무형식으로 의사소통능력 체득에 영향을 미칠 것인지를 살피는 것이다. 둘째, 신세대와의 원활한 접촉을 꾀해야 할 중장년층에게 의사소통능력의 부족을 개선할 수단으로 스마트 러닝을 활용하는 것에 대한 당위성을 살피고자 하였다. 이는 스마트 러닝이 스마트 리터러시의 일차적 성과일 수 있다는 연구 결과에 근거한다. 셋째, 의사소통능력이 높은 중장년층일수록 스마트 리터러시의 향상이 두드러지는가에 대한 인과관계를 살피는 것이다.

정리하면, 이 연구의 목적은 20~30대 근로자에 비해 상대적으로 첨단 테크놀로지 활용 능력이 취약한 중장년층 사무직 종사자들의 스마트 리터러시와 의사소통능력 사이의 종단적 상호 관계를 규명하는 것이다. 이를 위해서는 스마트 리터러시 능력과 의사소통능력의 인과적 선행성을 밝힐 수 있는 시계열적 접근이 필요하다. 서로 밀접한 관계를 지닌 요인들 간의 인과적 선행성을 밝히기 위해서는 하나의 요인을 조작한 후 다른 요인의 변화를 관찰하는 실험 연구 또는 다년에 걸쳐 수집된 종단 자료의 분석이 필수적이기 때문이다.

이 연구는 스마트 시대의 도래와 적응이라는 기본 명제를 전제로 기업의 성과와 연계를 짓는 접점으로 스마트 리터러시를 설정했으며, 이의 산물 또는 선행 요건으로 의사소통능력을 들었다. 특히, 스마트 리터러시와 의사소통능력이 취약하다고 간주되는 중장년층을 연구 대상으로 의도적 선정하여, 두 ㉤ 변인 간의 인과적 관계를 살피고자 하였다. 특히 종단 연구가 주는 장점을 활용하여 보다 구조적인 고찰이 가능하다고 보았을 때, 기업 내 HRD에 혁신적인 교육 환경을 도입하는 경우 지침이 ㉥ 될 수있는 개인차에 대한 시사점을 제언하고자 하였다.

05 주어진 글을 통해 알 수 <u>없는</u> 것은?

① 스마트 리터러시 연구의 의의

② 스마트 리터러시 선행 연구의 한계

③ 스마트 리터러시 연구의 장애 요인

④ 스마트 리터러시 연구의 목적

⑤ 스마트 리터러시 연구 방법

06 다음 중 ㉠~㉤을 고쳐 쓴 내용으로 옳은 것은?

① ㉠은 '길이'와 관련 있으므로 '늘여주고'로 고쳐 쓴다.

② ㉡은 띄어쓰기가 옳지 않으므로 '시키는 지', '있는 지'로 고쳐 쓴다.

③ ㉢은 문맥적 의미에 따라 '반면'으로 고쳐 쓴다.

④ ㉣은 어휘가 잘못 사용되었으므로 '변인'을 '변이'로 고쳐 쓴다.

⑤ ㉤은 띄어쓰기 원칙에 따라 '될 수 있는'으로 써야 한다.

07 다음 그림과 같은 원탁 테이블에 기획부 사원 4명과 영업부 사원 6명이 동일한 간격으로 앉으려고 한다. [보기] 중 옳은 내용을 모두 고른 것은?

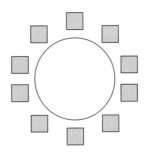

┤ 보기 ├

㉠ 같은 부서의 직원끼리 서로 이웃해서 앉는 경우의 수는 $4! \times 6!$이다.

㉡ 기획부 사원이 모두 이웃하지 않게 앉는 경우의 수는 $_6C_4 \times 5!$이다.

㉢ 기획부 사원과 영업부 사원이 모두 원탁에 앉는 경우의 수는 $9!$이다.

① ㉠

② ㉡

③ ㉠, ㉢

④ ㉡, ㉢

⑤ ㉠, ㉡, ㉢

08 다음 빈칸에 들어갈 알맞은 수를 고른 것은?

7	13	4	63
6	29	13	96
12	22	16	72
9	16	9	( )

① 28

② 48

③ 52

④ 63

⑤ 105

09 판매가 50만 원인 제품의 예상 판매 개수는 10,000개다. 물건 개당 단가를 10,000원 올릴때마다 판매 개수가 160개 감소한다. 판매 금액이 최대일 때 물건의 판매가는?

① 56만 원   ② 57만 원   ③ 58만 원

④ 59만 원   ⑤ 60만 원

10 다음은 K열차의 철도사고를 종류별과 원인별로 나타낸 자료이다. 자료를 보고 추론한 내용으로 가장 적절한 것은?

(단위: 건)

구분		2018년	2019년	2020년	2021년	2022년	2023년
종류별	열차 충돌	0	0	1	5	2	5
	열차 접촉	0	0	0	0	0	0
	열차 탈선	4	6	3	12	18	26
	열차 화재	0	0	0	1	0	0
	계	4	6	4	18	20	31
원인별	직원의 부주의	2	0	0	3	4	4
	차량 결함	1	2	1	2	3	15
	시설 결함	0	0	1	0	0	8
	미흡한 유지보수	0	0	0	0	0	0
	기타	1	2	1	2	3	3
	계	4	4	3	7	10	30

① 철도사고 방지를 위해 임직원 교육이 강화되었다.

② 열차 내 승객의 안전을 위해 승객 메뉴얼 보완이 필요하다.

③ 철도 선로 노후화로 사고 발생이 증가하고 있으므로 선로 교체 작업이 필요하다.

④ 철도사고로 인명피해가 가장 높았던 해는 2023년이다.

⑤ 자동 제동장치와 새로운 철도 센서 기술을 도입해야 한다.

[11~12] 다음 [표]는 국내 지식재산 출원 동향에 관한 자료이다. 이를 바탕으로 이어지는 질문에 답하시오.

[표1] 국내 특허 출원 동향 (단위: 건)

구분	2018년	2019년	2020년	2021년
중소벤처기업	46,652	50,493	57,438	62,843
대기업	33,693	37,538	37,536	37,322
대학/공공연	27,218	26,944	27,947	30,020
개인	41,096	43,130	43,544	41,298
외국인	47,809	47,518	46,306	51,735
기타	13,524	13,352	13,988	14,780
합계	209,992	218,975	226,759	237,998

[표2] 국내 상표 출원 동향 (단위: 건)

구분	2018년	2019년	2020년	2021년
중소벤처기업	58,017	66,154	83,548	96,881
대기업	9,244	9,053	9,925	10,516
대학/공공연	1,114	1,118	1,532	1,396
개인	86,415	97,057	116,808	130,005
외국인	29,860	31,352	27,719	30,138
기타	15,691	16,773	18,401	16,885
합계	200,341	221,507	257,933	285,821

[표3] 국내 디자인 출원 동향 (단위: 건)

구분	2018년	2019년	2020년	2021년
중소벤처기업	21,345	22,272	23,621	23,187
대기업	3,502	3,992	4,422	3,663
대학/공공연	1,184	1,003	1,126	1,155
개인	29,713	29,279	30,591	28,784
외국인	4,951	5,091	4,789	4,815
기타	2,985	3,402	3,034	3,183
합계	63,680	65,039	67,583	64,787

11 다음 중 [표1]과 [표2]에 대한 설명으로 옳은 것은?

① '기타'를 제외한 5개 항목의 2020년 국내 특허 출원 건수 평균은 50,000건 이상이다.

② 2019~2021년 동안 중소벤처기업은 국내 특허 출원 건수가 전년 대비 가장 많이 증가한 해에 국내 상표 출원 건수도 전년 대비 가장 많이 증가하였다.

③ 2019~2021년 외국인의 국내 상표 출원 건수 평균은 연 30,000건 이상이다.

④ 2019~2021년 동안 개인의 국내 특허 출원 건수와 상표 출원 건수는 매년 증가하였다.

⑤ 2019~2021년 동안 대기업의 국내 특허 출원 건수 증감 추이는 국내 상표 출원 건수 증감 추이와 동일하다.

12 다음 중 주어진 자료에 대한 설명으로 옳은 것은?

① 2019년 대기업의 디자인 출원 건수는 전년 대비 10% 이상 증가하였다.

② 2018~2021년 동안 대학/공공연의 국내 상표 출원 건수는 매년 국내 디자인 출원 건수보다 많다.

③ 2018~2021년 전체 국내 디자인 출원 건수의 연간 평균은 65,000건 미만이다.

④ 2021년 전체 국내 디자인 출원 건수 중 개인이 차지하는 비중은 전년 대비 증가하였다.

⑤ 2018~2021년 동안 중소벤처기업의 국내 특허 출원 건수와 디자인 출원 건수의 합은 매년 상표 출원 건수보다 많다.

13 다음은 A~D기업의 채용인원에 대한 정보이다. 네 기업 중 인턴 채용인원이 전체 채용인원의 10%인 곳과 20%인 곳이 각각 두 곳일 때, 네 기업의 전체 채용인원을 고른 것은?(단, 채용인원은 인턴 채용인원과 정규직 채용인원의 합으로만 구성된다.)

- A기업의 전체 채용인원은 가장 많은 1,000명이다.
- B기업의 인턴 채용인원은 A기업의 인턴 채용인원의 절반이다.
- C기업의 인턴 채용인원은 A기업의 인턴 채용인원의 절반이고, 전체 채용인원이 가장 적다.
- D기업의 인턴 채용인원은 A기업의 인턴 채용인원과 같다.

① 2,250명 ② 2,400명 ③ 2,500명
④ 3,200명 ⑤ 3,400명

14 △△공사에서는 2025년 상반기 워크숍을 진행하고 있다. 다음 [대화]를 바탕으로 할 때, 2025년 상반기 △△공사의 워크숍에 참여한 직원 수로 적절한 것은?

┤ 대화 ├

- 박△△ 부원: 워크숍 간식으로 파이가 65개 들어왔어요.
- 김△△ 부원: 파이를 어떻게 배분하는 게 좋을까요?
- 박△△ 부원: 다섯 명의 직원으로 구성된 조에는 파이를 하나, 여덟 명의 직원으로 구성된 조에는 파이를 두 개씩 주면 어때요?
- 김△△ 부원: 그러면 5개가 남네요. 5개는 어떻게 할까요?
- 박△△ 부원: 파이를 하나만 받은 조에서 조금 부족할 수 있으니, 조각으로 나눠서 주면 어떨까요?
- 김△△ 부원: 그러면 파이를 여덟 조각으로 나눈 다음 파이를 하나 받은 조에 한 조당 두 조각씩 더 나누어 주면 딱 맞겠어요.

① 230명 ② 240명 ③ 250명
④ 260명 ⑤ 270명

15 다음 판단 기준을 통해 분석한 사례로 알맞은 것은?

K철도공사는 이용 중인 노선 개편과 신규 노선 개발을 검토 중이다. 하지만 예산이 제한되어 있기 때문에 매출 기여도와 이익 기여도를 고려하여 판단해야 한다.

(이용객 단위: 명, 백만 원)

노선	이용객	매출	투자 비용	이익
KTX A 노선	30	4,500	3,000	1,500
KTX B 노선	20	3,200	2,400	800
광역철도 C 노선	50	2,000	1,500	500
지하철 D 노선	100	1,800	1,700	100
관광철도 E 노선	5	800	600	200

1) 최우선 과제: KTX A노선 서비스 확대 및 정차역 최적화

가장 큰 매출과 이익을 내는 노선으로 추가 투자 시 수익성 증가 가능성이 큼

2) 우선 과제: KTX B 노선 고속화 개량

큰 매출에 비해 이익 기여도가 적음

3) 보유 과제: 광역철도 C 노선 추가 연장

많은 이용객에 비해 이익 기여도가 적어 노선을 연장한다고 수익성 증가가 기대되지 않음

① 과제계획의 체계성

② 과제성과의 파급성

③ 과제해결의 용이성

④ 과제착수의 긴급성

⑤ 과제해결의 중요성

16 다음은 어느 회사가 타 기업을 분석하여 벤치마킹을 하기 위해 작성한 보고서의 일부이다. 이 보고서를 읽고 작성한 SWOT 분석 내용으로 적절한 것을 [보기]에서 모두 고른 것은?

---

1. 기업분석

'와사비(wasabi)'는 PICK & MIX 전략으로 각자가 원하는 취향에 맞게 개별 포장된 스시, 캘리포니아롤 그리고 사시미를 고를 수 있으며, 여러 종류의 덮밥과 면류를 파는 일식 프랜차이즈이다. 김동현 대표는 고객중심 현지화를 통해 2003년 런던 한복판에 '와사비(wasabi)'를 창업하였고, 그가 1999년에 가지고 있었던 돈은 단돈 400만 원이었다.

창업 후 2014년 12월 결산에서 매출 £70.3m(1,150억 원)에 순이익 £4.4m(73억 원)를 기록했다. 3년간 순익 증가율은 61%였다. 이뿐만 아니라 선데이 타임즈에서 선정한 영국 개인회사 순익 증가율 80위에 들 정도로 성장했다.

2. 성공요인 분석

1) 경영자 리더십 — 김동현 대표

와사비의 성공은 경영자의 탁월한 리더십이 기여한 것으로 보이며, 김동현 대표는 창업 시 작부터 프랜차이즈 사업에서 첫 점포의 위치를 중요하게 생각하였다. 거의 1년 동안 고심하여 결정하였으며, 이후의 매장을 개업하는 데에도 3년이 걸렸다고 한다.

김동현 대표는 영국 사람들의 문화와 특징을 관찰하며 각 문화에 맞는 외식사업을 구상하고 전략을 세워 운영하였다.

2) 전략 분석

① 차별화 & 시장개척 전략(to go 전문점)

PICK & MIX 전략으로 차별화하여 새로운 시장에서의 판매를 추구하였다. 충분히 보급되어 있던 도시락형 일식으로 시장에 접근하였다. 기존의 Full Boxing 되어 팔던 초밥, 롤 등의 판매방법이 아닌 각각의 초밥, 롤 혹은 주먹밥 등을 포장하여 구매자의 입맛에 맞게 선택하고 혼합하는 전략으로 도시락을 재구성하여 판매하는 전략으로 성공하였다. 초밥이 생소했던 외국인들도 취향대로 고를 수 있었다.

② 집중적 다각화 전략

일식 도시락뿐만 아니라 새로운 한식 사업체를 창업하여 사업을 확장하였다. 와사비는 2011년 홀본(Holborn)에 한식 레스토랑 '김치(Kimchee)'를 냈다. 영국 대영박물관 근처에 위치해 있으며, 일식 패스트푸드 프랜차이즈인 와사비와 달리 '김치'는 한식 프리미엄 레스토랑이다. 비빔밥·김밥뿐만 아니라 한국식 간식인 미숫가루, 매실차, 한국식 토스트 등도 판매하며 성장 중이다.

㉠ 강점(Strength) 요소: 구매자의 입맛에 따라 재구성된 도시락을 판매할 수 있다.

㉡ 약점(Weakness) 요소: 도심에 위치하고 있어 임대료가 비싸다.

㉢ 기회(Opportunity) 요소: 외식 트렌드의 변화로 테이크 아웃 수요가 감소하고 있다.

㉣ 위협(Treat) 요소: 타 경쟁업체가 모방하기 쉬운 판매 전략이다.

① ㉠, ㉡, ㉢   ② ㉠, ㉡, ㉣   ③ ㉠, ㉢, ㉣

④ ㉡, ㉢, ㉣   ⑤ ㉠, ㉡, ㉢, ㉣

2024년 상반기 코레일

17 다음에서 범하고 있는 오류와 동일한 오류의 사례에 해당하는 것은?

- 철수는 TV를 많이 본다.
- 철수는 눈이 나쁘다.
- 그러므로 TV를 많이 보면 눈이 나빠진다.

① • 당분을 많이 섭취하면 당뇨병에 걸릴 수 있다.
   • 영희는 당분이 많이 들어간 음식을 자주 먹는다.
   • 영희는 반드시 당뇨병에 걸린다.
② • 담배는 건강에 매우 해롭다.
   • 그러나 담배를 피우는 사람 중에는 장수한 사람도 있다.
   • 그러므로 담배를 피우는 것이 꼭 나쁘다고 할 수는 없다.
③ • 정당한 세금 제도는 필요하다.
   • 하지만 이 주장을 한 사람은 과거에 탈세로 처벌 받았다.
   • 그러므로 그 주장은 신뢰할 수 없다.
④ • 이 게임은 재미있다.
   • 왜냐하면 재미있는 게임이기 때문이다.
⑤ • 이 제품은 최고다.
   • 왜냐하면 이 제품이 가장 좋은 제품이기 때문이다.
   • 그러므로 이 제품은 최고다.

18 한국철도공사에 근무 중인 A~F는 두 명씩 한 조를 이뤄 서산, 인천, 평택, 충주, 대구, 전주로 출장을 다녀와야 한다. 다음 [조건]을 바탕으로 서로 다른 직급의 직원들로 조를 구성한다고 할 때, 옳지 <u>않은</u> 것은?

┤ 조건 ├
- 한 조당 두 지역으로 출장을 가야 하고, 각 조가 출장을 가는 지역은 서로 겹치지 않아야 한다.
- A, B는 사원, C, D는 대리, E, F는 과장이다.
- D대리는 평택과 대구로 출장을 간다.
- A사원은 충주로 출장을 가지 않고, 과장 E는 인천으로 출장을 간다.
- B사원은 서산으로 출장을 가고, 인천이나 평택으로는 출장을 가지 않는다.
- 직급이 사원인 직원은 전주로 출장을 가지 않고, 직급이 대리인 직원은 서산으로 출장을 가지 않는다.

① E과장은 전주로 출장을 간다.
② C대리는 인천으로 출장을 간다.
③ F과장은 인천과 대구로 출장을 가지 않는다.
④ 충주와 전주에는 서로 다른 조가 출장을 간다.
⑤ 충주로 출장을 가는 직원은 B사원과 E과장이다.

19 다음은 시간 관리 매트릭스를 나타낸 것이다. [보기] 중 (나) 영역에 해당하는 것을 모두 고른 것은?

구분	긴급한 일	긴급하지 않은 일
중요한 일	(가) 영역	(나) 영역
중요하지 않은 일	(다) 영역	(라) 영역

┤ 보기 ├
- ㉠ 위기 상황
- ㉡ 전화 호출
- ㉢ 새로운 기회 발굴
- ㉣ 중장기 계획
- ㉤ 지인의 불시 방문
- ㉥ 메일 확인
- ㉦ 프로젝트 마감
- ㉧ 즐거운 활동

① ㉠, ㉦
② ㉡, ㉤
③ ㉢, ㉣
④ ㉢, ㉥, ㉧
⑤ ㉣, ㉦, ㉧

20 다음은 정 대리가 팀 송년회를 준비하면서 자원을 관리한 과정이다. 효과적인 자원관리의 과정을 고려하여 다음 [보기]의 순서를 바르게 나열한 것은?

┤ 보기 ├

A. 송년회에서 상품으로 사용할 수 있는 물건들을 팀원들로부터 모았다.

B. 송년회에서 수상이 필요한 팀원의 숫자를 파악한 후, 몇 개의 상품이 필요할지 수량을 정하였다.

C. 준비한 대로 송년회에서 각 상품을 수상자들에게 나눠 주었다.

D. 모인 상품들을 금액, 크기별로 나누고 포장한 후 어느 팀원에게 줄지 선정하였다.

① B − A − C − D

② B − A − D − C

③ A − D − B − C

④ A − B − D − C

⑤ A − C − B − D

21 다음 중 회로팀이 올해 목표를 달성하기 위해 가장 먼저 해야 할 일로 적절한 것은?

JS전자 회로팀은 매달 200만 원의 비용을 자율적으로 사용할 수 있습니다. 이 중 50만 원을 회식비, 60만 원을 야근/특근 인원 식사 비용, 30만 원을 유류비, 40만 원을 신입 사원 교육 참석 비용, 20만 원은 국제 전화 통신 지원 비용으로 활용하고 있습니다. 2025년부터는 보다 빠른 인턴 사원의 조기전력화를 위해, 인턴 사원도 신입 사원과 함께 교육에 참석시키고자 합니다.

① 회로팀이 사용할 수 있는 비용을 늘리고자 건의하는 내용의 본사 발표 자료를 준비한다.

② 국제 전화를 해야 할 경우, 화상 회의 프로그램을 적극 활용하도록 권장한다.

③ 야근 시, 식사 비용이 필요하지 않도록 개별적으로 도시락을 지참하게 한다.

④ 인턴 사원이 교육을 참석하게 될 경우, 이에 추가로 필요한 예산을 계산한다.

⑤ 인턴 사원이 조기전력화될 경우, 장기적으로 팀에 어떤 이익을 줄 수 있을지를 수치화한다.

22 I사의 인사팀에 근무 중인 김 사원은 신입사원 연수 기간 중 교육 일정을 위해 외부 회의실을 예약하고자 한다. 다음 대화와 [표]의 5월 외부 회의실 예약 현황을 고려하였을 때, 김 사원이 예약해야 하는 외부 회의실을 고른 것은?

- 이 팀장: 5월 1일부터 15일까지 진행되는 신입사원 연수 기간 중 3일은 교육을 진행해야 합니다. 1일차에는 기본 서류 작성 및 사내망 사용법 교육, 2일차에는 커뮤니케이션 능력 교육, 3일차에는 자사의 인재상 및 미래 역량에 대한 교육을 하는 것이 좋겠네요.
- 박 대리: 네, 팀장님. 다른 일정을 고려해 교육 시간은 매일 같은 시간에 시작해 종료할 수 있도록 배정하겠습니다. 교육 시간은 얼마나 소요될까요?
- 이 팀장: 교육은 매일 3시간씩 3일 연달아 진행하겠습니다. 12시부터 1시간 동안은 점심시간으로 이미 식당 예약이 되어 있으니 그 시간은 제외해 주세요. 그리고 교육 편리성을 위해 같은 장소에서 진행해 주세요.
- 박 대리: 네, 알겠습니다. 김 사원, 외부 회의실 예약 현황을 확인해 주세요. 외부 회의실 예약은 타임별로 진행되며, 1타임은 오전 9시부터 정오까지, 2타임은 정오부터 오후 3시까지, 3타임은 오후 3시부터 18시까지로 구분되고, ○ 표시가 되어 있는 타임은 예약이 이미 완료된 타임이니 참고해 주세요.
- 김 사원: 네, 대리님. 예약 현황을 확인하여 일정에 맞는 회의실을 찾아 보고하겠습니다.

[표] 5월 외부 회의실 예약 현황

구분	이용 시간	1일	2일	3일	4일	5일	6일	7일	8일	9일	10일	11일	12일	13일	14일	15일
가 회의실	1타임	○		○	○		○		○			○		○	○	○
	2타임	○		○				○		○		○	○		○	○
	3타임	○		○	○		○			○		○		○		
나 회의실	1타임	○			○	○		○		○	○		○			
	2타임	○	○		○	○		○				○		○		
	3타임	○		○				○		○			○			○
다 회의실	1타임	○		○	○	○			○			○	○	○		
	2타임							○		○		○				
	3타임		○													
라 회의실	1타임		○			○		○	○	○		○			○	
	2타임		○		○		○		○	○		○	○	○		
	3타임		○			○				○			○		○	○
마 회의실	1타임	○					○						○			○
	2타임			○		○			○	○		○	○			
	3타임	○								○						

① 가 회의실   ② 나 회의실   ③ 다 회의실
④ 라 회의실   ⑤ 마 회의실

23 백 차장은 어플리케이션 개발 중 다른 기업의 코드를 무단으로 복제하여 사용하였다. 이 경우 침해되는 지적재산권은?

① 특허권　　　　　② 실용신안권　　　　　③ 저작권
④ 상표권　　　　　⑤ 디자인보호권

24 P씨의 자기개발 장애요소 중 가장 벽이 높은 것은?

> P씨는 퇴근 후 컴퓨터 활용 능력 1급 자격증 준비를 위한 인터넷 강의 수업을 받고 있다. 학원 수강은 부담스러운 비용이라 인터넷 강의를 선택했는데, 최근 병원 통원 문제로 부모님을 모시게 되자 시간이 부족해 제대로 강의를 수강하지 못했다. 나중에 알고 보니 회사에서 무료로 제공하는 컴퓨터 활용 능력 1급 관련 프로그램도 있어, 나중에 다시 수강하려고 한다.

① 시간이 없어서 제대로 하지 못했다.
② 재정적 문제로 제대로 하지 못했다.
③ 결정을 내릴 자신감이 부족해서 선뜻 진행하지 못했다.
④ 집안에 갑자기 큰 일이 생겨서 집중하지 못했다.
⑤ 회사 내의 작업 정보가 없어 제대로 하지 못했다.

25 다음 중 인성검사 종류가 <u>아닌</u> 것을 모두 고른 것은?

> ㉠ GATB 검사　　　　　㉡ MBTI 검사
> ㉢ STRONG 검사　　　　㉣ MMPI 검사
> ㉤ SCT 검사

① ㉠, ㉡　　　　　② ㉡, ㉢　　　　　③ ㉣, ㉤
④ ㉠, ㉡, ㉢　　　　⑤ ㉢, ㉣, ㉤

26 다음 사례의 정 팀장에게서 엿볼 수 있는 팔로우십의 유형으로 옳은 것은?

> 중견 기업인 K사에 다니고 있는 정 팀장은 상사가 새로운 마케팅 전략을 제시하자, 자신의 의견을 내는 것보다 상사의 지시를 비판 없이 수용하자고 부하 직원들에게 지시한다. 팀장의 이런 지시를 그대로 따르게 되면 직원들은 전략에 대한 의문을 제기하기보다 상사의 지시에 맞추어 마케팅 캠페인을 실행하게 되며, 이로 인해 전략의 문제점이 드러나지 않는다. 결국 회사는 비효율적인 캠페인으로 자원을 낭비하는 결과를 초래할 수 있게 된다.

① 수동형   ② 모범형   ③ 실무형

④ 순응형   ⑤ 소외형

27 다음 중 변혁적 리더의 특성으로 옳지 <u>않은</u> 것은?

① 뛰어난 사업수완 그리고 어떠한 의사결정이 조직에 긍정적으로 영향을 미치는지 예견할 수 있는 능력을 지니고 있다.

② 리더는 조직구성원들 중 한 명일 뿐이라고 생각한다.

③ 구성원이나 팀이 직무를 완벽히 수행했을 때 칭찬을 아끼지 않는다.

④ 개개인에게 시간을 할애하여 그들 스스로가 중요한 존재임을 깨닫게 하고, 존경심과 충성심을 불어넣는다.

⑤ 조직에 명확한 비전을 제시하고, 집단 구성원들에게 그 비전을 쉽게 전달한다.

28 다음 설명에서 알 수 있는 설득 전략의 유형으로 옳은 것은?

> 유명 인플루언서나 셀럽이 특정 브랜드나 제품을 홍보하는 경우, 그들의 팔로워들은 자연스럽게 해당 제품에 대해 긍정적인 인식을 갖게 된다. 예를 들어, 인스타그램이나 유튜브에서 인기 있는 인플루언서가 "이 화장품 정말 좋다."라고 소개하면, 많은 팔로워들이 그 제품을 구매하거나 사용해 보려는 경향이 생긴다. 이 경우 인플루언서의 추천은 상대방에게 강력한 설득의 전략으로 활용될 수 있다.

① 희소성 해결 전략
② 호혜 관계 형성 전략
③ 권위 전략
④ See−Feel−Change 전략
⑤ 헌신과 일관성 전략

29 다음 중 터크만(Tuckman)의 팀 발달 모델 5단계가 순서에 맞게 나열된 것은?

① 정착기 → 형성기 → 수행기 → 격돌기 → 해체기
② 정착기 → 형성기 → 격돌기 → 수행기 → 해체기
③ 형성기 → 정착기 → 격돌기 → 수행기 → 해체기
④ 형성기 → 정착기 → 수행기 → 격돌기 → 해체기
⑤ 형성기 → 격돌기 → 정착기 → 수행기 → 해체기

30 다음은 직무 성과와 갈등 정도에 관한 관계를 나타내는 그래프이다. 이에 대한 설명으로 옳지 <u>않은</u> 것은?

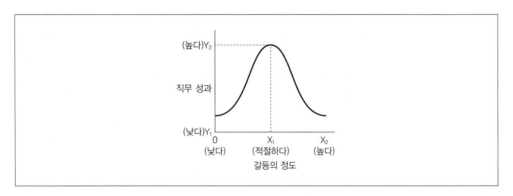

① 갈등이 X_1 수준일 때 조직의 직무 성과가 가장 높아진다.

② 조직이 갈등을 어떻게 관리하느냐에 따라 직무의 성과가 달라진다.

③ X_2에서는 조직 내부에 생동감이 넘치고 변화 지향적이며 문제해결능력이 발휘된다.

④ 갈등이 적정 수준일 때, Y_2에서는 갈등의 순기능이 작용한다.

⑤ Y_1에서는 갈등의 역기능이 작용하며, 이직률이 높아질 수도 있다.

31 다음 글을 참고할 때, PING 랜섬웨어에서 사용하는 스머핑(Smurfing) 기법에 대한 설명으로 옳은 것은?

> 스머핑(Smurfing)은 주로 DDoS(분산 서비스 거부) 공격에서 사용되는 기법으로, 네트워크 장비에 과도한 트래픽을 보내 피해자가 정상적인 서비스를 제공할 수 없도록 만든다. 이 공격은 주로 ICMP 프로토콜을 이용하며, 공격자는 출발지 IP 주소를 위조하여 많은 응답을 특정 대상에게 전송시키는 방식으로 이루어진다.
>
> • 방어 방법
> – ICMP 요청 필터링: 방화벽에서 ICMP 트래픽을 제한하여 스머핑 공격을 차단할 수 있다.
> – 출발지 IP 검증: 위조된 IP를 감지하여 차단하는 기능을 활용하는 것이 중요하다.
> – DDoS 방어 솔루션: 대규모 트래픽을 실시간으로 모니터링하고 차단할 수 있는 DDoS 방어 시스템을 활용하는 것이 좋다.

① 스머핑은 공격자가 특정 서버의 자원을 고갈시키기 위해 대규모의 트래픽을 전송하는 공격 기법이다.

② PING 스머핑 공격은 출발지 IP 주소를 위조하여 트래픽을 발생시킬 수 있다.

③ 스머핑 공격을 통해 공격자는 피해자의 시스템에 악성코드를 설치할 수 있다.

④ PING 스머핑 공격은 오직 TCP/IP 프로토콜을 사용하여 이루어진다.

⑤ 스머핑 공격은 공격자의 실제 IP를 쉽게 추적할 수 있게 만든다.

32 다음은 MS Excel을 활용하여 의류 매장에서 작성한 재고목록이다. [H2] 셀에 입력해야 할 SUMIF 함수식으로 가장 적절한 것은?

	A	B	C	D	E	F	G	H
1	종류	품번	수량(개)					
2	등산용	KE-026	80		여성용 의류 총 재고 수량(개)			510
3	여성용	KE-055	160					
4	남성용	KE-037	300					
5	여성용	KE-059	200					
6	유아용	KE-002	500					
7	여성용	KE-052	150					

① =SUMIF("여성용",C2:C7,A2:A7)

② =SUMIF(A2:A7,C2:C7,"여성용")

③ =SUMIF(C2:C7,A2:A7,"여성용")

④ =SUMIF(A2:A7,"여성용",C2:C7)

⑤ =SUMIF(C2:C7,"여성용",A2:A7)

33 인테리어 업체 담당자인 S씨는 공사할 곳에 대한 정보를 다음과 같이 MS Excel을 활용하여 정리하였다. '구분'란에는 '관리번호'의 두 번째 글자가 1이면 '아파트', 2이면 '빌라', 3이면 '오피스텔'로 분류되도록 CHOOSE 함수와 MID 함수를 함께 사용하였을 때, [E2] 셀에 입력된 함수식으로 가장 적절한 것은?

	A	B	C	D	E
1	관리번호	주택명	지역	공사기간	구분
2	B2-001	W빌	경기	5일	빌라
3	K1-001	P지오	서울	4일	아파트
4	K3-002	S그마	경기	3일	오피스텔
5	A1-001	L파크	인천	6일	아파트

① =CHOOSE(MID(A2,2,2),"아파트","빌라","오피스텔")

② =CHOOSE(MID(A2,1,2),"아파트","빌라","오피스텔")

③ =CHOOSE(MID(A2,2,1),"아파트","빌라","오피스텔")

④ =MID((A2,1,2),CHOOSE("아파트","빌라","오피스텔"))

⑤ =MID((A2,2,2),CHOOSE("아파트","빌라","오피스텔"))

34 다음은 엑셀의 '부분합' 기능을 활용하는 탭이다. 이에 대한 설명으로 옳지 <u>않은</u> 것은?

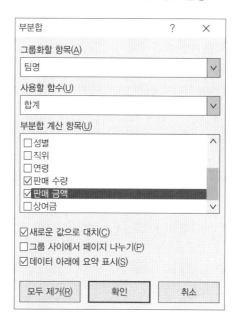

① '새로운 값으로 대치'는 새로운 부분합으로 실행할 경우에 설정한다.

② 부분합 실행 전 상태로 되돌리려면 부분합 대화 상자의 '모두 제거'를 선택한다.

③ 부분합 작성 시 기준이 되는 필드가 정렬되어 있지 않으면 제대로 된 부분합을 실행할 수 없다.

④ '데이터 아래에 요약 표시'를 해제하면 데이터의 세부 정보와 요약 정보가 한 셀에 모두 표시된다.

⑤ 부분합 계산에 사용할 요약 함수가 세 개일 경우, 부분합을 세 번 실행해야 한다.

35 다음 중 엑셀 데이터 유효성 검사와 유효성 오류 메시지에 대한 설명으로 옳지 <u>않은</u> 것은?

① 데이터 유효성 '설정' 메뉴의 유효성 제한 대상은 정수, 소수점 등 7가지가 있다.

② 여러 개 목록을 입력할 때는 콤마나 하이픈 등을 사용하지 않고 한 칸씩 띄어 쓴다.

③ 지정된 범위 밖에 해당하는 날짜가 입력되어 오류 메시지가 뜰 경우, 오류 메시지 내용을 '오류 메시지' 탭에서 직접 입력할 수 있다.

④ '오류 메시지' 메뉴의 '스타일' 탭에서는 '중지', '경고', '정보' 중 하나를 선택할 수 있다.

⑤ 드롭박스를 설정하여 설명 메시지가 나오지 않은 채 오류 메시지 기능만 단독으로 사용하는 것도 가능하다.

36 다음 사례에서 알 수 있는 기술적용의 실패를 의미하는 산업 안전 분야의 이론을 고른 것은?

> 얼마 전 A제조업체에서는 기계의 불량 부품으로 인해 작업자가 손을 다치는 사고가 발생했다. 그러나 그 전에 기계에서 자주 발생하는 작은 고장들이 있었고, 이를 경고로 간주하지 않고 무시했던 결과, 결국 더 큰 사고로 이어졌다.
>
> B건설 현장에서는 작은 물건이 비교적 낮은 높이에서 떨어지는 사고가 이미 여러 번 발생한 적이 있다. 그때마다 작업자들은 "작은 사고니까 괜찮다"라며 이를 무시했지만, 결국 어느 날 대형 기계나 큰 구조물이 떨어져 큰 사고로 이어졌다. 결국 작은 낙하물이 큰 사고로 이어질 수 있다는 경고를 무시한 결과인 셈이다.

① 도미노 이론　　　　　② 메라비언의 법칙　　　　　③ 하인리히 법칙

④ 메트칼피의 법칙　　　⑤ 로카르의 법칙

37 다음 글의 빈칸 A와 B에 들어갈 말로 가장 적절한 것은?

20세기는 (A) 시대요, 21세기는 (B) 시대다. (A)는 자신이 직접 해보고 배워 아는 것을 말한다. 그러나 그것은 한계가 있다. 모든 것을 배울 수 없고 다 익힐 수 없다. 우리가 배우는 범위는 한정적이다. 그러나 (B)는 그 정보가 어디 있는지만 알면 된다. 그런 능력과 기술, 지식을 가진 사람이 누군지만 알고 있으면 된다. 그래서 평소 맺어놓은 네트워크를 이용하여 그 정보와 기술을 취하면 된다. 범위가 훨씬 넓다. 그리고 더 잘 해낼 수 있다. 더 많은 일을 더 짧은 시간에 할 수 있다. 구태여 자신이 다 알고 자신이 다 하려고 할 필요가 없다. 다른 사람을 활용하는 기술만 있으면 된다. 진정한 리더는 이런 사람이다. 자신이 다 하려는 사람은 좋은 리더가 될 수 없다. 위임하고 맡길 줄 알아야 한다.

미국의 입지전적인 사업가 데일 카네기의 묘비에 이런 말이 새겨져 있다.

"자기 자신보다 훌륭한 사람을 활용하여 성공한 사람이 여기 잠들다."

이 말이 바로 '(B)'의 핵심이다. (B)는 한마디로 '내가 필요로 하는 정보가 어디에 있는지 신속·정확하게 찾아내는 기술'이다. 산업 사회에서는 자기만의 독특한 기술, 즉 '(A)'가 성공의 요인이었다. 그러나 정보 사회에서는 '(B)' 없이 성공을 거두기 어렵다. "시작은 내 힘으로 성공은 다른 사람의 힘으로!"라는 말이 여기서 적용된다. 21세기 정보사회에 적응해 나갈 수 있는 힘의 원천은 정보다. 그 정보를 어떻게 어디서 얻는지 아는 것이 힘이다.

	A	B
①	노하우(know-how)	노웨어(know-where)
②	노하우(know-how)	노와이(know-why)
③	노와이(know-why)	노하우(know-how)
④	노와이(know-why)	노웨어(know-where)
⑤	노하우(know-how)	노우후(know who)

38 다음 중 (가), (나)의 사례에서 알 수 있는 '기술선택을 위한 의사결정 방법'에 대한 설명으로 옳지 <u>않은</u> 것은?

> (가) S사에서는 회사의 경영 슬로건 중 하나인 '글로벌 리더로서의 위상을 세계시장에 구현하자'는 목표를 가지고, 경영혁신에 필요한 선진기업의 노하우를 벤치마킹하고 그에 따른 선진경영기술을 도입하기 위하여 많은 인재들에게 현지 협력업체로의 출장 기회를 부여해 왔고 현지의 전문가들을 본사로 초청해 강연회를 통한 경영기술 공유의 장을 마련하였다.
>
> (나) 영업본부 내 마케팅팀에서는 해외 영업 시 아쉬웠던 부분을 보완하기 위해 영업직원들이 자신들의 경험에서 스스로 도출해 낸 아이디어를 종합하여 새로운 영업 모델을 개발하는 데 성공하였다. 이를 적용하기 위해 국내 우수 업체들과 논의한 끝에 동반 해외 진출을 이룰 수 있게 되어 해외 영업의 성과를 배가시키는 쾌거를 이루었다.

① (가)는 기술경영진과 기술기획담당자들에 의한 체계적인 분석을 통해 기업이 획득해야 하는 대상기술과 목표기술수준을 결정한다.

② (나)는 연구자나 엔지니어들이 자율적으로 기술을 선택한다.

③ (가)의 방법은 기술개발 실무를 담당하는 기술자들의 흥미를 유발할 수 있다.

④ (나)의 방법은 자칫 시장의 고객들이 요구하는 제품이나 서비스를 개발하는 데 부적합한 기술이 선택될 수 있는 단점이 있다.

⑤ (가)의 방법은 기업이 처한 환경을 고려하여 먼저 기업의 중장기적인 사업목표 설정이 이루어져야 한다는 전제 조건이 있다.

39 다음과 같은 산업재해에 대한 설명으로 옳지 <u>않은</u> 것은?

> P화학 약품 생산 공장에 다니고 있는 M대리는 퇴근 후 가족과 뉴스를 보다가 자신이 근무하는 화학 약품 생산 공장에 대형 화재가 발생한 것을 알게 되었다. 수십 명의 사상자가 발생한 이 화재의 원인은 노후한 전기 설비로 인한 누전으로 추정된다고 하였다. 불과 몇 시간 전까지 같이 근무했던 사람들의 사망 소식에 M대리는 어찌할 바를 몰랐다. 그렇지 않아도 공장장에게 노후한 전기 설비를 교체하지 않으면 큰일이 날지도 모른다고 늘 강조해 왔는데 결국에는 돌이킬 수 없는 대형 사고가 터진 것이다.

① 사전에 방지할 수도 있었던 산업재해이다.
② '불안전한 상태'가 원인이 된 산업재해이다.
③ 산업안전보건법에 의한 산업재해에 해당하는 사례이다.
④ 산업재해 예방을 위해 가장 먼저 할 일은 관리 조직을 구축하는 것이다.
⑤ 기본적인 원인은 기술적 결함으로 볼 수 있는 산업재해이다.

40 다음은 기술선택을 위한 절차를 도식화한 것이다. 빈칸 (A)~(D)에 들어갈 말을 순서대로 올바르게 나열한 것은?

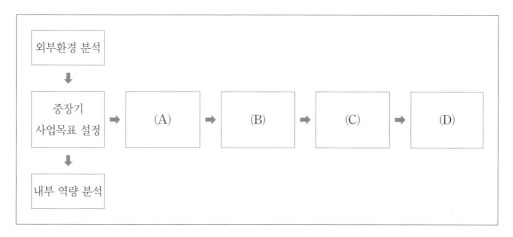

① 사업전략 수립, 기술전략 수립, 요구기술 분석, 핵심기술 선택
② 사업전략 수립, 요구기술 분석, 기술전략 수립, 핵심기술 선택
③ 기술전략 수립, 사업전략 수립, 요구기술 분석, 핵심기술 선택
④ 기술전략 수립, 핵심기술 선택, 사업전략 수립, 요구기술 분석
⑤ 요구기술 분석, 기술전략 수립, 핵심기술 선택, 사업전략 수립

41 다음은 업무 중 활용할 수 있는 업무 도구 사례이다. 이와 같은 업무 도구의 특징에 대한 설명으로 옳지 <u>않은</u> 것은?

단계	작업 내용	책임자	완료일	상태	비고
1단계	프로젝트 계획 수립	팀장	2025.4.1.	완료	계획서 작성 및 승인됨
2단계	팀원 할당 및 역할 정의	팀장	2025.4.5.	진행	역할 분배 중
3단계	일정 관리 및 리소스 할당	프로젝트 매니저	2025.4.10.	진행	리소스 예산 책정 중
4단계	주요 작업 진행	팀원	2025.4.30.	대기	작업 내용 정리 필요
5단계	프로젝트 검토 및 결과 발표	팀장, 프로젝트 매니저	2025.5.5.	대기	회의 일정 조정 필요

① 단계별로 필요한 작업을 분명히 정리하여, 프로젝트가 체계적으로 진행될 수 있다.

② 진행 업무별로 무엇을 점검하고 확인해야 하는지를 명확히 알 수 있다.

③ 각 단계마다 책임자를 명확히 하여, 각 팀원의 역할을 분명하게 한다.

④ 각 단계의 예상 완료일을 지정하여, 프로젝트 일정 관리에 도움이 된다.

⑤ 조직 구성원들로 하여금 현재의 진행 상황을 파악할 수 있게 한다.

42 다음과 같은 의미를 갖는 리더의 경영 방법을 일컫는 말을 고른 것은?

> - 의사결정 과정에서 모든 구성원의 의견을 반영하고, 다양한 관점을 충분히 다루도록 돕는다. 이는 다수의 의견이 충돌할 수 있는 의사결정 상황에서 갈등을 조정하고, 효율적인 결정을 내리는 데 중요한 역할을 한다.
> - 경영 전략 수립은 여러 부서나 그룹 간의 의견을 통합하고, 다양한 데이터를 분석하여 조직의 장기적인 방향을 설정하는 과정이다. 이 과정에서 협업을 촉진하고, 전략적 사고를 자극하는 데 중요한 역할을 한다.
> - 팀워크와 협력을 촉진하는 데 중요한 역할을 한다. 조직의 목표가 구체적이고 명확하게 정의되면, 각 팀원들은 자신이 맡은 역할과 목표 달성을 위한 기여도를 명확하게 인식하고, 서로 협력하여 더 큰 목표를 달성하는 데 집중할 수 있다.
> - 리더가 아닌 중립적인 제3자의 역할을 통해 리더십을 발휘한다. 이는 리더가 아닌 사람들이 의견을 내고 집단의 중심으로 나설 수 있도록 도와준다. 이를 통해 집단 내 소외된 의견도 반영하고, 보다 다양한 관점에서 의사결정을 내릴 수 있다.

① 퍼실리테이션　　　　② 코칭　　　　③ 임파워먼트

④ 멘토-멘티 제도　　　⑤ 크리에이티브 워크숍

43 다음 글을 참고할 때, 바람직한 팔로워십에 입각한 직원 K의 행동으로 적절하지 <u>않은</u> 것은?

> 새해 경제 상황이 더욱 어두워지고 직원들의 가치관이 다양화되면서 리더십 못지않게 '팔로워십'이 주목을 받고 있다. 독단적인 리더의 결정이나 일부 참모진의 아첨 섞인 호응이 우리 사회에 각종 부작용을 낳으면서 전 직원의 지성을 모으는 형태의 업무 문화가 확산되고 있는 셈이다. 중소기업 임원인 이 모(55) 씨는 "예전에는 '할 말 하는 부하'를 '나댄다'거나 '싸가지 없다'고 생각했지만, 최근에는 '자기 주도적으로 업무를 하는 능력자'로 여기는 성향이 강해졌다"며 "잘못된 결정으로 회사의 존폐가 결정되는 엄혹한 경제 상황에서 임원 입장에서도 소통의 필요성이 더 커졌다"고 설명했다. 팔로워십을 주창한 로버트 켈리 카네기멜런대 교수는 조직 성공의 8할은 팔로워십이 좌우한다고 본다. 좋은 팔로워는 리더가 조직의 목표와 어긋난 결정을 할 경우 '반란'을 일으키기도 한다. 그러나 상사를 비판만 하는 게 아니라 대안을 제시할 수 있어야 한다. 대안 제시 능력은 팔로워십의 중요한 요소가 되고 있다.
>
> 얼마 전 여론조사 업체인 A사에서는 정치적으로 민감한 이슈에 대한 여론조사를 진행하면서 A사 경영자의 정치적 입장과 상반되는 여론조사 결과가 나오자, 경영자는 담당 직원 K에게 대중들로부터 얻은 통계 조사 결괏값을 조작하여 자신이 지지하는 정치 지도자에게 유리한 결과를 발표할 수 있도록 지시한 바 있다.

① 논리적이고 명확한 설명과 함께 정중히 거절한다.

② 상사가 통계 조작을 지시한 내용을 문서로 기록해 두고 만약의 상황에 대비한다.

③ 상사에게 왜 조작이 잘못된 것인지, 정확한 통계와 데이터를 바탕으로 해야 하는 이유를 설명한다.

④ 인사팀, 법무팀 또는 윤리위원회에 문제를 신고하는 절차를 밟는다.

⑤ 우선 상사의 지시를 따라 업무를 수행하고 결과를 지켜본다.

44 다음은 각 직원들이 해외 출장 시 겪었던 국가별 비즈니스 활동 경험 사례이다. 현지의 비즈니스 에티켓을 올바르게 이해하지 <u>못한</u> 직원을 고른 것은?

- 팀장: 인사팀에서 신입사원 교육 프로그램에 수록하기 위해 우리 영업팀의 국제 비즈니스 에티켓 경험 사례를 소개해 달라고 요청이 들어왔습니다. 각자 지금까지 출장지에서 겪었던 비즈니스 에티켓이나 현지의 문화에 대한 소개를 하나씩 해 주세요.
- A대리: 지난주 미국 출장 시에는 미국인들의 정확한 시간 관념을 존중하기 위해서 늦지 않도록 특별히 서둘렀고, 미팅에 정시에 도착할 수 있었습니다.
- B사원: 저는 다음 달에 프랑스 출장이 계획되어 있습니다. 현지인들의 특성에 맞게 업무적인 측면뿐만 아니라 개인적인 관계도 매우 중요하다고 생각하고, 거래처 담당자의 관심사나 취미 등에 대해서도 파악하고 있습니다.
- C사원: 저는 지난달에 사우디아라비아에 출장을 갔을 때, 오후 미팅을 마치고 현지인이 커피를 건넸지만 점심 후 이미 커피를 마셔서 사양한 적이 있습니다. 대신 사우디아라비아의 전통 음료를 마셨고 이런 점은 현지의 음료에 대한 애착을 표현한 좋은 사례인 것 같습니다.
- D과장: 인도에 출장 갈 때는 계급을 중시하는 문화를 고려해서 반드시 상대방의 사회적 지위에 맞는 존경을 표하는 것이 중요하다는 점을 명심해야 합니다.
- E대리: 저는 작년에 러시아로 출장을 갔었습니다. 러시아에서는 오히려 감정을 숨기고 애매하게 행동하는 것보다 정확하고 직설적이며 강한 커뮤니케이션이 효과를 볼 수 있다는 점도 꼭 잊지 말아야 합니다.

① A대리 ② B사원 ③ C사원
④ D과장 ⑤ E대리

45 브랜드 전략에 대한 설명으로 적절한 것을 [보기]에서 모두 고른 것은?

┌─ 보기 ├─
- ㉠ 희석효과가 발생할 가능성은 상향 확장보다 하향 확장에서 더 높다.
- ㉡ 복수브랜드 전략은 새로운 제품 범주에서 출시하고자 하는 신제품을 대상으로 새로운 브랜드를 개발하는 경우이다.
- ㉢ 브랜드 확장 시, 두 제품 간의 유사성은 브랜드 확장의 성공에 긍정적인 영향을 미치는 반면에 브랜드 이미지와 제품 간의 유사성은 브랜드 확장의 성패에 영향을 미치지 않는다.

① ㉠   ② ㉡   ③ ㉢

④ ㉠, ㉡   ⑤ ㉡, ㉢

46 김 씨는 어제저녁 지하철에서 술에 취하여 객실 내에서 소란을 피우는 사람을 발견하여 차량 내부에 있는 신고 번호로 신고하였다. 그 이후의 상황에 대한 다음 글을 읽고 빈칸에 들어갈 내용으로 적절하지 <u>않은</u> 것은?

- 김 씨: 안녕하세요, 어제저녁에 지하철 차량 내에서 술 취한 사람을 발견하여 신고했던 사람입니다.
- 역무원: 네, 안녕하세요.
- 김 씨: 어제 그 상황 이후 술 취하신 분이 어떻게 조치되었는지 걱정도 되는데, 아무런 소식을 듣지 못해서 연락드려 봅니다.
- 역무원: (   )
- 김 씨: 아, 네, 알겠습니다. 수고하세요!

① 술 취하신 분을 저희 역에서 잠시 쉬게 해드렸고, 그 이후 깨어나셔서 귀가하였습니다.

② 술 취하신 분을 우선 경찰에 인계해 드렸고, 저희도 차후 소식을 듣지 못한 상황입니다.

③ 신고자께서 신고해 주셨지만, 저희가 그 부분에 대한 포상을 지급해 드리지는 못합니다. 죄송합니다.

④ 신고자께서 신고해 주셨지만, 저희는 술 취한 사람을 어떻게 조치할 권한이 없었기에 경찰에 인계하였습니다.

⑤ 안 그래도 신고자께 연락드리려고 하였습니다. 술 취하신 분의 집 주소를 확인하여 택시에 태워 귀가시켰습니다. 감사합니다.

47 다음 [보기]의 (가)~(다)에 해당하는 직업윤리가 순서대로 바르게 짝지어진 것은?

---| 보기 |---

(가) 자신의 일이 누구나 할 수 있는 것이 아니라 해당 분야의 지식과 교육을 밑바탕으로 성실히 수행해야만 가능한 것이라 믿고 수행하는 태도

(나) 자신이 하고 있는 일이 사회나 기업을 위해 중요한 역할을 하고 있다고 믿고 자신의 활동을 수행하는 태도

(다) 자신의 일이 자신의 능력과 적성에 꼭 맞는다 여기고 그 일에 열성을 가지고 성실히 임하는 태도

	(가)	(나)	(다)
①	책임의식	직분의식	천직의식
②	책임의식	소명의식	천직의식
③	전문가의식	직분의식	천직의식
④	전문가의식	직분의식	소명의식
⑤	전문가의식	봉사의식	직분의식

48 다음 사례에 나타난 직원의 고객 응대 방법을 의미하는 용어로 가장 적절한 것은?

> "제가 예전에 경험했던 일 중에 한 백화점에 입점한 의류 매장에서 받았던 응대가 아직도 기억에 남습니다. 그날은 일이 끝나고 들렀기 때문에 매장에 도착한 것은 백화점 폐점 1시간 전이었습니다. 정장을 고르기 위해 스타일이나 소재 등에 대해 직원과 계속 이야기를 나누고 있었는데요, 폐점 시간이 다가와 저에게 대충 설명을 해 주고 퇴근 준비를 하려고 했을 법도 했는데 아주 상냥한 말투로 끝까지 대답을 잘해 주더군요. 겨우 구입할 정장을 결정하고 사이즈를 확인하려고 할 때, 문득 시계를 보니 이미 폐점 시간이 20분이나 지난 것이었어요. 당황해서 직원에게 사과하자 오히려 직원은 "이미 출구가 닫혔을 겁니다. 죄송하지만 비상문을 통해 나가실 수밖에 없을 것 같아요."라며 제게 미안해하더군요. 그 직원은 저를 비상문이 있는 곳까지 안내해 주었고 구입한 물건을 건네주면서 정중하게 인사까지 해 주었습니다. 이런 배웅을 받은 뒤로 저는 그 매장과 직원뿐 아니라 백화점에도 매우 좋은 인상을 갖게 되었습니다. 나를 위해 이렇게까지 해 준다는 것에 약간의 자부심을 느꼈기 때문이지요."

① 고객만족서비스   ② 고객감동서비스   ③ 고객접점서비스
④ 고객우대서비스   ⑤ 고객우선서비스

49 다음 중 올바른 전화예절로 적절하지 <u>않은</u> 것은?

① 원하는 상대와 통화할 수 없는 경우를 대비하여 메시지를 남길 수 있도록 준비한다.
② 전화벨이 7~8번 정도 울리면 받는다.
③ 전화를 건 이유를 숙지하고 이와 관련하여 대화를 나눌 수 있도록 준비한다.
④ 전화를 받으면 소속과 이름을 먼저 밝힌다.
⑤ 다른 부서로 가야 할 전화가 잘못 걸려온 경우, 해당 부서의 전화번호를 알려준다.

50 다음은 가전제품을 생산하는 L사에서 매장 직원들에게 배포한 전화응대 매뉴얼이다. 다음 고객 문의사항에 대한 응대법으로 적절한 것은?

전화 받기	• 벨소리가 3회 이상 울리기 전에 받으며, 늦게 받았을 경우 적절한 사과하기 • 소속과 이름 밝히기 • 상대방 확인과 용건 묻기 • 대화 내용을 재확인하고 필요사항은 반드시 메모해 두기 • 상대방이 먼저 끊는 것 확인 후 통화 완료하기
담당 부서를 잘못 찾은 전화 받기	• 친절함 유지하기 • 전화를 잘못 걸었음을 정중하게 안내하기 • 올바른 부서의 담당자와 연락처 안내하기 　→ 통화 대기 후 자동 연결 시에도 반드시 안내하기
전화 걸기	• 이름과 소속을 밝히고 통화가 가능한 상황인지 먼저 문의하기 • 담당자 부재중일 경우 복귀시간을 문의하고 메모 요청하기 • 간결하고 명확하게 의사 전달하기
민원 전화 응대하기	• 민원인의 입장에서 통화하기 • 항의에 정중히 사과하고 어떠한 경우에도 민원인에 화내지 않기 • 민원인의 요구사항을 파악하여 긍정적인 해결방법 제시하기 • 본인의 권한 이외의 사항일 경우 책임자와 상의 후 회신 약속하기 • 이름과 소속 밝히기

> "이 브랜드가 좋다고 해서 김치냉장고를 하나 구입하려고 하는데요, 크기와 색상이 저희 집하고는 너무 안 맞네요. 좀 작고 화사한 색상의 제품은 왜 없는 거죠?"

① "저희 제품에 관심을 가져 주셔서 감사합니다. 원래 김치냉장고는 화사한 색상으로 생산하지 않습니다."

② "크기는 모두 정해진 사이즈대로 생산되는 겁니다. 고객님이 원하시는 크기는 아마 타사에도 없을 겁니다."

③ "전화 주셔서 감사합니다. 원하시는 크기와 색상을 알려주시겠습니까? 제품개발팀에 전달해서 다음 시즌 개발 시에는 고객님 의견이 반영될 수 있도록 도와드리겠습니다."

④ "아유 고객님, 김치냉장고를 누가 색상 보고 구입하시나요? 다른 고객님들 모두 저희 제품 색상에 아주 만족해 하고 계세요."

⑤ "고객님 의견 전달해 주셔서 감사합니다. 1인 가구가 늘어나고 있어 작은 사이즈의 김치냉장고를 문의주신 것 같은데요, 냉장고는 클수록 생활이 더욱 편리해집니다."

정답과 해설 P.17

모든 시작에는
두려움과 서투름이
따르기 마련이에요.

당신이 나약해서가 아니에요.

IV

휴노 | 한사능 | **휴스테이션** | 인크루트 | 사람인 | 매일경제

휴스테이션

■ 찐기출 모의고사

| 휴스테이션 |

찐기출
모의고사

맞은 개수 / 50문항

풀이 시간 / 50분

01 다음 글의 빈칸 ㉠~㉢에 들어갈 단어가 바르게 짝지어진 것은?

> 버스기사 A씨는 전세버스 차량을 몰고 경기 고양시에서 능곡사거리 방향으로 운행하던 중 횡단보도를 무단횡단하던 정 씨를 그대로 들이받았다. 버스에 (㉠) 정 씨는 그대로 튕겨나가 A씨 차량이 운행하던 맞은편 차선에 떨어져 뒹굴었다. A씨는 사고를 냈다는 사실을 알았지만 정 씨에 대한 별다른 구호조치 없이 그대로 차를 몰고 도주했다.
>
> 그로부터 30초가 지난 후 반대 차선에서 택시를 몰고 오던 B씨는 쓰러져 있던 정 씨를 발견하지 못한 채 그를 택시로 밟고 지나갔다.
>
> 다행히 얼마 지나지 않아 지나가던 행인에 의해 발견된 정 씨는 출동한 응급구조대원들에 의해 목과 허리에 부목을 (㉡) 채 병원으로 이송되어 목숨을 건질 수 있었다.
>
> 버스기사 A씨와 택시기사 B씨는 곧바로 입건되어 집행유예와 벌금형을 각각 선고받았으나, 이듬해 정 씨는 버스조합을 상대로 소송을 제기하였다. 복잡분쇄 함몰골절, 경막외출혈, 외상성 경막하출혈 등 각종 상해로 인해 평생을 (㉢) 직장을 한순간에 잃게 된 데 따른 보상을 요구하게 된 것이다.

	㉠	㉡	㉢
①	받친	받힌	바친
②	받친	바친	받힌
③	받힌	받친	바친
④	받힌	바친	받친
⑤	바친	받힌	받친

02 다음 중 프레젠테이션 작성 시 주의해야 할 사항으로 옳지 <u>않은</u> 것은?

① 청중에게 전달하고자 하는 핵심 메시지를 명확하게 설정하고 상세하게 작성해야 한다.
② 어려운 전문 용어 대신 청중이 쉽게 이해할 수 있는 언어를 사용해야 한다.
③ 전달하고자 하는 내용이 많다면 한 슬라이드에 많은 정보를 담아도 된다.
④ 자료를 완성한 이후에는 목차의 주제, 순서와 본문의 내용이 일치하는지 확인해야 한다.
⑤ 청중이 보기 좋도록 해상도를 높게 하고 그래픽이 깨지지 않도록 조절해야 한다.

[03~04] 다음은 공문서 작성 규칙이다. 이를 바탕으로 이어지는 질문에 답하시오.

공문서 작성 규칙

1. 숫자 등의 표시

- 숫자: 아라비아 숫자로 쓴다.
- 날짜: 숫자는 아라비아 숫자로 표기하되, 연·월·일의 글자는 생략하고 그 자리에 온점(.)을 찍어 표시한다. 온점 뒤는 한 타 띄우고 표기하며, 월·일 표기 시 '0'은 표기하지 않는다.
- 시간: 시·분은 24시각제에 따라 숫자로 표기하되, 시·분의 글자는 생략하고 그 자리에 쌍점(:)을 찍어 구분한다.
- 금액: 금액을 표시할 때에는 아라비아 숫자로 쓰되, 숫자 다음에 괄호를 하고 한글로 기재하며 '금(金)'자를 앞에 붙인다. 숫자 1로 시작하는 금액의 경우 괄호 안에 한글로 '일'을 적어야 한다.

2. 항목의 표시

- 문서의 내용을 둘 이상의 항목으로 구분할 필요가 있으면 다음 구분에 따라 그 항목을 순서대로 표시한다.

구분	항목 기호
첫째 항목	1., 2., 3., 4., …
둘째 항목	가., 나., 다., 라., …
셋째 항목	1), 2), 3), 4), …
넷째 항목	가), 나), 다), 라), …
다섯째 항목	(1), (2), (3), (4), …
여섯째 항목	(가), (나), (다), (라), …
일곱째 항목	①, ②, ③, ④, …
여덟째 항목	㉮, ㉯, ㉰, ㉱, …

- 표시 위치 및 띄우기
  (1) 첫째 항목 부호는 제목의 첫 글자와 같은 위치(왼쪽 기본선)에서 시작한다.
  (2) 첫째 항목 다음 항목부터는 바로 앞 항목의 위치로부터 2타씩 오른쪽에서 시작한다.(한글은 1자, 영문·숫자는 2자가 2타이다.)
  (3) 항목 부호와 그 항목의 내용 사이에는 1타 띄운다.
  (4) 한 문장이 한 줄에 모두 작성되지 않을 때 다음 줄의 시작 위치는 왼쪽 기본선에서 시작한다.

03 주어진 자료에 따라 [보기]의 (가)~(다)를 모두 바르게 표시한 것은?

> ┤ 보기 ├
>
> (가) 2024년 7월 31일
>
> (나) 오후 3시 30분
>
> (다) 123,000원

	(가)	(나)	(다)
①	2024. 7. 31.	15:30	금123,000원(금일십이만삼천원)
②	2024. 07. 31.	오후 15시 30분	금123,000원(금일십이만삼천원)
③	2024. 07. 31	15:30	금123,000원(금십이만삼천원)
④	2024. 7. 31.	3:30	금123,000원(일십이만삼천원)
⑤	2024. 7. 31.	15:30	금123,000원(일십이만삼천원)

04 주어진 자료를 참고하여 항목을 표시할 때 적절하지 않은 것은?

① 항목과 항목 부호 사이에는 1타를 띄운다.

② 하나의 항목만 있을 경우 항목 기호를 생략한다.

③ 첫째 항목의 기호는 왼쪽 기본선에서 시작한다.

④ 둘째 항목부터는 상위 항목 위치로부터 오른쪽으로 2타씩 옮겨 시작한다.

⑤ 항목 내용이 두 줄 이상인 경우는 하나의 항목은 한 줄로만 표기할 수 있으므로 항목 기호를 각
각 부여한다.

05 다음 중 주어진 글에서 화자의 논지를 강화할 수 있는 주장이 <u>아닌</u> 것은?

수소 경제는 수소를 주요 에너지원으로 사용하는 경제 산업 구조를 말한다. 정부는 수소 경제를 3대 투자 분야 중 하나로 선정하고 수소차와 연료 전지를 두 축으로 세계 최고 수준의 수소 경제 선도 국가로 도약하는 비전과 계획을 담았다.

탄소 위주의 경제 시대에는 원유와 천연가스를 전량 수입했기 때문에 국제 가격 변동에 영향을 많이 받았다. 이와 달리 수소는 어디에서나 구할 수 있는 마르지 않는 자원이다. 수소 경제를 통해 에너지를 일정 부분 자급하게 되면, 안정적인 경제 성장과 함께 에너지 안보도 확보할 수 있다.

아직까지는 수소를 기존 화석 연료에서 추출하는 방식이 일반적이지만 앞으로는 태양, 풍력, 바이오 등 재생 에너지를 사용해 친환경적으로 생산할 수 있다. 특히 수소차는 주행하면서 대기 중의 미세 먼지를 정화하는 효과까지 발휘한다. 수소는 그동안 석유 화학, 정유, 반도체, 식품 등 산업 현장에서 수십 년간 사용해 온 가스로서, 이미 안전 관리 기술력이 축적된 분야이다. 수소차를 둘러싼 오해로 '수소폭탄'이 있는데, 이는 수소폭탄에 사용되는 중수소·삼중수소를 이해하지 못해서 나온 억측이다. 수소차의 연료로 활용되는 수소는 수소폭탄에 사용되는 중수소·삼중수소와 다르며, 자연 상태에서는 수소가 중수소·삼중수소가 될 수 없다. 또한 수소를 폭탄으로 변환하려면 1억 ℃ 이상의 온도가 필요하다.

우리나라는 수소 활용 분야에서 이미 세계적인 기술을 확보하고 있어 이를 전통 주력 산업인 자동차·조선·석유 화학과 연계하면 세계적으로 각국이 관심을 가지고 있는 수소 경제를 선도할 가능성이 높다. 또한 세계 최초로 수소차 양산에 성공했고, 핵심 부품의 99%가 국산화를 이루고 있다. 국내 수소차는 한 번의 충전으로 600km까지 달려, 현재 세계에서 가장 먼 거리를 달린다. 수소 경제의 또 다른 축인 연료 전지도 울산을 비롯한 대규모 석유 화학 단지에서 수소차 확산에 필요한 부생수소를 충분히 생산할 수 있는 능력을 갖추고 있다. 전국적인 천연가스 공급망도 우리나라 수소 경제의 강점이다. 총연장 5천여 km의 천연가스 배급망을 활용하면 천연가스에서 경제적으로 수소를 추출해 각지에 공급할 수도 있다.

① 수소의 종합적인 위험도는 도시가스보다 낮다.
② 현재 우리나라는 에너지의 95%를 수입하고 있다.
③ 지금까지 울산은 우리나라 중화학 산업과 경제 성장을 견인해 왔다.
④ 수소는 이산화탄소 배출이 전혀 없고 부산물이 물뿐인 깨끗한 에너지이다.
⑤ 수소차나 연료 전지 등을 생산하면 경쟁력 있는 미래 유망 업종의 일자리가 창출된다.

[06~07] 다음은 2024년 지하철 에스컬레이터 설치 현황에 관한 자료이다. 이를 바탕으로 이어지는 질문에 답하시오.

(단위: 개)

구분	역 수		에스컬레이터 수		
	전체	에스컬레이터 설치	상행	하행	전체
1호선	10	8	20	15	35
2호선	51	44	131	117	248
3호선	34	29	109	86	195
4호선	26	24	71	66	137
5호선	51	48	161	130	291
6호선	39	39	166	128	294
7호선	51	40	210	177	387
8호선	24	14	49	42	91
전체	286	246	917	761	1,678

06 주어진 자료에 대한 설명으로 옳지 <u>않은</u> 것은?

① 모든 호선에서 상행 에스컬레이터 수는 각 호선의 전체 에스컬레이터 수 전체의 50% 이상이다.

② 에스컬레이터가 설치된 1개 역당 에스컬레이터 수가 가장 많은 것은 7호선이다.

③ 1개 역당 에스컬레이터 설치 비율이 가장 많은 것은 6호선이다.

④ 1개 역당 에스컬레이터 수의 비율이 평균보다 높은 호선은 3개이다.

⑤ 전체 역 대비 에스컬레이터 설치 역의 비율은 86%이다.

07 각 노선의 전체 역 대비 에스컬레이터 설치 역의 비율이 86% 이상이 되게 하려 한다. 다음 중 에스컬레이터 추가 설치가 필요 <u>없는</u> 노선은?

① 1호선　　　　　　② 3호선　　　　　　③ 4호선

④ 7호선　　　　　　⑤ 8호선

[08~09] 다음은 ○○시의 장애인 택시요금표이다. 이를 바탕으로 이어지는 질문에 답하시오.

- 아래 표의 요금 체계에 따라 운임이 결정된다.
- 중증 장애인의 경우, 아래 표에서 산출된 운임에서 20% 할인이 적용된다.
- 야간 할증은 운행 시점을 기준으로 22~24시에 20%, 24~04시에 40%가 적용된다.
- 시외 할증은 행정구역을 벗어나는 시점을 기준으로 20%가 적용된다.
- 할인 및 할증이 복수로 적용될 경우, 최종 운임에 모두 곱하여 가격이 결정된다.
- 장애인 외 보호자는 1명까지 추가 요금 없이 탑승이 가능하다.
- 보호자가 2명일 경우, 기본료의 1.5배가 적용되며, 추가 요금은 동일하다.
- 보호자가 3명일 경우, 기본료의 2.0배가 적용되며, 추가 요금은 동일하다.
- 보호자가 4명 이상일 경우, 기본료의 3.0배가 적용되며, 추가 요금은 동일하다.
- 동승 장애인 없이 장애인 택시에 탑승하는 것은 불가하다.

구분	탑승 가능 인원	기본료	기본료 적용 구간	추가 요금
소형	3명	3,000원	3km	1km당 200원
중형	4명	5,000원	4km	2km당 500원
대형	6명	7,000원	5km	5km당 1,500원

08 다음은 경증 장애인인 A씨가 2024년 3월에 택시를 이용한 내역이다. 5번의 탑승 중 1번의 결제가 잘못 되었다고 할 때, 다음 중 결제가 <u>잘못된</u> 것은?

	일자	차량	탑승 인원 (A 포함)	탑승 시간	시외 주행	주행 거리	결제 금액
①	3/2	소형	2명	15~16시	×	14km	5,200원
②	3/8	중형	4명	18~19시	×	16km	13,000원
③	3/13	대형	6명	21~22시	×	20km	25,500원
④	3/22	소형	3명	09~10시	×	15km	5,400원
⑤	3/24	중형	4명	12~13시	×	8km	11,000원

09 장애인 복지관에서 공원으로 소풍을 가고자 한다. 4명의 경증 장애인과 8명의 보호자가 함께 장애인 택시를 타고 이동할 예정이며, 모든 경증 장애인은 1명 이상의 보호자와 함께 택시를 탑승하고자 한다. 모두 동일한 크기의 택시로 이동한다고 할 때, 가장 저렴하게 이동하는 경우의 왕복 택시 운임의 합을 고른 것은?

- 장애인 복지관에서 공원까지의 거리는 20km이며, 공원은 복지관과 같은 ○○시에 위치한다.
- 14~15시 사이에 출발할 예정이며, 소풍을 마치고 22~23시 사이에 돌아올 예정이다.

① 62,400원   ② 69,520원   ③ 76,280원

④ 86,900원   ⑤ 96,800원

10 세 명의 팀원을 다음과 같이 배치하고자 한다. 이때 사무실 캐비닛의 비밀번호로 알맞은 것은?

- 김 대리와 박 사원의 자리 크기는 같다.
- 김 대리의 자리는 정사각형이다.
- 박 사원 자리의 넓이는 $14,400cm^2$이다.
- 이 과장의 자리는 김 대리의 자리보다 2배 넓다.
- 캐비닛의 비밀번호는 이 과장 자리 장변의 길이와 김 대리 자리의 넓이를 곱한 후 1,000으로 나 눈 값이다.

① 3128   ② 3284   ③ 3456

④ 3664   ⑤ 3820

11 다음 명제 중 결론이 참이 <u>아닌</u> 것은?

① 김 사원이 A프로젝트에 대한 문제를 인식했다면, 김 사원은 문제를 빠르게 해결했을 것이다. A프로젝트에 잠재적 문제가 있다면, 결국 문제가 확대되어 이를 해결하기 어려워졌을 것이다. A프로젝트에는 잠재적인 문제가 없다면 김 사원은 문제를 느리게 해결할 것이다. 해결하기 어려운 문제는 발생하지 않았다. 그러므로 김 사원은 A프로젝트에 대한 문제를 인식하지 못했다.

② 내가 선진 기업의 업무 방법에 대한 정보를 얻는다면, 지금보다 업무능력을 향상시킬 수 있을 것이다. 선진 기업의 업무 방법은 벤치마킹을 활용하여 생산성을 최대화하는 것이다. 생산성이 높아지면 직원들이 더 많은 여가생활을 누릴 수 있다. 그러므로 더 많은 여가생활을 즐기는 사람들이 선진 기업의 업무 방법을 만드는 것이다.

③ 승우가 외국어 공부를 열심히 하거나 또는 야근하는 시간을 줄인다면 승우는 더 많은 모임을 가질 수 있을 것이다. 더 많은 모임을 가지면 승우는 더 많은 돈을 쓰게 될 것이다. 승우는 외국어 공부를 열심히 하겠지만 더 많은 돈을 쓰지는 못할 것이다. 따라서 승우는 야근하는 시간을 줄이지 않을 것이다.

④ 팀장이 바쁘면 팀원이 제안서를 작성해야 한다. 제안서를 작성할 때 실수를 줄여야 한다면 팀장이 제안서를 작성해야 한다. 팀장도 팀원도 제안서를 작성하지 않을 것이다. 그러므로 팀장은 바쁘지 않을 것이다.

⑤ 시안이와 재원이가 모두 현명했다면 그들은 그곳에 가지 않았을 것이다. 그들이 그곳에 가지 않았다면 그들은 부부가 되지 않았을 것이다. 여행을 가는 것을 즐거워하지 않는다면 현명한 사람이 아니다. 그들은 부부가 되었고, 시안이는 매년 동남아로 여행을 즐긴다. 그러므로 재원이는 현명하지 않다.

12 다음은 안전한 비밀번호 설정에 대한 내용이다. 이를 참고하여 다음 중 비밀번호를 <u>잘못</u> 설정한 사람은?

영국 보안 전문 사이트 '록다운'에 따르면 영어 알파벳 대문자나 소문자만으로 만든 6자리 비밀번호는 듀얼 코어 프로세서 탑재 PC 한 대로 30초 만에 알아낼 수 있다. 8자리도 5~6시간이면 풀린다. 해독 시간이 가장 짧은 건 숫자만으로 된 비밀번호. 8자리라도 단 10초면 찾을 수 있다. 하지만 영어 대문자＋소문자＋숫자＋특수문자를 섞어 만든 8자리 비밀번호는 푸는 데 23년이 걸린다. 전문가들이 "영어 대문자와 소문자, 숫자, 특수문자를 모두 포함한 비밀번호가 가장 안전하다"고 강조하는 이유다.

한국인터넷진흥원(KISA)은 영어 대·소문자와 숫자만으로 만든 비밀번호라면 10자리, 특수문자를 포함한 경우엔 8자리 정도면 안전하다고 본다. 8~10자리 '문자＋숫자' 비밀번호라도 해커들이 쉽게 추측할 수 있는 조합이라면 안전을 장담할 수 없다. 우선 이름이나 직장·주소·생일을 활용한 비밀번호는 금물이다. 해커들은 특정인을 공격할 때 그의 직장·생일·가족·회사 같은 신상정보부터 모은 뒤 이를 응용해 비밀번호 해독을 시도한다. 실제로 미국 전 대통령 후보의 e−메일이 해킹당했을 때, 해커들은 그의 생일과 우편번호를 이용해 비밀번호를 풀었다고 한다.

〈비밀번호의 보안성을 높이는 방법〉

구분	내용	비고
준수사항	9자리 이상의 길이 확보	필수
	숫자, 대문자(영문), 소문자(영문), 특수문자가 각 1개 이상 포함	필수
금지사항	사용자 계정(ID)과 동일한 패스워드 설정	금지
	동일한 문자, 숫자의 연속적인 반복입력	금지
	키보드상의 연속된 문자 또는 숫자의 순차적 입력	금지
	직전 사용된 패스워드 재사용 금지	둘 중 어느 하나 구현
	3개월 이내 사용된 패스워드 재사용 금지	
권장사항	특정 위치의 문자를 대문자로 변경하거나 모음만 대문자로 변경	권장
	특정 단어의 홀수, 짝수 번째 문자만 추출	권장
	노래, 책 제목이나 명언, 속담, 가훈 등을 변형	권장
	나만의 기본 비밀번호 문자열을 설정하고 사이트별로 특정 규칙을 적용	권장

① A는 기본 비밀번호로 'HkiD4865#'를 설정하고 온라인 포털사이트에서는 'nv_＋HkiD4865#'을 비밀번호로 설정했다.

② B는 기본 비밀번호로 'ravKu5ytx#'를 설정하고 새로 가입한 이메일 계정의 비밀번호를 'rAvkU5ytx#'로 설정했다.

③ 한국인터넷진흥원에 근무하는 C는 홀수 번째 글자인 '한인흥'을 추출하여 영문자판으로 변형한 다음 첫 글자만 대문자로 넣고 마지막에 '2*'를 추가하여 비밀번호를 설정했다.

④ D는 기본 비밀번호로 'qweraSdfzx3^'를 설정하고 온라인 쇼핑몰에서는 'qweraSdf3^zx'를 비밀번호로 설정했다.

⑤ E는 '101마리 달마시안'에서 '시안＋11달마'로 변형하여 영문으로 'Tldks＋11EkfAk'로 비밀번호를 설정했다.

13 다음 글을 참고할 때, [보기]의 빈칸 ㉠과 ㉡에 들어갈 말로 바르게 짝지어진 것은?

> 영국의 19세기 수학자 오거스터스 드 모르간은 명제 사이에 NOT(부정), AND(논리곱), OR(논리합) 등이 성립하는 법칙을 발견했다.
> - $NOT(xy) = NOT(x)$ OR $NOT(y)$
>   이 법칙은 명제 x와 y를 부정명제로 바꾸고, 논리곱을 부정하여 논리합으로 바꾼다.
> - $NOT(x+y) = NOT(x)$ AND $NOT(y)$
>   이 법칙은 명제 x와 y를 부정명제로 바꾸고, 논리합을 부정하여 논리곱으로 바꾼다.

┤ 보기 ├
- 전공과 교양과목 모두 A 이상이면, 장학금을 받는다.
  → (㉠)이면 장학금을 받지 못한다.
- 전공 또는 교양과목이 A 이상이면, 장학금을 받는다.
  → (㉡)이면 장학금을 받지 못한다.

	㉠	㉡
①	전공 또는 교양과목이 A 미만	전공과 교양과목이 모두 A 미만
②	전공과 교양과목이 모두 A 미만	전공 또는 교양과목이 A 미만
③	전공은 A 이상이고, 교양과목은 A 미만	전공은 A 미만이고, 교양과목은 A 이상
④	전공은 A 미만이고, 교양과목은 A 이상	전공은 A 이상이고, 교양과목은 A 미만
⑤	전공 또는 교양과목이 A 이상	전공과 교양과목 모두 A 이상

[14~15] 다음은 K대관업체의 대관료 정보와 5개 기업의 접수 내역이다. 이를 바탕으로 이어지는 질문에 답하시오.

[K대관업체 대관료 정보]

구분	수용 인원	기본 대관료
A관	100명 이하	시간당 13,000원/1인
B관	101~250명	시간당 28,500원/1인

※ 운영시간: 오전 7시~오후 11시
※ 야간시간대(오후 9시~11시) 이용 시 할증 요금(기본 대관료의 2배) 적용함
※ 복수 기업이 동일한 시간대에 동일한 장소에 예약을 접수한 경우 인원수가 많은 기업과 우선적으로 예약을 진행함
※ 당일 예약 취소 및 변경에 한해 예약 수수료를 부과하지 않음. 예약한 일정의 7일 이내부터는 예약 취소 및 변경이 불가함

[2023년 9월 25일(현재) 기준 접수 내역]

기업	대관장소	인원수	대관 예약 일정	비고
(가)	B관	120명	10월 2일 09:00~18:00	
(나)	A관	97명	10월 4일 11:00~17:00	9/26 취소 요청
(다)	A관	150명	10월 5일 10:00~23:00	
(라)	B관	170명	10월 11일 11:00~23:00	
(마)	B관	240명	10월 12일 09:00~21:00	

※ 당일 예약 취소 및 변경 건은 '비고'에 '당일 예약 취소/당일 변경' 등 별도 기입

[2023년 추석 연휴 및 10월 달력]

일	월	화	수	목	금	토
9/24	25	26	27	28	29 추석	30
10/1	2	3	4	5	6	7
8	9	10	11	12	13	14
15	16	17	18	19	20	21
22	23	24	25	26	27	28
29	30	31				

※ 2023년 추석 연휴는 9/28(목)~10/2(월)임
※ 10/2(월)은 대체공휴일임
※ 개천절은 10/3(화), 한글날은 10/9(월)임
※ 정기휴관일은 매월 30일임
※ 대체공휴일과 정기휴관일에는 운영하지 않음

14 주어진 정보를 바탕으로 할 때, 5개 기업의 접수 내역에 대한 K대관업체의 응답으로 옳지 <u>않은</u> 것은?

① (가)기업: "대체공휴일에는 휴관하므로 다른 일자로 예약 부탁드립니다."
② (나)기업: "예약 취소 가능하며, 취소에 따른 수수료가 부과됩니다."
③ (다)기업: "인원수를 모두 수용할 수 있는 대관장소를 다시 선택해 주시기 바랍니다."
④ (라)기업: "대관이 불가한 시간대가 포함되어 있어 예약 일정을 변경해 주시기 바랍니다.
⑤ (마)기업: "예약이 확정되었습니다."

15 5개 기업의 예약 내역이 다음과 같이 바뀌었다고 했을 때, 대관료가 가장 높은 기업과 두 번째로 낮은 기업이 바르게 짝지어진 것은?

기업	인원수	대관 예약 일정
(가)	200명	10월 16일 09:00~20:00
(나)	80명	10월 17일 11:00~17:00
(다)	70명	10월 18일 07:00~20:00
(라)	90명	10월 23일 11:00~23:00
(마)	120명	10월 25일 10:00~23:00

	대관료가 가장 높은 기업	대관료가 두 번째로 낮은 기업
①	(가)	(나)
②	(가)	(다)
③	(다)	(나)
④	(마)	(다)
⑤	(마)	(라)

16 다음과 같은 사례를 참고할 때, 자원관리 실패 원인으로 보기 <u>어려운</u> 것은?

> 최근 직원들 사이에서 양면 인쇄를 하지 않고, 불필요한 종이를 많이 사용하는 경우가 증가하고 있다. 또한, 볼펜과 같은 사무비품의 소비가 지나치게 많아 관리 부서에서 자원의 낭비를 우려하고 있다. 양면 인쇄는 종이 사용을 절감할 수 있는 간단하면서도 효과적인 방법인데, 많은 직원들이 이를 무시하고 한 면만 사용하는 경우가 많다. 볼펜은 일시적인 소모품으로 보이지만, 과도하게 사용하는 것은 장기적으로 보면 회사 자원 낭비를 초래한다. 이러한 습관은 환경에도 악영향을 미치며, 기업의 지속 가능성을 해칠 수 있다. 회사는 자원 절약을 위해 더욱 효율적인 방법을 모색해야 하며, 직원들에게도 이러한 실천을 장려할 필요가 있다. 따라서 양면 인쇄를 의무화하고, 사무비품의 사용을 모니터링하여 불필요한 낭비를 줄이는 것이 필요하다. 직원들의 인식 변화가 중요한 시점이다.
>
> 최근 사무실 내에서 카트리지의 과다 사용으로 인한 자원 낭비도 심각한 상황이다. 프린터에서 자주 발생하는 카트리지 교체 비용이 예상을 초과하여, 예산이 50% 더 소요되었다. 직원들이 자주 인쇄 작업을 하거나, 불필요한 인쇄를 반복하면서 카트리지의 소모가 급격히 증가하고 있다. 이는 단순한 비용 증가를 넘어서, 환경에 미치는 부정적인 영향을 고려해야 할 문제이다.

① 자원관리 교육의 부재　　　　　② 편리성의 추구
③ 제대로 된 구매 계획 없음　　　　④ 자원관리 노하우 부족
⑤ 정부의 재활용 정책 미비

17 최 사원은 해외에서 수입한 원자재와 일부 소모성 부품을 창고에 보관하여 관리하고 있다. 최근 회사 창고에 보관된 물품 관리 방식에 대한 문제점이 지적되어, 최 사원은 효과적인 물품 관리를 위한 방안을 팀장에게 제시하고자 한다. 다음 중 최 사원이 고려하고 있는 물품 관리 방안으로 적절하지 <u>않은</u> 것은?

① '지난 분기부터 수입 원자재에 대한 예산 할당이 많아졌다고 하던데, 차체에 자주 쓰이는 부품은 대량 확보를 해 두어야겠군.'
② '창고에서 입출고되는 물량을 살펴보면 소비자의 수요를 예측할 수 있으니, 장기 보관되는 물품 리스트를 만들어서 제출해야겠군.'
③ '물품 출고 시 복잡한 절차 때문에 분실 및 도난이 발생하고 있으니, 입출고 절차를 효과적으로 개선할 수 있는 방안을 제시해야겠군.'
④ '재고 관리를 제대로 하려면 우선 창고 시설부터 손을 봐야 해. 곧 우기가 닥치면 목재에 심각한 손상이 발생할 수 있으니 창고 보수 관련 비용부터 뽑아봐야겠군.'
⑤ '매번 분기 결산을 해보면 완제품과 원자재의 수량에 차이가 발생하고 있으니, 입고 시 물품의 정확한 적재 위치를 알 수 있도록 새로운 전산 시스템을 구축해 달라고 요청해야겠다.'

18 다음은 S사의 출장비 지급 기준이다. 주어진 [조건]을 참고할 때, 윤 대리가 지급받는 출장비로 옳은 것은?

- S사의 출장비는 일비, 교통비, 식비, 숙박비로 구성된다.
- 교통비는 버스(고속버스, 시외버스), 기차(KTX 포함), 비행기 티켓 가격이 실비로 지급된다.
  ※ 시내버스, 택시, 자동차 렌트 비용 지급 불가함
- 일비 지급 기준은 다음과 같다.

사원	대리	과장	차장	부장
65,000원	80,000원	110,000원	130,000원	150,000원

- 일비는 출발시각으로부터 24시간 경과 시 지급한다.
- 식비는 1일 3식 기준 실비로 지급한다.
  ※ 1식당 최대 1만 원 한도
- 숙박비는 실비로 지급한다.
  ※ 1박당 최대 10만 원 한도

─┤ 조건 ├─

윤 대리의 출장 일정은 다음과 같다.
- 서울-대구 왕복 기차 운임: 116,000원
- 출발시각: 10월 3일 10시 00분
- 복귀시각: 10월 7일 16시 00분
- 식비: 13,000원/식(조식: 8시, 중식: 12시, 석식: 18시)
- 숙박비: 110,000원/박

① 966,000원　　　　② 926,000원　　　　③ 896,000원

④ 866,000원　　　　⑤ 826,000원

19 다음 [대화]에서 알 수 있는 인사관리 원칙에 해당하지 <u>않는</u> 것은?

┤ 대화 ├

- 인사팀장: "각자 가장 중요하게 생각하는 인사관리의 원칙은 무엇인지 설명해보도록 하세요."
- A: "무엇보다 저는 자신이 열심히 하기만 하면 직장에서 갑자기 퇴직을 당할 우려는 없을 거라는 확신을 주는 인사 원칙이 있어야 한다고 생각합니다."
- B: "그보다 어떤 업무에 가장 적합한 인재가 누구인지를 찾아 업무를 부여하는 것이 더욱 중요하지 않을까요?"
- C: "인사관리는 무엇보다 상벌이나 승진, 평가 등이 누구나 이해할 수 있도록 공정하게 이루어져야 할 것입니다."
- D: "다들 좋은 말씀들이지만, 근로자가 자발적이고 창의성 있는 의견을 계속 개진할 수 있도록 동기부여를 해 주는 것 역시 매우 중요한 인사관리 원칙이라고 생각합니다."

① 종업원 안정의 원칙   ② 적재적소 배치의 원칙
③ 공정 인사의 원칙   ④ 공정 보상의 원칙
⑤ 창의력 계발의 원칙

20 N은행에 근무하는 박 사원은 이촌역에서 도보로 5분 거리에 있는 원룸에 거주하고 있다. 이번 주말에는 친구와 홍대입구역에 있는 레스토랑에서 저녁을 먹기로 하였다. 마침 그날이 친구 생일이어서 동대문역 근처의 마카롱 가게에 들러 마카롱 세트를 사가기로 하였다. 다음 [조건]에 따라 약속 시각인 18시 정각에 맞춰 최단 시간으로 이동한다면 박 사원이 집에서 출발하는 **가장 늦은 시각으로 가장 적절한 것은?**(단, 지하철 기다리는 시간, 가게에서 마카롱을 구매하는 시간 등 다른 조건은 고려하지 않는다.)

[그림] 지하철 노선도

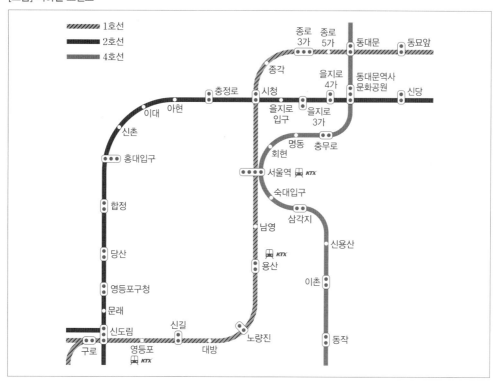

┤ 조건 ├
- 1호선은 각 역 간 1분씩 소요되고, 2호선과 4호선은 1.5분씩 소요된다.
- 다른 호선으로 갈아타는 데 5분이 소요된다.
- 마카롱 가게는 동대문역과 동대문역사문화공원역 중간에 위치해 있으며, 각 역에서 모두 10분이 소요된다. 마카롱 세트를 구매한 후에는 동대문역 또는 동대문역사문화공원역 중 둘 중 한 곳에서 지하철을 이용한다.
- 18시까지 약속장소인 레스토랑에 도착하여야 하며, 레스토랑은 홍대입구역에서 2분 거리에 위치해 있다.

① 17시
② 17시 3분
③ 17시 7분
④ 17시 13분
⑤ 17시 16분

[21~22] 다음은 A과장의 경력개발과 K공사의 성과 포인트제에 관한 설명이다. 이를 바탕으로 이어지는 질문에 답하시오.

□ A과장의 경력개발

　A과장은 승진이 잘되지 않아 고민이 많았다. 현재 직무에는 만족하지만, 승진이 되지 않았다. 그래서 승진을 위해 조사해 보니 회사 내에 성과 포인트제가 있다는 것을 알게 되었다. 이에 A과장은 공익을 위해 국가 기관에 민원을 신청하여, 해당 민원이 반영되었을 때 회사 내에서 포상을 받거나 승진할 수 있는 '적극행정 우수사례'에 지원하기로 하였다.

　A과장은 평소 출퇴근하던 ○○역에 엘리베이터 설치에 대한 지속적인 민원이 있었음에도 불구하고 엘리베이터 설치가 안되는 것에 대해 고민했다. 그리고 그는 새로 개정된 법령과 시행규칙을 찾아서 규정이 만들어질 수 있는 근거를 제시했고, 어느 정도 시간이 흘러 마침내 엘리베이터가 설치되었다. 엘리베이터가 설치됨으로 인해 교통약자에게 1인 1통로를 마련하는 실크로드 격이 되어 '적극행정 우수사례'에 뽑히게 되었고, 이로 인한 성과로 승진하게 되었다.

□ K공사의 성과 포인트제

　K공사의 성과 포인트제에서 포인트는 경력 포인트, 근무 포인트, 경영능력 포인트, 교육 포인트, 가감점 포인트의 5가지로 나뉜다. 경력 포인트는 임직원의 근속 연수에 따라 지급된다. 이때, 연속으로 근속한 기간이 길면 길수록 더 높은 가점을 받게 된다. 근무 포인트에는 팀원들의 근무평정이 들어간다. 따라서 기본적인 업무능력을 비롯하여 소통능력, 동료 관계 등 다방면에서 팀원들의 평가를 통해 포인트를 받게 된다. 경영능력 포인트는 S등급은 20점, A등급은 17점, B등급은 14점, C등급은 11점, D등급은 9점이다. 교육 포인트는 사이버 교육 50시간을 들으면 얻을 수 있다. 각 교육은 등급에 따라 3~5점의 포인트가 배정되어 있고, 교육 이후 평가를 통해 추가 포인트를 얻을 수 있다. 가감점 포인트를 얻을 수 있는 방법에는 여러 가지가 포함된다. 포상, 승진, 성과급이 가점에 해당하고, 경고, 견책, 감봉, 정직이 감점에 해당한다.

21 다음 중 A과장이 경력개발을 위해 수행한 것으로 옳지 <u>않은</u> 것은?

① 자기평가를 수행하였다.

② 정보를 탐색하였다.

③ 새로운 직무를 탐색하였다.

④ 정보를 바탕으로 실천할 수 있는 것을 실행하였다.

⑤ 자신에게 주어진 환경을 살펴보았다.

22 K공사의 성과 포인트제를 바탕으로 할 때, A과장이 실천한 '적극행정 우수사례'를 통해 받을 수 있는 성과 포인트로 알맞은 것은?

① 경력 포인트   ② 근무 포인트   ③ 경영능력 포인트

④ 교육 포인트   ⑤ 가감점 포인트

23 자기관리란 자신을 이해하고 목표를 성취하기 위해 자신의 행동과 업무 수행을 조정·관리하는 것이다. 이러한 자기관리를 잘하는 능력을 자기관리능력이라고 하며, 일반적으로 다음 표와 같은 절차를 따른다. 이때, [보기]의 내용 중 [나]에 해당하는 것을 모두 고른 것은?

1단계	비전 및 목적 정립	[가]

↓

2단계	과제 발견	[나]

↓

3단계	일정 수립	• 하루, 주간, 월간 계획 수립

↓

4단계	수행	• 수행과 관련된 요소 분석 • 수행방법 찾기

↓

5단계	반성 및 피드백	• 수행결과 분석 • 피드백

┤ 보기 ├

㉠ 역할에 따른 활동목표 설정	㉡ 우선순위 설정
㉢ 자신에게 가장 중요한 것 파악	㉣ 가치관, 원칙, 삶의 목적 정립
㉤ 삶의 의미 파악	㉥ 현재 주어진 역할 및 능력 파악

① ㉠, ㉡, ㉤

② ㉠, ㉡, ㉥

③ ㉡, ㉢, ㉣

④ ㉢, ㉣, ㉤

⑤ ㉢, ㉤, ㉥

24 자기개발 계획의 수립이 어려운 이유 중 '자기 정보의 부족'에 해당하는 예시로 적절한 것은?

① 회사 내의 경력 기획 및 직무 가능성에 대한 정보의 부족

② 자기 개발과 관련한 결정을 내리기에 부족한 자신감

③ 재정적 문제, 나이, 여유 시간 등의 걸림돌

④ 자신의 흥미, 장점, 가치, 라이프 스타일에 대한 이해 부족

⑤ 다른 직업이나 회사 밖의 기회에 대한 인지 부족

25 다음 표를 참고하였을 때 가장 우선순위가 높은 일을 고른 것은?

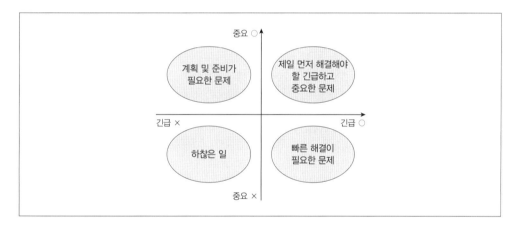

① 내일 새로 진행하게 된 프로젝트의 매뉴얼을 파악하는 일

② 성공적으로 종료된 행사의 기획서를 다시 검토하는 일

③ 삶의 의미를 파악하고, 가치관과 삶의 목적을 정립하는 일

④ 오늘 저녁부터 당장 수강할 인터넷 토익강좌를 결정하는 일

⑤ 작년부터 계획한 필라테스 강습 프로그램을 신청하는 일

[26~27] 임파워먼트에 대한 다음 설명을 읽고 이어지는 질문에 답하시오.

1. 임파워먼트(empowerment)의 뜻

   임파워먼트란 조직 구성원들을 신뢰하고 그들의 잠재력을 믿으며 그 잠재력의 개발을 통해 고성과 조직이 되도록 하는 일련의 행위를 의미한다. 임파워먼트의 장애요인은 개인 차원, 대인 차원, 관리 차원, 조직 차원으로 구분할 수 있다.

2. 임파워먼트 관련 사례

   박 과장, 김 팀장, 최 대리는 지하철 좌석의 색과 선로의 색을 일치시키는 프로젝트를 진행하던 도중 일이 제대로 진행되지 않았다.
- 박 과장: "최 대리가 계약을 따내지 못해서 일이 진행되지 않았습니다."
- 김 팀장: "프로젝트는 정책이 제한되어 있었고 절차도 불분명해서 조직원들이 공감대를 잘 형성하지 못했죠."
- 최 대리: "이건 '관리 차원'의 장애요인에 해당합니다."

26 다음 중 박 과장과 김 팀장이 주장하는 임파워먼트의 장애요인을 바르게 나타낸 것은?

박 과장	김 팀장
① 대인 차원	조직 차원
② 개인 차원	조직 차원
③ 개인 차원	관리 차원
④ 대인 차원	관리 차원
⑤ 조직 차원	개인 차원

27 다음 중 최 대리가 언급한 관리 차원의 장애요인에 속하지 <u>않는</u> 것은?

① 통제적 리더십 스타일

② 정책 및 기획의 실행능력 결여

③ 비전의 효과적 전달능력 결여

④ 주어진 일을 해내는 역량 결여

⑤ 효과적 리더십 발휘능력 결여

28 주어진 글의 내용을 바탕으로 할 때, [보기]에 해당하는 성격 유형으로 가장 적절한 것은?

> 고용노동부는 청소년을 대상으로 7가지의 심리검사를 개발하여 무료로 서비스를 제공하고 있는데, 그중 하나가 직업 흥미검사이다. 직업 흥미검사는 청소년들이 자신의 직업적 흥미를 탐색하고 이를 토대로 효율적인 진로나 직업설계를 할 수 있도록 직업 흥미에 적합한 직업과 학과에 대한 정보를 제공해 주는 검사이다. 이 직업 흥미검사는 미국 존스 홉킨스 대학 사회학 교수인 존 루이스 홀랜드(John Lewis Holland)가 연구하고 개발한 Holland Codes(Holland Occupational Themes)를 적용한 검사이다.
>
> 홀랜드 박사는 사람은 타고난 성격과 기질이 있으며, 여기에 주변 환경이 영향을 미쳐 두 관계가 일치할수록 직업만족도가 높아지는데, 이러한 이유로 개인의 성격 유형이 진로 선택 및 발달에 중요한 영향을 끼친다고 보았다. 홀랜드 박사가 제시한 성격 유형은 현실형(Realistic), 탐구형(Investigative), 예술형(Artistic), 사회형(Social), 진취형(Enterprising), 관습형(Conventional)의 여섯 가지로 구분되며, 이 검사에서는 일반 흥미 유형이라고 불린다.

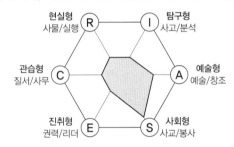

> 육각형상에서 가까이 있을수록 유사한 흥미 유형이고, 멀리 있을수록 상이한 흥미 유형이다. 예를 들어 현실형(R)은 탐구형(I), 관습형(C)과 비슷하고, 사회형(S)과 가장 상이하다. 6개의 유형 중 가장 높은 흥미 수준 2개가 검사자의 흥미 코드가 된다.

⊣ 보기 ⊢

> 이 유형에 해당하는 사람들의 일반적인 특징은 정확하고 빈틈이 없는 편이며, 매사에 조심스럽다. 일반적으로 면밀하고 계획성이 있지만, 변화를 좋아하지 않고 완고하며 책임감이 강하다.
>
> 선호하는 직업 활동으로는 정해진 원칙과 계획에 따라 자료를 기록·정리·조직하는 일을 좋아하고 사무적이거나 계산적 능력을 발휘하는 활동을 좋아한다. 반면 창의적, 자율적, 모험적, 비체계적 활동에는 흥미가 없는 편이다.

① 현실형   ② 탐구형   ③ 관습형
④ 진취형   ⑤ 사회형

29 다음 글의 빈칸에 들어갈 말로 가장 적절한 것은?

> (   )은(는) 제품의 계획·설계·생산준비에서부터 생산의 제어·관리·운용 등을 자동화
> 하는 시스템으로, 좁은 뜻으로는 생산자동화·유연성·생산력 향상을 목적으로 로봇과 컴퓨터를
> 이용한 생산설비를 통신·운반 장비 등과 연결해 컴퓨터의 제어에 따라 다양한 크기·종류의 제품
> 을 동시에 생산·조립·검사·포장하는 일괄생산 공정체제인 FMS(가변공정시스템)를 가리키기
> 도 한다. 공장 노동자의 단순 반복적인 작업을 자동화하여 공장 노동자의 노동력을 절감시키는 것
> 이 목적이며, 그 결과 물자 유통의 자동화, 조립 공정의 자동화를 이루어 단위 시간당 생산성을
> 향상시키고 노동자 수의 감소에 따른 인건비의 절약이라는 이중 효과를 얻을 수 있다.

① 데이터베이스   ② 전자상거래
③ 경영정보시스템   ④ 사무자동화
⑤ 공장자동화

30 다음 중 팀워크 유지에 필요한 기본 요소에 대한 설명으로 적절하지 <u>않은</u> 것은?

① 무엇보다 팀원 간의 상호 신뢰와 존중이 중요하다.
② 팀워크 유지의 관건은 각자가 설정한 목표의식과 스스로에 대한 자신감이다.
③ 팀워크는 상호 협력과 각자의 역할 및 책임을 다하는 자세가 기본이 되어야 한다.
④ 팀원들끼리 솔직한 대화를 통해 서로를 이해하는 일이 중요하다.
⑤ 목표의식과 도전의식은 팀워크의 기본이다.

[31~32] 운영 부서의 김 대리는 A-city 노선 개통을 앞두고 10개 호선별 총괄 담당자에게 문서작성 프로그램을 통해 이름, 부서, 직책을 구분하여 메일을 보내려 한다. 이를 바탕으로 이어지는 질문에 답하시오.

이름:　　ㄱ

부서:　　ㄴ

직책:　　ㄷ

안녕하세요.

A-city 노선 운영 관련하여 메일 드립니다.

A-city 노선 운영 시작일은 2024년 9월 1일입니다.

현재 진행상황을 다음과 같이 안내드립니다.

…(중략)…

항상 협조해주셔서 감사드립니다.

좋은 하루 보내세요.

감사합니다.

A-city 노선 운영 관리팀 일동

---

31 김 대리가 사용할 문서작성프로그램의 기능으로 가장 적절한 것은?

① 색인　　　　　　② 스타일　　　　　　③ 메일 머지

④ 변경 내용 추적　　⑤ 배포용 문서로 저장

32 주어진 자료의 ㄱ~ㄷ에 들어갈 내용으로 가장 적절한 것은?

	ㄱ	ㄴ	ㄷ
①	{이름}	{{부서}}	{{{직책}}}
②	{{이름}}	{{부서}}	{{직책}}
③	[[이름]]	[[부서]]	[[직책]]
④	[이름]	[[부서]]	[[[직책]]]
⑤	<이름>	<부서>	<직책>

33 다음은 창고에 보관 중인 재고물품에 대한 관리 내역이며, 자료 하단에 기재한 품목코드와 품명 명세를 통하여 C열 '품명'란의 빈칸을 채우고자 한다. C2 셀에 함수식을 입력하여 C6 셀까지 자동채우기 핸들 기능을 사용하고자 할 경우, C2 셀에 입력해야 할 함수식으로 옳은 것은?

	A	B	C	D
1	재고번호	품목코드	품명	입고수량
2	10015	SJ137		37
3	10017	TR269		26
4	10018	SP004		57
5	10020	SJ137		25
6	10022	WB586		18
7				
8			품목코드	품명
9			SJ137	유아용품
10			TR269	남성복
11			SP004	여성복
12			WB586	수영복

① $=VLOOKUP(B2,\$C\$9:\$D\$12,2,0)$

② $=VLOOKUP(\$C\$9:\$D\$12,2)$

③ $=HLOOKUP(B2,\$C\$9:\$D\$12,2)$

④ $=HLOOKUP(\$C\$9:\$D\$12,2)$

⑤ $=HLOOKUP(B2,\$C\$9:\$D\$12)$

34 다음 중 정보 통신망의 명칭과 그 특징의 연결이 옳지 <u>않은</u> 것은?

종류	특징
㉠ 근거리 통신망	건물, 기업, 학교 등 가까운 거리에 있는 컴퓨터끼리 연결하는 통신망으로 전송 거리가 짧고 고속 전송이 가능
㉡ 도시권 정보 통신망	대도시 근교에서 도시와 도시를 연결하는 통신망이며 LAN과 WAN의 중간 형태로 도시 전체를 대상으로 구축
㉢ 광대역 통신망	국가와 국가 또는 전 세계의 컴퓨터가 하나로 연결된 통신망으로 복잡한 네트워크의 효과적 관리가 가능
㉣ 부가가치 통신망	통신회사로부터 회선을 빌려 통신망을 구축하고, 인터넷에서 새로운 정보나 서비스를 제공하는 통신망
㉤ 종합정보 통신망	전화 회선을 통해 높은 대역폭의 디지털 정보를 전송하는 기술로 다운로드 속도가 업로드 속도보다 빠름

① ㉠   ② ㉡   ③ ㉢

④ ㉣   ⑤ ㉤

35 다음 글을 읽고 'ISBN 89 349 0490' 코드를 EAN 코드로 알맞게 바꾼 것은?

한국 도서 번호란 국제적으로 표준화된 방법에 의해, 전 세계에서 생산되는 각종 도서에 부여하는 국제 표준 도서 번호(International Standard Book Number: ISBN) 제도에 따라 우리나라에서 발행되는 도서에 부여하는 고유 번호를 말한다. 또한 EAN(European Article Number)은 바코드 중 표준화된 바코드를 말한다. 즉, EAN 코드는 국내뿐만 아니라 전 세계적으로 코드 체계(자리수와 규격 등)가 표준화되어 있어 소매점의 POS시스템 도입이나 제조업 혹은 물류업자의 물류관리 등에 널리 사용이 가능한 체계이다. ISBN 코드를 EAN 코드로 변환하는 방법은 다음과 같다.

먼저 9자리로 구성된 ISBN 코드의 맨 앞에 3자리 EAN 도서 번호인 978을 추가한다. 이렇게 연결된 12자리 숫자의 좌측 첫째 자리 수부터 순서대로 번갈아 1과 3을 곱한다. 그렇게 곱해서 산출된 모든 수들을 더하고, 다시 10으로 나누게 된다. 이때 몫을 제외한 '나머지'의 값이 다음과 같은 체크기호와 대응된다.

나머지	0	1	2	3	4	5	6	7	8	9
체크기호	0	9	8	7	6	5	4	3	2	1

나머지에 해당하는 체크기호가 확인되면 처음의 12자리 숫자에 체크기호를 마지막에 추가하여 13자리의 EAN 코드를 만들 수 있게 된다.

① EAN 9788934904905 ② EAN 9788934904906 ③ EAN 9788934904907
④ EAN 9788934904908 ⑤ EAN 9788934904909

36 다음은 기술 시스템의 발전 단계에 대한 설명이다. 빈칸에 알맞은 단어를 고른 것은?

기술 시스템의 발전 단계

1단계: 발명, 개발, 혁신의 단계	기술시스템이 탄생하고 성장
2단계: 기술 (㉠)의 단계	성공적인 기술이 다른 지역으로 이동
3단계: 기술 경쟁의 단계	기술시스템 사이의 경쟁
4단계: 기술 (㉡) 단계	경쟁에서 승리한 기술시스템의 관성화

	㉠	㉡
①	이사	각성
②	이양	가속
③	이양	지속
④	이전	공고화
⑤	이전	유연화

37 다음은 산업재해에 대한 설명이다. 이를 바탕으로 주어진 [보기] 중 옳은 것을 모두 고른 것은?

산업재해란 업무상 일어난 사고 또는 직업병으로 인해 근로자가 받는 신체적·정신적 장애를 말한다. 산업재해의 원인으로는 근로자 측에 해당하는 인적 조건과 사용자 측에 해당하는 물적 조건으로 나뉜다. 인적조건으로는 근로자의 피로, 근로자의 작업상 부주의나 실수, 근로자의 작업상 숙련 미달 등이 있고, 물적 조건으로는 산업재해에 대한 안전대책이나 예방대책의 미비 및 부실이 있다. 산업재해가 발생하면 근로자 개인뿐 아니라 기업에도 손실이 발생하므로 모두가 주의해야 하며, 산업재해가 발생하지 않도록 서로가 노력해야 한다.

- 산업재해를 예방하기 위해서는 다음과 같은 내용을 준수해야 한다.
  - 작업장의 위험요인을 찾아내고 목록을 작성한다.
  - 위험요인에 대해 근원적으로 안전조치를 한다.
  - 기계설비의 위험한 부분에 방호장치를 설치한다.
  - 정비·수리 등의 작업 시에는 기계를 정지한 후 작업을 시행한다.
  - 작업장 통로의 폭을 80cm 이상 유지하고, 구획을 시행한다.
  - 통로 내 적치물은 금지하고, 정리정돈을 한다.
  - 통로의 채광과 조명은 75럭스(lux) 이상 준수한다.
  - 작업 중 사용하는 위험한 기계·기구 및 설비 등에 방호장치를 설치한다.
  - 위험요인이 확인된 경우 관리책임자에게 즉시 알린다.
  - 보호구를 지급하고 착용한다.
  - 안전보건 교육을 시행한다.
  - 안전보건 표지를 부착하고 안전수칙을 게시한다.
- 산업재해 발생 시 신속히 다음과 같이 조치해야 한다.
  - 재해 발생 기계를 정지하고 재해자를 구출한다.
  - 환자에 대한 응급처치와 동시에 상태 확인 후 즉시 병원 치료를 한다.
  - 재해 시 책임자에게 알리고, 사고원인 등을 보고한다.

┤ 보기 ├

㉠ 산업재해를 입게 되면 개인적 손실과 기업의 손실이 일어나게 된다.
㉡ 기계를 정비하기 위해서는 작동 여부를 확인하기 위해 기계를 가동한 상태에서 작업해야 한다.
㉢ 현장에서 위험요인이 발견되면 관리책임자에게 즉시 알려야 한다.
㉣ 산업재해로 인하여 환자가 발생하였을 경우 현장에서 응급조치한 후 휴식을 취하도록 한다.

① ㉠, ㉡   ② ㉠, ㉢   ③ ㉡, ㉢
④ ㉡, ㉣   ⑤ ㉢, ㉣

38 다음과 같은 여건에 처해 있는 직장인이 기술교육을 받기 위해 선택할 수 있는 방법으로 가장 적절한 것은?

> • 낮에 교육을 위한 짬을 내기 어려우며, 퇴근 후와 주말에 교육을 위한 시간 확보가 가능하다.
> • 근무지가 오지에 속하는 지역으로 네트워크 환경이 그리 좋지 않지만, 거주하는 자택에는 꽤 괜찮은 네트워크와 인터넷 설비가 갖추어져 있다.
> • 전 분야에 대한 총괄적인 학습보다 본인에게 맞는 특성화된 맞춤형 교육을 필요로 한다.
> • 음성뿐 아니라 사진, 동영상 등 멀티미디어를 수단으로 하는 교육을 원한다.

① 오리엔테이션   ② 외부 강의 참여
③ 사내연수원   ④ OJT
⑤ e－learning

[39~40] 다음 글을 바탕으로 이어지는 질문에 답하시오.

디지털 전환(Digital Transformation)은 인공지능, 빅데이터, 클라우드 등 제4차 산업혁명을 선도할 다양한 기반기술로, ㉠ 네트워크 혁명과 함께 기업의 조직, 비즈니스 모델 및 산업 생태계를 혁신하고 새로운 가치를 창출하는 험난한 과정을 의미한다. 디지털 전환은 과거부터 진행되는 전사적 자원관리(ERP)나 제조실행시스템(MES)과는 전혀 다른 개념이다. ERP나 MES도 기업의 운영 효율성을 상당히 높여주었으나, 디지털 전환은 고객에게 완전히 새로운 경험을 제공하며 새로운 비즈니스 모델을 탄생시키기도 한다.

39 디지털 전환에 대한 설명으로 옳지 않은 것은?

① 기업의 외형뿐 아니라 내부까지 디지털 기술로 탈바꿈시키는 과정이다.

② 디지털 전환은 기업의 기존 조직, 프로세스, 가치 사슬, 비즈니스 모델의 전환 등을 포함한다.

③ 정보 관리의 효율성을 높이는 데 초점을 두며, 비교적 좁은 기술적 과정에 국한된다.

④ 인공지능의 활용이나 데이터에 기반한 의사결정이 이루어진다.

⑤ 디지털 전환은 변화하는 시대에 적응하기 위하여 경영 환경을 새롭게 구축하는 것을 의미한다.

40 주어진 글의 밑줄 친 ㉠에 대한 설명으로 옳지 않은 것은?

① 금융 자본이 낮밤도 없이 24시간 전 세계를 돌아다니고, 생산과 시장이 범세계적 관계망의 이점을 쫓아 이동할 수 있는 것은 네트워크 혁명에 의해 가능해졌다.

② 사회적 연계와 상호의존적인 특징이 더욱 확대되었다.

③ 공동체의 관계를 풍성하게 만들기 위해 함께 나누며 사는 방식을 추구해야 할 필요가 생겨나게 되었다.

④ 기업과 기업, 개인과 공동체, 노동자와 기업가 사이에 새로운 창조적인 긴장 관계가 생성되었다.

⑤ 나의 지식과 활동이 지구 반대편에 있는 사람에게 미치는 영향의 범위와 정도가 축소되었다.

[41~42] 다음 글을 바탕으로 이어지는 질문에 답하시오.

경영 조직은 경영 목적을 효율적으로 달성하기 위하여 기업의 상황에 맞게 조직을 구성한다. 조직 자체가 하나의 정적인 개념의 경영 행위라면, 조직화는 조직을 구체적으로 실현시키는 동적인 개념의 경영 행위라고 할 수 있다.

이러한 조직화를 위한 원칙으로는 다음 그림과 같은 것들이 있다.

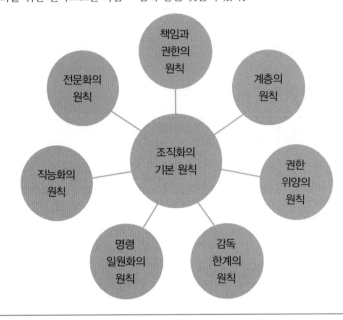

41 주어진 글을 참고할 때, 다음 [상황]에 대응하기 위한 조직화의 기본 원칙은?

┤ 상황 ├

현대의 산업화는 부문화, 분업을 특징으로 한다. 이러한 분업은 효율적이긴 하나 전체를 총괄하는 조직의 통일성을 해치는 결과를 빚기도 한다. 즉, 각 세분 조직의 목표와 조직 전체의 목표가 서로 갈등을 빚을 수도 있는 것이다.

① 계층의 원칙 ② 명령 일원화의 원칙
③ 직능화의 원칙 ④ 전문화의 원칙
⑤ 감독 한계의 원칙

42 주어진 글을 참고할 때, 다음 특징을 갖는 조직 명칭으로 옳은 것은?

하나 이상의 보고체계를 가진 조직구조를 의미하는 것으로서, 기존 기능부서의 상태를 유지하면서 특정한 프로젝트를 위해 서로 다른 부서의 인력이 함께 일하는 조직설계방식이다. 조직에 속한 개인은 두 명의 상급자(기능부서 관리자, 프로젝트 관리자)로부터 지시를 받으며 보고를 하게된다. 이것은 기존의 전통적 조직구조에 적용되는 명령통일의 원칙을 깨뜨린 것으로서 이 조직구조가 갖는 가장 큰 특징이다.

① 네트워크 조직 ② 라인 조직
③ 매트릭스 조직 ④ 사업부제 조직
⑤ 직능식 조직

43 다음 글에서 설명하는 조직 유형과 가장 관련이 깊은 것은?

내부 및 외부 환경의 요구에 맞게 가치를 창출하기 위해 효율적·효과적으로 자원을 재분배하는 역량으로 예측, 혁신, 학습을 통해 환경 변화에 빠르게 감지하고 대응하는 조직 유형으로 반응성(reactivity), 유연성(flexibility), 적응성(adaptability)의 개념으로 정의할 수 있다. 소프트웨어 개발에서 처음으로 등장한 개념으로, 정해진 계획만 따르기보다 개발 주기 혹은 소프트웨어 개발 환경에 따라 유연하게 대처하는 방식을 뜻한다.

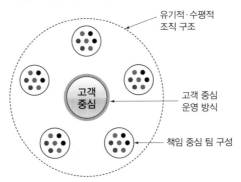

이와 관련하여 성공적인 사례로 마이크로소프트를 꼽을 수 있다. IT 시장의 흐름이 PC에서 모바일로 빠르게 이동하던 시기인 2000년 후반, 마이크로소프트는 심각한 경영난을 겪으며 유일한 흑자 부서인 오피스 사업부만 분사한다는 소문이 돌기 시작했고, 주가는 불안정해졌다.

이때, 2014년 당시 사티아 나델라가 CEO로 취임하고 바로 시행한 것이 '조직 문화를 바꾸는 것'이다. 즉, 조직과 구성원이 추구해야 할 조직과 문화를 재정의한 것이다. 그는 '성장하는 사고(Growth Mindset)'와 태도를 강조하며, 전통적인 톱―다운(top―down) 구조를 축소하고 상호 적극적인 커뮤니케이션과 피드백이 가능한 조직 구조로 재구축했다. 또한 사티아 최고경영자는 '하나의 마이크로소프트(One Microsoft)' 정신을 강조하면서 기업의 성공은 손익부터 계산하는 것이 아니라 개인의 질적 성장부터 시작해야 한다고 설명하였다. 그리고 구성원 개인이 자신의 역할과 삶에서 성장한다면, 하나의 조직으로서 기업도 성장한다고 강조했다.

이렇게 마이크로소프트는 사티아 나델라 부임 후 5년 만에 클라우드 통합 서비스 점유율 세계 1위로 도약하고, 현재는 애플과 함께 미국 증시 시가총액 1, 2위 자리를 다투고 있다.

① 네트워크 조직 ② 애자일 조직 ③ 매트릭스 조직
④ 수평적 조직 ⑤ 가상 조직

44 다음은 전통적 조직과 팀제 조직을 비교한 자료이다. 두 조직 형태에 대한 설명으로 적절하지 <u>않은</u> 것은?

구분	전통적 조직	팀제 조직
조직구조	수직적 계층	수평적 팀
조직화의 원리	기능 단위	업무프로세스 단위
직무설계	분업화(좁은 범위의 단순 과업)	다기능화(다차원적 과업)
권한	중앙 집중	분권화
관리자의 역할	지시/통제	코치/촉진자
리더십	지시적/하향적	후원적/참여적/설득적
정보의 흐름	통제적/제한적	개방적/공유적
보상	개인/직위, 근속 연수	개인 및 팀/성과 및 능력

① 전통적 조직은 조직의 거대화에 따른 부문 간 조정 문제의 과다라는 문제점을 야기할 수 있다.

② 팀제 조직은 팀에 대한 권한 부여와 자율적 업무 처리를 통해 계층이 축소되고 팀 간의 유기적인 조정이 중시된다.

③ 관리자가 일을 지시하고 이를 통제하는 역할을 하는 것은 전통적 조직의 특징이다.

④ 팀제 조직은 세분화된 업무 단위를 통합·조정하는 역할을 담당하는 메커니즘으로서 계층을 활용한다.

⑤ 팀제 조직은 업무수행의 효율성 증대와 생산성 향상을 목적으로 한다.

45 다음 중 조직구조에 대한 설명으로 적절하지 <u>않은</u> 것은?

① 기능별 조직은 환경이 비교적 안정적일 때 조직 관리 효율을 높일 수 있다.

② 기능별 조직은 업무별 전문성을 살릴 수 있지만, 기업의 규모가 커질수록 운영의 한계가 발생한다.

③ 사업부제 조직은 대부분의 의사결정 권한을 사업본부장이 위임받는다.

④ 사업부제 조직은 특정 시장이나 고객 수요에 신속히 대응할 수 있다.

⑤ 매트릭스 조직은 많은 종류의 제품을 생산하는 대규모 조직에서 효율적이다.

46 다음은 직업윤리와 근로윤리에 대한 설명이다. 이를 바르게 이해하지 <u>못한</u> 것은?

직업윤리란 '직업 활동을 하는 개인이 자신의 직무를 잘 수행하고 자신의 직업과 관련된 직업과 사회에서 요구하는 규범에 부응하여 개인이 갖추고 발달시키는 직업에 대한 신념, 태도, 행위'로 정의할 수 있다. 직업윤리의 자세란 다음과 같다.

1. 소명의식과 천직의식을 가져야 한다.

   일을 통해 자신의 존재를 실현하고 사회적 역할을 담당하므로 자기의 직업을 사랑하며, 긍지와 자부심을 갖고 성실하게 임하는 마음가짐이 있어야 한다.

2. 봉사정신과 협동정신이 있어야 한다.

   사람은 일정한 직업을 통하여 다른 사람에게 도움을 주고 사회적으로 기여하는 것이므로 나의 일을 필요로 하는 사람에게 봉사한다는 마음자세가 필요하다. 또한 일은 반드시 다른 사람과의 긴밀한 협력이 필요하므로 직무를 수행하는 과정에서 협동정신이 요구된다. 관계된 사람과 상호신뢰하고 협력하며 원만한 관계를 유지해야 한다.

3. 책임의식과 전문의식이 있어야 한다.

   협력체제에서 각자의 책임을 충실히 수행할 때 전체 시스템을 원만하게 가동할 수 있으며, 다른 사람에게 피해를 주지 않는다. 이러한 책임을 완벽하게 수행하기 위하여 자신이 맡은 분야에 대한 전문적인 능력과 역량을 갖추고 지속적인 자기계발을 해 나가야 한다.

4. 공평무사한 자세가 필요하다.

   모든 일은 사회적 공공성을 갖는다. 법규를 준수하고 직무상 요구되는 윤리기준을 준수해야 하며, 공정하고 투명하게 업무를 처리해야 한다.

   사전에서 근면(勤勉)은 '부지런히 일하며 힘씀'으로 풀이하고 있다. 근면한 것만으로 성공할 수 있다는 이야기는 아니지만, 근면한 것은 성공을 이루게 하는 기본 조건이다.

   사전에서 성실(誠實)은 '정성스럽고 참됨'으로 풀이하고 있다. 성(誠)은 정성스럽고 순수하고 참됨을 의미하며, 실(實)은 알차고 진실된 것을 의미한다. 따라서 성실은 그 단어의 본질을 살펴보았을 때, 그 의미가 근면함보다는 충(忠) 혹은 신(信)의 의미와 더 가깝다.

   사회시스템은 구성원 서로의 신뢰가 있어야 운영이 가능한 것이며, 그 신뢰를 형성하고 유지하는 데 필요한 가장 기본적이고 필수적인 규범이 바로 정직인 것이다. 물론, 정직이 신뢰를 형성하는 충분한 조건은 아니다. 신뢰를 얻기 위해서는 정직 이외에도 약속을 잘 지키거나 필요능력을 갖춰야 하는 등의 다른 필요사항도 있어야 하겠지만 정직이 신뢰를 위해서는 빠질 수 없는 요소인 것만은 틀림없다.

① 직원 A씨는 스크린 도어 설치 작업을 하러 갈 때 동료 R씨를 동행했어야 하나, R씨의 일하는 방식이 마음에 들지 않아 혼자 일을 하였다. 이는 '직업윤리'에 어긋난다.

② 직원 B씨는 지하철 탑승에 어려움을 겪는 할머니를 만나 도움을 드렸다. 이는 '봉사정신'에 해당한다.

③ 정직하기만 하면 반드시 신뢰를 얻을 수 있다. 작은 실수도 모두 솔직하게 보고한다면 직원 C씨는 조직에 무조건 적응을 잘할 것이다.

④ 직원 D씨는 상여금을 타기 위해 불철주야 일하고 있다. 이는 성실보다는 근면에 해당한다.

⑤ 지하철을 운행하는 기관사는 본인의 직업은 시민의 발이라고 생각하며 보람을 느끼고 있다. 이는 '천직의식'에 해당한다.

47 다음 글을 근거로 판단할 때, 김 대리의 행동 중 '근면한 태도'에 해당하는 사례를 모두 고른 것은?

> 근면에는 두 종류가 있다. 첫째는 외부로부터 강요당한 근면이고, 둘째는 자진해서 하는 근면이다. 아침에 하는 외국어 공부 또는 운동처럼 자기개발을 위한 활동은 자진해서 하는 근면으로 능동적이며 적극적인 태도가 바탕이 된다. 근면한 태도는 자진해서 하는 근면을 의미한다.

┤ 보기 ├

㉠ 이번 달 생산목표를 맞추기 위해 팀장의 지시로 김 대리는 1주일 동안 인내하며 야근을 하였다.

㉡ 김 대리는 매일 근무시간 10분 전 탕비실에 들러 가벼운 청소 및 용품 정리를 하고 업무를 시작한다.

㉢ 아침잠이 많은 김 대리는 진급 조건인 토익 800점 이상을 획득하기 위하여 토익 새벽반을 수강하고 있다.

㉣ 업무 진행 보고나 지시를 여러 방식으로 진행하는 불합리함을 개선하고자 김 대리는 보고 절차나 업무 지시, 업무 상황을 쉽게 공유할 수 있도록 사내 메신저의 기능을 개선하였다.

① ㉠, ㉢　　　　　　② ㉠, ㉣　　　　　　③ ㉡, ㉣

④ ㉠, ㉡, ㉢　　　　　⑤ ㉡, ㉢, ㉣

48 다음 글의 밑줄 친 ㉠~㉤ 중 명함을 교환할 때의 예절로 적절하지 <u>않은</u> 것은?

김 대리는 거래처와 신제품 거래에 대하여 논의하기 위한 자리를 마련하고 처음 담당자를 만났다. 김 대리와 직속 상사인 정 부장은 먼저 약속 장소에 도착하여 거래처 담당자를 기다렸다. 거래처 측의 신 부장과 엄 대리가 들어오는 것을 보고 김 대리는 일어나 악수를 청하며 인사하였다. 그리고 ㉠착석한 후 거래처 신 부장이 명함을 건네기를 기다렸다가 먼저 받은 뒤 자신의 명함을 건넸다. ㉡신 부장에게 명함을 건넬 때는 왼손으로 가볍게 받쳐 건네고, 받을 때는 두 손으로 받았다. ㉢받은 명함을 바로 넣지 않고 내용을 확인한 후 명함 지갑에 넣었다. ㉣엄 대리와는 동시에 명함을 교환하면서 오른손으로 건네고 왼손으로 받았다. 또한 김 대리는 신 부장이 언급한 명함의 내용에 대하여 간단히 기재할 사항이 있었지만 ㉤그 자리에서 바로 적지 않고 나중에 거래처 상대방과 헤어진 후 기재하였다. 계약은 무난하게 체결되었지만, 김 대리는 자리에 함께 있었던 정 부장으로부터 김 대리의 명함 교환 예절에서 개선해야 할 점이 있다는 것을 지적받았다.

① ㉠

② ㉡

③ ㉢

④ ㉣

⑤ ㉤

49 다음 중 나라별 명함 교환 예절로 적절하지 <u>않은</u> 것은?

① 베트남에서는 명함을 교환할 때 상대방에 대한 존경의 뜻으로 가벼운 목례를 한다.

② 이슬람 문화권의 사업 관계자와 명함을 주고받을 때는 왼손을 사용하지 않도록 주의하여야 한다.

③ 중국 사업 관계자에게 명함을 받으면 자세히 살펴보는 액션을 취해야 하며, 바로 집어넣는 것은 실례이다.

④ 미국에서는 추후 연락할 필요가 있을 때만 명함을 주고받는데, 받은 후 바로 집어넣어도 실례가 되진 않는다.

⑤ 일본에서는 윗사람이 아랫사람에게 먼저 명함을 전달하며, 테이블이 있는 경우 테이블 옆으로 나와 명함을 교환하는 것이 예의이다.

50 다음 글을 바탕으로 직장 내 성희롱에 대한 인식과 그 판단 기준으로 적절하지 <u>않은</u> 것은?

1. 직장 내 성희롱이란?

사업주, 상급자 또는 근로자가 직장 내의 지위를 이용하거나 업무와 관련하여 다른 근로자에게 성적 언동 등으로 성적 굴욕감 또는 혐오감을 느끼게 하거나 성적 언동 또는 그 밖의 요구 등에 따르지 아니하였다는 이유로 근로 조건 및 고용에서 불이익을 주는 것

2. 성희롱의 대표적 유형
- 육체적 행위
  - 입맞춤, 포옹 또는 뒤에서 껴안는 등의 신체적 접촉 행위
  - 가슴, 엉덩이 등 특정 신체부위를 만지는 행위
- 언어적 행위
  - 음란한 농담을 하거나 음탕하고 상스러운 이야기를 하는 행위(문자 또는 전화 포함)
  - 외모를 평가하거나 성적으로 비유하거나 신체부위를 언급하는 행위
- 시각적 행위
  - 음란한 사진, 그림, 낙서, 출판물 등을 게시하거나 보여주는 행위
- 기타 성희롱 행위
  - 그 밖에 사회 통념상 성적 굴욕감 또는 혐오감을 느끼게 하는 것으로 인정되는 언어나 행동

3. 성희롱 피해 시 대처 요령
- 성희롱 피해자
  - 명확한 거부의사 표시
  - 증거자료 수집
- 제3자(주변사람, 동료)
  - 성희롱 피해 발생 시 함께 노력하여 처리
  - 피해자의 대응 행동을 적극적으로 지지 및 지원
  - 성희롱이 발생한 자리에서 피해자가 이의를 제기하면 적극적으로 지지

4. 성희롱 발생 시 직장 내 해결 절차

접수 → 사실관계 조사 및 의결 → 조치 → 후속 조치

① 성희롱은 행위자가 성적 의도를 가지고 한 행동이냐 아니냐를 밝혀내는 것이 가장 중요한 판단 기준이다.

② 피해자와 비슷한 조건과 상황에 있는 사람이 피해자의 입장이라면 문제가 되는 성적 언동에 대해 어떻게 반응했을까를 함께 고려하여야 한다.

③ 성적 수치심은 성적 언동 등으로 인해 피해자가 느끼는 불쾌한 감정으로 그 느낌은 행위자가 아닌 피해자의 관점을 기초로 판단되어야 한다.

④ 성적 언동 및 요구는 신체의 접촉이나 성적인 의사표현뿐만 아니라 성적 함의가 담긴 모든 언행과 요구를 말한다.

⑤ 성희롱은 '남녀차별금지 및 구제에 관한 법률'과 「남녀고용평등과 일·가정 양립 지원에 관한 법률」에 각각 명문화되어 있으나, 형사처벌의 대상은 아니다.

정답과 해설 P.31

V

휴노 | 한사능 | 휴스테이션 | **인크루트** | 사람인 | 매일경제

인크루트

| 인크루트 |
찐기출
모의고사

맞은 개수 / 50문항

풀이 시간 / 50분

01 다음은 경력직 담임 교사 지원 자격에 대한 설명이다. 옳지 <u>않은</u> 것은?

경력직 담임 교사 지원 자격

- 유아교육과 졸업자(유치원 2급 정교사)
- 혹은 보육교사 1, 2급 자격 소지자(보육교사 3급 취득 후 3년 이상 아동 복지 업무를 한 자는 2급으로 인정)
- 위 자격에 만족하는 지원자 중 아동 복지 업무 2년 이상 경력자

---

① 유아교육과를 졸업하고 아동복지센터에서 2년간 일한 채령은 지원 가능하다.

② 보육교사 1급 자격을 취득하고 어린이집에서 3년간 일한 예나는 지원 가능하다.

③ 보육교사 3급 취득 후 어린이집에서 4년간 일한 류진은 지원 가능하다.

④ 유아교육과를 졸업하고 사회복지관에서 2년간 일한 리아는 지원 가능하다.

⑤ 보육교사 2급 자격을 취득하고 병설 유치원에서 2년간 일한 유나는 지원 가능하다.

[02~03] 다음 글을 읽고 이어지는 질문에 답하시오.

[가] 알레르기 비염은 원인 항원에 대해 코의 속살이 과민반응을 일으켜 나타난다. 알레르기 유발 물질이 콧속에 들어오면 체내 화학물질인 히스타민이 분비되며, 코안 점액이 생성되고 점막이 붓는 염증반응으로 나타난다. 갑작스럽고 반복적인 재채기, 맑은 콧물, 코 막힘, 코 가려움증 등 증상이 나타나는데, 이들 중 2가지 이상이 하루 1시간 이상 나타나면 알레르기 비염을 의심한다. 하루 중 아침에 증상이 가장 심하며, 보통 봄·가을 등 일교차가 큰 환절기에 악화한다. 코에 나타나는 증상 외에도 눈이 가렵고 충혈되는 증상을 동반하기도 하지만 감기처럼 발열이나 근육통 등의 증상은 나타나지 않아서 가볍게 여기는 경우도 많다.

[나] 알레르기 비염은 세균이나 바이러스가 일으키는 감기와 다르게 유전적 요인과 집먼지진드기, 꽃가루, 곰팡이, 동물의 털, 비듬 등 환경적 요인이 주요 원인으로 꼽는다. 따라서 정확한 진단을 위해서는 증상뿐만 아니라 가족력, 생활환경에 대한 이해가 필요하다. 알레르기 비염이 발병하면 평생 지속하는 경우가 많으므로 최대한 빠르게 전문의를 찾아 진단 받고 적절한 치료를 받는 것이 좋다.

[다] 아토피 피부염으로 알려진 알레르기 피부염은 알레르기 비염, 알레르기 결막염과 함께 대표적인 알레르기 질환 중 하나로 꼽힌다. 알레르기 피부염은 나이가 들수록 발생빈도가 점점 줄지만 간혹 소아, 청소년, 성인에 이르기까지 좋아지고 나빠지기를 반복하면서 만성적인 경과를 보이기도 한다. 세계적으로 소아에게 알레르기 피부염이 발생하는 비율은 전체의 약 10~30%로 추산한다. '국제 소아천식 및 알레르기 질환의 역학조사(ISSAC)'에 따르면 2010년 초등학생의 36.5%가 알레르기 피부염으로 진단받은 병력이 있었는데, 이는 2000년의 24.9%보다 현저히 증가한 수치다.

[라] 알레르기 피부염은 유전 요인과 환경 요인, 환자의 면역학적 이상과 피부 보호막 이상 등 여러 가지 원인이 복합적으로 작용해 나타나는 것으로 알려졌다. 알레르기 피부염은 가족력과도 관련이 있다. 양쪽 부모가 다 알레르기 피부염이 있으면 자녀의 75%에서, 부모 중 한쪽만 있을 경우는 50% 정도가 증상을 보이는 것으로 알려져 있다. 최근에는 환경 요인의 중요성이 강조되고 있다. 농촌의 도시화, 산업화, 핵가족화로 인한 인스턴트식품 섭취의 증가, 실내외 공해에 의한 알레르기 물질의 증가 등이 알레르기 피부염 발병과 밀접한 관련이 있다. 알레르기 피부염의 가장 큰 특징은 심한 가려움증과 외부의 자극이나 알레르기 유발 물질에 대한 매우 민감한 반응이다. 가려움증은 보통 저녁에 심해지고, 이때 피부를 긁어서 피부의 습진성 변화가 발생하는 것이 특징이다. 그리고 습진이 심해지면 다시 가려움증이 더욱 두드러지는 악순환을 반복한다.

[마] 알레르기 피부염은 혈액검사, 피부단자검사, 음식물 알레르기 검사 등으로 진단한다. 치료는 증상의 발현과 악화를 예방하기 위해 원인과 유발인자를 제거하고, 적절한 목욕 및 보습제 사용을 통해 피부를 튼튼하고 청결하게 유지하는 것이다. 2차 피부 감염증을 예방하기 위해서 필요한 경우 국소 스테로이드제, 국소 칼시뉴린 억제제, 항히스타민제, 면역조절제, 항바이러스제 등을 적절하게 사용한다. 갑자기 열이 오르고 진물이 나고 통증이 생기는 등 감염증상이 발생하면 빠른 치료를 위해 반드시 병원을 찾아 진료를 받아야 한다.

02 주어진 글의 [가]~[마]의 중심내용으로 적절하지 <u>않은</u> 것은?

① [가]: 알레르기 비염의 증상

② [나]: 알레르기 비염의 원인

③ [다]: 알레르기 피부염의 증상

④ [라]: 알레르기 피부염의 원인

⑤ [마]: 알레르기 피부염의 치료

03 주어진 글의 내용으로 적절하지 <u>않은</u> 것은?

① 알레르기 피부염으로 인한 간지럼증은 아침에 제일 심하다.

② 알레르기 피부염의 발생빈도는 성인보다는 소아나 청소년이 더 높다.

③ 재채기나 콧물이 난다고 하더라도 반드시 알레르기 비염은 아닐 수 있다.

④ 알레르기 피부염이 심할 경우 스테로이드제나 항히스타민제를 쓸 수 있다.

⑤ 알레르기 비염은 완치가 쉽지 않다.

[04~05] 다음 글을 읽고 이어지는 질문에 답하시오.

[10월 달력]

일	월	화	수	목	금	토
	1	2	3 개천절	4	5	6
7	8	9 한글날	10	11	12	13
14	15	16	17	18	19	20
21	22	23	24	25	26	27
28	29	30	31			

※ 근무일은 월요일~금요일이다.

- 선발 인원 정보
  - 채용하고자 하는 분야는 담임 교사, 보조 교사, 조리사이다.
  - 담임 교사와 보조 교사 각각 4명씩 선발한다.
  - 조리사는 담임 교사와 보조 교사 선발 인원수의 1/2만 선발한다.
  - 담임 교사는 경력직만 4명 선발한다.
  - 신입/경력의 선발 인원에 대한 구분이 없는 경우에는 50 : 50의 비율로 선발한다.

- 면접 정보
  - 채용 면접은 10월 둘째~셋째 주 근무일에만 진행되며, 공휴일에는 면접이 진행되지 않는다.
  - 채용 분야의 면접 인원은 선발 인원의 6배수이다.
  - 면접은 하루에 한 부서씩 진행하며 담임 교사 면접이 가장 먼저 진행된다.
  - 조리사 면접은 가장 마지막이다.
  - 보조 교사 면접은 10월 12일부터 진행된다.

04 위 채용 선발에 대한 설명으로 옳은 것은?

① 신규 채용 면접 대상자는 70명이다.

② 이번에 선발하는 인원은 모두 10명이다.

③ 조리사는 경력직만 2명 채용한다.

④ 보조 교사 면접 일정 중에는 휴무일이 사흘 포함된다.

⑤ 보조 교사는 경력직 1명, 신입 3명을 채용한다.

05 다음은 10월 어린이집 채용 면접 일정표이다. 면접 일정에 맞게 작성한 것으로 옳은 것은?

①

일	월	화	수	목	금	토
	1	2	3	4	5	6
7	8 면접 (담임 교사)	9 면접 (담임 교사)	10	11	12 면접 (보조 교사)	13
14	15 면접 (담임 교사)	16 면접 (담임 교사)	17 면접 (조리사)	18 면접 (조리사)	19 면접 (보조 교사)	20
21	22	23	24	25	26	27
28	29	30	31			

②

일	월	화	수	목	금	토
	1	2	3	4	5	6
7	8 면접 (담임 교사)	9 면접 (담임 교사)	10	11	12 면접 (보조 교사)	13
14	15 면접 (담임 교사)	16 면접 (담임 교사)	17	18 면접 (조리사)	19 면접 (보조 교사)	20 면접 (조리사)
21	22	23	24	25	26	27
28	29	30	31			

③

일	월	화	수	목	금	토
	1	2	3	4	5	6
7	8 면접 (담임 교사)	9	10	11	12 면접 (보조 교사)	13 면접 (담임 교사)
14	15 면접 (담임 교사)	16 면접 (담임 교사)	17 면접 (조리사)	18 면접 (조리사)	19 면접 (보조 교사)	20
21	22	23	24	25	26	27
28	29	30	31			

④

일	월	화	수	목	금	토
	1	2	3	4	5	6
7	8 면접 (담임 교사)	9	10	11 면접 (담임 교사)	12 면접 (보조 교사)	13
14	15 면접 (담임 교사)	16 면접 (담임 교사)	17 면접 (조리사)	18 면접 (보조 교사)	19 면접 (조리사)	20
21	22	23	24	25	26	27
28	29	30	31			

⑤

일	월	화	수	목	금	토
	1	2	3	4	5	6
7	8	9 면접 (담임 교사)	10	11 면접 (담임 교사)	12 면접 (보조 교사)	13
14	15 면접 (담임 교사)	16 면접 (담임 교사)	17 면접 (조리사)	18 면접 (조리사)	19 면접 (보조 교사)	20
21	22	23	24	25	26	27
28	29	30	31			

06 다음 [표]는 A~D복합기를 비교한 자료이다. 해상도 700dpi 이상인 복합기의 출력 속도를 비교하려고 한다. 이때, 2,250매 출력 시 가장 빨리 출력하는 복합기와 가장 느리게 출력하는 복합기의 총 소요 시간 차이를 구한 것으로 적절한 것은?(단, 각 복합기에는 용지가 최대로 채워져 있다.)

[표] A~D복합기 비교

구분	A복합기	B복합기	C복합기	D복합기
해상도	최대 800dpi	최대 600dpi	최대 650dpi	최대 700dpi
스캔방식	평판스캔	평판스캔	평판스캔	평판스캔
출력 용량	표준 80매	표준 70매	표준 90매	표준 90매
출력 시간	40초	1분 20초	1분 10초	1분
공급 장치 용량	400매	350매	360매	300매

※ 출력 용량은 출력 시간 동안 출력할 수 있는 인쇄물 수를 의미함(A4 1장 기준).
※ 공급 장치에 용지를 공급하는 데 20초가 소요됨.

① 6분 30초　　　　② 6분 35초　　　　③ 6분 45초
④ 6분 50초　　　　⑤ 6분 55초

[07~08] 다음 [표]는 ○○기관의 2025년 예산 과목별 이월 집행현황을 나타낸 자료이다. 이를 바탕으로 이어지는 질문에 답하시오.

[표] 2025년 예산 과목별 이월 집행현황 (단위: 백만 원, %)

관세항목			이월예산	집행액	미집행액	집행률
합계			115,745	111,430	4,315	96
영업비용			( )	8,370	2,295	78
영업비용	매출원가	일반운영비(공공)	5	4	1	80
		일반운영비(사무)	1,800	1,600	200	89
		수선유지비	8,000	6,000	2,000	75
		교육훈련비	(㉠)	( )	( )	(㉡)
		연구개발비	100	85	15	85
	판매비와 관리비	연구개발비	60	36	24	60
		위탁관리비	250	240	10	96
자본적지출			105,080	103,060	2,020	98
재고자산	저장품	재료비	1,600	1,600	0	100
유형자산	기계장비	자산취득비	80	80	0	100
	선로설비	시설비 및 부대비	40,000	38,000	2,000	95
	전로설비	시설비 및 부대비	27,000	27,000	0	100
	전동차량	자산취득비	36,000	36,000	0	100
	공기구비품	자산취득비	400	380	20	95

※ 집행률은 이월예산 대비 집행액을 의미함.

07 2025년 예산 과목별 이월 집행현황에서 교육훈련비가 누락되었다. 누락된 ㉠과 ㉡의 값으로 적절한 것은?

	㉠	㉡
①	440	88
②	445	90
③	450	92
④	445	88
⑤	450	90

08 선로설비 부서에서 2025년 남은 미집행액과 2026년 상반기 미집행액을 모두 2026년 하반기 예산 계획액으로 이월시키기로 하였다. 이때, 2026년 하반기 선로설비 집행액이 상반기 대비 10% 증가한다면, 2026년 하반기 선로설비 예산 집행률로 옳은 것은?

[표] 2026년 상반기 재고자산과 유형자산 상반기 실적 　　　　　　　　(단위: 백만 원)

구분	연간 예산액	상반기 실적		
		계획액	집행액	집행률
저장품	6,000	2,500	2,000	80%
기계장비	2,800	1,350	1,100	81%
선로설비	95,000	45,000	42,000	93%
전로설비	66,000	32,000	28,000	88%
전동차량	80,000	40,000	35,000	88%
공기구비품	900	400	360	90%

※ 연간 예산액=상반기 예산 계획액＋하반기 예산 계획액
※ 집행률은 계획액 대비 집행액을 의미함.

① 80%　　② 82%　　③ 84%　　④ 85%　　⑤ 90%

[09~10] 다음 [표]는 품목별 수출입 실적을 나타낸 자료이다. 이를 바탕으로 이어지는 질문에 답하시오.

[표] 품목별 수출입 실적

(단위: 천 달러, %)

구분		수출		수입		무역수지
		실적	전년 대비	실적	전년 대비	
스포츠 용품	소계	285,195	9.6	2,833,210	20.7	−2,548,015
	골프용품	126,692	14.1	931,473	25.9	−804,781
	당구용품	7,027	49.2	12,358	−24.6	−5,331
	배드민턴용품	37	−32.2	41,106	57.8	−41,069
	볼링용품	2,116	11.3	23,414	−4.4	−21,299
	수상스포츠용품	12,973	113.3	100,450	50.1	−87,477
	스키용품	1,217	140.0	23,049	60.4	−21,832
	스포츠잡화	39,694	34.8	1,286,202	33.9	−1,246,508
	야구용품	150	−29.6	10,207	7.7	−10,056
	탁구용품	1,485	8.6	17,116	55.2	−15,631
	테니스용품	22	−76.4	15,242	27.4	−15,219
	헬스용품	77,439	−0.2	346,565	−21.6	−269,125
	기타	16,342	−40.1	26,029	9.5	−9,686
레저 용품	소계	200,569	−1.6	779,324	4.6	−578,754
	낚시용품	123,395	−8.5	218,506	5.0	−95,111
	등산용품	1,354	−25.4	36,422	96.1	−35,068
	사격용품	3	−	741	−7.1	−738
	자전거용품	4,406	9.5	209,913	5.0	−205,506
	캠핑용품	45,281	22.5	268,119	−2.7	−222,838
	개인여행품	26,130	0.0	45,622	7.8	−19,492

09 주어진 자료에 대한 설명으로 옳지 <u>않은</u> 것은?

① 테니스용품의 무역수지는 야구용품의 무역수지보다 5,163천 달러 더 적다.

② 레저용품 중 수입 실적이 가장 많은 품목은 낚시 용품이다.

③ 스포츠잡화는 수입 실적과 수출 실적이 모두 전년 대비 증가했다.

④ 스포츠용품 중 수출 실적의 전년 대비 증가율이 가장 큰 품목은 스키용품이다.

⑤ 레저용품 중 등산용품의 전년 대비 수출은 감소한 반면, 수입은 증가했다.

10 다음 중 용품별 수출 실적과 수입 실적의 비중을 나타낸 그래프로 옳지 <u>않은</u> 것은?(단, 소수점 둘째 자리에서 반올림한다.)

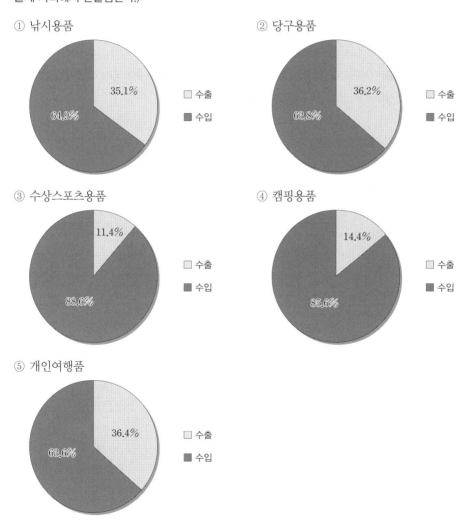

찐기출 모의고사 **281**

[11~13] 다음은 아이돌봄서비스에 관한 자료이다. 이를 바탕으로 이어지는 질문에 답하시오.

S시는 2025년도 정부지원 판정기준이 확정됨에 따라 기존 정부지원을 받고 있는 329가구(564명)에 대해 오는 1월 31일까지 소득재판정을 실시한다고 5일 밝혔다.

아이돌봄서비스는 부모의 맞벌이 등 양육 공백이 발생한 가정에 아이돌보미가 직접 찾아가서 12세 이하 아동을 대상으로 돌봄서비스를 제공하는 사업으로, 이용가정의 소득수준에 따라 정부 지원율이 차등 적용된다.

• 소득기준에 따라 5단계 분류(가~마형), 이용요금 시간당 12,180원(소득수준별 15~85%까지 차등 지원)

중위소득이 200% 이하(4인 가구 12,196천 원)이면 정부지원금을 받을 수 있으며, 정부지원 이용 한도는 연 960시간이다. 정부지원 시간 초과 시 전액 본인부담으로 서비스 이용이 가능하다.

정부 지원을 계속해서 받고자 하는 가정은 오는 1월 31일까지 주소지 읍·면사무소 및 동 주민센터로 '아이돌봄서비스 소득재판정 신청'을 해야 하며, 미신청 가구는 2월부터 정부 지원이 중단되고 전액 본인부담으로 이용해야 한다.

한편, 2025년에는 아이돌봄서비스 이용가구의 자녀 양육부담 경감을 위해 정부지원 대상이 기준 중위소득 150% 이하 가구에서 200% 이하 가구까지 확대되고, 정부지원 비율이 상대적으로 낮았던 다형과 초등학교 취학아동가구의 지원 비율도 상향하여 서비스 이용부담을 완화하였다.

□ 2025년 유형 판정기준: 가구소득(가구원 수별 기준 중위소득)

(단위: 원/월)

가구원 수	기준 중위소득(100%)	가구원 수	기준 중위소득(100%)
~3인	5,025,353	7인	8,988,428
4인	6,097,773	8인	9,912,051
5인	7,108,192	9인	10,835,674
6인	8,064,805	10인	11,759,297

□ 아이돌봄서비스 이용 요금표

(단위: 원/시간)

유형	소득기준 중위소득	영아종일제, 취학 전		취학 후		다자녀
		정부지원	본인부담	정부지원	본인부담	
가형	75% 이하	10,353	1,827	9,135	3,045	본인부담금의 10% 추가지원
나형	120% 이하	7,308	4,872	4,872	7,302	
다형	150% 이하	3,654	8,526	2,436	9,744	
라형	200% 이하	1,827	10,353	1,218	10,962	
마형	200% 초과	—	12,180	—	12,180	—

□ 아이돌봄서비스 지원 기준 변경

2024년

유형	정부지원 비율		다자녀
---	1자녀		
	0~5세	6~12세	
가형	85%	75%	본인부담금의 10% 추가지원
나형	60%	30%	
다형	20%	15%	
라형	—	—	

→

2025년

유형	정부지원 비율		다자녀
---	1자녀		
	0~5세	6~12세	
가형	85%	75%	본인부담금의 10% 추가지원
나형	60%	40%	
다형	30%	20%	
라형	15%	10%	
마형	—	—	

□ 아이돌봄서비스 이용 요금표 및 돌봄 수당 변경
- 서비스 이용요금(시간제 기본형 기준)
  - '24년 11,630원 → '25년 12,181원
- 아이돌보미 활동 수당(기본시급 기준)
  - '24년 10,110원 → '25년 10,590원
- 아이돌보미 영아 돌봄수당 신설
  - 영아(0~2세) 돌봄 제공 시 1,500원 추가 지원

※ 휴일 및 야간(22시~익일 6시) 이용요금의 50% 가산
※ 가형 한부모 · 장애부모 · 장애아동 · 청소년부모 · 조손 가정에는 5% 추가 지원
※ 0~1세 자녀가 있는 청소년 부모 · 청소년 한부모 가정(중위소득 200% 이하)은 이용요금의 90% 지원

11 다음 중 위 자료를 이해한 내용으로 적절하지 않은 것은?

① 2024년까지는 기준 중위소득 150% 초과 200% 이하인 가구는 아이돌봄서비스에 대한 지원금을 받을 수 없었다.
② 아이돌봄서비스를 받으려면 매년 주소지 읍 · 면사무소 및 동 주민센터에 신청을 해야 한다.
③ 0세에서 12세 사이의 1자녀 가정 중 가형은 2024년에 비해 2025년에 지원받는 비율의 변화가 없다.
④ 소득 기준 중위소득 200%를 초과하는 다자녀 가정은 아이돌봄서비스 지원금을 받을 수 없다.
⑤ 2024년에 비해 2025년에는 취학 아동을 가진 가정에 대한 지원금이 상향되었다.

12 다음 중 2025년 3월 기준으로 아이돌봄서비스 지원금을 가장 많이 받을 수 있는 사람을 고른 것은?(단, 모두 같은 시간을 이용한다.)

① 중위소득 기준 가형이고 8세 아이를 가진 청소년부모 가정
② 중위소득 기준 나형이고 7세 장애아동을 가진 가정
③ 중위소득 기준 다형이고 4세 아동을 가진 조손 가정
④ 중위소득 기준 라형이고 3세와 10세 아동을 가진 가정
⑤ 중위소득 기준 라형이고 10개월 자녀가 있는 청소년부모 가정

13 A씨가 2025년 5월 한 달 동안 받을 수 있는 아이돌봄서비스 지원 금액으로 알맞은 것은?

> S시에 살면서 쇼핑몰을 운영하는 A씨는 남편과 이혼하고 혼자 3세 자녀를 키우고 있다. A씨의 월 소득은 6,000,000원이다. A씨는 5월 평일 09:00~14:00까지 20일 동안 아이돌봄서비스를 이용했다.

① 630,520원   ② 690,200원   ③ 730,800원

④ 798,600원   ⑤ 812,450원

2024년 상반기 인천대학교

14 '갑'사의 신입사원(A, B, C, D) 4명은 5개 팀(영업팀, 인사팀, 생산팀, 홍보팀, 기획팀) 중 배치되기를 희망하는 부서에 지원하였다. 다음 [보기]를 바탕으로 가장 적절하지 <u>않은</u> 것은?

┤ 보기 ├

- A, B, C, D는 한 사람당 2개 또는 3개 팀에 지원하였고, 각 팀에는 적어도 1명 이상이 지원하였다.
- 이들 중 C를 제외한 나머지 모두가 지원한 팀이 있다.
- C와 D가 동시에 지원한 팀은 1개이고, B와 C가 동시에 지원한 팀도 1개이다.
- A는 영업팀과 홍보팀에 모두 지원하지 않았다.
- B는 인사팀과 홍보팀에 모두 지원하지 않았다.
- D는 영업팀에 지원하였다.
- A, B, D가 동시에 지원한 팀은 생산팀 1개이다.
- 이들 중 지원한 팀의 개수가 가장 적은 사람은 D 1명이다.

① 생산팀에 지원한 사람은 3명이다.

② 기획팀에 지원한 사람은 2명이다.

③ A와 C가 동시에 지원한 팀은 1개이다.

④ B와 D가 동시에 지원한 팀은 1개이다.

⑤ 지원한 사람의 수가 가장 적은 팀은 홍보팀이다.

15 20×0년 1월 1일부터 P사에 재직 중인 A는 퇴직금 산정을 위해 [자료1]을 고려하여 일 평균 임금을 계산하려고 한다. A가 20×1년 6월 30일에 퇴사할 예정이라고 할 때, [자료2]를 바탕으로 계산한 A의 퇴사일 기준 일 평균 임금은?(단, 퇴사일부터 출근하지 않으며, 일 평균 임금은 백원 단위에서 반올림하여 계산한다.)

[자료1] P사 일 평균 임금 산정 방법

> 가. 일 평균 임금 산정 방법
>   1. 관련 조문
>   − 근로기준법 제19조 제1항에 따라 일 평균 임금은 이를 산정하여야 할 사유가 발생한 날 이전 3개월간에 그 근로자에 대하여 지급된 총임금을 그 기간의 총일수로 나눈 금액을 말한다.
>   2. 일 평균 임금 산정 시 주의사항
>   − 기본급 외의 실비, 각종 수당, 상여금을 포함한다.
>   − 해당 기간 동안 지급된 임금 총액을 그 기간 동안의 총일수로 나눈 금액이다.
>   − 상여금은 발생 시점 이전 12개월 동안 받은 상여금에 한하며, 상여금은 총액의 3/12로 산정한다.
>   3. 일 평균 임금 산정 시 산입 제외 기간
>   − 하기 ①~④에 해당하는 경우는 산입 기간에서 제외한다.
>   ① 수습 기간
>   ② 사용자의 귀책사유로 인한 휴업 기간
>   ③ 육아 휴직 기간
>   ④ 업무 수행으로 인한 부상 또는 질병의 요양을 위해 휴업한 기간
> 나. P사에 특유한 사항
>   − 식비는 매월 제공되며, 임금에 포함한다.
>   − 상여금은 1년에 세 번(1월 15일, 6월 15일, 10월 15일), 80만 원(고정)씩 지급된다.
>   − 육아휴직은 한 달 단위로 사용 가능하다.
>   − 직위 해제는 근로자의 귀책사유가 있을 때 시행할 수 있으며, 이 기간에는 임금이 지급되지 않는다.

[자료2] A의 20×1년 1~6월 임금 현황

구분 (월별 일수)	기본급	상여금	실비	가족수당	식비	비고
1월(31일)	200만 원	80만 원	20만 원	20만 원	25만 원	
2월(28일)	200만 원		20만 원	20만 원	25만 원	
3월(31일)	200만 원		20만 원	20만 원	25만 원	
4월(30일)	직위 해제					
5월(31일)	육아 휴직					
6월(30일)	200만 원	80만 원	20만 원	20만 원	25만 원	6/30 퇴사

① 5.4만 원   ② 6.3만 원   ③ 6.5만 원   ④ 7.2만 원   ⑤ 8.8만 원

16 다음은 ○○협회에서 주최하는 기업을 꾸준히 성장시키고 일자리를 만들며 사회적 책임을 다하는 기업을 선정해 상패와 상금을 시상하는 수상기업 선정 자료이다. 제시된 점수표를 바탕으로 할 때 대상을 수상하는 기업으로 가장 적절한 것은?

◎ 심사 절차

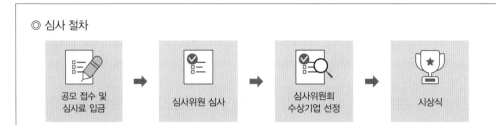

| 공모 접수 및 심사료 입금 | ➡ | 심사위원 심사 | ➡ | 심사위원회 수상기업 선정 | ➡ | 시상식 |

1. 심사 항목 및 배점

부문	ESG	혁신	챌린지
기본심사(200)	100	60	40
심화심사(100)	100		

— 기본심사(60%)와 심화심사(40%) 점수의 합으로 가장 높은 점수를 받은 기업을 대상으로 선정함.

2. 세부기준

유형분류	ESG	혁신	챌린지
기본심사	3개 항목	4개 항목	1개 항목
	업종 및 기업규모 반영한 심사위원 재량의 가점 반영		
심화심사	• 기업활동에서 발생한 부정적 이슈를 확인하기 위해 공시자료 및 미디어(뉴스) 등 다양한 출처의 정보를 상시 수집 및 평가 • 기업가치 훼손 우려가 높은 법 위반의 경우, 중대성·규모·기간 등을 종합적으로 고려해 감점 수준 결정		

— ESG 3개 항목: 환경(40), 사회(30), 지배구조(30)
— 혁신 4개 항목: 혁신성(15), 자원성(15), 발전성(15), 협업성(15)

3. 점수표

평가항목		A기업	B기업	C기업	D기업	E기업
ESG	환경	38	37	39	36	35
	사회	26	26	25	26	26
	지배구조	25	25	24	23	28
혁신	혁신성	15	13	13	13	15
	자원성	14	12	15	12	13
	발전성	14	14	12	14	14
	협업성	12	13	12	11	14
챌린지		36	35	35	35	35
심화심사		90	90	95	80	85

① A기업 ② B기업 ③ C기업 ④ D기업 ⑤ E기업

17 다음 [보기] 중 논리적 사고의 특징으로 옳은 것을 모두 고른 것은?

┤ 보기 ├

㉠ 이 사고를 개발하기 위한 방법으로는 피라미드 구조화 방법과 so what 방법이 있다.

㉡ 당면한 문제를 해결하기 위해 이미 알고 있는 경험지식을 해체하여 새로운 아이디어를 다시 도출하는 것이다.

㉢ 어떤 논증, 추론, 증거, 가치를 표현한 사례를 타당한 것으로 수용할 것인지를 결정하는 능력이다.

㉣ 사고의 전개에 있어서 전후의 관계가 일치하고 있는지 살펴보는 능력이다.

㉤ 이 사고를 개발하기 위해서는 어떤 현상에 대해서 문제의식을 가지고, 고정관념을 버려야 한다.

① ㉠, ㉣　　　　　　　② ㉠, ㉢, ㉣　　　　　　③ ㉠, ㉣, ㉤

④ ㉡, ㉢, ㉤　　　　　　⑤ ㉡, ㉢, ㉣, ㉤

18 다음은 효과적인 물적자원관리 과정을 나타낸 자료이다. 물품 보관 방법에 대한 설명으로 적절하지 <u>않은</u> 것은?

사용 물품과 보관 물품의 구분	① 물품을 정리하여 보관할 때, 해당 물품을 앞으로 계속 사용할 것인지, 장기적인 보관이 필요한지 구분해야 한다. • 가까운 시일 내에 활용할 물품은 창고 등에 보관하지 않는다.
▼	
동일 및 유사 물품으로의 분류	② 같은 품종의 물품은 같은 장소에 보관하고, 유사한 품종의 물품은 인접한 장소에 보관하는 것이 효과적이다.
▼	
물품 특성에 맞는 보관 장소 선정	• 물품을 적절하게 보관할 수 있는 장소를 선정해야 한다. ③ 개별 물품의 특성을 고려하여 보관 장소를 선정해야 하므로 파손되기 쉬운 재질의 물품은 별도로 보관한다. ④ 물품의 관리가 용이하도록 활용 빈도가 높은 물품일수록 출입구에서 가장 먼 안쪽에 보관한다.
▼	
정기적인 물품 점검 및 재정리	⑤ 보관중인 물품은 분실, 파손, 유효기간 경과 여부 등을 주기적으로 점검하고, 효율적인 공간 활용을 위해 재정리해야 한다.

[19~20] 다음은 인재개발원 교육 일정에 관한 자료이다. 이를 바탕으로 이어지는 질문에 답하시오.

[인재개발원 교육 일정]
- A프로그램: 매주 월, 목, 금 진행 가능하며, 2일 이상 연속으로 진행할 수 없음
- B프로그램: 매주 화, 수, 목 진행 가능하며, 2일 이상 연속으로 진행할 수 없음
- C프로그램: 매주 월, 수, 목 진행 가능
- D프로그램: 매주 화, 수, 금 진행 가능

[9월 달력]

일	월	화	수	목	금	토
1	2	3	4	5	6	7
8	9	10	11	12	13	14
15	16	17	18	19	20	21
22	23	24	25	26	27	28
29	30					

19 인재개발원 9월 입소 기수는 A프로그램 4회, B프로그램 3회, C프로그램 2회, D프로그램 3회 교육이 필요하다고 한다. 첫 교육을 9월 2일에 시작할 때, 가장 빠르게 교육이 진행될 경우 종료되는 날짜로 적절한 것은?

① 9월 16일　　　　　② 9월 17일　　　　　③ 9월 18일
④ 9월 19일　　　　　⑤ 9월 20일

20 인재개발원 9월 입소 기수의 교육 사항이 변경되어 첫 교육을 9월 4일에 시작하고, 매주 화요일은 임원진 면담(총 3회)을 진행한다고 한다. 그 외의 변경 사항은 없을 때, 가장 빠르게 교육 및 면담이 진행될 경우 종료되는 날짜로 적절한 것은?

① 9월 23일　　　　　② 9월 24일　　　　　③ 9월 25일
④ 9월 26일　　　　　⑤ 9월 27일

21 다음은 조해리의 창에 대한 글이다. 이에 대한 설명으로 적절하지 <u>않은</u> 것은?

타인과 바람직한 관계를 이루기 위한 출발은 솔직한 자아의 개방과 긍정적 수용 경험이다. 조셉 러프트와 해리 잉엄은 '조해리의 창(窓)(Johari's Window)'이라는 모형으로 개인의 잠재된 심리영역이 타인과 상호작용하는 모습을 설명한다.

'조해리의 창'의 첫 번째 영역은 나 자신도 알고 타인도 알고 있는 '공통영역'으로 표현된다. 만약 동네에서 서로 가깝게 지내는 이웃이 있다면, 그의 가족 사항, 나이, 옷 입는 취향 등에 대해 서로 알고 있는 공통영역의 부분이 넓어 친밀한 관계가 쉽게 형성될 수 있다.

두 번째 영역은 자신은 모르고 있는데 남은 잘 알고 있는 '맹점영역'이다. 가령, 어떤 사람이 타인을 대할 때 자신만의 독특한 특성으로 인해 상대방에게 불쾌감을 주지만, 정작 그 자신은 모르는 경우가 있다. 이렇게 자신이 잘 알지 못하는 언어 습관이나 행동의 습관들을 맹점이라 할 수 있다.

세 번째 영역은 나 자신은 알고 있는데 상대방은 모르고 있는, 나만이 가지고 있는 '사적영역'이다. 이것은 비밀이나 치부가 드러나 행동의 제약이나 사회적인 책임을 지게 되므로 노출을 꺼리는 부분이다. 그러나 자신의 비밀을 솔직하게 노출한 후 그것이 타인과의 관계 속에서 받아들여지면 그와의 신뢰감이나 자신의 존재 가치에 대한 자신감은 상당히 높아진다.

네 번째 영역은 남도 나도 잘 알지 못하는 '미지영역'이다. 인간에게는 자신에게 내재되어 있으나 알 수 없는 미지의 영역이 존재한다. 이 부분은 자신도 모르게 자신 안에 있는 무의식 영역이다. 이 영역은 긍정적 자극에 의해 긍정적으로 촉발되는 특징이 있다. 우리는 때때로 어려운 환경의 사람이 남에게 봉사하며 더 큰 즐거움을 느낀다는 이야기를 듣는다. 이것은 불행을 느낄 만한 상황임에도 불구하고 타인을 돕는 사회적 관계의 힘이 미지의 영역을 긍정적인 힘으로 전환한 예에 해당한다.

상대방의 이야기도 듣지 않고 자신을 내보이지도 않는 아성을 쌓으면 자신의 결점이나 무능을 감추는 데 급급하게 되어 삶의 귀중한 에너지와 시간을 낭비하게 된다. '자아의 모습'을 타인에게 노출했을 때 그 모습 그대로 수용되는 경험이 많을수록 공통영역은 넓어지고 타인과 긍정적 관계를 맺을 확률도 높아진다. 타인과 신뢰가 형성되면 주위 사람들의 조언도 좀 더 긍정적으로 수용된다. 이는 인간의 성장을 의미하며 동시에 움츠렸던 자아가 '자유'를 얻게 되는 과정이다. 감추고 싶었던 부분이 타인에게 긍정적으로 이해되는 경험, 그것은 타인과의 관계 속에서 자신을 성장시키고 자유를 얻는 첫걸음이다.

① 서로 알고 있는 '공통영역'의 부분이 넓으면 친밀한 관계가 쉽게 형성된다.

② 자신의 '사적영역'이 타인에게 받아들여지면 그 사람과의 관계는 깨지기 쉬워진다.

③ 상대방을 받아들이지도 않고, 자신을 내보이지도 않으면 타인과 긍정적인 관계를 맺기가 힘들다.

④ 자신의 언어 습관이 타인에게 불쾌감을 주는데, 그것을 자신이 모른다면 이는 '맹점영역'에 속한다.

⑤ 자아의 모습을 타인에게 노출했을 때 그 모습이 그대로 수용된다면 타인과 긍정적 관계를 맺을 수 있다.

22 다음 글에서 알 수 있는 P씨의 자기개발 장애요인으로 가장 적절한 것은?

P씨는 디지털 마케팅 업무를 5년째 맡고 있다. 최근 P씨는 커리어 전환을 고민하며 IT 업계의 마케터로 이직을 고려하고 있다. 하지만 해당 업계에서 어떤 역량을 중요하게 여기는지, 어떤 업무 방식이 활용되는지에 대한 정보를 찾기 어려워 막막함을 느꼈다. 이에 P씨는 관련 업계 종사자들과 네트워킹을 시도하고, IT 마케팅 관련 교육 프로그램을 찾아보는 등의 노력을 기울이고 있다.

---

① 주변 상황의 제약
② 의사결정 시 자신감의 부족
③ 자기정보의 부족
④ 일상생활의 요구사항
⑤ 외부 작업정보 부족

23 다음 중 경력개발의 단계별 이해에 대한 설명으로 적절하지 <u>않은</u> 것은?

① 직업선택: 최대한 여러 직업의 정보를 수집, 탐색하여 자신에게 적합한 최초의 직업 선택
② 조직입사: 정확한 정보를 토대로 적성에 맞는 적합한 직무 선택
③ 경력초기: 역량(지식, 기술, 태도)을 증대시키고 꿈을 추구해 나가며, 퇴직 계획 준비 병행
④ 경력중기: 성인 중기에 적합한 선택을 하고 지속적으로 열심히 일함
⑤ 경력말기: 지속적으로 열심히 일하며, 자존심 유지

24 다음 중 업무수행 성과를 높이기 위한 행동전략으로 옳지 <u>않은</u> 것은?

① 일을 미루지 않고, 가장 중요한 일을 먼저 처리한다.

② 비슷한 속성을 가진 업무는 묶어서 처리한다.

③ 다른 사람과 같은 방식으로 일하여 성과를 높인다.

④ 회사와 팀의 업무 지침을 따른다.

⑤ 역할 모델을 설정한다.

25 다음은 경력개발 관련 이슈를 키워드 중심으로 분석한 보고서의 일부이다. 밑줄 친 ㉠~㉤ 중 경력개발 관련 이슈에 대한 설명이 적절하지 <u>않은</u> 것은?

○ 평생학습 사회

㉠ 지식과 정보가 폭발적으로 증가하면서 직업에 따라 요구되는 능력도 변화하고 있는 추세다. 이에 따라 지속적인 능력 개발의 필요성이 강조되고 있으며, 평생직장이라는 말은 구시대의 산물로 자리 잡은 지 오래이다. 개개인이 자아실현, 삶의 질 향상, 직업적 지식 및 기술의 획득 등의 목적으로 전 생애에 걸쳐 자주적·주체적으로 학습을 이어 나가는 평생학습 사회가 도래하였다고 보아도 과언이 아니다. ㉡ 평생학습 사회에서는 개인의 현재 능력보다 개인의 학습 능력과 이에 대한 자기개발 노력이 더 중요하게 여겨진다.

○ 독립근로자와 같은 새로운 노동 형태의 등장

긱 경제(Gig Economy)가 출현하면서 근로자들은 노동 방식과 노동 시간에 대한 폭넓은 결정권을 갖게 되었으며, 프리랜서, 계약 근로자, 자유 근로자, 포트폴리오 근로자와 같은 독립 근로 형태 등 노동 방식의 변화를 가져왔다. 이와 더불어 정보 통신 기술의 발달과 코로나19로 말미암아 재택근무, 원격근무 등이 확산되면서 근무 환경이 유연해짐에 따라 여러 분야에서 독립근로자가 증가하였다. ㉢ 독립근로자들은 본인의 경력개발에 대한 책임이 온전히 개인에게 있다. 4차 산업 분야의 대표적인 산업인 AI, IoT, 빅데이터, VR과 AR, 블록체인 등이 성장하면서 차츰 인간의 노동력이 기계로 대체되어 일자리가 감소하고 독립근로자가 증가하게 될 것이다. ㉣ 퇴직 연령의 단축으로 빠르게 조직에서 나올 수밖에 없는 사람은 전문성을 갖추기 위해 특정 조직에 고용된 사람과는 다른 방식으로 경력개발 준비를 해야 한다.

○ 투잡(Two-job)족

고용 불안의 심화, 빨라진 퇴직 연령, 물가 대비 낮은 임금상승률, 자기계발에 대한 욕구 등 다양한 이유로 투잡을 하는 사람이 늘고 있다. 투잡의 범위는 대리운전, 택배 배달 수준에서 영상 콘텐츠 크리에이터, 창업, 재능 공유, 강습과 같은 분야까지 넓어졌다. ㉤ 최근 투잡족은 자기계발·자아실현보다는 불확실한 미래를 대비하기 위해 부업의 개념으로 투잡을 선택하는 경우가 많다.

---

① ㉠   ② ㉡   ③ ㉢   ④ ㉣   ⑤ ㉤

26 다음은 고객의 불만을 효과적으로 처리하기 위하여 작성한 '고객 불만 처리 프로세스'이다. 다섯 번째 단계인 '정보 파악'에서 수행되어야 할 행동으로 적절하지 <u>않은</u> 것은?

① 고객의 항의에 선입견을 버리고 문제를 파악한다.
② 문제 해결을 위해 고객에게 필수적인 질문만 한다.
③ 고객에게 어떻게 해 주면 만족스러운지를 묻는다.
④ 고객의 불만과 관련된 배경 정보를 분석하여 문제의 원인을 파악한다.
⑤ 고객에 대하여 축적된 데이터를 검토하여 제공할 서비스의 유형을 파악해 본다.

27 다음은 직무 성과와 갈등 정도의 관계를 나타내는 그래프이다. 이에 대한 설명으로 옳지 <u>않은</u> 것은?

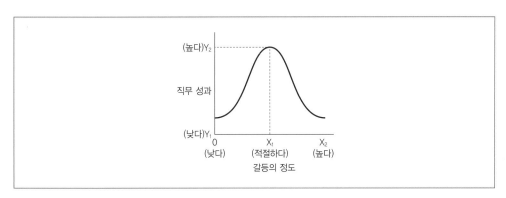

① 팀원이 승·패의 경기를 시작하면 갈등의 정도가 X_2에서 X_1으로 이동한다.
② 갈등의 정도가 X_1 수준일 때는 갈등의 순기능이 작용한다.
③ 갈등의 정도가 X_2 수준일 때는 조직 내부에 혼란과 분열이 발생한다.
④ 조직 내의 사람들끼리 의사소통의 폭을 줄여 갈등이 증폭되면, 직무 성과가 낮아진다.
⑤ 갈등이 전혀 없을 때에도 조직 내부의 의욕이 상실되거나 조직성과가 낮아진다.

28 다음 대화를 바탕으로 할 때 고객불만처리 프로세스에 대한 설명으로 적절하지 <u>않은</u> 것은?

> 고객: 얼마 전 여기서 화분을 구매하였는데요. 택배 상자를 뜯어보니 구매한 식물의 종류도 아니고 심지어 포장을 잘못했는지 식물 줄기가 부러져 왔네요.
>
> 상담사: 네, 고객님, 그러셨군요. 먼저 일부러 귀한 시간 내어 문의 주신 점 감사드립니다. 오래 기다려 주셨을 텐데 잘못된 상품으로 배송되었고, 심지어 포장 상태가 불량했던 점 모두 진심으로 사과드리며 빠른 해결을 도와드리겠습니다. 문제 처리는 처음 주문하신 상품으로 다시 배송해 드리는 것과 환불 중 어떤 방법으로 진행할까요?
>
> 고객: 제가 처음 주문했던 상품으로 다시 받아보고 싶습니다. 다만, 처음 배송된 택배는 다시 수거해 주셨으면 합니다.
>
> 상담사: 네, 알겠습니다. 요청하신 대로 처음 주문하신 상품으로 재발송하고 기발송된 제품은 택배사에 다시 수거 신청하도록 하겠습니다.
>
> 고객: 네. 정확한 제품으로 배송 부탁드립니다.
>
> 상담사: 네, 고객님. 다시 한번 이용에 불편을 드려 진심으로 죄송하다는 말씀드리며, 또 다른 문의사항이 있으시면 언제든 연락 부탁드리겠습니다. 감사합니다.

① 상담사는 고객이 불만을 느낀 문제 상황에 대한 해결을 약속하였다.
② 고객은 주문한 상품이 잘못 배송된 것에 관하여 문의하였다.
③ 상담사는 고객이 시간을 내어 해결의 기회를 준 것에 대한 감사를 표시하였다.
④ 상담사는 불만 사항을 처리한 후 고객에게 처리 결과에 만족하는지 물어보았다.
⑤ 상담사는 최선의 해결 방법을 찾기 위해 고객에게 선호하는 문제 해결 방식을 질문하였다.

29 다음 사례에서 임 팀장이 대인관계능력을 향상시키기 위해 실천한 행동으로 옳지 <u>않은</u> 것은?

> 임 팀장은 모든 직원을 두루 살피는 편이다. 어떤 직원의 자녀가 생일이라는 것을 우연히 알고는 생일 선물을 준비해주는 등 세심한 것까지 잘 챙겨준다. 또한, 직원들과 약속한 것과 본인이 한 말에 대해서는 반드시 지키기 위해 최선을 다한다. 그러나 임 팀장도 사람인지라 드물게 팀원들에게 화를 낼 때도 있는데, 화를 내고 난 뒤에는 해당 직원에게 진지하게 사과하고, 분위기를 풀기 위해 직원들에게 먼저 웃으며 다가가는 등 팀 내 분위기를 좋게 유지하기 위해 많은 노력을 한다.

① 사소한 일에 대한 관심   ② 약속 이행   ③ 반복된 사과
④ 언행일치   ⑤ 배려심 발휘

30 다음 글을 참고하여 협상력을 결정하는 4가지 요소에 대한 내용으로 옳지 <u>않은</u> 것은?

> 협상이란 자기가 원하는 것을 타인으로부터 얻어내기 위하여 그의 호감을 얻어내는 방법에 초점을 둔 지식과 노력의 집합체이다. 상호 갈등이 있는 둘 이상의 사람 또는 집단이 그들의 갈등을 해결하기 위해 상호 작용하는 과정을 뜻한다. 협상력을 결정하는 4가지 요인에는 '최초요구, 정보, 힘, 시간'이 포함된다. 협상에 직·간접적으로 영향을 주는 이 4가지 요소를 다루는 실력이 곧 협상 결과에 그대로 반영된다. 결국 이들 요소를 다루는 실력이 협상력을 좌우하는 것이다.

① 정보의 양과 질이 협상을 결정할 때 중요한 요소가 된다.
② 협상을 마무리할 시점에 시간적 여유가 많은 쪽이 협상에 유리하다.
③ 협상 시작에서 최초의 요구를 어떻게 하느냐가 협상 결과를 크게 좌우한다.
④ 공급사의 브랜드 수준이나 높은 신용도, 우월한 자산과 생산능력도 협상력을 결정하는 중요한 힘이 된다.
⑤ 정보량보다는 시간보유량이 많은 쪽이, 시간 보유량보다는 힘의 전력이 강한 쪽이 협상에 유리하다.

31 다음 중 기술능력을 향상시키기 위해 E-Learning을 활용하는 방법에 대한 설명으로 적절하지 <u>않은</u> 것은?

① 원하는 내용을 원하는 순서대로 학습하는 것이 가능하다.

② 인적 네트워크 형성이나 실무 중심 교육이 어렵다.

③ 업데이트를 통해 새로운 교육에 대한 요구나 내용의 반영이 가능하다.

④ 정해진 시간이나 장소가 없어 학습자 스스로 학습을 통제하는 데 어려움이 있다.

⑤ 비디오, 사진, 텍스트, 소리, 동영상 등 멀티미디어를 이용한 학습이 가능하다.

32 다음 중 산업재해에 대한 설명으로 옳지 <u>않은</u> 것은?

① 직업과 관련하여 질병에 걸린 것도 산업재해에 해당한다.

② 산업재해의 예방 대책 중 가장 먼저 해야 하는 것은 안전 관리 조직이다.

③ 안전보호 장치 결함은 산업재해의 직접적 원인 중 불안전한 상태에 해당한다.

④ 산업재해의 기본적인 원인은 교육적 원인, 기술적 원인, 작업 관리상 원인으로 구분된다.

⑤ 각종 기계·설비 등을 안전성이 보장되도록 제작하고, 항상 양호한 상태로 작동되도록 유지 관리를 철저히 하면 불안전한 행동을 방지할 수 있다.

33 E회사에 근무하는 최 부장은 기술관리자에게 필요한 능력을 모두 갖추고 있을 정도로 능력 있는 관리자이다. 다음 사례를 참고할 때 기술관리자에 요구되는 능력에 해당하지 <u>않는</u> 것은?

> 최 부장은 기술관리자로서 자신의 업무에 자부심을 느끼고 있다. 최근 트렌드가 된 A기술은 기존의 기술에서 많은 변화를 겪으면서 탄생한 기술이다. 급변하고 있는 사회에서 도태되지 않기 위해 최 부장은 기술에 대한 이해를 하려고 노력하고 있다. 그러다 보니 자연스럽게 A기술을 도입하여 업무 효과를 높일 수 있도록 직원들에게 지원해 주고, 많은 대화를 나눠 기술자들과 돈독한 우애를 보인다. 또한 새로운 기술이 나올 때마다 퇴근 후에도 기술에 익숙해질 때까지 익히고, 비상 상황 발생에 대비할 수 있도록 매뉴얼도 만들어 후배 직원들에게 나눠 주며 오류를 범하지 않도록 돕고 있다.

① 기술이나 추세에 대한 이해 능력
② 기술을 효과적으로 평가할 수 있는 능력
③ 기술을 운용하거나 문제를 해결할 수 있는 능력
④ 혁신적인 환경을 조성할 수 있는 능력
⑤ 기술직과 의사소통할 수 있는 능력

Easyen(이지엔) 사용 설명서

제품은 최소한 취침 30분 전에 작동을 하여야 합니다.

정상 작동:

전원 스위치를 켜면 수초 동안 리모컨의 전체 램프가 켜졌다가 꺼지면서 작동을 준비합니다. 이후, 수면 리듬에 적합한 최적의 온도가 자동으로 컨트롤됩니다.

1. 자동 운전

　가. 전원 스위치를 길게 누르면 "자동" 램프가 점등되고 기계가 작동합니다. 일정 온도를 유지하고자 하는 경우 "자동" 램프가 켜져 있는 상태에서 원하는 온도를 설정한 후 "고정" 버튼을 눌러 해당 온도로 고정합니다.

　나. 자동 운전은 "자동" 버튼을 누른 후 7시간이 지나면 자동으로 정지되며, 이후 17시간이 지난 다음 날 "자동" 버튼을 누른 시간에 다시 가동을 시작하여 7시간 동안 가동되는 상황을 반복합니다.

　다. "자동" 기능을 취소하려면 리모컨의 "수동" 버튼을 누르면 됩니다.

　라. 온도가 고정되어 있는 경우 "자동" 기능이 해제되지 않으므로 고정된 온도를 먼저 해제해 주세요.

2. 수동 운전

　가. 리모컨의 "자동" 램프가 꺼져 있는 경우 "수동" 작동 가능한 상태입니다. "수동" 램프가 점등되었는지 확인 후 사용자의 선택에 따라 원하는 온도를 설정하면 작동을 시작합니다. 램프가 꺼져 있는 상태에서는 온도 조절 버튼이 작동하지 않으니 램프 점등 여부를 먼저 확인해 주세요.

　나. 수동 운전은 사용자가 작동을 정지하기 전까지 계속 작동하나, 안전을 위해 12시간 이상 사용은 자제해 주세요.

　다. "수동" 기능을 취소하려면 "자동"으로 전환하거나 OFF 버튼을 누릅니다.

　라. 수동 운전 모드에서는 온도가 고정되지 않습니다.

3. 냉풍 운전

　가. "수동" 운전 상태에서 "냉풍" 기능을 선택하면 "냉풍" 램프가 점등되고 작동을 시작합니다.

　나. 냉풍 운전은 사용자가 작동을 정지하기 전까지 계속하여 작동하나, 안전과 기계의 과부하를 막기 위해 6시간 이상 사용은 자제해 주세요.

　다. 냉풍 기능을 취소하려면 OFF 버튼을 누르거나 온도 조절 버튼을 길게 누르면 기능이 해제됩니다.

　라. 냉풍 기능 사용 시 기계 내 급격한 온도 차이로 인한 고장을 막기 위해 정상 온도로 돌아오는 최소 1시간 동안 작동을 자제해 주세요.

작동 정지:

OFF 버튼을 누르면 5분 후에 자동으로 작동이 정지됩니다. 작동이 정지되는 동안은 다른 버튼을 눌러도 작동하지 않으니 다른 기능을 사용하고 싶으시다면 5분 후 모든 기능이 정지한 후에 사용해 주세요.

조명등:

리모컨 좌측의 스위치를 올리면 상단의 조명등이 점등됩니다.

34 해당 제품 사용에 대한 문의와 그에 대한 답변으로 옳지 <u>않은</u> 것은?

① Q: 전원을 누르고 온도를 올렸는데도 따뜻해지지가 않아요.

    A: 원하는 온도가 되기까지 약 30분 정도의 시간이 소요됩니다. 사용하시기 전 최소 30분 정도 여유 시간을 가져 주세요.

② Q: 리모컨을 누르지 않았는데 밤만 되면 기계가 스스로 작동해요.

    A: 자동 기능이 켜져 있는 경우 전날 자동 버튼을 누른 시간에 스스로 작동을 시작합니다. 자동 램프가 켜져 있지는 않은지 확인해 주시고 자동 상태인 경우 수동 버튼을 눌러 이를 해제해 주세요.

③ Q: 자동 기능을 해제하려고 해도 해제가 되지 않아요.

    A: 온도가 고정되어 있는 경우 자동 기능이 해제되지 않습니다. 온도가 고정되어 있지는 않은지 확인해 주세요.

④ Q: 냉풍 기능 사용 후 작동을 중지하려고 OFF 버튼을 눌렀는데 바로 꺼지질 않습니다.

    A: 냉풍 기능 사용 후 종료 시 정상 온도로 돌아오는 동안 작동을 하지 않습니다. 정상 온도로 돌아올 때까지 기다려 주세요.

⑤ Q: 리모컨 앞쪽에 조명이 켜져 있는데 OFF 버튼을 눌러도 꺼지지가 않아요.

    A: 리모컨 왼쪽에 조명을 켜는 스위치가 있는데 이 스위치가 켜져 있진 않은지 확인해 주세요.

35 다음과 같은 증상에 대한 대처 방안으로 옳은 것은?

> 안녕하세요. 현재 사용 중인 제품에 이상이 있어 문의드립니다. 취침 시 제품의 온도를 25도로 고정하여 사용하고 싶은데 온도 조절 버튼을 눌러도 온도가 변동이 되지 않고 자는 동안 온도가 계속 변동됩니다. 원하는 온도로 조절할 수 있는 방법과 온도를 고정하여 사용할 수 있는 방법을 알려주세요.

[표] 고장 신고 전 확인 사항

증상	조치 방법
전체 램프가 켜졌다 꺼지지 않음	— 전원 차단 20분 후에 재가동
설정 온도 고정되지 않음	— 운전 모드 확인
모든 기능 정지	— 전원 차단 1시간 후에 재가동
OFF에도 초기 시작 온도로 돌아오지 않음	— 온도 조절 버튼을 길게 눌러 온도 리셋 — 1시간 후 재가동 동일 증상 발생 여부 확인
온도 기능 미작동	— 수동 운전 모드로 온도 조절 시 램프 점등 여부 확인
온도가 자동 컨트롤되지 않음	— 써미스터 교체 필요 — 자가 교체 또는 A/S 신청
OFF 기능 미작동	— OFF 버튼을 길게 눌러 전체 리셋 — OFF 버튼이 전혀 작동하지 않을 경우 전원 차단
냉풍 기능 이상	— 송풍구가 막히지 않았는지 확인 — 자동 운전 모드로 온도가 고정되어 있지 않은지 확인

※ 해당 조치에도 증상이 해결되지 않을 경우 A/S 신청

① 모든 전원을 차단한 후 재가동해 주세요.
② 온도 조절 버튼을 길게 눌러 온도 조절 기능을 리셋해 주세요.
③ 온도가 자동 컨트롤되지 않는 경우 써미스터를 교체하여야 하니 A/S 신청을 해 주세요.
④ 수동 운전 모드 램프가 켜져 있는 경우 온도 조절이 되지 않으니 이를 확인해 주세요.
⑤ 수동 운전 모드 램프가 켜져 있는 상태에서 온도를 조절하거나 자동 운전 모드로 온도를 고정하여 사용해 주세요.

36 다음 중 엑셀 프로그램에서 '다른 이름으로 저장하기'에 해당하는 단축키와 '새 통합 문서 만들기(새로 만들기)'에 해당하는 단축키를 차례로 바르게 나타낸 것은?

① F12, Ctrl+N   ② Ctrl+S, Ctrl+N

② F12, Ctrl+Shift+N   ④ Alt+S, Ctrl+N

⑤ Ctrl+Shift+S, Ctrl+N

37 하나의 '정보'를 얻기 위해 사전에 필요한 back data를 '자료'라 하고, 정보들을 종합 분석하여 '지식'을 만들어 낸다. 다음 [보기]를 자료, 정보, 지식으로 구분하였을 때, 바르게 짝지은 것은?

┤ 보기 ├

㉠ 서울시 공공도서관의 월 평균 대출권수: 1,254권

㉡ 지난 5년간 청소년의 금융 관련 도서 대출 건수 42% 증가

㉢ 중학교 자유학기제 운영 결과, 진로체험형 수업 참여율이 전년보다 30% 증가하였다.

㉣ 2024년 1분기 시중은행 대출 평균 이자율: 4.1%

㉤ 20대 고객의 체크카드 사용 빈도: 주 평균 12회

㉥ 공공의료기관 내 65세 이상 고령 환자의 비율이 증가함에 따라 노인 전문 진료 확대가 필요

	자료	정보	지식
①	㉠	㉡	㉢
②	㉡	㉣	㉥
③	㉣	㉢	㉥
④	㉤	㉣	㉢
⑤	㉤	㉥	㉢

38 다음 중 애플리케이션을 설치하는 이유로 옳은 것은?

① 컴퓨터의 속도를 느리게 하기 위해

② 소프트웨어를 복제하여 외부에 배포하기 위해

③ 정보를 빠르게 처리하거나 활용하기 위해

④ 바이러스 감염을 유도하기 위해

⑤ 불법적으로 시스템에 접근하기 위해

39 MS Excel을 활용하여 다음과 같은 데이터를 만들고, 오른쪽에 특정 항목의 순위값인 '홍보팀'과 '영업팀'을 INDEX 함수를 이용하여 나타내었다. J4 셀과 J5 셀의 함수식에 대한 설명으로 옳은 것을 [보기]에서 모두 고른 것은?

	A	B	C	D	E	F	G	H	I	J
1	구분	1순위	2순위	3순위	4순위					
2	A	인사팀	홍보팀	영업팀	기획팀					
3	B	기획팀	홍보팀	인사팀	영업팀					
4	C	영업팀	기획팀	홍보팀	인사팀		B가 두 번째로 좋아하는 팀			홍보팀
5	D	인사팀	영업팀	홍보팀	기획팀		C가 첫 번째로 좋아하는 팀			영업팀

┤ 보기 ├

- ㉠ J4 셀에 들어갈 함수식은 '=INDEX(A1:E5, 3, 3)'이다.
- ㉡ J5 셀에 들어갈 함수식은 '=INDEX(A1:E5, 2, 4)'이다.
- ㉢ 절대 참조 기능을 사용하지 않았을 때, J5 셀을 J6 셀로 드래그하면 J6 셀의 값은 '인사팀'이다.
- ㉣ =INDEX(A1:E5, 2, 4)의 값과 =INDEX(A1:E5, 5, 2)의 값은 동일하다.

① ㉠, ㉢   ② ㉠, ㉣   ③ ㉡, ㉢

④ ㉡, ㉣   ⑤ ㉢, ㉣

40 다음 대화를 참고할 때, 빈칸에 들어갈 파일의 확장자 명이 순서대로 바르게 나열된 것은?

A: RAW 파일은 가공되지 않은 원본 이미지 파일을 통칭하는 포맷인데, 촬영본 그대로의 정보를 보존하고 있어서 이미지 보정 작업을 할 때 빛을 발할 수 있대.

B: 그렇구나. (   ) 파일은 무손실 데이터 압축이 가능한 확장자래. JPEG 파일과는 달리 온라인에 업로드할 때 텍스트와 로고가 선명하게 유지된다고 하는군.

A: (   ) 파일은 비디오와 오디오 데이터뿐만 아니라 자막, 스틸 이미지 등의 데이터를 저장하는 데 사용할 수 있는 동영상 확장자이기도 하지.

B: 동영상 확장자라고 해서 생각난 건데, (   )는 애플에서 개발한 동영상 포맷으로 여러 가지 종류의 코덱을 사용할 수 있지. iOS 계열의 기기에서 녹화한 영상은 이 포맷의 동영상으로 저장되기도 해.

① PNG, MP4, MOV   ② PNG, HTM, GIF
③ GIF, MP4, PNG   ④ GIF, PNG, MOV
⑤ GIF, PNG, FLV

41 ESG는 기업의 비재무적 요소인 환경(Environmental), 사회적 책임(Social), 지배구조(Governance)의 약자이다. ESG 경영이란 장기적인 관점에서 친환경 및 사회적 책임 경영과 투명 경영을 통해 지속가능한 발전을 추구하는 것이라고 할 수 있다. 다음 [보기] 중 ESG 경영을 실천하고 있는 기업의 사례를 모두 고른 것은?

> ┤ 보기 ├
>
> ㉠ K회사는 전시산업을 대표하는 기업으로 국내외 전시 · 컨벤션을 유치하고, 경쟁력 있는 자체 전시회를 개최 및 육성하고 있다. K회사는 행사 폐기물을 감소시키기 위해 에너지 · 자원의 투입과 온실가스 및 오염물질의 발생을 최소화하는 녹색 제품의 구매 비율을 확대하고 있으며, 환경과 관련된 전시 등에 지원 비율을 강화하고 있다.
>
> ㉡ A회사는 경영진들에게 6가지 가치 활동을 기준으로 정량 평가하여 보너스를 지급하고 있다. 6가지 가치 활동에는 친환경 활동, 다양성 증진, 기기 보안, 청렴도 점수, 재생에너지 사용, 데이터 보호가 있다.
>
> ㉢ S회사는 빈투컵(Bean to Cup) 프로젝트를 진행하고 있다. 이 프로젝트는 코스타리카, 콜롬비아, 르완다의 커피 농부들과의 협력으로 커피 원두 추적 시스템을 운영하여, 커피 재배 농부의 이력부터 커피콩의 유통과정을 블록체인에 기록함으로써 공정 무역을 보장하고 커피 생산 국가의 삶을 향상시키고자 시작되었다.
>
> ㉣ W회사는 텀블러 사용을 권장하고자 매달 새로운 디자인의 한정판 텀블러를 출시하고 텀블러 구매 고객에 대한 이벤트를 실시하여 다수의 고객들이 자주 텀블러를 구매하도록 유도하였다.

① ㉠, ㉡   ② ㉠, ㉣   ③ ㉢, ㉣

④ ㉠, ㉡, ㉢   ⑤ ㉡, ㉢, ㉣

42 다음 중 조직을 이해하는 상황이나 능력에 관한 설명으로 옳지 <u>않은</u> 것은?

① 조직의 구성원인 개개인을 안다고 해서 조직의 실체를 완전히 알 수 있는 것은 아니다.

② 개인과 조직은 유기적인 관계를 맺고 있으므로, 하나가 잘못되면 다른 하나도 영향을 받게 된다.

③ 조직의 규모가 큰 경우, 구성원들이 정보를 공유하고 하나의 방향으로 나아가 최상의 성과를 창출하는 것이 어렵다.

④ 조직은 구성원들이 해야 할 일을 정해 주고, 개인에게 필요한 지식과 기술, 경험 등 조직이 보유한 다양한 자원을 제공한다.

⑤ 사람들은 자신이 좋아하는 일을 하고 싶어 하며, 더 잘하고 싶어 한다. 따라서 조직에서 자신에게 주어진 일을 성공적으로 수행하려면 조직이 작동하는 기본 원리를 이해해야 한다.

[43~44] 다음 자료를 바탕으로 이어지는 질문에 답하시오.

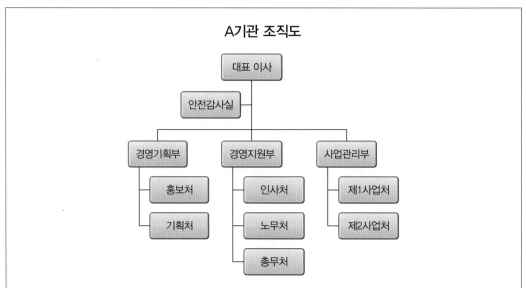

[조직별 업무]

조직명	업무
안전감사실	• 반부패 청렴 업무 및 기관 운영 효율화 업무 • 재난 · 안전 시스템 정립 및 총괄
기획처	• 대외기관과 상황 공유 및 업무협조 관련 사항 처리 • 내 · 외부 경영평가 보고서 작성, 업무 프로세스 개선 관련 업무
홍보처	• 홍보전략 수립 및 대외협력, 홍보대사 운영 • 신문 및 방송 보도 업무 총괄
인사처	• 인력운영, 채용 업무 총괄 • 교육관리시스템 운영, 외부위탁교육
노무처	• 임금협약 체결관련 업무 • 단체교섭/단체협약/취업규칙
총무처	• 저장품 관리 및 총무 업무 총괄 • 사업예산 편성 및 법인카드 관리 총괄
제1사업처	• 스포츠센터 관리 운영 업무 • 주차장 관리 운영 업무
제2사업처	• 아동 · 청소년 돌봄시설 운영 관리 업무 • 노인 · 장애인 시설 운영 관리 업무

[결재규정]

1. 결재를 받기 위해서는 최고결재권자인 대표 이사를 포함한 이하 직책자의 결재를 받아야 한다.
2. 최고결재권자 및 전결사항은 다음 표에 따른다.

구분	내용	금액기준	전결권자		대표 이사
			소속처장	총무처장	
출장비	교통비, 식대, 숙박비 등	50만 원 초과		○	
		50만 원 이하	○		
사업비	소모품비, 접대비, 외부인력 인건비 등	100만 원 초과			○
		100만 원 이하		○	
복리후생비	회식비, 경조사비, 사무용품비 등	30만 원 초과			○
		30만 원 이하	○		

※ 대표 이사의 결재를 받지 않는 경우에는 마지막 결재를 담당한 사람을 전결권자로 갈음함

43 주어진 자료에 대한 설명으로 옳지 <u>않은</u> 것은?

① A기관은 1실 3부 7처의 조직으로 구성되어 있다.

② 안전감사실과 각 부는 서로 독립적으로 존재하는 기관이다.

③ 방송 기자가 취재를 요청해야 할 경우 홍보처에 협조를 요청한다.

④ 다음 해 주차장 사업 예산 편성 업무를 위해서는 총무처와 제1사업처가 협조할 수도 있다.

⑤ 업무 프로세스 개선에 대한 보고서 결재는 안전감사실장 → 대표 이사 순으로 이루어진다.

44 A기관 제1사업처에서 근무 중인 P대리는 출장지에서 교통비와 식대, 숙박비를 포함하여 총 60만 원을 법인카드로 결제하였다. P대리가 작성할 출장비 결재 양식으로 적절한 것은?

①

출장비 지출결의서				
결재	P대리	제1사업처장	노무처장	대표 이사
	서명	서명	서명	대표 이사 서명

②

출장비 지출결의서				
결재	P대리	제1사업처장	총무처장	대표 이사
	서명	서명	/	/

③

출장비 지출결의서				
결재	P대리	제1사업처장	총무처장	대표 이사
	서명	서명	서명	대표 이사 서명

④

출장비 지출결의서				
결재	P대리	제1사업처장	총무처장	대표 이사
	서명	서명	전결	총무처장 서명

⑤

출장비 지출결의서				
결재	P대리	제1사업처장	총무처장	대표 이사
	서명	서명	/	총무처장 서명

45 다음은 애자일 조직의 특징이다. 애자일 조직으로의 변환을 꾀하기 위한 경영진과 조직 구성원들의 태도로 옳지 <u>않은</u> 것은?

애자일 조직의 특징

- 계획 세우기에 과도한 시간과 비용을 들이지 않는다. 아직도 많은 기업이 일을 시작하기 전에 상당한 시간을 계획 세우기에 투자한다. 애자일 조직은 이런 중장기 계획에 매우 비판적이다. 그 이유는 시장 예측의 가정들은 몇 개월만 지나도 유효하지 않기 때문이다.
- 권한을 고객과 접점에 있는 조직과 구성원들에게 상당 부분 위임한다. 구성원들의 판단력과 지능을 최대한 발현할 수 있도록 개인에게 의사결정 권한을 늘리는 것이다.
- 민첩하면서도 효과적인 의사결정이 이뤄진다. 조직의 가치와 원칙 아래에서 서로 역할과 자신의 역할을 정의하여, 개인의 역할에 맞는 업무를 수행하게 된다. 이로써 더욱 효과적인 의사결정을 할 수 있다.
- 정보가 모두에게 높은 수준으로 공유된다. 보통 기업들은 조직의 상부에만 정보를 공유하지만, 이는 곧 권력의 격차를 만들게 된다. 정보는 공유되어야 하고, 모든 구성원이 알고 있어야 한다는 것이 애자일 조직의 특징이다.

① 조직의 직급을 없애고, 누구에게나 공평하게 역할과 직무를 부여한다.
② 시장 변화에 신속하고 유연하게 대처한다.
③ 각 구성원의 업무 역량을 파악하여, 개인의 역할을 정의한다.
④ 구성원들 스스로 업무에 대한 즐거움과 의미, 성장 동기를 찾는다.
⑤ 변화하는 환경에 따라 유연하게 업무방식을 조정하고, 반복적인 피드백을 통해 개선한다.

46 A회사는 정도를 지키는 투명한 경영활동을 위해 '윤리강령'을 제정하고, 이를 통해 전 임직원이 올바르고 윤리적으로 의사결정을 내릴 수 있도록 기준을 제시하고 있다. [보기]에서 윤리강령에 부합하는 발언을 한 사람을 모두 고른 것은?

[A회사 윤리강령]

1. 총칙

1) 윤리강령 적용범위

   A회사의 윤리강령은 지주사를 비롯한 모든 자회사, 계열회사와 임직원에게 적용됩니다.

2) 윤리강령 점검

   A회사는 윤리강령 준수에 대해 정기적으로 점검할 수 있으며, 강령 적용 기준이 모호할 경우 준법지원인의 의견을 요청할 수 있습니다.

3) 윤리강령 위반 시 보고

   – 윤리강령이 적용되는 모든 이해관계자는 윤리강령 위반 사실을 인지할 경우 지체 없이 준법지원인에 보고해야 하며, 윤리강령에 반하는 의사 결정 또는 행동을 할 경우 내규에 따른 조사와 불이익을 받을 수 있습니다.

   – 비윤리 행위 또는 부패행위 발견 시 윤리제보센터를 통해 신고할 수 있으며, 제보자의 신분과 제보 내용에 대해 비밀을 보장하며 제보자에 대한 어떠한 불이익이나 근무 조건상 차별을 금지합니다.

2. 법규 및 규정 준수

"법규와 회사 규정을 철저히 준수합니다."

1) 국가정책을 존중하고 제반 법규와 사회 윤리 규범을 준수합니다.

2) 회사의 경영방침과 제반 규정을 철저히 준수하고 책임과 의무를 다합니다.

3) 건전한 이윤 창출을 통해 지속적으로 고용을 창출하고, 사회 공동체 일원으로서의 기본 책무를 성실히 수행합니다.

4) 회사의 경영활동을 하는 국내뿐 아니라 모든 사업 지역의 시장경제 질서와 거래 관습을 존중하고 법규를 준수합니다.

5) 불법적인 내부자 거래 및 자금세탁을 자행하거나 관여하지 않습니다.

3. 임직원 존중 경영

"임직원 개개인은 회사의 가장 중요한 자산입니다."

1) 임직원 상호 간의 인격을 존중하고, 상호 신뢰와 이해를 바탕으로 한 합리적이고 건전한 기업문화를 정착시킵니다.

2) 개인의 창의성을 자유로이 발휘할 수 있는 직장 분위기를 조성하고 쾌적하고 안전한 근무 환경을 조성합니다.

3) 국가, 학벌, 지역, 성별, 연령, 종교, 장애, 정치 성향, 혼인 여부 등을 이유로 불합리한 차별을 하지 않습니다.

4. 임직원 준법 경영

"모든 임직원은 윤리경영 준수를 통해 투명하고 공정한 업무 수행을 추구합니다."

1) 임직원은 조직 내 불공정하거나 비윤리적 업무를 강요 또는 지시하거나 응하지 않습니다.

2) 임직원은 뇌물을 수수하거나 약속하지 않습니다.

3) 임직원은 회사와 고객, 고객 간 이해 상충이 발생하지 않도록 노력하며, 발생할 경우 회사와 고객의 이익을 우선시합니다.

4) 임직원은 회사 업무로 인해 취득한 회사와 고객의 정보를 엄격히 관리하고 보호하며 사적인 목적으로 사용하지 않습니다.

─┤ 보기 ├─

김 이사: 우리 모두는 A회사의 임직원들로서 올바르고 윤리적인 의사 결정을 내려야 합니다.

이 대리: 직원들끼리라도 불법적인 거래는 절대 해서는 안 됩니다.

박 이사: 비윤리 행위 또는 부패행위 발견 시 윤리제보센터를 통해 신고할 수 있으며, 제보자의 신분과 제보 내용에 대해 비밀을 보장해야 하죠.

최 사원: 경우에 따라서는 국가, 학벌, 지역, 성별, 연령에 따라 차별을 할 수도 있습니다.

① 김 이사, 최 사원

② 이 대리, 박 이사

③ 박 이사, 최 사원

④ 김 이사, 이 대리, 박 이사

⑤ 김 이사, 이 대리, 최 사원

47 다음 지문에 나타난 공동체윤리의 가치에 대한 설명으로 옳지 <u>않은</u> 것은?

┤ 보기 ├

　　○○센터에서 추진한 '이웃 프로젝트'는 공동주택 내 이웃 간 관계를 회복하고 공동체 문화를 활성화하기 위한 장기 자원봉사 프로그램이다. 이 사업은 단순히 지역행사를 운영하는 데 그치지 않고, 주민이 직접 봉사활동을 기획하고 실행에 옮기는 구조로 운영된다.

　　예를 들어, 양천구 학마을3단지에서는 방치되던 지하 탁구장을 활용해 주민 요가교실을 열고, 재능기부를 통해 시낭송 음악회를 개최하는 등 주민 참여형 활동이 이뤄지고 있다. 서초구의 경우 어린이 봉사단이 결성되어 벼룩시장, 줍깅, 편지 나눔 등의 활동으로 아파트 내 유대감을 높였다.

　　○○센터는 이웃 간의 갈등 해소와 신뢰 회복을 목표로 이 사업을 내년 50개 단지, 800명으로 확대할 계획이다. 센터는 "자원봉사를 통한 공동체 회복은 단순한 봉사 이상의 사회적 의미를 갖는다"고 강조했다.

---

① 봉사활동은 개인의 자발성과 참여를 바탕으로 공동체 회복에 기여할 수 있다.

② 공동체 봉사활동은 이웃 간 신뢰를 회복하고 사회적 갈등을 줄이는 데 효과적이다.

③ 봉사는 물질적 보상과 참여 실적에 따라 동기를 부여해야 효과를 높일 수 있다.

④ 지역 주민이 스스로 계획하고 실행하는 자원봉사 활동은 지속성과 실질성을 높일 수 있다.

⑤ 자원봉사는 사회적 약자나 소외 계층뿐 아니라 일반 주민 간의 관계 회복에도 긍정적인 영향을 줄 수 있다.

48 다음 중 직업윤리의 덕목에 대한 설명으로 옳지 <u>않은</u> 것은?

① 소명의식: 자신이 맡은 일은 하늘에 의해 맡겨진 일이라고 생각하는 태도

② 천직의식: 자신의 일이 누구나 할 수 있는 것이 아니라 해당 분야의 지식과 교육을 밑바탕으로 성실히 수행해야만 가능한 것이라고 믿고 수행하는 태도

③ 직분의식: 자신이 하고 있는 일이 사회나 기업을 위해 중요한 역할을 하고 있다고 믿고 자신의 활동을 수행하는 태도

④ 책임의식: 직업에 대한 사회적 역할과 책무를 충실히 수행하고 책임을 다하는 태도

⑤ 봉사의식: 직업 활동을 통해 다른 사람과 공동체에 대하여 봉사하는 정신을 갖추고 실천하는 태도

49 다음 [보기] 중 윤리적 가치에 대한 설명으로 옳은 것을 모두 고른 것은?

┌─ 보기 ┐
ㄱ 모든 사람이 윤리적 가치보다 자기이익을 우선하여 행동한다면 사회질서가 붕괴된다.
ㄴ 윤리적인 인간은 공동의 이익추구와 도덕적 가치 신념을 기반으로 형성된다.
ㄷ 윤리란 '인간과 인간 사이에서 지켜져야 할 도리를 바르게 하는 것'으로 해석할 수 있다.
ㄹ 살아가는 동안 해야 할 것과 하지 말아야 할 것, 삶의 결과, 책임과 의무 등과 관련된다.
ㅁ 동양적 사고에서 윤리는 전적으로 도덕과 같은 의미이다.

① ㄱ, ㄴ, ㄷ   ② ㄴ, ㄷ, ㄹ   ③ ㄷ, ㄹ, ㅁ
④ ㄱ, ㄴ, ㄷ, ㄹ   ⑤ ㄴ, ㄷ, ㄹ, ㅁ

50 다음 [보기] 중 끈기에 해당하는 것을 모두 고른 것은?

┤ 보기 ├

㉠ 고객의 까다로운 요구에도 수십 번 설계를 수정한 끝에 최종 승인을 받았다.

㉡ 나는 일이 힘들다고 느끼자 곧바로 팀장에게 다른 업무로 바꿔 달라고 요청했다.

㉢ 제품이 계속 불량으로 나왔지만, 원인을 분석하고 개선하여 끝내 품질을 향상시켰다.

㉣ 고객의 불만이 심해 감정적으로 대응했고, 결국 고객 불만 처리가 중단되었다.

㉤ 밤을 새워 가며 반복적으로 실패한 보고서를 다시 수정해 마침내 통과시켰다.

㉥ 업무가 지루하다고 느껴 회사를 자주 이직했다.

① ㉠, ㉡, ㉢   ② ㉠, ㉡, ㉣   ③ ㉠, ㉢, ㉤
④ ㉡, ㉢, ㉣   ⑤ ㉡, ㉣, ㉥

정답과 해설 P.44

한 글자로는 '꿈'

두 글자로는 '희망'

세 글자로는 '가능성'

네 글자로는 '할 수 있어'

– 정철, 『머리를 구하라』, 리더스북

VI

휴노 | 한사능 | 휴스테이션 | 인크루트 | **사람인** | 매일경제

사람인

| 사람인 |

찐기출
모의고사

맞은 개수	/ 50문항
풀이 시간	/ 50분

[01~02] 다음 글을 바탕으로 이어지는 질문에 답하시오.

정부가 플라스틱 빨대 사용 금지 규제를 철회하면서, 종이빨대 제조업체들이 심각한 경영 위기에 직면하고 있다. 특히 사전 예고 없이 시행된 이번 정책 변화는 업계 전반에 치명적인 영향을 미쳤다. 전국의 종이빨대 제조사 20곳 중 절반 이상이 이미 폐업했으며, 나머지 기업들 또한 매출 급감과 수출 중단 등의 어려움에 직면해 있다.

이들 기업 대부분은 정부의 친환경 정책 방향을 신뢰하고 설비 투자 및 인력 확충에 나섰으나, 갑작스러운 정책 전환으로 인해 경영 정상화가 어려운 상황이다. 일부 업체는 사실상 가동을 중단하거나 폐업에 들어갔으며, 서울의 한 기업은 지난해 초 폐업을 선언했고, 경기도의 한 업체는 과잉 재고 처리에 난항을 겪고 있는 것으로 전해졌다. 부산과 충남 등지에서는 운영자금이 고갈되며 대출 상환 부담이 커진 제조사들이 많이 있고, 이 과정에서 개인적 피해 사례까지 발생하고 있다. 일부 업체는 재고를 원가 이하로 처분하거나, 아예 무료로 배포하는 등 극단적인 상황에 내몰리고 있다.

업계는 정부의 일방적인 규제 철회를 '직격탄'으로 평가하고 있다. 특히 규제 발표 직후 단기간 내 설비를 도입한 중소기업들은 막대한 투자 손실을 감당하고 있으며, 주요 유통사와의 납품 계약 해지 등 추가적인 경영 악화를 겪고 있다. 이로 인해 재무건전성이 악화된 기업들은 신규 계약이나 입찰 참여조차 어려운 실정이다.

정부는 여전히 일회용품 감량을 정책 목표로 내세우고 있으나, 현실적인 실행 계획이나 지원 방안은 아직까지 명확히 제시되지 않고 있다. 이로 인해 업계는 극심한 불확실성 속에서 생존을 위협받고 있다.

01 다음 중 글의 내용과 일치하지 <u>않는</u> 것은?

① 전국의 종이빨대 제조사 중 열 곳 이상이 폐업했다.
② 정부는 플라스틱 빨대 사용 규제를 철회했으나, 일회용품 감량을 정책 목표로 하고 있다.
③ 일부 업체는 재고를 원가 이하로 처분하거나, 무료로 배포하여 적자를 방지하고 있다.
④ 운영자금 고갈로 인한 대출 상환 과정에서 개인적 피해 사례가 발생하기도 했다.
⑤ 종이빨대 제조업체 대부분은 경영 정상화가 어려운 상황이다.

02 다음 중 글의 밑줄 친 내용과 의미가 상통하는 것은?

① 다 된 죽에 코 풀기
② 앉아 주고 서서 받기
③ 길가에 집 짓기
④ 구멍에 든 뱀
⑤ 낙동강 오리알

03 다음 사례에 가장 어울리는 사자성어를 고른 것은?

초등학교를 졸업한 뒤 가족과 함께 캐나다로 이민을 떠난 K씨는, 무려 40년 만에 고향 일산을 다시 찾았다. 한때는 대부분이 임야로 덮여 있고, 인적도 드물었던 기억 속의 일산은 이제 온데간데없었다. 깔끔하게 정비된 도로와 잘 조성된 공원, 그리고 거대한 아파트 단지들이 들어선 현재의 일산을 마주한 순간, 그는 놀라움을 감추지 못했다.

① 전화위복   ② 상전벽해   ③ 일취월장

④ 법고창신   ⑤ 영고성쇠

04 다음 글을 참고하여, 밑줄 친 단어가 잘못 쓰인 문장을 고른 것은?

'좇다'는 "남의 뜻을 따라서 그대로 하다."라는 뜻이며, '쫓다'는 "있는 자리에서 빨리 떠나도록 몰다."와 "급한 걸음으로 뒤를 따르다."라는 뜻을 가지고 있다.

① 그는 늦은 밤 골목길로 도망치는 사람을 <u>좇았다</u>.

② 빨간 모자를 쓴 사냥꾼은 날렵한 발걸음으로 사냥감을 <u>쫓기</u> 시작했다.

③ 아버지의 뜻을 <u>좇아</u> 가업을 잇게 되었다.

④ 프로이트의 학설을 <u>좇아</u> 무의식의 개념을 다시 정리하게 되었다.

⑤ 돈과 명예만을 <u>좇는</u> 사람은 주변을 둘러볼 여유가 없다.

05 다음 글의 빈칸에 들어갈 말로 가장 적절한 것은?

P사의 최 부장은 하반기 출시 예정인 카메라 렌즈 제품에 대한 마케팅 회의에서 보완점을 제기했다. 해당 제품은 가격 경쟁력과 기술력 측면에서 독보적인 위치를 점할 것으로 기대되었지만, 렌즈의 크기가 지나치게 커서 P사의 차기 프로젝트 제품에 적용하기 어렵다는 문제가 있었다. 이에 생산팀은 해당 사안을 면밀히 검토한 끝에, 렌즈 크기를 15% 줄이는 방식으로 문제를 해결할 수 있었다.

이처럼 기술을 선택할 때 중요한 고려 요소 중 하나는 해당 기술이 (   ) 기술인지 여부이다.

① 유력한   ② 희소성의   ③ 독자적인
④ 광범위한   ⑤ 고수익의

06 다음 [보기] 중 밑줄 친 단어의 쓰임이 적절한 것을 모두 고른 것은?

┤ 보기 ├
㉠ 제주도 앞바다에는 고깃배들이 <u>간간이</u> 떠 있었다.
㉡ 저의 <u>간간히</u> 바라는 부탁의 말씀을 꼭 들어주십시오.
㉢ 영화를 보러 온 사람들은 대부분 여자였으나 <u>간간이</u> 남자도 있었다.
㉣ 그는 헤어진 전처의 소식을 <u>간간히</u> 전해 들었다.
㉤ <u>간간히</u> 나무에 오르는 소년들의 모습은 보는 사람들의 마음을 졸이게 했다.

① ㉠, ㉢   ② ㉡, ㉤   ③ ㉡, ㉣, ㉤
④ ㉠, ㉡, ㉢, ㉤   ⑤ ㉠, ㉡, ㉢, ㉣, ㉤

07 다음 글을 통해 의사소통에 대해 이해한 내용으로 옳지 <u>않은</u> 것은?

> 효과적인 의사소통 방식은 수신인에게 실용적인 정보를 제공하는 데에 도움을 준다. 이를 위해서는 수신인에게 실용적인 정보를 제공해야 하며, 모호한 인상보다는 사실을 전달하는 것이 좋다. 또 송신자는 간결하고 효율적인 방식으로 정보를 표현해야 하고, 이에 대한 기대와 책임을 분명히 해야 한다. 나아가 흥미를 돋울 수 있고 설득적인 주장과 제안을 제시해야 한다.
>
> 언어적 의사소통(Verbal Communication)은 구두에 의한 의사소통과 문서에 의한 의사소통으로 나누어진다. 언어적 의사소통은 의식적 및 형식적이라는 특징이 있다. 구두에 의한 의사소통에는 비계획적 접촉, 비공식적 대화, 개별회의, 직무 면접, 훈련 면접, 설득 면접, 전화, 위원회회의, 공식적 강의나 발표가 있다. 문서에 의한 의사소통에는 비공식적 메모, 서신 및 이메일, 서식과 설문지, 수신 전화, 전언 문서, 게시문 또는 보도자료 등이 있다.
>
> 한편, 표정, 눈 맞춤, 제스처, 자세, 목소리, 이미지 등의 다양한 비언어적 의사소통(Nonverbal Communication) 수단은 대부분의 소통 상황에서 언어와 함께 또는 단독으로 중요한 의미 전달의 수단이 된다. 몸동작, 신체적 특징, 접촉 행동, 준언어 등이 비언어적 의사소통에 해당된다. 비언어적 의사소통은 습관적이고 무의식적이라는 특징이 있다. 또 형식에 얽매이지 않으며 모호해서 잘못 이해할 수 있는 여지가 높다. 그리고 비언어 단서는 수신인이 메시지를 해석하거나 해독하는 방법에 영향을 미친다. 언어 단서와 비언어 단서가 일치하지 않는 경우에는 메시지를 판독하기가 더욱 어렵다.

① 언어적 의사소통 안에 문서를 통한 의사소통방법이 있다.
② 문서에 의한 의사소통이 구두에 의한 의사소통보다 효과적이다.
③ 회의나 면접과 같은 공식적인 행사는 구두에 의한 의사소통에 해당한다.
④ 송신자의 무의식적인 비언어적 의사소통은 메시지를 판독하기 어렵게 할 수 있다.
⑤ 비언어적 의사소통은 단독으로 중요한 의미 전달의 수단이 되기도 한다.

08 다음 중 프레젠테이션에서 비언어적 표현에 해당하지 <u>않는</u> 것은?

① 자세   ② 표정   ③ 제스처
④ 복장   ⑤ 어조

09 다음 [대화]에서 위반한 대화의 격률로 가장 적절한 것은?

┤ 대화 ├

A교수: 왜 들어오는 건가?

B학생: 뭘 놔두고 온 게 있어서요.

A교수: 그게 뭔데?

B학생: 기록되고, 분석되고, 요약되고, 정리된 정보를 설명하고 논의하는, 그림이 첨부되기도 하고 안 되기도 한, 딱딱한 표지를 씌운, 커버는 있는 것도 있고 없는 것도 있는 머리말, 소개, 목차, 인덱스가 있고, 인간의 지식을 높이고 풍성하게 하며, 계몽시키기 위해 만들어진, 시각기관을 통해 전달되기도 하고, 어떤 사람에겐 촉각기관을 통해 전달되는 물건이요.

A교수: 그게 뭐야?

B학생: 책이요.

① 질의 격률
② 양의 격률
③ 관련성의 격률
④ 태도의 격률
⑤ 요령의 격률

10 다음 [대화]를 보고 A에게 부족한 직업기초능력을 고른 것은?

┤ 대화 ├

K: "A씨, 거래처 미팅 왜 안 갔어요? 오늘 오전 10시라던데?"

A: "어? 저 금요일인 줄 알고 일정 확인하고 있었는데요."

K: "메일 다시 확인해 봐요. '금일 오전 10시'라고 분명히 적혀 있잖아요."

A: "앗, '금일'을 '금요일'로 생각했어요. 죄송합니다, 부장님."

K: "지금 당장 거래처에 연락하고, 사과부터 해요. 이번 일로 계약이 무산될 수도 있어요."

① 경청능력
② 문서이해능력
③ 문서작성능력
④ 의사표현능력
⑤ 문제해결능력

11 A회사는 10년간 사용할 목적으로 컴퓨터 업체에서 컴퓨터를 임대하여 사용하고자 한다. 다음 [표]를 바탕으로 10년간 컴퓨터 관리 비용이 가장 적게 들도록 업체를 선정할 때의 비용으로 알맞은 것은?

[표] 업체별 컴퓨터 관리 비용 (단위: 만 원)

구분	A업체	B업체	C업체	D업체	E업체
구입비용	200	150	180	240	220
AS 비용	15	17	16	10	12

※ 컴퓨터 관리 비용은 구입비용과 AS 비용의 합으로 계산됨.
※ 구입비용은 처음 계약 시에 지불하고, AS 비용은 1년 단위로 해마다 지불해야 함.

① 300만 원　　　　② 310만 원　　　　③ 320만 원
④ 330만 원　　　　⑤ 340만 원

12 경기도의 △△기관에서는 증축 사업을 위해 건축업체를 선정하려고 한다. 이를 위해 후보로 선정된 5개의 업체에 대하여 항목을 구분하여 평가하였고, 결과는 [표]와 같다. 이때, △△기관에서 최종적으로 선정하게 될 업체로 알맞은 것은?

[표] 항목별 평가 결과 (단위: 점)

구분	안정성	사업 참여 경험	시공 기간	비용
A 업체	30	20	50	30
B 업체	40	40	30	20
C 업체	50	40	10	20
D 업체	30	50	20	40
E 업체	10	10	40	50

※ 종합 점수는 (항목별 가중치)×(항목별 점수)의 총합으로 계산하고, 종합 점수가 가장 높은 업체를 선정함.
※ 안정성 가중치: 0.2, 사업 참여 경험 가중치: 0.1, 시공 기간 가중치: 0.3, 비용 가중치: 0.4
※ 종합 점수가 동점인 경우 비용 점수가 더 높은 업체를 선정함.

① A 업체　　　　② B 업체　　　　③ C 업체
④ D 업체　　　　⑤ E 업체

13 등산 동호회원인 김 씨는 서울에서 부산까지 동호회 회식을 가려고 한다. 출발지(집 또는 회식 장소)에서 각 지점(공항, 기차역, 고속버스터미널)까지 대중교통수단의 편도 요금 및 이동 시간을 나타낸 [표]를 바탕으로 가장 저렴하게 동호회 회식을 다녀올 때, 대중교통으로 이동하는 시간과 비용을 바르게 나타낸 것은?(단, 비행기, 기차, 고속버스의 운임비는 같다고 가정하며, 집으로 돌아올 때는 출발할 때와 동일한 운송수단을 이용한다.)

[표1] 대중교통수단에 따른 이동 시간 및 요금(서울)

구분		공항	기차역	고속버스 터미널
버스	시간	1시간	40분	30분
	요금	1,800원	1,600원	1,500원
지하철	시간	45분	50분	20분
	요금	1,600원	1,700원	1,450원

[표2] 대중교통수단에 따른 이동 시간 및 요금(부산)

구분		공항	기차역	고속버스 터미널
버스	시간	30분	35분	1시간
	요금	1,450원	1,600원	1,800원
지하철	시간	50분	15분	50분
	요금	1,800원	1,350원	1,700원

① 1시간 45분 / 5,900원 ② 1시간 50분 / 5,900원
③ 2시간 / 5,900원 ④ 2시간 / 6,000원
⑤ 2시간 5분 / 6,000원

2024년 하반기 경기도 공공기관 통합채용 기출변형

14 25□는 3의 배수이다. □ 안에 들어갈 수 있는 숫자들을 모두 더한 값을 구한 것은?

① 12   ② 13   ③ 14   ④ 15   ⑤ 16

2024년 상반기 한국동서발전 기출변형

15 원형 모양 시계의 바늘이 정확히 4시 30분을 가리키고 있다. 시계의 반지름 길이가 12cm일 때, 분침과 시침이 이루는 작은 각을 중심각으로 하는 부채꼴의 넓이가 원의 넓이의 몇 배인지 고른 것은?

① $\frac{1}{12}$배   ② $\frac{1}{8}$배   ③ $\frac{1}{6}$배   ④ $\frac{5}{24}$배   ⑤ $\frac{1}{4}$배

16 다음 그림의 A지점에서 B지점까지 최단 거리로 가는 방법의 수로 알맞은 것은?

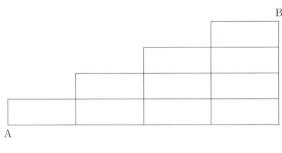

① 42가지   ② 54가지   ③ 60가지

④ 63가지   ⑤ 72가지

17 다음과 같이 전구 4개를 사용하여 신호를 보내려고 한다. 적어도 1개의 전구가 켜진 상태로 신호를 보낼 때, 신호를 나타내는 방법은 모두 몇 가지인지 고른 것은?

① 8가지   ② 12가지   ③ 15가지   ④ 16가지   ⑤ 18가지

18 어느 도둑이 은행에서 금괴를 훔쳐 달아나고 있다. 그런데 이 도둑이 5km를 도망갈 때 금괴의 $\frac{1}{3}$을 흘렸고, 10km쯤 도망갈 때는 나머지 금괴의 $\frac{7}{9}$을 흘렸다. 도둑이 그 후 아지트에 도착하여 남은 금괴의 양을 확인해 보니 200kg이었을 때, 도둑이 은행에서 처음으로 훔친 금괴의 양은?

① 1,200kg   ② 1,250kg   ③ 1,300kg

④ 1,350kg   ⑤ 1,400kg

19 다음 그림과 같이 ∠A=90°인 직각삼각형 ABC의 점 A에서 $\overline{BC}$에 내린 수선의 발을 H라고 한다. $\overline{AB}$=5cm, $\overline{BH}$=3cm일 때, 두 삼각형 ABC와 ABH의 둘레의 길이의 차는?

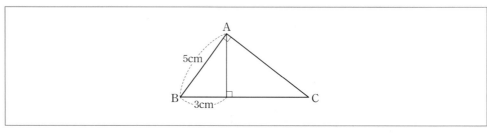

① 8cm   ② $\frac{26}{3}$cm   ③ $\frac{28}{3}$cm   ④ 10cm   ⑤ 12cm

20 다음 설명을 참고할 때, 96개의 정상 제품과 4개의 불량품 중 무작위로 뽑은 1개가 불량인 경우 두 번째 뽑은 제품이 불량품일 확률은?

조건부 확률이란 '조건이 붙은 확률'을 말한다. 이를 수학적 기호로는 'A | B'와 같이 표현한다. 이때 ' | '의 뒤에는 조건을 제시한 것으로 P(A | B)에서는 B가 조건에 해당되어 P(A | B)는 사건 B가 일어났을 때 사건 A가 일어날 확률을 뜻한다.

P(B | A)와 P(A∩B)는 다른 의미이므로 이를 정확히 구분해야 한다.

P(B | A): 사건 A가 일어났을 때 사건 B가 일어날 확률

P(A∩B): 사건 A가 일어나고 사건 B도 일어날 확률

언뜻 생각하면 두 의미가 동일한 것 같지만, P(B | A)에서는 사건 A가 이미 일어난 것으로(확률=1) 취급한다. 즉, 사건 A가 이미 일어난 상황에서 사건 B가 일어날 확률을 계산한 것이다. 반면 P(A∩B)에서는 사건 A가 일어날 확률도 고려해야 한다.

예를 들어 흰 공 3개, 검은 공 2개가 들어있는 주머니에서 공 2개를 차례로 꺼낼 때 꺼낸 공을 다시 넣지 않는 경우가 이에 해당한다. '처음에 흰 공을 꺼내고 두 번째에 검은 공을 꺼낼 확률을 구하라'고 하면 $\frac{3}{5} \times \frac{2}{4} = \frac{3}{10}$으로 계산한다. 이 과정에서 $\frac{3}{5}$은 '처음에 흰 공을 꺼낼 확률'이다. 두 번째에 검은 공을 꺼낼 확률은 처음에 어떤 색의 공을 꺼냈느냐에 따라 달라진다. 실제로 처음에 검은 공을 꺼냈다면 두 번째에 검은 공을 꺼낼 확률은 $\frac{2}{4}$가 아니라 $\frac{1}{4}$이 된다. 따라서 $\frac{2}{4}$는 '처음에 흰 공을 꺼냈을 때 두 번째에 검은 공을 꺼낼 확률'이라 표현해야 정확하다. 즉, '조건부 확률'인 것이다. 이를 기호로 표현하자면 P(두 번째 검은 공 | 처음 흰 공)과 같다. 이것을 정리해 보면 다음과 같다.

P(처음 흰 공∩두 번째 검은 공)$= \frac{3}{5} \times \frac{2}{4} = \frac{3}{10}$

P(두 번째 검은 공 | 처음 흰 공)$= \frac{2}{4} = \frac{1}{2}$

따라서 둘의 관계는 P(처음 흰 공∩두 번째 검은 공)=P(처음 흰 공)×P(두 번째 검은 공 | 처음 흰 공)과 같이 표현할 수 있다.

① $\frac{1}{825}$ ② $\frac{1}{96}$ ③ $\frac{1}{33}$ ④ $\frac{1}{3}$ ⑤ $\frac{1}{9}$

21 다음 중 브레인스토밍의 특징으로 **틀린** 것은?

① 아이디어를 비판해서는 안 된다.

② 주제를 구체적이고 명확하게 잡아야 한다.

③ 편안한 분위기를 만들 수 있는 리더가 필요하다.

④ 아이디어의 양보다는 질에 초점을 맞춰 진행해야 한다.

⑤ 발언 내용은 요약해서 잘 기록함으로써 내용을 구조화할 수 있어야 한다.

22 다음 [표]는 어느 주차장의 2025년 이용요금 및 금일 이용자들의 이용시간이다. 금일 주차장 이용자들의 총 합산 주차비용으로 알맞은 것은?

[표1] 2025년 주차장 이용요금

차종	기본 요금(최초1시간)	1시간 이후 추가 요금(30분당)
승용차	1,000원	600원
소형 화물차	1,500원	700원
대형 화물차	2,000원	800원
버스	2,500원	1,000원

[표2] 금일 이용자별 이용시간

이름	차종	이용시간
A	승용차	4시간 30분
B	소형 화물차	6시간
C	대형 화물차	3시간 30분
D	버스	2시간 30분

① 17,200원 ② 23,200원 ③ 25,200원

④ 27,200원 ⑤ 29,200원

23 다음은 여섯 색깔 모자기법에 대한 설명이다. 어느 회사에서 신제품을 출시하려고 한다. 여섯 색깔 모자기법에 따라 다양한 의견을 수렴할 때 각 색깔 모자별 답변으로 적절하지 <u>않은</u> 것은?

여섯 색깔 모자기법

• 하얀 모자: 중립적이고 객관적인 사실, 숫자들을 이야기한다.
• 빨간 모자: 예감, 직감, 감정, 느낌 등을 이야기한다.
• 검정 모자: 신중, 주의, 경고, 잠재위험, 결점 등을 이야기한다.
• 노란 모자: 이점, 이득, 가치 등 긍정적인 점을 이야기한다.
• 초록 모자: 리스크를 줄이기 위한 창의적인 아이디어, 새로운 관점에 대해 이야기한다.
• 파란 모자: 방향을 설정하고 목표, 목적 등 결과물에 대해 이야기한다.

---

① 하얀 모자─시장조사 결과 제품의 시장은 약 2,000만 명이며, 경쟁제품에 비해 약 10%의 성능 우위를 보입니다.

② 검정 모자─신제품을 생산하기 위해 기존 제품보다 약 30%의 생산비용이 더 들어, 재무악화에 영향을 줄 수 있습니다.

③ 노란 모자─신제품은 감성적 디자인과 성능우위를 바탕으로 시장점유율을 30%이상 차지할 수 있습니다.

④ 초록 모자─비용 리스크를 줄이기 위해서 처음부터 대량생산하기보다는 시범생산 후 사용자들의 피드백을 받는 것이 좋아 보입니다.

⑤ 파란 모자─온라인 설문조사 결과, 제품에 대한 기대감도 크지만 비용 증가에 따른 불안감도 존재합니다.

24 5명의 팀원은 각각 가방의 무게에 대해 다음과 같이 진술했다. 이를 통해 가방이 무거운 순서대로 바르게 배열한 것은?

A: 빨간 가방은 파란 가방보다 무겁고, 초록 가방보다 가볍다.

B: 파란 가방은 노란 가방보다 무겁다.

C: 초록 가방은 하얀 가방보다 무겁고, 빨간 가방보다도 무겁다.

D: 노란 가방은 하얀 가방보다 무겁다.

E: 노란 가방은 빨간 가방보다 가볍다.

① 초록－빨강－파랑－노랑－하양   ② 초록－빨강－노랑－파랑－하양

③ 초록－파랑－빨강－노랑－하양   ④ 빨강－파랑－초록－노랑－하양

⑤ 빨강－초록－파랑－노랑－하양

25 플루트 연주자, 바이올린 연주자, 호른 연주자, 오보에 연주자가 각각 2명씩 원탁에 일정한 간격으로 둘러앉아 있다. 다음 [조건]에 따라 앉았다고 할 때, 옳은 것은?

─┤ 조건 ├─

• 플루트 연주자 두 사람은 서로 마주 보고 앉아 있다.

• 호른 연주자 A는 플루트 연주자 B의 오른쪽에 앉아 있다.

• 오보에 연주자 B는 호른 연주자 B의 왼쪽에 앉아 있다.

• 호른 연주자 B는 바이올린 연주자 A와 마주보고 앉아 있다.

• 바이올린 연주자 두 사람은 서로 이웃하여 앉아 있다.

① 호른 연주자 두 사람은 서로 이웃하여 앉아 있다.

② 플루트 연주자 A의 양 옆에는 오보에 연주자가 앉아 있다.

③ 호른 연주자 A는 오보에 연주자와 마주 보고 앉아 있다.

④ 오보에 연주자 두 사람은 서로 마주 보고 앉아 있다.

⑤ 바이올린 연주자 A는 플루트 연주자 A의 오른쪽에 앉아 있다.

26 A, B, C, D, E 5명은 구내식당에서 점심을 먹기 위해 일렬로 줄을 서 있다. 이들 중 한 명만 거짓을 말하고 있을 때, 항상 참인 것은?(단, 5명 외에 줄을 서 있는 사람은 없다.)

> A: B는 나보다 뒤에 서 있다.
> B: C는 나보다 앞에 서 있다.
> C: D는 A보다 뒤에 서 있다.
> D: E는 나의 바로 앞에 서 있다.
> E: A는 B보다 앞에 서 있다.

① D는 B보다 뒤에 서있다.
② A는 B보다 앞에 서 있다.
③ E와 D 사이에는 아무도 없다.
④ B의 진술은 거짓이다.
⑤ C는 A와 B 사이에 서 있다.

27 다음 전제를 바탕으로 항상 참인 결론으로 적절한 것은?

전제1	빵을 좋아하는 모든 사람은 치즈를 좋아한다.
전제2	빵을 좋아하는 어떤 사람은 파스타를 좋아한다.
결론	

① 파스타를 좋아하는 모든 사람은 치즈를 좋아한다.
② 치즈를 좋아하는 모든 사람은 파스타를 좋아한다.
③ 치즈를 좋아하는 어떤 사람은 파스타를 좋아한다.
④ 파스타를 좋아하는 어떤 사람은 치즈를 좋아하지 않는다.
⑤ 파스타를 좋아하는 모든 사람은 빵을 좋아한다.

28 서울, 런던, 파리, 시드니, 방콕에서 서울 시각으로 오전 11시에 동시에 화상회의를 시작해 2시간 30분 후 종료하였다. 다음 [보기]에 제시된 조건이 모두 참이라고 할 때, 회의가 종료된 시각을 나라별로 나타낸 것으로 옳은 것은?

┤ 보기 ├
- 런던은 서울보다 시차가 9시간 느리다.
- 파리는 런던보다 시차가 1시간 빠르다.
- 방콕은 시드니보다 시차가 4시간 느리다.
- 시드니는 런던보다 시차가 11시간 빠르다.

① 런던 ― 오후 4시 30분   ② 파리 ― 오전 6시 30분
③ 시드니 ― 오후 2시 30분   ④ 방콕 ― 오전 11시 30분
⑤ 방콕 ― 오전 9시 30분

29 한국철도공사의 인사팀에서 근무 중인 박 과장은 신입사원을 대상으로 사내·외에서 발생할 수 있는 각종 문제들에 대한 기본적인 처리 절차에 대하여 교육하기 위해 [보기]와 같이 각 절차를 정리하였다. 다음 [보기]의 ㉠~㉣에 해당하는 문제해결 절차를 바르게 짝지은 것은?

┤ 보기 ├
㉠ 선정된 문제를 분석하여 해결해야 할 것이 무엇인지를 명확히 하는 단계
㉡ 해결해야 할 전체 문제를 파악하여 우선순위를 정하고, 선정문제에 대한 목표를 명확히 하는 단계
㉢ 해결안 개발을 통해 만들어진 실행계획을 실제 상황에 적용하는 활동으로 당초 장애가 되는 문제의 원인들의 해결안을 사용하여 제거하는 단계
㉣ 문제로부터 도출된 근본 원인을 효과적으로 해결할 수 있는 최적의 해결 방안을 수립하는 단계

	㉠	㉡	㉢	㉣
①	문제 인식	문제 도출	해결안 개발	실행 및 평가
②	문제 인식	문제 도출	실행 및 평가	해결안 개발
③	문제 도출	문제 인식	실행 및 평가	해결안 개발
④	문제 도출	문제 인식	해결안 개발	실행 및 평가
⑤	문제 도출	실행 및 평가	문제 인식	해결안 개발

30 창의적 사고력의 개발방법 중 하나인 시넥틱스에 대한 다음 설명을 참고할 때, 다음 [보기]의 세 가지 생각에 해당하는 유추 과정을 올바르게 구분한 것은?

> 시넥틱스(Synectics)는 서로 관련성이 없는 요소들의 결합을 의미하며, 창의적인 문제해결 기법 중의 하나이다. 시넥틱스에서는 크게 두 가지 작업이 시행된다. 하나는 익숙한 것을 사용해서 새로운 것을 만드는 것이고, 다른 하나는 익숙하지 않은 것을 익숙한 것으로 만들어 보는 것이다. 전자는 너무 익숙해서 새로운 생각을 하기 어려운 상황을 벗어나기 위한 것이고, 후자는 익숙하지 않은 상황도 익숙한 것으로 받아들여 이용하기 위한 것이다.
>
> 시넥틱스는 다음과 같은 네 가지의 유추 과정을 활용하여 창의적인 결과물을 만들어낼 수 있다.
>
> | 구분 | 내용 |
> |---|---|
> | 직접적인 유추 | 실제로 비슷하지 않은 두 개념을 객관적으로 비교함으로써 현재 직면하고 있는 문제를 해결하고자 한다. |
> | 의인 유추 | 문제를 해결하는 사람 스스로가 문제의 일부분이 되었다고 생각해 봄으로써 문제가 필요로 하는 통찰을 끌어내고자 한다. |
> | 상징적 유추 | 개념이나 대상들의 관계를 기술할 때 상징을 활용하고자 한다. |
> | 환상적 유추 | 현실을 넘어서는 상상을 통해 유추함으로써 문제를 해결하고자 한다. |

┤ 보기 ├

㉠ 내가 만일 코로나19 바이러스라면 인간들의 방역 활동의 어떤 허점을 비웃겠는가?

㉡ 코로나19 바이러스의 확산과 인터넷의 확산은 어떤 면에서 비슷한가?

㉢ 코로나19의 백신이 발효식품에서 얻어질 수는 없는가?

	㉠	㉡	㉢
①	의인 유추	직접적인 유추	환상적 유추
②	의인 유추	환상적 유추	상징적 유추
③	상징적 유추	의인 유추	직접적인 유추
④	직접적인 유추	환상적 유추	상징적 유추
⑤	직접적인 유추	의인 유추	환상적 유추

31 다음은 상동적 태도에 관한 글이다. 이 글을 바탕으로 할 때, 상동적 태도에 가장 가까운 것은?

> 상동적 태도란 어떤 사람에 대해 하나의 독특한 특징만을 가지고서 그 사람을 평가하는 태도를 말한다. 상동적 태도는 어떤 사람에 대한 전반적 지식 없이 특징에 의해서 평가하기 때문에 사람들에 대해서 나쁜 이미지를 만들어 낼 수 있는 편견의 일종이다.

① 특정 대학 출신이기 때문에 능력이 좋을 것으로 판단하는 경우
② 외모가 단정한 직원이 업무 능력도 뛰어날 것으로 판단하는 경우
③ 내가 힘들어하니 다른 사람들도 같은 감정을 느낄 것으로 판단하는 경우
④ 성과가 좋으면 내 덕분이고, 실패하면 상황이 나빴던 것이라고 생각하는 경우
⑤ 특정 지역 출신이기 때문에 성과가 높거나 낮을 것으로 판단하는 경우

32 다음과 같은 직원 W에 대한 동료 평가를 참고할 때, W의 팔로워십 유형으로 옳은 것은?

> A: W는 내 의견에 한 번도 반기를 들지 않았어.
> B: W는 회의에서 의견을 적극적으로 낸 적이 없는 것 같아.
> C: W는 갑자기 하게 된 야근이나, 급하게 일정이 잡힌 회식에 불만 없이 참여했어.
> D: W는 인기 없는 업무를 하는 것을 싫어해서 피하려 하는 경향이 있어.

① 소외형　　　　　　② 순응형　　　　　　③ 수동형
④ 실무형　　　　　　⑤ 주도형

33 다음 중 리더십 유형에 대한 설명으로 옳은 것은?

① 독재자 유형은 조직에 대한 명확한 비전을 제시하고, 집단 구성원들에게 비전을 쉽게 전달한다.

② 파트너십 유형은 집단의 행동에 따른 결과 및 성과에 대해 책임을 지고 팀의 방향을 설정한다.

③ 변혁적 유형은 의사 결정과 대부분의 핵심 정보를 그들 스스로에게 국한하여, 존경심과 충성심을 불어넣는다.

④ 변혁적 유형은 개개인에게 시간을 할애하여 그들 스스로가 중요한 존재임을 깨닫게 하며, 이를 위해 대부분의 핵심 정보를 독점하고 유지한다.

⑤ 민주주의에 근접한 유형은 한 사람도 소외됨 없이 동등하다는 것을 확신시키긴 하지만 최종 결정권은 리더에게만 있다.

2025년 상반기 전라남도 공공기관 통합채용 기출변형

34 다음 상황에서 A팀장이 사용한 갈등 해결 방법으로 가장 적절한 것은?

> 프로젝트 마감이 다가오자 A팀은 업무 분담을 놓고 팀원 간 의견 충돌이 심해졌다. 서로의 주장만 내세우며 책임을 회피하려는 분위기가 형성되자 A팀장은 팀원 전체 회의를 소집하였다. 그는 각자의 입장을 충분히 듣고, 공동의 목표를 재확인하며 모두가 만족할 수 있는 해결방안을 찾기 위해 팀원 간 대화를 유도했다. 이후 팀원들은 서로의 역할을 재조정하고, 갈등 상황을 원만히 해결했다.

① 회피형 – 갈등 상황을 피하고 시간이 해결해 주기를 기대한다.

② 경쟁형 – 자신의 주장을 강하게 내세우며 상대방을 설득한다.

③ 수용형 – 상대방의 요구를 우선시하며 자신의 입장을 포기한다.

④ 타협형 – 서로 조금씩 양보하여 중간에서 해결책을 찾는다.

⑤ 통합형 – 팀원 간 친화성을 강화하고 모두가 만족할 수 있는 해결책을 찾는다.

35 다음 임파워먼트의 확산을 방해하는 요인 중 대인적 관점의 방해 요인에 해당하는 것을 [보기] 에서 모두 고른 것은?

┤ 보기 ├

ㄱ 비전의 효과적 전달 능력 결여

ㄴ 효과적 리더십 발휘 능력 결여

ㄷ 승패의 태도

ㄹ 약속 불이행

ㅁ 공감대 형성이 없는 구조와 시스템

ㅂ 다른 사람의 성실성 결여

ㅅ 갈등 처리 능력 부족

ㅇ 정책 및 기획의 실행 능력 결여

① ㄴ, ㄷ, ㄹ, ㅂ

② ㄷ, ㄹ, ㅂ, ㅅ

③ ㄱ, ㄴ, ㄷ, ㄹ, ㅅ

④ ㄴ, ㄷ, ㅂ, ㅅ, ㅇ

⑤ ㄱ, ㄷ, ㄹ, ㅁ, ㅂ, ㅅ

36 다음은 '윈-윈 갈등 관리법'을 수행하기 위한 단계를 도식화한 것이다. 각 단계에서 자문해 볼 수 있는 내용으로 적절하지 <u>않은</u> 것은?

1단계 충실한 사전준비 → 2단계 긍정적인 접근 방식 → 3단계 상호 입장 명확히 하기 → 4단계 윈-윈에 기초한 기준에 동의하기 → 5단계 해결책 생각해내기 → 6단계 해결책 평가하기 → 7단계 해결책 선택 및 실행 동의

① 1단계: 내가 정말로 원하는 것은 무엇인가?

② 2단계: 나는 우리 모두에게 만족스러운 해결책을 찾고 싶은가?

③ 3단계: 모두를 만족시킬 수 있는 방안은 무엇인가?

④ 4단계: 만약 합당한 조건이 보장되면 그 일을 약속할 수 있는가?

⑤ 5단계: 해결 방법을 모색하기 위한 좋은 아이디어는 무엇인가?

37 갈등관리 차원에서 본 다음 두 조직에 대한 설명으로 옳은 것을 [보기]에서 모두 고른 것은?

> A팀은 출근 전부터 퇴근 시까지 도떼기시장이 따로 없을 정도로 시끌벅적하다. 전화벨 소리가 끊이지 않으며 직원들끼리 업무 토론을 진행하며 나는 소리, 거래처 손님과 호탕하게 웃는 소리, 부하 직원을 꾸짖는 소리, 상사에게 자신의 의견을 거침없이 주장하는 소리 등이 뒤섞여 정신없는 하루가 지나간다. 바깥에서 보면 제대로 업무가 수행될 수 있을지 의아하기만 하지만 A팀은 가장 업무성과가 우수한 팀이다.
>
> B팀은 A팀과 대조적인 분위기다. 모든 팀원이 각자가 맡은 업무에 몰두하며 업무 시간에 구성원끼리 나누는 대화는 좀처럼 찾아볼 수 없다. 또한 팀장의 지시사항 역시 메신저로 전달되며, 간단한 의사교환도 대면 소통이나 전화 대신 이메일로 나누는 것을 선호한다. 이렇다 할 문제도 일으키지 않는 B팀은 회사에서 평범한 하나의 조직일 따름이다.

┤ 보기 ├
ⓒ B팀은 조직 내 갈등이나 의견 불일치 등의 문제가 거의 없어 이상적인 조직으로 평가될 수 있다.
ⓛ A팀은 갈등이 새로운 해결책을 만들어 주는 기회를 제공한다.
ⓒ B팀은 갈등수준이 낮아 의욕이 상실되기 쉽고 조직성과가 낮아질 수 있다.
ⓔ A팀은 생동감이 넘치고 문제해결 능력이 발휘되어 갈등의 순기능이 작용한다.

① ㉠, ㉡   ② ㉡, ㉢   ③ ㉢, ㉣
④ ㉠, ㉡, ㉢   ⑤ ㉡, ㉢, ㉣

38 다음 글을 바탕으로 할 때, 라포 형성 방법에 관한 설명으로 옳지 <u>않은</u> 것을 [보기]에서 모두 고른 것은?

'라포'란 상담이나 교육을 위한 전제로 신뢰와 친근감으로 이루어진 인간관계를 의미한다. 상담, 치료, 교육과 같은 활동은 특성상 상호협조가 중요한데, 라포는 이를 충족시켜주는 동인(動因)이 된다. 라포를 형성하기 위해서는 타인의 감정, 사고, 경험을 이해할 수 있는 공감대 형성을 위하여 노력해야 하며, 효과적인 장애 학생 교육이나 부모 상담을 위해서는 라포의 형성이 무엇보다 중요하다.

NLP는 무의식적으로 작용하는 자신의 신경화학적 정보처리방식을 이해하고, 그 결과 합리적인 방식은 구조화하고 비합리적인 방식은 재구조화하여 자신의 사고나 행동의 근거를 규정하고 변화를 유도하는 접근을 의미한다. NLP에서는 전체 의사소통에서 언어적 의사소통은 7%에 불과하고 몸의 자세, 신체 움직임, 눈 깜박임, 얼굴 표정 등 신체 언어에 의한 의사소통이 55%, 음성이 38%에 해당한다는 점에 근거하여 모든 통로를 사용한 라포 형성이 중요하다고 본다. 또한 사람들이 서로 비슷하거나 공통점이 많을수록 공감대가 쉽게 형성되고, 따라서 서로 좋아할 확률이 높아진다는 점을 중시한다. 이에 따라 NLP에서 라포를 형성하는 방법은 거울반응하기(mirroring), 역추적(backtracking), 맞추기(pacing) 등이 있다.

┤ 보기 ├

㉠ 거울반응하기는 거울처럼 내담자의 행동을 그대로 따라 하는 기법으로 내담자가 왼손을 들어 머리를 만지면 상담자도 왼손을 들어 머리를 만지는 방식이다.

㉡ 역추적은 내담자와 이야기하는 중간에 내담자가 말한 특정 핵심 단어를 한 번 더 반복해서 말하는 것이다.

㉢ 맞추기는 상담자가 자신의 동작, 호흡, 음조, 자주 사용하는 표현 등을 내담자에게 맞추는 것이다.

---

① ㉠, ㉡   ② ㉠, ㉢   ③ ㉡, ㉢
④ ㉠, ㉡, ㉢   ⑤ 없음

39 다음 중 팀워크 촉진 측면에서 적절하지 <u>않게</u> 행동한 팀장을 모두 고른 것은?

> 팀장 K: 상반기 프로젝트 기획을 위한 기획팀 회의에서 팀원들의 아이디어를 모두 기록하고, 적극적으로 팀원들의 말에 흥미를 가지고 경청하였다. 회의 중간에 팀원 M이 제시한 아이디어는 상식에서 벗어나기도 했지만 비판하지 않았으며, 침묵을 지키는 팀원 J 또한 존중하였다.
>
> 팀장 L: 소셜네트워크 마케팅을 진행하기로 결정한 뒤, 팀원들의 행동을 주의 깊게 관찰하였더니 팀원 S와 N은 곧바로 소셜네트워크 채널을 선택하기 위해 채널별 장단점을 조사해 보고서를 작성하는 것을 확인하였다. 그들이 업무를 진행하는 것을 주기적으로 살펴보면서, 업무 과제를 기대 이상으로 잘하고 있는 것에 대해 즉각적으로 칭찬을 아끼지 않았다.
>
> 팀장 P: 팀원 A의 업무 역량 부족으로 인해 팀원 B가 본인의 업무가 과중되고 있다는 불평을 하자 팀원 A 또한 그것은 사실이 아니라며 반박하여 갈등이 발생하였다. 팀원 간의 갈등은 충분히 시간을 두어 감정이 가라앉은 뒤 접근하는 것이 갈등 해결에 도움이 된다고 생각하여 바로 팀원 간의 갈등에 개입하지 않고 팀원들을 지켜보았다. 이후에 팀원 A와 팀원 B를 불러 셋이 함께 면담을 진행하며 의견을 교환한 뒤, 갈등 해결에 도움을 주었다.

① 팀장 K   ② 팀장 P   ③ 팀장 K, 팀장 P
④ 팀장 L, 팀장 P   ⑤ 팀장 K, 팀장 L, 팀장 P

40 다음 중 유화전략에 대한 설명으로 옳지 <u>않은</u> 것은?

① 상대방이 제시하는 것을 일방적으로 수용하여 협상의 가능성을 높이려는 전략이다.
② 상대방의 욕구와 주장에 자신의 욕구와 주장을 조정하고 순응시키는 전략이다.
③ 협상으로 인해 돌아올 결과보다 상대방과의 충돌을 피하고자 할 때 사용할 수 있다.
④ 유화, 양보, 순응, 수용, 굴복, 요구사항의 철회 등의 전술이 사용될 수 있다.
⑤ 서로에 대한 정보를 많이 공유하고 있어 당사자 간에 신뢰가 쌓여 있는 경우 유용하다.

41 다음 중 조직 내의 각 직급(대리, 과장, 부장 등) 간 역할 및 기대수준에 차이가 생길 경우, 이로 인한 갈등을 해결하기 위한 방법으로 가장 적절한 것은?

① 대리가 과장의 업무를 모두 대신하도록 한다.

② 과장이 대리에게 명확한 업무 목표와 기대를 전달한다.

③ 대리가 부장에게 별도의 피드백을 주지 않는다.

④ 부장이 대리의 업무에 전혀 개입하지 않는다.

⑤ 부장이나 과장은 대리의 사기 저하 및 직무 불만에 관심을 갖지 않는다.

42 다음 그림은 △△전자의 제품 X에서 필터결함을 발견한 후 이를 리콜하는 과정을 나타낸 것이다. 이에 대한 설명으로 옳지 <u>않은</u> 것은?

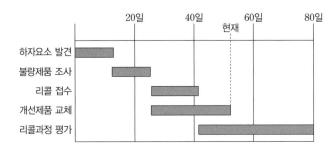

① H. L. Gantt가 창안한 차트이다.

② 전체적인 업무 파악에는 용이하지 않다.

③ 단계별 업무의 시작과 마무리에 소요되는 시간 확인이 가능하다.

④ 단계별로 소요되는 시간과 각 업무와의 상관관계를 파악할 수 있다.

⑤ 최근에는 마이크로 엑셀 등의 프로그램으로 단계별 시작일과 종료일을 기입하면 쉽게 만들어 사용할 수 있다.

43 다음은 G회사의 부서별 업무 내용에 관한 자료이다. 이 자료를 바탕으로 부패를 저지른 직원을 신고할 수 있는 부서의 수는?

부서	업무 내용
총무부	주주총회 및 이사회 개최 관련 업무, 의전 및 비서 업무, 집기·비품 및 소모품의 구입과 관리, 국내외 출장 업무 협조, 복리후생 업무, 법률자문과 소송관리, 사내외 홍보·광고 업무, 사무실 임차 및 관리, 차량 및 통신 시설의 운영
인사부	조직기구의 개편 및 조정, 업무 분장 및 조정, 인력수급 계획 및 관리, 직무 및 정원의 조정 종합, 노사관리, 평가 및 신고관리, 상벌관리, 인사발령, 교육체계 수립 및 관리, 임금제도, 복리후생제도 및 지원업무, 복무관리와 퇴직관리
기획부	경영계획 및 전략 수립, 전사기획업무 종합 및 조정, 중장기 사업계획의 종합 및 조정, 경영정보 조사 및 기획 보고, 경영진단업무, 종합예산수립 및 실적관리, 단기사업계획 종합 및 조정, 사업계획, 손익추정, 실적관리 및 분석
회계부	회계제도의 유지 및 관리, 재무상태 및 경영실적 보고, 결산 관련 업무, 재무제표 분석 및 보고, 법인세, 부가가치세, 국세, 지방세 업무자문 및 지원, 보험가입 및 보상업무, 고정자산 관련 업무
영업부	판매 계획, 판매예산의 편성, 시장조사, 광고 선전, 견적 및 계약, 제조지시서의 발행, 외상 매출금의 청구 및 회수, 제품의 재고 조절, 거래처로부터의 불만처리, 제품의 AS, 판매원가 및 판매가격의 조사 검토
감사실	감사종합계획 수립, 법인카드 실시간 모니터링 운영, 자체감사 및 특정감사 업무 추진, 일상경비검사 업무, 청렴도 향상 종합대책, 청렴교육, 청렴시책사무 추진, 부정청탁금지법 업무 추진(신고조사 포함), 반부패 경쟁력 평가 업무 추진, 부패영향평가제도 운영

① 1개   ② 2개   ③ 3개   ④ 4개   ⑤ 5개

44 다음 내용을 참고하여 P사원에게 부족한 역량으로 가장 적절한 것은?

> P사원은 최근 파트너십을 맺고 있는 아랍 기업과의 미팅에서 불쾌한 경험을 겪었다. 해당 기업은 세 차례의 미팅 모두에 지각하였으며, 이에 대해 별다른 사과나 미안한 기색을 보이지 않았다. 오히려 상대방이 기다리는 것을 당연하게 여기는 듯한 태도를 보여, 해당 기업이 우리 회사와의 파트너십을 중요하게 여기지 않는다는 인상을 받았다. P사원은 미팅 자리에서 더 이상 웃을 수 없었다.

① 친절함   ② 협상 능력   ③ 시간 관리
④ 국제 매너   ⑤ 비즈니스 전략

45 다음 글을 참고할 때, U형, M형 조직구조에 대한 설명으로 옳지 **않은** 것은?

> 시장거래를 대체하는 조직구조에서는 부서 간 협력과 통합이 중요하다. 부서 간 독립적인 운영은 조정과 협력의 어려움을 초래할 수 있기 때문에, 효율성을 높이는 요소로 적합하지 않다. 반대로, 협력적이고 통합적인 운영은 거래비용을 줄이고 조직 전체의 효율성을 높이는 데 기여한다.
>
> 시장거래를 대체하는 효율적인 조직구조로는 중앙집중형 의사결정을 추구하는 U형 구조(유니버설 구조)와 다양한 기능별 또는 제품별로 조직이 나뉘는 M형 구조(멀티디멘셔널 구조)가 있다. 이러한 구조들은 시장에서 발생할 수 있는 거래비용을 줄이고, 효율성 극대화를 목적으로 조직을 설계한다.

① U형 조직구조는 효율성을 높이고 거래 비용을 절감하는 데 유리하다.
② U형 조직구조는 상호 의존도가 높고 협력이 중요한 업무에서 유리하다.
③ M형 조직구조는 부서 간의 갈등과 협력이 최소화될 수 있다.
④ M형 조직구조는 전문성을 갖춘 팀들이 각각 독립적으로 운영된다.
⑤ M형 조직구조는 정보의 교환이 원활하지 않거나 서로 다른 목표를 가질 수 있다.

46 다음 중 피터 드러커가 제시한 '일의 5단계'에서 고려해야 할 대상이 **아닌** 것은?

① 이 일은 누구를 위한 것인가?
② 무엇을 해야 할 것인가?
③ 그 일을 어떻게 해야 할 것인가?
④ 무엇이 중요한가?
⑤ 우선순위를 어떻게 둘 것인가?

47 다음 글을 참고할 때, 그루엔 효과의 사례로 적절하지 <u>않은</u> 것은?

> 그루엔 효과(Gruen Effect)는 소매업과 소비자 행동에서 자주 언급되는 심리적 현상으로, 소매 환경이나 상점 디자인이 소비자의 구매 행동에 미치는 영향을 설명하는 개념이다. 이 효과는 특히 상점의 배치, 조명, 음악 등 외부적인 요소들이 소비자의 구매 결정을 유도하는 방식에 관한 것으로, 매장 디자인의 영향, 소비자가 매장에 들어섰을 때 그 환경에 따라 나타나는 감정적이고 무의식적인 반응이 구매 결정에 미치는 영향, 그에 따른 구매 유도 전략 등의 측면에서 활용된다.

① 매장에서 조용하고 부드러운 음악을 틀어 소비자가 편안한 분위기 속에서 쇼핑을 즐기도록 유도한다.

② 상점에 들어갈 때 첫 번째로 보이는 위치에 할인 상품이나 인기 제품을 배치한다.

③ 가격표에 원래 가격과 세일 가격을 함께 표시하여, 할인폭을 부각시켜 소비자가 '지금 사면 더 저렴하다'는 심리적 압박을 느끼게 만든다.

④ 상점에 들어오는 손님을 연령대로 분류하여 특정 연령대 고객이 입장하면 사은품을 끼워 판매한다.

⑤ 상점 내에서 특정 향기를 사용하여 소비자에게 긍정적인 감정을 불러일으키고, 제품 구매를 유도한다.

48 다음 [보기]에서 나타난 두 집단을 구분할 수 있는 분류 기준으로 적절한 것은?

> ┤ 보기 ├
>
> T사원은 프로 농구선수를 꿈꿨지만, 가정 형편 악화로 꿈을 접고 아픈 부모님과 어린 동생들을 부양하며 학업 대신 아르바이트로 10대를 보냈다. 이후 동생들이 성장하며 가정의 부담에서 벗어나게 되었고, 늦게나마 공부를 시작해 ○○사의 채용시험에 합격하여 입사하게 되었다.

① 구성원들의 소속감

② 구성원들의 친밀도

③ 구성원들의 접촉방식

④ 구성원들의 결합의지

⑤ 구성원들의 성공의지

49 다음은 SWOT 분석에 관한 내용과 A기업의 사례를 나타낸 것이다. A기업의 사례를 바탕으로 할 때, ㉠에 해당하는 것은?

SWOT 분석은 기업의 내부 환경과 외부 환경을 분석하여 강점(Strength), 약점(Weakness), 기회(Opportunity), 위협(Threat) 요인을 규정하고, 이를 토대로 경영 전략을 수립하는 기법을 말한다. SWOT 분석은 미국의 경영 컨설턴트인 앨버트 험프리(Albert Humphrey)에 의해 고안되었는데, SWOT 분석의 가장 큰 장점은 기업의 내·외부 환경 변화를 동시에 파악할 수 있다는 것이다. 기업의 내부 환경을 분석하여 강점과 약점을 찾아내며, 외부 환경 분석을 통해서는 기회와 위험을 찾아낸다. SWOT 분석을 그림으로 나타내면 다음과 같다.

	강점(Strength)	약점(Weakness)
기회(Opportunity)	(㉠)	WO전략
위협(Threat)	ST전략	WT전략

A기업의 사례	
강점(Strength)	• 화장품과 관련된 높은 기술력 보유 • 기초화장품 전문 브랜드라는 소비자 인식과 높은 신뢰도
약점(Weakness)	• 남성 전용 화장품 라인의 후발 주자 • 용량 대비 높은 가격
기회(Opportunity)	• 남성들의 화장품에 대한 인식 변화와 화장품 시장의 지속적인 성장 • 화장품 분야에 대한 정부의 지원
위협(Threat)	• 경쟁업체들의 남성 화장품 시장 공략 • 내수 경기 침체로 인한 소비심리 위축

① 정부의 지원을 통한 제품의 가격 조정
② 남성 화장품 이외의 라인에 주력하여 경쟁력 강화
③ 기초화장품 기술력을 남성 화장품 이외의 라인에 적용
④ 기초화장품 기술력을 통한 경쟁적 남성 기초화장품 개발
⑤ 높은 기술력 보유를 앞세워 경쟁업체와 차별화된 남성 화장품을 개발

50 다음은 조직구조를 셀(Cell) 단위로 변화시킨 N사의 사례이다. 다음 사례를 통해 알 수 있는 셀 단위 조직의 특징으로 볼 수 <u>없는</u> 것은?

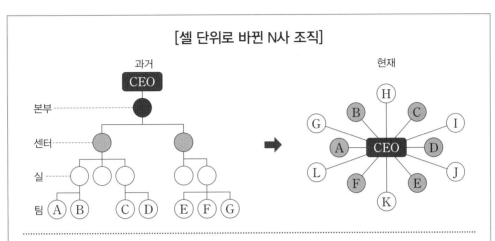

[셀 단위로 바뀐 N사 조직]

N사는 개별 사업으로 글로벌 진출이 가능하다고 판단된 웹툰, 동영상, 사전, 클라우드 등의 분야를 'Cell'이라는 독립조직으로 분리하였다. 관료제적 성향이 짙었던 팀제 내에서의 수직적 의사결정을 구성원 전체가 할 수 있는 형태로 바꾼 것이다. 'Cell 제도' 내에서는 연중행사나 프로젝트에 따라 유연하게 조직 형태를 바꿀 수 있다. 그 때문에 예측하지 못한 상황에도 신속하게 반응을 할 수 있었으며 직책에 얽매이지 않아 구성원 모두가 자신의 의견을 피력할 수 있었다. 또한, 직급이나 연공에 상관없이 각 'Cell'의 리더가 선출되어 수직적인 구조가 아닌 구성원들과 논의하여 원하는 방향으로 의사결정이 손쉽고 빠르게 이루어질 수 있도록 변화를 꾀하였다.

현재는 'Cell 제도'를 거쳐 CIC(Company In Company) 형태로 변화하였다. N사는 매해 시장 변화에 빠르게 대응해야 하거나 중요하다고 판단되는 과제를 담당하는 조직을 프로젝트로 운영하고 있다. 각 프로젝트는 추후 Cell 조직으로 발전하게 되며 이후 상위 개념인 CIC로 발전해 독립적인 회사형태를 띠게 된다. 프로젝트-Cell-CIC 단계를 거치면서 조직은 더 많은 책임과 권한을 부여받게 된다. 해당 리더에게 대표라는 호칭과 권한을 부여하여 조직 전체에 대한 자율성과 책임감을 주어 동기부여를 하게 하는 것이다. 이 과정에서 직원들은 자신이 원하는 프로젝트를 자유롭게 제시할 수 있으며 해당 프로젝트가 충분한 사업성이 있거나 혁신적일 경우 제시한 사람은 직급과 관계없이 Cell 조직의 리더가 될 수 있다. 조직 내에서 자신의 아이디어를 실현하며 성취를 이뤄낼 수 있다.

① Cell 조직의 리더는 인사·예산·기획 등의 권한까지 부여받는다.
② 조직 구성원 누구에게나 'Cell'의 리더가 될 가능성이 열려 있다.
③ CEO에게 의견을 전달하는 단계가 Cell 조직으로 변화되며 확연히 줄어들었다.
④ 연중행사나 프로젝트에 따라 유연하게 조직 형태를 바꿀 수 있으므로 일종의 매트릭스 구조로도 볼 수 있다.
⑤ 단계별로 권한과 책임이 강화되어 구성원들의 자율성과 동기부여가 증대되었다.

정답과 해설 P.58

VII

휴노 | 한사능 | 휴스테이션 | 인크루트 | 사람인 | 매일경제

매일경제

| 매일경제 |
찐기출
모의고사

맞은 개수   / 50문항

풀이 시간   / 50분

---

01 다음 글의 밑줄 친 ㉠~㉤ 중 문맥상 어울리지 <u>않는</u> 것은?

탄소중립 기술 스타트업 '에코○○'은 최근 차세대 이산화탄소 포집 시스템을 개발하며 업계의 주목을 받고 있다. ㉠이 기술은 기존 흡착 방식보다 에너지 효율을 25% 이상 개선했으며, 회수된 이산화탄소는 친환경 플라스틱 원료로 전환될 수 있어 활용도도 높다. 해당 시스템은 특히 기존 설비에 대한 개조 없이도 적용 가능하도록 설계되어, 도입 비용 부담을 줄이는 데에도 기여하고 있다.

에코○○의 김□□ 대표는 "기술 개발 초기에는 장비 내구성과 반응 안정성에 대한 우려가 많았지만, 반복 실험을 통해 상용화 기준을 만족시킬 수 있었다."라고 설명했다. ㉡그는 특히, 해당 기술이 소형 모듈 형태로 제작되어 이동성과 확장성이 뛰어나다는 점을 강조하며, 산업 현장뿐만 아니라 도심형 건물에도 적용이 가능하다고 덧붙였다.

또한 에코○○은 정부의 탄소저감 기술 인증 절차를 통과했으며, 관련 특허도 국내외 4건 이상 확보한 상태다. 이 기술은 해외 학술지에도 소개되었으며, 유럽의 주요 친환경 박람회 초청을 앞두고 있다. ㉢회사 측은 이러한 기술력을 바탕으로 향후 건물 통합형 탄소 모니터링 솔루션도 개발할 계획이며, 이미 국내 대형 건설사와의 협업 논의도 진행 중이다.

에코○○의 내부 개발팀은 2025년 말까지 상용 모듈 시리즈를 출시하고, 이를 기반으로 B2B 공급 계약을 확대할 방침이다. ㉣또한 에코○○은 최근 전 직원을 대상으로 '소통 역량 향상 워크숍'을 진행하며 조직문화 개선에도 힘쓰고 있다.

중소 제조업체를 위한 보급형 모델도 함께 개발 중이며, 이는 온실가스 배출 저감에 어려움을 겪는 중소기업의 부담을 덜어줄 수 있을 것으로 기대된다. 해당 모델은 인공지능(AI) 기반 진단 시스템을 탑재하여, 실시간으로 포집 효율과 장비 이상 여부를 예측할 수 있게 된다.

현재 에코○○은 시범 플랜트를 경기 안성시에 설치 중이며, 내년부터는 글로벌 시장 진출도 계획하고 있다. ㉤이와 관련하여, 관계자는 플랜트 운영 인력을 인공지능 모델을 활용해 원격 채용하는 방안을 검토하고 있다고 밝혔다. 김□□ 대표는 인터뷰 말미에 "기술의 방향성과 시장의 수요가 맞닿는 지점에서 혁신이 일어난다."라며 지속적인 연구 개발 의지를 밝혔다.

① ㉠　　　　② ㉡　　　　③ ㉢　　　　④ ㉣　　　　⑤ ㉤

[02~03] 다음 공고문을 읽고 이어지는 질문에 답하시오.

공공기관인 ○○○○에서는 다음과 같이 사업 대상 지역 내 우수 중소기업을 선정하는 공고문을 게시하였다.

1. 사업 목적 및 개요
본 사업은 지역 내 중소기업의 지속 가능한 성장을 지원하기 위한 것으로, 스마트 기술이 적용된 환경 솔루션을 보유한 기업을 발굴하여 사업화 자금 및 기술 지원을 제공한다.

2. 신청 자격
신청 기업은 다음 요건을 모두 충족해야 한다.
① 지역 조건: 사업자등록증상 본사가 경기도, 강원도, 충청북도 중 소재
② 업력 조건: 기준 업력 7년 이하
③ 실적 조건: 최근 2년 이내 환경기술 관련 정부 또는 공공기관 과제 수행 실적 필요

3. 제출 서류(필수)

서류명	비고
사업계획서(지정양식)	사업 개요 포함
사업자등록증 사본	본사 소재지 확인용
회계결산서 또는 부가세신고서(최근 2개년)	매출 및 재무 구조 확인용
정부, 공공기관 과제 수행 증빙자료	계약서, 결과 보고서 등

4. 평가 및 선정 방식
• 1차 서류 평가: 제출된 서류 기반 정량 평가
• 2차 발표 평가: 발표 심사를 통한 전문가 정성 평가
• 선정 기업 수: 총 5개사 내외
• 지원 내용: 최대 1억 원 사업화 자금, 기술 컨설팅, 판로 연계 등

5. 접수 안내
• 공고일: 2024년 5월 1일
• 접수 마감: 2024년 5월 31일, 오후 6시까지
• 접수 방법: 이메일 접수(smartbiz@△▲△▲.or.kr)
• 문의처: ○○○○ 지역스마트사업팀 ☎ 02-000-0000

02 주어진 공고문을 바탕으로 판단하기 <u>어려운</u> 것은?

① 기술 컨설팅 및 판로 연계 지원 여부

② 회계결산서와 부가세신고서의 대체 가능 여부

③ 발표 방식에 의한 정성 평가의 실시 여부

④ 공공기관 실적의 인정 기준 기간

⑤ 정량·정성 평가 항목별 배점 기준

03 다음 중 공고문의 자격 요건을 충족하는 기업은?

기업	본사 소재	창립일	실적 내용
A	충청북도 청주시	2019. 06. 10.	2023년도 환경부 스마트수질관리 과제 수행
B	경기도 안양시	2015. 03. 20.	2023년도 국토부 스마트하천복원 사업 참여
C	충청남도 천안시	2020. 01. 05.	2024년 대기업 주관 친환경설비 협업 프로젝트 참여
D	강원도 춘천시	2018. 08. 27.	2021년 기획재정부 주관 저탄소 설비 지원사업 수행

① A 기업   ② B 기업   ③ C 기업

④ D 기업   ⑤ 신청 가능 기업 없음

[04~05] 다음 글을 읽고 이어지는 질문에 답하시오.

2021년 7월 14일 EU 집행위원회는 2030년까지 탄소 배출량을 1990년 대비 55% 수준으로 감축하기 위한 입법안이 담긴 'Fit for 55'를 발표했다. 'Fit for 55'는 온실가스 감축을 위해 국제사회가 마련한 2015년 '파리 기후변화협약' 이래로 유럽연합 차원에서 이어져 온 온실가스 및 탄소배출 감축을 위한 노력의 연장선상에서 기획된 법안 패키지이다. 여기에는 탄소 가격결정 관련 법안 4개, 감축목표 설정 관련 법안 4개, 규정 강화 관련 법안 4개와 포용적 전환을 위한 지원대책 사회기후기금에 관한 규정으로 이루어져 있다.

(A   ) 2035년부터 그동안 온실가스 배출의 주범 중 하나로 꼽혀온 내연기관 자동차 출시를 금지하는 내용이 포함됨에 따라 친환경 차량 개발 및 상용화를 빠르게 이뤄내야 하기 때문이다. 구체적으로 2035년부터 하이브리드카를 포함하여 내연기관을 사용하는 신차 출시를 금지하고 친환경 차량의 개발, 생산 및 사용을 촉진하기 위해 대체연료 인프라 확충(충전소)에 관한 목표를 제시하고 있다. 나아가 2030년까지 승용차 부문의 탄소 감축 목표를 37%에서 55%로, 승합차 부문은 31%에서 50%로 상향하고 2035년까지 100% 감축이라는 목표를 제시하고 있다.

프랑스의 경우, 지구 평균 온도 상승을 2℃ 아래로 억제하겠다는 '파리 기후변화협약'의 목표를 실천하기 위해 2030년까지 온실가스 배출량 55% 감축을 목표로 삼고 다양한 법안 및 정책을 펼쳐 왔다. 가장 대표적인 법안으로는 2015년에 제정된 '녹색성장을 위한 에너지 전환에 관한 법률(LTECV)'을 들 수 있는데 여기에는 친환경 이동수단의 개발을 통한 대기질 개선과 관련된 내용이 다수 담겨 있다. 오염배출이 심각한 차량 교체 시 보조금 지급, 정부 및 공공기관의 차량 교체 시 친환경 차량의 비중 50% 이상으로 확대, 전기 충전소 설치 확대 등의 내용이 그것이다. 2019년에는 한 발 더 나아가 차세대 모빌리티 사회 구현 비전을 담은 '모빌리티 지침법(LOM)'을 제정하면서 온실가스 감축을 위한 내용까지 담아냈다. 2022년까지 지원금을 통해 전기차 보급을 적극 장려하고 2040년까지 온실가스 배출 자동차 판매를 금지하며 전기차 충전소를 2022년까지 5배 증설한다는 것이다.

'Fit for 55' 발표에 따라 프랑스는 기존 목표 달성 계획을 앞당겨야 하는 상황이다. (B   ) 다만 EU의 발표 직후 프랑스 정부는 '환경·회복법(Loi Climat & Resilience)' 입법을 예고, 일상생활에서부터 산업에 이르기까지 에너지 전환을 위해 보다 구체적인 규제 법안을 발표했다. 여기에는 인구 15만 명 이상의 도시에 '배출가스 저농도 존(ZFE)'을 설정하고 이 구역 거주민에게는 2023년부터 친환경 자동차 구매 시 기존의 지원금 외에도 0% 금리의 대출을 제공하는 시범 사업을 도입한다는 내용이 포함돼 있다. 이와 더불어 10개 대도시에서는 2023년부터 2025년까지 단계적으로 오염물질 배출량이 많은 자동차의 시내 출입을 금지할 예정이다.

프랑스 정부는 이처럼 전기차를 적극 장려하는 방침 외에도 오염물질 배출 기준을 더욱 엄격하게 만듦으로써 내연기관 자동차 사용의 감소를 유도하고 있다. 일례로 2020년 프랑스는 유럽연합의 결정에 따라 기존의 NEDC 연료효율 측정방식보다 훨씬 엄격한 WLTP 국제표준 자동차 연비측정 시스템을 도입했다. (C   ) 또한 오염물질이 많이 배출되는 SUV 등 중형차 규제를 위해 자동차의 무게에 따라 탄소세를 인상하는 방침 역시 내놓았다. 여기에 지자체별로 여러 정책을 펼치고 있으며, 파리시는 CO_2 배출 등급이 높은 차량의 시내 운행을 금지하고 있을 뿐만 아니라 2024년부터는 디젤 차량의 파리 시내 진입 금지, 2030년부터 모든 내연기관 자동차의 파리 시내 진입 금지를 예고한 바 있다.

04 주어진 글의 빈칸 (A)~(C)에 들어갈 문장을 다음 [보기]에서 골라 바르게 짝지은 것은?

┌─ 보기 ├───

ⓐ 연비 측정이 더욱 엄격해짐에 따라 신차 구매 시 부과되는 탄소세 역시 인상되었다.

ⓑ 이러한 흐름 속에서 특히 자동차 기업들의 귀추가 주목되고 있다.

ⓒ 프랑스 환경부 발표에 따르면 프랑스 정부는 'Fit for 55'에 대해 면밀히 검토 후 세부 지침을 추후에 내놓겠다는 입장이다.

	(A)	(B)	(C)
①	ⓐ	ⓑ	ⓒ
②	ⓐ	ⓒ	ⓑ
③	ⓑ	ⓐ	ⓒ
④	ⓑ	ⓒ	ⓐ
⑤	ⓒ	ⓐ	ⓑ

05 주어진 글을 이해한 내용으로 옳지 <u>않은</u> 것은?

① 프랑스에서는 탄소 배출이 심한 내연기관 자동차를 교체할 경우 보조금을 지급한다.

② Fit for 55는 온실가스 감축을 위해 유럽연합 차원에서 추진되는 법안이다.

③ Fit for 55에서는 2030년까지 승용차 부문의 탄소 발생을 절반 이상 줄이는 것을 목표로 한다.

④ 프랑스에서 내연기관 차량은 2030년부터 파리 시내에 진입할 수 없다.

⑤ 프랑스는 Fit for 55에 따라 내연기관 자동차의 출시 금지 시기를 5년 미뤄야 한다.

06 다음은 국토교통부에서 배포한 '서울역 쪽방촌 주거 환경 개선을 위한 공공주택 및 도시재생사업 추진 계획' 보도자료의 일부이다. 이 자료를 읽고 A~E가 추론한 내용으로 가장 적절하지 않은 것은?

---

1. 서울역 쪽방촌 정비 사업 추진 배경

그간 국토교통부는 영등포역, 대전역 쪽방촌 등을 대상으로 공공 주도의 정비 계획을 확정·발표한 바 있으며, 국내 최대 쪽방 밀집 지역인 서울역 쪽방촌에 대해서도 정비 사업을 추진하게 되었다. 서울역 쪽방촌은 1960년대 급속한 도시화·산업화 과정에서 밀려난 도시 빈곤층이 서울역 인근에 대거 몰리면서 형성되었다. 이후 수차례 도시정비 사업 등을 통해 규모는 축소되었지만 아직도 1,000여 명이 거주하여 국내에서 가장 큰 쪽방촌으로 남아 있다. 다른 지역의 쪽방촌과 유사하게 2평 미만의 방에 약 24만 원 수준의 높은 임대료를 지불하고도 단열, 방음, 난방 등이 취약하고, 위생 상태도 열악하다. 최근에는 민간 주도로 재개발이 추진되었으나 쪽방 주민 이주대책 등이 부족하여 무산된 바 있으며, 30년 이상된 건물이 80% 이상으로 정비의 필요성이 높은 지역이다. 이에 따라 국토교통부·서울시·용산구 등은 공공의 적극적인 개입을 통한 정비 사업을 추진하는 것이 필요하다는 점에 깊이 공감하여 '서울역 쪽방촌 정비 계획'을 구체화하게 되었다.

2. 서울역 쪽방촌 정비 방안

서울역 쪽방촌 정비는 공공주택사업으로 추진하며, LH와 SH가 공동사업시행자로 참여하여 쪽방 주민 등 기존 거주자의 재정착을 위한 공공주택 1,450호(임대 1,250호, 분양 200호)와 민간 분양주택 960호 등 총 2,410호의 주택을 공급한다. 사업 기간 중 쪽방 주민에 대한 지원서비스의 공백이 발생하지 않도록 하고, 이주 수요를 최소화하기 위하여 단지를 구분하여 순차적으로 정비한다. 먼저, 임대주택과 공공분양주택이 들어설 지역의 기존 건물을 철거하고 공공주택을 건설하여 기존 거주자의 재정착이 완료된 이후 나머지 부지를 정비하여 민간주택을 공급할 계획이다. 먼저 철거되는 지역에 거주 중인 쪽방 주민(약 150여 명)을 위한 임시 거주지는 사업 지구 내 게스트 하우스나 공원 내 모듈러 주택 등을 활용하여 조성하고, 일반 주택 거주자(약 100여 세대) 중 희망 세대에게는 인근 지역의 전세·매입 임대를 활용하여 임시 거주지를 마련할 계획이다. 임대주택은 현재 정부에서 추진 중인 통합공공임대주택으로 공급되며, 현 거주자의 가구원 수 등을 고려하여 1인 가구용과 다인 가구용 주택을 적절히 배분하여 구성할 예정이다. 또한, 지구 내 편입되는 토지 소유자에게는 현 토지 용도, 거래 사례 등을 고려하여 정당 보상할 것이며, 영업 활동을 하는 사람들에게는 영업 보상, 주택단지 내 상가 등을 통해 영업 활동을 이어갈 수 있도록 지원할 계획이다.

3. 도시재생 연계

공공주택사업과 함께 주민들의 생활에 활력을 더하는 도시재생 뉴딜사업도 연계하여 추진될 계획이다. 쪽방 주민이 거주하는 공공임대단지에는 쪽방 주민들의 자활·상담 등을 지원하는 복지 시설을 설치하여 주민들이 안정적으로 재정착할 수 있도록 지원할 예정이며, 공공주택단지에는 입주민과 지역 주민 모두가 이용할 수 있도록 국공립 유치원, 도서관, 주민카페 등 편의시설도 설치할 계획이다. 더불어, 사업부지 내 상가 내몰림 방지를 위하여 공공주택단지 내 상생협력상가를 운영할 예정이며, 향후 주민의견 등을 수렴하여 생활SOC시설 등을 설치할 계획이다.

4. 추진 체계 및 일정

주민의 임시 거주와 재정착 지원, 공공주택사업과 도시재생사업의 긴밀한 연계 등 원활한 사업 추진을 위해 관계 기관과 주민지원시설이 참여하는 전담 조직(TF)을 구성·운영할 계획이다. 앞으로 주민 의견 수렴 등 절차를 거쳐 올해 지구를 지정하고, 2022년 지구계획 및 보상, 2023년 임시이주 및 공공주택단지 착공 후 2026년 입주, 2030년 민간분양 택지 개발 완료를 목표로 추진할 계획이다.

5. 기대효과

이번 사업을 통해 쪽방 주민들은 기존 쪽방보다 2~3배 넓고 쾌적한 공간을 현재의 15% 수준의 저렴한 임대료로 거주할 수 있게 된다. 이를 통해 공급되는 임대주택의 보증금은 공공주택사업의 세입자 이주 대책을 통해 일부 지원할 예정이다. 또한, 오랫동안 낙후되어 있던 쪽방촌을 깨끗하고 쾌적한 공간으로 탈바꿈시켜 용산구에 새로운 활력을 불어넣을 것이다. 용산 정비창, 용산 공원 조성, 수도권 GTX A노선(운정─동탄) 연계 등과 함께 용산구가 활력 넘치는 서울시 도심생활권의 중심지로 도약하는 발판이 될 것이며, 서울 도심 역세권 내 신규 주택을 공급함으로써 주거 안정에도 기여할 것으로 기대된다.

※ 출처: 국토교통부(2021─02─05 보도자료)

① A: 서울역 쪽방촌 정비 사업의 원활한 추진을 위해 관계 기관뿐만 아니라 주민지원시설까지 참여하는 TF가 구성될 예정이다.

② B: 공공주택사업과 도시재생 뉴딜사업의 연계로 쪽방촌 주민들의 자활·상담 등을 지원하여 재정착을 돕는 복지 시설이 서울역 쪽방촌 부근에 설치된다.

③ C: 서울역 쪽방촌 정비 사업을 통해 공급되는 임대주택 보증금의 일부는 공공주택사업의 세입자 이주 대책을 통해 지원된다.

④ D: 1960년대 도시화·산업화 과정에서 도시 빈곤층이 서울역 주변에 몰리며 만들어진 서울역 쪽방촌은 국내에서 가장 큰 쪽방촌으로 여겨진다.

⑤ E: 공공주택사업으로 추진되는 서울역 쪽방촌 정비는 LH와 SH가 공동사업시행자로 참여하여 총 2,410호의 주택을 제공한다.

07 다음 글을 읽고 빈칸 ㉠~㉢에 들어갈 접속어가 바르게 연결된 것은?

덴마크의 삼소섬(Samso Island)은 주민들이 합심하여 재생에너지에 과감하게 투자하고 개발에 나섬으로써 탄소제로섬으로 탈바꿈시킨 대표적인 사례이다. 이 섬은 덴마크 중앙에 위치하고있다. 동쪽 끝에 있는 수도 코펜하겐에서 서쪽 끝으로 한참 이동해 페리선을 타면 약 2시간 정도면 삼소섬에 닿을 수 있다. 삼소섬의 면적은 114km²로서 우리나라 안면도와 비슷한 크기이다. 섬 인구수는 약 4,000명이며, 이 중 66세 이상 노인 인구가 20% 이상을 차지하고, 소득은 덴마크 평균보다 20% 이상 낮은 낙후된 섬이었다.

이러한 삼소섬의 개발은 정부 주도의 개발 계획이 아닌 대부분 농부인 섬 주민들의 폭넓은 참여를 기반으로 추진했다. (㉠) 더 큰 의미가 있다. 섬 주민들은 개인·협동조합 형태로 섬 개발에 투자했고, 투자 수익을 창출했을 뿐 아니라 낙후된 섬을 세계에서 가장 유명한 섬 중 하나로 만들게 되었다. 이로 인한 관광 수입 등 부수적 효과도 창출하고 있다.

우리나라에서도 주민참여형 재생에너지 비즈니스 모델이 속속 도입되고 있다. 태백 가덕산 풍력은 국내 최초의 육상풍력 주민참여형 이익공유 사업이다. 이 사업은 민·관·공 상생 협업형 사업으로 설계되어 지역의 천연자원인 바람과 땅을 활용하는 풍력사업을 통해 지역민에게 실질적인 이익이 환원된다. (㉡) 지역경제 활성화 기여 등 지역사회 이익공유형 사업모델을 제시하고 있다. 발전소 주변 지역 주민이 직접 투자하고 이익을 배분받아 주민 수용성을 높이는 한편, 발전소에서 발생한 이익은 지역 복지사업에 투자해 경제효과가 발생하는 선순환 효과가 나타나고 있는 것이다. 태백 가덕산 풍력 1단계 사업은 3.6MW 발전기 12기를 설치해 총 43.2MW규모로 지난해 6월 완공되었다.

창출된 수익은 마을기업을 통해 마을 전체에 분배될 예정이다. 지역주민들의 생업인 농업과 임업 지원을 위한 농기구와 비료 구매, 창고시설 구축, 마을 공동시설 개·보수, 장학금, 건강복지 지원 등 다양한 분야에 이익이 공유된다. (㉢) 태백시민펀드를 개설해 태백시에 거주하는 주민들은 향후 20년간 8.2%대 금리 펀드로 투자수익을 얻을 수 있다. 발전소 인근 주민 외에도 해당 사업지가 속한 지자체 경제에도 효과가 확산되고 있는 것이다.

삼소섬과 태백 가덕산 풍력 사례는 탄소중립으로 가는 열차를 타고 있는 우리에게 많은 시사점을 주고 있다. 탄소중립은 주민참여가 기반이 되어야 한다는 것이다. 탄소중립을 위한 에너지전환을 단지 화석연료를 재생에너지로 바꾸는 물리적 개념으로만 생각해서는 요원할 뿐이다. 지역주민들이 재생에너지를 이해하고, 적용하고, 생활화하는 단계까지 가야만 재생에너지 확산이 가능해진다. 이를 위해서는 주민들이 참여할 수 있는 장이 마련되어야 하며, 이는 주민중심적인 사업 모델 설계와 부단한 소통이 중심에 있다.

	㉠	㉡	㉢
①	따라서	그리고	또한
②	따라서	또한	하지만
③	또한	그리고	하지만
④	또한	하지만	따라서
⑤	하지만	그리고	따라서

08 다음 중 각 문단의 주제로 가장 적절하지 <u>않은</u> 것은?

[가] 최근 전 세계적으로 지속가능경영에 대한 관심이 높아지면서, 많은 기업과 기관이 ESG 경영을 핵심 전략으로 삼고 있다. ESG란 환경(Environment), 사회(Social), 지배구조(Governance)의 약자로, 단순한 이윤 추구를 넘어 환경 보호, 사회적 책임, 투명한 기업 운영을 아우르는 개념이다. ESG는 기업의 지속가능성과 신뢰도를 판단하는 중요한 기준으로 자리 잡고 있으며, 투자자와 소비자 역시 기업의 ESG 성과를 평가 요소로 삼고 있다.

[나] ESG 경영을 효과적으로 추진하기 위해서는 체계적인 전략 수립이 필수적이다. 첫째, 전사적인 ESG 목표를 설정하고, 이를 각 부서의 운영계획과 연계해야 한다. 둘째, ESG 요소를 기존의 리스크 관리 체계와 통합하여 전략적 의사결정의 기준으로 삼아야 한다. 셋째, 이해관계자와의 소통을 강화하여 경영의 투명성과 책임성을 높이는 것이 중요하다. 마지막으로, 성과 측정을 위한 지표 개발 및 보고 체계를 구축함으로써 지속적인 개선과 평가가 가능하도록 해야 한다.

[다] ESG 경영을 실현하기 위한 중점 방향은 다음과 같다. 환경 측면에서는 온실가스 감축, 에너지 효율 향상, 자원순환 구조 개선 등이 핵심이다. 사회 측면에서는 인권 존중, 공정한 노동 관계, 지역사회 기여 등이 포함되며, 지배구조 측면에서는 이사회 다양성 확보, 윤리경영 강화, 내부통제 시스템 개선이 중요하게 여겨진다. 이러한 방향들은 ESG 경영의 실행력을 높이는 근간이 된다.

[라] 한편, ESG 경영의 실질적 추진을 위해서는 구체적인 실행 과제가 필요하다. 예를 들어, 탄소 중립을 위한 재생에너지 전환 계획 수립, 협력사 ESG 평가 기준 마련, 내부 직원 대상의 윤리 교육 프로그램 운영 등이 대표적이다. 또한, ESG 리포트를 통한 공시 강화, 공급망의 지속가능성 점검, 지속가능 제품 개발 등의 과제도 함께 추진되어야 한다. 이는 단순한 선언을 넘어 실질적 실행으로 이어지는 핵심적 요소다.

[마] ESG 경영의 성공 사례는 국내외 다양한 분야에서 확인할 수 있다. 일부 기업은 재생가능에너지 100% 사용을 선언하고 실제 전환을 완료하였으며, 사회적 책임을 다하기 위해 취약계층 고용 확대와 지역사회 자원봉사 활동을 강화하고 있다. 또 다른 사례로는, 이사회 내 여성과 외부 전문가 비율을 확대하고, 윤리강령 위반 시 엄격한 제재를 가하는 등 지배구조의 투명성과 신뢰성을 높인 경우도 있다. 이러한 사례는 ESG가 단순한 트렌드를 넘어 기업의 본질적 가치 창출에 기여하고 있음을 보여준다.

---

① [가] ESG 경영의 개념과 도입 배경
② [나] ESG 경영을 위한 전략적 접근
③ [다] 환경, 사회, 지배구조 각각의 중점 추진 방향
④ [라] ESG 경영 성과의 외부 홍보 및 브랜드 이미지 제고 전략
⑤ [마] ESG 실천의 국내외 우수 사례

[09~10] 다음 글을 읽고 이어지는 질문에 답하시오.

한국수력원자력(이하 한수원)은 2050년 탄소중립 시대에 발맞춰 혁신적 원전 개발·건설에 주력하고 있다. 전 세계 각국이 '2050 탄소중립 선언'에 동참하는 가운데 글로벌 에너지산업의 메가트렌드는 탈탄소화, 분산화, 디지털화로 요약된다. 한수원은 이러한 메가트렌드에 부합하는 혁신 원전을 바로 소형모듈원자로(Small Modular Reactor, SMR)라고 본다.

SMR은 전기출력 300메가와트(MW) 이하의 출력을 내는 원전이다. 기존 원전과 달리 모듈화 개념을 활용해 다양한 응용을 할 수 있는 것과 확장성이 장점이다. SMR은 공장 제작, 현장조립으로 건설 기간과 비용 절감이 가능하고, 기존 전력망 등으로부터 영향을 받지 않는다.

기관마다 전망이 조금씩 다르지만 세계 유수 조사기관들은 공통적으로 2030년대부터는 SMR 시장이 전 세계에서 급격하게 확대될 것으로 예측하고 있다. 캐나다 SMR 위원회는 2030~2040년 세계 SMR 시장규모를 연간 80기가와트(GW), 1,500억 캐나다달러(약 135조 원)로 추산하고 있다. 영국의 롤스로이스는 SMR 시장이 2035년까지 65~85GW 규모로 커 나갈 것으로 전망했다. 블룸버그 뉴에너지 파이낸스는 2027~2040년까지 SMR 시장이 총 1,376GW 규모로 성장한다고 전망했다. 한국은 물론 미국과 러시아, 중국, 영국, 프랑스를 포함한 원전 선진국에서 개발 중인 SMR은 총 70종이 넘는다고 국제원자력기구(IAEA)는 내다봤다. 미국과 영국, 프랑스는 민간과 군의 보유 기술을 활용해 SMR을 개발 중이며 러시아와 중국은 아예 국가 주도로 조기 실증·건설을 추진하고 있다.

한국도 한국원자력연구원에서 SMART라는 SMR 모델을 개발해 2012년 7월 세계 최초로 표준설계 인가를 받은 바 있다. 한수원은 현재 '혁신형 SMR(i-SMR)'을 개발하고 있다. 한수원은 지난해 혁신형 SMR의 신속한 기술개발과 산학연 기술협력을 위해 약 500억 원 규모의 한수원 자체 연구개발(R&D) 과제도 조기 착수했다. 이 과제는 한국원자력연구원, 한전기술, 두산에너지빌리티, 학계 전문가와 함께 수행하고 있다.

한수원이 주도하는 혁신형 SMR은 170메가와트(MW)급으로, 무붕산, 내장형 제어봉 구동장치를 설계 적용해 국내외 SMR 대비 안전성, 경제성이 개선된 소형모듈원자로다. 노심, 증기발생기, 가압기같이 원자로를 구성하는 주요 기기들을 단일 원자로 압력용기 내에 배치하며 설계도 단순화했다. 한수원 사장은 "한수원은 대형 원전 분야에서 40년 이상 기술 개발과 운영을 통해 세계 최고 수준으로 축적한 기술 역량과 우수 연구인력, 기자재 공급망을 보유하고 있다."라며 "국내원전 산업계, 관련 연구기관, 학계와 힘을 모아 혁신형 SMR의 안전성과 경제성을 획기적으로 개선하고 미래 원자력 산업을 주도해나가겠다."라고 말했다.

09 다음 중 글의 제목으로 가장 적절한 것은?

① SMR 기술개발의 한계와 대안

② 소형 원자로, 한국수력원자력의 원전 수출 야망

③ 한국수력원자력, 탄소중립 시대 대비한 혁신형 SMR 개발 박차

④ 국제 원자력 시장에서 밀려나는 한국의 원자력 산업

⑤ SMR을 둘러싼 국제적 경쟁과 한국의 소외

10 다음 중 글의 내용과 일치하지 <u>않는</u> 것은?

① SMR은 건설 기간과 비용을 줄일 수 있는 장점이 있다.

② 국제적으로는 70종 이상의 SMR이 개발 중이다.

③ 한국수력원자력이 개발 중인 혁신형 SMR은 300MW 이상의 출력을 낸다.

④ 블룸버그 뉴에너지 파이낸스는 SMR 시장 규모가 2040년까지 1,376GW에 이를 것이라 전망했다.

⑤ 혁신형 SMR 개발을 위해 산학연 협력이 이루어지고 있다.

[11~12] △△공사에서는 사무용 책상을 구입하고자 5개 업체에 대하여 항목을 정하여 다음과 같이 정리하였다. 이를 바탕으로 이어지는 질문에 답하시오.

구분	품질	가격(원/개)	서비스 및 AS	인지도	배송료(원/개)
A업체	B	80,000	B	A	1,200
B업체	A	100,000	B	C	1,500
C업체	C	52,000	A	B	2,000
D업체	A	120,000	C	A	1,800
E업체	B	60,000	A	A	2,400

〈업체별 점수 산정 방법〉
- 품질, 서비스 및 AS, 인지도에 대해 매우 좋으면 A(50점), 보통이면 B(30점), 별로면 C(10점)을 부여함.
- 가격, 배송료는 낮을수록 유리하며, 50점 만점에서 10점 단위로 차등 평가함.
- 업체별 최종 점수는 해당 업체의 항목별 점수의 합계로 계산함.
- 최종점수가 가장 높은 업체를 선택함.

11 주어진 자료를 바탕으로 할 때, △△공사에서 최종적으로 선택하는 업체를 고른 것은?

① A업체　　　② B업체　　　③ C업체　　　④ D업체　　　⑤ E업체

12 △△공사는 5개 업체에 대하여 사무용 책상 200개 구입에 대한 제안서를 발송하였고, 다음은 업체별 가격 정책에 관한 회신 내용을 요약한 것이다. 주어진 자료와 다음 회신 내용을 바탕으로 할 때, △△공사에서 최종적으로 선택하는 업체를 고른 것은?

〈회신 내용〉
- A업체: 책상 가격을 1개당 12,000원씩 낮춰 줌.
- B업체: 책상 가격을 35% 할인해 주고, 배송료를 1개당 500원으로 낮춰 줌.
- C업체: 배송료를 50% 할인해 줌.
- D업체: 책상 가격을 1개당 50,000원씩 낮춰 주고, 배송료를 무료로 해 줌.
- E업체: 책상 가격을 15% 할인해 주고 배송료를 40% 할인해 줌.

① A업체　　　② B업체　　　③ C업체　　　④ D업체　　　⑤ E업체

[13~14] 다음은 △△회사의 층별 부서 및 인쇄기에 관한 정보이다. 이를 바탕으로 이어지는 질문에 답하시오.

구분	부서	인쇄기	출력 속도
9층	인사팀, 마케팅팀	C	2분당 160매
8층	개발팀, 기획팀	D	1초당 2매
7층	영업 1팀, 영업 2팀	E	1분당 60매
6층	총무팀, 제작팀	A, B	A: 1초당 1매 / B: 2분당 160매

13 △△회사에서 진행하는 2025년 상반기 채용을 위해 인사팀과 총무팀에서 안내문을 인쇄하려고 한다. 총무팀은 6층에 있는 인쇄기 2대를 사용하여 100매를 인쇄하고, 인사팀은 7층과 8층에 있는 인쇄기를 이용하여 110매를 인쇄해야 한다. 총무팀에서 인쇄하는 데 걸리는 최소 시간을 x초, 인사팀에서 인쇄하는 데 걸리는 최소 시간을 y초라고 할 때, x+y의 값은?(단, 인쇄 시간의 최소 단위는 '초'이다.)

① 79   ② 80   ③ 81   ④ 82   ⑤ 83

14 기획팀에서 인쇄기 D를 사용하여 보고서 200매를 인쇄하려고 하는데, 되도록 빨리 인쇄하고자 마케팅팀이 있는 바로 위층 또는 가장 가까운 아래층에 있는 인쇄기를 함께 사용하여 2대로 인쇄하려고 한다. 9층 인쇄기를 함께 사용할 때 걸리는 최소 시간은 7층 인쇄기를 함께 사용할 때 걸리는 최소 시간보다 얼마나 덜 걸리는지 고른 것은?

① 5초   ② 6초   ③ 7초   ④ 8초   ⑤ 9초

15 다음은 어느 회사의 직원 5명에 대한 정보와 연차 수당에 관한 내규를 나타낸 자료이다. 이 자료를 바탕으로 할 때, 잔여연차수당이 바르게 나타난 직원을 고른 것은?

(단위: 개, 만 원, 시간)

구분	총 연차 개수	사용 연차 개수	월 급여	월 고정수당	주당 근무 시간
최 사원	12	3	260	5	48
김 주임	13	6	280	5	44
한 대리	15	9	300	5	48
정 과장	15	10	340	8	40
박 차장	18	13	380	10	44

〈연차 수당에 관한 내규〉

- (시간당 통상연차수당)={(월 급여)+(월 고정수당)}÷(월 소정근로시간)
- (1일당 통상연차수당)=8×(시간당 통상연차수당)
- (월 소정근로시간)={(주당 근무 시간)+8}×4.5

※ 모든 계산은 소수 둘째 자리에서 반올림하여 계산함.

① 최 사원: 584,000원

② 김 주임: 679,000원

③ 한 대리: 567,000원

④ 정 과장: 680,000원

⑤ 박 차장: 648,000원

16 다음은 2020~2022년 국내 신·재생에너지에 대해 나타낸 자료이다. 다음 설명 중 옳은 것은?

[표] 신·재생에너지 생산량 (단위: 천 toe)

구분		2020년		2021년		2022년	
		생산량	비중(%)	생산량	비중(%)	생산량	비중(%)
1차에너지		292,076	100.00	300,515	100.00	303,954	100.00
신·재생에너지		12,378	4.24	14,000	4.66	15,706	5.17
재생에너지		11,116	3.81	12,511	4.16	14,134	4.65
신에너지		1,262	0.43	1,490	050	1,572	0.52
재생	태양열	26	0.2	26	0.2	25	0.2
	태양광	4,165	33.6	5,317	38.0	6,609	42.1
	풍력	671	5.4	678	4.8	718	4.6
	수력	826	6.7	651	4.7	755	4.8
	해양	97	0.8	97	0.7	90	0.6
	지열	241	1.9	256	1.8	280	1.8
	수열	24	0.2	25	0.2	27	0.2
	바이오	3,899	31.5	4,264	30.5	4,373	27.8
	재생폐기물	1,166	9.4	1,198	8.6	1,257	8.0
신	연료전기	756	6.1	1,023	7.3	1,154	7.3
	IGCC	506	4.1	467	3.3	419	2.7

[그래프] 1차에너지 대비 신·재생에너지 생산량 증가 추이

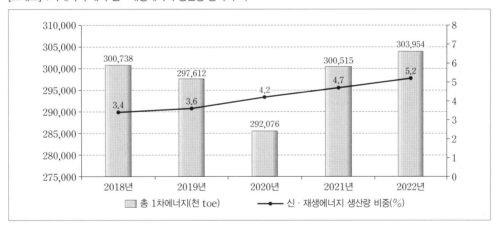

① 2018년부터 1차에너지 생산량은 꾸준히 증가하고 있다.

② 신·재생에너지 생산량은 2018년부터 2022년까지 꾸준히 증가하고 있다.

③ 1차에너지 중에서 태양광 에너지는 매년 40% 이상을 차지한다.

④ 신에너지 중에서 연료전기 에너지 생산량은 2018년부터 2022년까지 꾸준히 증가하고 있다.

⑤ 2022년 신·재생에너지 생산량은 전년보다 약 20% 증가하였다.

[17~18] 다음은 지역별 도로 현황에 대한 자료이다. 이를 바탕으로 이어지는 질문에 답하시오.

[표] 지역별 도로 현황

구분	도로연장(km)	포장률(%)	인구(천 명)	자동차(천 대)
전국 합계	111,314	93.5	51,852	23,677
경기	14,030	98.1	13,240	5,766
강원	9,940	89.9	1,542	783
충북	6,929	92.3	1,600	838
충남	7,168	92.6	2,124	1,118
전북	8,531	87.6	1,819	929
전남	10,636	89.8	1,869	1,056
경북	13,422	88.1	2,666	1,446
경남	12,771	91.0	3,363	1,722
제주	3,211	99.0	671	596

17 다음 중 자료에 대한 설명으로 옳은 것을 모두 고른 것은?

┤ 보기 ├

㉠ 인구 천 명당 도로연장이 전국 합계보다 더 낮은 지역은 2곳이다.

㉡ 인구가 더 많은 지역은 자동차도 더 많다.

㉢ 자동차당 도로연장이 10km/천 대 이상인 지역은 2곳이다.

㉣ 도로연장 상위 4개 지역은 포장률 상위 4개 지역과 동일하다.

① ㉠, ㉡
② ㉡, ㉢
③ ㉢, ㉣
④ ㉠, ㉡, ㉢
⑤ ㉡, ㉢, ㉣

18 주어진 자료를 바탕으로 할 때, 나타낼 수 있는 그래프로 옳지 <u>않은</u> 것은?

①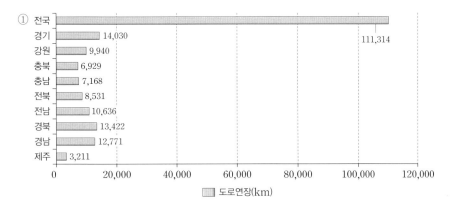

②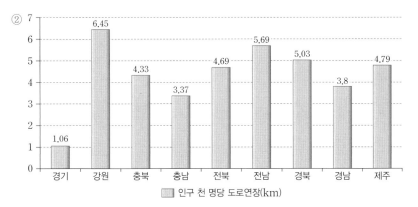

③

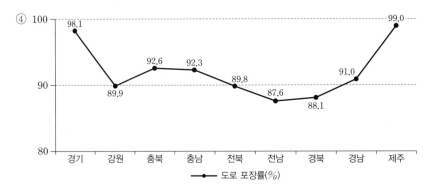

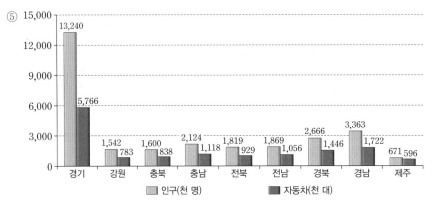

[19~20] 다음은 어느 국가의 2019~2023년 수출입 현황에 관한 자료이다. 이를 바탕으로 이어지는 질문에 답하시오.

[그래프] 2019~2023년 연도별 수출입 건수 (단위: 건)

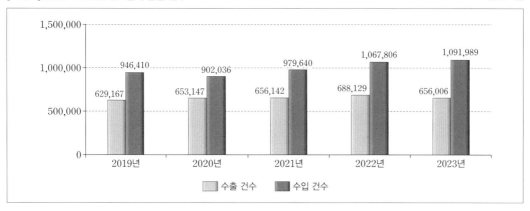

[표] 2019년~2023년 연도별 수출입액 (단위: 천 달러)

연도	수출액	수입액
2019년	39,679,706	68,320,170
2020년	38,796,057	64,363,080
2021년	34,662,290	60,029,355
2022년	32,183,788	
2023년	25,576,507	

※ 무역수지＝수출액－수입액

19 주어진 자료에 관한 설명으로 옳은 것은?

① 2021년의 수출 건수는 전년 대비 0.5% 이상 증가하였다.

② 2019~2021년의 무역수지는 매년 200억 달러 이상의 적자이다.

③ 2019~2022년의 수출입 건수는 매년 꾸준히 증가하였다.

④ 2020~2023년에 전년 대비 수출액이 두 번째로 많이 감소한 해는 2022년이다.

⑤ 2019~2022년에서 수입 건수가 가장 많은 연도와 가장 적은 연도의 수출액 차는 70억 달러 이상이다.

20 2022년 수입액은 전년 대비 10.4% 감소하였고 2023년에는 전년 대비 14.7% 감소하였다고 할 때, 다음 중 2023년 수입액으로 옳은 것은?(단, 모든 계산은 십만 달러에서 반올림한다.)

① 458억 7,900만 달러 ② 459억 1,600만 달러 ③ 459억 5,700만 달러

④ 460억 1,200만 달러 ⑤ 460억 4,800만 달러

[21~22] 다음 내용을 참고하여 이어지는 질문에 답하시오.

A사 가을축제 한마당 행사 계획

□ 행사 목적
- A사 임직원 및 가족이 함께하는 가을축제를 통한 단합대회
- A사 이미지 홍보 및 창립 1주년 기념 New비전 대내·외 선포

□ 행사 개요
- 행사명: A사 가을축제 한마당
- 때/곳: 202X. 10. 21.(토) 오전 11시부터/A사 인재개발원
- 참석인원: 200여 명
  - 임직원 및 가족

□ 행사 세부내용
- 사생대회(유치부, 초등부)
  - 가족과 연관된 그림주제를 제공하여 상장과 상금 및 선물을 전달하는 방법으로 진행
  - 유치부, 초등부 각각 대상 1명(20만 원 상품권), 우수상 5명(10만 원 상품권), 동상 20명(24색 수채화색연필세트)
    ※ 유치부 사생대회는 사전 접수/당일 시상, 초등부는 현장 진행
- 걷기대회
  - 공원의 산책을 떠올리는 동행 형태의 이웃과 함께하는 컨셉으로 운영
  - 걷기대회 참가자(100명) 기념품(USB세트) 제공
- 사진공모전
  - "A사의 순간, 사진으로 기억하기"라는 주제로 사전 공모 후 입상작 전시
    ※ 전시 관련 예산 200만 원 이내(부가세 제외), 수상한 사진은 모두 전시
  - 대상 1명(10만 원 상품권), 우수상 30명(5만 원 상품권), 동상 50명(셀카봉)
- 기념품 배포
  - 참가인원 200명 모두에게 기념품(4단 접이식 방석) 제공

21 다음 중 주어진 내용을 참고하여 아래와 같이 행사 준비물품을 기록했을 때, 잘못 기록한 것은?

[기념품 및 준비물품]

구분	지급대상	수량	개당 원가	소요금액
상품권	사생대회 대상 수상자	2장	20만 원	400천 원
	사생대회 우수상, 사진공모전 대상	11장	10만 원	1,100천 원
	사진공모전 우수상	30장	5만 원	1,500천 원
24색 수채화색연필세트	사생대회 동상	40개	3만 원	1,200천 원
4단 접이식 방석	행사 참여자 전원	200개	500원	1,000천 원
USB세트	걷기대회 참가자	100개	9,000원	900천 원
셀카봉	사진공모전 동상	50개	1만 원	500천 원

① 상품권

② 24색 수채화색연필세트

③ 4단 접이식 방석

④ USB세트

⑤ 셀카봉

22 다음은 A사 가을축제 한마당 행사 계획 중 사진 전시와 관련된 내용이다. 다음 중 전시회가 가능하지 <u>않은</u> 경우를 고른 것은?

□ 사진 전시가 가능한 장소

장소	면적	대관료	리모델링 여부	주차가능대수
전시1홀	1,600m²	124만 원	미완료	400대
전시2홀	1,780m²	87만 원	완료	500대
전시3홀	1,944m²	116만 원	완료	300대
전시4홀	2,344m²	56만 원	미완료	700대
A사 로비	1,860m²	없음	—	700대

□ 액자

몰딩종류	튼튼함	무게	사이즈	특징	가격(개당)
알루미늄	1	2	중형, 대형, 특대형	튼튼하고 가볍고 외부 환경에 영향을 덜 받아 휨, 부식 적음, 컬러 랩핑으로 다양한 컬러제작 가능	30,000원
MDF	3	2	모두 가능	원목보다 저렴하여 원목대체가능 나무톱밥을 본드로 뭉친후 다양한 디자인 컬러 랩핑 시간이 많이 지나면 랩핑이 벗겨질 수 있음	20,000원
원목	2	3	모두 가능	다양한 크기로 제단 가능한 나무 원목 페인트를 사용하여 나무결을 살리면서도 다양한 컬러를 연출가능 습기 등 외부 환경에 영향을 받음(휨, 부식)	40,000원
수지	4	1	특대형 비추천	인공적으로 합성한 고분자 화학물 다양한 디자인으로 제작 가능 가볍지만 쉽게 부서지고 견고함이 떨어짐	10,000원

① 사진전의 대상 작품을 알루미늄으로, 우수상 작품은 MDF로, 동상 작품은 수지로 제작한 다음, 전시2홀을 대관하는 경우

② 사진전의 대상 작품을 원목으로, 우수상 작품과 동상 작품은 모두 수지로 제작한 다음, 전시3홀을 대관하는 경우

③ 사진전의 대상 작품을 원목으로, 우수상 작품을 알루미늄으로, 동상 작품을 수지로 제작한 다음, 전시4홀을 대관하는 경우

④ 사진전의 대상 작품과 우수상 작품을 알루미늄으로, 동상 작품을 MDF로 제작한 다음, A사 로비를 대관하는 경우

⑤ 사진전의 대상 작품을 MDF로, 우수상 작품과 동상 작품을 모두 수지로 제작한 다음, 전시1홀을 대관하는 경우

23 다음의 상황과 자료에 따를 때, 빈칸 ㉠과 ㉡에 들어갈 사람을 순서대로 나열한 것을 고른 것은?

보직확정 알림

당사에서는 작년 하반기에 공고했던 대로 AI 관련 계열사를 설립하게 되었습니다. 해당 부서에는 빅데이터 분석 직무와 머신러닝 모니터링 직무에 TO가 있어 보직이동 수요조사를 하였습니다. 각 부서별로 2명씩 지원자를 받아 최종 서류와 면접을 심사한 결과 빅데이터 분석 직무에는 (㉠)가, 머신러닝 모니터링 직무에는 (㉡)가 선발되었음을 알립니다. 해당 보직이동 건에 대한 많은 관심과 참여에 감사드리며 앞으로도 많은 응원과 격려를 부탁드립니다.

1. 보직변경 신청자

A, B, C, D, E

2. 선정방법

- 지원자별로 개인의 적성에 맞는 1지망을 재설정하여 순위가 높은 사람을 해당 직무에 배치 (i → ii → iii)

  ⅰ. 지원 직무에 대한 적합도를 평가하기 위해서 아래 서류 및 면접 심사 평가표의 총합에 따라 개인별로 총점이 더 큰 항목을 1지망으로 정한다.
  ※ 만약 1지망과 2지망 합계점수가 동일하다면 직무에 대한 전문성 점수에 10% 가산점을 부여하여 1지망을 정한다.

  ⅱ. 개인별로 정해진 1지망에 대해 직무에 대한 전문성과 발전가능성과 지원동기의 진정성 및 적절성 점수를 합산하여 총점이 높은 순서대로 순위를 정한다.
  ※ 동점자의 경우 지원동기의 진정성 및 적절성에 10% 가산점을 부여하여 순위를 정한다.

  ⅲ. 각 직무별로 가장 순위가 높은 사람을 선발한다.

- 서류 및 면접 심사 평가표

구분	지망	직무에 대한 전문성	발전 가능성	책임감, 성실성	공정성 및 윤리의식	지원동기의 진정성 및 적절성
점수	합계 100	30	30	20	10	10
A	1지망 머신러닝 모니터링	25	20	20	10	5
	2지망 빅데이터 분석	30	15	20	5	5
B	1지망 머신러닝 모니터링	20	30	20	10	5
	2지망 빅데이터 분석	10	20	20	10	10
C	1지망 머신러닝 모니터링	10	15	5	5	10
	2지망 빅데이터 분석	20	15	10	10	10
D	1지망 빅데이터 분석	30	10	15	10	5
	2지망 머신러닝 모니터링	25	25	5	10	10
E	1지망 빅데이터 분석	20	25	10	5	0
	2지망 머신러닝 모니터링	15	30	5	10	10

① A, D ② B, C ③ C, E ④ D, B ⑤ E, A

[24~25] 다음은 W사가 판매하는 가전제품 내에 포함되어 있는 제품보증서 내용의 일부이다. 이를 바탕으로 이어지는 질문에 답하시오.

제품보증서

제품명: ○○○	품질보증기간: 2년
제조번호: XXX-XXXX	부품보유기간: 4년

• 본 제품에 대한 품질보증은 보증서에 기재된 내용으로 보증 혜택을 받습니다.

• 품질보증기간은 구입일로부터 산정됩니다. (단, 구입일자 확인이 안 될 경우, 제조일로부터 3개월이 경과한 날로부터 품질보증기간을 가산합니다.)

• 본 제품을 비(非) 가정용도(영업활동, 비정상적인 사용환경 등)로 사용하는 경우 품질보증기간은 1년입니다.

1. 무상서비스

정상적인 사용상태에서 자연 발생한 성능·기능상의 고장이 발생했을 경우, 다음과 같은 분쟁유형에 대해 그에 해당하는 해결기준을 적용합니다.

분쟁유형	해결기준	
	보증기간 이내	보증기간 경과 후
구입 후 10일 이내 중요한 수리를 요하는 경우	제품 교환 또는 구입가 환불	유상 수리
구입 후 1개월 이내 중요 부품의 수리를 요하는 경우	제품 교환 또는 무상 수리	
교환된 제품이 1개월 이내 중요한 수리를 요하는 경우	구입가 환불	
교환 불가능 시		
하자 발생 시	무상 수리	
동일 하자로 3회 이상 고장 발생 시	제품 교환 또는 구입가 환불	
서로 다른 하자로 5회 이상 고장 발생 시		
수리 불가능 시		정액감가상각한 잔여금액에 구입가의 5%를 가산하여 환불 또는 제품 교환
부품보유기간 이내 수리용 부품을 보유하고 있지 않아 수리가 불가능한 경우		
제품 운송과정 중 피해가 발생한 경우	제품 교환	—
소비자가 수리 의뢰한 제품을 사업자가 분실한 경우	제품 교환 또는 구입가 환불	정액감가상각한 금액에 10%를 가산하여 환급 (최고한도: 구입가격)

2. 유상서비스

분쟁유형		해결기준	
		보증기간 이내	보증기간 경과 후
소비자의 고의, 과실에 의한 성능·기능상의 고장 시	수리가 가능한 경우	유상 수리	
	부품보유기간 이내 수리용 부품을 보유하고 있지 않아 수리가 불가능한 경우	정액감가상각비 공제 후 환불 또는 제품 교환	

• W사 대리점/서비스센터의 기사가 아닌 사람이 수리 또는 개조하여 고장 발생 시 • 천재지변(화재, 염해, 지진, 낙뢰, 풍수해 등)에 의해 고장 발생 시 • 사용상 정상 마모되는 소모성 부품의 수명이 다해 교환 시 • 사용 전기용량을 틀리게 사용하여 고장 발생 시 • 제품 자체의 하자가 아닌 외부 원인(외부충격, 타사 제품에 연결 등)으로 인해 고장 발생 시 • 소비자의 취급 부주의 및 잘못된 설치로 인한 고장 발생 시 • 사용설명서 내에 있는 주의사항을 지키지 않아 고장 발생 시 • 소비자 과실로 동파가 발생했을 시 • 기타 고객의 과실에 의한 고장 발생 시	유상 수리

24 다음 중 주어진 자료에 대한 설명으로 옳지 <u>않은</u> 것은?

① 제품의 고장 원인이 사용설명서 내의 주의사항을 지키지 않았기 때문이라면 품질보증기간과 관계없이 무상 수리가 불가능하다.

② 품질보증기간 이내에 제품을 구매한 후 배송과정에서 제품이 파손된다면 전액 환불이 가능하다.

③ 제품을 가정용도가 아닌 다른 환경에서 사용한다면 품질보증기간은 50% 감소한다.

④ 품질보증기간 이내에 제품의 세부 부품 중 소모성 부품은 정상적으로 수명이 다하더라도 무상 교환이 불가능하다.

⑤ 동일 하자로 3회 이상 고장이 발생하였더라도 품질보증기간이 지났다면 유상수리만 가능하다.

25 다음 중 '제품 교환'을 받을 수 있는 경우가 <u>아닌</u> 것은?(단, 모두 정상적인 사용 상태에서의 고장인 것으로 가정한다.)

① 제품을 구입한 후 2년 내에 소비자가 수리 의뢰한 제품을 사업자가 분실한 경우

② 품질보증기간 이내에 제품이 동일한 하자로 5회 고장이 발생한 경우

③ 제품을 구입한 후 7일 이내에 중요한 수리를 요하는 경우

④ 제품을 구입한 후 5년 이내에 수리용 부품을 보유하고 있지 않아 제품의 수리가 불가능한 경우

⑤ 제품을 구입한 후 1년 이내에 기능상의 고장이 발생하였지만 수리가 불가능한 경우

26 다음은 한국환경연구원에서 진행한 환경영향평가 수질정보를 나타낸 자료이다. 다음 결과 중 농·어업용수로 사용 가능한 것의 총 개수는?

• 지하수 이용 목적별 수질 기준(비음용)

(단위: mg/ℓ)

항목		생활용수 (20개 항목)	농·어업용수 (15개 항목)	공업용수 (15개 항목)
일반오염물질 (4개)	수소이온농도(pH)	5.8~8.5	6.0~8.5	5.9~9.0
	총대장균군 (MPN/100mℓ)	5,000 이하	—	—
	질산성질소	20 이하	20 이하	40 이하
	염소이온	250 이하	250 이하	40 이하
특정유해물질 (16개)	카드뮴	0.01 이하	0.01 이하	0.02 이하
	비소	0.05 이하	0.05 이하	0.1 이하
	시안	0.01 이하	0.01 이하	0.2 이하
	수은	0.001 이하	0.001 이하	0.001 이하
	다이아지논	0.02 이하	0.02 이하	0.02 이하
	파라티온	0.06 이하	0.06 이하	0.06 이하
	납	0.1 이하	0.1 이하	0.2 이하
	페놀	0.005 이하	0.005 이하	0.01 이하
	크롬	0.05 이하	0.05 이하	0.1 이하
	트리클로로에틸렌	0.03 이하	0.03 이하	0.06 이하
	테트라클로로에틸렌	0.01 이하	0.01 이하	0.02 이하
	1.1.1-트리클로로에탄	0.15 이하	0.3 이하	0.5 이하
	벤젠	0.015 이하	—	—
	톨루엔	1 이하	—	—
	에틸벤젠	0.45 이하	—	—
	크실렌	0.75 이하	—	—

※ 1개 이상 항목에서 기준치 초과 시 해당 용수로 사용할 수 없음

• 위치별 지하수 수질 검사 결과

(단위: mg/ℓ)

구분	수소이온 농도 (pH)	총대장균군 (MPN/100mℓ)	질산성질소	염소이온	비소	페놀	벤젠	톨루엔	크실렌
A	6	3	1.4	18.7	불	불	불	불	불
B	5.8	불	18.3	15.9	불	불	불	불	불
C	5.3	900	1.2	15.8	불	불	불	불	불
D	5.9	1,100	0.7	6.3	불	불	불	불	불
E	5.6	12,000	2.2	3.4	불	불	불	불	불
F	5.5	4	3.6	45.9	불	불	불	불	불
G	7.5	6	불	5.4	불	불	불	불	불
H	6.2	67	3	4	불	불	불	불	불
I	7	1,000	2.6	24.4	0.005	불	0.002	0.007	불
J	7.9	380	0.5	3.4	0.006	0.042	불	불	불
K	6.5	불	0.1	8351.6	0.016	불	0.003	0.033	불
L	6.8	18	13.6	46.5	0.008	0.007	불	불	불
M	6.9	4	1.1	40.1	불	불	불	0.007	불
N	7.4	1	0.9	46.6	불	불	불	0.214	0.002
O	10.7	2,300	불	21.1	0.011	불	불	불	불
P	10.6	1,600	불	3.3	0.011	불	불	불	불

※ 불검출은 '불'로 표기한다.

① 4개 ② 5개 ③ 6개 ④ 7개 ⑤ 8개

[27~28] 다음은 문화예술 지원사업에 관한 내용이다. 이를 바탕으로 이어지는 질문에 답하시오.

[문화예술 지원사업 모집 요강]

○ 사업 내용: 다양한 문화예술 교육 프로그램 지원을 통해 문화예술인들의 역량 강화, 문화예술의 사회적 가치 확산과 건전한 여가 문화 조성

○ 접수 기간: 2022. 03. 02. ~ 2022. 03. 31.

○ 주관 기관: 한국문화예술센터 진흥원

○ 사업 대상: 전국 문예센터

○ 접수 내역

구분	내용
민간 문예센터 지원사업	민간기관의 예술 공연 중 우수 공연을 선정해서 대관료의 일부를 지원한다.
공공 문예센터 지원사업	공공기관의 예술 공연 중 우수 공연을 선정해서 대관료의 일부를 지원한다.
문화회관 · 문예센터 지원사업 (동시 배급&공연)	문화회관 · 문예센터에서 동시 배급과 공연을 하는 예술 공연 중 우수 공연을 선정해서 공연 경비의 일부를 지원한다.
문화행사 지원사업 (구 지역 한마음 축제)	문예센터에서 지역 문화행사에 참여하는 경우 참여 경비의 일부를 지원한다.

○ 문화예술 예산 지원 부담률

구분		지원율	기관 부담률
민간 문예센터 지원사업	신규	50%	50%
	기존	40%	60%
공공 문예센터 지원사업	신규	80%	20%
	기존	70%	30%
문화회관 · 문예센터 지원사업 (동시 배급&공연)	신규	60%	40%
	기존	50%	50%
문화행사 지원사업(구 지역 한마음 축제)		40%	60%

○ 추진 절차

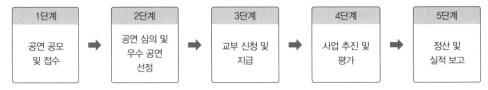

1단계	2단계	3단계	4단계	5단계
공연 공모 및 접수	공연 심의 및 우수 공연 선정	교부 신청 및 지급	사업 추진 및 평가	정산 및 실적 보고

○ 유의 사항

－ 신청서에 허위 또는 부정확한 내용 기재 시 신청 및 지원이 취소될 수 있음

－ 선정이 확정된 공연 및 사업이라도 일부 내용이 적절하지 않다고 판단되는 경우에는 수정을 요구할 수 있으며, 불이행 시 선정 결정이 취소될 수 있음

－ 예산 계획은 지원신청서 내 예산 편성 세부기준을 따라야 하며 과도한 사업비 책정은 심의에서 불이익을 받을 수 있음

27 주어진 자료에 대한 설명으로 옳지 <u>않은</u> 것은?

① 해당 사업에 선정된 기관도 비용을 부담해야 한다.

② 해당 사업은 전국을 대상으로 진행한다.

③ 한국문화예술센터 진흥원에서 문예센터를 대상으로 시행하는 사업이다.

④ 신규 공연 진행 시에만 지원을 받을 수 있다.

⑤ 우수 공연에 경비를 지원하는 사업은 문화회관·문예센터 지원사업이다.

28 다음 중 사업 지원을 받으면서 기관 부담률이 가장 낮은 경우를 고른 것은?

① A민간 문예센터에서 대전 문예회관을 대관하여 신규 공연을 진행하였고, 우수 공연에 선정되었다. 공연을 진행하는 데 800만 원의 경비가 들었고, 이 중 대관료는 120만 원이다.

② B공공 문예센터에서 청주 문예회관을 대관하여 신규 공연을 진행하였으나, 우수 공연에 선정되지 않았다. 공연을 진행하는 데 500만 원의 경비가 들었고, 이 중 대관료는 80만 원이다.

③ C공공 문예센터에서 김해 문예회관을 대관하여 전년도에 진행했던 공연을 진행하였고, 우수 공연에 선정되었다. 공연을 진행하는 데 600만 원의 경비가 들었고, 이 중 대관료는 100만 원이다.

④ D민간 문예센터에서 문화회관과 문예센터에서 신규 공연을 동시 배급 및 공연을 진행하였고, 우수 공연에 선정되었다. 공연을 진행하는 데 1,500만 원의 경비가 들었고, 이 중 대관료는 150만 원이다.

⑤ E민간 문예센터에서 전주의 지역 문화행사에 참여하였다. 참여 경비로 500만 원의 비용이 들었다.

29 바이어 미팅을 위해서 한국에서 5월 17일 오후 3시에 출발하여 두바이를 경유하여 독일로 가려고 한다. 두바이까지는 6시간이 걸리고 다시 그곳에서 2시간 30분 대기하다가 출발하여 독일에 도착하였다. 독일 도착 후 정확히 12시간 후에 바이어와의 미팅을 2시간 가졌다. 미팅이 끝나고 현지 시간을 보니 5월 18일 오후 12시 30분이었다. 이때 한국을 출발하여 독일 바이어를 만나기까지 몇 시간이 걸렸는지 고른 것은?(단, 독일의 시차는 서울보다 7시간 늦다.)

① 24시간   ② 25시간   ③ 25시간 30분

④ 26시간   ⑤ 26시간 30분

30 다음 중 [보기]에 나타난 의사결정과정에 해당하는 것은?

---| 보기 |---

　　오랫동안 가전제품 사업을 이어온 K사는 최근 10년 사이 매출이 급격히 줄어들며 전환점을 맞이하게 되었다. 특히 고연령층을 대상으로 꾸준히 판매해 온 클래식 전기밥솥 라인은 회사의 전통적인 이미지와도 맞닿아 있어 쉽게 폐기하기 어려운 상품이었다.

　　그러나 최근 부임한 전략기획실 윤 실장은 다른 접근 방식을 택했다. 그는 과거 이 제품이 한때 회사의 주력상품이었다는 점은 인정하되, 현재의 소비 흐름과는 맞지 않는다는 판단을 내렸다. 특히 내부 소비자 리서치 결과, 신제품에 대한 선호가 월등히 높은 데다, 전기밥솥 생산 단가는 여전히 높아 수익성도 떨어진다는 분석이 나왔다.

　　윤 실장은 관련 데이터를 기반으로 클래식 제품 라인의 점진적인 단종과 더불어, MZ세대 고객층을 겨냥한 스마트 주방기기 라인 확대를 제안했다. 그는 과거의 성과에 얽매이지 않고 현재와 미래의 효율성을 우선시하며 의사결정을 내린 것이다.

① 합리적인 결정

② 과거를 기반으로 결정

③ 온정을 가지고 결정

④ 주변의 의견에 휩쓸린 결정

⑤ 경험에만 의존한 결정

31 다음은 스티븐 코비(Stephen R. Covey)의 시간관리 매트릭스를 나타낸 자료이다. ㉣에 해당하는 내용으로 가장 적절한 것은?

	긴급함	긴급하지 않음
중요함	㉠	㉡
중요하지 않음	㉢	㉣

① 하반기 사업계획 수립
② 건강관리를 위한 규칙적인 운동
③ 최근 유행하는 드라마 시청
④ 마감이 임박한 프로젝트
⑤ 동료가 갑자기 부탁한 회의자료 출력 도와주기

[32~33] 다음 [표]는 방진 마스크에 대한 자료이다. 이를 바탕으로 이어지는 질문에 답하시오.

[표1] 방진 마스크 종류

| 격리식 전면형 | 격리식 반면형 | 직결식 전면형 | 직결식 반면형 | 안면부 여과식 |

※ 방진마스크는 산소농도 18% 이상에서만 사용 가능하고, 안면부 보호는 전면형만 사용

[표2] 정화통 색상코드 종류

정화통 색상코드	대상 유해물질
갈색	시클로헥산, 디메틸에테르, 이소부탄
회색	할로겐 가스나 증기, 황화수소 가스, 시안화수소 가스나 증기
노란색	이황산 가스나 증기
녹색	암모니아 가스

[표3] 사용장소별 방진 마스크 등급

종류	사용장소
특급	베릴륨 등과 같이 독성이 강한 물질들을 함유한 분진 등 발생장소, 석면 취급장소
1급	특급을 제외한 분진 발생장소 및 열적 분진 발생장소, 기계적으로 생기는 분진 등 발생장소
2급	특급과 1급을 제외한 분진 발생장소

※ 배기밸브가 없는 안면부 여과식 마스크는 특급, 1급 장소에서 사용 금지

32 다음 중 주어진 자료에 대한 설명으로 옳지 <u>않은</u> 것은?

① 산소농도 20%인 작업현장에서 방진마스크 사용이 가능하다.

② 독성 물질을 함유한 분진 발생장소에서는 1급 이상의 마스크 등급을 사용해야 한다.

③ 암모니아 가스가 발생하는 작업현장에서 녹색 정화통을 사용해야 한다.

④ 배기밸브가 있는 경우, 특급장소에서도 안면부 여과식 마스크 사용이 가능하다.

⑤ 눈 보호가 필요한 장소에서는 반면형 마스크는 사용이 불가능하다.

33 다음의 작업환경을 고려할 때 근로자에게 지급할 방진 마스크로 알맞은 것을 고른 것은?

> 어느 근로자는 석유화학공장인 A공장에서 근무하고 있다. 해당 공장은 산소농도가 18% 이상이며, 할로겐램프를 열원으로 사용하고 있다. 할로겐램프에는 할로겐 가스가 들어 있으며 특정 조건에서 독성물질을 포함한 유해가스 및 분진을 발생시킬 수 있다.

① 반면형－1급－회색 정화통

② 반면형－특급－노란색 정화통

③ 전면형－1급－회색 정화통

④ 전면형－특급－회색 정화통

⑤ 전면형－특급－갈색 정화통

[34~35] 다음 [표]는 버스회사별 2024년 버스대절 요금표 및 할인정책을 나타낸 자료이다. 이를 바탕으로 이어지는 질문에 답하시오.

[표1] 버스회사별 2024년 버스대절 요금표

회사	좌석	기본요금 (50km 이내)	추가요금 (km당)	기타 비용
A사	25인승	150,000원	2,000원	—
B사	40인승	220,000원	1,500원	고속도로 이용시 대당 30,000원 별도
C사	45인승	250,000원	1,200원	주차비 대당 20,000원 별도
D사	30인승	180,000원	1,800원	운전자 식대 대당 15,000원 별도
E사	50인승	300,000원	1,000원	—

※ 추가요금은 50km 초과한 거리에 부과함.

[표2] 버스회사별 2024년 할인정책

회사	할인정책
A사	3대 이상 이용 시 총액의 20% 할인
B사	편도 100km 이상 이동 시 기본요금과 추가요금 모두 30% 할인
C사	2대 이상 이용 시 기본요금 30% 할인
D사	총 이동 거리가 200km 이상일 경우 추가요금 50% 할인
E사	50인승 2대 이상 이용 시 추가요금 20% 할인

34 어느 회사가 신입사원 연수 중 하루는 공장견학이 예정되어 있다. 다음 [조건]을 고려하여 버스를 대절하려고 할 때, 대절비용이 가장 저렴한 회사로 알맞은 것은?

┌── 조건 ├─
- 참가자 수: 80명
- 이동 거리: 왕복 240km
- 고속도로 이용
- 주차비 및 운전자식대 포함
- 할인정책 미적용

① A사　　　② B사　　　③ C사　　　④ D사　　　⑤ E사

35 버스회사에서 프로모션으로 [표2]와 같이 할인정책을 제공할 때, 대절비용이 가장 저렴한 회사로 알맞은 것은?

① A사　　　② B사　　　③ C사　　　④ D사　　　⑤ E사

36 다음은 △△회사의 지점별 연결망과 거리에 대해 나타낸 자료이다. 최 대리는 회사에서 차를 타고 출발하여 A~E 지사를 모두 한 번씩 방문하고 공장에 가려고 한다. 이때 [보기]에 대한 설명 중 옳은 것을 모두 고른 것은?(단, 휘발유는 1리터 단위로 주유할 수 있다.)

[그림] 각 지점 간 연결망 지도

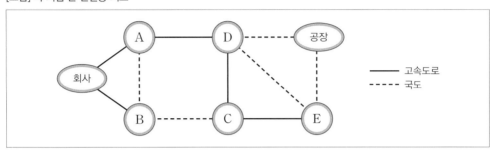

[표] 각 지점 간 거리

(단위: km)

구분	A지사	B지사	C지사	D지사	E지사	공장
회사	30	20				
A지사		35		15		
B지사	35		10			
C지사		10		30	30	
D지사	15		30		10	25
E지사			30	10		30

※ 최 대리 차의 연비: 고속도로 주행(20km/L), 국도 주행(10km/L)

※ 휘발유 가격: 1,700원/L

┤ 보기 ├

㉠ 최소 주유비용은 18,700원이다.

㉡ 이동 거리가 멀수록 필요한 휘발유의 양이 많다.

㉢ 어떻게 가더라도 최소한 12L의 휘발유를 주유해야 한다.

㉣ 회사 다음에 B지사에 들르면 주유비용은 20,000원 이상이 든다.

① ㉠, ㉡　　　　　　　② ㉠, ㉣　　　　　　　③ ㉢, ㉣

④ ㉠, ㉡, ㉢　　　　　⑤ ㉡, ㉢, ㉣

[37~38] 다음은 ○○사 인사팀에서 각 부서별 신입사원의 업무 평가 내용을 취합하여 정리한 내역이다. 이를 바탕으로 이어지는 질문에 답하시오.

[표] 신입사원의 업무 평가

구분	사원명	팀명	영업실적(점)	기본자질능력(점)	
				영어회화	컴퓨터활용
1	김영환	A팀	100	78	100
2	신정민	B팀	87	69	98
3	강연진	B팀	78	59	96
4	이홍진	C팀	92	68	95
5	이태선	A팀	74	90	70
6	김현기	B팀	95	58	92
7	구선정	B팀	86	88	78
8	조태연	A팀	75	78	80
9	오권석	C팀	94	93	68
10	양인욱	C팀	83	60	90

37 다음 기준을 참고할 때, 주어진 신입사원의 업무 평가에 대한 설명으로 옳은 것은?

- A팀은 1층, B팀은 2층, C팀은 3층에 위치해 있다.
- 영업실적이 85점 이상~90점 미만이면 5%, 90점 이상~95점 미만이면 10%, 95점 이상이면 20%의 인센티브를 받게 된다.
- 영업실적과 기본자질능력(영어회화, 컴퓨터활용) 점수가 모두 60점 이상이고 평균 70점 이상이면 통과, 그렇지 않으면 미달로 표시한다.
- 영어회화 점수가 85점 이상이면 해외연수를, 85점 미만이면 국내연수를 받게 된다.

① '통과'하지 못한 신입사원이 있는 팀은 1개 팀이다.
② 점수 미달로 통과하지 못한 신입사원은 1명뿐이다.
③ 총 2명의 신입사원이 해외연수를 가게 될 것이다.
④ 1층에 위치한 팀의 신입사원은 총 3명이며, 3명 모두 국내연수를 받게 된다.
⑤ 10% 이상의 인센티브를 받게 되는 신입사원은 총 3명이다.

38 다음 중 인센티브를 받지 못하는 신입사원을 모두 고른 것은?

① 김영환, 강연진, 이홍진
② 신정민, 이태선, 양인욱
③ 신정민, 이태선, 구선정 조태연
④ 강연진, 구선정, 조태연, 양인욱
⑤ 강연진, 이태선, 조태연, 양인욱

[39~40] 다음 자료를 바탕으로 이어지는 질문에 답하시오.

세 업체가 협력하여 진행하는 대규모 프로젝트가 진행 중이다. 6가지 방안 중 임의로 두 가지씩을 상정하여 각 업체별 선호도에 따라 각각 한 가지 방안을 고른 뒤, 다수결 원칙에 따라 하나의 최종 방안을 선정한다. 업체별 선호도는 아래와 같다.

[업체 선호도]

구분	○○사	□□사	◇◇사
1순위	A방안	B방안	D방안
2순위	C방안	C방안	A방안
3순위	B방안	A방안	C방안
4순위	D방안	E방안	F방안
5순위	E방안	F방안	B방안
6순위	F방안	D방안	E방안

39 위 자료를 바탕으로 [보기]의 설명 중 옳은 것을 모두 고른 것은?

┤ 보기 ├

㉠ A방안과 C방안이 상정되면 A방안이 최종방안으로 선정된다.
㉡ C방안은 A방안을 제외하고 어떤 방안과 상정되어도 항상 최종방안으로 선정된다.
㉢ B방안이 최종방안으로 선정되는 경우는 2가지이다.
㉣ F방안은 어떤 방안과 상정되어도 항상 최종방안으로 선정되지 못한다.

① ㉠, ㉡   ② ㉡, ㉢   ③ ㉢, ㉣
④ ㉠, ㉡, ㉢   ⑤ ㉠, ㉡, ㉣

40 위 자료를 바탕으로 가능한 상황으로 옳은 것은?

① 임의로 두 가지 안을 상정하여 투표를 진행한다고 하였을 때, 가능한 경우의 수는 6가지이다.
② A방안과 D방안이 상정되면 2:1로 A방안이 최종방안으로 선정된다.
③ D방안이 최종방안으로 선정되는 경우는 없다.
④ A방안이 최종방안으로 선정되는 경우는 4가지이다.
⑤ □□사가 가장 선호하는 방안이 최종방안으로 선정될 가능성은 2가지이다.

41 다음은 전자레인지 매뉴얼에서 제시하는 '수동 데우기 조리표'의 일부이다. 이 자료를 바탕으로 할 때, 옳은 것은?

음식	분량	초기 상태	시간(분)	방법
생선조림	4인분	냉장	1~3	내열 접시에 랩 또는 뚜껑을 씌워 데우세요.
치킨	300g	냉장	1~1.5	
피자	2조각	냉장	1~1.5	내열 접시나 키친타월 위에 놓고 뚜껑 없이 데우세요.
김밥	1인분	냉장	0.5~2	
호빵	1개	실온	0.5	비닐팩에 넣어 데우세요.
카레	200g	실온	1~3	내열 접시에 랩 또는 뚜껑을 씌워 데우세요.

〈알아두기〉
- 조리 시간은 음식물의 초기 온도나 상태에 따라 차이 날 수 있습니다.
- 조리 중에 한 번 저어주거나 음식물의 중앙과 가장자리 위치를 재배열해 주면 고르게 데워집니다.

① 김밥은 실온 상태의 1인분을 2분 안쪽으로 데워야 한다.

② 제시된 음식 중 랩을 씌워서 조리할 수 있는 것은 두 종류이다.

③ 생선조림을 조리할 때는 내열 접시에 쿠킹호일을 씌워 데워야 한다.

④ 냉장 상태의 피자는 2조각을 내열 접시에 뚜껑 없이 1분 30초간 데워야 한다.

⑤ 카레를 조리할 때 고장의 원인이 되므로 전자레인지를 열어서는 안 된다.

42 다음은 접촉 방식에 따른 온도계의 종류와 특징을 나타낸 자료이다. 이 자료를 바탕으로 할 때, 강한 진동이 있는 곳에서 신뢰하고 사용하기에 가장 적절한 온도계를 고른 것은?

종류	특징
저항 온도계	— 약 −273~500℃로 정밀도가 좋은 온도 측정에 적합하다. — 강한 진동이 있는 대상에는 부적합하다.
유리제 온도계	— 간편하고 신뢰도가 좋지만, 충격에 약한 편이다. — 높은 정밀도의 온도 측정이 가능하다.
써미스터 온도계	— 도선저항에 비례하여 검출기의 저항이 크다. — 하나의 검출기에서의 사용온도범위가 좁다. — 충격에 약하다.
열전대 온도계	— 응답이 정확한 편이고, 진동이나 충격에 강하다. — 기준접점이 필요하다.
액충만식 온도계	— 진동, 충격에 강하다. — 간편하게 사용할 수 있지만, 오차가 큰 편이다.

① 저항 온도계
② 유리제 온도계
③ 바이메탈 온도계
④ 열전대 온도계
⑤ 액충만식 온도계

43 다음은 전구의 형태 및 소켓 지름에 관한 자료이다. 이 자료를 바탕으로 할 때, 주어진 [상황]에서 김 씨가 사용할 수 있는 전구로 알맞은 것은?

1. 전구 형태

볼 타입

일반적으로 가장 많이 사용되는 타입의 전구로 둥근 볼 모양입니다.

사용 가능한 전구 종류

벌브 타입

주로 LED 전구 명칭으로 사용되고 LED 전구 타입 중 측면 혹은 조명 갓 사이즈가 작은 조명에 주로 사용됩니다.

사용 가능한 전구 종류

인치구 타입

전구의 지름이 약 5 cm 이하로 수유등, 간접등, 작은 스탠드에 주로 사용됩니다.

사용 가능한 전구 종류

크립톤 타입

인치구보다 얇고 긴 전구로 조명디자인에 따라 사용 용도가 다양합니다.
(소켓사이즈: E14, E17 등)

사용 가능한 전구 종류

촛대구 타입

촛대구 캔들의 불모양을 모티브로 제작된 전구입니다. 샹들리에, 크리스탈 제품 등 장식용 조명 기구에 많이 사용됩니다.

사용 가능한 전구 종류

EL 타입

교차방식으로 전구 크기대비 조도가 높은편입니다. 오래된 천장의 매입등기구에서 볼 타입이 들어가지 않는 조명에 사용됩니다.

사용 가능한 전구 종류

2. 소켓 지름

E26(26Base)

- 소켓 지름 2.6 cm
- 가장 많이 사용되는 일반 소켓
- 스탠드, 방등, 거실 등 용도로 주택에서 많이 사용되는 소켓 베이스

E39(39Base)

- 소켓 지름 3.9 cm
- 산업용투광기 및 호박등의 큰 소켓

E14(14Base)

- 소켓 지름 1.4 cm
- 소켓 지름이 2 cm 넘지 않는 작은 사이즈 소켓
- 일반적으로 많이 사용 되지 않고, 크기가 작아 전구의 조도는 낮은 편

E17(17Base)

- 소켓 지름 1.7 cm
- 소켓 지름이 2 cm 넘지 않는 작은 사이즈 소켓
- 일반적으로 촛대구나 작은 인치구 사용되는 작은 조명에 사용

| 상황 |

　김 씨는 자신이 운영하는 사업장에 삼파장 전구를 설치하려고 한다. 소켓 지름이 2cm 미만이지만 가장 얇은 것은 아니어야 하는데, 볼 타입이 들어갈 수 없는 곳이어서 고민 중이다.

① E26의 벌브 타입 전구
② E14의 볼 타입 전구
③ E17의 크립톤 타입 전구
④ E14의 EL 타입 전구
⑤ E17의 EL 타입 전구

[44~45] 다음은 상품식별코드에 대한 설명이다. 이를 바탕으로 이어지는 질문에 답하시오.

바코드는 상품의 포장이나 꼬리표에 표시된 검고 흰 줄무늬이다. 제조 회사, 제품의 가격, 종류 따위의 정보를 나타낸 것으로, 광학적으로 판독되어 컴퓨터에 입력된다. 이는 상품의 판매 및 재고 관리의 자료로 쓰인다.

바코드에 있는 정보를 읽어내는 시스템에는 스캐너, 디코더 및 컴퓨터가 포함되어 있다. 스캐너는 바코드에 레이저 빛을 쏘아 반사되는 빛의 세기를 감지하고, 이를 전기적 신호로 바꾸어 이진수로 변환한다. 이 이진수는 다시 10진수의 숫자로 변환되어 디코더를 통해 컴퓨터가 읽을 수 있는 형태로 처리된다.

우리나라에서 사용하는 상품식별코드(GTIN)는 13자리 숫자로 구성된 표준형과 8자리 숫자로 구성된 단축형이 있다. 표준형 코드의 13자리는 국가코드(3자리, 한국 '880')＋업체코드(4~6자리)＋상품코드(3~5자리)＋체크디지트(1자리)로 구성되어 있다. 업체코드와 상품코드는 상품의 종류에 따라 달라지지만 두 코드에 해당하는 숫자는 최대 9개이다. 단축형 코드는 국가코드(3자리)＋업체코드(3자리)＋상품코드(1자리)＋체크디지트(1자리)로 크기가 표준형보다 작아 인쇄 공간의 제약이 있거나 표준형코드 사용이 부적합한 경우에 사용하게 된다.

상품식별코드(GTIN)의 마지막에 체크디지트가 위치한다. 체크디지트는 스캔 오류 검증을 위한 숫자로 특정 규칙에 따라 자동적으로 결정된다. GTIN 표준형 코드의 경우 왼쪽에서부터 '(홀수 번째 숫자의 합)＋(짝수 번째 숫자의 합)×3'이 10의 배수가 되도록 한다. GTIN 단축형 코드는 왼쪽에서부터 '(짝수 번째 숫자의 합)＋(홀수 번째 숫자의 합)×3'이 10의 배수가 되도록 한다. 체크디지트를 사용하는 이유는 바코드 읽기의 오류를 확인할 수 있으며 체크디지트 결정식에 만족하지 않는 경우 바코드의 오류도 확인할 수 있기 때문이다. 또한 바코드의 여러 숫자 중 어느 한 숫자가 지워져 있더라도 해당 숫자를 알아 낼 수 있다.

44 다음은 우리나라의 ㈜○○생활에서 사용하고 있는 상품분류코드이다. 다음 중 GTIN 표준형 코드에 따른 상품식별코드로 옳은 것은?(단, 체크디지트는 X로 표기한다.)

[㈜○○생활 상품분류코드 작성 방법]
- 판매 국가: 한국
- 업체 코드: 2731

대분류		중분류		소분류	
1	개인 위생용품	01	세정용품	11	비누
				12	샴푸
				13	바디워시
		02	보습/헤어관리용품	21	바디로션
				22	헤어에센스
		03	위생소모품	31	물티슈
				32	면봉
				33	화장지
2	세탁용품	10	세탁세제류	11	세탁세제(비누)
				12	세탁세제(분말)
				13	세탁세제(액체)
		11	섬유관리용품	21	섬유유연제
				22	탈취제
		12	세탁보조용품	31	세탁망
				32	빨래집게
3	주방용품	20	주방세정용품	11	주방세제(액체)
				12	주방세제(고체)
		21	주방청소소모품	21	수세비
				22	행주
				23	고무장갑
		22	조리 · 보관용품	31	위생장갑
				32	랩
				33	지퍼백
				34	알루미늄 호일

① 곡물 때비누－880273110112X
② 늘어나는 매직랩－880273132132X
③ 3겹 화장지－880273110331X
④ 파워세탁 액체세제－880273121012X
⑤ 항균 액체 주방세제－880273132011X

45 위 44번 문항에서 정답으로 고른 상품식별코드의 체크디지트로 알맞은 것은?

① 0   ② 1   ③ 2   ④ 4   ⑤ 5

[46~47] 다음은 △△회사의 본사에서 타 기업에 기술을 이전하기 위한 업무 흐름도이다. 이를 바탕으로 이어지는 질문에 답하시오.

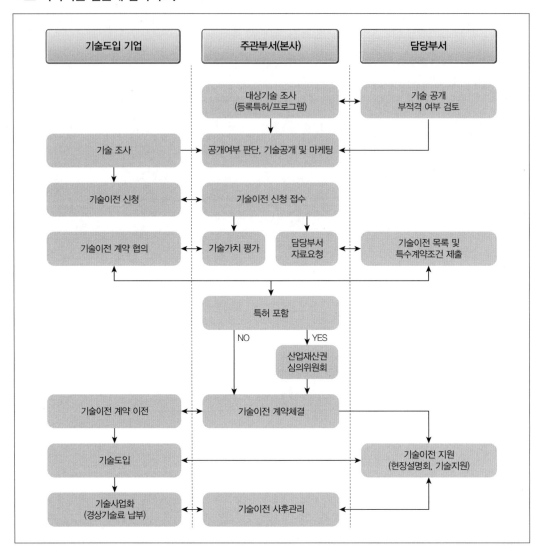

46 다음 중 주어진 자료에 관한 설명으로 옳지 <u>않은</u> 것은?

① 실제 기술이전이 이루어지는 데에는 본사가 관여하지 않는다.

② 담당 부서의 기술이전 지원은 계약이 이루어진 후에 진행해야 한다.

③ 기술을 도입하는 기업에서는 기술이전 이후에 △△ 회사의 본사에 사후 관리를 요청할 수 있다.

④ 담당 부서에서는 요청된 기술을 공개하는 것에 대한 적격 여부를 판단해서 본사에 통보해야 한다.

⑤ 이전하는 기술에 대해 특허가 포함되어 있다면 산업재산권 심의위원회를 거쳐 계약을 체결해야 한다.

47 다음 [보기]는 △△회사(甲)가 T회사(乙)에 대해 기술이전을 진행하면서 작성한 기술이전 계약서의 항목 일부를 나타낸 것이다. 기술이전 업무 흐름도에 맞지 <u>않게</u> 작성된 것을 모두 고른 것은?

┤ 보기 ├

㉠ 甲은 乙이 기술의 실시 등에 있어서 기술적인 지원을 요청할 경우 이에 성실히 지원하여야 한다.

㉡ 乙은 본 계약기술을 이용한 제품의 생산개시일을 甲에게 서면으로 통지한 뒤 계약을 체결하여야 한다.

㉢ 乙은 본 계약기술에 대하여 매출액의 ○○%에 해당하는 경상기술료를 생산개시일로부터 계약 동안 매년 2월 28일까지 甲에게 지급한다.

① ㉠   ② ㉡   ③ ㉠, ㉡

④ ㉡, ㉢   ⑤ ㉠, ㉡, ㉢

[48~49] 다음은 어느 회사에서 부여하는 수입품 코드에 관한 정보이다. 이를 바탕으로 이어지는 질문에 답하시오.

어느 회사에서는 수입품의 입고와 출고 관리를 위하여 수입품별로 수입품 코드를 부여하여 재고를 관리한다. 그런데 기존 방식으로는 모든 물품에 수입품 코드를 부여할 수가 없어 수입품 코드 부여 방식을 변경하였다. 이 회사의 변경 전후 수입품 코드 부여 방식은 다음과 같다.

[변경 전 수입품 코드 부여 방식]

①	②	③	④	⑤	⑥	⑦
수입국		수입연월			출고순서	

①: 수입국을 나타내는 코드는 대륙별로 다음과 같이 부여한다.

수입국	코드
아시아	A
유럽	B
북아메리카	C
남아메리카	D
아프리카	E

②~⑤: 수입연월을 나타내는 번호는 MM/YY(월/연도)로 부여한다.

⑥, ⑦: 출고 순서를 나타내는 번호는 다음 우선순위에 따라 번호를 부여한다.

　　1. 아시아 지역을 1순위로 출고하고, 01을 부여한다.

　　2. 북아메리카 지역을 2순위로 출고하고, 02를 부여한다.

　　3. 유럽 지역을 3순위로 출고하고, 03을 부여한다.

　　4. 아프리카 지역을 4순위로 출고하고, 04를 부여한다.

　　5. 남아메리카 지역을 5순위로 출고하고, 05를 부여한다.

[변경 후 수입품 코드 부여 방식]

①: 수입국을 나타내는 코드는 다음과 같이 변경한다. 북아메리카와 남아메리카를 합해 아메리카로 분류하고, 코드를 C라 한다. 아프리카의 코드를 D라 하고, 오세아니아를 신설하고 E로 한다. 그 외 지역은 변경 전 코드를 유지한다.

②~⑤: 수입연월을 나타내는 번호의 규칙은 변경하지 않는다.

⑥, ⑦: 출고 순서를 나타내는 번호의 규칙은 다음과 같이 변경한다.

　　1. 북아메리카를 1순위로 출고하고, 01을 부여한다.

　　2. 아시아 지역을 2순위로 출고하고, 02를 부여한다.

　　3. 유럽 지역을 3순위로 출고하고, 03을 부여한다.

　　4. 아프리카 지역을 4순위로 출고하고, 04를 부여한다.

　　5. 남아메리카 지역을 5순위로 출고하고, 05를 부여한다.

　　6. 오세아니아 지역을 6순위로 출고하고, 06을 부여한다.

　　7. 그 외 지역은 마지막 순위로 출고하고, 07을 부여한다.

48 다음 중 변경 후 코드로 가능하지 <u>않은</u> 것은?

① A032102　　　　　② B032103　　　　　③ C012102

④ C031205　　　　　⑤ E022206

49 다음은 회사에서 현재 보유하고 있는 물품들이다. 물품들의 목록이 다음과 같을 때, 코드 부여 방식 변경 후에 코드가 변경된 물품의 개수는?(단, 코드를 새로 부여받는 경우는 제외한다.)

물품목록	수입국	수입연월
1	미국	21. 04. 05.
2	브라질	21. 01. 02.
3	호주	21. 06. 30.
4	중국	20. 08. 19.
5	일본	20. 12. 13.
6	영국	21. 12. 05.
7	이집트	21. 03. 23.
8	프랑스	21. 11. 30.
9	뉴질랜드	21. 07. 15.
10	캐나다	21. 04. 16.
11	칠레	21. 04. 21.
12	베트남	21. 09. 10.

※ 아시아(베트남, 일본, 중국), 유럽(영국, 프랑스), 오세아니아(뉴질랜드, 호주), 남아메리카(칠레, 브라질), 북아메리카(캐나다, 미국), 아프리카(이집트)로 구성됨

① 6개　　　　　② 7개　　　　　③ 8개

④ 9개　　　　　⑤ 10개

50 MS Excel을 활용하여 다음과 같이 가구별 전기요금 내역을 정리하였다. 실 청구요금 항목을 작성하기 위하여 사용할 수 있는 함수로만 짝지어진 것은?

	A	B	C	D	E
1	〈가구별 10월 전기요금〉				
2	구분	기본요금(원)	전력량 요금(원)	합계(원)	실 청구요금(원)
3	A가구	1,470	22,352.2	23,822.2	23,822
4	B가구	820	19,379.8	20,199.8	20,199
5	C가구	1,470	20,090.0	21,560.0	21,560
6	D가구	6,300	24,976.7	31,276.7	31,276
7	E가구	1,470	26,098.9	27,568.9	27,568

① TRUNC 함수, VLOOKUP 함수

② TRUNC 함수, INT 함수

③ INT 함수, ROUND 함수

④ TRUNC 함수, INT 함수, ROUND 함수

⑤ TRUNC 함수, INT 함수, VLOOKUP 함수

[51~52] 다음은 △△공사의 조직도이다. 이를 바탕으로 이어지는 질문에 답하시오.

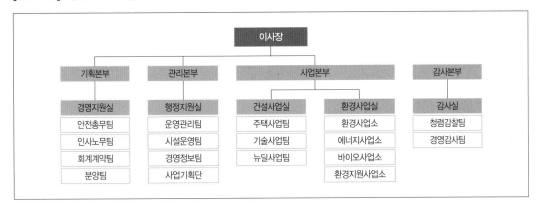

51 주어진 조직도에 관한 설명으로 옳지 <u>않은</u> 것은?

① △△공사는 4개 본부와 5개의 실로 구성되어 있다.

② 감사본부는 다른 본부와 달리 독립적으로 운영된다.

③ 사업본부장은 건설사업실장과 환경사업실장의 보고를 받는다.

④ 행정지원실과 환경사업실은 같은 수의 부서로 구성되어 있다.

⑤ 사업본부에서 건설사업실보다 환경사업실의 부서가 많아 더 큰 영향력을 행사할 수 있다.

52 다음 [표]는 사업본부의 성과급 반영 비율 및 업무 평가 등급을 나타낸 자료이다. 이 자료를 바탕으로 할 때, 뉴딜사업팀 김 사원의 성과급으로 알맞은 것은?

사업본부(1천만 원=100%)						
건설사업실(40%)			환경사업실(60%)			
주택사업팀 (팀 등급: B)	기술사업팀 (팀 등급: S)	뉴딜사업팀 (팀 등급: A)	환경사업소 (팀 등급: S)	에너지사업소 (팀 등급: A)	바이오사업소 (팀 등급: C)	환경지원 사업소 (팀 등급: B)
한 차장: B 김 과장: C 박 과장: A 서 대리: B 민 주임: B 김 사원: A	유 차장: S 박 과장: B 이 대리: A 형 사원: A 장 사원: B	김 차장: A 이 대리: C 오 주임: B 하 사원: B 김 사원: S	임 차장: C 현 대리: B 정 주임: C 김 사원: A	김 차장: B 모 과장: B 박 주임: A 임 주임: B	박 차: B 이 과장: C 이 대리: C 김 주임: B 하 사원: A	허 차장: C 현 과장: S 박 과장: B 김 대리: B 이 주임: A 김 사원: A

[업무 평가 등급별 성과급 지급 기준]
부서 또는 직원에 배분된 성과급 액수를 기준으로 하여 등급별로 다음과 같이 성과급을 지급한다.
- S: 150%
- A: 120%
- B: 100%
- C: 80%

㈜ 부서에 배분된 성과급이 100만 원일 때, A 등급을 받은 직원은 120만 원의 성과급을 받는다.

① 360만 원　　　　② 400만 원　　　　③ 480만 원

④ 600만 원　　　　⑤ 720만 원

[53~54] 다음 자료를 바탕으로 이어지는 질문에 답하시오.

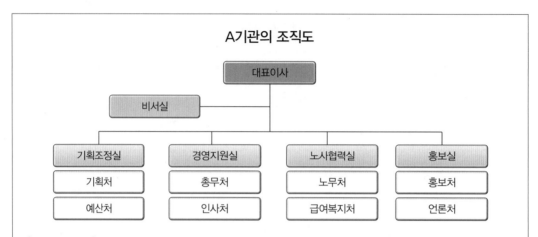

A기관의 조직도

[각 조직별 업무]

조직명	업무
비서실	• 의전 및 사장 업무 보좌 총괄 • 사장 일정 파악 및 조정
기획처	• 대외기관과 상황 공유 및 업무협조 관련 사항 처리 • 내ㆍ외부 경영평가 보고서 작성, 업무 프로세스 개선 관련 업무
예산처	• 사업예산 편성 및 운영 업무 총괄 • 예산편성 및 운영, 예산결산 및 집행실적 분석
총무처	• 저장품 관리 및 총무 업무 총괄 • 자재기준정보 표준화 및 제도 개선
인사처	• 인력운영, 채용 업무 총괄 • 교육관리시스템 운영, 외부위탁교육
노무처	• 임금협약 체결관련 업무 • 단체교섭/단체협약/취업규칙
급여복지처	• 통상임금 및 평균임금 소송 업무 총괄, 노사관리 지원 업무 • 복리후생분야 관련 업무 총괄, 복리후생 관련 노사 업무
홍보처	• 홍보전략 수립 및 대외협력, 홍보대사 운영 • 웹진 발간, 홍보물 제작 관리
언론처	• 신문 및 방송 보도 업무 총괄 • SNS 운영 관리

※ 2개 이상 조직의 장(長)의 결재가 필요한 업무에 대해서는 업무별 특성에 근거한 순서에 따라 각 업무를 담당하는 조직의 장에게 결재를 받아야 한다. 이때, 마지막 결재를 담당한 조직에서는 처장 대신 본부장이나 대표이사의 결재를 받되, 본부장의 결재를 받은 경우 본부장을 전결권자로 갈음한다.

53 주어진 자료에 대한 설명으로 옳지 <u>않은</u> 것은?

① A기관은 5실 8처의 조직으로 구성되어 있다.

② 각 처의 업무가 대표이사에게 보고될 때에는 비서실장의 결재를 거치지 않아도 된다.

③ 사업예산 편성 및 운영 업무 총괄에 관한 결재는 '예산처 → 기획처 → 대표이사'의 순으로 이루어진다.

④ 직원 교육을 주관하는 조직은 인사처이다.

⑤ 노사관리에 관한 특정 업무는 노무처와 급여복지처가 협조를 할 수도 있다.

54 다음 중 A기관의 결재 양식으로 올바른 것은?(단, 업무별 조직별 결재 순서는 고려하지 않는다.)

①

대외기관 업무협조					
결재	기획처장	총무처장	인사처장	노무처 본부장	대표이사
	서명	서명	서명	전결	노무처 본부장 서명

②

사업예산 편성 업무					
결재	예산처장	노무처장	급여복지처장	기획처장	대표이사
	서명	서명	서명	전결	기획처 본부장 서명

③

외부위탁교육 업무					
결재	인사처장	노무처장	기획처장	홍보처 본부장	대표이사
	서명	서명	서명		홍보처 본부장 서명

④

임금협약 체결관련 업무					
결재	노무처장	인사처장	기획처장	예산처장	대표이사
	서명	서명	서명		

⑤

홍보전략 수립 업무					
결재	홍보처장	총무처장	인사처장	언론처 본부장	대표이사
	서명	서명	서명		전결

55 다음은 전기자동차 생산업체인 T사에서 기업의 내·외부 환경을 SWOT 분석한 자료이다. 이 자료와 [보기]를 참고하여 도출한 내용으로 적절하지 <u>않은</u> 것은?

강점(Strength)	약점(Weakness)
• 특허 기반의 뛰어난 기술력(경쟁사에 비해 긴 1회 충전 시 주행거리) • 판매, 유통, 고객관리에 있어 기존의 B2C가 아닌 B2C의 차별화된 전략으로 소비자 만족도 제고 및 유통 비용 절감 • 하이엔드 자동차 시장을 우선 공략하여 고급 브랜드 이미지와 상위층 고객 확보 • 기존 내연기관 차량 대비 양호한 실용성 및 스포츠성 • 세련된 외양 등 높은 디자인적 가치 • 관련 분야 업체들과의 활발한 제휴로 시너지 효과 발휘 및 확장성 • 전 세계적으로 지속적인 매출 성장	• 타 전기차 브랜드에 비해 상대적으로 비싼 판매 가격 • 높은 운영 및 생산 비용 • 전기차 특성상 배터리 과열 및 불완전한 자율주행기술에 대한 위험성 존재 • 단일공장 생산으로 인한 생산 능력 부족으로 연간 수요 불충족 • 차량 예약 시 판매 가격 안내, 인도 날짜 안내 누락 문제 발생 등 신속하지 못한 정보 제공과 관련 가이드라인 불명확 • 전용 충전기 미구비 시(표준 완속 충전기 사용 시) 긴 충전 시간
기회(Opportunity)	위협(Threat)
• 전 세계적으로 기후 변화와 온실가스, 에너지 문제 등으로 친환경차에 대한 관심 증가 • 유가 상승 위협으로 내연기관 차량에서 전기차로의 수요 이동 추세 • 전기차 수요 증가로 인한 시장 확대 • 중산층의 전기차 수요 증가로 고객층 다양화 추세 • 전기차 보급 확대 정책(코로나19 경기극복을 위한 전기차 구매 관련 인센티브 추가 도입 등)	• 현지 국가의 법적 및 규제 요건 미비로 인한 분쟁 발생 위험 • 기존 자동차업체 및 신흥 자동차업체의 전기차 개발 • 친환경차의 또 다른 대안으로 수소차 부상(전기차에 비해 짧은 충전 시간과 2배 이상에 달하는 주행 거리) • 코로나19로 공장가동 중단 가능성 • 선진국이 아닌 국가에서 전용 충전소 등 관련 인프라 부족

┤ 보기 ├
- SO 전략: 강점을 발휘하여 시장의 기회를 활용하는 전략
- ST 전략: 강점을 발휘하여 시장의 위협을 회피하는 전략
- WO 전략: 약점을 극복하여 시장의 기회를 활용하는 전략
- WT 전략: 시장의 위협을 회피하고 약점을 최소화하는 전략

① T사는 다른 기업들과의 협력을 통해 전 세계 국가들에 전기차 충전소 인프라를 구축하는 것을 ST 전략으로 도출할 수 있다.

② T사가 표준 완속 충전기 사용 시 소요되는 긴 충전 시간을 단축시키는 데 노력함으로써 보다 다양한 국가의 인프라를 사용할 수 있도록 하는 것은 WT 전략에 해당한다.

③ T사가 특허 기반의 기술력과 이를 결합한 디자인 능력으로 기존의 내연기관 차량을 대체하는 선택지를 제공하는 것을 SO 전략으로 도출할 수 있다.

④ T사에서 전기차 특성상 존재하는 문제를 보완하고 판매 가격이 다소 높더라도 최고급형 전기차 모델을 선보여 새로운 고객층을 확보하는 것은 WO 전략으로 볼 수 있다.

⑤ T사에서 국가별 법적 및 규제를 만족하면서 자체적인 생산 및 개발 가이드라인을 명확히 하여 각국의 정부 및 소비자와 신뢰를 쌓는 것은 WT 전략에 해당한다.

정답과 해설 P.71

삶의 순간순간이
아름다운 마무리이며
새로운 시작이어야 한다.

– 법정 스님

여러분의 작은 소리
에듀윌은 크게 듣겠습니다.

본 교재에 대한 여러분의 목소리를 들려주세요.
공부하시면서 어려웠던 점, 궁금한 점,
칭찬하고 싶은 점, 개선할 점, 어떤 것이라도 좋습니다.

에듀윌은 여러분께서 나누어 주신 의견을
통해 끊임없이 발전하고 있습니다.

에듀윌 도서몰 book.eduwill.net
• 부가학습자료 및 정오표: 에듀윌 도서몰 → 도서자료실
• 교재 문의: 에듀윌 도서몰 → 문의하기 → 교재(내용, 출간) / 주문 및 배송

에듀윌 NCS 6대 출제사 찐기출문제집

발 행 일	2025년 6월 9일 초판
편 저 자	에듀윌 취업연구소
펴 낸 이	양형남
개발책임	김기철, 윤은영
개 발	윤나라, 김하랑
펴 낸 곳	(주)에듀윌
I S B N	979-11-360-3757-2
등록번호	제25100-2002-000052호
주 소	08378 서울특별시 구로구 디지털로34길 55
	코오롱싸이언스밸리 2차 3층

www.eduwill.net
대표전화 1600-6700

에듀윌 공기업
NCS 6대 출제사
찐기출문제집
+무료특강

정답과 해설

최신판

에듀윌 공기업
NCS 6대 출제사
찐기출문제집
+무료특강

에듀윌 공기업
NCS 6대 출제사
찐기출문제집

정답과 해설

찐기출 모의고사

01	②	02	④	03	③	04	⑤	05	①	06	②	07	④	08	④	09	⑤	10	③
11	①	12	⑤	13	④	14	④	15	②	16	②	17	①	18	⑤	19	①	20	⑤
21	②	22	③	23	④	24	⑤	25	②	26	⑤	27	②	28	④	29	⑤	30	②
31	③	32	④	33	⑤	34	③	35	④	36	⑤	37	⑤	38	④	39	④	40	③
41	①	42	④	43	①	44	②	45	④	46	②	47	④	48	③	49	③	50	③

01 ②

전용하다(轉用하다): 돌릴 전(轉). 쓸 용(用) → 본래 정해진 목적이 아닌 다른 용도로 바꾸어 사용하다.
해당 문장에서는 금연 예산이 지역 행사 홍보물 등 다른 목적에 사용된 사례를 설명하고 있다.

| 오답풀이 |
① 준용하다(準用하다)
　• '준(準)'은 '기준'이나 '비슷함'을 의미하고, '용(用)'은 '쓰다'는 뜻
　• 기존의 규정이나 사례를 기준 삼아 비슷한 경우에 적용하는 것을 뜻함
　• 예산을 전혀 다른 목적에 쓴다는 의미와는 다름
③ 적용하다(適用하다)
　• '적(適)'은 '맞추다'라는 뜻으로, 어떤 상황이나 대상에 맞게 규칙이나 원칙을 실행하는 것
　• 이는 규칙을 '적절히 쓰는' 개념이며, 예산 목적 변경과는 관련 없음
④ 남용하다(濫用하다)
　• '남(濫)'은 '넘치다, 함부로 하다'를 뜻함
　• 권한이나 자원을 지나치게 함부로 사용하는 것
　• '많이 쓰는 것'에 초점이 있어, 용도 변경인 전용과는 구별됨
⑤ 이용하다(利用하다)
　• '이(利)'는 '이익', '용(用)'은 '사용'으로, 어떤 자원이나 수단을 활용하는 것
　• 보통의 사용 행위를 의미하며, 원래 목적을 바꿔 썼다는 의미는 없음

02 ④

네 번째 문단에서 하버드대학 연구팀이 스트레스를 긍정적으로 받아들이게 가르친 일부 참가자들에게는 심혈관 질환을 부를 수도 있는 혈관 수축 반응이 나타나지 않았다고 하였으며, 마지막 문단에서 스트레스는 같은 내용이라도 수용하는 자세에 따라 다른 결과를 부른다고 하였으므로 적절하다.

| 오답풀이 |
① 세 번째 문단에서 스트레스는 두뇌의 힘을 증가시키는 데 도움을 주고, 낮은 수준의 스트레스는 생산성과 집중력을 높이는 데 도움을 주는 메커니즘과 유사하며 적당한 스트레스는 면역력을 증대하는 효과가 있다고 하였다. 또한, 낮은 수준의 스트레스에 반복 노출됨으로써 더 큰 스트레스 상황에 대처할 수 있는 능력이 배양된다고 하였다. 즉, 스트레스가 부정적 영향만 주는 것은 아님을 알 수 있다.
② 세 번째 문단에서 낮은 수준의 스트레스 요인은 신경트로핀이라 불리는 뇌 화학물질의 생성을 자극하고, 뇌의 뉴런 사이의 연결을 강화한다고 하였다. 즉, 스트레스가 뉴런 생성을 유도하는 것이 아니라 뉴런 사이의 연결을 강화하는 것이므로 적절하지 않다.
③ 세 번째 문단에서 스트레스를 느낀 신체는 부상이나 감염의 위협을 느끼고 이를 대비하는 여분의 인터루킨을 분비하는데 이 분비물이 일시적으로 면역력을 강화한다고 하였다. 즉, 지속적으로 면역력을 증대시키는 것이 아니라 일시적으로 면역력을 증대시키는 것이므로 적절하지 않다.
⑤ 세 번째 문단에서 낮은 수준의 스트레스에 반복적으로 노출됨으로써 더 큰 스트레스 상황에 대처할 수 있는 능력이 배양된다는 주장은 상식적으로도 충분히 이해할 수 있다고 하였다. 즉, 높은 수준의 스트레스가 아닌 낮은 수준의 스트레스에 반복적으로 노출될 경우 상황 대처 능력이 향상되는 것이므로 적절하지 않다.

03 ③

세 번째 문단에서 '달에는 지구에서 얻기 힘든 자원이 풍부하다. 대표적인 자원이 '헬륨3'이다. 헬륨3은 헬륨의 동위원소로 차세대 핵융합발전 원료로 주목받는 물질이다.'라고 설명하고 있다.

따라서 빈칸에 들어갈 말은 ⊙ 힘든, ⓒ 핵융합발전이다.

04 ⑤

여섯 번째 문단에서 '국제연합(UN)은 우주 공간과 천체는 인류 공동의 유산이기 때문에 특정 국가나 기관이 상업적 목적으로 소유권을 주장할 수 없고 조약은 공동 합의에 불과해 강제할 만한 법적인 효력이 없다.'고 말하고 있다. 또한 '조항도 미비해 국가나 기관이 소유할 수 없다는 조항만 있고 개인이 소유할 수 없다는 조항은 없다.'라고 설명하고 있다.

따라서 '달의 소유권이 국가 혹은 개인에게 국한될 수 없다는 우주조약은 법적 효력을 가지고 있지 않다.'라는 말은 적절하지 않다.

| 오답풀이 |

① 두 번째 문단에서 '나사의 달 탐사 위성이 달에 '얼어붙은 물'이라는 자원이 존재할 가능성을 보여주는 실험 결과를 얻은 후부터 달은 다시 전 세계 우주 연구의 중심이 되고 있다.'라고 설명하고 있다. 따라서 '달에 인간의 생존과 관련된 물질이 존재할 가능성을 보여주는 실험 결과 이후 전 세계 우주 연구의 중심이 되고 있다.'라는 말은 적절하다.

② 세 번째 문단에서 '지구에 부족한 희귀 광물들이 다량 묻혀 있을 것으로 추정하고 이 원소들은 채굴 및 가공 과정에서 엄청난 비용 부담 및 환경오염을 일으킨다.'고 설명하고 있다. 따라서 '헬륨3과 같은 지구에 부족한 희귀 광물들은 환경오염과 비용 부담 증가라는 문제점을 가지고 있다.'는 적절하다.

③ 네 번째 문단에서 '달은 자전 주기와 공전 주기가 같기 때문에 지구와 톱니바퀴처럼 맞물려 돌아가고 지구에서 영원히 볼 수 없는 부분이 있다.'라고 설명하고 있다. 따라서 '달의 뒷면을 지구에서 영원히 볼 수 없는 이유는 자전 주기와 공전 주기의 동일성 때문이다.'는 적절하다.

④ 네 번째 문단에서 '창어 4호가 최초로 달의 뒷면에 도착했다.'고 말하고 있다. 또한 '평평하고 낮은 앞면에 비해 뒷면은 험한 산지가 많아 더 많은 자원이 숨어있을 수도 있다.'라고 설명하고 있다. 따라서 '창어 4호가 최초로 달의 뒷면에 도착한 사건은 중국의 자원 확보에 큰 도움을 줄 수 있다.'라는 말은 적절하다.

05 ①

성염색체 유전 중 색맹에 대해 설명하고 있는 글이다. 두 번째 문단에서 사람의 염색체는 44개의 상염색체와 2개의 성염색체로 이루어져 있다고 설명하고 있다. 따라서 '사람의 염색체는 44개의 성염색체와 2개의 상염색체로 이루어져 있다'라는 말은 옳지 않다.

| 오답풀이 |

② 세 번째 문단에서 사람의 염색체 조합을 나타낼 때, 상염색체와 성염색체를 구별하여 표기한다고 설명하고 있다. 따라서 '사람의 염색체는 상염색체와 성염색체를 구별하여 조합한다'라는 말은 적절하다.

③ 네 번째 문단에서 '유전자가 성염색체에 놓여있으면 유전 양상은 성(Sex)에 따라 차이를 보인다'라고 설명하고 있다. 따라서 '성(Sex)에 따라 유전 양상이 차이를 보이는 이유는 성염색체 때문이다'라는 말은 적절하다.

④ 여섯 번째 문단에서 '아버지가 색맹(X'Y)이고 어머니는 정상(XX)일 때 태어날 수 있는 자녀들의 유전자 조합에 따른 표현형은 딸들은 모두 색맹유전자를 지닌다'라고 설명하고 있다. 따라서 '아버지가 색맹(X'Y)이고 어머니는 정상(XX)일 때 딸들은 모두 색맹유전자를 지니고 태어난다'라는 말은 적절하다.

⑤ 일곱 번째 문단에서 '성의 결정에 관여하는 염색체는 Y염색체'라고 설명하고 있다. 따라서 '성의 결정에 관여하는 염색체는 Y염색체이다'라는 말은 적절하다.

06 ②

글의 제목을 찾을 때에는 각 문단의 중심(핵심어)를 찾는 것이 중요하다. 이 글은 첫 번째, 두 번째 문단에서 사람이 가지고 있는 염색체에 대해서 설명하고 있다. 따라서 제목을 염색체의 종류와 특징으로 오해할 소지가 많다.

따라서 이 글의 제목은 '성염색체 유전 – 색맹 유전'이 적절하다.

07 ④

제65조에 따르면 사업시행자는 동일한 사업지역에 보상시기를 달리하는 동일인 소유의 토지 등이 여러 개 있는 경우 토지소유자나 관계인이 요구할 때에는 한꺼번에 보상금을 지급하도록 하여야 한다.

| 오답풀이 |

① 제62조에 따르면 사업시행자는 해당 공익사업을 위한 공사에 착수하기 이전에 토지소유자와 관계인에게 보상액 전액을 지급하여야 한다. 그러나 천재지변시의 토지 사용 혹은 시급한 토지 사용, 토지 소유자 및 관계인의 승낙이 있는 경우에는 예외가 적용된다. 그렇지만 임의로 공사를 진행하는 경우는 예외에 해당하지 않는다.

② 제67조에 따르면 보상액의 산정은 협의에 의한 경우 협의 성립 당시의 가격을 기준으로 한다.

③ 제63조에 따르면 손실보상은 다른 법률에 특별한 규정이 있는 경우를 제외하고는 현금으로 지급하여야 하나, 토지소유자가 원하는 경우로 토지로 보상이 가능한 경우에는 공익사업의 시행으로 조성한 토지로 보상할 수 있다.

⑤ 제66조에 따르면 사업시행자는 공익사업의 시행으로 인하여 잔여지의 가격이 증가하거나 그 밖의 이익이 발생한 경우에도 그 이익을 그 취득 또는 사용으로 인한 손실과 상계할 수 없다. 토지소유자가 이익을 취득할 수 없다는 조항은 주어져 있지 않다.

08 ④

C와 D가 보상 요건을 만족하는데 D의 토지 보유 기간이 10년으로 더 길어 D가 대상자로 선정된다.

| 오답풀이 |

제63조 제1항 제1호에 따라 B, E는 부재부동산 소유자이므로 토지 보상에서 제외되고, A는 국토교통부 종사자이므로 토지 보상에서 제외된다. C와 D는 토지 보상 조건을 만족하는데 D의 토지 보유 기간이 10년으로 9년인 C보다 길어 D가 토지 보상 대상자로 선정된다.

09 ⑤

직설(直說)
- '곧을 직(直)', '말씀 설(說)'
- 말을 돌리지 않고 직접적으로 표현하는 것
- 예: "네가 틀렸어."처럼 꾸밈없이 말하는 방식

완곡(婉曲)
- '완만할 완(婉)', '굽을 곡(曲)'
- 말을 부드럽고 돌려서 완만하게 표현하는 것
- 예: "그건 다시 고려해보면 좋겠어요."처럼 듣는 이의 기분을 고려하는 표현

따라서 '직설 : 완곡'은 표현 방식이 서로 반대되는 반의어 관계이다.

호도하다(糊塗하다):
- '풀칠할 호(糊)', '진흙 도(塗)'
- 진실을 덮거나 얼버무려 감추다.
- 예: 비판을 받자 논점을 흐리는 방식으로 상황을 호도했다.

무마하다(撫摩하다):
- '어루만질 무(撫)', '어루만질 마(摩)'
- 갈등이나 문제를 조용히 덮고 넘기다.
- 예: 사건이 커지지 않게 언론 보도를 통해 무마했다.

이 두 단어는 모두 갈등 상황을 직접적으로 드러내지 않고 조용히 넘기는 의미를 가진다. 즉 유의 관계이다.

| 오답풀이 |

① 간과하다 : 추궁하다
- '간과하다'는 대충 보고 넘기는 것, '추궁하다'는 철저히 따지는 것

② 고무하다 : 억제하다
- '고무하다'는 의욕을 북돋우는 것, '억제하다'는 억누르고 제한하는 것

③ 선동하다 : 회피하다
- '선동하다'는 어떤 행동을 하도록 유도하는 것, '회피하다'는 그 행동을 피하는 것

④ 통보하다 : 은폐하다
  • '통보하다'는 알리는 것, '은폐하다'는 사실을 숨기거나 드러나지 않게 감추는 것

10 ③

Tuojiang(투오장 강)＋saurus(도마뱀)는 지명을 어근으로 조합해서 만든 합성어이다.

| 오답풀이 |

①, ②, ④, ⑤는 모두 그리스어나 라틴어 어근을 조합해서 만든 합성어이다.

11 ①

터널의 길이는 동일하고, 기차 A와 기차 B가 터널에 동시에 진입하여 동시에 통과하였으므로 기차 A와 기차 B의 이동시간도 동일하다.

이때, 터널의 길이＝S, 기차 B의 속력＝x라 두고, 기차 A와 B의 이동시간을 구하면 (시간＝거리/속력)

기차 A의 이동 시간＝$\dfrac{S \times \frac{2}{3}}{x+4} + \dfrac{S \times \frac{1}{3}}{x+4-6}$, 기차 B의 이동시간＝$\dfrac{S}{x}$이다.

두 기차의 이동 시간은 같으므로 $\dfrac{S \times \frac{2}{3}}{x+4} + \dfrac{S \times \frac{1}{3}}{x+4-6} = \dfrac{S}{x}$를 풀면, $x=4$이다.

이때, 기차 B의 속력은 4km/h, 기차 A의 속력은 8km/h이므로 기차 B의 속력은 기차 A의 속력의 $\dfrac{1}{2}$배(＝0.5배)이다.

12 ⑤

비밀번호는 6자리로 생성할 수 있는 모든 경우의 수는 6!이고, 첫 번째 자리와 뒷 두 자리를 제외한 나머지 자리에는 숫자 2개와 문자 1개로 구성되어야 한다. (비밀번호의 첫 번째 자리는 숫자가 올 수 없으며 뒷 두 자리는 숫자 1개와 문자 1개로만 구성해야 하므로) 이때, 경우의 수는 $_3C_2$(숫자 3개 중 2개를 선택)×3!(숫자 2개와 문자 1개를 일렬로 배열)이다.

또한, 첫 번째 자리와 뒷 두 자리에 들어갈 문자를 선택하는 경우의 수는 $_3P_2$이고, 나머지 뒷 두 자리에 오는 숫자와 문자는 자리를 바꿀 수 있으므로 ×2를 해줘야 한다.

따라서 생성한 비밀번호를 풀 수 있는 확률은 $\dfrac{_3C_2 \times 3! \times _3P_2 \times 2}{6!} = \dfrac{3}{10}$이다.

13 ④

사각형 ABDE＝사각형AEDC＋삼각형ABC이다.
삼각형 ABC는 직각삼각형이고, 각도가 30°, 60°, 90°이므로 삼각비는 $1:\sqrt{3}:2$이다.
즉, $\overline{BC}:\overline{AC}=1:\sqrt{3}=\sqrt{12}:\sqrt{36}=\sqrt{12}:6$이다. 즉, $\overline{AC}$는 6이고, 사각형 AEDC는 정사각형이므로 넓이는 36(6×6)이다.
삼각형 ABC의 넓이는 $\sqrt{12} \times \sqrt{36} \div 2 = 6\sqrt{3}$이므로, 사각형 ABDE의 넓이는 $36+6\sqrt{3}$이다.

14 ④

• A와 아내: 정상가격 각 1매당 8,000원을 냈으므로 합은 16,000원이다.
• 딸(소영): 36개월이지만 좌석을 구매했기에 어린이 요금 5,000원을 냈다.
• 아들(민수): 어린이 회원증을 제시하여 2,000원 할인받아 3,000원을 냈다.

- 장인과 장모: 경로자 할인으로 발권하였으며, 1매당 5,000원이므로 합은 10,000이다.
- 처남: 군인 신분을 증명하지 못해 정상금액인 8,000원으로 발권하였다.

따라서 최소로 낼 수 있는 입장료의 총비용은 16,000＋5,000＋3,000＋10,000＋8,000＝42,000원이다.

15 ②

휠체어석은 본인 외 동반 1인까지 할인이 가능하다.

16 ②

㉠ 2017년 공공기관 자산은 177.9조 원으로 전년(185.9조 원) 대비 감소했다.

㉣ 비율(%)에 대한 증감은 %p의 단위로 나타낸다. 따라서 2019년에는 부채비율이 2.9%p 감소했다고 해야 한다.

| 오답풀이 |

㉡ 다른 기간에 비해 2017년과 2018년 사이 140.8－125.6＝15.2(조 원) 증가하여 가장 큰 폭을 나타낸다.

㉢ 제시된 [표]에서 자산은 204.9－193.4＝11.5(조 원) 증가했고, 부채는 전년과 동일함을 알 수 있다.

17 ①

2019년 자산은 전년 대비 204.9－193.4＝11.5(조 원) 증가했으므로 증가율은 $\frac{11.5}{193.4} \times 100 ≒ 5.9(\%)$이다.

2019년 자본은 전년 대비 152.4－140.8＝11.6(조 원) 증가했으므로 증가율은 $\frac{11.6}{140.8} \times 100 ≒ 8.2(\%)$이다.

18 ⑤

전체 구매계획 금액 중 녹색제품 구매계획 금액의 비중은 $\frac{7,974,279}{8,194,838} \times 100 ≒ 97.3(\%)$이고, 전체 구매 금액 중 녹

색제품 구매 금액의 비중은 $\frac{6,078,105}{6,729,154} \times 100 ≒ 90.3(\%)$로 7%p 낮다.

| 오답풀이 |

① 녹색제품 구매계획 금액보다 더 많은 금액을 쓴 녹색제품은 복사기, OA칸막이, 노트북, 카트리지(토너/잉크), 페인트 다섯 가지이다.

② 화장지는 전체 구매 금액과 녹색제품 구매 금액이 3,440천 원으로 동일하다.

③ 책상(탁자)의 경우 $\frac{357,477}{557,773} \times 100 ≒ 64.1(\%)$ 구매했으므로 옳지 않다.

④ 주어진 자료에서는 녹색제품 구매 개수를 알 수 없다.

| 문제해결 Tip |

③ 모든 물품의 비중을 구하지 않고, 전체 구매 금액에 0.7을 곱하여 녹색제품 구매 금액과 비교한다. 앞 두 자리에 0.7을 곱했을 때 녹색제품 구매 금액보다 크지 않은 물품은 책상(탁자)이고, 정확히 계산해 보면 557,773×0.7＝390,441.1(천 원)으로 녹색제품 구매 금액보다 크다.

19 ①

전체 구매계획 금액에서 녹색제품 구매계획금액 비중을 각각 구하면 다음과 같다.

㉠ 617,009÷622,676×100≒99.1(%)

㉡ 882,540÷917,590×100≒96.2(%)

㉢ 253,610÷267,821×100≒94.7(%)

㉣ 4,077÷4,160×100≒98.0(%)

따라서 녹색제품 구매계획 금액 비중이 큰 순서대로 나열하면 ㉠－㉣－㉡－㉢이다.

20 ⑤

네 도시의 현재 철도 이용 인구, 3년 후 철도 이용자 증가율, 3년 후 철도 이용 인구, 3년 후 철도 이용자 증가 인원을 계산하면 다음과 같다.

구분	현재 철도 이용 인구(명)	3년 후 철도 이용자 증가율(%)	3년 후 철도 이용 인구(명)	3년 후 철도 이용자 증가 인원(명)
A도시	$2,128,536 \times 0.28 ≒ 595,990$	$1.05 \times 1.05 \times 1.05$ $= 1.05^3 ≒ 1.16$	$595,990 \times 1.16 ≒ 691,348$	$691,348 - 595,990$ $= 95,358$
B도시	$1,985,263 \times 0.32 ≒ 635,284$	$1.05 \times 1.05 \times 1.1$ $= 1.1 \times 1.1 ≒ 1.21$	$635,284 \times 1.21 ≒ 768,694$	$768,694 - 635,284$ $= 133,410$
C도시	$1,625,384 \times 0.26 ≒ 422,600$	$1.05 \times 1.1 \times 1.1$ $= 1.05 \times 1.21 ≒ 1.27$	$422,600 \times 1.27 ≒ 536,702$	$536,702 - 422,600$ $= 114,102$
D도시	$1,859,414 \times 0.2 ≒ 371,883$	$1.1 \times 1.1 \times 1.1$ $= 1.1^3 ≒ 1.33$	$371,883 \times 1.33 ≒ 494,604$	$494,604 - 371,883$ $= 122,721$

따라서 3년 후 철도 이용자 증가 인원이 가장 큰 B도시에 신설해야 한다.

| 오답풀이 |
① 총인구수가 많은 순서는 A−B−D−C이다.
② 현재 철도 이용 비율이 높은 순서는 B−A−C−D이다.
③ 현재 철도 이용 인구가 가장 많은 도시는 B이다.
④ 3년 후 철도 이용자 증가율이 가장 높은 도시는 D이다.

| 문제해결 Tip |
정차역을 신설할 때 고려하는 A, B, C, D 네 도시의 현재 철도 이용 인구, 3년 후 철도 이용자 증가율, 3년 후 철도 이용 인구, 3년 후 철도 이용자 증가 인원을 계산하고 선택지를 확인한다.

21 ②

동아리별로 행사 일정이 가능한 날짜를 작성하면 다음과 같다.

첫째 주	둘째 주	셋째 주	넷째 주	다섯째 주
축구, 사진, 댄스	등산	축구, 사진, 댄스	축구, 여행	등산, 축구, 사진, 댄스, 여행

축구 동아리−사진 동아리−댄스 동아리 순으로 예약하므로 첫째 주에 축구 동아리가 오게 되고, 셋째 주에 사진 동아리 그리고 다섯째 주에 댄스 동아리가 오게 된다. 먼저 배치 후 주차별 1개 동아리만 예약 가능하도록 일정을 작성하면 다음과 같다.

첫째 주	둘째 주	셋째 주	넷째 주	다섯째 주
축구	등산	사진	여행	댄스

| 문제해결 Tip |
조건에 어긋나는 보기를 삭제한 후에 조건에 맞게 배치표를 작성한다.

22 ③

A의 발언에 따라 A−D, B의 발언에 따라 B−E, C의 발언에 따라 C−E−D 또는 C−D−E 순으로 교실에 도착했다. 또한, D의 발언을 보면 D는 B보다 빨리 교실에 도착했다. E의 발언에 따라 D, E 순으로 도착했다.
B와 D의 발언은 서로 모순되므로 각각에 대하여 확인하면 다음과 같다.
B가 거짓말을 하는 경우, A/C>D−E>B의 순서로 도착할 수 있으므로 B가 가장 늦게 도착하게 된다.
D가 거짓말을 하는 경우 A/B/C>D−E의 순서로 도착할 수 있으므로 E가 가장 늦게 도착하게 된다.
따라서 거짓말을 하는 사람은 B 또는 D가 되며, 가장 늦게 도착하는 사람을 모두 고르면 B, E가 된다.

| 문제해결 Tip |
서로 모순되는 주장을 하는 사람을 파악하여, 참/거짓을 구분한다.

23 ③

네 번째 문단의 'BC 15,000전에 그려진 스페인의 알타미라 동굴 벽화, 고대 이집트의 벽화나 예술품에도 많이 사용되었고, 또한 그때부터 아이새도 등 화장품으로도 많이 이용되었다. 거기에 사용된 붉은색은 산화철 안료이고, 검은 색은 산화망간으로 된 안료이다.'를 통해 문명이 시작되기 이전, 즉 문명 이전 사회부터 다양한 색상의 광물을 안료로 사용해 왔음을 알 수 있다.

| 오답풀이 |
① 광물은 고체이어야 하지만 수은의 경우에는 상온에서 액체이면서도 광물로 취급한다는 내용을 통해, 대체적으로 광물은 고체이지만 상온에서 액체인 것도 있음을 알 수 있다.
② 일단 어떤 광물의 특성을 알게 되면 그 성질을 이용하여 광물을 판별하는 데 이용할 수 있으므로 광물을 감정하기 위하여 꼭 화학분석을 하거나 결정구조를 알아낼 필요는 없다는 내용을 통해 화학구조와 결정구조가 광물을 결정하지만 광물을 감정하는 데 필요한 요소는 아님을 알 수 있다.
④ 사물의 색상은 사물에 모든 가시광선이 흡수되면 검은색이 되고, 모두가 통과되면 흰색이 된다. 예로서 붉은색은 타 가시광선은 흡수되고 붉은 빛만 통과하거나, 반사된 색의 결과라는 내용을 통해 우리가 보는 사물의 색상은 가시광선의 스펙트럼에서 흡수되지 않고 통과된 빛이나 반사된 빛임을 알 수 있다.
⑤ 상대적인 경도의 수치는 한 광물을 다른 광물로 긁었을 때 긁힐 수 있느냐 없느냐로 결정할 수 있다는 내용을 통해서 경도는 광물을 긁었을 때 상대적으로 견뎌내는 정도를 나타내는 용어임을 알 수 있다.

24 ⑤

다섯 번째 문단에서 '값비싼 보석인 강옥은 그다지 귀하지 않을 것 같은 산화 알루미늄이다. 루비는 크롬이 불순물로 내포되었기 때문에 붉은색을 띤다. 반면, 사파이어는 불순물 때문에 청색을 띤다. 붉은 빛 강옥만이 루비로 불리는 반면에 핑크, 그린, 자주 빛을 띤 강옥도 있지만, 상업적 목적으로 핑크 사파이어, 그린 사파이어 등으로 호칭되고 있다.'라는 내용을 통해서 강옥 중에서 붉은 빛을 띤 것은 루비로 불리고, 핑크나 그린 빛을 띤 강옥은 핑크 사파이어, 그린 사파이어로 불린다는 것을 알 수 있다.

| 오답풀이 |
다섯 번째 문단에서 '동일한 녹주석이라도 크로뮴이 불순물로 들어 있으면 초록빛 에메랄드가 되고, 철이 불순물로 존재하면 하늘색 빛깔의 아쿠아마린이 된다.'라는 내용을 통해서 녹주석을 부르는 말임을 알 수 있다.

25 ②

임대 기간은 2년이고, 입주 자격 유지 시에 1회 재계약이 가능하다. 이때 졸업을 하면 입주 자격이 없어지므로 재계약이 불가능하다.

| 오답풀이 |
① 희망하우징의 4순위 선발 기준이 수급자 자녀로서 서울 지역 거주자이므로 서울 지역 거주자도 희망하우징에 입소할 수 있음을 알 수 있다.
③ 서울을 제외한 지역의 공공임대주택 거주자인 경우에는 선발될 수 있다.
④ 학년이 낮을수록 우선순위가 높다. 그룹모집의 경우 자격 순위가 높은 신청인을 입주자로 선정하므로 1학년이 있는 경우가 2학년만 있는 경우보다 우선순위가 높다.
⑤ 희망하우징 입소 자격에 성적 기준은 없다.

26 ⑤

B는 장애인이므로 1순위로 선발된다. A는 기초생활수급자이므로 2순위로 선발되고, C는 차상위계층이므로 3순위로 선발된다. D와 E는 사회적배려대상이 아니므로 우선선발 대상이 아니다. 즉, D와 E의 순위가 동일하므로 D와 E 중 더 원거리에 거주하는 D가 선발된다.
따라서 행복기숙사에 선발되지 않는 학생은 E이다.

27 ②

애로 사항 응답률 중 해외 바이어/파트너에 관한 응답률이 34.6%, 해외 시장 정보에 관한 응답률이 33.4%, 글로벌 역량 중 해외 현지 상황에 맞는 판매 역량 부족에 관한 응답률이 11.3%로 판매 관련 애로 사항 응답률이 70% 이상이고, 생산에 관한 응답률은 8.3%에 불과하므로 해외 현지 시장을 잘 아는 전문 인력을 제공해야 한다는 것은 적절하다.

| 오답풀이 |

① 주어진 자료만으로 각 지역별 선호 이유는 알 수 없다.

③ 해외 진출 동기 중 하나가 대기업과 동반 진출을 하기 위함이지만 이것이 현지에서 합작 투자할 파트너를 발굴하기 어려운 원인이라고 할 근거가 부족하다.

④ 해외 진출 시 애로 사항 중 바이어/파트너의 응답률이 34.6%로 가장 높고 글로벌 역량의 응답률은 19.6%이므로 중소기업의 글로벌 역량을 확보하기 어렵다는 것은 중소기업의 가장 큰 애로 사항이 아니다.

⑤ 해외 진출 동기 중 국내 시장 포화로 새로운 판로 개척에 대한 응답률이 24.2%로 가장 높고, 생산비 절감에 관한 응답률은 15.8%로 이보다 낮으므로 인건비 절감이 가장 큰 장점이라고 할 수 없다.

| 문제해결 Tip |

수치상으로 확실하게 알 수 있는 선택지가 아니라면 옳지 않은 선택지이다. 즉, ①과 같이 주어진 자료에서 확실히 알 수 없는 내용은 제외한다. 또한, ⑤와 같이 '가장'이라는 단어에 주의하며 주어진 자료에서 응답률이 가장 높은 항목인지 확인한다.

28 ④

D씨는 60대 의료급여수급권자로, 만약 20~64세 의료급여수급권자로서 일반 건강검진을 받는다면 54세·66세 여성을 대상으로 하는 골다공증을 검진받을 수 없다. 따라서 D씨는 66세 이상의 의료급여수급권자로, 70세에 받는 생활습관평가를 받을 수 없다.

| 오답풀이 |

① A씨는 60대이고, 노인신체기능검사를 받는다. 노인신체기능검사는 66세에 진행하고, 인지기능장애검사도 66세에 진행하므로 A씨의 검진 항목에는 인지기능장애검사도 있다.

② B씨는 B형간염검사를 하므로 보균자 및 면역자가 아니고, 40세이다. 40세에 치면세균막검사를 하므로 B씨의 검진 항목에는 치면세균막검사도 있다.

③ C씨는 20대인데 이상지질혈증 검사를 받으므로 남성이다. 우울증 검사는 각 연령대별로 10년간 1회 받으므로 C씨가 이전에 우울증 검사를 받지 않았다면 현재 우울증 검사를 받을 수 있다.

⑤ E씨는 50대이고, 골다공증 검사를 받으므로 54세 여성이다. 여성의 경우 40세부터 4년 주기로 이상지질혈증 검사를 받으므로 40세, 44세, 48세, 52세, 56세 …에 검사를 받는다. 따라서 54세에는 이상지질혈증검사를 받지 않는다.

| 문제해결 Tip |

대상자들의 나이와 검진 항목을 바탕으로 현재 나이와 성별을 알 수 있다. 해당 성별과 연령이 받을 수 있는 모든 검진을 확인할 필요 없이 선택지에 주어진 검사 항목을 검사받을 수 있는지만 빠르게 확인한다.

29 ⑤

주어진 자료에 근거하여 입찰참여자격제한에 걸리지 않으면서도 평가기준에 부합하는 회사를 찾아야 하는 문제이다. E사는 강원도 지역에 위치하고 있으므로 가점 5점을 받을 수 있고, 관리 프로그램 개발 14년이므로 15점을 받을 수 있다. 모바일 프로그램 개발 10건이므로 15점을 받을 수 있다. 공고마감일 다음 날 폐업 예정이므로 공고일 기준으로 폐업 상태는 아니다. 그러므로 선발 가능성이 가장 높다.

| 오답풀이 |

① A사: 관리 프로그램 개발 10년 이상이 15점이므로 5년이면 15점보다 낮은 점수를 받게 된다. 모바일 프로그램 개발은 15점을 받을 수 있으나 박사가 없고, 입찰금액이 적절하지 않으므로 선발되기 어렵다.

② B사: 자본전액잠식 상태는 입찰제외 처리된다.

③ C사: 회생 개시 신청이 이루어진 경우도 제외된다.

④ D사: 지방세 체납 상태라 지원 제외된다.

30 ②

글쓴이는 미래세대를 위해 현재 지구온난화 속도를 낮추기 위해서 노력해야 한다고 주장하고 있다. 이를 강화하기 위한 논지로는 기온이 오를 때 나타나는 문제점과 미래세대를 위한 배려가 중요한 이유를 들 수 있다.

㉠ 가난한 나라들은 기후변화에 대처할 수 있는 대응능력이 취약하다는 점에서 어려움이 가중된다는 점은 사실상 선진국의 개발로 인해서 기후변화의 피해는 가난한 나라들이 겪게 되는 지구적 정의의 문제를 제기할 수 있다. 기후변화는 선진국과 빈곤국 간의 정의의 문제를 발생시킨다. 공간적으로 볼 때 기후변화의 주된 책임은 북반구에 몰려 있는 선진국에 있지만, 가장 피해를 보는 지역은 남반구의 빈국이기 때문이다.

㉢ 공리주의에 근거할 때 미래세대 또한 맑은 공기를 마실 자격이 있다. 그래서 '우리는 나의 이익만을 생각해서는 안 되고 타인의 이익을 공평하게 생각해야 한다.' 또한 논지를 강화하는 근거로 적절하다.

| 오답풀이 |

㉡ 고위도 지역의 경우 기후가 따뜻해지면서 곡물의 생육기간이 길어져 다모작이 가능하고 소출도 늘어난 것은 지구온난화가 가져온 긍정적인 변화이므로 글의 주장을 약화시키는 내용이다.

㉣ 미래세대와 현세대 간에는 서로를 배려를 해야 서로에게 이득이 되는 호혜성(reciprocity)이 성립하지 않는다는 것은 미래세대에 대한 의무가 없다는 주장에 적절한 근거이다. 현세대는 이미 세상을 떠난 상황에서 미래세대를 배려해 봐야 현세대에게 좋은 점이 없다는 주장을 할 수 있기 때문이다.

31 ③

효과적인 인력배치를 위해서는 적재적소주의, 능력주의, 균형주의를 따라야 한다. 각각에 대한 내용은 다음과 같다.

• 적재적소주의: 개인의 능력과 성격 등과 가장 적합한 위치에 인력을 배치하는 것
• 능력주의: 개인의 능력을 발휘할 수 있는 기회와 장소로 인력을 배치하는 것
• 균형주의: 팀 전체의 적재적소를 고려하여 모든 팀원에 대해 평등하게 인력을 배치하는 것

32 ④

기업은 시간을 관리함으로써 생산성 향상, 위험 감소, 시장점유율 증가 등의 효과를 얻을 수 있다. 그리고 업무를 수행할 때 소요되는 시간을 단축함으로써 비용이 절감되고, 상대적으로 이익이 늘어남으로써 사실상 기업 입장에서 가격 인상 효과가 있다.

그리고 근로자가 어떤 일을 하는 데 예상했던 것보다 더 많은 시간이 걸렸다면 그건 시간을 낭비한 것이다. 또한, 낭비한 시간 때문에 그날 해야 할 다른 일을 할 시간이 부족해진다면 스트레스를 받게 된다. 이처럼 시간 낭비 요인은 잠재적인 스트레스 유발 요인이라 할 수 있으며, 이런 경우 시간관리를 통하여 일에 대한 부담을 줄이는 것이 스트레스를 줄이는 효과적인 접근이라 할 수 있다. 그뿐만 아니라 시간관리를 잘한다면 직장에서 일을 수행하는 시간을 줄이고 일과 가정 혹은 자신의 다양한 여가를 동시에 즐길 수 있다.

따라서 시간 자원을 관리했을 때 기업 또는 근로자가 기대할 수 있는 효과는 시장점유율 증가, 스트레스 감소, 균형적인 삶이다.

33 ②

첫 번째 설명은 네트워크 보관의 원칙을 나타내고, 두 번째 설명은 선입선출의 원칙을 나타낸다. 그리고 마지막 설명은 회전대응 보관의 원칙에 관한 것이다.

보관의 원칙

1. 통로대면 보관의 원칙: 물품의 창고 내 입고와 출고를 용이하게 하고 창고 내의 원활한 흐름과 활성화를 위하여 통로에 면하여(직각으로 대면) 보관하는 원칙이다. 이 원칙은 창고설계의 기본인 동시에 창고 내의 흐름을 원활히 하고 활성화하기 위한 기본 원칙이 된다.

2. 높이 쌓기의 원칙: 물품을 높게 적재하는 것으로서, 예를 들면 팰레트 등을 평평하게 적재하는 것보다 높이 쌓게 되면 용적효율이 향상하는 것이 당연하며, 선입선출 등 재고관리상 제약조건이 많은 경우에 랙 및 적층선반 등의 보관설비 이용 등을 고려하여야 한다.

3. 선입선출의 원칙: 선입선출(FIFO: First In First Out)이란 먼저 보관한 물품을 먼저 출고하는 원칙으로서, 이 원칙은 일반적으로 상품의 생명주기(life cycle)가 짧은 경우에 많이 적용된다. 재고관리상 선입선출이 필요한 경우는 회전율, 즉 입출고 빈도가 높은 제품들이 해당한다.

4. 회전대응 보관의 원칙: 입출하 빈도가 높은 화물은 출입구에 가까운 장소에 보관하고 낮은 경우에는 먼 장소에 보관하는 것이 이에 해당된다.

5. 동일성 및 유사성의 원칙: 동일 품종, 유사품은 동일 장소에 보관해야 한다는 원칙이다.

6. 중량 특성의 원칙: 중량물은 하층부에 보관하고 출고구에 가깝게, 경량물은 상층부에 보관한다.

7. 형상 특성의 원칙: 형상에 따라 보관방법을 변경하며, 화물의 형상 특성에 부응하여 보관하는 원칙이다. 표준품은 '랙'에 보관하고 특수한 보관기기 및 설비와 같은 비표준품은 형상에 부응하여 보관한다는 것이다.

8. 위치 표시의 원칙: 보관품의 장소와 선반 번호를 명시하는 원칙이다.

9. 명료성(표시)의 원칙: 시각에 의하여 보관품을 용이하게 인식할 수 있도록 보관하는 원칙이다. 시각에 의하여 보관품의 장소나 보관품 자체를 쉽게 파악할 수 있도록 하여야 한다.

10. 네트워크 보관의 원칙: 출하 품목의 다양성에 따른 보관 및 출하상의 곤란을 예상하여 물품정리 및 이동거리를 최소화시키도록 지원하는 방식으로 출하 품목의 '연대적 출고'가 예상되는 제품들을 한데 모아 정리하고 계통적으로 보관하는 방식이다.

34 ③

임금피크제의 유형은 다음과 같다.

• 정년보장형: 단체협약이나 취업규칙으로 정한 정년을 보장하는 것을 전제로 정년 전의 임금을 조정하는 제도이다. 현재 임금피크제를 도입한 국내 기업들은 대부분 정년보장형이다. 정년보장형 임금피크제는 고령 근로자가 많은 조직에서 인건비 절감효과가 큰 반면, 근로자의 조직몰입 및 조직충성도는 하락하는 결과를 가져올 수 있다.

• 정년연장형: 근로자의 정년을 연장하는 전제로 연장된 정년기간만큼 정년 전의 임금수준을 조정하는 방식을 말한다. 임금피크제 실시로 인한 종업원의 반발을 최소화하는 방안이 될 수 있다.

• 고용연장형: 일단 정년이 된 종업원이 퇴직하고, 계약직 등의 신분으로 고용이 연장되는 제도를 말한다. 계약직 등 비정규직으로 전환되면, 퇴직자들은 퇴직 전의 임금 수준을 밑도는 임금을 받게 된다.

따라서 ㉠은 정년연장형, ㉡은 고용연장형, ㉢은 정년보장형을 의미한다.

35 ③

○○기관이 사택을 이용한 임대 수익을 올리기 위해 1,100만 원에 입찰되어 진행되는 사업

→ 공유재산 임대(사용·수익허가)의 경우 수의 계약은 금액과 무관하게 일상감사를 진행하나 입찰의 경우 1천만 원 초과 시 일상감사 대상에 속한다.

| 오답풀이 |

① 갑작스런 폭우로 인한 굴착 보수 공사 금액 1,200만 원이 지출되는 사업
   → 천재지변, 재해복구사업 등 긴급을 요하는 사업은 일상감사 대상에서 제외

② 시설 유지 보수를 위해 들어가는 인건비 1,000만 원이 자본예산으로 매달 지출되는 사업
   → 정기적으로 지출하는 인건비는 일상감사 대상에서 제외

④ 작년 일상감사를 마친 3,000만 원 계약금액 전산시스템 구축 사업이 추진 중 설계 변경으로 인해 200만 원이 더 증액이 되어버린 상황
   → 설계 변경으로 인한 계약금액 10% 이상 증액 또는 감액되는 사업은 일상감사를 진행하지만, 3,000만 원에 대한 200만 원은 10%가 되지 않으므로 일상감사 대상에서 제외

⑤ 송전철탑 안전 발판 1,200만 원어치를 구입하기 위해 조달청에 발주를 넣어 입찰 계약을 진행한 사업
   → 물품구입비 500만 원을 초과하는 경우이지만, 조달청에 발주를 넣어 입찰 계약을 진행한 경우에는 일상감사 대상에서 제외

36 ④

사안이 복잡하여 최종 결과 통보 때까지 최대한의 시간이 소요되었다고 했으므로 일상감사 수행 시에도 검토기간(7일 이내)은 연장이 되었을 것이다. 즉, 의뢰일 다음 날부터 최대 7일＋7일(기간 연장)＋조치결과 통보(최대 14일)을 의미한다.

일상감사 의뢰부터 감사결과 통보 날짜는 다음과 같다.(※ 의뢰일 다음 날부터 최대 7일＋최대 7일)

일요일	월요일	화요일	수요일	목요일	금요일	토요일
			9/20 (감사 의뢰)	9/21	9/22	9/23
9/24	9/25	9/26	9/27	9/28	9/29	9/30
10/1	10/2	10/3	10/4 (기간 연장)	10/5	10/6	10/7
10/8	10/9	10/10	10/11	10/12	10/13 (감사결과 통보)	10/14

감사결과 통보부터 조치결과 통보는 다음과 같다.(※ 감사결과 통보 받은 다음날부터 최대 14일)

일요일	월요일	화요일	수요일	목요일	금요일	토요일
10/8	10/9	10/10	10/11	10/12	10/13 (감사결과 통보)	10/14
10/15	10/16	10/17	10/18	10/19	10/20	10/21
10/22	10/23	10/24	10/25	10/26	10/27	10/28
10/29	10/30	10/31	11/1	11/2 (조치결과 통보)	11/3	11/4

따라서 집행부서의 강 대리는 늦어도 11월 2일까지는 감사 담당자에게 조치결과를 제출해야 한다.

37 ⑤

양 사원이 구매할 비품은 볼펜 35개, 점착 메모지 24개, 클립 40개, 플래그 25개이므로 상점별 총 구매 가격은 다음과 같다.

구분	할인 적용 전 총 구매 가격	할인 적용 후 총 구매 가격
A	$500 \times 35 + 700 \times 24 + 1,000 \times 40 + 1,500 \times 25 = 111,800$(원)	$111,800 - 20,000 = 91,800$(원)
B	$700 \times 35 + 600 \times 24 + 1,100 \times 40 + 1,400 \times 25 = 117,900$(원)	$700 \times 35 + (600 \times 24 + 1,100 \times 40 + 1,400 \times 25) \times 0.75 = 94,550$(원)
C	$400 \times 35 + 800 \times 24 + 800 \times 40 + 1,200 \times 25 = 95,200$(원)	$95,200$원
D	$600 \times 35 + 900 \times 24 + 900 \times 40 + 1,300 \times 25 = 111,100$(원)	$600 \times 35 + 900 \times 24 + (900 \times 40 + 1,300 \times 25) \times 0.7 = 90,550$(원)
E	$500 \times 35 + 1,000 \times 24 + 800 \times 40 + 1,300 \times 25 = 106,000$(원)	$106,000 \times 0.85 = 90,100$(원)

따라서 양 사원이 비품을 구매할 상점은 E이다.

38 ③

오리엔테이션에 참석할 인원은 신입사원 120명과 진행요원 15명으로 총 135명이다. 따라서 세미나실의 경우 D연수원(150~170명)은 해당되지 않는다. 신입사원 120명과 진행요원 15명은 다른 방을 이용하며, 최대한 비용을 줄여야 하므로 최대인원이 들어가도록 해야 한다.

- A연수원 vs B연수원

룸의 가격은 A연수원이 1만 원 더 비싸고, 세미나실(1일)은 B연수원이 10만 원 더 비싸다. 차이 나는 값만 비교하면 다음과 같다(추가 인원은 동일하므로 무시).

연수원	룸	룸 비용	세미나실 비용
A	• 신입사원: 120명÷6명=20(개) • 진행요원: 3개	23×1=23(만 원)	
B	• 신입사원: 120명÷6명=20(개) • 진행요원: 3개		10×2=20(만 원)

따라서 B연수원이 더 저렴할 것으로 예상된다.

- C연수원 vs E연수원

룸의 가격은 C연수원이 5만 원 더 비싸고, 세미나실(1일)은 E연수원이 60만 원 더 비싸다. 비교하면 다음과 같다.

연수원	룸	추가인원	룸 비용	세미나실 비용
C	• 신입사원: 120명÷8명=15(개) • 진행요원: 2개	• 신입사원: 2명×15=30(명) • 진행요원: 3명	255+33=288(만 원)	
E	• 신입사원: 120명÷6명=20(개) • 진행요원: 3개	• 신입사원: 1명×20=20(명) • 진행요원: 0명	230+20=250(만 원)	60×2=120(만 원)

따라서 룸 비용은 C연수원이 288-250=38(만 원) 더 비싸지만, 세미나실 비용은 E연수원이 120만 원 더 비싸므로 전체 비용은 C연수원이 더 저렴할 것으로 예상된다.

- B연수원 vs C연수원

룸의 가격은 C연수원이 5만 원 더 비씨고, 세미나실(1일)은 B연수원이 10만 원 더 비싸다. 비교하면 다음과 같다.

연수원	룸	추가인원	룸 비용	세미나실 비용
B	• 신입사원: 120명÷6명=20(개) • 진행요원: 3개	• 신입사원: 2명×20=40(명) • 진행요원: 3명	230+43=273(만 원)	10×2=20(만 원)
C	• 신입사원: 120명÷8명=15(개) • 진행요원: 2개	• 신입사원: 2명×15=30(명) • 진행요원: 3명	255+33=288(만 원)	

세미나실 비용은 B연수원이 20만 원 더 비싸고, 룸 비용은 C연수원이 288-273=15(만 원) 더 비싸므로, 전체 비용은 C연수원이 더 저렴할 것으로 예상된다.

따라서 규 대리는 C연수원을 예약할 것이다.

39 ④

오리엔테이션에 참여하는 총인원은 135명(신입사원 120명, 진행요원 15명)이므로 RED(120명)를 이용할 수 없다. 또한, 1일 차 교육은 4시간 동안 진행되어야 하므로 BLUE(3시간)를 이용할 수 없다. 그리고 세미나실은 이틀 연속 동일한 장소이어야 하고, 1일 차(4시간)는 늦어도 15시에는 예약 가능해야 하고, 2일 차(3시간)는 9시에 예약 가능해야 한다.

- BLACK: 20일(1일 차) 오후 시간은 예약 불가능하다.
- GREEN: 20일(1일 차) 오후 시간은 가능하고, 21일(2일 차) 오전에는 예약 불가능하다.
- PINK: 20일(1일 차) 오후 시간은 가능하고, 21일(2일 차) 오전에도 예약 가능하다.

따라서 20~21일은 PINK로 예약 가능하다.

① 3~4일: 일요일이 겹치므로 오리엔테이션 예약을 할 수 없다.

② 12~13일
  - BLACK: 12일(1일 차) 오후 시간은 예약 불가능하다.
  - GREEN: 12일(1일 차) 오후 시간은 가능하고, 13일(2일 차) 오전에는 예약 불가능하다.
  - PINK: 12일(1일 차) 오후 시간은 가능하고, 21일(2일 차) 오전에는 예약 불가능하다.

③ 18~19일
  - BLACK: 18일(1일 차) 오후 시간은 예약 가능하고, 19일(2일 차) 오전에는 예약 불가능하다.
  - GREEN: 18일(1일 차) 오후 시간은 불가능하다.
  - PINK: 18일(1일 차) 오후 시간은 불가능하다.

⑤ 25~26일
  - BLACK: 25일(1일 차) 오후 시간은 예약 가능하고, 26일(2일 차) 오전에는 예약 불가능하다.
  - GREEN: 25일(1일 차) 오후 시간은 불가능하다.
  - PINK: 25일(1일 차) 오후 시간은 가능하고, 26일(2일 차) 오전에는 예약 불가능하다.

40 ③

직접비용과 간접비용의 설명을 보고, 물건을 만드는 데 직접 들어가는 비용과 간접적으로 쓰이는 비용을 구분하는 차이를 이해하는 문제이다. ㉠, ㉡, ㉢은 직접적으로 물건 제조에 들어가는 비용이고, ㉣, ㉤은 간접적으로 쓰이는 비용이다.

보통 직접비용에는 재료비, 원료와 장비, 시설비, 여행(출장) 및 잡비, 인건비 등이 포함되고 간접비용에는 보험료, 건물관리비, 광고비, 통신비, 사무비품비, 각종 공과금 등이 포함된다.

41 ①

버블 현상의 주요 원인 중 하나는 투자자들의 과도한 신뢰이다. 투자자들이 자산의 실제 가치보다 높은 가격에 구매하려는 경향을 보이며, 이로 인해 수요가 급격히 증가하게 되는 것이다. 하지만 이러한 과도한 신뢰는 결국 자산 가격이 비정상적으로 상승하게 하고, 가격이 급격히 하락하면서 버블이 터지게 된다.

42 ④

의사결정시스템(DSS, Decision Support System)은 자료, 정보, 지식을 결합하여 의사결정자가 더 나은 결정을 내릴 수 있도록 돕는 시스템이다. 이는 데이터를 수집하고 가공하여 유용한 정보로 변환한 후, 전문가의 지식과 결합하여 실질적인 의사결정에 활용된다.

의사결정시스템의 핵심 기능은 자료와 정보를 가공하여 의사결정을 지원하는 것이다. 다시 말해, 의사결정시스템은 경영자가 더 나은 결정을 내릴 수 있도록 필요한 데이터와 정보를 제공하며, 자동화된 의사결정을 내리지 않고 사람의 판단을 돕는 시스템인 것이다.

① 경영정보시스템: 기업의 경영 관리에 필요한 정보를 기업의 각 부서에서 정확하고 신속하게 수집하고, 이를 종합적이고 조직적으로 가공하여 저장한 뒤 다시 각 부서에 제공하는 전체 시스템과 그 네트워크를 의미한다.
② 전략정보시스템: 기업이 경쟁 우위를 확보하기 위하여 전략을 세우고 실현하는 데 이용하는 정보 시스템을 의미한다.
③ 마케팅정보시스템: 마케팅 의사 결정자에게 필요한 정보를 사전에 수집하고 분석하여 필요한 시기에 이를 제공하는 경영 체계를 의미한다.
⑤ ERP시스템: 회사의 자원을 효율적으로 관리하고 업무 프로세스를 통합해 주는 소프트웨어. 재무, 인사, 생산, 공급망 등 여러 부서를 하나의 시스템으로 연결해서 데이터가 실시간으로 공유된다.

43 ①

디지털 트윈은 실시간 데이터 수집과 분석을 통해 물리적 시스템의 상태를 모니터링하고, 예측하거나 최적화할 수 있는 특징을 가지고 있다. 이러한 기술은 IoT, AI, 빅 데이터와 결합되어 운영 효율성을 크게 향상시킨다.

- 실시간 데이터 수집: IoT 센서 등에서 실시간 데이터를 받아 가상 모델에 반영한다.
- 시뮬레이션과 분석: 가상 환경에서 실시간으로 시스템을 시뮬레이션하여, 문제를 예측하거나 최적화된 결정을 내릴 수 있다.
- 상호작용: 가상 모델을 통해 물리적 시스템을 제어하고 모니터링하며 상호작용할 수 있다.

디지털 트윈은 이러한 특성을 통해 다양한 산업 분야에서 효율적인 자원 관리, 운영 최적화, 비용 절감 등을 가능하게 한다.

44 ②

AVERAGEIF함수는 특정 조건을 만족하는 값들의 평균을 구할 때 사용된다. 기본적인 함수식은 다음과 같다.
＝AVERAGEIF(범위, 조건, 평균을 구할 범위)
- 범위: 조건을 검사할 셀 범위
- 조건: 조건을 정의하는 값이나 식
- 평균을 구할 범위: 조건을 만족하는 셀의 평균을 계산할 범위. 이 값이 지정되지 않으면 '범위'와 같은 영역이 기본으로 사용된다.

따라서 정답은 ＝AVERAGEIF(B2:B6,"과장",C2:C6)이 된다.

45 ④

- 국가식별번호: 880
- 업체코드: 2566
- 상품코드: 187
- 검사숫자:
  (i) 홀수번째 숫자의 합: 8＋0＋5＋6＋8＝27
  (ii) 짝수번째 숫자의 합×3: (8＋2＋6＋1＋7)×3＝72
  (i)＋(ii)의 일의 자리＝99의 일의 자리, 99의 일의 자리는 9이므로 10－9＝1이다.
  따라서 B제품에 부여해야 할 바코드 번호는 88025661871이 된다.

46 ②

순서대로 변환 규칙에 따라 변환하면 다음과 같다.

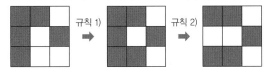

47 ④

순서대로 변환 규칙에 따라 변환하면 다음과 같다.

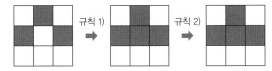

48 ③

클라우드 컴퓨팅(Cloud Computing)이란 정보처리를 자신의 컴퓨터가 아닌 인터넷으로 연결된 다른 컴퓨터로 처리하는 기술을 말한다. 우리가 사용하고 있는 개인용 컴퓨터(PC)에는 필요에 따라 구매한 소프트웨어가 설치되어 있고, 동영상과 문서와 같은 데이터도 저장되어 있어 문서 작성 시 프로그램을 구동시켜야 한다. 반면에 클라우드 컴퓨팅은 프로그램과 문서를 다른 곳에 저장해 놓고 내 컴퓨터로 그곳에 인터넷을 통해 접속해서 이용하는 방식이다.

주어진 사례에서 국회도서관과 한국정보화진흥원이 도입한 기술은 온라인을 통해 필요한 자료를 누구나 접근하여 이용할 수 있도록 하는 클라우드 컴퓨팅 기술을 적용한 서비스이다.

| 찐기출 Tip |

클라우드 컴퓨팅(Cloud Computing)

클라우드로 표현되는 인터넷상의 서버에서 데이터 저장과 처리, 네트워크, 콘텐츠 사용 등 IT 관련 서비스를 한번에 제공하는 기술이다. 클라우드 컴퓨팅을 도입하면 컴퓨터 시스템을 유지·보수·관리하기 위해 들어가는 비용과 서버의 구매 및 설치 비용, 업데이트 비용, 소프트웨어 구매 비용 등 많은 비용과 시간, 인력을 줄일 수 있다. 또한, 인터넷 접속만 가능하면 고성능 기기가 아니어도 원격으로 작업을 수행할 수 있다. PC에 자료를 보관할 경우 하드디스크가 장애를 일으키면 자료가 손실될 수 있지만, 클라우드 컴퓨팅 환경에서는 외부 서버에 자료들이 저장되기 때문에 안전하게 자료를 보관할 수 있다. 반면 서버가 해킹당할 경우 개인정보가 유출될 수 있고, 서버의 데이터가 손상되면 백업하지 않은 정보는 되살리지 못한다는 단점이 있다.

49 ③

- SQRT 함수는 양수의 제곱근을 구하는 함수이므로 [A3] 셀의 값 9의 제곱근인 3이 결괏값이 된다.
- INDEX 함수는 지정된 범위에서 행 번호, 열 번호 순서로 해당하는 셀의 값을 찾는 함수이므로 [A1:D3] 범위에서 3행, 4열의 숫자인 6이 결괏값이 된다.
- COUNTA 함수는 지정된 셀 범위 중 비어 있지 않은 셀의 개수를 나타내는 함수이므로 [A1:D2] 범위에서 비어있지 않은 셀의 개수인 8이 결괏값이 된다.

따라서 3개의 함수식의 결괏값을 모두 더한 값은 3+6+8=17이다.

50 ③

AC65QK02S2B 제품은 국내 출시 제품이고, 규격이 70 미만이고, 옵션이 2개이고, 검정색이므로 제품 수거 시점부터 38시간, 즉 4일 이내 정기 정비를 받을 수 있다.

| 오답풀이 |

① AA75QI12S2W 제품을 2022년 3월 구매했다면 구입 내역 증빙이 가능한 경우 무상 수리 기간이 2024년 3월까지이므로 무상 수리를 받을 수 없다.

② AB55QI02S2G 제품은 구입 내역 증빙이 불가능한 경우 무상 수리 기간이 2023년 2월까지이므로 무상 수리를 받을 수 없다.

④ AA75QK07S3W 제품은 국내 출시 제품이지만 규격이 70 이상이므로 제품 수거가 불가능하다.

⑤ AC45QI01S1R 제품은 해외 출시 제품이므로 정기 정비 접수가 불가능하다.

찐기출 모의고사

01	③	02	⑤	03	②	04	④	05	③	06	⑤	07	③	08	④	09	①	10	③
11	②	12	①	13	①	14	④	15	⑤	16	②	17	①	18	⑤	19	③	20	②
21	④	22	④	23	③	24	①	25	④	26	④	27	②	28	③	29	⑤	30	③
31	②	32	④	33	③	34	④	35	②	36	③	37	①	38	③	39	⑤	40	②
41	②	42	①	43	⑤	44	③	45	①	46	③	47	③	48	③	49	②	50	③

01 ③

같은 병을 앓는 사람끼리 서로 가엾게 여긴다는 뜻으로, 어려운 처지에 있는 사람끼리 서로 가엾게 여김을 이르는 말이다.

| 오답풀이 |
① 삼고초려: 인재를 맞아들이기 위하여 참을성 있게 노력함
② 와신상담: 불편한 섶에 몸을 눕히고 쓸개를 맛본다는 뜻으로, 원수를 갚거나 마음먹은 일을 이루기 위하여 온갖 어려움과 괴로움을 참고 견딤을 비유적으로 이르는 말
④ 이이제이: 오랑캐로 오랑캐를 무찌른다는 뜻으로, 한 세력을 이용하여 다른 세력을 제어함을 이르는 말
⑤ 순망치한: 입술이 없으면 이가 시리다는 뜻으로, 서로 이해관계가 밀접한 사이에 한쪽이 망하면 다른 한쪽도 그 영향을 받아 온전하기 어려움을 이르는 말

02 ⑤

홑이불은 '홑'과 '이불'이 합쳐진 파생어로, 앞말에 받침이 있고 뒷말이 '이'로 시작하여 'ㄴ' 첨가 현상이 일어나 [홑니불] → 음절의 끝소리 규칙의 적용으로 'ㅌ'이 [ㄷ]으로 발음되어 [혼니불] → 'ㄷ'과 'ㄴ'이 만나 역행 비음화 현상이 발생하여 [혼니불]로 발음한다.

| 오답풀이 |
① '밭+명사 '이랑'이 결합한 경우에는 '이랑'이 실질 형태소이기 때문에 음절의 끝소리 규칙의 적용으로 'ㅌ'이 'ㄷ'으로 발음되어 [받이랑] → 앞말에 받침이 있고 뒷말이 '이'로 시작하여 'ㄴ' 첨가 현상이 일어나 [받니랑] → 받침 'ㄷ'이 뒷말 'ㄴ'의 비음화 영향을 받아 [반니랑]으로 발음한다.
② '닭을'은 음운의 변동이 일어나는 환경이 아니기 때문에 겹받침의 뒤 자음을 다음 음절의 첫소리로 옮겨 발음해야 하므로 '닭을[달글]'로 발음한다.
③ 용언이 활용할 때, 어간의 받침 'ㄴ, ㅁ' 뒤에서 어미의 자음이 된소리로 소리나므로 [껴안꼬]로 발음한다.
④ '권리'는 받침 'ㄴ'이 뒷말 유음 'ㄹ'의 영향을 받아 [ㄹ]로 발음되므로 권리[궐리]로 발음한다.

03 ②

주어진 글은 억울하게 누명을 쓴 인물을 전우치가 구하는 내용으로 주인공의 개인적 정의 실현과 초자연적 능력을 활용한 구제에 초점이 있다. 제도나 구조적 문제(형벌 제도, 행정 부조리 등)가 부각되어 비판되지는 않는다.

| 오답풀이 |
① 전우치는 하늘을 날고, 주문을 외우며 죄인을 구하는 등 초자연적 능력을 지닌 전형적인 영웅형 인물이다.
③ 장세창을 구출하고 한자경에게 족자를 건네주는 장면 모두 공감과 실천이 결합된 서사구조이다.
④ 고전 소설의 전형적 구조인 사건, 위기, 해결의 흐름을 따르고 있다.
⑤ 주어진 글의 대사는 주로 인물의 탄식이나 억울함, 슬픔 등을 전달하는 도구로 사용된다.

04 ④

희화화된 여인의 모습을 통해 당대 시대의 변화를 우회적으로 표현하면서 바람직한 여인의 행실에 대해서 간접적으로 교훈을 주고자 하였다.

| 오답풀이 |

① 여인은 시집간 지 석 달 만에 시집살이 심하다고 친정에 편지를 보냈으며, 편지로 시집 흉을 보았다. 이를 통해 글의 제재가 시집살이임을 알 수 있다.

② '옳은 말을 들었거든 행하기를 위업(爲業)하소.'라고 하였으므로 개선에 대한 당부로 마무리하고 있음을 알 수 있다.

③ '조상은 안중에 없고 불공드리기로 일을 삼을 때, 무당. 소경을 불러다가 푸닥거리 하느라고 의복들을 다 내주어'라고 하였으므로 불교와 미신을 경시함을 알 수 있다.

⑤ '남녀 하인 들며나며 홈구덕에 남편이나 믿었더니 열 번 찍은 나무가 되었구나.'라고 하였으므로 하인을 들일 수 있는 계층임을 알 수 있으며 이를 통해 양반의 생활상을 비판하는 작품임을 알 수 있다.

05 ③

중장년층 사무직 종사자들의 스마트 리터러시와 의사소통능력의 관계 연구에 대한 글로, 연구의 장애 요인에 대한 내용은 제시되어 있지 않다.

| 오답풀이 |

① 두 번째 문단에 따르면 의사소통능력과 스마트 리터러시와의 관계로 인한 연구의 의의가 드러난다.

② 두 번째 문단과 세 번째 문단의 내용을 통해 스마트 리터러시와 의사소통능력에 대한 선행 요인을 분석하고 연구하고 있음이 나타나고 있다.

④ 네 번째 문단에서 연구의 목적을 설명하고 있다.

⑤ 마지막 문단을 통해 연구 대상을 선정하고 두 변인 간의 인과적 관계와 종단 연구의 방법에 대해 설명하고 있다.

06 ⑤

조사를 제외한 각 단어는 띄어 쓰는 것이 원칙이므로 '될 수 있는'으로 쓰는 것이 옳다.

| 오답풀이 |

① ㉠의 앞에 '활동 반경'이라는 말과 호응하기 위해서는 '넓이'와 관련된 '늘려주다'가 옳은 표현이다.

② '지'는 '어떤 일이 있었던 때로부터 지금까지의 동안'을 나타내는 의존명사일 때만 띄어 쓰고 그 외에는 붙여 쓴다. 어미의 경우 붙여 써야 하므로, ㉡은 붙여 쓴다.

③ '반면'은 역접의 의미를 가진 접속어이다. 주어진 글에서는 강조의 의미로 사용되었으므로 '특히'가 적절하다.

④ 변인은 '연구에서 관심을 갖고 있는 현상과 관련된 자료의 속성이나 특징. 변수라고도 함'을 의미하고, 변이는 '같은 종에서 성별, 나이와 관계없이 모양과 성질이 다른 개체가 존재하는 현상'을 의미한다.

07 ③

㉠ 같은 부서의 직원끼리 서로 이웃하여 앉으므로 크게 2그룹으로 나눌 수 있고, 원탁이므로 한 그룹을 고정시켜야 한다. 즉, 기획부 그룹 또는 영업부 그룹이므로 $(2-1)!=1!$이 된다.

이때, 기획부 사원 4명이 서로 자리를 바꿀 수 있으므로 4!이고, 영업부 사원 6명이 서로 자리를 바꿀 수 있으므로 6!이 된다. 모든 경우의 수는 $1! \times 4! \times 6!=4! \times 6!$이다.

㉢ 총 9명이 원탁에 앉는 경우의 수는 1명을 고정시킨 후 일렬로 나열하는 경우이므로 $(10-1)!=9!$이다.

| 오답풀이 |

㉡ 기획부 사원이 모두 이웃하지 않게 앉기 위해선 영업부 사원 6명을 먼저 한 자리의 간격을 두고 배치하여야 한다. 이때, 원탁이므로 영업부 사원 6명이 원탁에 앉는 경우의 수는 $(6-1)!$이다.

다음 기획부 사원 4명이 앉을 수 있는 자리는 영업부 사원이 앉은 자리 사이의 6자리이다. 그중 4명이 앉으며 순서가 있으므로 6자리 중 4자리를 선택하는 순열이 되어 $_6P_4$가 된다.

기획부 사원과 영업부 사원은 동시에 앉으므로 모든 경우의 수는 $_6P_4 \times 5!$이다.

08 ④

첫 번째 수×(두 번째 수−세 번째 수)=네 번째 수

| 상세해설 |

제시된 수의 첫 번째 수×(두 번째 수−세 번째 수)=네 번째 수

$7 \times (13-4)=63$

$6 \times (29-13)=96$

$12 \times (22-16)=72$

따라서 마지막 빈칸에 오는 수는 다음과 같다.

$9 \times (16-9)=63$

09 ①

물건의 판매 금액 총액=물건 개당 판매가×물건 판매량

| 오답풀이 |

물건의 개당 단가를 10,000원씩 n번 올린다고 할 때,

인상하려는 물건 개당 단가=n만

물건의 판매 금액 총액=물건 판매량×물건 개당 판매 금액=(50만+n만)×$(10,000-160n)$

따라서 물건 개당 단가 n만=−50, 62.5(이 때 물건의 판매 금액 총액은 최소가 된다.)

n의 두 값이 −50과 62.5의 중간 값에서 물건의 판매 금액 총액은 최대가 되며, 두 값의 중간 값은 6.25이다.

문제에서 만원 단위로 제시하였으므로 6만원이 된다.

따라서 최초 판매가 50만원+6만원=56만원일 때 판매 금액이 최대가 된다.

10 ③

시설 결함에 의한 사고가 2023년 8건으로 크게 증가하였으며, 열차 탈선 사고도 증가하였다. 이는 선로 관련 문제와 연결되어 철도 선로 노후화로 사고 발생이 증가하고 있으므로 선로 교체 작업이 필요하다는 추론이 가능하다.

| 오답풀이 |

① 직원의 부주의에 의한 사고는 2018년 2건에서 2023년 4건으로 오히려 증가하였으므로, 철도사고 방지를 위한 임직원 교육이 강화되었다고 볼 수 없다.

② 승객 관련 정보는 제시되어 있지 않다.

④ 인명 피해 관련 정보는 제시되어 있지 않다.

⑤ 사고 원인 중 차량 결함 급증은 있으나 기술적 판단은 주어진 자료로 추론 불가하다.

11 ②

2019~2021년 동안 중소벤처기업의 국내 특허 출원 건수가 전년 대비 가장 많이 증가한 해는 $57,438-50,493=6,945$(건) 증가한 2020년이고, 2020년 국내 상표 출원 건수도 전년 대비 $83,548-66,154=17,394$(건) 증가하여 가장 많이 증가했다.

| 오답풀이 |

① 기타를 제외한 5개 항목의 2020년 국내 특허 출원 건수 평균은 $\frac{226,759-13,988}{5} = 42,554$(건)으로 50,000건 미만이다.

③ 2019~2021년 외국인의 국내 상표 출원 건수 평균은 연 $\frac{31,352+27,719+30,138}{3} = 29,736$(건)으로 30,000건 미만이다.

④ 2021년 개인의 국내 특허 출원 건수는 전년 대비 감소하였다.

⑤ 2019~2021년 동안 대기업의 국내 특허 출원 건수 증감 추이는 증가, 감소, 감소이고, 국내 상표 출원 건수 증감 추이는 감소, 증가, 증가이다.

12 ①

2019년 대기업의 디자인 출원 건수는 전년 대비 $\frac{3,992-3,502}{3,502} \times 100 ≒ 14.0(\%)$ 증가하였으므로 전년 대비 10% 이상 증가하였다.

| 오답풀이 |

② 2018년 대학/공공연의 국내 상표 출원 건수는 1,114건으로 국내 디자인 출원 건수 1,184건보다 적다.

③ 2018~2021년 전체 국내 디자인 출원 건수의 연간 평균은 $\frac{63,680+65,039+67,583+64,787}{4} ≒ 65,272$(건)으로 65,000건 이상이다.

④ 전체 국내 디자인 출원 건수 중 개인이 차지하는 비중은 2020년 $\frac{30,591}{67,583} \times 100 ≒ 45.3(\%)$에서 2021년 $\frac{28,784}{64,787} \times 100 ≒ 44.4(\%)$로 전년 대비 감소하였다.

⑤ 2018~2021년 중소벤처기업의 국내 특허 출원 건수와 디자인 출원 건수의 합은 2018년이 46,652+21,345=67,997(건), 2019년이 50,493+22,272=72,765(건), 2020년이 57,438+23,621=81,059(건), 2021년이 62,843+23,187=86,030(건)이다. 2020년과 2021년에는 상표 출원 건수가 더 많으므로 옳지 않다.

| 문제해결 Tip |

단순 비교인 ②를 먼저 해결하고, 계산이 간단한 순서대로 ①, ⑤, ③, ④를 확인한다.

① 2018년 대기업의 국내 디자인 출원 건수에 2018년의 약 10%인 350을 더해서 2019년 대기업의 국내 디자인 출원 건수와 비교한다. 3,502+350=3,852<3,992이므로 2019년 대기업의 디자인 출원 건수는 전년 대비 10% 이상 증가하였다.

④ 2021년 전체 국내 디자인 출원 건수는 2020년의 5% 미만인 약 3,000건 감소한 반면, 개인은 5% 이상인 1,500건 이상 감소하였다. 즉, 개인의 감소율이 전체의 감소율보다 크므로 2021년 전체 국내 디자인 출원 건수 중 개인이 차지하는 비중은 전년 대비 감소하였다.

⑤ 대략적인 값을 비교해본다. 2021년에 국내 특허 출원 건수와 디자인 출원 건수의 합이 약 85,000건이나 국내 상표 출원 건수는 90,000건 이상이므로 옳지 않다.

13 ①

D기업의 인턴 채용인원이 A기업의 인턴 채용인원와 같은데, A기업의 채용인원이 가장 많으므로 A기업의 인턴 채용인원은 전체 채용인원의 10%이고 D기업은 20%이다. 즉, 다음과 같이 표로 나타낼 수 있다.

구분	A기업	B기업	C기업	D기업
인턴 채용인원	100명			100명
정규직 채용인원	900명			400명

B기업과 C기업 모두 인턴 채용인원이 A기업의 인턴 채용인원의 절반과 같지만, C기업의 채용인원이 가장 적다고 하였으므로 C기업의 인턴 채용인원이 전체 채용인원의 20%에 해당하며 다음과 같이 표를 완성할 수 있다.

구분	A기업	B기업	C기업	D기업
인턴 채용인원	100명	50명	50명	100명
정규직 채용인원	900명	450명	200명	400명

따라서 네 기업의 전체 채용인원은 1,000+500+250+500=2,250(명)이다.

14 ④

5명의 직원으로 구성된 조의 수를 x개(총 40조각), 8명의 직원으로 구성된 조의 수를 y개라고 하면 $x+2y+5=65$

즉, $x+2y=60$ …… ㉠

남은 5개를 8조각으로 나누어(총 40조각) 5명의 직원으로 구성된 조에 2조각씩 나누어 주었으므로 $x=20$

$x=20$을 ㉠에 대입하면 $20+2y=60$이므로 $y=20$

따라서 2025년 상반기 △△공사의 워크숍에 참여한 직원 수는 $5 \times 20 + 8 \times 20 = 260$(명)이다.

15 ⑤

사례에서는 매출·이익 기여도를 기준으로 고려하였기 때문에 '과제해결의 중요성'을 판단 기준으로 삼은 것을 알수 있다.

| 오답풀이 |

① 과제 해결 단계에서 절차의 중요성과 계획 수립을 우선 순위로 고려하는 방식으로 문제에서 설명하는 방식과 거리가 멀다.

② 성과 달성이 불러일으킬 영향과 그 파급성을 우선 순위로 고려하는 방식으로 문제에서 설명하는 방식과 거리가 멀다.

③ 문제 해결책 실시상의 난이도와 필요 자원의 적정성을 고려하는 방식으로 문제에서 설명하는 방식과 거리가 멀다.

④ 과제 성과 달성의 긴급도와 달성에 필요한 시간을 고려하는 방식으로 문제에서 설명하는 방식과 거리가 멀다.

16 ②

㉠ 구매자의 입맛에 따라 재구성된 도시락을 판매하는 와사비만의 강점 요소에 해당한다.

㉢ 도심에 위치하여 임대료가 비싸면 판매 가격의 상승 요인이 되거나 품질에 문제가 생길 수 있으므로 약점 요소에 해당한다.

㉣ 제시된 자료만으로 판단할 때 해당 모델은 타 경쟁업체가 모방하기 쉬운 판매 전략을 제시하고 있어, 위협 요소에 해당한다.

| 오답풀이 |

㉢ 외식 트렌드의 변화로 테이크 아웃 수요가 감소하고 있다는 것은 약점(Weakness)요소에 해당하므로 적절하지 않다.

17 ①

주어진 내용과 ①은 성급한 일반화의 오류의 사례이다. 이는 일부 사실을 통해 성급한 결론을 내리는 것으로, 당분 섭취가 당뇨병 발생의 주요 원인 중 하나임을 전제하고 있다. 하지만 당뇨병은 다양한 원인과 복잡한 요인들로 인해 발생할 수 있다. 따라서 영희가 당분이 많이 들어간 음식을 자주 먹는다고 해서 반드시 당뇨병에 걸릴 것이라는 결론은 지나치게 성급하며, 다른 요인을 고려하지 않고 단순히 일반화한 추론에 해당한다.

| 오답풀이 |

② 논점 일탈의 오류이다. 이는 주장이나 논리적 추론 과정에서 주된 주제나 논점을 일반적으로 벗어나는 경우에 발생한다. 건강에 해롭다는 과학적 사실에 대한 비판이 아닌, 장수 사례로 논점을 벗어났다.

③ 인신공격의 오류이다. 특정한 특성을 일반화하여 그 특성이나 상황으로부터 다른 특성이나 상황을 결론짓는 것이다. 이러한 일반화는 부정확하고 공격적인 평가로 이어질 수 있다.

④ 순환 논리의 오류이다. 논리적 추론에서 논증의 전제가 결론에 이미 내포되어 있는 경우이다.

⑤ 재서술에 그치는 오류이다. 논리적으로 새로운 정보나 논리적 근거를 제시하지 않고, 단순히 이미 주장한 내용을 되풀이하고 있다. 이는 주장의 타당성을 높이거나 논리적 설득력을 강화하는 데 도움이 되지 않는다.

18 ⑤

B사원은 서산으로 출장을 가며, 직급이 대리인 직원은 서산으로 출장을 가지 않는다고 하였으므로 B사원은 직급이 과장인 직원과 한 조이다. 이때, B사원은 인천이나 평택으로는 출장을 가지 않는다고 하였는데, E과장이 인천으로 출장을 간다고 하였으므로 B사원은 F과장과 한 조이다.

D대리는 평택과 대구로 출장을 가고, 직급이 사원인 직원은 전주로 출장을 가지 않는다고 하였다. 따라서 C대리가 E과장과 전주로 출장을 간다. 이에 따라 D대리는 A사원과 같은 조이며, B사원이 출장을 가지 않는 인천에는 C대리와 E과장이 출장을 간다. 그리고 B사원과 F과장이 충주로 출장을 간다.

이를 정리하여 나타내면 다음과 같다.

서산	인천	평택	충주	대구	전주
B, F	C, E	A, D	B, F	A, D	C, E

따라서 충주로 출장을 가는 직원은 B사원과 F과장이므로 옳지 않다.

| 오답풀이 |

① E과장은 전주로 출장을 가므로 옳다.
② C대리는 인천으로 출장을 가므로 옳다.
③ F과장은 인천과 대구로 출장을 가지 않으므로 옳다.
④ 충주와 전주에는 서로 다른 조가 출장을 가므로 옳다.

19 ③

주어진 시간 관리 매트릭스에서 (가) 영역은 긴급하면서 중요한 일을 의미하고, (나) 영역은 긴급하지 않지만 중요한 일을 의미한다. 그리고 (다) 영역은 긴급하지만 중요하지 않은 일을 의미하고, (라) 영역은 긴급하지 않고 중요하지 않은 일을 의미한다. 긴급하지 않지만 중요한 일에는 새로운 기회 발굴, 중장기 계획 등이 있다.
따라서 [보기]에서 (나) 영역에 해당하는 것은 ⓒ, ⓔ이다.

| 오답풀이 |

• (가) 영역: ⊙ 위기 상황, ⓐ 프로젝트 마감
• (다) 영역: ⓒ 전화 호출, ⓖ 지인의 불시 방문
• (라) 영역: ⓑ 메일 확인, ⓕ 즐거운 활동

| 문제해결 Tip |

시간 관리 매트릭스

구분	긴급한 일	긴급하지 않은 일
중요한 일	• 위기 상황 • 급박한 문제 • 기간이 정해진 프로젝트	• 예방 생산 능력 활동 • 인간관계 구축 • 새로운 기회 발굴 • 중장기 계획, 오락
중요하지 않은 일	• 잠깐의 급한 질문 • 일부 보고서 및 회의 • 눈앞의 급박한 상황 • 인기 있는 활동	• 바쁜 일, 하찮은 일 • 우편물, 전화 • 시간 낭비거리 • 즐거운 활동

20 ②

효과적인 자원 관리의 과정은 '필요한 자원의 종류와 양 확인' → '이용 가능한 자원 수집하기' → '자원 활용 계획 세우기' → '계획대로 수행하기'이다.
A. 팀원들로부터 상품으로 사용할 물건을 모으는 것은 이용 가능한 자원을 수집하는 과정이다.
B. 몇 개의 상품이 필요할지 수량을 정하는 과정은 필요한 자원의 종류와 양을 확인하는 과정이다.
C. 수상자들에게 상품을 나누어 주는 것은 계획한 대로 수행하는 과정이다.
D. 어느 팀원에게 상품을 줄지 선정하는 것은 자원 활용 계획을 세우는 과정이다.
따라서 효과적인 자원 관리의 과정대로 나열하면 B－A－D－C이다.

21 ④

효과적으로 예산을 수립하기 위해서는 '필요한 과업 및 활동 구명' → '우선순위 결정' → '예산 배정의 단계'를 거쳐야 한다. '필요한 과업 및 활동 구명'은 어떤 활동이 필요한가를 먼저 정리하고 확인하는 단계이다. 즉, 인턴 사원도 추가로 교육을 참석시키기로 했다면, 그에 필요한 자원을 구체적으로 정리하는 단계이다. 보기 중 가장 적절한 것은 '인턴 사원이 교육을 참석하게 될 경우, 이에 추가로 필요한 예산을 계산한다.'이다.

22 ④

이 팀장과 박 대리의 대화에 따르면 교육 일정은 3일 연속 3시간씩 진행되며, 정오부터 1시까지는 점심시간으로 일정을 진행할 수 없고, 외부 회의실 예약은 타임별로 3시간씩이므로 2타임은 제외하고 생각해야 한다. 또한, 3일 모두 같은 장소에서 진행되어야 한다. 이에 따라 1타임과 3타임 중 3일 연속 예약이 가능한 회의실은 6일, 7일, 8일 3타임 예약이 가능한 라 회의실이다.

따라서 김 사원이 예약해야 하는 외부 회의실은 라 회의실이다.

| 상세해설 |

이 팀장의 말에 따르면, 교육 일정은 1일부터 15일까지 15일 중 3일간 진행되며, 박 대리에 말에 따라 매일 같은 시간에 시작해 종료되어야 한다. 또한, 이 팀장의 말에 따라 교육은 매일 3시간씩 연속된 날짜에 같은 장소에서 진행되어야 하며, 정오부터 1시까지는 점심시간으로 제외된다. 이때, 박 대리의 말에 의하면 외부 회의실 예약은 타임별로 3시간씩 진행되므로 정오부터 1시가 포함되어 있는 2타임은 예약 가능한 타임에서 제외됨을 알 수 있다. 이에 따라 1타임과 3타임 중 3일 연속 예약이 가능한 회의실을 확인해야 하며, 이는 6일, 7일, 8일 3타임 예약이 가능한 라 회의실이다.

따라서 김 사원이 예약해야 하는 외부 회의실은 라 회의실이다.

23 ③

저작권은 인간의 사상, 감정을 표현한 문학, 예술, 학술에 속하는 창작물에 대하여 저작자나 권리 승계인이 행사하는 권리이다. 프로그램 코드도 창작물로 간주되어, 무단으로 복제하여 사용할 경우 저작권 침해가 발생한다.

| 오답풀이 |

① 특허권은 발명을 보호, 장려하고자 발명한 기술적 아이디어에 대해 독점권을 부여하는 권리이다.

② 실용신안권은 특허보다 한 단계 낮은 재산권 중 하나로, 새로운 발명이 아닌 기존의 발명을 개선, 보완한 것에 대해 주는 권리이다.

④ 상표권은 특정 상품 또는 서비스의 이름, 로고, 슬로건 등을 보호하고 타인의 것과 식별하기 위해 부여하는 권리이다.

⑤ 디자인보호권은 디자인의 보호와 이용을 도모하여 디자인의 창작을 장려하고 산업발전에 이바지하고자 부여하는 권리이다.

24 ①

시간이 부족해 제대로 강의를 수강하지 못했다는 내용을 주어진 글에서 확인할 수 있다.

| 오답풀이 |

② 재정적 문제로 학원 수강 대신 인터넷 강의를 선택했다. 이로 인해 자기개발이 어려웠다고 하기는 어렵다.

③ 의사결정 시의 자신감 부족에 대한 내용은 확인할 수 없다.

④ 최근 병원 통원 문제로 부모님을 모시게 된 것은 맞으나, 결국 '시간이 부족해' 제대로 강의를 수강하지 못했다.

⑤ 회사 내의 컴퓨터 활용 능력 1급 관련 프로그램에 대해 알지 못해 별도로 인터넷 강의를 수강했으나, 이 요인이 결정적인 장애요소라고 보기는 어렵다.

25 ④

㉠ GATB 검사: 적성검사, ㉡ MBTI 검사: 성격유형검사, ㉢ STRONG 검사: 직업흥미 검사

| 오답풀이 |

㉣ MMPI 검사는 미네소타 다면적 인성검사이고, ㉤ SCT 검사는 문장완성검사로 인성검사 방법 중 하나이다.

26 ④

순응형 팔로우십은 리더의 지시를 따르거나 그들의 생각에 의문을 제기하지 않고 순응하는 유형의 팔로워를 의미한다. 이러한 팔로워들은 리더의 결정을 무조건적으로 수용하며, 자신의 의견이나 비판을 제시하는 것을 꺼리는 경향이 있다. 정 팀장과 같은 순응형 팔로워는 때로 조직 내 질서를 유지하고 효율적인 업무 수행에 도움이 될 수 있지만, 과도한 순응은 비판적 사고를 방해하고 중요한 문제를 간과하게 만들 수 있다. 따라서 리더와 팔로워 모두 균형을 잘 유지하는 것이 중요하다.

27 ②

리더는 조직구성원들 중 한 명일 뿐이라고 생각하는 것은 파트너십 유형의 리더가 보이는 특성이다.

| 오답풀이 |

변혁적 리더의 특성은 다음과 같다.

• 카리스마: 변혁적 리더는 조직에 명확한 비전을 제시하고, 집단 구성원들에게 그 비전을 쉽게 전달할 수 있다.
• 자기 확신: 변혁적 리더는 뛰어난 사업수완 그리고 어떠한 의사결정이 조직에 긍정적으로 영향을 미치는지 예견할 수 있는 능력을 지니고 있다.
• 존경심과 충성심: 변혁적 리더는 개개인에게 시간을 할애하여 그들 스스로가 중요한 존재임을 깨닫게 하고, 존경심과 충성심을 불어넣는다.
• 풍부한 칭찬: 변혁적 리더는 구성원이나 팀이 직무를 완벽히 수행했을 때 칭찬을 아끼지 않는다. 사람들로 하여금 한 가지 일에 대한 성공이 미래의 여러 도전을 극복할 수 있는 자극제가 될 수 있다는 것을 깨닫게 한다.
• 감화: 변혁적 리더는 사범이 되어 구성원들이 도저히 해낼 수 없다고 생각하는 일들을 구성원들로 하여금 할 수 있도록 자극을 주고 도움을 주는 일을 수행한다.

28 ③

권위 전략이란 직위나 전문성, 외모 등을 이용하면 협상 과정상의 갈등해결에 도움이 될 수 있다는 것이다. 설득 기술에 있어서 권위란 직위, 전문성, 외모 등에 의한 기술이다. 사람들은 자신보다 더 높은 직위, 더 많은 지식을 가지고 있다고 느끼는 사람으로부터 설득당하기가 쉽다.

| 오답풀이 |

① 희소성 해결 전략: 인적, 물적 자원의 희소성을 강조하거나 해결함으로써 설득력을 높이는 전략이다. '주로 지금이 아니면 기회가 없다.'는 식으로 행동을 유도한다.

② 호혜 관계 형성 전략: 호혜 관계란 협상 당사자 간에 어떤 혜택들을 주고받은 관계가 형성되어 있으면 그 협상 과정상의 갈등해결에 용이하다는 것이다. 예컨대 부처 간에 도움을 받으면 도움을 주어야 한다는 것이다. 이는 빚은 갚아야 한다거나 약속은 지켜야 한다는 것과 같은 사회적 의무에 관한 교육과 학습의 영향이다.

④ See-Feel-Change 전략: 설득 전략으로 'See(보고)-Feel(느끼고)-Change(변화한다)' 전략을 사용할 수 있다. 즉, 설득 전략을 사용하여 갈등관리를 순조롭게 하고, 설득 전략을 통해서 협상의 목적을 성공적으로 달성할 수 있다. 협상 전략 관점에서 볼 때, 'See' 전략은 시각화하고 직접 보게 하여 이해시키는 전략이며, 'Feel' 전략은 스스로가 느끼게 하여 감동시키는 전략이며, 'Change' 전략은 변화시켜 설득에 성공한다는 전략이다.

⑤ 헌신과 일관성 전략: 헌신과 일관성이란 협상 당사자 간에 기대하는 바에 일관성 있게 헌신적으로 부응하여 행동하게 되면 협상 과정상의 갈등해결이 용이하다는 것이다. 헌신과 일관성이란 상대방의 기대에 헌신적이고 일관성 있게 부응하여 행동하는 것이다. 이는 일종의 습관 같은 것으로 반복하다가 보면 존재하지 않는 것도 존재하는 것처럼 착각해서 생기게 된다.

29 ⑤

터크만(Tuckman)의 팀 발달 모델은 팀이 성과를 이루기까지 겪는 5단계의 발달 과정을 설명하는 이론이다. 1965년 브루스 터크만(Bruce Tuckman)이 제시한 것으로, 팀의 발전은 각 단계를 거쳐 진행되며, 각 단계는 팀의 상호작용, 협력 및 성과가 어떻게 변하는지를 설명한다. 터크만의 팀 발달 순서는 다음과 같다.

1. 형성기(Forming)

   팀이 처음 결성되고, 구성원들은 서로를 알아가는 단계이다. 팀원들 서로 간의 역할과 책임이 명확하지 않아, 리더에게 의존하는 경향이 크다. 상호작용이 주로 예의 바르고, 팀원들은 갈등을 피하려고 하며, 자신을 드러내지 않고 적당히 조심스럽다.

2. 격돌기(Storming)

   팀원들 간의 의견 차이나 갈등이 나타나는 단계이다. 개인의 의견과 팀 목표 사이에서 충돌이 발생할 수 있으며, 각자 자신의 역할을 확립하려는 과정에서 갈등이 심화될 수 있다. 리더의 역할이 중요해지며, 갈등을 해결하고 팀원 간의 신뢰를 쌓는 것이 중요한 과제가 된다.

3. 정착기(Norming)

   갈등이 해결되고, 팀원들 간에 협력적인 관계가 형성되는 단계이다. 역할이 명확해지고, 팀원들은 서로의 차이를 수용하면서 공동의 목표를 향해 협력한다. 이 시점에서 팀은 안정적이고, 신뢰가 쌓이며, 효과적인 커뮤니케이션이 이루어진다.

4. 수행기(Performing)

팀이 고도의 성과를 내기 시작하는 단계이다. 팀원들은 각자의 역할을 완벽하게 수행하며, 상호 지원과 협력을 통해 공동의 목표를 효율적으로 달성한다. 팀은 자율적으로 운영되며, 창의적이고 효율적인 문제 해결을 통해 높은 생산성과 성과를 나타낸다.

5. 해체기(Adjourning)

팀의 목표가 달성되거나 프로젝트가 종료되면서 팀이 해체되는 단계이다. 팀원들은 각자 다른 프로젝트나 새로운 팀으로 이동하게 되며, 팀 해체에 대한 감정적 반응이 있을 수 있다. 이 단계에서는 성과를 정리하고, 팀의 경험을 반영하여 교훈을 얻는 과정이 필요하다.

30 ③

주어진 그래프는 갈등과 직무 성과의 관계를 보여 준다. 갈등이 X_1 수준일 때 조직의 직무 성과가 가장 높아진다. 즉, 갈등 수준이 전혀 없거나 낮을 때에는 조직 내부는 의욕이 상실되고 환경변화에 대한 적응력도 떨어져 직무 성과가 낮아지게 된다. 그러나 갈등 수준이 적정(X_1)할 때는 조직 내부에 생동감이 넘치고 변화 지향적이며 문제 해결능력이 발휘된다. 그 결과 직무 성과는 높아지고(Y_2), 갈등의 순기능이 작용한다. 마지막으로 갈등 수준이 너무 높으면(X_2) 조직 내부에 혼란과 분열이 생기고 조직에 비협조적이게 된다. 그 결과 직무 성과는 낮아지며(Y_1), 갈등은 역기능을 하게 되어 조직을 이탈하는 구성원이 생기며 이직률이 높아질 수도 있다.

31 ②

스머핑 공격에서 가장 핵심적인 요소는 공격자가 출발지 IP 주소를 위조하여, 피해자가 아닌 다른 시스템으로부터 오는 대량의 트래픽을 유도하는 것이다. 즉, 공격자는 위조된 출발지 주소를 통해 피해자에게 ICMP 응답을 유도하여 공격을 진행한다.

| 오답풀이 |

① 스머핑 공격은 대규모 트래픽을 전송하여 시스템을 방해하는 것은 맞지만, '자원 고갈'이라고 단정할 수는 없다. 공격 목표는 시스템을 마비시키는 것이지, 자원을 고갈시키는 것이 아니다.

③ PING 스머핑 공격은 악성코드를 설치하는 공격이 아니라, 서비스 거부(DDoS) 공격의 일종이다. 공격자는 대량의 트래픽을 특정 서버로 유도하여 서버를 마비시키려고 하는 것으로 악성코드를 설치하는 방식은 아니다.

④ 스머핑 공격은 ICMP(Internet Control Message Protocol) 프로토콜을 사용하여 이루어지며, TCP/IP 프로토콜이 아니기 때문에 '오직 TCP/IP 프로토콜을 사용'한다는 설명은 옳지 않다. 스머핑은 ICMP를 이용한 네트워크 공격이다.

⑤ 스머핑 공격에서 출발지 IP 주소가 위조되므로 공격자의 실제 IP를 추적하는 것이 매우 어렵다. 공격자는 자신의 실제 위치를 숨기기 위해 위조된 IP를 사용하므로 추적이 어려운 특성을 가지고 있다.

32 ④

SUMIF 함수는 조건에 맞는 셀의 수치를 더할 때 활용하는 함수로, 함수식은 조건대상 영역, 조건, 합계대상 영역의 순으로 입력한다. 조건대상 영역은 'A2:A7', 조건은 '여성용', 이에 따른 합계대상은 수량을 의미하므로 합계대상 영역은 'C2:C7'이 된다.

따라서 함수식은 '＝SUMIF(A2:A7,"여성용",C2:C7)'이다.

33 ③

MID 함수는 문자열의 지정 위치에서 문자를 지정한 개수만큼 선택하는 함수이다. 함수식은 해당 셀 번호, 문자열이 시작되는 처음 위치, 선택할 문자 개수 순으로 입력한다. 관리번호의 두 번째 글자 하나만을 선택하는 것이므로 =MID(A2,2,1)과 같이 입력한다.

CHOOSE 함수는 여러 인수 목록 중에서 하나를 선택하는 함수이다. 함수식은 인수 번호, value1, value2, value3, … 순으로 입력한다. 관리번호의 두 번째 글자에 따라 분류되어야 하므로 선택된 인수(관리번호의 두 번째 글자, MID(A2,2,1))를 입력한 후, 순서대로 아파트, 빌라, 오피스텔을 입력하면 된다.

따라서 두 함수식을 합하면 =CHOOSE(MID(A2,2,1),"아파트","빌라","오피스텔")과 같다.

34 ④

'데이터 아래에 요약 표시'를 해제하면 세부 정보가 있는 행 아래에 지정된 요약 행이 나타나지 않는다.

| 오답풀이 |
① '새로운 값으로 대치'는 이미 작성한 부분합을 지우고, 새로운 부분합으로 실행할 경우에 설정한다.
② '모두 제거'는 작성된 부분합을 지우고 부분합 실행 전 상태로 되돌리는 기능을 한다.
③ 부분합 작성 시 기준이 되는 필드는 반드시 정렬이 되어 있어야 한다.
⑤ 부분합 계산에 사용할 요약 함수를 두 개 이상 사용하려면 함수 종류의 수만큼 부분합을 반복 실행해야 한다.

35 ②

목록을 입력할 때는 한 칸씩 띄어 쓰는 것이 아니라, 콤마(,)를 사용하여 여러 개의 목록을 입력하면 된다.

| 오답풀이 |
① '설정' 메뉴에는 모든 값, 정수, 소수점, 목록, 날짜, 시간, 텍스트 길이, 사용자 지정 등 7가지 제한 대상이 있다.
③ 오류 메시지 탭에서 오류 메시지 문구를 설정할 수 있다.
④ '중지', '경고', '정보' 중 원하는 스타일을 선택할 수 있다.
⑤ 오류 메시지 기능만 단독으로 사용하는 것도 가능하며, 이 경우에는 '설정' 메뉴에서 유효성 조건의 제한 대상을 사용자가 지정하고 싶은 대상으로 지정해야 한다.

36 ③

하인리히 법칙(Heinrich's law)은 한 번의 큰 재해가 있기 전에, 그와 관련된 작은 사고나 징후들이 먼저 일어난다는 법칙이다. 큰 재해와 작은 재해, 사소한 사고의 발생 비율이 1:29:300이라는 점에서 '1:29:300 법칙'으로 부르기도 한다. 하인리히 법칙은 사소한 문제를 내버려둘 경우, 대형 사고로 이어질 수 있다는 점을 밝혀낸 것으로 산업 재해 예방을 위해 중요하게 여겨지는 개념이다.

37 ①

20세기는 노하우(know-how) 시대이고, 21세기는 노웨어(know-where) 시대다. 노하우는 자신이 직접 해보고 배워 아는 것을 말한다. 그러나 범위가 좁을 수밖에 없으므로 한계가 있고, 다 배울 수도 없으며 다 익힐 수도 없다.

따라서 A에는 노하우, B에는 노웨어가 들어가야 한다.

38 ③

(가)는 하향식, (나)는 상향식 의사결정 방법이다. 상향식은 기업 전체 차원에서 필요한 기술에 대한 체계적인 분석이나 검토 없이 연구자나 엔지니어들이 자율적으로 기술을 선택하는 것이다. 기술 개발 실무를 담당하는 기술자들의 흥미를 유발하고, 그들의 창의적인 아이디어를 활용할 수 있다는 장점이 있다. 반면, 기술자들이 자신의 과학기술 전문 분야에 대한 지식과 흥미만을 고려하여 기술을 선택할 경우, 시장의 고객들이 요구하는 제품이나 서비스를 개발하는 데 부적합한 기술이 선택될 수 있다는 단점이 있다.

하향식은 기술경영진과 기술기획담당자들에 의한 체계적인 분석을 통해 기업이 획득해야 하는 대상 기술과 목표 기술 수준을 결정하는 것이다. 이 방법은 먼저 기업이 직면하고 있는 외부 환경과 기업의 보유 자원에 대한 분석을 통해 기업의 중장기적인 사업 목표를 설정하고, 이를 달성하기 위해 확보해야 하는 핵심 고객층과 그들에게 제공하고자 하는 제품과 서비스를 결정해야 한다.

39 ⑤

철저한 교육이 부족하였고, 관리가 소홀했던 것이 기본적인 원인이며, 기술적인 원인으로는 건물이나 기계 장치의 설계 불량, 구조물의 불안정, 재료의 부적합, 생산 공정의 부적당 등이 있다.

| 오답풀이 |

① 예측이 가능했던 사고임에도 적절하게 대처를 하지 못해 많은 피해를 입게 된 산업재해 사례이다. 이 사례를 통해 산업재해는 어느 정도 예측이 가능하며, 그에 따라 예방이 가능함을 알 수 있다.

② 시설물 자체 결함, 전기 시설물의 누전 등은 산업재해의 직접적 원인 중 불안전한 상태에 의한 것으로 분류된다.

③ 산업안전보건법에서는 근로자가 업무에 관계되는 건설물, 설비, 원재료, 가스, 증기, 분진 등에 의하거나, 직업과 관련된 기타 업무에 의하여 사망 또는 부상하거나 질병에 걸리게 되는 것을 산업재해로 정의하고 있다.

④ 산업재해의 예방 대책은 '안전 관리 조직 → 사실의 발견 → 원인 분석 → 기술 공고화 → 시정책 적용 및 뒤처리'의 5단계로 이루어진다.

40 ②

(A)~(D)에는 순서대로 각각 '사업전략 수립', '요구기술 분석', '기술전략 수립', '핵심기술 선택'이 들어가야 한다. 기술선택의 각 절차에서는 다음과 같은 것들이 수행된다.

• 외부환경 분석: 수요 변화 및 경쟁자 변화, 기술 변화 등 분석
• 중장기 사업목표 설정: 기업의 장기비전, 중장기 매출목표 및 이익목표 설정
• 내부 역량 분석: 기술능력, 생산능력, 마케팅/영업능력, 재무능력 등 분석
• 사업전략 수립: 사업영역 결정, 경쟁 우위 확보 방안 수립
• 요구기술 분석: 제품 설계/디자인 기술, 제품 생산 공정, 원재료/부품 제조기술 분석
• 기술전략 수립: 기술 획득 방법 결정
• 핵심 기술 선택

41 ②

진행 업무별로 무엇을 점검하고 확인해야 하는지를 명확히 알 수 있는 것은 또 다른 업무 활용 도구인 체크리스트(checklist)의 특징이며, 워크 플로 시트에서는 점검 항목을 구체적으로 알기 어렵다.

| 오답풀이 |

주어진 자료는 워크 플로 시트(workflow sheet)이다. 워크 플로 시트는 특정 작업이나 프로세스의 흐름을 나타내는 도구이다. 보통 업무의 순서를 정리하고 각 단계를 명확히 하여 작업이 효율적으로 진행될 수 있도록 돕는다. 워크 플로 시트는 업무를 체계적으로 관리하고 추적하는 데 유용하다.

42 ①

퍼실리테이션(facilitation)은 조직 내 의사결정 과정, 경영 전략 수립, 목표 설정 등에서 중요한 역할을 한다. 퍼실리테이션은 집단이 보다 효율적으로 목표를 달성할 수 있도록 지원하는 과정으로, 여러 사람의 의견을 조율하고, 갈등을 해결하며, 창의적이고 실용적인 결정을 이끌어내는 기술이다. 조직의 특성에 따라 퍼실리테이션은 여러 측면에서 중요한 영향을 미칠 수 있다. 즉, 조직은 퍼실리테이션을 통해 효율적인 의사결정, 효과적인 전략 수립, 목표 달성에 대한 동기 부여 등을 촉진할 수 있으며, 다양한 의견을 통합하고, 갈등을 해소하는 데 중요한 역할을 하여 조직의 성공적인 경영을 돕는 중요한 도구가 된다.

| 오답풀이 |

② 코칭은 개별적인 성장과 발전을 지원하는 리더십 방법이다. 집단 내 의견 통합이나 갈등 해결보다는 개인의 역량 강화에 초점을 맞춘다.

③ 임파워먼트는 구성원들에게 권한을 위임하고 자율성을 부여하는 리더십 스타일이다.

④ 멘토−멘티 제도는 경험이 풍부한 멘토가 멘티를 지도하고 지원하는 방식이다. 이는 개별적인 성장과 개발을 촉진하는 방법이다.

⑤ 크리에이티브 워크숍은 창의적 아이디어를 발산하고 발전시키는 세션을 의미한다.

43 ⑤

주어진 글에서 언급한 팔로워십에 따르면, 부당한 상사의 지시를 그대로 따르는 것은 조직의 발전에 도움이 되는 것이 아님을 알 수 있다.

상사가 통계 조작을 지시할 경우 다음과 같은 대처 방안이 바람직하다.

• 직접적인 거부와 명확한 입장 표명: 통계 조작을 지시받았다면, 직접적으로 거절하는 것이 첫 번째 단계이다. 부당한 지시를 따르는 것은 윤리적 책임과 법적 책임을 져야 할 수 있다.

• 문서로 기록 남기기: 상사가 통계 조작을 지시한 내용을 문서로 기록해 두는 것이 중요하다. 만약 문제가 발생할 경우, 추후 증거를 확보할 수 있기 때문이다.

• 상사와의 대화 시 문제를 지적하고 개선 방향 제시: 상사에게 왜 조작이 잘못된 것인지, 정확한 통계와 데이터를 바탕으로 해야 하는 이유를 설명하는 것이 필요하다.

• 고객, 주주 또는 정부 규제 기관에 대한 영향 고려: 통계 조작이 회사의 고객, 주주, 파트너사 또는 정부 기관에 미칠 영향을 설명하면서 위험성을 강조할 수 있다.

• 내부 고충 처리 또는 윤리적 신고 절차 활용: 상사의 지시가 부당하다고 판단되면, 인사팀, 법무팀 또는 윤리위원회에 문제를 신고할 수 있는 절차가 있을 수 있다.

• 법적 조언 구하기: 상황이 심각하게 변질되거나 상사의 요구가 강압적일 경우, 법적 조언을 구하는 것이 필요할 수 있다. 변호사나 법률 전문가에게 조언을 받아 법적 책임과 윤리적 책임을 분명히 인식하고 대처하는 것이 중요하다.

• 회사의 가치를 존중하고 개인적 윤리 기준 지키기: 기업의 가치나 윤리 규정을 지키는 것이 중요하다. 개인의 윤리적 기준을 지키는 것은 장기적으로 직장에서의 신뢰와 경력을 쌓는 데 도움이 된다.

44 ③

아랍 문화에서 커피는 단순한 음료 그 이상의 의미를 지니며, 사회적 상호작용과 환대의 중요한 부분이다. 특히, 아랍 지역에서 커피를 대접하는 것은 존경과 환대의 표시로, 손님을 맞이하거나 특별한 관계를 맺을 때 자주 제공된다. 따라서 아랍인이 권하는 커피를 거절하는 것은 존중의 결여로 여겨져 매우 민감한 상황을 초래할 수 있다.

| 오답풀이 |

① 미국에서는 비즈니스 미팅에 정시 도착하는 것이 매우 중요하다. 늦는 것은 불성실함으로 간주될 수 있으므로, 미팅 시작 전에 미리 도착해 준비하는 것이 좋다.

② 프랑스에서는 비즈니스 관계에서 개인적인 관계가 매우 중요하다. 처음 만날 때 가벼운 인사를 나누고, 상대방의 관심사나 취미에 대해 묻는 것이 좋은 출발이 될 수 있다.

④ 인도에서는 계급이 중요한 역할을 하며, 상대방의 사회적 지위에 맞는 존경을 표하는 것이 중요하다. 인사할 때에는 상대방의 지위를 고려하여 예의를 갖추어야 하며, 상대방의 나이가 많으면 그에 맞는 존경의 표현을 사용해야 한다.

⑤ 러시아 비즈니스 문화에서는 대체로 직설적이고 강한 표현이 허용된다. 논의 중에 의견 차이가 있으면 그것을 숨기지 않고 정확히 표현하는 것이 중요하다. 감정을 드러내는 것에 대한 문화적 장벽이 적어, 표현이 강할 수 있다.

45 ①

㉠ 수직적 라인 확장이란 신상품이 기존 상품보다 가격이 낮거나 높은 경우를 가리킨다. 특히 기존 상품보다 낮은 가격대로 확장하는 경우를 하향 확장, 높은 가격대로 확장하는 경우를 상향 확장이라고 부른다. 하향 확장의 경우 브랜드의 고급 이미지를 희석시켜서 결국에는 브랜드 자산을 약화시키는 부정적인 반향효과의 위험이 크다. 이를 희석효과라고 부르기도 한다.

| 오답풀이 |
㉡ 새로운 제품 범주에서 출시하고자 하는 신제품을 대상으로 새로운 브랜드를 개발하는 경우는 '신규브랜드' 전략이다. 복수브랜드 전략은 동일한 제품 범주 내에서 여러 개의 브랜드를 사용하는 전략을 말한다.
㉢ 두 제품 범주 간에 유사성이 낮은 경우에는 브랜드 확장이 실패할 가능성이 높다. 유사성이란 제품과 제품 사이의 유사성뿐만 아니라 브랜드 이미지와 제품 사이의 유사성도 포함하는 것임에 주의하여야 한다. 즉, 제품과 제품 사이의 유사성이 낮더라도 브랜드 이미지와 제품 사이의 유사성이 높으면 카테고리 확장이 성공할 수도 있다.

46 ③

술 취한 사람이 객실 내에서 소란을 피운 경우 해당 지하철 기관사가 다음 지하철역에서 해당 주취자를 하차시켜 조치해야 한다. 이때, 해당 역에 미리 얘기하여 경찰을 불러 인계하는 것이 가장 바람직하다. 김 씨가 신고했던 것은 어떠한 포상에 관한 부분을 문의하려고 한 것이 아니라, 어떻게 조치되었는지 걱정되어 연락한 것이므로 역무원이 포상에 관하여 언급하는 것은 적절하지 않다.

47 ③

(가)는 전문가의식, (나)는 직분의식, (다)는 천직의식에 해당한다.

| 상세해설 |
일반적인 직업윤리에는 다음과 같이 여섯 가지가 있다.
• 소명의식: 자신이 맡은 일은 하늘에 의해 맡겨진 일이라고 생각하는 태도
• 천직의식: 자신의 일이 자신의 능력과 적성에 꼭 맞는다 여기고 그 일에 열성을 가지고 성실히 임하는 태도
• 직분의식: 자신이 하고 있는 일이 사회나 기업을 위해 중요한 역할을 하고 있다고 믿고 자신의 활동을 수행하는 태도
• 책임의식: 직업에 대한 사회적 역할과 책무를 충실히 수행하고 책임을 다하는 태도
• 전문가의식: 자신의 일이 누구나 할 수 있는 것이 아니라 해당 분야의 지식과 교육을 밑바탕으로 성실히 수행해야만 가능한 것이라 믿고 수행하는 태도
• 봉사의식: 직업 활동을 통해 다른 사람과 공동체에 대하여 봉사하는 정신을 갖추고 실천하는 태도

48 ③

고객접점서비스(MOT, Moment Of Truth)를 의미하는 사례이다.

| 상세해설 |
'고객접점서비스'란 고객이 기업, 브랜드 또는 서비스와 직접적으로 마주치는 모든 순간에서 이루어지는 서비스 활동을 말한다. 이 순간을 진실의 순간(MOT) 또는 결정적 순간이라고 한다. 고객접점에 있는 최일선 서비스 요원이 책임과 권한을 가지고 우리 회사를 선택한 것이 가장 좋은 선택이었다는 사실을 고객에게 입증시켜야 한다는 것이다. 고객이 서비스 상품을 구매하기 위해서는 입구에 들어올 때부터 나갈 때까지 여러 서비스 요원과 몇 번의 짧은 순간을 경험하게 되는데 그때마다 서비스 요원은 모든 역량을 동원하여 고객을 만족시켜 주어야 하는 것을 의미한다.
고객이 물건을 고르는 과정에서부터 백화점을 나가기까지 모든 순간에 최선을 다한 매장 직원은 고객접점서비스를 실천한 것이다.

49 ②

전화벨이 7~8번 울릴 때까지 기다리는 것은 적절한 전화예절이 아니다. 가급적 전화벨이 3~4번 울리기 전에 받는 것이 좋다.

| 오답풀이 |
① 찾는 사람이 자리를 비웠을 경우, 간단한 통화 목적과 요점을 메모하여 두면 상대방에게도 친절한 인상을 남길 수 있으며, 이후에도 담당자가 돌아와 효과적으로 통화를 시도할 수 있다.
③ 전화를 해서 엉뚱한 이야기로 시간 낭비를 하지 않도록 전화 건 이유를 숙지할 필요가 있다.
④ 전화를 받으면 인사 후 곧바로 소속과 이름을 먼저 밝히는 것이 예의이다.
⑤ 다른 부서로 가야 할 전화가 잘못 걸려온 경우, 곧바로 끊지 말고 해당 부서의 전화번호를 알려주어 상대방이 불필요한 수고를 하지 않도록 배려한다.

50 ③

③과 같은 응대법은 고객의 요구사항을 파악하여 긍정적인 해결방법을 제시해 준 바람직한 응대이다. 고객에게 자신의 요구사항이 받아들여진다는 느낌을 전해 주어 자사 제품에 대한 좋은 이미지를 심어줄 수 있는 방법이다. 반면, 나머지 응대법은 고객의 요구나 불만 사항 자체가 올바르지 않다는 의미를 내포하고 있어 고객의 마음을 상하게 할 수 있는 응대법이므로 바람직하다고 볼 수 없다.

찐기출 모의고사

01	③	02	③	03	①	04	⑤	05	③	06	④	07	③	08	④	09	②	10	③
11	②	12	④	13	①	14	④	15	②	16	⑤	17	①	18	①	19	④	20	③
21	③	22	⑤	23	②	24	④	25	①	26	②	27	④	28	③	29	⑤	30	②
31	③	32	②	33	①	34	⑤	35	④	36	④	37	②	38	⑤	39	③	40	⑤
41	①	42	③	43	②	44	④	45	⑤	46	③	47	⑤	48	①	49	⑤	50	①

01 ③

㉠ 받히다: '머리나 뿔 따위로 세게 부딪치다'의 의미인 '받다'의 피동사이다.

㉡ 받치다: 물건의 밑이나 옆 따위에 다른 물체를 대다.

㉢ 바치다: 무엇을 위하여 모든 것을 아낌없이 내놓거나 쓰다.

따라서 빈칸 ㉠~㉢에 들어갈 단어는 순서대로 '받힌', '받친', '바친'이다.

02 ③

한 슬라이드에는 한 가지 내용만 담는 것이 효과적이다. 한 슬라이드에 많은 정보를 담으면 청중이 내용을 이해하는 데 어려움을 겪을 수 있다.

| 오답풀이 |

① 프레젠테이션의 목적과 전달하고자 하는 핵심 메시지를 명확하고 자세하게 전달하는 것이 좋다.

② 어려운 용어보다는 쉬운 단어를 사용하고 간결하고 명확하게 표현해야 한다.

④ 자료를 완성한 후에는 주제와 목차, 본문의 내용과 순서가 맞는지 확인해야 한다. 프레젠테이션의 목적은 정확한 정보 전달에 있기 때문이다.

⑤ 프레젠테이션은 시각 자료를 활용하는 것이기 때문에 청중이 보기 편하게 해상도를 높게 하고 그래픽이 깨지지 않도록 조절해야 한다.

03 ①

- (가): 날짜의 숫자는 아라비아 숫자로 표기하되, 연·월·일의 글자는 생략하고 그 자리에 온점(.)을 찍어 표시한다. 온점 뒤는 한 타 띄우고 표기하며, 월·일 표기 시 '0'은 표기하지 않는다.
- (나): 시간을 나타내는 시·분은 24시각제에 따라 숫자로 표기하되, 시·분의 글자는 생략하고 그 자리에 쌍점(:)을 찍어 구분한다.
- (다): 금액은 아라비아 숫자로 쓰되, 숫자 다음에 괄호를 하고 한글로 기재한다. 숫자 1로 시작하는 금액의 경우 괄호 안에 한글로 '일'을 적어야 한다. 특히 괄호 안에서도 '금'으로 시작해야 한다.

04 ⑤

하나의 항목만 있을 경우 항목 구분을 생략하므로, 항목 기호를 각각 부여한다는 ⑤의 내용은 항목의 길이에 상관없이 적절하지 않다.

| 오답풀이 |

① '2. 항목의 표시'의 두 번째 항목에 따르면, 항목 부호와 그 항목의 내용 사이에는 1타를 띄운다.

② '2. 항목의 표시'의 첫 번째 항목에 따르면, 문서의 내용을 둘 이상의 항목으로 구분할 필요가 있을 경우 항목 기호를 표시한다. 따라서 하나의 항목만 있을 경우 항목 기호는 불필요하다.

③ '2. 항목의 표시'의 두 번째 항목에 따르면, 첫째 항목의 부호는 제목의 첫 글자와 같은 위치(왼쪽 기준)에서 시작한다.

④ '2. 항목의 표시'의 두 번째 항목에 따르면, 하위 항목은 앞 항목의 위치로부터 2타를 띄운다. 따라서 둘째 항목부터는 상위 항목 위치로부터 오른쪽으로 2타씩 옮겨 시작하게 된다.

05 ③

주어진 글의 논지는 우리나라가 수소 경제 선도 국가로 도약해야 한다는 것이다. 대규모 석유 화학 단지가 조성되어 있는 울산이 우리나라 중화학 산업과 경제 성장을 견인해 왔다는 주장은 수소 경제를 활성화해야 한다는 글 전체의 논지를 강화하는 내용이 아니다.

| 오답풀이 |

① 수소가 안전한 에너지로서 이미 안전 관리 기술력이 축적된 분야라는 논지를 강화한다.

② 수소 경제를 통해 에너지를 일정 부분 자급하게 되면 에너지 안보를 확보할 수 있다는 논지를 강화한다.

④, ⑤ 우리나라가 수소 경제 선도 국가로 도약해야 한다는 논지를 강화한다.

06 ④

1개 역당 에스컬레이터 수는 평균 $1,678 \div 286 ≒ 5.9$(개), 6호선 $294 \div 39 ≒ 7.5$(개), 7호선 $387 \div 51 ≒ 7.6$(개)로 평균보다 높은 호선은 6호선과 7호선의 2개이다.

| 오답풀이 |

① 모든 호선에서 상행 에스컬레이터 수의 2배가 각 호선 전체 에스컬레이터 수보다 크므로 50% 이상이다.

② 에스컬레이터가 설치된 1개 역당 에스컬레이터 수는 7호선이 $387 \div 40 ≒ 9.7$(개)로 가장 많다. 어림셈을 했을 때, 에스컬레이터 수가 에스컬레이터 설치 역 수의 9배 이상인 역은 7호선 밖에 없다.

③ 1개 역당 에스컬레이터 설치 비율은 6호선이 1개 역당 $39 \div 39 ≒ 1$로 가장 높다.

⑤ 전체 역에서 에스컬레이터 설치 비중은 1개 역당 $246 \div 286 \times 100 ≒ 86$(%)이다.

07 ③

전체 역 중 에스컬레이터 설치 역 비중은 '에스컬레이터 설치 역 수$\div$전체 역 수$\times 100$'이므로 4호선은 $24 \div 26 \times 100 ≒ 92$(%)이다. 따라서 에스컬레이터 추가 설치가 필요 없는 노선은 4호선이다.

| 오답풀이 |

전체 역 중 에스컬레이터 설치 역 비중은 다음과 같다.

① 1호선: $8 \div 10 \times 100 = 80$(%)

② 3호선: $29 \div 34 \times 100 ≒ 85$(%)

④ 7호선: $40 \div 51 \times 100 ≒ 78$(%)

⑤ 8호선: $14 \div 24 \times 100 ≒ 58$(%)

08 ④

탑승 시간은 모두 22~04시 사이가 아니고, 시외 주행이 아니므로 야간, 시외 할증은 적용되지 않는다. 나머지를 고려해 요금을 계산하면 다음과 같다. 그러므로 결제가 잘못된 것은 3월 22일이다.

	기본료	보호자 수	추가 요금 적용 구간	추가 요금	결제 금액
①	3,000원	1명(1.0배)	11km	2,200원	$(3,000 \times 1.0) + 2,200 = 5,200$(원)
②	5,000원	3명(2.0배)	12km	3,000원	$(5,000 \times 2.0) + 3,000 = 13,000$(원)
③	7,000원	5명(3.0배)	15km	4,500원	$(7,000 \times 3.0) + 4,500 = 25,500$(원)
④	3,000원	2명(1.5배)	12km	2,400원	$(3,000 \times 1.5) + 2,400 = 6,900$(원)
⑤	5,000원	3명(2.0배)	4km	1,000원	$(5,000 \times 2.0) + 1,000 = 11,000$(원)

09 ②

총 12명의 인원이 가장 저렴하면서, 모두 동일한 크기의 택시로 이동하는 방법으로는 소형 택시 4대, 중형 택시 3대, 대형 택시 2대로 이동하는 것이 있다. 각각의 운임을 계산하면 다음과 같다.

1) 소형 택시 4대로 이동하는 경우

기본료는 3,000원이며, 4대의 택시에는 각각 2명의 보호자가 탑승한다. 그러므로 기본료는 $3,000 \times 1.5 \times 4$대 $= 18,000$(원)이다.

추가 요금이 적용되는 구간은 $20 - 3 = 17$(km)이다. 그러므로 추가 요금은 $17 \times 200 = 3,400$(원)이다. 4대가 모두 동일하므로 $3,400 \times 4 = 13,600$(원)이다.

돌아올 때는 20%의 할증이 적용된다. 그러므로 $(18,000 + 13,600) \times 2.2 = 69,520$(원)이다.

2) 중형 택시 3대로 이동하는 경우

기본료는 5,000원이며, 3대의 택시 중 2대에는 보호자가 3명씩 탑승하고 1대에는 보호자가 2명 탑승한다. 그러므로 기본료는 $(5,000 \times 2.0 \times 2) + (5,000 \times 1.5 \times 1) = 27,500$(원)이다.

추가 요금이 적용되는 구간은 $20 - 4 = 16$(km)이다. 그러므로 추가 요금은 $(16 \div 2) \times 500 = 4,000$(원)이다. 3대가 모두 동일하므로 $4,000 \times 3 = 12,000$(원)이다.

돌아올 때는 20%의 할증이 적용된다. 그러므로 $(27,500 + 12,000) \times 2.2 = 86,900$(원)이다.

3) 대형 택시 2대로 이동하는 경우

기본료는 7,000원이며, 보호자가 4명 이상일 경우 모두 기본료의 3.0배가 적용된다. 그러므로 8명의 보호자가 5명, 3명으로 나누어 2대의 택시에 탑승하는 것이 유리하다. 그러므로 기본료는 $(7,000 \times 3.0) + (7,000 \times 2.0) = 35,000$(원)이다.

추가 요금이 적용되는 구간은 $20 - 5 = 15$km이다. 그러므로 추가 요금은 $(15 \div 5) \times 1,500 = 4,500$(원)이다. 2대가 모두 동일하므로 $4,500 \times 2 = 9,000$(원)이다.

돌아올 때는 20%의 할증이 적용된다. 그러므로 $(35,000 + 9,000) \times 2.2 = 96,800$(원)이다.

따라서 가장 저렴하게 이동하는 경우의 왕복 택시 운임의 합은 69,520원이다.

10 ③

김 대리와 박 사원의 자리 크기는 같고, 김 대리의 자리는 정사각형 모양이다. 그러므로 박 사원의 자리도 정사각형 모양이다. 박 사원 자리의 넓이는 14,400cm²이므로 박 사원 자리 한 변의 길이는 120cm이다.

이 과장 자리는 김 대리의 자리보다 2배 넓다. 책상 배치를 보면 이 과장 자리 장변의 길이는 김 대리와 박 사원 자리 한 변의 길이를 더한 값이다. 그러므로 이 과장 자리 장변의 길이는 240cm이다.

캐비닛의 비밀번호는 이 과장 자리 장변의 길이와 김 대리 자리의 넓이를 곱한 후 1,000으로 나눈 값으로 $14,400 \times 240 \div 1,000 = 3,456$이다.

따라서 캐비닛의 비밀번호는 3456이다.

11 ②

기본적으로 명제의 결론이 참임은 삼단논법에 근거한다. 참이 되는 결론을 찾기 위해서는 'A이면 B이고, B이면 C이다. 그러므로 A이면 C이다'의 삼단논법에 적합한지를 파악하면 된다.

② 내가 선진 기업의 업무 방법에 대한 정보를 얻는다면, 지금보다 업무능력을 향상시킬 수 있을 것이다.

　　선진 기업의 업무 방법은 벤치마킹을 활용하여 생산성을 최대화하는 것이다.

　　생산성이 높아지면 직원들이 더 많은 여가생활을 누릴 수 있다.

　　그러므로 더 많은 여가생활을 즐기는 사람들이 선진 기업의 업무 방법을 만드는 것이다.

라고 결론을 내고 있는데 이는 순환논증의 오류이다. '선진 기업의 업무 방법은 벤치마킹을 활용하여 생산성을 최대화하는 것이다. 생산성이 높아지면 직원들의 더 많은 여가생활을 누릴 수 있다.'에 대한 결론은 '선진기업에 근무하는 사람은 더 많은 여가생활을 누릴 수 있다.'이다.

| 오답풀이 |

① 대우명제를 활용한 문제이다.

　　김 사원이 A프로젝트에 대한 문제를 인식했다면, 김 사원은 문제를 빠르게 해결했을 것이다.

　　A프로젝트에는 잠재적인 문제가 없다면 김 사원은 문제를 느리게 해결할 것이다.

　　(＝김 사원이 문제를 빠르게 해결하면 A프로젝트에 잠재적인 문제가 있다.)

　　A프로젝트에 잠재적 문제가 있다면, 결국 문제가 확대되어 이를 해결하기 어려워졌을 것이다.

　　그런데 해결하기 어려운 문제는 발생하지 않았다. 그러므로 A프로젝트에 잠재적인 문제는 없었다. 그러므로 김 사원은 문제를 느리게 해결했다. 김 사원이 문제를 느리게 해결했다면 김 사원은 A프로젝트에 대한 문제를 인식하지 못한 것이다. 따라서 김 사원은 A프로젝트에 대한 문제를 인식하지 못했다가 결론으로 적절하다.

③ 승우가 외국어 공부를 열심히 하거나 또는 야근하는 시간을 줄인다면 승우는 더 많은 모임을 가질 수 있을 것이다. 더 많은 모임을 가지면 승우는 더 많은 돈을 쓰게 될 것이다. 승우는 외국어 공부를 열심히 한다는 점에서 야근하는 시간까지 줄인다면 더 많은 모임을 가질 수 있고, 더 많은 돈을 쓰게 됨을 알 수 있다. 그런데 더 많은 돈을 쓰지는 못할 것이라고 했으므로 따라서 승우는 야근하는 시간을 줄이지 않을 것이다.

④ 팀장이 바쁘면 팀원이 제안서를 작성해야 한다. 제안서를 작성할 때 실수를 줄여야 한다면 팀장이 제안서를 작성해야 한다. 그런데 팀원이 제안서를 작성하지 않을 것이라고 했으므로 팀장은 바쁘지 않을 것이다.

⑤ 시안이와 재원이가 모두 현명했다면 그들은 그곳에 가지 않았을 것이다. 그들이 그곳에 가지 않았다면 그들은 부부가 되지 않았을 것이다. 그들은 부부가 되었다. 그러므로 그들은 그곳에 갔고, 시안이와 재원이 중에 현명하지 않은 사람이 있다.

　　시안이는 매년 동남아로 여행을 즐긴다. 현명하지 않은 사람은 여행을 가는 것을 즐거워하지 않는다.(＝여행을 즐기면 현명한 사람이다.) 그러므로 시안이는 현명하다. 그러므로 재원이가 현명하지 않다.

12 ④

D는 기본 비밀번호로 'qweraSdfzx3^'를 설정하고 온라인 쇼핑몰에서는 비밀번호를 'qweraSdf3^zx'로 설정했는데 이는 금지사항에서 키보드상의 연속된 문자 또는 숫자의 순차적 입력을 어긴 것이다. 그러므로 보안이 약한 비밀번호이다.

| 오답풀이 |

① A는 나만의 기본 비밀번호 문자열을 설정하고 사이트별로 특정 규칙을 적용한 사례이므로 적절하다. 필수인 9자리 이상의 길이를 확보했고 동시에 숫자, 대문자(영문), 소문자(영문), 특수문자가 각 1개 이상 포함이라는 사항도 준수했다.

② B는 특정 위치의 문자를 대문자로 변경하거나 모음을 대문자로 변경한 사례이다. 기본 비밀번호로 'ravKu5ytx#'를 설정하고 새로 가입한 이메일 계정의 비밀번호를 'rAvkU5ytx#'로 설정했으므로 필수인 9자리 이상의 길이를 확보했고 동시에 숫자, 대문자(영문), 소문자(영문), 특수문자가 각 1개 이상 포함이라는 사항도 준수했다.

③ 한국인터넷진흥원에 근무하는 C는 특정 단어의 홀수 또는 짝수 번째 문자만 추출한 사례이다. 홀수 번째 글자인 '한인홍'을 추출하여 영문자판으로 변형한 다음 첫 글자만 대문자로 넣고 마지막에 '2*'를 추가하여 비밀번호를 설정하였으므로 9자리 이상의 길이를 확보했고 동시에 숫자, 대문자(영문), 소문자(영문), 특수문자가 각 1개 이상 포함이라는 사항도 준수했다.

⑤ E는 노래, 책 제목이나 명언, 속담, 가훈 등을 변형한 사례이다. '101마리 달마시안'에서 '시안＋11달마'로 변형하여 영문으로 'Tldks＋11EkfAk'로 비밀번호를 설정한 것은 필수인 9자리 이상의 길이를 확보했고 동시에 숫자, 대문자(영문), 소문자(영문), 특수문자가 각 1개 이상 포함이라는 사항도 준수했다.

13 ①

[보기]의 첫 번째를 먼저 살펴보면, 전공과 교양과목 '모두' A 이상이면, 장학금을 받는다고 했으므로 전공을 x, 교양과목을 y, AND(논리곱)으로 정리할 수 있다. 또한, '장학금을 받는다'가 '장학금을 받지 못한다'고 바뀌었으므로 논리곱을 부정하여 논리합으로 바꾼 것을 의미한다. '이상'의 부정은 '미만'이므로 $\text{NOT}(xy)=\text{NOT}(x)$ OR $\text{NOT}(y)$를 적용하면 'ㄱ= 전공 또는 교양과목이 A 미만'이 들어가야 적절하다.

[보기]의 두 번째를 살펴보면, 전공 '또는' 교양과목이 A '이상'이면, 장학금을 받는다고 했으므로 OR(논리합)으로 정리할 수 있으며, 논리합을 부정하여 논리곱으로 바꾼 것을 의미한다. $\text{NOT}(x+y)=\text{NOT}(x)$ AND $\text{NOT}(y)$를 적용하면 'ㄴ= 전공과 교양과목이 모두 A 미만'이 들어가야 적절하다.

따라서 정답은 ①이다.

14 ④

(라)기업의 경우 10월 11일 오전 11시부터 오후 11시로 대관 예약을 접수했으며, 오전 7시부터 오후 11시까지 운영하므로 대관 가능한 시간대에 포함된다. 따라서 접수 내역에 대한 응답으로 적절하지 않다.

| 오답풀이 |

① (가)기업의 대관 예약 일정은 10월 2일인데, [2023년 추석 연휴 및 10월 달력] 하단의 주석을 살펴보면 대체공휴일과 정기휴관일에는 운영하지 않는다고 하였다. 따라서 다른 일자로 예약 안내를 한 것은 접수 내역에 대한 응답으로 적절하다.

② (나)기업의 경우 9월 26일 취소 요청하였고, 대관 예약 일정은 10월 4일이다. [K대관업체 대관료 정보] 하단의 주석을 살펴보면 당일 예약 취소 및 변경에 한해 예약 수수료를 부과하지 않으며, 예약한 일정의 7일 이내부터는 예약 취소 및 변경 불가함을 안내하고 있다. 따라서 접수 내역에 대한 응답으로 적절하다.

③ (다)기업의 경우 A관으로 150명 대관 예약을 접수했으나 A관의 경우 100명 이하로 수용 가능하다. 따라서 접수 내역에 대한 응답으로 적절하다.

⑤ (마)기업의 경우 B관으로 240명 대관 예약을 접수했는데, B관은 101~250명 수용 가능하며 10월 12일은 연휴, 대체공휴일, 정기휴관일에 포함되지 않는 날이므로 접수 조건에 부합한다. 따라서 예약이 확정되었음을 안내한 것은 접수 내역에 대한 응답으로 적절하다.

15 ②

(가)기업: 오전 9시부터 오후 8시까지 대관인 경우 총 11시간 대관하는 것이므로, 시간당 28,500원을 적용하면 $11 \times 28,500 = 313,500$(원)이다. 200명을 적용하면 대관료는 총 $200 \times 313,500 = 6,270$(만 원)이다.

(나)기업: 오전 11시부터 오후 5시까지 대관인 경우 총 6시간 대관하는 것이므로, 시간당 13,000원을 적용하면 $6 \times 13,000 = 78,000$(원)이다. 80명을 적용하면 대관료는 총 $80 \times 78,000 = 624$(만 원)이다.

(다)기업: 오전 7시부터 오후 8시까지 대관인 경우 총 13시간 대관하는 것이므로, 시간당 13,000원을 적용하면 $13 \times 13,000 = 169,000$(원)이다. 70명을 적용하면 대관료는 총 $70 \times 169,000 = 1,183$(만 원)이다.

(라)기업: 오전 11시부터 오후 11시까지 대관인 경우 총 12시간을 대관하는 것인데, 오후 9~11시 이용 시 야간 시간대에 포함되어 기본 대관료의 2배를 적용해야 한다. 오전 11시부터 오후 9시까지 10시간에 대해서는 시간당 13,000원이 적용되므로 대관료는 $10 \times 13,000 = 130,000$(원)이고, 오후 9시부터 11시까지 2시간에 대해서는 시간당 $13,000 \times 2 = 26,000$(원)이 적용되므로 대관료는 $2 \times 26,000 = 52,000$(원)이다. 1인당 $130,000 + 52,000 = 182,000$(원)의 대관료가 발생하며 90명을 적용하면 대관료는 총 $90 \times 182,000 = 1,638$(만 원)이다.

(마)기업: 오전 10시부터 오후 11시까지 대관인 경우 총 13시간을 대관하는 것인데, (라)기업과 마찬가지로 오전 10시부터 오후 9시까지 11시간에 대해서는 시간당 28,500원이 적용되므로 대관료는 $11 \times 28,500 = 313,500$(원)이고, 오후 9시부터 11시까지 2시간에 대해서는 시간당 57,000원이 적용되므로 대관료는 $2 \times 57,000 = 114,000$(원)이다. 1인당 $313,500 + 114,000 = 427,500$(원)의 대관료가 발생하므로 120명을 적용하면 대관료는 총 $120 \times 427,500 = 5,130$(만 원)이다.

따라서 대관료가 가장 높은 기업은 (가)이고, 두 번째로 낮은 기업은 (다)이므로 정답은 ②이다.

16 ⑤

자원을 낭비하게 되는 대표적인 요인으로는 비계획적 행동, 편리성 추구, 자원에 대한 인식 부재, 노하우 부족 등을 들 수 있다. 주어진 사례에서는 인쇄용지의 비계획적인 사용으로 인한 낭비, 자신의 업무 편리만을 위해 다소 귀찮은 일은 마다하는 습관, 비계획적이고 무분별한 카트리지의 사용과 어떤 방법으로 카트리지를 관리해야 할지 그 방법을 제대로 알지 못하는 등의 원인을 찾아볼 수 있다. 정부의 재활용 정책이 마련되지 않았다는 것은 주어진 사례를 통해서 확인할 수 있는 사항이 아니다.

17 ①

물적자원을 관리함에 있어 문제가 될 수 있는 대표적인 요인은 다음과 같다.
• 보관 장소를 파악하지 못하는 경우
• 훼손된 경우
• 분실한 경우
• 분명한 목적 없이 물건을 구입한 경우
①의 방안은 분명한 목적 없이 물건을 구입한 경우에 해당된다. 업무를 수행하는 데 있어 정말 필요하여 구입한 물품의 경우에는 활용도가 높아서 평상시 관리에 더욱 신경을 쓰게 되지만, 그렇지 않은 경우에는 관리에 소홀해질 수 있다.

| 오답풀이 |
② 장기 보관 물품 리스트에 등재된 물품의 구매물량 조절을 통해 분명한 목적에 의한 물품 구입을 유도하는 경우에 해당된다.
③ 입출고 절차 개선으로 물품의 분실 및 도난을 방지하는 경우에 해당된다.
④ 창고 시설 보수를 통해 물품의 훼손을 방지하는 경우에 해당된다.
⑤ 보관 장소 파악 방법의 개선으로 관리 물품의 수량을 정확하게 관리하는 경우에 해당된다.

| 찐기출 Tip |
물적자원관리의 원칙
• 사용 물품과 보관 물품을 구분
• 동일 및 유사 물품으로의 분류
• 물품 특성에 맞는 보관 장소 선정
물적자원관리 기법
• 회전대응 보관의 원칙
• 다량의 물적자원관리 기법
　― 바코드
　― QR코드
• 물품 관리 프로그램 사용

18 ①

• 일비: 출발시각인 10월 3일 10시 00분부터 24시간 경과 시 지급되므로, 10월 7일 16시 00분까지 4일에 대한 일비를 지급받는다. 대리 직급의 일비는 80,000원이므로, 총 4일×80,000원＝320,000(원)을 지급받는다.
• 식비: 1일 3식 기준이며 1식당 최대 1만 원 한도로 지급받는다. 10월 3일 2식, 4~6일 각 3식, 7일 2식으로 총 13식에 대한 식비인 13식×10,000원＝130,000(원)을 지급받는다.
• 숙박비: 1박당 최대 10만 원 한도이므로, 4박에 대한 숙박비인 4박×100,000원＝400,000(원)을 지급받는다.
• 교통비: 서울―대구 왕복 기차비로 116,000원을 지급받는다.
따라서 출장비 총지급액은 32＋13＋40＋11.6＝96.6(만 원)이다.

19 ④

공정 보상의 원칙은 근로자의 인권을 존중하고 공헌도에 따라 노동의 대가를 공정하게 지급해야 한다는 것을 말한다.

| 오답풀이 |
① 종업원 안정의 원칙: 직장에서 신분이 보장되고 계속해서 근무할 수 있다는 믿음을 갖게 하여 근로자가 안정된 회사 생활을 할 수 있도록 해야 한다.
② 적재적소 배치의 원칙: 해당 직무 수행에 가장 적합한 인재를 배치해야 한다.
③ 공정 인사의 원칙: 직무 배당, 승진, 상벌, 근무 성적의 평가, 임금 등을 공정하게 처리해야 한다.
⑤ 창의력 계발의 원칙: 근로자가 창의력을 발휘할 수 있도록 새로운 제안, 건의 등의 기회를 마련하고, 적절한 보상을 하여 인센티브를 제공해야 한다.

20 ③

우선 약속장소까지 가는 방법은 2가지이다.
ⅰ) 이촌역 – 동대문역(마카롱 가게) – 동대문역 – 시청 – 홍대입구
  • 역 소요시간: $(1.5 \times 9) + (1 \times 4) + 5(환승) + (1.5 \times 5) = 30(분)$
  • 도보 이동시간: 5(집 – 이촌역) + 20(마카롱 가게 왕복) + 2(홍대입구역 – 레스토랑) = 27(분)
  즉, 소요시간이 30 + 27 = 57(분)이므로 18시까지 도착하기 위해서는 집에서 17시 3분에 출발하여야 한다.
ⅱ) 이촌역 – 동대문역사문화공원(마카롱 가게) – 동대문역사문화공원 – 홍대입구
  • 역 소요시간: $(1.5 \times 8) + (1.5 \times 9) = 25.5(분)$
  • 도보 이동시간: 5(집 – 이촌역) + 20(마카롱 가게 왕복) + 2(홍대입구역 – 레스토랑) = 27(분)
  즉, 소요시간이 25.5 + 27 = 52.5(분), 약 53분이므로 18시까지 도착하기 위해서는 집에서 17시 7분에 출발하여야 한다.
따라서 ⅰ), ⅱ)에서 최단 시간으로 이동한다면 박 사원이 집에서 출발하는 가장 늦은 시각은 17시 7분이다.

21 ③

A과장은 자신의 경력개발을 위해 꾸준한 노력을 하였지만, 새로운 직무를 탐색하진 않았다.

| 오답풀이 |
① A과장은 현재 직무에는 만족하지만, 승진이 되지 않았음을 인지함으로 인해 자기평가를 수행하였다.
② A과장은 경력개발을 위해 회사 내에 성과 포인트제가 있다는 정보를 탐색하였다.
④ A과장은 회사 내에 성과 포인트제가 있다는 정보를 탐색한 뒤 새로 개정된 법령과 시행규칙을 찾아서 규정이 만들어질 수 있는 근거를 제시하는 등의 실천할 수 있는 것을 실행하였다.
⑤ A과장은 평소 출퇴근하던 ○○역에 엘리베이터 설치에 대한 지속적인 민원이 있었음에도 불구하고 엘리베이터 설치가 안되는 것에 대해 고민하는 등 자신에게 주어진 환경을 살펴보았다.

22 ⑤

A과장은 '적극행정 우수사례'를 통해 승진하게 되었다. 그리고 K공사의 성과 포인트제에서는 가감점 포인트를 통해 승진을 하면 포인트를 얻을 수 있으므로 K공사의 성과 포인트제를 바탕으로 할 때, A과장이 실천한 '적극행정 우수사례'를 통해 받을 수 있는 성과 포인트는 가감점 포인트이다.

23 ②

자기관리능력의 절차에서 비전과 목표가 정립되면 현재 자신의 역할 및 능력을 다음 질문을 통해 검토하고, 할 일을 조정하여 자신이 수행해야 할 역할들을 도출한다.
- 자신이 현재 수행하고 있는 역할과 능력은 무엇인가?
- 역할들 간에 상충되는 것은 없는가?
- 현재 변화되어야 할 것은 없는가?

그리고 이 역할들에 상응하는 활동목표를 설정한다. 성공하는 사람들은 실제적이고 성취 가능한 목표를 설정한다. 활동목표는 너무 크거나 높은 경우 세부목표로 나누고, 실행 가능한 목표로 조정한다. 수행해야 할 역할들이 도출되고 이에 적합한 활동목표가 수립되면, 각 역할 및 활동목표별로 해야 할 일을 우선순위에 따라 구분한다. 우선순위를 구분하는 여러 방법들이 소개되고 있지만, 일반적으로 사용하는 방법은 가장 중요하고, 가장 긴급한 일일수록 우선순위가 높다고 판단하는 것이다.

24 ④

자기 정보의 부족에 해당하는 예시로는 자신의 흥미, 장점, 가치, 라이프 스타일에 대한 이해 부족이 해당된다.

| 오답풀이 |
① 회사 내의 경력 기획 및 직무 가능성에 대한 정보의 부족: 내부 작업정보 부족
② 자기 개발과 관련한 결정을 내리기에 부족한 자신감: 의사 결정 시 자신감의 부족
③ 재정적 문제, 나이, 여유 시간 등의 걸림돌: 주변 상황의 제약
⑤ 다른 직업이나 회사 밖의 기회에 대한 인지 부족: 외부 작업정보 부족

25 ①

우선순위는 중요성과 긴급성에 따라 구분할 수 있으며, 중요한 과제를 우선적으로 정하여 추진하여야 한다. 빨리 해결해야 하는 긴급한 일이라고 하여 무조건 우선순위를 높게 잡고 일을 진행하여서는 안 된다.

26 ②

박 과장은 최 대리가 계약을 따내지 못해서 일이 진행되지 않는다고 하였다. 이는 주어진 일을 해내는 역량의 결여, 대응성, 동기의 결여, 결의 부족, 책임감 부족, 성숙 수준의 전반적인 의존성, 빈곤의 정신 등에 관련한 개인 차원의 장애요인에 해당한다. 그리고 김 팀장은 제한된 정책과 불분명한 절차, 그리고 조직원들이 공감대를 잘 형성하지 못했기에 프로젝트가 진행되지 못한다고 하였다. 이는 공감대 형성이 없는 구조와 시스템, 제한된 정책과 절차 등에 관련한 조직 차원의 장애요인에 해당한다.

27 ④

임파워먼트의 장애요인은 개인 차원, 대인 차원, 관리 차원, 조직 차원으로 구분할 수 있는데, 관리 차원의 장애요인은 통제적 리더십 스타일, 효과적 리더십 발휘능력 결여, 경험 부족, 정책 및 기획의 실행능력 결여, 비전의 효과적 전달능력 결여 등이 있다.

28 ③

[보기]에 제시된 성격 유형은 정확하고 빈틈이 없으며 면밀하지만 변화를 좋아하지 않고 완고하다고 하였다. 그리고 정해진 원칙과 계획에 따르는 것을 좋아한다고 하였는데, 창의적, 자율적, 모험적, 비체계적 활동에는 흥미가 없다고 하였다. 이에 해당하는 성격 유형은 관습형(Conventional)이다. 관습형 성격 유형은 일반적으로 다음과 같은 특징을 갖는다.

- 성격 특징: 정확하고, 빈틈이 없다. 조심성이 있으며, 세밀하고, 계획성이 있으며, 변화를 좋아하지 않는다. 완고하고, 책임감이 강하다.
- 선호하는 직업활동: 정해진 원칙과 계획에 따라 자료를 기록, 정리, 조직하는 일을 좋아하고 사무적, 계산적 능력을 발휘하는 활동을 좋아한다. 창의적, 자율적, 모험적, 비체계적 활동에는 흥미가 없다.
- 적성 및 유능감: 사무적이며, 계산적인 능력은 있지만, 예술적이거나 상상적 능력은 부족하다.
- 가치: 능률, 체계, 안전, 안정
- 대표직업: 공인회계사, 경제분석가, 은행원, 세무사, 경리사원, 감사원, 안전관리사, 사서, 법무사 등

29 ⑤

주어진 글은 공장자동화(FA, Factory Automation)에 대한 설명이다. 공장자동화는 수주−설계−제조−검사−출하의 전 공정을 일관된 개념에 따라 컴퓨터와 산업용 로봇에 의해 자동화하기 위한 시스템이며, 대표적인 예로는 컴퓨터 이용 설계(CAD, Computer Aided Design)와 컴퓨터 이용 생산(CAM, Computer Aided Manufacturing)이 있다.

30 ②

개개인의 능력을 과신하거나 스스로 할 수 있다는 자신감이 넘치면 오히려 자기중심적인 행동이나 과도한 자아의식으로 인하여 팀워크를 저해할 수 있다.

| 상세해설 |

훌륭한 팀워크를 유지하기 위한 기본요소는 다음과 같은 것들이 있다.
- 팀원 간에 공동의 목표의식과 강한 도전의식을 갖는다.
- 팀원 간에 상호 신뢰하고 존중한다.
- 서로 협력하면서 각자의 역할과 책임을 다한다.
- 솔직한 대화로 서로를 이해한다.
- 강한 자신감으로 상대방의 사기를 드높인다.

한편, 팀워크를 저해하는 요소로는 다음과 같은 요소가 있다.
- 조직에 대한 이해 부족
- 자기중심적인 이기주의
- '내가'라는 자아의식의 과잉
- 질투나 시기로 인한 파벌주의
- 그릇된 우정과 인정
- 사고방식의 차이에 대한 무시

31 ③

메일 머지는 여러 사람의 이름, 주소 등이 들어 있는 데이터 파일과 서식 파일을 결합함(merging)으로써, 이름이나 직책, 주소 부분 등만 다르고 나머지 내용이 같은 수많은 메일을 한 번에 발송할 수 있도록 도와주는 문서작성프로그램의 기능이다.

| 오답풀이 |

① 색인: 문서작성프로그램에서 제목 차례, 표 차례, 그림 차례, 수식 차례 등의 각종 차례와 색인 표시를 달아 놓은 낱말들에 대하여 색인을 자동으로 만들어 주는 기능을 의미한다.
② 스타일: 문서작성프로그램에서 자주 사용하는 글자 모양이나 문단 모양을 미리 정해 놓고 쓰는 기능이다. 스타일을 만들어 놓으면 필요할 때 그 스타일을 선택하는 것만으로 해당 문단의 글자 모양과 문단 모양을 한 번에 바꿀 수 있다.
④ 변경 내용 추적: 문서작성프로그램에서 수정된 내용을 원본 내용과 구분하여 쉽게 확인할 수 있는 기능이다. 추가, 삭제, 서식 변경 사항을 구분하여 표시하고 검토하면서 메모를 넣거나 검토자별로 수정한 내용을 다르게 표시하도록 설정하여 특정 검토자가 수정한 내용만 선택적으로 검토할 수 있다.
⑤ 배포용 문서로 저장: 문서작성프로그램에서 문서 내용은 변경하지 못하고 읽기만 할 수 있도록 저장하는 기능이다.

32 ②

[메일 머지 표시 달기] 대화 상자에서 [필드 만들기]를 선택하여 필드 이름을 입력하면 커서 위치에 '{{필드 이름}}'이 삽입된다. ㉠, ㉡, ㉢ 모두 이러한 방식으로 메일 머지 표시 달기를 수행하면 ②와 같은 형태로 나타난다.

33 ①

VLOOKUP은 범위에서 첫 열에서 찾을 값에 해당하는 데이터를 찾은 후 찾을 값이 있는 행에서 열 번호 위치에 해당하는 데이터를 구하는 함수이다. '=VLOOKUP(찾을 값,범위,열 번호,유사도)'의 수식을 입력하며, 찾을 값은 원본 데이터에서 해당 '품목코드'가 있는 B2 셀을 선택한다. 범위는 C9:D12 영역을 선택하되, 고정 값이므로 절대참조인 '$'를 삽입한다. 또한, 열 번호는 지정된 범위에서 두 번째 열에 '품명'이 있으므로 열의 위치 값인 2가 된다. 유사도는 유사일치일 경우에는 1, 완전일치일 경우에는 0을 입력하면 된다.

34 ⑤

종합정보 통신망(ISDN)은 전화 교환망에 디지털 기능을 추가하여 새로운 통신 서비스를 제공하는 것이며 회선 모드와 패킷 모드의 전송 방식을 통합적인 디지털망으로 확장하는 특징이 있다.

| 상세해설 |
디지털 가입자 회선(ADSL)은 전화 회선을 통해 높은 대역폭의 디지털 정보를 전송하는 기술로 전화는 낮은 주파수를, 데이터 통신은 높은 주파수를 이용하며, 다운로드 속도가 업로드 속도보다 빠른 특징이 있다.

35 ④

ISBN 코드의 9자리 숫자는 893490490이다. ISBN 코드를 바탕으로 다음과 같은 단계를 거쳐 EAN 코드의 체크기호를 산출할 수 있다.
(i) 978＋893490490 → 978893490490
(ii) $(9\times1)+(7\times3)+(8\times1)+(8\times3)+(9\times1)+(3\times3)+(4\times1)+(9\times3)+(0\times1)+(4\times3)+(9\times1)+(0\times3)$
    $=9+21+8+24+9+9+4+27+0+12+9+0=132$
(iii) $132\div10=13.2$ → 몫 13, 나머지 2
(iv) 나머지 2의 체크기호는 8
따라서 13자리의 EAN 코드는 EAN 9788934904908이다.

| 문제해결 Tip |
기존에 출제되던 코드 관련 문제는 코드를 만드는 방법에 대한 것이었다면 최근 시험에서 출제되는 코드 관련 문제는 상황에 대한 이해를 먼저하고 그다음에 코드를 만들어 내야 한다. 따라서 주어진 상황 또는 조건에 대한 명확한 이해가 있어야 한다.

36 ④

기술 시스템은 기술 시스템이 탄생하고 성장하는 1단계(발명, 개발, 혁신의 단계) → 성공적인 기술이 다른 지역으로 이동하는 2단계(기술 이전의 단계) → 기술 시스템 사이에 경쟁하는 3단계(기술 경쟁의 단계) → 경쟁에서 승리한 기술 시스템의 관성화가 이루어지는 4단계(기술 공고화의 단계)를 거쳐 발전한다.

37 ②

㉠ 산업재해가 발생하면 근로자 개인뿐 아니라 기업에도 손실이 발생한다고 하였다.
㉢ 산업재해를 예방하기 위해서는 위험요인이 확인된 경우 관리책임자에게 즉시 알리도록 제시하고 있다.

ⓒ 정비 · 수리 등의 작업 시에는 기계를 정지한 후 작업을 시행하라고 언급되어 있다.

ⓔ 산업재해 발생 시 신속히 환자에 대한 응급처치와 동시에 상태 확인 후 즉시 병원 치료를 하라고 제시하고 있다.

38 ⑤

퇴근 후와 주말 시간이 가능하며, 인터넷을 통한 교육에 유리하며, 멀티미디어를 통한 교육을 원한다면, e-learning을 통한 교육 방법이 가장 적절하다고 할 수 있다. e-learning은 반복 교육 및 교육 내용의 저장 등도 가능하며 음성, 사진, 동영상 등의 다양한 매체를 통한 인터넷 교육방법으로 널리 활용되고 있다.

39 ③

정보 관리의 효율성을 높이는 데 초점을 두며, 비교적 좁은 기술적 과정에 국한된다는 것은 디지털 전환이라기보다 단순한 '디지털화'의 핵심 내용이다.

| 상세해설 |

디지털 전환이란 디지털 기술을 기업이나 사회 전반에 적용하여 전통적인 사회 구조를 혁신시키는 것을 의미한다. 일반적으로 기업에서 사물 인터넷(IoT), 클라우드 컴퓨팅, 인공지능(AI), 빅데이터 솔루션 등 정보통신기술(ICT)을 플랫폼으로 구축 · 활용하여 기존 전통적인 운영 방식과 서비스 등을 혁신하는 것을 의미한다.

디지털 전환을 위해서는 아날로그 형태를 디지털 형태로 변환하는 '전산화(digitization)' 단계와 산업에 정보통신기술을 활용하는 '디지털화(digitalization)' 단계를 거쳐야 한다. 디지털 전환을 추진한 사례로, 제너럴 일렉트릭(GE)의 산업 인터넷용 소프트웨어 플랫폼 프레딕스, 모바일 앱으로 매장 주문과 결제를 할 수 있는 스타벅스의 '사이렌오더 서비스' 등이 있으며, 성공적인 디지털 전환을 통해 제4차 산업혁명이 실현된다고 인식된다.

40 ⑤

네트워크 혁명은 기술 발전을 통해 전 세계가 실시간으로 연결되면서, 개인의 지식과 활동이 지구 반대편에까지 영향을 미칠 수 있는 범위와 정도가 확대되었음을 의미한다.

41 ①

조직의 각 구성원이 담당하는 업무의 중요성이 잘 조절되어 상호 통합되어야 한다는 계층의 원칙에 대한 설명이다.

② 명령 일원화의 원칙: 조직의 구성원은 한 사람의 상사로부터 명령과 지시를 받아야 한다는 원칙이다.

③ 직능화의 원칙: 유사한 직무나 기능을 수행하는 활동을 하나의 부서나 부문으로 묶어 체계적으로 조직화하는 원칙이다.

④ 전문화의 원칙: 관련된 업무끼리 묶어서 분업화하여 전문적으로 수행함으로써 업무의 효율을 향상시키려는 원칙이다.

⑤ 감독 한계의 원칙: 한 사람의 상사가 직접 지휘 · 감독할 수 있는 부하의 수에는 한계가 있다는 원칙이다.

42 ③

두 명 이상의 상사에게 보고하는 이중 보고 체계를 가지며, 기능조직과 프로젝트조직이 혼합된 형태의 조직 구조이다. 전통적인 명령 일원화의 원칙을 깨뜨리고 유연한 협업을 가능하게 하는 매트릭스 조직에 대한 설명이다.

① 네트워크 조직: 외부 자원과의 연결을 중시하며 유기적으로 협업하는 구조로, 이중 보고 체계와는 관련이 없다.

② 라인 조직: 명확한 계층 구조와 명령 체계를 갖춘 전통적인 조직 구조로, 명령 일원화의 원칙을 철저히 따르는 구조이다.

④ 사업부제 조직: 제품, 지역, 고객별로 부서를 분권화하여 운영하는 구조로, 구성원은 주로 한 명의 상사에게 보고한다.

⑤ 직능식 조직: 부서가 기능별로 나뉘어 있으며, 이중 지시 체계가 아닌 수직적 명령 체계를 갖는 구조이다.

43 ②

애자일 조직은 일반적으로 급변하는 환경에서 시장의 기회를 감지하고 효과적으로 대응할 수 있는 조직을 의미한다. 애자일(Agile)은 '날렵한', '민첩한'이란 뜻을 가진 형용사다. 소프트웨어 개발에서 처음으로 등장하였는데, 정해진 계획만 따르기보다 개발 주기 혹은 소프트웨어 개발 환경에 따라 유연하게 대처하는 방식을 의미한다. 마이크로소프트의 변화는 애자일 조직의 대표적인 사례이다.

44 ④

전통적 조직은 세분화된 업무 단위를 통합·조정하는 역할을 담당하는 메커니즘으로서 '계층'을 활용한다. 이러한 계층은 명령일원화의 원칙과 적정 감독 범위의 원리에 따라 다단계화되는 것이 일반적이다. 따라서 제시된 설명은 전통적 조직의 특징에 해당하므로 적절하지 않다.

| 오답풀이 |
① 전통적인 조직은 개인의 직무를 세분화하고 이를 기능별로 묶어서 조직단위를 구성한다. 이러한 분업화와 기능별 조직화의 원리에 의거한 전통적 조직은 조직의 거대화에 따른 부문 간 조정 문제가 과다하다는 문제점이 발생하므로 적절하다.
② 제시된 설명은 팀제 조직이 수평적인 특성을 갖는 이유에 해당하므로 적절하다.
③ 전통적 조직이 지시적 리더십을 갖게 되는 이유에 해당하므로 적절하다.
⑤ 팀제 조직은 구성원들을 하나의 방향으로 결집시켜 주는 역할을 하게 되어 업무수행 목표에 더욱 몰입할 수 있도록 하며, 이는 곧 효율성 증대와 생산성 향상으로 이어질 수 있으므로 적절하다.

45 ⑤

매트릭스 조직은 하나 이상의 보고체계를 가진 조직구조를 의미하는 것으로서, 기존 기능부서의 상태를 유지하면서 특정한 프로젝트를 위해 서로 다른 부서의 인력이 함께 일하는 조직설계방식이다. 매트릭스 조직에 속한 개인은 두 명의 상급자(기능부서 관리자, 프로젝트 관리자)로부터 지시를 받으며 보고를 하게 된다. 이것은 기존의 전통적 조직구조에 적용되는 명령통일의 원칙을 깨뜨린 것으로, 매트릭스 조직의 가장 큰 특징이다.
대규모 조직보다 오히려 소규모 조직에서 구성원들을 효율적으로 활용하기 위하여 매트릭스 조직 형태를 취하게 되며, 많은 종류의 제품을 생산하는 대규모 조직에서는 제품의 종류별로 사업부를 운영하는 사업부제 조직 형태가 효율적이다. 사업부제 조직에서는 대부분의 의사결정 권한이 해당 사업본부장에게 주어지는 특징이 있다.

46 ③

정직이 신뢰를 형성하는 충분한 조건은 아니므로 정직하기만 하면 반드시 신뢰를 얻을 수 있는 것은 아니다. 신뢰를 얻기 위해서는 정직 이외에도 약속을 잘 지키거나 필요능력을 갖춰야 하는 등의 다른 필요사항도 있어야 하겠지만 정직이 신뢰를 위해서는 빠질 수 없는 요소인 것만은 틀림없다고 언급되어 있다.

| 오답풀이 |
① 다른 사람과 긴밀한 협력을 해야 하는 상황에서 직업윤리의 하나인 적절한 협동정신을 보여주지 못했다.
② 다른 사람에게 도움을 줄 수 있는 봉사정신의 사례로 볼 수 있다.
④ 성실은 정성스럽고 참됨을 의미하며, 근면은 부지런히 일하며 힘쓴다는 것을 의미한다. 따라서 특정한 목적(상여금)을 위해 열심히 일을 한 것은 성실보다 근면의 모습으로 보는 것이 타당하다.
⑤ 자신의 직업이 사회에 기여를 하고 있다고 믿는 마음이 천직의식이므로 적절한 설명이다.

47 ⑤

근면한 태도는 자진해서 하는 근면을 의미한다. 제시된 [보기]의 내용 중 ㉠은 강요당한 근면이고, ㉡, ㉢, ㉣은 자진해서 하는 근면에 해당한다.

48 ①

일반적으로 명함 교환은 자리에 착석하기 전에 건네는 게 보통이며, 상대방이 누구인지에 관계없이 먼저 건네는 것이 바람직하다. 더구나 상대방이 자신보다 높은 지위에 있는 거래 파트너라면 먼저 명함을 건네는 것이 좋다.

| 오답풀이 |
②, ④ 명함은 상대방이 글자를 올바르게 읽을 수 있게 반대로 돌려 오른손으로 건네며, 동시에 왼손으로 상대방의 명함을 받는 것이 예절이다. 역시 자신보다 높은 지위에 있거나 연장자라면 왼손으로 오른손을 받쳐 건네며, 두 손으로 받는 것이 보다 공손한 행동이다.
③ 명함을 받은 후 잠깐의 시간을 내어 내용을 확인하는 것은 상대방 명함을 소중하게 여긴다는 마음의 표현이다.
⑤ 명함에 전화번호나 인적사항, 만난 날짜 등을 기재하는 것은 전혀 무례한 행동이 아니지만 상대방의 소중한 명함에 무언가를 적는 일은 상대방이 없는 자리에서 하는 것이 좋다.

49 ⑤

일본은 직위와 서열에 따른 대접을 중요시하는 나라로 상대방이 나보다 지위가 높다면 먼저 명함을 내밀고, 만약 먼저 받게 된다면 늦게 드려 죄송하다는 사과와 함께 바로 명함을 내밀어야 한다. 또한 명함을 줄 때는 소속과 이름을 밝히고 잘 부탁드린다는 말과 함께 왼손을 오른손으로 가볍게 받치는 것이 좋다.

| 오답풀이 |
① 베트남 사람들은 명함 교환 시 가벼운 목례를 통해 상대방에 대한 존경을 표시하는데, 명함을 받은 후에는 상대방의 명함을 보며 이름과 직함을 파악하는 것이 좋다.
② 이슬람 문화권에서는 오른손이 중요한 역할을 한다. 특히 명함을 주고받을 때 왼손으로 명함을 받는 것은 굉장한 실례가 되므로 주의해야 하며, 명함을 받을 땐 먼저 받고 명함을 넣은 다음 자신의 명함을 주는 것이 좋다.
③ 중국인들은 명함을 자신의 신분으로 여기기 때문에 소중히 다뤄야 하는데, 명함을 받을 때는 존경심의 표시로 양손으로 받아야 하며, 받고 난 후에는 자세히 살펴보는 액션을 취하는 것이 예의이다. 또한 받은 명함을 바로 주머니에 넣는 행동은 상대방을 존중하지 않는 행동으로 여겨지므로 삼가야 한다.
④ 미국은 명함 교환이 필수는 아니며, 나중에 연락할 일이 생기거나 계속 거래를 할 때에만 주고받는다. 또한 일부 나라와는 달리 명함을 받자마자 바로 넣어도 무례한 행동으로 여겨지지 않는다.

50 ①

성희롱 여부를 판단할 때는 피해자의 주관적인 사정을 고려하되 피해자와 비슷한 조건과 상황에 있는 사람이 피해자의 입장이라면 문제가 되는 성적 언동에 대해 어떻게 반응했을까를 함께 고려하여야 하며, 결과적으로 위협적이고 적대적인 환경을 형성해 업무 능률을 저하시키게 되는지를 검토한다. '성적 언동 및 요구'는 신체의 접촉이나 성적인 의사표현뿐만 아니라 성적 함의가 담긴 모든 언행과 요구를 말하며, 상대방이 이를 어떻게 받아들였는지가 매우 중요하다. 따라서 행위자의 의도와는 무관하며, 설사 행위자가 성적 의도를 가지고 한 행동이 아니었다고 하더라도 성희롱으로 인정될 수 있다.

| 오답풀이 |
성희롱은 '남녀차별금지 및 구제에 관한 법률'과 '남녀고용평등법'에 각각 명문화되어 있으나, 형사처벌의 대상은 아니며 피해자는 가해자에게 민사상의 손해배상 청구를 할 수 있다.

찐기출 모의고사

01	③	02	③	03	①	04	②	05	④	06	⑤	07	⑤	08	③	09	②	10	①
11	②	12	⑤	13	③	14	④	15	③	16	①	17	①	18	④	19	②	20	②
21	②	22	⑤	23	③	24	③	25	⑤	26	①	27	①	28	④	29	③	30	⑤
31	④	32	⑤	33	②	34	④	35	⑤	36	①	37	⑤	38	③	39	①	40	①
41	④	42	④	43	⑤	44	④	45	①	46	④	47	③	48	⑤	49	④	50	③

01 ③

지원 자격에 보육교사 3급 취득 후 3년 이상 아동복지업무를 한 자는 2급으로 인정한다고 되어 있다. 류진은 보육교사 3급 취득 후 어린이집에서 3년간 일했으므로 보육교사 2급을 취득했다고 볼 수 있다. 하지만 지원 자격에 아동 복지 업무 2년 이상 경력자가 지원 요건이다. 4년에서 3년을 제외하면 2급 취득 후 1년만 일했다고 볼 수 있다. 따라서 류진은 지원이 불가하다.

| 오답풀이 |
① 유아교육과 졸업자는 지원 요건에 적절하고 2년간 아동복지센터에서 일했으므로 채령은 지원이 가능하다.
② 보육교사 1급은 지원 요건에 적절하고 어린이집에서 3년간 일했으므로 예나는 지원 가능하다.
④ 유아교육과 졸업자는 지원 요건에 적절하고 사회복지관에서 2년간 일했으므로 리아는 지원 가능하다.
⑤ 보육교사 2급은 지원 요건에 적절하고 병설 유치원에서 2년간 일했으므로 유나는 지원 가능하다.

02 ③

[다]는 아토피 피부염의 증상이 아니라 아토피 피부염의 발생 나이에 대해 설명하고 있다.

| 오답풀이 |
① [가]는 알레르기 비염의 원인이나 치료보다는 증상 자체에 대한 설명이 핵심이므로, 중심 내용으로 알레르기 비염의 증상이라고 하는 것은 적절하다.
② [나]는 왜 알레르기 비염이 생기는지에 대해 설명하고 있으므로 중심 내용으로 알레르기 비염의 원인이라고 하는 것은 적절하다.
④ [라]는 아토피 피부염의 발병 원인으로 유전적 요인, 면역 이상, 피부 장벽 손상, 환경 요인 등을 자세히 설명하고 있으므로 중심 내용으로 아토피 피부염의 원인이라고 하는 것은 적절하다.
⑤ [마]는 아토피 피부염의 치료와 관리 방법에 대해 설명하고 있으므로 중심내용으로 아토피 피부염의 치료라고 하는 것은 적절하다.

03 ①

[라]를 보면 알레르기 피부염으로 인한 간지럼증은 보통 저녁에 심해진다고 나와 있다. 즉 간지럼증이 아침에 제일 심하다는 진술은 적절하지 않다.

| 오답풀이 |
② [다]에서 아토피 피부염은 나이가 들수록 발생빈도가 점점 줄어든다고 나와 있다.
③ [가]에서 갑작스럽고 반복적인 재채기, 맑은 콧물, 코 막힘, 코 가려움증 등 증상이 나타나는데, 이들 중 2가지 이상이 하루 1시간 이상 나타나면 알레르기 비염을 의심한다고 했다. 즉 재채기나 콧물이 일시적으로 나타나거나 근육통이나 발열과 같은 감기 증상이 동반되면 알레르기 비염이 아니다.
④ [마]에서 알레르기 피부염으로 인한 2차 피부 감염증을 예방하기 위해서 필요한 경우 국소 스테로이드제, 국소 칼시뉴린 억제제, 항히스타민제, 면역조절제, 항바이러스제 등을 적절하게 사용한다고 나와 있다.
⑤ [나]에서 알레르기 비염이 발병하면 평생 지속하는 경우가 많다고 하였다.

04 ②

어린이집 채용은 담임 교사 4명, 보조 교사 4명, 조리사는 담임 교사와 보조 교사 선발 인원수의 1/2를 선발한다고 했으니 2명이다. 따라서 총 10명의 인원을 선발한다.

| 오답풀이 |

① 어린이집 신규 채용 인원수는 10명이다. 면접 인원은 선발 인원의 6배수이다. 따라서 신규 채용 면접 대상자는 10×6=60(명)이다.

③ 조리사를 2명 선발하되, 신입과 경력에 대한 구분이 없는 경우에는 50 : 50 비율로 선발한다고 했으므로, 경력직은 1명 채용한다고 보는 것이 적절하다.

④ 보조 교사 면접 일정은 10월 12일부터 진행한다고 하였다. 보조 교사 면접 일정일 중 휴무일은 10월 13일/10월 14일 총 이틀이다.

⑤ 보조 교사를 총 4명 선발하고 신입/경력의 선발 인원에 대한 구분이 없는 경우에는 50 : 50의 비율로 선발한다고 했으므로 경력직 2명, 신입 2명이 적절하다.

05 ④

채용 면접에 대한 스케줄표 작성과 관련된 문제이다. 채용 면접은 10월 둘째~셋째 주 근무일에만 진행되며, 공휴일에는 면접이 진행되지 않는다고 하였다. 또한 보조 교사 면접은 10월 12일부터 진행되며 조리사 면접은 가장 마지막에 진행된다고 하였다.

| 오답풀이 |

① 10월 9일은 한글날이므로 공휴일이다. 공휴일에는 면접이 진행되지 않는다고 하였다. 또한 조리사 면접이 가장 마지막에 진행된다고 했는데 보조 교사 면접이 10월 19일에 잡혀 있으므로 적절하지 않다.

② 10월 9일은 한글날이므로 공휴일이다. 공휴일에는 면접이 진행되지 않는다고 하였다. 또한 조리사 면접이 가장 마지막에 진행되기는 하지만 10월 20일 토요일이다. 면접은 근무일에만 진행된다고 했으므로 적절하지 않다.

③ 면접은 근무일에만 진행된다고 했는데 근무일은 월요일부터 금요일까지이다. 하지만 10월 13일 토요일에 담당 교사 면접이 잡혀 있다. 또한 조리사 면접이 가장 마지막에 진행된다고 했는데 10월 19일 마지막에 보조 교사 면접이 잡혀 있으므로 적절하지 않다.

⑤ 10월 9일은 한글날이므로 공휴일이다. 공휴일에는 면접이 진행되지 않는다고 하였다. 또한 조리사 면접이 가장 마지막에 진행된다고 했는데 10월 19일 마지막에 보조 교사 면접이 잡혀 있으므로 적절하지 않다.

06 ⑤

해상도 700dpi 이상인 복합기는 A복합기와 D복합기이다. A복합기의 출력 속도는 초당 2매(총 80매를 40초에 출력)이며, D복합기의 출력 속도는 초당 1.5매(총 90매를 60초에 출력)이다. 두 복합기의 출력량 기준 최소공배수는 720매로, 이 기준을 바탕으로 출력 시간을 비교하면 A복합기는 720매를 출력하는 데 40초씩 9세트, 총 360초가 소요되며, D복합기는 60초씩 8세트로 총 480초가 소요된다.

총 출력 매수는 2,250매이며, 이는 720매×3세트＋90매로 바꿀 수 있다. A복합기의 경우, 720매×3세트는 1,080초가 걸리고, 남은 90매는 초당 2매 속도로 출력하므로 45초가 추가되어 총 1,125초가 소요된다. 반면 D복합기는 720매×3세트에 1,440초, 나머지 90매 출력에는 60초가 걸려 총 1,500초가 소요된다.

여기에 용지 공급 시간도 고려해야 한다. A복합기의 급지 용량은 400매로, 총 2,250매를 출력하기 위해 400매 단위로 5번 용지를 공급해야 하며(마지막은 250매), 공급마다 20초씩 소요되므로 총 100초가 추가된다. D복합기는 용지함 용량이 300매이므로 7번의 용지 공급이 필요하고(마지막은 150매), 총 140초가 소요된다.

따라서 A복합기의 총 소요 시간은 1,125＋100=1,225(초)이며, D복합기의 총 소요 시간은 1,500＋140=1,640(초)이다. 결과적으로 두 복합기 간 총 소요 시간 차이는 1,640－1,225=415초, 즉 6분 55초이다.

07 ⑤

교육훈련비의 이월예산(㉠)과 집행액을 구하면 집행률(㉡)을 구할 수 있다. '합계＝영업비용＋자본적지출'을 의미하므로, 영업비용 이월예산은 10,665백만 원(115,745－105,080)이다.

또한, '영업비용＝매출원가＋판매비와 관리비'이므로, 교육훈련비 이월예산은 매출원가 나머지 항목과 판매비와 관리비 항목들의 합을 영업비용에서 빼면 된다.

교육훈련비 이월예산＝10,665－(5＋1,800＋8,000＋100＋60＋250)＝450(백만 원)이다.

교육훈련비 집행액은 역시 이월예산과 동일한 방식으로 계산할 수 있으므로 집행액＝8,370－(4＋1,600＋6,000 ＋85＋36＋240)＝405(백만 원)이다.

그러므로 집행률은 $\frac{405}{450} \times 100 = 90\%$이다.

따라서 교육훈련비의 이월예산(㉠)은 450이고, 집행률(㉡)은 90(%)이다.

08 ③

선로설비 2026년 하반기 예산 계획액＝연간예산액(95,000)－2026년 상반기 계획액(45,000)＝50,000(백만 원) 이지만, 2026년 하반기 예산 계획액으로 2025년 미집행액(2,000)과 2026년 상반기 미집행액(3,000＝45,000－ 42,000＝3,000(백만 원)이 모두 이월된다. 그러므로 선로설비 2026년 하반기 예산 계획액은 50,000＋2,000＋3,000＝55,000(백만 원)이다.

선로설비 2026년 하반기 집행액은 전반기 대비 10% 증가하므로 42,000×1.1＝46,200(백만 원)이므로 집행률은 $\frac{46,200}{55,000} \times 100 = 84\%$이다.

| 문제해결 Tip |

2026년 하반기 선로설비 계획액은 2025년 미집행액과 2026년 상반기 미집행액이 모두 이월되므로 95,000(연간 예산액)＋2,000(2025년 미집행 액)－42,000(2026년 상반기 집행액)＝55,000(백만 원) 이렇게 바로 계산해도 된다.

09 ②

레저용품 중 수입 실적이 가장 많은 품목은 캠핑 용품이다.

| 오답풀이 |

① 테니스용품의 무역수지는 야구용품의 무역수지보다 (－10,056)－(－15,219)＝5,163(천 달러) 더 적다.

③ 스포츠잡화의 수입 실적과 수출 실적의 전년 대비 증감률이 모두 양수이므로 증가했다.

④ 스포츠용품 중 수출 실적의 전년 대비 증가율이 가장 큰 품목은 140%인 스키용품이다.

⑤ 레저용품 중 등산용품 수출은 전년보다 줄었으나, 수입은 전년보다 늘었다.

10 ①

낚시용품의 수출 실적은 123,395천 달러이고, 수입 실적은 218,506천 달러이므로 수출 실적의 비중과 수입 실적의 비중은 다음과 같다.

- 수출 실적의 비중: $\frac{123,395}{123,395+218,506} \times 100 \fallingdotseq 36.1(\%)$
- 수입 실적의 비중: $\frac{218,506}{123,395+218,506} \times 100 \fallingdotseq 63.9(\%)$

| 오답풀이 |

② 당구용품의 수출 실적은 7,027천 달러이고, 수입 실적은 12,358천 달러이므로 수출 실적의 비중과 수입 실적의 비중은 다음과 같다.

- 수출: $\frac{7,027}{7,027+12,358} \times 100 \fallingdotseq 36.2(\%)$
- 수입: $\frac{12,358}{7,027+12,358} \times 100 \fallingdotseq 63.8(\%)$

③ 수상스포츠용품의 수출 실적은 12,973천 달러이고, 수입 실적은 100,450천 달러이므로 수출 실적의 비중과 수입 실적의 비중은 다음과 같다.

- 수출: $\dfrac{12,973}{12,973+100,450} \times 100 ≒ 11.4(\%)$

- 수입: $\dfrac{100,450}{12,973+100,450} \times 100 ≒ 88.6(\%)$

④ 캠핑용품의 수출 실적은 45,281천 달러이고, 수입 실적은 268,119천 달러이므로 수출 실적의 비중과 수입 실적의 비중은 다음과 같다.

- 수출: $\dfrac{45,281}{45,281+268,119} \times 100 = 14.4(\%)$

- 수입: $\dfrac{268,119}{45,281+268,119} \times 100 = 85.6(\%)$

⑤ 개인여행품의 수출 실적은 26,130천 달러이고, 수입 실적은 45,622천 달러이므로 수출 실적의 비중과 수입 실적의 비중은 다음과 같다.

- 수출: $\dfrac{26,130}{26,130+45,622} \times 100 ≒ 36.4(\%)$

- 수입: $\dfrac{45,622}{26,130+45,622} \times 100 ≒ 63.6(\%)$

11 ②

주어진 자료는 아이돌봄서비스에 대한 지원금에 대한 내용이다. 아이돌봄서비스 자체에 대한 내용이 아니다. 따라서 아이돌봄서비스 지원금을 받으려면 매년 주소지 읍·면사무소 및 동 주민센터에 신청을 해야 한다.

| 오답풀이 |

① 아이돌봄서비스 이용 요금표와 아이돌봄서비스 지원 기준 변경을 보면 2025년부터 중위소득 150% 초과 200% 이하의 가구는 아이돌봄서비스에 대한 지원금을 받을 수 있음을 알 수 있다.

③ 아이돌봄서비스 지원 기준 변경을 보면 1자녀 가정 중 가형은 2024년과 2025년의 정부지원 비율은 동일하다.

④ 아이돌봄서비스 이용 요금표를 보면 소득 기준 중위소득 200%를 초과하는 다자녀 가정은 아이돌봄서비스 지원금을 받을 수 없다.

⑤ 정부지원 비율이 상대적으로 낮았던 다형과 초등학교 취학아동가구의 지원 비율도 상향하여 서비스 이용부담을 완화하였다는 내용으로 확인할 수 있다.

12 ⑤

중위소득이 200% 이하이고 10개월 자녀(0~1세)가 있는 청소년부모 가정은 이용요금의 90%를 지원하므로 가장 많은 지원금을 받을 수 있다.

| 오답풀이 |

① 중위소득이 75% 이하이고 8세 아이를 가진 청소년부모 가정은 5%를 추가 지원하므로 80%를 지원받을 수 있다.

② 중위소득이 120% 이하이고 7세 장애아동을 가진 가정은 40%를 지원받을 수 있다.

③ 중위소득이 150% 이하이고 4세 아동을 가진 조손 가정은 30%를 지원받을 수 있다.

④ 중위소득이 200% 이하이고 3세와 10세 아동을 가진 가정은 15%와 10%를 더해 25%를 지원받고 여기에 본인 부담금의 10%를 추가 지원을 받을 수 있으므로 90% 지원보다는 작다.

13 ③

2025년 유형 판정기준: 가구소득(가구원 수별 기준 중위소득)표에 따르면 3인까지 월소득 6,000,000원은 소득기준 ~120% 3인 이하 기준 $(5,025,353 \times 1.2 = 6,030,423)$로 나형이다. 정부지원 비율은 60%이고 시간당 지원받을 수 있는 금액은 7,308원이다.

따라서 A씨가 5월 한 달 동안 지원받을 수 있는 금액은 $7,308 \times 5 \times 20 = 730,800$(원)이다.

14 ④

첫 번째와 마지막 조건에 따르면 D는 2개의 팀에 지원하였으며, 나머지 3명은 3개 팀에 지원하였다. 네 번째, 다섯 번째, 여섯 번째 조건을 바탕으로 신입사원 4명의 팀 지원 현황을 정리하면 다음과 같다.

구분	영업팀	인사팀	생산팀	홍보팀	기획팀
A	×	○	○	×	○
B	○	×	○	×	○
C					
D	○				

일곱 번째 조건에서 A, B, D가 동시에 지원한 팀은 생산팀 1개라고 하였으므로, 나머지 조건을 바탕으로 신입사원 4명의 팀 지원 현황을 정리하면 다음과 같다.

구분	영업팀	인사팀	생산팀	홍보팀	기획팀
A	×	○	○	×	○
B	○	×	○	×	○
C	○	○	×	○	×
D	○	×	○	×	×

따라서 B와 D가 동시에 지원한 팀은 영업팀과 생산팀 2개이다.

15 ③

'가. 일 평균 임금 산정 방법'의 '3. 일 평균 임금 산정 시 산입 제외 기간'에 따라 일 평균 임금 산정 시 육아 휴직 기간은 산입하지 않고, 직위 해제 기간은 산입한다. A가 6월 30일에 퇴사할 예정이므로 직전 3개월은 육아 휴직을 한 5월을 제외한 2월 28일~6월 29일이다. 상여금을 제외하고 기본급, 실비, 가족수당, 식비는 모두 매월 동일하고, 4월에는 직위 해제로 인해 임금을 지급받지 않았으므로 상여금을 제외하고 이전 3개월간 지급된 임금총액은 $2 \times (200 + 20 + 20 + 25) = 530$(만 원)이다.

'가. 일 평균 임금 산정 방법'의 '2. 일 평균 임금 산정 시 주의사항'에 따라 상여금은 A의 퇴사일 이전 12개월 동안 받은 상여금에 한하는데, P사는 상여금을 1년에 세 번, 1월 15일, 6월 15일, 10월 15일에 지급하므로 20×0년 1월 1일부터 재직한 A가 퇴사일 이전 12개월 동안 받은 상여금은 20×0년 10월 15일, 20×1년 1월 15일과 6월 15일에 각각 80만 원씩 지급받아 총 240만 원이다. 이때 일 평균 임금 산정 시 상여금은 240만 원의 3/12인 60만 원이다.

따라서 퇴사일 이전 3개월간 A가 지급받은 임금의 총액은 상여금을 포함하여 $530 + 60 = 590$(만 원)이고, 총근무 일수는 1일(2월 28일)+31일(3월)+30일(4월)+29일(6월 1일~29일)=91(일)이다.

따라서 퇴사일 기준 일 평균 임금은 $590 \div 91 ≒ 6.48$(만 원)이므로 백 원 단위에서 반올림하면 6.5만 원이다.

16 ①

기본심사의 각 항목은 다음과 같다.
- ESG 3개 항목: 환경(40), 사회(30), 지배구조(30)
- 혁신 4개 항목: 혁신성(15), 자원성(15), 발전성(15), 협업성(15)
- 챌린지(40)

점수 역시 각각 항목에 맞추어서 제시되어 있으므로 기본심사(200)는 모든 항목(ESG, 혁신, 챌린지)의 합이 된다. 그리고 기본심사 점수의 합과 심화심사 점수, 기본심사(60%)와 심화심사(40%)의 합산 점수는 다음과 같다.

평가항목	A기업	B기업	C기업	D기업	E기업
기본심사	180	175	175	170	180
심화심사	90	90	95	80	85
기본심사(60%)	108	105	105	102	108
심화심사(40%)	36	36	38	32	34
기본심사(60%)+심화심사(40%)	144	141	143	134	142

따라서 가장 높은 점수를 받은 A기업이 대상을 수상한다.

17 ①

㉠ 논리적 사고를 개발하기 위한 방법으로는 피라미드 구조화 방법과 so what 방법이 있다. 피라미드 구조화 방법은 하위의 사실이나 현상부터 사고함으로써 상위의 주장을 만들어가는 방법이고, so what 방법은 눈앞에 있는 정보로부터 의미를 찾아내 가치 있는 정보를 이끌어 내는 방법이다.

㉣ 논리적 사고는 사고의 전개에서 전후 관계가 일치하고 있는지를 살피고, 아이디어를 평가하는 능력을 의미한다.

| 오답풀이 |

㉡ 창의적 사고의 특징이다.

㉢, ㉤ 비판적 사고의 특징이다.

18 ④

회전대응 보관의 원칙에 따라 입하 또는 출하의 빈도가 높은 품목을 출입구 가까운 곳에 보관하는 것이 좋다.

19 ②

필요한 총 교육 횟수는 4+3+2+3=12(회)이다. 2일에 첫 교육을 하고 쉬는 날이 하루도 없다면 17일에 교육이 종료된다. 쉬는 날 없이 교육을 배치하는 경우가 가능한지 확인해 보면 다음과 같다.

[9월 달력]

일	월	화	수	목	금	토
1	2 A	3 B	4 C	5 C	6 A	7
8	9 A	10 B	11 D	12 B	13 D	14
15	16 A	17 D	18	19	20	21
22	23	24	25	26	27	28
29	30					

따라서 쉬는 날 없이 교육을 배치하는 경우가 가능하므로 가장 빠르게 교육이 진행될 경우 종료되는 날짜는 9월 17일이다. 하지만 반드시 이 경우만 가능한 것은 아니다. 예를 들어, 5일이 B프로그램, 12일이 C프로그램인 경우도 가능하다. 그러나 중요한 것은 쉬는 날 없이 교육이 가능한지의 여부이므로 모든 경우를 일일이 따져볼 필요는 없다.

20 ②

필요한 총 교육 횟수는 12회이며, 임원진 면담 3회를 더하면 총 15일이 필요하다. 4일에 첫 교육을 하고 쉬는 날 없이 교육을 배치하는 경우, 다음과 같이 교육 및 면담이 진행된다.

[9월 달력]

일	월	화	수	목	금	토
1	2	3	4 B	5 C	6 A	7
8	9 A	10 면담	11 B	12 C	13 D	14
15	16 A	17 면담	18 D	19 B	20 D	21
22	23 A	24 면담	25	26	27	28
29	30					

따라서 가장 빠르게 교육이 진행될 경우 종료되는 날짜는 9월 24일이다. 하지만 반드시 이 경우만 가능한 것은 아니다. 예를 들어, 4일이 C프로그램, 5일이 B프로그램인 경우도 가능하다.

21 ②

네 번째 문단에서 '사적영역'은 비밀이나 치부가 드러나 행동의 제약이나 사회적인 책임을 지게 되므로 노출을 꺼리는 부분이지만 이 '사적영역'이 노출된 후 그것이 타인과 관계 속에서 받아들여지면 그와의 신뢰감이나 자신의 존재 가치에 대한 자신감은 상당히 높아진다고 하였으므로 적절하지 않다.

| 오답풀이 |

① 두 번째 문단에서 나 자신도 알고 타인도 알고 있는 '공통영역'의 부분이 넓으면 친밀한 관계가 쉽게 형성된다고 하였으므로 적절하다.

③ 여섯 번째 문단에서 상대방의 이야기도 듣지 않고 자신을 내보이지도 않는 아성을 쌓으면 자신의 결점이나 무능을 감추는 데 급급하게 되어 삶의 귀중한 에너지와 시간을 낭비하게 된다고 하였다. 따라서 상대방을 받아들이지도 않고, 자신을 내보이지도 않으면 타인과 긍정적인 관계를 맺기가 힘들다고 볼 수 있으므로 적절하다.

④ 세 번째 문단에서 어떤 사람이 타인을 대할 때 자신만의 독특한 특성으로 인해 상대방에게 불쾌감을 주지만, 정작 그 자신은 모르는 경우를 '맹점영역'이라고 한다고 하였다. 자신의 언어 습관이 타인에게 불쾌감을 주는데, 그것을 자신이 모른다면 이는 '맹점영역'에 속하므로 적절하다.

⑤ 여섯 번째 문단에서 '자아의 모습'을 타인에게 노출했을 때 그 모습 그대로 수용되는 경험이 많을수록 공통영역은 넓어지고 타인과 긍정적 관계를 맺을 확률도 높아진다고 하였으므로 적절하다.

22 ⑤

한 회사에서만 오래 근무한 P씨는 다른 직업이나 직무, 회사 밖의 기회에 대해 충분히 알지 못하는 '외부 작업정보 부족'으로 인해 자기개발에 어려움을 겪고 있다.

23 ③

퇴직 준비는 경력중기부터 준비하는 것이 바람직하다.

| 문제해결 Tip |

• 직업선택
  - 최대한 여러 직업의 정보를 수집, 탐색하여 자신에게 적합한 최초의 직업 선택
  - 관련학과 외부 교육 등 필요한 교육 이수

- 조직입사
  - 원하는 조직에서 일자리 얻음
  - 정확한 정보를 토대로 적성에 맞는 적합한 직무 선택
- 경력초기
  - 조직의 규칙과 규범에 대해 배움
  - 직업과 조직에 적응해 감
  - 역량(지식, 기술, 태도)을 증대시키고 꿈을 추구해 나감
- 경력중기
  - 경력초기를 재평가하고 좀 더 업그레이드된 꿈으로 수정함
  - 성인 중기에 적합한 선택을 하고 지속적으로 열심히 일함
- 경력말기
  - 지속적으로 열심히 일함
  - 자존심 유지
  - 퇴직 준비의 자세한 계획(경력중기부터 준비하는 것이 바람직)

24 ③

다른 사람과 다른 방식으로 일하는 것이 업무수행 성과를 높이기 위한 행동 전략이다. 다른 사람이 발견하지 못한 더 좋은 해결책을 발견하는 경우가 있기 때문이다. 예를 들어 일을 하는 순서를 반대로 해 보거나, 다른 사람이 생각하는 순서와 거꾸로 생각해 본다거나, 다른 사람이 하는 일에 '아니오'라고 대답하고 일의 처리 방법을 생각해 본다면 창의적인 방법을 발견할 수도 있으며, 업무의 성과도 높일 수 있기 때문이다.

25 ⑤

투잡의 동기를 지나치게 단순화한 것이다. 경제적인 이유가 중요한 것은 사실이지만, 자아실현이나 자기계발 등 다양한 목적이 공존한다.

| 오답풀이 |

① 지식과 정보의 폭발적인 증가로 새로운 기술이 지속적으로 개발됨에 따라 직업에서 요구되는 능력도 변화하고 있으므로 적절하다.

② 평생학습 사회에서는 개인이 현재 가지고 있는 능력보다 개인의 학습 능력과 이에 대한 자기개발 노력이 더 중요하게 여겨지므로 적절하다.

③ 독립근로자는 하나의 조직에 소속되어 있거나 계속해서 특정 조직에 고용되는 것이 아니기에 본인의 경력개발에 대한 책임이 온전히 개인에게 주어지므로 적절하다.

④ 퇴직 연한이 짧아져 빠르게 조직에서 나올 수밖에 없는 사람들은 전문성을 갖추기 위해 특정 조직에 고용된 사람들과는 다른 방식으로 경력개발 준비를 해야 하므로 적절하다.

26 ①

1단계 '경청'에 해당하는 내용이다. '정보 파악' 단계에서는 문제 해결을 위해 꼭 필요한 질문만 하여 정보를 얻고, 최선의 해결 방법을 찾기 어려우면 고객에게 어떻게 해 주면 만족스러운지를 묻게 된다.

27 ①

팀원이 승·패의 경기를 시작하는 것은 갈등이 증폭되는 '적대적 행동'에 해당하여 갈등의 정도가 높아지므로 갈등의 정도가 X_1에서 X_2로 이동한다.

28 ④

상담사는 고객불만처리 프로세스에 따라 문제를 해결하고자 하였으나 7단계인 '처리 확인과 사과'와 8단계인 '피드백'은 주어진 대화에서 찾아볼 수 없다.

고객불만처리 프로세스 중 7단계인 '처리 확인과 사과'는 불만처리 후 고객에게 처리 결과에 만족하는지를 물어보는 단계이며, 8단계인 '피드백'은 고객불만 사례를 회사 및 전 직원에게 알려 다시는 동일한 문제가 발생하지 않도록 하는 단계이다.

29 ③

대인관계능력을 향상시키기 위해 실천할 수 있는 방법은 상대방에 대한 이해와 배려, 사소한 일에 대한 관심, 약속 이행 및 언행일치, 칭찬하고 감사하는 마음, 진정성 있는 태도 등을 들 수 있다.

임 팀장이 팀원들에게 드물게 화를 내고 난 뒤에 해당 직원에게 진지하게 사과함으로써 진정성 있는 태도를 보이는 것은 대인관계능력을 향상하기 위해 실천할 수 있는 방법에 해당한다. 주어진 사례에서 임 팀장이 반복된 사과를 하는 모습은 나타나지 않으며, 반복된 사과는 불성실한 사과와 마찬가지로 신뢰도를 낮추어 대인관계능력에 부정적인 영향을 주는 행동에 해당하므로 '반복된 사과'는 적절하지 않다.

30 ⑤

주어진 글에서 협상력을 결정하는 4가지 요소 모두를 다루는 실력이 협상력을 좌우한다고 하였다. 이를 통해 4요소 각각이 균형적으로 중요하다는 것을 알 수 있다.

| 오답풀이 |
협상력을 결정하는 4가지 요소를 PIPT라고 부르는데, 최초요구, 정보, 힘, 시간이 모두 중요하다. 이 4가지 요소를 다루는 실력이 협상 결과에 반영된다고 볼 수 있다.

31 ④

정해진 시간이나 장소가 없어 학습자 스스로 학습을 조절하고 통제할 수 있다는 것이 E-Learning을 활용한 기술교육의 장점이므로 적절하지 않다.

32 ⑤

• 불안전한 상태를 제거하는 방법: 각종 기계 · 설비 등을 안전성이 보장되도록 제작하고, 항상 양호한 상태로 작동되도록 유지 관리를 철저히 해야 한다. 그리고 기후, 조명, 소음, 환기, 진동 등의 환경 요인을 잘 관리하여 사고 요인을 미리 제거해야 한다.
• 불안전한 행동 방지 방법: 근로자의 불안전한 행동을 지적할 수 있는 안전 규칙 및 수칙을 제정한다. 근로자 상호간에 불안전한 행동을 지적하여 안전에 대한 이해를 증진시킨다. 정리 · 정돈, 조명, 환기 등을 잘 수행하여 쾌적한 작업 환경을 조성한다.

33 ②

기술을 효과적으로 평가할 수 있는 능력은 기술관리자가 아닌 기술경영자에게 요구되는 능력이다.

| 오답풀이 |
• 기술관리자에게 요구되는 능력
  - 기술을 운용하거나 문제를 해결할 수 있는 능력
  - 기술직과 의사소통을 할 수 있는 능력
  - 혁신적인 환경을 조성할 수 있는 능력

－ 기술적, 사업적, 인간적인 능력을 통합할 수 있는 능력

－ 시스템적인 관점에서 인식하는 능력

－ 공학적 도구나 지원방식을 이해할 수 있는 능력

－ 기술이나 추세를 이해할 수 있는 능력

－ 기술팀을 통합할 수 있는 능력

| 문제해결 Tip |

• 기술경영자에게 필요한 능력

－ 기술을 기업의 전반적인 전략 목표에 통합시키는 능력

－ 빠르고 효과적으로 새로운 기술을 습득하고 기존의 기술에서 탈피하는 능력

－ 기술을 효과적으로 평가할 수 있는 능력

－ 기술 이전을 효과적으로 할 수 있는 능력

－ 제품개발 시간을 단축할 수 있는 능력

－ 복잡하고 서로 다른 분야에 걸쳐 있는 프로젝트를 수행할 수 있는 능력

－ 조직 내의 기술 이용을 수행할 수 있는 능력

－ 기술 전문 인력을 운용할 수 있는 능력

34 ④

"냉풍 운전" 설명 부분을 살펴보면 냉풍 기능 사용 시 기계 내 급격한 온도 차이로 인한 고장을 막기 위해 정상 온도로 돌아오는 최소 1시간 동안 작동을 자제해 줄 것을 요구하고 있다. 따라서 사용 후 종료 시 정상 온도로 돌아오는 동안 작동을 하지 않는 것은 아니며 OFF 버튼이 작동하지 않는 것은 기능 이상이나 고장을 의심해 보아야 한다.

| 오답풀이 |

① 사용 설명서에 따르면 최소한 취침 30분 전에 작동을 하여야 한다고 명시되어 있다. 때문에 전원을 켜고 30분간 온도가 오르지 않는 것은 예열에 소요되는 시간으로 인해 발생하는 증상이다.

② "자동 운전" 설명 부분을 살펴보면 "자동" 버튼을 누른 후 7시간이 지나면 자동으로 정지하며 이후 17시간이 지난 다음 날 버튼을 누른 시간에 다시 가동을 시작한다고 되어 있다. 따라서 기계가 스스로 작동을 시작하는 경우 자동 운전 기능이 켜져 있진 않은지 확인하여야 하며 원하지 않는 경우 운전 모드를 수동으로 전환하면 된다.

③ "자동 운전" 설명의 라.를 보면 온도가 고정되어 있는 경우 "자동" 기능이 해제되지 않는다고 되어 있다. 때문에 "자동 운전" 모드에서 온도가 고정되어 있는 경우 이를 먼저 해제하여야 한다.

⑤ 조명등을 컨트롤하는 버튼은 OFF 버튼이 아닌 좌측의 스위치이므로 조명을 끄기 위해서는 좌측의 조명 스위치를 컨트롤해야 한다.

35 ⑤

해당 제품의 경우 모드를 따로 설정하지 않을 시 전원 스위치 ON 이후 취침 시간 동안 최적의 온도를 자동으로 조절해 준다. 원하는 온도로 조절하고 싶은 경우 "수동 운전" 모드를 사용하여야 하는데 수동 운전 모드 사용 시 "수동" 램프가 점등되어 있는지 확인하여야 하며, 점등이 확인되었다면 원하는 온도로 변경하여 사용할 수 있다. 또한 수동 운전 모드에서는 온도가 고정되지 않으므로 온도를 고정하고 싶다면 "자동 운전" 모드를 사용하여야 한다. "자동 운전" 모드 사용의 경우 전원 스위치를 길게 눌러 "자동" 램프 점등을 확인하여야 하며 "자동" 램프가 켜져 있는 상태에서 원하는 온도 설정 후 "고정" 버튼을 누르면 해당 온도로 고정하여 사용할 수 있다. 따라서 해당 문의에 따른 해결안은 수동 운전 모드로 온도를 조절하거나 자동 운전 모드로 온도를 고정하는 방법을 사용하는 것이다.

36 ①

엑셀 프로그램에서 '다른 이름으로 저장하기'에 해당하는 단축키는 [F12]이고, '새 통합 문서 만들기(새로 만들기)'에 해당하는 단축키는 [Ctrl+N]이다.

| 문제해결 Tip |

엑셀 프로그램에서 사용되는 주요 단축키는 다음과 같다.

- 셀 편집: F2
- 인쇄: Ctrl+P
- 저장: Ctrl+S
- 전체 선택: Ctrl+A
- 새 시트 추가: Shift+F11
- 다음 시트로 이동: Ctrl+Page Down
- 이전 시트로 이동: Ctrl+Page Up

37 ③

자료: ㉠, ㉣, ㉤

정보: ㉡, ㉢

지식: ㉥

| 상세해설 |

㉠ 단순 수치 데이터(처리/분석이 없다.)

㉡ 수치의 변화와 비교가 포함된 분석

㉢ 전년 대비 비교 · 분석이 포함

㉣ 평균 이자율 수치

㉤ 사용 횟수=단순 수치

㉥ 현황 분석과 정책적 제안으로 의사결정이 가능한 정보로 종합

38 ③

애플리케이션(응용 프로그램)의 주요 목적은 사용자가 특정 작업을 보다 효율적으로 수행할 수 있도록 지원하는 것이다. 특히, 정보능력에서는 정보의 수집 · 처리 · 저장 · 활용을 위한 도구로 애플리케이션이 사용되며, 이는 곧 업무 생산성 향상으로 이어진다. 대표적인 예로 엑셀(Excel), 회계프로그램, 고객관리시스템(CRM), 문서 편집기 등이 있다.

| 오답풀이 |

① 애플리케이션 설치는 성능 향상이 목적이며, 고의적 저하는 악의적 행위이다.

② 애플리케이션은 합법적인 목적에서 사용되어야 하며, 저작권 침해는 불법이다.

④ 악성코드 설치는 정보보안상 범죄에 해당하며, 합법적 소프트웨어 설치 목적과 반대된다.

⑤ 무단 정보 수집은 정보윤리 위반이며, 애플리케이션의 정상적 목적과 어긋난다.

39 ①

㉠ 데이터 전체의 범위는 A1:E5이고, B는 3행이며, 2순위는 3열에 있으므로 올바른 함수식이다.

㉢ J5 셀의 함수식은 '=INDEX(A1:E5, 4, 2)'이다. 이를 J6 셀로 드래그하면, 범위를 나타내는 수치가 증가하게 되어 '=INDEX(A2:E6, 4, 2)'에 해당하는 값을 나타내게 된다. A2:E6의 범위에서 4행, 2열에 해당하는 값은 'D'와 '1순위'에 해당하는 '인사팀'이 된다.

| 오답풀이 |

㉡ 데이터 전체의 범위는 A1:E5이고, C는 4행이며, 1순위는 2열에 있으므로 '=INDEX(A1:E5, 4, 2)'가 올바른 함수식이다.

㉣ =INDEX(A1:E5, 2, 4)는 2행, 4열의 값이므로 '영업팀'이며, =INDEX(A1:E5, 5, 2)는 5행, 2열의 값이므로 '인사팀'이 되어 동일하지 않은 값이 된다.

40 ①

- PNG: 무손실 데이터 압축이 가능한 확장자이다. 이 때문에 JPEG보다 고품질의 이미지를 생성할 수 있다. 하지만 파일 크기는 JPEG에 비해 더욱 커진다. 원본 이미지의 퀄리티를 유지시키는 PNG 파일은 JPEG 파일과 달리 온라인에 업로드할 때 텍스트와 로고가 선명하게 유지되며, 이 때문에 소셜 미디어 표지 이미지와 카드뉴스, 파워포인트, 온라인 사진 포트폴리오에 게시할 고품질 이미지가 필요할 때 사용하기 좋다.
- MP4: 비디오와 오디오 데이터뿐만 아니라 자막, 스틸 이미지 등의 데이터를 저장하는 데 사용할 수 있는 동영상 확장자이며, 비교적 작은 용량으로 좋은 품질의 영상을 볼 수 있다는 장점을 가지고 있다. 또한 웹과 모바일 상의 스트리밍을 지원하기 때문에 최근 스마트폰, 태블릿과 같은 디바이스에서 많이 사용되고 있다.
- MOV: 애플에서 개발한 동영상 포맷으로 원래는 매킨토시용으로 개발했으며, 마이크로소프트사가 개발한 AVI 확장자처럼 여러 가지 종류의 코덱을 사용할 수 있다. iOS 계열의 기기에서 녹화한 영상은 MOV 포맷의 동영상으로 저장되며, 이 파일은 맥의 퀵타임 플레이어를 통해서도 재생이 가능하다.

41 ④

- ㉠ K회사는 친환경 요소에 관하여 많은 투자와 노력을 기울이고 있음을 알 수 있으므로 ESG 경영을 실천하고 있다고 볼 수 있다.
- ㉡ A회사는 지배구조 요소에 관하여 다양한 제도 및 기회가 주어지고 있음과 더불어 친환경에 대해서도 언급되고 있어, ESG 경영을 실천하고 있다.
- ㉢ S회사는 지역인들 및 해당 지역과 국가의 전반적인 향상을 꾀하여 사회적 책임에 해당하는 ESG 경영을 실천하고 있다.

따라서 ESG 경영을 실천하고 있는 기업의 사례는 ㉠, ㉡, ㉢이다.

| 오답풀이 |
㉣ W회사의 경우 텀블러 사용을 유도하여 일회용품 사용을 줄이는 ESG 경영을 하고 있는 것처럼 보이지만, 매달 새로운 디자인의 텀블러를 한정판으로 출시하여 고객들이 기존에 텀블러가 있음에도 추가로 텀블러를 구매하도록 유도한다는 점에서 오히려 반환경적인 전략이라고 볼 수 있다.

42 ④

필요한 지식과 기술, 경험 등을 제공하는 것은 조직이 아니라 개인이다. 조직에서 개인은 조직에 필요한 지식과 기술, 경험 등 개인이 갖고 있는 여러 가지 자원을 제공하고, 조직이 정해 준 범위 내에서 업무를 수행한다. 그리고 조직은 구성원들이 해야 할 일을 정해 주는 것이다.
따라서 자신의 업무를 효과적으로 수행하기 위해서는 조직의 체제와 경영, 국제적인 동향 등을 파악하는 조직이해능력을 길러야 한다.

43 ⑤

업무 프로세스 개선에 대한 업무는 기획처의 업무이므로 업무 프로세스 개선에 대한 보고서 결재는 기획처장 → 대표 이사 순으로 이루어져야 한다.

| 오답풀이 |
① A기관은 안전감사실 1개 실과 경영기획부, 경영지원부, 사업관리부 3개의 부, '부'의 산하 조직인 7개의 처로 구성되어 있다.
② 안전감사실과 각 부는 모두 대표 이사 산하에 서로 독립적으로 존재하는 기관이다.
③ 신문 및 방송 보도 업무는 홍보처의 담당 업무이다.
④ 주차장 사업의 관리와 운영 업무는 제1사업처에서, 예산 편성 업무는 총무처에서 담당하므로 옳다.

44 ④

출장비는 소속처장과 총무처장의 결재를 받아야 하므로 제1사업처에서 근무 중인 P대리는 제1사업처장과 총무처장의 결재가 필요하다. 이때, 대표 이사의 결재를 받지 않는 경우에는 마지막 결재를 담당한 사람을 전결권자로 갈음하므로 총무처장의 결재란에는 '전결'을 표시하며 총무처장은 대표 이사의 결재란에 서명해야 한다.

45 ①

애자일 조직은 자유롭고 능동적인 문화를 바탕으로 업계 상황을 민첩하게 파악하고 그에 따른 의사결정을 빠르게 도출한다는 것이 가장 큰 특징이다. 조직 구성원들 개인에게 의사결정 권한을 부여하여 각자의 업무 역량을 높이는 것도 애자일 조직의 특징이다. 다만 그렇다고 하여, 조직의 직급을 없애고 누구에게나 공평하게 역할과 직무를 부여하는 것은 아니다. 개인의 역량에 맞는 역할과 의사결정 권한을 부여하여, 빠른 판단력과 의사결정을 가능하게 하는 것이 애자일 조직의 주요 목적이다.

46 ④

- 김 이사: 총칙 및 윤리강령 내용 전반에 걸쳐 해당하는 내용을 언급하였다.
- 이 대리: 윤리강령 2. 5)에서 '불법적인 내부자 거래 및 자금세탁을 자행하거나 관여하지 않습니다.'라고 제시하고 있다.
- 박 이사: 윤리강령 1. 3)에서 '비윤리 행위 또는 부패행위 발견 시 윤리제보센터를 통해 신고할 수 있으며, 제보자의 신분과 제보 내용에 대해 비밀을 보장하며 제보자에 대한 어떠한 불이익이나 근무 조건상 차별을 금지합니다.'라고 제시하고 있다.

따라서 윤리강령에 해당하는 말을 한 사람은 김 이사, 이 대리, 박 이사이다.

| 오답풀이 |

최 사원: 윤리강령 3. 3)에서 '국가, 학벌, 지역, 성별, 연령, 종교, 장애, 정치 성향, 혼인 여부 등을 이유로 불합리한 차별을 하지 않습니다.'라고 제시하고 있으므로 A회사 윤리강령과 맞지 않는다.

47 ③

봉사는 본질적으로 물질적 보상에 의존하지 않고 힘쓰는 무보수의 자발적 활동이다.
따라서 보상에 따른 동기 부여는 봉사와 맞지 않는다.

| 오답풀이 |

① 봉사는 자신을 돌보지 않고 힘을 바쳐 애쓰는 것으로, 본질적으로 자발적이고 참여적인 활동이다.
② 봉사 정신은 단순히 도움을 주는 것을 넘어, 사회 구성원으로서의 역할과 책임 다하는 태도이다.
④ 봉사는 단순한 일회성 행사가 아니라, 책임의식과 주인의식을 바탕으로 한 꾸준한 실천이 중요하다.
⑤ 봉사는 특정 대상에 한정되지 않는다.

48 ②

자신의 일이 누구나 할 수 있는 것이 아니라 해당 분야의 지식과 교육을 밑바탕으로 성실히 수행해야만 가능한 것이라고 믿고 수행하는 태도는 '전문가의식'이다.

| 오답풀이 |

천직의식은 자신의 일이 자신의 능력과 적성에 꼭 맞는다 여기고 그 일에 열성을 가지고 성실히 임하는 태도이다.

49 ④

윤리적 가치는 인간이 더불어 살아가기 위한 최소한의 행동 기준이며, 단순한 자기 이익보다 공동체의 이익과 도덕적 신념을 우선시함으로써 사회질서를 유지하고 모두의 행복을 보장할 수 있다.

| 오답풀이 |

ⓓ 동양적 사고에서 윤리는 전적으로 인륜(人倫)과 같은 의미이다.

50 ③

끈기란 어려운 상황에서도 포기하지 않고 꾸준히 업무를 수행하는 태도로 근면성과 성실성과 연결되는 직업윤리의 핵심 가치 중 하나이다.

㉠ 노력의 반복성과 인내력이 나타난다.

㉢ 실패 후 포기 대신 해결책을 찾으려는 태도가 나타난다.

㉤ 노력의 지속성과 성실한 태도가 나타난다.

| 오답풀이 |

ⓒ 어려움이 생기자 자신이 맡은 업무를 계속하려는 시도 없이 회피하고 있다.

ⓔ 감정적으로 대응했다는 것은 인내 부족을 의미하고, 문제 해결이 중단된 것은 과정의 지속성 부재를 나타낸다.

ⓗ 단순한 흥미 저하나 지루함으로 인해 반복적으로 직정을 옮긴다는 것은 직업적 인내심이 부족하다는 것을 나타낸다.

찐기출 모의고사

01	③	02	⑤	03	②	04	①	05	④	06	④	07	②	08	⑤	09	④	10	②
11	③	12	⑤	13	②	14	④	15	②	16	①	17	③	18	④	19	①	20	③
21	④	22	③	23	⑤	24	①	25	③	26	②	27	③	28	③	29	③	30	①
31	①	32	②	33	⑤	34	⑤	35	②	36	③	37	⑤	38	④	39	②	40	⑤
41	②	42	②	43	②	44	④	45	③	46	①	47	④	48	④	49	④	50	①

01 ③

일부 업체는 재고를 원가 이하로 처분하거나, 아예 무료로 배포하는 등 극단적인 상황에 내몰리고 있다. 이를 통해 적자를 방지하고 있는지는 확인할 수 없다.

02 ⑤

무리에서 떨어져 나오거나 홀로 소외되어 처량하게 된 신세를 비유적으로 이르는 말로 지금의 빨대 제조 공장들의 상황에 가장 어울리는 말이다.

| 오답풀이 |

① 거의 다 된 일을 망쳐 버리는 주책없는 행동을 비유적으로 이르는 말이다.

② 빌려주기는 쉬우나 돌려받기는 어려움을 비유적으로 이르는 말이다.

③ 길가에 집을 지으면 오가는 사람들이 저마다 간섭을 하여 집을 짓지 못한다는 뜻으로, 무슨 일에 참견하는 사람이 많아서 그 일이 이루어지기 어려움을 비유적으로 이르는 말이다.

④ 아직 나타나지 않은 재능이나 감추어져 있는 사물은 그 정도를 판단하기가 매우 어려움을 비유적으로 이르는 말이다.

03 ②

주어진 사례에서 K씨는 몰라보게 바뀐 일산의 모습에 깜짝 놀라고 있으므로, 뽕나무 밭이 푸른 바다가 된다는 뜻으로 세상일의 변천이 심함을 비유적으로 이르는 말인 '상전벽해(桑田碧海)'가 가장 적절하다.

| 오답풀이 |

① 전화위복(轉禍爲福)은 재앙과 근심, 걱정이 바뀌어 오히려 복이 된다는 뜻으로, 불행한 일이라도 노력하면 행복한 일로 바뀔 수 있다는 의미의 사자성어이므로 적절하지 않다.

③ 일취월장(日就月將)은 나날이 다달이 자라거나 발전한다는 뜻이다. 상전벽해와 일취월장은 모두 변화와 발전을 강조하지만 상전벽해는 급격하고 극적인 변화를 나타내고, 일취월장은 점진적이고 꾸준한 발전을 나타내는 데 사용되기 때문에 40년 만에 일산을 찾게 된 해당 사례에서는 상전벽해가 더 적절하다.

④ 법고창신(法古創新)은 '옛 것을 법으로 삼아 새 것을 창조한다'는 뜻으로, 과거를 밑거름으로 해서 새로운 것을 도출해 낸다는 의미로 적절하지 않다.

⑤ 영고성쇠(榮枯盛衰)는 인생이나 사물의 번성함과 쇠락함이 서로 바뀌었다는 뜻이므로 적절하지 않다.

04 ①

'좇다'와 '쫓다'를 구분하는 기준을 '물리적인 공간의 이동이 있는가'로 구분하면 가장 명확하다. '그는 늦은 밤 골목길로 도망치는 사람을 쫓았다.'라는 문장에는 실제 물리적인 공간의 이동이 있으므로 '쫓다'가 적절하다.

05 ④

카메라 렌즈를 채택함에 있어, 차기 프로젝트 제품에도 활용할 수 있는지가 중요한 판단 기준이 되었다. 렌즈 크기를 줄여 다른 제품에도 적용 가능한 범용성을 확보함으로써 문제를 해결한 것이다.

따라서 한정된 제품군에만 국한되지 않고, 다양한 상황이나 제품에 적용 가능하다는 의미의 '광범위한'이 가장 적절하다.

| 오답풀이 |
① 유력한: 가능성이나 영향력이 큼
② 희소성의: 흔하지 않아 가치가 높음
③ 독자적인: 다른 것과 달리 고유하거나 독립적임
⑤ 고수익의: 높은 이윤을 낼 수 있음

06 ④

'간간이'는 다음과 같은 두 가지의 의미를 가진다.
1. 시간적인 사이를 두고서 가끔씩.
2. 공간적인 거리를 두고 듬성듬성.
'간간히'는 다음의 의미를 가진다.
1. 간질간질하고 재미있는 마음으로.
2. 아슬아슬하고 위태롭게.
3. 기쁘고 즐거운 마음으로.
4. 강하고 재빠르게
5. 입맛 당기게 약간 짠 듯이.
6. 꼿꼿하고 굳센 성품이나 마음으로.
7. 매우 간절하게.
㉠ '제주도 앞바다에는 고깃배들이 간간이 떠 있었다.'에서 '간간이'는 공간적인 거리를 두고 듬성듬성 떠 있다는 의미이므로 적절하게 쓰였다.
㉡ '저의 간간히 바라는 부탁의 말씀을 꼭 들어주십시오.'에서 '간간히'는 '매우 간절하게'라는 의미이므로 적절하게 쓰였다.
㉢ '영화를 보러 온 사람들은 대부분 여자였으나 간간이 남자도 있었다.'에서 '간간이'는 공간적인 거리를 두고 듬성듬성 있다는 의미이므로 적절하게 쓰였다.
㉤ '간간히 나무에 오르는 소년들의 모습은 보는 사람들의 마음을 졸이게 했다.'에서 '간간히'는 '아슬아슬하고 위태롭게'라는 의미이므로 적절하게 쓰였다.

| 오답풀이 |
㉣ '그는 헤어진 전처의 소식을 간간히 전해 들었다.'에서 '간간히'는 '간간이'로 바꾸는 것이 적절하다. '시간적인 사이를 두고서 가끔씩'이라는 의미로 쓰이는 것이 문맥상 적절하다.

07 ②

주어진 글에서 문서에 의한 의사소통이 구두에 의한 의사소통보다 효과적이라는 내용은 언급되지 않았다. 간결하고 효율적인 방식으로 정보를 표현해야 한다고 제시되어 있다.

| 오답풀이 |
① 두 번째 문단에서 언어적 의사소통 안에 구두에 의한 의사소통과 문서를 통한 의사소통방법이 있다고 소개하고 있다.
③ 두 번째 문단에서 '구두에 의한 의사소통은 비계획적 접촉, 비공식적 대화, 개별회의, 직무 면접, 훈련 면접, 설득 면접, 전화, 위원회회의, 공식적 강의나 발표가 있다.'고 언급했으므로 회의나 면접과 같은 공식적인 행사는 구두에 의한 의사소통에 해당한다.
④ 세 번째 문단에서 '비언어 의사소통은 습관적이고 무의식적이라는 특징이 있다. 그리고 비언어 단서는 수신인이 메시지를 해석하거나 해독하는 방법에 영향을 미친다.'는 내용을 통해 송신자의 무의식적인 비언어적 의사소통은 메시지를 판독하기 어렵게 할 수 있음을 알 수 있다.

⑤ 세 번째 문단에서 '비언어적 의사소통(Nonverbal Communication) 수단은 대부분의 소통 상황에서 언어와 함께 또는 단독으로 중요한 의미 전달의 수단이 된다.'라고 언급했으므로 비언어적 의사소통은 단독으로 중요한 의미 전달의 수단이 되기도 한다.

08 ⑤

프레젠테이션에서 언어적 표현은 발음, 속도, 크기, 말투, 어조 등이 있다. 비언어적 표현은 시선, 표정, 제스처, 몸동작, 복장, 태도, 자세 등이 있다.

09 ④

영국의 언어 철학자, 허버트 폴 그라이스는 자연스러운 대화를 위해 지켜져야 하는 네 가지 대전제를 제안했다. 이는 '그라이스의 대화 격률(格率)'이라 하며, 첫 번째는 '질의 격률'이다. 진실한 내용을 말하라는 뜻으로, 거짓이라고 믿는 것과 적절한 증거가 없는 것을 말하지 않는 것이다. 두 번째로는 필요 이상의 정보를 제공하지 말라는 '양의 격률'이 있다. 예시로, 밥을 맛있게 먹었냐는 질문에 "맛있게 먹었어. 근데 어제 내가 진짜 예쁜 곳 발견했어."라고 답한다면 양의 격률을 어긴 것이다. 세 번째인 '관련성의 격률'은 적합한 말을 하는 것이다. 질문에 관련 있는 답을 하지 않고 다른 말을 한다면 관련성의 격률을 어기게 된다. 마지막으로는 간결하고 조리 있게 말하라는 '태도의 격률'이다. 애매하거나 중의성이 있는 답보다 명료하게 답하라는 것이다. 예를 들어, 오늘 무엇을 할지 묻는 질문에 "아무거나 상관없어, 근데 지금 배가 고프진 않네, 아무거나 먹자."라는 식으로 대답하지 않는 것이다. 위의 대화 내용에서 B학생은 책이라는 간단한 용어를 너무 장황하게 설명함으로써 간결하게 말하라는 '태도의 격률'을 위반하였다.

| 오답풀이 |
① 밑줄 친 B학생의 발언은 책에 대한 것은 맞으므로 질의 격률을 위반했다고 볼 수 없다.
② 책 자체에 대해 장황하게 설명했을 뿐 책과 관련없는 다른 정보를 제공한 것은 아니므로 양의 격률을 위반했다고 볼 수 없다.
③ 질문에 대해 전혀 다른 말을 한 것은 아니므로 관련성의 격률을 위반했다고 볼 수 없다.
⑤ 대화의 격률에 요령의 격률은 없다.

10 ②

'금일'은 당일을 나타낸다. 금일을 금요일로 생각한 것은 문서이해능력의 부족을 뜻한다.

11 ③

업체별로 컴퓨터 관리 비용을 계산해 보면 다음과 같다.
- A업체: $200+15×10=350$(만 원)
- B업체: $150+17×10=320$(만 원)
- C업체: $180+16×10=340$(만 원)
- D업체: $240+10×10=340$(만 원)
- E업체: $220+12×10=340$(만 원)

따라서 컴퓨터 관리 비용이 가장 적게 드는 업체는 B업체이고, 관리 비용은 320만 원이다.

12 ⑤

업체별로 종합 점수를 구해 보면 다음과 같다.
- A업체: $30×0.2+20×0.1+50×0.3+30×0.4=6+2+15+12=35$(점)
- B업체: $40×0.2+40×0.1+30×0.3+20×0.4=8+4+9+8=29$(점)
- C업체: $50×0.2+40×0.1+10×0.3+20×0.4=10+4+3+8=25$(점)
- D업체: $30×0.2+50×0.1+20×0.3+40×0.4=6+5+6+16=33$(점)

• E업체: $10 \times 0.2 + 10 \times 0.1 + 40 \times 0.3 + 50 \times 0.4 = 2 + 1 + 12 + 20 = 35$(점)

이때, A업체와 E업체의 종합 점수가 가장 높은데 두 업체의 점수가 35점으로 같으므로 △△기관에서는 비용 점수가 더 높은 E업체를 최종적으로 선정한다.

13 ②

[표]에 나타난 내용은 이동 시간과 요금이지만, 문제에서 가장 저렴하게 다녀올 때 걸리는 시간과 비용을 묻고 있으므로 편도 비용을 중심으로 생각해야 한다. 가장 저렴한 비용으로 대중교통을 이용하면 버스를 타고 기차역으로 가서 부산으로 이동 후, 지하철을 타고 약속 장소로 가는 것이다. 이때의 이동 시간은 $40 + 15 = 55$(분)이고 요금은 $1,600 + 1,350 = 2,950$(원)이므로, 왕복으로 생각할 때 이동 시간은 1시간 50분이고 요금은 5,900원이다.

| 문제해결 Tip |
이동 경로의 연계성과 논리적 흐름을 파악해야 한다. 예를 들어 서울에서 공항으로 이동하여 부산으로 이동하였다면 부산에서 회식 장소까지는 공항에서 출발해서 이동해야 한다. 따라서 서울에서 버스를 타고 기차역으로 이동 후 부산에서는 지하철을 타고 기차역에서 약속 장소로 이동할 때 대중교통 요금이 가장 저렴하다.

14 ④

3의 배수인 25□는 252, 255, 258이므로 □ 안에 들어갈 수 있는 숫자들을 모두 더한 값은 $2 + 5 + 8 = 15$이다.

15 ②

시침은 1시간 동안 30° 움직이므로 30분 동안 $30° \div 2 = 15°$ 움직인다. 따라서 4시 30분에 분침은 6을 가리키고 시침은 4에서 5 방향으로 15° 움직였으니 분침과 시침이 이루는 작은 각의 크기는 $30° + 15° = 45°$이다.

따라서 반지름의 길이가 12cm일 때, 부채꼴의 넓이는 $\pi \times 12^2 \times \frac{45}{360} = 18\pi(\text{cm}^2)$이고 원의 넓이는

$\pi \times 12^2 = 144\pi(\text{cm}^2)$이므로 부채꼴의 넓이는 원의 넓이의 $\frac{18\pi}{144\pi} = \frac{1}{8}$(배)이다.

| 문제해결 Tip |
주어진 해설처럼 원의 넓이와 부채꼴의 넓이를 각각 구하여 그 비율을 구하지 않더라도 답을 쉽게 알 수 있다. 애초에 부채꼴의 넓이는 원의 넓이에 대해 중심각의 크기를 비율로 계산하여 구하는 것이므로 중심각의 크기가 45°라는 것을 구했다면 바로 $\frac{45°}{360°} = \frac{1}{8}$이라는 것을 알 수 있다.

16 ①

A지점에서 출발하여 X지점을 거쳐 P지점까지 가는 방법의 수가 1가지이고, Y지점을 거쳐 P지점으로 가는 방법의 수도 1가지이므로 A지점에서 P지점까지 가는 방법의 수는 $1 + 1 = 2$(가지)이다.

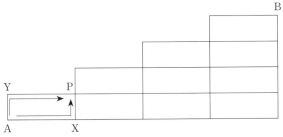

이와 같은 방법으로 A지점에서 출발하여 B지점까지 최단 거리로 가는 방법의 수를 나타내면 다음과 같다.

```
                    14        42  B
              5      14        28
        2     5       9        14
   1    2     3       4         5
        1     1       1         1
 A
```

따라서 A지점에서 출발하여 B지점까지 최단 거리로 가는 방법의 수는 42가지이다.

17 ③

전구 1개가 만들어 낼 수 있는 신호는 2가지이므로 전구 4개로 신호를 나타내는 방법은 $2 \times 2 \times 2 \times 2 = 16$(가지)이다. 그런데, 적어도 1개의 전구가 켜진 상태로 신호를 보내야 하므로 전구가 모두 꺼진 상태는 제외해야 한다. 따라서 신호를 나타내는 방법은 $16 - 1 = 15$(가지)이다.

18 ④

은행에서 처음으로 훔친 금괴의 양을 $x$kg이라고 하면 5km를 도망갈 때 남은 금괴의 양은 $\frac{2}{3}x$kg이다. 그리고 10km쯤 도망갈 때 나머지 금괴의 $\frac{7}{9}$을 흘리고 남은 금괴의 양이 200kg이라고 하였으므로 $\frac{2}{9} \times \frac{2}{3}x = 200$(kg)이다. 식을 정리하면 $x = 200 \times \frac{27}{4} = 1,350$(kg)이므로 도둑이 은행에서 처음으로 훔친 금괴의 양은 1,350kg이다.

19 ①

피타고라스 정리에 의해 $\overline{AH} = \sqrt{5^2 - 3^2} = 4$(cm)

$\triangle ABH \infty \triangle CBA$ 이므로

$\overline{AB} : \overline{BH} = \overline{BC} : \overline{AB}$에서 $5 : 3 = \overline{BC} : 5$ ∴ $\overline{BC} = \frac{25}{3}$cm

$\overline{AB} : \overline{AH} = \overline{BC} : \overline{AC}$에서 $5 : 4 = \frac{25}{3} : \overline{AC}$ ∴ $\overline{AC} = \frac{20}{3}$cm

따라서 삼각형 ABC의 둘레의 길이는 $5 + \frac{25}{3} + \frac{20}{3} = 20$(cm)이고 삼각형 ABH의 둘레의 길이는 $3 + 4 + 5 = 12$(cm)이므로 두 삼각형의 둘레의 길이의 차는 $20 - 12 = 8$(cm)이다.

20 ③

'96개의 정상 제품과 4개의 불량품 중 무작위로 뽑은 1개가 불량품일 때'라고 하였으므로 1개를 뽑은 사건은 이미 일어난 것으로 취급하여 조건부 확률이 된다. 따라서 남아 있는 99개의 제품(정상 제품 96개와 불량품 3개) 중 1개를 뽑아 불량품이 될 확률을 의미한다. 즉, $\frac{3}{99} = \frac{1}{33}$이다.

21 ④

브레인스토밍은 질보다는 양에 중점을 맞춘 자유연상법의 대표적인 방법이다.

22 ③

- A(승용차, 4시간 30분): 1시간 기본 요금＋3시간 30분 추가 요금을 지불해야 하므로 주차비용은 1,000원＋(600원×7)＝5,200원이다.
- B(소형 화물차, 6시간): 1시간 기본 요금＋5시간 추가 요금을 지불해야 하므로 주차비용은 1,500원＋(700원×10)＝8,500원이다.
- C(대형 화물차, 3시간 30분): 1시간 기본 요금＋2시간 30분 추가 요금을 지불해야 하므로 주차비용은 2,000원＋(800원×5)＝6,000원이다.
- D(버스, 2시간 30분): 1시간 기본 요금＋1시간 30분 추가 요금을 지불해야 하므로 주차비용은 2,500원＋(1,000원×3)＝5,500원이다.

따라서 금일 주차장 이용자들의 총 합산 주차비용은 5,200＋8,500＋6,000＋5,500＝25,200(원)이다.

23 ⑤

파란 모자의 온라인 설문조사 결과 제품에 대한 기대감도 크지만, 비용 증가에 따른 불안감도 존재한다는 발언은 직감, 감정 등을 이야기하는 빨간 모자의 답변으로 적절하다.

파란 모자는 각 모자의 핵심의견을 종합하고, 향후 제품출시에 관한 리스크를 최소화하며 시장경쟁력을 강화할 수 있는 구체적인 목표를 설정하는 답변이 적절하다.

24 ①

A의 진술에 따라 무거운 순서는 초록－빨강－파랑

B의 진술에 따라 파랑－노랑

D의 진술에 따라 노랑－하양

E의 진술에 따라 빨강－노랑

C의 진술에 따라 초록은 하양 가방, 빨간 가방보다 무거운데, D, E의 진술에 따르면 빨간 가방은 하양 가방보다 무거우므로 초록－빨강－하양

따라서 A~E의 진술을 종합해 보면 초록－빨강－파랑－노랑－하양 순으로 무겁다.

| 문제해결 Tip |

각 진술에 따라 무거운 순서를 정리해서 나열한다.

25 ③

첫 번째, 두 번째 조건에 따라 플루트 연주자 두 사람(A, B)과 호른 연주자 A를 원탁에 임의로 앉히면 다음과 같다.

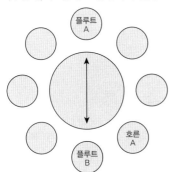

세 번째 조건에 따라 호른 연주자 B의 왼쪽에 오보에 연주자 B가 앉으면 다음과 같이 위치가 정해진다.

(1)
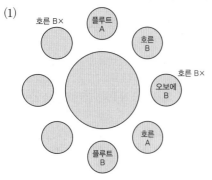

(2)
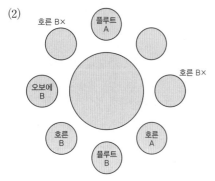

(3)
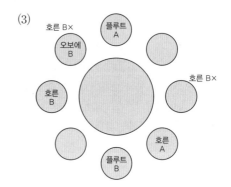

네 번째, 다섯 번째 조건에 따라 바이올린 연주자가 앉으면 다음과 같다.

(1)
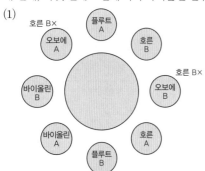

(2)
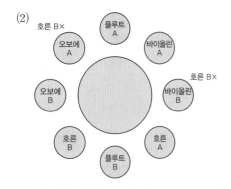

(3)
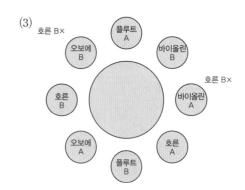

따라서 옳은 것은 '호른 연주자 A는 오보에 연주자와 마주보고 앉아 있다.'이다.

| 오답풀이 |

① 호른 연주자 두 사람은 서로 이웃하여 앉지 않는다.

② 플루트 연주자 A의 오른쪽에 오보에 연주자가 앉는다.

④ 오보에 연주자는 호른, 바이올린 연주자와 마주보고 앉는다.
⑤ 플루트 연주자 A의 오른쪽에는 오보에 연주자 A 또는 B가 앉는다.

26 ②

A~E 5명 중 1명만 거짓을 말하고 있으므로 서로 동일한 이야기를 하는 A와 E의 진술은 항상 사실이다.
따라서 A는 항상 B보다 앞에 서 있다.

| 오답풀이 |

① C의 진술이 거짓인 경우 D는 B보다 앞에 서 있을 수 있으므로 항상 참인 설명은 아니다.
③ D의 진술이 거짓인 경우 E와 D 사이에 사람이 서 있을 수 있으므로 항상 참인 설명은 아니다.
④ B의 진술이 참이고, C의 진술이나 D의 진술이 거짓인 경우에도 모순이 없으므로 항상 참인 설명은 아니다.
⑤ D의 진술이 거짓일 경우 C가 A보다 앞에 서 있을 수 있으므로 항상 참인 설명은 아니다.

27 ③

전제1과 전제2를 벤다이어그램으로 나타내면 다음과 같다.

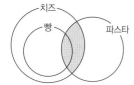

치즈와 파스타 사이에는 반드시 색칠된 부분만큼의 공통영역이 존재한다. 따라서 이에 해당하는 '치즈를 좋아하는 어떤 사람은 파스타를 좋아한다.'는 항상 참이 된다.

| 오답풀이 |

① 파스타를 좋아하지만 치즈를 좋아하지 않는 사람도 존재할 수 있다.
② 치즈를 좋아하지만 파스타를 좋아하지 않는 사람도 존재할 수 있다.
④ 다음과 같은 벤다이어그램도 가능하다.

⑤ 파스타를 좋아하지만 빵을 좋아하지 않는 사람도 존재 할 수 있다.

28 ④

서울 시각을 0이라고 할 때, 도시별 시간차를 정리하면 다음과 같다.

런던	파리	방콕	서울	시드니
-9	-8	-2	0	+2

서울 시각으로 오전 11시에 동시에 화상회의를 시작해 2시간 30분 후 종료하였으므로 회의가 종료된 시각은 서울을 기준으로 13시 30분, 즉 오후 1시 30분이다. 이에 따라 회의가 종료되는 런던 시각은 오전 4시 30분이고, 파리 시각은 오전 5시 30분이며, 방콕 시각은 오전 11시 30분, 시드니 시각은 오후 3시 30분이다.

29 ③

㉠ 문제 도출: 선정된 문제를 분석하여 해결해야 할 것이 무엇인지를 명확히 하는 단계
㉡ 문제 인식: 해결해야 할 전체 문제를 파악하여 우선순위를 정하고, 선정문제에 대한 목표를 명확히 하는 단계
㉢ 실행 및 평가: 해결안 개발을 통해 만들어진 실행계획을 실제 상황에 적용하는 활동으로 당초 장애가 되는 문제의 원인들의 해결안을 사용하여 제거하는 단계
㉣ 해결안 개발: 문제로부터 도출된 근본 원인을 효과적으로 해결할 수 있는 최적의 해결 방안을 수립하는 단계

30 ①

㉠ 의인 유추: 사고하는 자가 물리적인 어떤 실체나 그 한 부분이 되도록 하여 심리적인 감정이입을 경험하도록 하는 방법이다. 자신이 직접 코로나19 바이러스가 되어 보다 효과적이고 창의적인 방역 활동이 무엇인지를 생각해 볼 수 있다.
㉡ 직접적인 유추: 두 가지 사물, 아이디어, 현상, 개념들을 직접적으로 연관시키는 방법으로, 정해진 답이 없기 때문에 합리적인 사고가 어려워 비합리적인 요소를 중시한다. 코로나19의 확산과 인터넷의 확산은 전혀 유사점이 없는 것으로서 둘의 비교를 통해 새로운 아이디어를 도출하고자 하는 발상법이다.
㉢ 환상적 유추: 현실적인 유추를 통해서는 문제가 해결될 수 없을 때 활용하는 환상적, 비현실적인 방법으로, 발효식품에서 코로나19의 백신을 얻을 수 없을까 자문해 보는 것과 같이 상상력에 기반한 유추 방법이다.

31 ①

어떤 사람이 특정 대학 출신이라는 것만으로 그 사람의 능력이 좋을 것이라고 판단하는 것은 전형적인 상동적 태도라고 할 수 있다.

| 오답풀이 |
② 외모가 단정한 직원이 업무 능력도 뛰어날 것으로 판단하는 것은 '후광 효과(Halo Effect)'에 해당한다.
③ 내가 힘들어하니 다른 사람들도 같은 감정을 느낄 것으로 판단하는 것은 '투영 효과(Projection Effect)'에 해당한다.
④ 성과가 좋으면 내 덕분이고, 실패하면 상황이 나빴던 것이라고 생각하는 것은 '자존적 편견(Self-serving Bias)'에 해당한다.
⑤ 특정 지역 출신이기 때문에 성과가 높거나 낮을 것으로 판단하는 것은 '상관편견(Correlation Bias)'에 해당한다.

| 문제해결 Tip |
지각 오류의 종류와 뜻은 다음과 같다.
• 후광 효과(Halo Effect): 어떤 대상에 대한 첫인상이 평가 전반에 긍정적인 영향을 미치는 현상
• 상동적 태도(Stereotyping): 대상이 속한 집단에 대한 고정관념이나 선입견에 따라 평가하는 오류
• 지각적 방어(Perceptual Defense): 개인에게 불편하거나 위협이 되는 정보를 무의식적으로 회피하는 현상
• 투영 효과(Projection Effect): 자신의 감정이나 태도를 타인에게 투영하여 잘못된 평가를 내리는 오류
• 자성적 예언(Self-fulfilling Prophecy): 기대나 믿음이 실제 결과에 영향을 미치는 현상
• 자존적 편견(Self-serving Bias): 성공은 자신의 능력 덕분이고, 실패는 외부 요인 때문이라고 판단하는 오류
• 순위 효과(Order Effect): 대상을 평가할 때 인식한 순서에 따라 결과가 달라지는 현상
• 근접오류(Proximity Error): 평가자가 시간적·공간적으로 가까운 대상에 대해 더 호의적으로 평가하는 현상

32 ②

동료들의 의견을 종합하면 W는 순응형의 팔로워십을 보이는 직원인 것을 알 수 있다. 순응형 팔로워십을 가진 직원은 기쁜 마음으로 과업 수행을 하며, 팀플레이를 하고, 리더나 조직을 믿고 헌신한다. 또한 기존 질서를 따르는 것이 중요하고, 리더의 의견을 거스르는 것은 어려우며, 획일적인 태도와 행동에 익숙한 특징을 보인다. 이러한 직원에 대하여 동료들은 아이디어가 없고, 인기 없는 일은 하지 않으려 한다거나 조직을 위해 자신과 가족의 요구를 양보한다고 판단하는 특징이 있다.

팔로워십 유형

- **소외형**: 스스로를 자립적이라 생각하며, 일부러 반대 의견을 낸다. 조직이 자신을 인정해 주지 않는다고 생각하며, 불공정하고 적절한 보상이 없다고 여긴다. 동료들은 그를 냉소적이고, 부정적인 사람으로 바라본다.
- **순응형**: 기쁜 마음으로 과업을 수행하고 리더나 조직을 믿고 헌신한다. 기존의 질서를 따르는 것이 중요하며, 획일적인 태도나 행동에도 익숙하다. 동료들은 그를 아이디어가 없고, 인기 없는 일은 하지 않는 사람으로 여긴다.
- **실무형**: 조직의 운영 방침에 민감하고, 사건을 균형 잡힌 시각으로 보고자 한다. 그는 조직이 명령과 계획을 빈번하게 변경하고 리더와 부하 간의 비인간적인 풍토가 있다고 본다. 동료들은 그를 개인의 이익을 극대화하는 사람으로 여기며, 적당한 열의와 평범한 수완으로 업무를 수행한다고 생각한다.
- **수동형**: 판단 및 사고를 리더에 의존하며, 리더의 지시가 있어야 행동한다. 조직은 자신의 아이디어를 원치 않는다고 생각하고 노력과 공헌이 아무 소용없다고 느낀다. 동료들은 그를 하는 일이 없는 사람으로 여기며, 업무 수행에 감독이 필요한 사람으로 생각한다.
- **주도형**: 조직과 팀의 목적 달성을 위해 독립적·혁신적으로 사고하고 역할을 적극적으로 실천한다.

33 ⑤

'민주주의에 근접한'이라는 말에서 알 수 있듯, 민주주의적 유형의 리더들이 비록 민주주의적이긴 하지만 최종 결정권은 리더에게만 있다.

| 오답풀이 |
① 조직에 대한 명확한 비전을 제시하고, 집단 구성원들에게 비전을 쉽게 전달하는 것은 변혁적 유형에 대한 설명이다.
② 파트너십 유형의 리더가 있는 집단은, 집단의 모든 구성원이 집단의 행동에 따른 결과 및 성과에 대해 책임을 공유한다.
③ 의사 결정과 대부분의 핵심 정보를 그들 스스로에게 국한하는 것은 독재자 유형의 특징이다.
④ 대부분의 핵심 정보를 독점하고 유지하는 것은 독재자 유형의 특징이다.

34 ⑤

A팀장은 팀원 간의 입장을 충분히 듣고, 모두가 만족할 수 있는 해결책을 찾고자 팀원 간 대화를 유도하고 친화성을 강화하였다. 이는 '나도 이기고 너도 이기는(win－win)' 방식의 통합형 갈등 해결 전략에 해당한다.

| 오답풀이 |
① 회피형: 갈등 상황을 덮어두거나 피하려는 방식으로, 상황 해결을 미루는 전략이다.
② 경쟁형: 자신의 입장을 관철시키기 위해 상대방을 희생시키는 방식이다.
③ 수용형: 상대방의 요구를 우선시하며 자신의 입장은 양보하는 방식이다.
④ 타협형: 갈등 당사자들이 서로 조금씩 양보하여 중간 지점에서 해결책을 찾는 방식이다.

35 ②

[보기]의 8가지 방해 요인 중 대인적 차원에서의 방해 요인에 해당하는 것은 ⓒ, ⓔ, ⓗ, ⓢ 4가지이다.

| 오답풀이 |
관리적 차원에서의 방해 요인은 ㉠, ㉡, ㉢이고, 조직 차원에서의 방해 요인은 ⓜ이다.

| 문제해결 Tip |
임파워먼트 장애요인
1. 개인 차원: 주어진 일을 해내는 역량의 결여, 동기의 결여, 결의의 부족, 의존성, 책임감 부족
2. 대인 차원: 다른 사람과의 성실성 결여, 약속 불이행, 성과를 제한하는 조직의 규범, 갈등처리 능력 부족, 승패의 태도
3. 관리 차원: 통제적 리더십 스타일, 효과적 리더십 발휘 능력 결여, 경험 부족, 정책 및 기획의 실행 능력 결여, 비전의 효과적 전달 능력 결여
4. 조직 차원: 공감대 형성이 없는 구조와 시스템, 제한된 정책과 절차

36 ③

'모두를 만족시킬 수 있는 방안은 무엇인가'는 상대방이 필요로 하는 것에 대해 생각해 보았다는 의미로, 2단계에서 던질 수 있는 질문이다. 3단계 '상호 입장 명확히 하기'는 서로의 입장에 있어 동의하는 부분과 다른 부분은 무엇인지를 알아보고 자신이 이해한 바를 명확히 하는 단계로 다음과 같은 화두를 생각해 보는 것이 효과적이다.
- 우리가 서로 동의하는 부분을 검토해 보자. 우리가 원하는 것은 이러이러한 것인가?
- 우리가 서로 다른 부분을 검토하자. 당신이 바라는 것은 이렇고, 내가 바라는 것은 이렇다.
- 네 생각이 바로 이런 것인가?

37 ⑤

목표를 달성하기 위해 노력하는 팀이라면 갈등은 항상 일어나게 마련이다. 갈등은 의견 차이가 생기기 때문에 발생하게 된다. 그러나 이러한 결과가 항상 부정적인 것만은 아니다. 갈등은 새로운 해결책을 만들어 주는 기회를 제공한다. 중요한 것은 갈등에 어떻게 반응하느냐 하는 것이다. 갈등이나 의견의 불일치는 불가피하며 본래부터 좋거나 나쁜 것이 아니라는 점을 인식하는 것이 중요하다. 또한, 갈등 수준이 적정할 때는 조직 내부적으로 생동감이 넘치고, 변화 지향적이며 문제 해결 능력이 발휘된다. 그 결과 조직 성과는 높아지고, 갈등의 순기능이 작용한다.
따라서 B팀은 갈등의 순기능을 경험할 수 없어 이를 통한 발전을 기대하기 어려운 조직이며, A팀은 갈등의 순기능으로 조직성과가 높아지는 경험을 하고 있는 조직으로 구분할 수 있다.

38 ⑤

㉠ 거울반응하기는 거울처럼 내담자의 행동을 그대로 따라하는 기법으로 내담자가 왼손을 들어 머리를 만지면 상담자도 왼손을 들어 머리를 만지는 방식이다. 이는 내담자가 알아차리지 못하게 행동을 따라 하는 것이 더 효과적이다.

㉡ 역추적은 내담자와 이야기하는 중간에 내담자가 말한 특정 핵심 단어를 한 번 더 반복해서 말하는 것 혹은 이미 이루어진 상황이나 일의 전개 과정을 끝에서부터 처음 시작에 이르기까지 역으로 되돌아보거나 전체 과정을 요약하는 것이다. 이렇게 하면 내담자는 자신의 말이 경청되고 있다는 느낌을 받아 상담자와의 신뢰감을 형성하게 된다.

㉢ 맞추기는 상담자가 자신의 동작, 호흡, 음조, 자주 사용하는 표현 등을 내담자에게 맞추는 것이다. NLP 상담자는 맞추기를 통하여 내담자와 라포를 형성한 다음 그를 상담자의 의도나 목적에 맞추어 특정한 방향으로 인도하는 이끌기(leading)를 시도한다.
따라서 [보기]의 설명은 모두 옳다.

39 ②

효과적인 갈등 관리로 혼란과 내분을 방지하고 팀 진전 과정에서의 방해 요소를 미리 없애기 위해서는 팀원 사이의 갈등을 발견하게 되면 제3자로서 재빨리 개입하여 중재해야 하며, 갈등을 일으키고 있는 구성원들과의 비공개적인 미팅을 통해 그들 각자에게 동일한 질문으로 의견을 교환해야 한다. 팀장 P는 갈등 해결에 도움을 주기는 하였으나, 팀원 간의 갈등에 개입하지 않고 팀원들을 지켜보았으므로 팀워크 촉진 측면에서 적절하게 행동하였다고 보기 어렵다.

| 오답풀이 |
- 팀장 K: 팀워크 촉진 방법 중 창의력 조성을 위한 협력에 대한 사례이다. 아이디어에 대한 아무런 제약을 가하지 않는 환경을 조성할 때 협력적인 풍토를 조성할 수 있으므로 팀워크 촉진 방법으로 적절하다.
- 팀장 L: 팀워크 촉진 방법 중 동료 피드백 장려에 대한 사례이다. 팀 목표를 달성하도록 팀원을 고무시키는 환경을 조성하기 위해서는 행동과 수행을 관찰한 뒤 즉각적인 피드백을 제공하는 등 동료의 피드백을 장려해야 하므로 팀워크 촉진 방법으로 적절하다.

40 ⑤

협상 당사자들이 서로에 대한 정보를 많이 공유하고 있을 때 우호적 인간관계의 유지가 중요한 경우, 협상 당사자 간에 신뢰가 쌓여 있는 경우 유용한 것은 협상전략이다.

41 ②

각 직급자 간의 갈등은 주로 업무 목표의 불명확성에서 비롯되는 경우가 많다. 갈등을 해소하기 위해서는 상사인 과장이 부하직원인 대리에게 명확한 업무 목표와 기대를 전달하고, 업무의 범위와 책임을 확실히 해 주는 것이 중요하다. 상호 간의 기대 차이를 줄이는 방식으로 소통과 명확한 역할 분담이 필요하다.

42 ②

주어진 그림은 Henry Laurence Gantt가 창안한 간트 차트이다. 이 차트는 단계별로 업무의 시작과 끝나는 데 걸리는 시간을 확인할 수 있으며, 이와 업무와의 상관관계를 파악할 수 있다. 또한, 표 하나로 전체 업무의 과정을 파악할 수 있다는 장점이 있다. 최근에는 마이크로 엑셀 등의 프로그램으로 단계별 시작일과 종료일을 기입하면 쉽게 만들어 사용할 수 있다.

43 ②

인사부에서는 평가 및 신고관리, 상벌관리, 인사발령 등의 업무를 다루고 있고, 감사실에서는 청렴도 향상 종합 대책, 청렴교육, 부정청탁금지법 업무 추진(신고조사 포함), 반부패 경쟁력 평가 업무 추진, 부패영향평가제도 운영 등의 업무를 다루므로 두 곳에 모두 신고할 수 있다.
따라서 주어진 부서별 업무 내용에 따르면 부패를 저지른 직원을 신고할 수 있는 부서는 인사부와 감사실 두 곳이므로 2개이다.

44 ④

아랍 국가의 사람들은 시간 약속은 형식적일 뿐이며, 상대방이 당연히 기다려 줄 것으로 생각한다.
따라서 이 지역 사람들과 일을 같이 할 때는 인내를 가지고 예의 바르게 기다려 주는 국제 매너가 필요하다.

45 ③

U형 조직구조는 중앙집중적으로 의사결정이 이루어지는 구조로 부서들이 상위 지시를 따르며 비교적 독립적으로 운영되지 않는다. 기능 간 협력이 필요하나 조정이 어렵고 비효율이 발생할 수 있다. 안전성과 효율성이 중요시되는 환경에서 적합하며, 거래 비용 절감과 전략적 통합 관리에 효과적이다.
M형 조직구조는 제품 또는 지역별로 조직이 분화되며, 각 부서는 자율적으로 운영된다. 전문성 발휘와 효율성 증진에 유리하지만, 부서 간 정보 교환이 어렵고 협력 부족이나 목표 충돌, 갈등이 발생할 가능성이 존재한다.

46 ①

조직 경영의 대가인 피터 드러커는 효율적인 업무 수행을 위한 일의 5단계를 제시한 바 있다. 그의 일의 5단계는 조직이나 개인이 효율적으로 일할 수 있도록 도와주는 원칙을 제시한 것으로, 5단계는 다음과 같다.
1) 무엇을 해야 할 것인가?
2) 그 일을 어떻게 해야 할 것인가?
3) 무엇이 중요한가?

4) 우선순위를 어떻게 둘 것인가?
5) 내가 한 일을 어떻게 평가할 것인가?

47 ④

특정 연령대의 손님에게 사은품을 끼워 판매하는 방법은 단순 마케팅의 일환이며, 그루엔 효과를 활용한 것으로
볼 수 없다.

| 오답풀이 |

그루엔 효과는 소비자 행동을 이해하는 데 중요한 개념으로, 매장 환경이나 상점 디자인이 소비자에게 미치는 영향을 잘 활용하면 매출 증대와 구
매 촉진에 크게 기여할 수 있다. 이 효과는 소매업체들이 고객을 유도하기 위한 전략적 요소로 활용되기도 한다.
상점의 입구나 주요 통로에 할인 상품이나 인기 제품을 배치하여 소비자가 들어가면서 자연스럽게 눈길을 끌게 만드는 방법, 매장 내 조용하고 편
안한 음악과 조명을 사용하여 소비자가 매장에서 오래 머무르게 만들고, 그 과정에서 추가 구매를 유도하는 방법, 소비자들이 자주 지나칠 수 있는
곳에 새로운 제품이나 광고를 배치하여 구매를 유도하거나, 구매하고 싶은 욕구를 자극하는 방법 등이 대표적으로 그루엔 효과를 활용한 마케팅
방법이라고 할 수 있다.

48 ④

주어진 사례는 가족이라는 공동사회와 ○○사라는 이익사회를 뜻하고 있으므로, 구성원들의 결합의지에 따른 분
류에 해당한다.

| 문제해결 Tip |

소속감에 따른 집단 분류
- 내집단(혹은 우리집단 we-group): 내가 소속해 있으면서 동시에 그 집단에 소속감을 갖고 있는 집단
- 외집단: 내가 소속해 있지 않으면서 이질감이나 적대 의식을 갖는 집단

접촉방식에 따른 분류
- 1차집단(primary group): 원초적 집단이라고도 하는데, 주로 구성원 간의 친밀감을 바탕으로 접촉이 이루어지는 집단
- 2차집단(secondary group): 구성원 간의 관계가 특정 목적을 달성하기 위한 수단적인 만남을 바탕으로 하는 집단

결합의지에 따른 분류
- 공동사회: 일종의 '자연발생적인 공동체'를 의미한다. 퇴니스에 따르면 공동사회란 인간으로서의 '본질 의지'에 의해 구성되는 사회 혹은 집단인
  데, 말하자면 가족이나 농촌의 마을 공동체, 부족, 민족처럼 내가 선택한 게 아니라 선천적으로 결성된 집단들이 여기에 해당함.
- 이익사회: 공동사회와 달리 인위적이고 선택적인 의지를 결합한 사회 혹은 집단을 의미한다. 저절로 구성된 것이 아니기 때문에 이익사회는 구
  성원 간의 계약과 일정한 절차와 규칙이 집단 구성의 바탕이 된다. 예를 들면 학교, 회사, 정당처럼 특정한 목적을 달성하기 위해 구성된 집단들
  을 생각하면 됨.

49 ④

㉠에 해당하는 것은 SO전략이다. SO전략에는 기초화장품 기술력을 통하여 경쟁력 있는 남성 기초화장품
을 개발하는 것이 해당한다.

| 오답풀이 |

① 정부의 지원을 통한 제품의 가격 조정은 WO전략에 해당한다.
② 남성 화장품 이외의 라인에 주력하여 경쟁력을 강화하는 것은 WT전략에 해당한다.
③ 기초화장품 기술력을 남성 화장품 이외의 라인에 적용하는 것은 ST전략에 해당한다.
⑤ 높은 기술력으로 경쟁업체와 차별화된 남성 화장품을 개발하는 것은 ST전략에 해당한다.

50 ①

Cell 조직의 리더는 대표라는 호칭과 함께 권한을 부여한다는 내용은 있으나 그 권한이 인사·예산·기획에 대한
권한인지는 제시된 사례를 통해서는 알 수 없다.

찐기출 모의고사

01	④	02	⑤	03	①	04	④	05	⑤	06	②	07	①	08	④	09	③	10	③
11	①	12	⑤	13	②	14	③	15	②	16	②	17	②	18	④	19	②	20	①
21	③	22	⑤	23	③	24	②	25	④	26	③	27	④	28	②	29	⑤	30	①
31	③	32	②	33	④	34	⑤	35	②	36	②	37	①	38	⑤	39	⑤	40	②
41	④	42	④	43	⑤	44	⑤	45	①	46	④	47	②	48	③	49	③	50	②
51	⑤	52	⑤	53	③	54	①	55	④										

01 ④

소통 역량 향상 워크숍은 조직문화 개선 관련 내용으로, 글의 핵심 주제인 탄소포집 기술 개발, 실증, 상용화, 해외 진출 등과 관련없는 내용으로 문맥상 어울리지 않는다.

| 오답풀이 |
① 기술의 성능 개선과 활용도에 대한 설명으로, 전체 기술의 효용을 강조하는 흐름에 부합한다.
② 소형 모듈의 특징 및 적용 가능성에 관한 설명으로, 기술의 확장성과 적용 범위를 다룬다.
③ 향후 개발 계획 및 외부 협력(건설사와 논의 중)에 관한 내용으로, 앞의 내용과 이어진다.
⑤ 앞서 언급된 플랜트 실증 사업의 구체적 운영 계획을 기술적 맥락 안에서 이어가는 문장이다.

02 ⑤

공고문에서는 평가 방식이 1차 서류(정량), 2차 발표(정성) 평가임을 명시했지만, 각 항목별 구체적인 배점 기준이나 세부 평가 요소는 언급되지 않았다.

| 오답풀이 |
① 지원 내용에 기술 컨설팅과 판로 연계에 대한 내용이 나와 있다.
② 제출 서류에 회계결산서 또는 부가세신고서로 매출 및 재무 구조를 확인한다고 나와 있다.
③ 2차 발표 평가는 전문가의 정성 평가라고 명시되어 있다.
④ 신청 자격의 실적 조건에 최근 2년 이내 환경기술 관련 정부 또는 공공기관 과제 수행 실적이 필요하다고 명시되어 있다.

03 ①

A기업은 공고문에서 요구하는 모든 자격 요건을 충족한다.
― 본사 소재지: 충청북도
― 업력: 2019년 6월 10일 창립 → 2024년 5월 1일 기준, 4년 11개월(7년 이내 충족)
― 실적: 2023년도 환경부 과제 수행 → 최근 2년 이내 정부기관 과제 충족

| 오답풀이 |
② B기업은 공고일 기준 업력 9년 1개월이므로 자격요건에 충족하지 못한다.
③ C기업은 본사 소재지가 충청남도이므로 지역 조건을 충족하지 못하고, 정부 및 공공기관 과제 실적이 없다. 대기업 주관 실적만 있다.
④ D기업은 최근 2년 이내의 정부 및 공공기관 과제 수행의 조건에 맞지 않는다. 공고일 기준 2022~2023년 사업만 인정된다.

04 ④

- (A): (A)에 이어지는 문장은 2035년부터 내연기관 자동차의 출시가 금지되어 친환경 차량 개발 및 상용화가 빠르게 이루어져야 한다는 내용이므로, (A)에는 그 주체가 되는 자동차 기업들에 대해 언급하고 있는 ⓒ이 오는 것이 적절하다.
- (B): (B)에 선행하는 문장은 유럽연합 차원에서 발표한 'Fit for 55'로 프랑스에서 기존 목표 달성 계획을 변경해야 한다는 내용이므로, (B)에는 프랑스 정부가 'Fit for 55'에 대해 면밀히 검토한 이후에 세부 지침을 내놓을 예정이라는 내용인 ⓒ이 오는 것이 적절하다.
- (C): (C)가 포함된 문단은 프랑스가 정부 차원에서 오염물질 배출 기준을 더욱 엄격하게 적용하여 내연기관 자동차 사용의 감소를 유도하고 있는 사례에 대해 서술하고 있으므로, (C)에는 그 사례 중 하나로 연비 측정이 더욱 엄격해짐에 따라 신차 구매 시 부과되는 탄소세도 인상되었다는 내용인 ㉠이 오는 것이 적절하다.

05 ⑤

두 번째 문단에 따르면 'Fit for 55'에는 2035년부터 내연기관 자동차의 출시를 금지하는 내용이 포함되는데, 세 번째 문단에서 프랑스의 경우 2040년까지 온실가스 배출 자동차 판매를 금지한다고 하였다. 따라서 프랑스는 유럽연합 차원에서 발표한 'Fit for 55'로 내연기관 자동차의 출시 금지 시기를 2040년에서 2035년으로 5년 앞당겨야 하는 상황이다.

| 오답풀이 |
① 세 번째 문단에서 프랑스는 오염배출이 심각한 차량 교체 시 보조금을 지급한다고 하였다.
② 첫 번째 문단에서 'Fit for 55'는 온실가스 감축을 위해 국제사회가 마련한 2015년 '파리 기후변화협약' 이래로 유럽연합 차원에서 이어져 온 온실가스 및 탄소배출 감축을 위한 노력의 연장선상에서 기획된 법안 패키지라고 하였다.
③ 두 번째 문단에서 2030년까지 승용차 부문의 탄소 감축 목표를 37%에서 55%로 상향하였다고 하였다.
④ 마지막 문단에서 파리시는 2030년부터 모든 내연기관 자동차의 파리 시내 진입 금지를 예고한 바 있다고 하였다.

06 ②

'3. 도시재생 연계'에서 공공주택사업과 함께 도시재생 뉴딜사업도 연계하여 추진될 계획이며, 쪽방 주민이 거주하는 공공임대단지에 쪽방 주민들의 자활·상담 등을 지원하는 복지 시설을 설치하여 주민들이 안정적으로 재정착할 수 있도록 지원할 예정이라고 하였으므로 쪽방촌 주민들의 자활·상담 등을 지원하여 재정착을 돕는 복지 시설이 서울역 쪽방촌 부근에 설치되는 것은 아님을 알 수 있다.

| 오답풀이 |
① '4. 추진 체계 및 일정'에서 원활한 사업 추진을 위해 관계 기관과 주민지원시설이 참여하는 전담 조직(TF)을 구성·운영할 계획이라고 하였으므로 적절하다.
③ '5. 기대효과'에서 이번 사업을 통해 공급되는 임대주택의 보증금은 공공주택사업의 세입자 이주 대책을 통해 일부 지원할 예정이라고 하였으므로 적절하다.
④ '1. 서울역 쪽방촌 정비 사업 추진 배경'에서 서울역 쪽방촌은 1960년대 급격한 도시화·산업화 과정에서 밀려난 도시 빈곤층이 서울역 인근에 대거 몰리면서 형성되었다고 하였으며, 수차례 도시정비 사업 등을 통해 규모는 축소되었지만 국내에서 가장 큰 쪽방촌으로 남아 있다고 하였으므로 적절하다.
⑤ '2. 서울역 쪽방촌 정비 방안'에서 서울역 쪽방촌 정비는 공공주택사업으로 추진하며, LH와 SH가 공동사업시행자로 참여하여 공공주택 1,450호와 민간분양주택 960호 등 총 2,410호의 주택을 공급한다고 하였으므로 적절하다.

07 ①

㉠ 주민들의 참여를 기반으로 추진했다는 점에서 더 큰 의미가 있음을 이어주고 있으므로 '따라서'가 적절하다.

㉡ 지역민에게 이익이 환원되고, 이에 덧붙여 지역경제 활성화를 위한 사업모델을 제시하고 있다는 것을 이어 주고 있으므로 '그리고' 혹은 '또한'이 적절하다.

㉢ 수익이 다양한 분야에 공유되고, 이와 더불어 투자 수익도 얻을 수 있음을 이어주고 있으므로 '그리고' 혹은 '또한'이 적절하다.

08 ④

[라]는 ESG 경영을 실천하기 위한 기업 내부 프로세스 개선, 조직문화 정착, 공급망 ESG 관리 등 실질적 이행 과제가 핵심이다. 성과 홍보나 외부 이미지 관리는 이와 거리가 멀다.

| 오답풀이 |

① ESG의 정의, 도입 배경, 세계적 흐름에 대해 나타나 있다.
② ESG 경영을 위한 실행전략 수립(목표, 소통, 지표 등)에 대해 설명하였다.
③ E(친환경 경영), S(사회적 책임), G(지배구조) 각각의 핵심 과제를 설명하였다.
⑤ 다양한 기업의 ESG 경영의 성공 사례를 소개하였다.

09 ③

한국수력원자력이 개발 중인 혁신형 SMR(i−SMR)을 중심으로, 그 기술적 특징과 국제적 시장 흐름 속에서 한국이 어떻게 대응하고 있는지를 소개하는 글이다.

| 오답풀이 |

① 한계와 대안에 대한 논의는 제시되어 있지 않다.
② 주어진 글은 원전 수출 야망이 아닌, SMR 개발 및 상용화가 중심이다.
④ 국제 경쟁에서 한국이 선도하려는 의지가 강조되어 있다.
⑤ 한국은 국제 경쟁에서 소외된 것이 아니라, 기술 개발과 시장 주도를 목표로 적극적으로 참여하고 있다.

10 ③

혁신형 SMR은 170MW급이라고 언급하였다. 따라서 300MW 이상이라는 표현은 옳지 않다.

| 오답풀이 |

① SMR의 특징으로 공장 제작, 현장조립 방식이 비용과 기간 절감을 가능하게 한다고 설명하였다.
② 국제원자력기구(IAEA)의 자료를 인용하며 70종 이상 개발 중이라고 하였다.
④ 블룸버그 뉴에너지 파이낸스는 SMR 시장 규모가 2027~2040년까지 1,376GW 규모로 성장한다고 전망하였다.
⑤ 네 번째 문단에서 혁신형 SMR의 신속한 기술 개발과 산학연 기술협력을 위해 연구개발 과제를 착수했다고 하였다.

11 ①

업체에 따라 항목별 점수를 표로 나타내면 다음과 같다.

(단위: 점)

구분	품질	가격	서비스 및 AS	인지도	배송료
A업체	30	30	30	50	50
B업체	50	20	30	10	40
C업체	10	50	50	30	20
D업체	50	10	10	50	30
E업체	30	40	50	50	10

이에 따라 업체별로 최종 점수를 확인하면 다음과 같다.
- A업체: $30+30+30+50+50=190$(점)
- B업체: $50+20+30+10+40=150$(점)
- C업체: $10+50+50+30+20=160$(점)
- D업체: $50+10+10+50+30=150$(점)
- E업체: $30+40+50+50+10=180$(점)

따라서 △△공사에서 최종적으로 선택하는 업체는 A업체이다.

12 ⑤

〈회신 내용〉에 따라 항목별 점수를 표로 나타내면 다음과 같다.

(단위: 점)

구분	품질	가격	서비스 및 AS	인지도	배송료
A업체	30	68,000 → 20	30	50	1,200 → 20
B업체	50	65,000 → 30	30	10	500 → 40
C업체	10	52,000 → 40	50	30	1,000 → 30
D업체	50	70,000 → 10	10	50	0 → 50
E업체	30	51,000 → 50	50	50	1,440 → 10

이에 따라 업체별로 최종 점수를 확인하면 다음과 같다.
- A업체: $30+20+30+50+20=150$(점)
- B업체: $50+30+30+10+40=160$(점)
- C업체: $10+40+50+30+30=160$(점)
- D업체: $50+10+10+50+50=170$(점)
- E업체: $30+50+50+50+10=190$(점)

따라서 △△공사에서 최종적으로 선택하는 업체는 E업체이다.

13 ②

인쇄기 A는 1초당 1매를 인쇄하므로 3초당 3매를 인쇄하고, 인쇄기 B는 2분당 160매를 인쇄하므로 3초당 4매를 인쇄한다. 즉, 두 인쇄기 A, B를 동시에 가동하면 3초당 7매를 인쇄할 수 있다. $100=7\times14+2$이므로 두 인쇄기 A, B는 $3\times14=42$(초) 동안 98매를 인쇄하고, 1초 후 2매를 인쇄하게 되므로 두 인쇄기 A, B를 동시에 사용하여 100매를 인쇄할 때 걸리는 최소 시간은 43초이고, $x=43$이다.

인쇄기 E는 1분당 60매를 인쇄하므로 1초당 1매를 인쇄한다. 즉, 두 인쇄기 D, E를 동시에 가동하면 1초당 3매를 인쇄할 수 있다. $110=3\times36+2$이므로 두 인쇄기 D, E는 36초 동안 108매를 인쇄하고, 1초 후 3매를 인쇄하게 되므로 두 인쇄기 D, E를 동시에 사용하여 110매를 인쇄할 때 걸리는 최소 시간은 37초이고, $y=37$이다.

∴ $x+y=43+37=80$

14 ③

인쇄기 D는 1초당 2매를 인쇄하므로 3초당 6매를 인쇄한다. 즉, 두 인쇄기 C, D를 동시에 가동하면 3초당 10매를 인쇄할 수 있다. 200＝10×20이므로 두 인쇄기 C, D는 3×20＝60(초) 동안 200매를 인쇄하므로 두 인쇄기 C, D를 동시에 사용하여 200매를 인쇄할 때 걸리는 최소 시간은 60초이다.

인쇄기 E는 1분당 60매를 인쇄하므로 1초당 1매를 인쇄한다. 즉, 두 인쇄기 D, E를 동시에 가동하면 1초당 3매를 인쇄할 수 있다. 200＝3×66+2이므로 두 인쇄기 D, E는 66초 동안 198매를 인쇄하고, 1초 후 3매를 인쇄하게 되므로 두 인쇄기 D, E를 동시에 사용하여 200매를 인쇄할 때 걸리는 최소 시간은 67초이다.

따라서 두 인쇄기 C, D를 사용하여 200매를 인쇄할 때 걸리는 최소 시간은 두 인쇄기 D, E를 사용할 때의 최소 시간보다 67－60＝7(초) 덜 걸린다.

15 ②

주어진 자료에 따라 직원별 월 소정근로시간을 구하면 다음과 같다.

- 최 사원: (48+8)×4.5＝252(시간)
- 김 주임: (44+8)×4.5＝234(시간)
- 한 대리: (48+8)×4.5＝252(시간)
- 정 과장: (40+8)×4.5＝216(시간)
- 박 차장: (44+8)×4.5＝234(시간)

이에 따라 직원별 1일당 통상연차수당을 구하면 다음과 같다.

- 최 사원: $8 \times \{(260+5) \div 252\} ≒ 8.4$(만 원)
- 김 주임: $8 \times \{(280+5) \div 234\} ≒ 9.7$(만 원)
- 한 대리: $8 \times \{(300+5) \div 252\} ≒ 9.7$(만 원)
- 정 과장: $8 \times \{(340+8) \div 216\} ≒ 12.9$(만 원)
- 박 차장: $8 \times \{(380+10) \div 234\} ≒ 13.3$(만 원)

따라서 직원별 잔여 연차 수당은 다음과 같다.

- 최 사원: 9×8.4＝75.6(만 원)
- 김 주임: 7×9.7＝67.9(만 원)
- 한 대리: 6×9.7＝58.2(만 원)
- 정 과장: 5×12.9＝64.5(만 원)
- 박 차장: 5×13.3＝66.5(만 원)

16 ②

[그래프]의 신·재생에너지 생산량 비중이 꾸준히 증가하는 것으로 보아 2018년부터 2022년까지 생산량이 꾸준히 증가하고 있다는 것을 알 수 있다.

| 오답풀이 |

① [그래프]의 총 1차에너지 생산량 그래프에 제시되어 있다. 2019년, 2020년에는 감소하였다.

③ 1차 에너지에서 태양광이 차지하는 비중을 계산하면 다음과 같다.

- 2020년＝$\dfrac{4,165}{292,076} \times 100 ＝ 33.6(\%)$

- 2021년＝$\dfrac{5,317}{300,515} \times 100 ＝ 38.0(\%)$

- 2022년＝$\dfrac{6,609}{303,954} \times 100 ＝ 42.1(\%)$

2022년만 40% 이상을 차지한다.

④ 각 에너지 생산량에 대한 자세한 수치는 [표]에서 확인 가능하지만 2020년부터 2022년까지의 수치만 제시되어 있으므로 해당 내용은 확인할 수 없다.

⑤ 2022년 신 · 재생 에너지 생산량은 15,706천 toe이며, 전년인 2021년 신 · 재생에너지 생산량은 14,000천 toe이다.
2022년 신 · 재생에너지 생산량의 전년 대비 증가율을 계산하면 다음과 같다.

$$\frac{(15,706-14,000)}{14,000} \times 100 = 12.19\%$$

| 문제해결 Tip |

③은 정확한 수치가 필요한 보기가 아니다. 1차 에너지 생산량의 40%에 해당하는 수치를 어림값으로 비교하여 찾는다면 계산시간을 단축할 수 있다.

⑤는 실제 계산식을 세워 계산을 하기보다, 전년도 숫자가 14,000천 toe로 계산을 쉽게 할 수 있는 숫자이므로, 어림값으로 계산하여 해당 보기의 옳고 그름을 확인할 수 있다.

17 ②

ⓛ 모든 지역에서 인구가 더 많으면 자동차도 더 많은 것을 확인할 수 있다.

ⓒ 자동차당 도로연장이 10km/천 대 이상인 지역은 9,940÷783≒12.7(km/천 대)인 강원과 10,636÷1,056 ≒10.1(km/천 대)인 전남 2곳이다.

| 오답풀이 |

⊙ 인구 천 명당 도로연장이 전국 합계인 2.15km/천 명보다 더 낮은 지역은 14,030÷13,240≒1.06(km/천 명)인 경기가 유일하다.

ⓔ 도로연장 상위 4개 지역은 경기, 경북, 경남, 전남 순이며, 포장률 상위 4개 지역은 제주, 경기, 충남, 충북 순이다.

18 ④

충북과 충남의 값과 전북과 전남의 값이 서로 바뀌었다.

| 오답풀이 |

② 인구 천 명당 도로연장(km)은 $\frac{\text{도로연장(km)}}{\text{인구(천 명)}}$ 으로 계산한다.

③ 인구 천 명당 자동차 수(대)는 $\frac{\text{자동차 수(천 대)}}{\text{인구(천 명)}}$ 로 계산한다.

19 ②

연도별로 무역수지를 확인해 보면 다음과 같다.

• 2019년: 39,679,706－68,320,170＝－28,640,464(천 달러)≒－286(억 달러)
• 2020년: 38,796,057－64,363,080＝－25,567,023(천 달러)≒－256(억 달러)
• 2021년: 34,662,290－60,029,355＝－25,367,065(천 달러)≒－254(억 달러)

따라서 2021년까지 무역수지는 매년 200억 달러 이상 적자이다.

| 오답풀이 |

① 2020년 수출 건수는 653,147건이고, 2021년 수출 건수는 656,142건이다. 따라서 증가율은 $\frac{656,142-653,147}{653,147} \times 100 ≒ 0.46(\%)$이므로 0.5% 미만이다.

③ [그래프]에서 수출 건수는 해마다 꾸준히 증가하였지만, 2020년 수입 건수(902,036건)는 전년(946,410건) 대비 감소하였다.

④ 2020년부터 2022년까지 전년 대비 수출액 증감을 살펴보면 다음과 같다.
   • 2020년: 38,796,057－39,679,706＝－883,649(천 달러)
   • 2021년: 34,662,290－38,796,057＝－4,133,767(천 달러)
   • 2022년: 32,183,788－34,662,290＝－2,478,502(천 달러)
   • 2023년: 25,576,507－32,183,788＝－6,607,281(천 달러)
   따라서 수출액이 두 번째로 많이 감소한 해는 2021년이다.

⑤ 2019년부터 2022년까지 수입 건수가 가장 많은 해는 2022년이고, 수입 건수가 가장 적은 해는 2020년이다. 이때의 수출액은 각각 32,183,788천 달러, 38,796,057천 달러이고, 두 금액의 차는 38,796,057－32,183,788＝6,612,269(천 달러)이므로 70억 달러 미만이다.

20 ①

2022년 수입액은 전년 대비 10.4% 감소하였으므로 2022년 수입액은 $60,029 \times 0.896 \fallingdotseq 53,786$(백만 달러)이다. 그리고 2023년 수입액은 전년 대비 14.7% 감소하였으므로 2023년 수입액은 $53,786 \times 0.853 \fallingdotseq 45,879$(백만 달러), 즉 458억 7,900만 달러이다.

21 ③

행사 참여자 전원은 200명이다. 따라서 4단 접이식 방석은 200개를 준비하면 된다. 그러므로 소요금액은 10만 원, 즉 100천 원이다. 그런데 소요금액에서 1,000천 원이라고 표시되어 있으므로 잘못 기록되었다.

| 오답풀이 |
① 상품권은 사생대회 대상 수상자(20만 원×2명)+사생대회 우수상(10만 원×10명)+사진공모전 대상(10만 원×1명)+사진공모전 우수상(5만 원×30명)으로 잘 작성되어 있다.
② 24색 수채화색연필세트는 사생대회 동상(40명)에게 주어진다고 했으므로 잘 작성되어 있다.
④ USB세트는 걷기대회 참가자(100)명에게 주어진다고 했으므로 잘 작성되어 있다.
⑤ 셀카봉은 사진공모전 동상(50명)에게 주어진다고 했으므로 잘 작성되어 있다.

22 ⑤

주어진 자료에 따르면 전시 관련 예산은 200만 원으로 한정되어 있다. 또한 전시할 사진은 대상 1작품, 우수상 30작품, 동상 50작품이다. 사진전의 대상 작품을 MDF로, 우수상 작품과 동상 작품을 모두 수지로 제작한 다음, 전시1홀을 대관하는 경우의 예산은 1×2만 원+80×1만 원+124만 원=206(만 원)이다.
따라서 예산을 초과하므로 가능하지 않다.

| 오답풀이 |
① 사진전의 대상 작품을 알루미늄으로, 우수상 작품은 MDF로, 동상 작품은 모두 수지로 제작한 다음, 전시2홀을 대관하는 경우의 예산은
    1×3만 원+30×2만 원+50×1만 원+87만 원=200만 원이므로 예산을 초과하지 않는다.
② 사진전의 대상 작품을 원목으로, 우수상 작품과 동상 작품은 모두 수지로 제작한 다음, 전시3홀을 대관하는 경우의 예산은
    1×4만 원+30×1만 원+50×1만 원+116만 원=200만 원이므로 예산을 초과하지 않는다.
③ 사진전의 대상 작품을 원목으로, 우수상 작품을 알루미늄으로, 동상 작품을 수지로 제작한 다음, 전시4홀을 대관하는 경우의 예산은
    1×4만 원+30×3만 원+50×1만 원+56만 원=200만 원이므로 예산을 초과하지 않는다.
④ 사진전의 대상 작품과 우수상 작품을 알루미늄으로, 동상 작품을 MDF로 제작한 다음, A사 로비를 대관하는 경우의 예산은
    1×3만 원+30×3만 원+50×2만 원+0원=193만 원이므로 예산을 초과하지 않는다.

23 ③

주어진 자료에 근거하여 이해해야 한다. ⅰ.단계를 통해 개인의 1지망과 2지망을 통합하여 개인별로 1개의 지망만을 남기는 작업이 선행되어야 한다. 총점을 합산하여 개인별로 적합한 지망직무를 결정하면 다음과 같다.

구분	지망	직무에 대한 전문성	발전 가능성	책임감, 성실성	공정성 및 윤리의식	지원동기의 진정성 및 적절성	합계
점수	합계 100	30	30	20	10	10	100
A	1지망 머신러닝 모니터링	25	20	20	10	5	80(ⅰ. 결과1지망)
	2지망 빅데이터 분석	30	15	20	5	5	75
B	1지망 머신러닝 모니터링	20	30	20	10	5	85(ⅰ. 결과1지망)
	2지망 빅데이터 분석	10	20	20	10	10	70
C	1지망 머신러닝 모니터링	10	15	5	5	10	45
	2지망 빅데이터 분석	20	15	10	10	10	65(ⅰ. 결과1지망)

D	1지망 빅데이터 분석	30	10	15	10	5	70 (i . 결과1지망)
	2지망 머신러닝 모니터링	25	25	5	10	5	70
E	1지망 빅데이터 분석	20	25	10	5	0	60
	2지망 머신러닝 모니터링	15	30	5	10	10	70 (i . 결과1지망)

따라서 i .을 적용한 결과 머신러닝 모니터링을 1지망으로 하게 되는 사람은 A, B, E이고 빅데이터 분석을 1지망으로 하게 되는 사람은 C와 D이다.
i .을 통해 정해진 직무에 따라 ii .를 적용하면 아래와 같이 점수가 나온다.

구분	지망	직무에 대한 전문성	발전 가능성	책임감, 성실성	공정성 및 윤리의식	지원동기의 진정성 및 적절성	합계
점수	합계 100	30	30			10	100
A	머신러닝 모니터링	25	20			5	50
B	머신러닝 모니터링	20	30			5	55
C	빅데이터 분석	20	15			10	45
D	빅데이터 분석	30	10			5	45
E	머신러닝 모니터링	15	30			10	55

A는 B와 E에 대해 점수가 낮으므로 제외된다. B와 E가 동점이고 C와 D가 동점이므로 각각에 대해 지원동기의 진정성 및 적절성에 10% 가산점을 부여하여 순위를 정하면 다음과 같다.
• 빅데이터 분석: C는 20＋15＋11＝46이고 D는 30＋10＋5.5＝45.5이므로 C가 순위가 앞선다.
• 머신러닝 모니터링: B는 20＋30＋5.5＝55.5이고 E는 15＋30＋11＝56이므로 E가 순위가 앞선다.
따라서 빅데이터 분석에는 C가, 머신러닝 모니터링 직무에는 E가 선발된다.

24 ②

품질보증기간 이내에 제품 운송과정 중 피해가 발생한다면 전액 환불이 아닌 제품 교환이 가능하다.

| 오답풀이 |
① 사용설명서 내에 있는 주의사항을 지키지 않아 고장이 발생한다면 유상 수리만 가능하고, 무상 수리가 불가능하다.
③ 제품을 가정용도로 사용한다면 품질보증기간이 2년이지만, 비(非) 가정용도로 사용한다면 품질보증기간이 1년이다.
④ 사용상 정상 마모되는 소모성 부품의 경우, 수명이 다해 교환 시 품질보증기간과 관계없이 유상 수리만 가능하고, 무상 교환은 불가능하다.
⑤ 동일하자로 3회 이상 고장발생 시 품질보증기간 이내면 제품 교환 또는 구입가 환불이 가능하지만 품질보증기간 경과 후에는 유상 수리만 가능하다.

25 ④

부품보유기간은 4년이다. 따라서 5년이 아닌 4년 이내에 수리용 부품을 보유하고 있지 않아 수리가 불가능한 경우에 제품 교환이 가능하다.

| 오답풀이 |
① 2년 내, 즉 품질보증기간 내에 소비자가 수리 의뢰한 제품을 사업자가 분실한 경우에는 제품 교환이 가능하다.
② 품질보증기간 이내에 제품이 동일한 하자로 3회 이상 고장이 발생한다면 제품 교환이 가능하다.
③ 제품을 구입한 후 10일 이내에 중요한 수리를 요하는 경우에는 제품 교환이 가능하다.
⑤ 제품을 구입한 후 품질보증기간 이내에 발생한 고장에 대한 수리가 불가능한 경우 제품 교환이 가능하다.

26 ③

농·어업용수 수질 기준에 따라 결과를 분석하면 A, G, H, I, M, N만 기준을 통과하여 농·어업용수로 사용이 가능하다. 농·어업용수 수질 기준에 따라 검사 결과 중 기준을 초과하는 항목 결과를 표시하면 다음과 같다.

구분	수소이온농도 (pH)	총대장균군	질산성질소	염소이온	비소	페놀	벤젠	톨루엔	크실렌
A	6	3	1.4	18.7	불	불	불	불	불
B	5.8	불	18.3	15.9	불	불	불	불	불
C	5.3	900	1.2	15.8	불	불	불	불	불
D	5.9	1,100	0.7	6.3	불	불	불	불	불
E	5.6	12,000	2.2	3.4	불	불	불	불	불
F	5.5	4	3.6	45.9	불	불	불	불	불
G	7.5	6	불	5.4	불	불	불	불	불
H	6.2	67	3	4	불	불	불	불	불
I	7	1,000	2.6	24.4	0.005	불	0.002	0.007	불
J	7.9	380	0.5	3.4	0.006	0.042	불	불	불
K	6.5	불	0.1	8351.6	0.016	불	0.003	0.033	불
L	6.8	18	13.6	46.5	0.008	0.007	불	불	불
M	6.9	4	1.1	40.1	불	불	불	0.007	불
N	7.4	1	0.9	46.6	불	불	불	0.214	0.002
O	10.7	2,300	불	21.1	0.011	불	불	불	불
P	10.6	1,600	불	3.3	0.011	불	불	불	불

| 오답풀이 |
농·어업용수는 수질 검사 결과에 있는 모든 항목에 대해서 기준치를 초과해서는 안 되며, 총대장균군, 벤젠, 톨루엔, 에틸벤젠, 크실렌에 대해서는 기준이 없으므로 검출 수치를 확인할 필요가 없다.

27 ④

신규 공연과 기존 공연 모두 지원율이 0%를 초과하므로 기존 공연 진행 시에도 지원을 받을 수 있다.

| 오답풀이 |
① 모든 지원사업에서 기관 부담률이 존재하므로 기관도 비용을 부담해야 한다.
②, ③ 주관 기관은 한국문화예술센터 진흥원이고, 사업 대상은 전국 문예센터이므로 옳은 설명이다.
⑤ 문화회관·문예센터 지원사업은 문화회관·문예센터에서 동시 배급과 공연을 하는 예술 공연 중 우수 공연을 선정해서 공연 경비의 일부를 지원한다.

28 ③

공공기관의 예술 공연이고, 우수 공연으로 선정되었다. 기존 공연이므로 기관 부담률은 30%이다. 따라서 기관 부담률이 가장 낮다.

| 오답풀이 |
① 민간 문예센터의 신규 공연이고, 우수 공연에 선정되는 경우 기관 부담률은 50%이다.
② 우수 공연에 선정되지 않으면 지원을 받을 수 없다.
④ 문화회관·문예센터 지원사업이고, 신규 공연이므로 기관 부담률은 40%이다.
⑤ 문화행사 지원사업의 경우 기관 부담률은 60%이다.

29 ⑤

한국 시간 기준으로 표를 정리하면 다음과 같다. 독일 현지 시각 12시 30분은 한국 시각으로 19시 30분이다.

한국 출발	두바이 도착	대기 후 출발	독일 도착	미팅	미팅 후
17일 15시	17일 21시	17일 23시 30분			18일 19시 30분

미팅 시간은 2시간이고, 독일 도착 후 12시간 만에 미팅을 했으므로 역순으로 유추하여 표로 정리하면 다음과 같다.

한국 출발	두바이 도착	대기 후 출발	독일 도착	미팅	미팅 후
17일 15시	17일 21시	17일 23시 30분	18일 5시 30분	18일 17시 30분	18일 19시 30분

두바이에서 독일까지는 6시간이 걸리므로, 한국 시간으로 17일 15시에 출발해서 18일 17시 30분이 미팅이 진행됐다. 따라서 총 26시간 30분이 걸린다.

30 ①

윤 실장은 제품에 대한 정서적 애착이나 회사의 전통, 과거의 성과에 얽매이지 않고, 현재의 시장 흐름과 소비자 분석 자료, 수익성 데이터를 바탕으로 판단을 내렸다. 이는 감정이나 과거의 명성에 의존하지 않고 객관적 자료에 기반한 합리적인 의사결정에 해당한다.

| 오답풀이 |

② 윤 실장은 과거의 성공을 인정하되, 현재의 분석과 미래 전략을 중심으로 판단하였다.
③ 클래식 제품이 회사의 전통임에도 불구하고, 감정적인 애착을 배제하고 생산 중단을 선택했다.
④ 독립적으로 데이터를 분석하고 판단했다.
⑤ 과거 경험이 아니라 소비자 리서치와 내부 수익성 분석 등의 자료 기반의 판단을 내렸다.

31 ③

주어진 선택지 중 긴급하지 않고, 중요하지도 않은 내용으로 가장 적절한 것은 최근 유행하는 드라마 시청이다.

| 오답풀이 |

① 장기적인 성과를 위한 중요한 계획 수립이지만, 지금 당장 급하지는 않다.
② 삶의 질을 위해 중요하지만, 긴급성을 띄지는 않는다.
④ 마감이 임박한 프로젝트는 업무 성과에 직접적으로 영향을 주는 중요한 일이며, 시간적 긴급성도 높다.
⑤ 지금 바로 도와줘야 하는 긴급한 일이지만, 나의 주 업무나 핵심 목표에는 크게 관련 없는 중요하지 않은 일이다.

32 ②

독성 물질을 함유한 분진 발생장소에서는 1급이 아닌 특급 이상의 마스크 등급을 사용해야 한다.

| 오답풀이 |

① 산소농도 18% 이상인 작업현장에서만 방진마스크 사용이 가능하다.
③ 암모니아 가스가 발생하는 작업현장에서는 [표2]에 따라 녹색 정화통을 사용해야 한다.
④ 배기밸브가 있는 경우 안면부 여과식 마스크는 특급, 1급 장소에서도 사용 가능하다.
⑤ 눈 보호가 필요한 경우 안면부 전체를 보호하는 전면형 마스크를 사용해야 한다.

33 ④

유해가스가 발생할 수 있으므로 눈까지 보호되는 전면형이 더 적합하다.

독성물질을 포함한 분진 발생을 고려하여 특급 마스크를 사용해야 하고, 할로겐 가스는 회색 정화통을 사용해야 한다.

34 ⑤

각 회사별 이용요금을 계산하면 다음과 같다.

- A사
  - 80명 수송을 위해서는 최소 4대가 필요(25인승×4대＝100명)
  - 기본요금: 150,000원×4대＝600,000(원)
  - 추가요금: (190km×2,000원×4대)＝380,000원×4대＝1,520,000(원)
  - 기타 비용: 없음
  - 총비용: 600,000원＋1,520,000원＝2,120,000원
- B사
  - 80명 수송을 위해서는 최소 2대가 필요(40인승×2대＝80명)
  - 기본요금: 220,000원×2대＝440,000(원)
  - 추가요금: (190km×1,500원×2대)＝285,000원×2대＝570,000(원)
  - 고속도로 이용료: 30,000원×2대＝60,000(원)
  - 총비용: 440,000원＋570,000원＋60,000원＝1,070,000원
- C사
  - 80명 수송을 위해서는 최소 2대가 필요(45인승×2대＝90명)
  - 기본요금: 250,000원×2대＝500,000(원)
  - 추가요금: (190km×1,200원×2대)＝228,000원×2대＝456,000(원)
  - 주차비: 20,000원×2대＝40,000(원)
  - 총비용: 500,000원＋456,000원＋40,000원＝996,000원
- D사
  - 80명 수송을 위해서는 최소 3대가 필요(30인승×3대＝90명)
  - 기본요금: 180,000원×3대＝540,000원
  - 추가요금: (190km×1,800원×3대)＝342,000원×3대＝1,026,000(원)
  - 운전자 식대: 15,000원×3대＝45,000(원)
  - 총비용: 540,000원＋1,026,000원＋45,000원＝1,611,000원
- E사
  - 80명 수송을 위해서는 최소 2대가 필요(50인승×2대＝100명)
  - 기본요금: 300,000원×2대＝600,000(원)
  - 추가요금: (190km×1,000원×2대)＝190,000원×2대＝380,000(원)
  - 기타 비용: 없음
  - 총비용: 600,000원＋380,000원＝980,000원

따라서 대절비용은 E사가 980,000원으로 가장 저렴하다.

35 ②

- A사
  - 할인 적용(20% 총액 할인): 2,120,000원×20%＝424,000원 할인
  - 최종 비용: 2,120,000원－424,000원＝1,696,000원
- B사
  - 할인 적용(기본요금과 추가요금 30% 할인)
  - 기본요금: 440,000원×30%＝132,000원 할인
  - 추가요금: 570,000원×30%＝171,000원 할인
  - 최종 비용: 1,070,000원－132,000원－171,000원＝767,000원
- C사
  - 할인 적용(기본요금 30% 할인): 500,000원×30%＝150,000원 할인
  - 최종 비용: 996,000원－150,000원＝846,000원
- D사
  - 할인 적용(추가요금 50% 할인): 1,026,000원×50%＝513,000원 할인
  - 최종 비용: 1,611,000원－513,000원＝1,098,000원
- E사
  - 할인 적용(추가요금 20% 할인): 380,000원×20%＝76,000원 할인
  - 최종 비용: 980,000원－76,000원＝904,000원

따라서 할인정책을 적용한 최종비용은 B사가 767,000원으로 가장 저렴하다.

| 문제해결 Tip |

처음부터 다시 계산하기보다 **34**번의 결과에서 할인금액을 빼면 빠르게 구할 수 있다.

36 ②

가능한 경로는 다음 세 가지이다.

ⅰ) 회사－A지사－B지사－C지사－D지사－E지사－공장
ⅱ) 회사－A지사－B지사－C지사－E지사－D지사－공장
ⅲ) 회사－B지사－A지사－D지사－C지사－E지사－공장

각 경로의 이동 거리는 다음과 같다.

ⅰ) 30＋35＋10＋30＋10＋30＝145(km)
ⅱ) 30＋35＋10＋30＋10＋25＝140(km)
ⅲ) 20＋35＋15＋30＋30＋30＝160(km)

각 경로를 이동하는 데 필요한 휘발유의 양을 계산해 보면 다음과 같다.

ⅰ) 회사－A지사－B지사－C지사－D지사－E지사－공장
  - 고속도로: 회사－A지사(30km), C지사－D지사(30km)
    즉, 30＋30＝60(km)이므로 고속도로로 갈 때 필요한 휘발유의 양은 60÷20＝3(L)이다.
  - 국도: A지사－B지사(35km), B지사－C지사(10km), D지사－E지사(10km), E지사－공장(30km)
    즉, 35＋10＋10＋30＝85(km)이므로 국도로 갈 때 필요한 휘발유의 양은 85÷10＝8.5(L)이다.
  따라서 경로 ⅰ)로 갈 때 필요한 휘발유의 양은 3＋8.5＝11.5(L)이다.

ⅱ) 회사－A지사－B지사－C지사－E지사－D지사－공장
  - 고속도로: 회사－A지사(30km), C지사－E지사(30km)
    즉, 30＋30＝60(km)이므로 고속도로로 갈 때 필요한 휘발유의 양은 60÷20＝3(L)이다.
  - 국도: A지사－B지사(35km), B지사－C지사(10km), E지사－D지사(10km), D지사－공장(25km)
    즉, 35＋10＋10＋25＝80(km)이므로 국도로 갈 때 필요한 휘발유의 양은 80÷10＝8(L)이다.

따라서 경로 ⅱ)로 갈 때 필요한 휘발유의 양은 3+8＝11(L)이다.

ⅲ) 회사－B지사－A지사－D지사－C지사－E지사－공장
- 고속도로: 회사－B지사(20km), A지사－D지사(15km), D지사－C지사(30km), C지사－E지사(30km)

  즉, 20＋15＋30＋30＝95(km)이므로 고속도로로 갈 때 필요한 휘발유의 양은 95÷20＝4.75(L)이다.
- 국도: B지사－A지사(35km), E지사－공장(30km)

  즉, 35＋30＝65(km)이므로 국도로 갈 때 필요한 휘발유의 양은 65÷10＝6.5(L)이다.

  따라서 경로 ⅲ)으로 갈 때 필요한 휘발유의 양은 4.75＋6.5＝11.25(L)이다.

㉠ 휘발유가 가장 적게 드는 경로는 ⅱ)이고, 필요한 휘발유의 양은 11L이다. 휘발유의 가격은 1L당 1,700원이므로 최소 주유비용은 11×1,700＝18,700(원)이다.

㉣ 회사 다음에 B지사에 들르는 경로는 ⅲ)뿐이다. 이때 필요한 휘발유의 양은 11.25L인데 휘발유는 1L 단위로 주유할 수 있으므로 주유량은 12L이다. 따라서 주유비용은 12×1,700＝20,400(원)이므로 20,000원 이상이다.

| 오답풀이 |

㉢ 이동 거리는 경로 ⅲ)이 160km로 가장 멀지만 필요한 휘발유의 양은 경로 ⅰ)이 11.5L로 가장 많다.

㉡ 경로 ⅱ)로 가면 11L의 휘발유를 주유해도 공장에 도착한다.

| 문제해결 Tip |

이와 같은 문항을 해결할 때, 적어둔 경로별 이동 거리에 고속도로만 따로 표시해서 계산하면 편리하다. 예를 들면 ⅰ)의 경로의 이동거리 ㉚＋35＋10＋㉚＋10＋30＝145(km)에서 고속도로만 따로 ○ 표시를 하는 것이다. 즉, 고속도로는 30＋30＝60(km)이고, 국도는 35＋10＋10＋30＝85(km)임을 쉽게 알 수 있다.

37 ①

주어진 기준에 따라 신입사원들의 업무 평가 결과를 정리하면 다음과 같다.

구분	사원명	팀명	인센티브	통과 여부	연수
1	김영환	A팀	20%	통과	국내
2	신정민	B팀	5%	통과	국내
3	강연진	B팀	−	미달	국내
4	이홍진	C팀	10%	통과	국내
5	이태선	A팀	−	통과	해외
6	김현기	B팀	20%	미달	국내
7	구선정	B팀	5%	통과	해외
8	조태연	A팀	−	통과	국내
9	오권석	C팀	10%	통과	해외
10	양인욱	C팀	−	통과	국내

따라서 B팀만 4명 중 2명이 '미달'이며 나머지 두 팀의 신입사원은 모두 '통과'인 것을 알 수 있다.

| 오답풀이 |

② 점수 미달로 통과하지 못하는 신입사원은 강연진, 김현기 2명이다.

③ 해외 연수를 가게 되는 신입사원은 이태선, 구선정, 오권석 3명이다.

④ 1층에 위치한 팀의 신입사원 3명 중 이태선 사원은 해외연수를 가게 된다.

⑤ 10% 이상의 인센티브를 받게 되는 신입사원은 김영환, 이홍진, 김현기, 오권석 4명이다.

38 ⑤

앞 문제에서 정리한 표를 참고하면, A팀의 이태선, 조태연, B팀의 강연진, C팀의 양인욱이 인센티브를 받지 못한다.

39 ⑤

㉠ A방안과 C방안이 상정되면 선호순위에 따라 ○○사의 선택은 A방안, □□사는 C방안, ◇◇사는 A방안이 된다. 따라서 2:1로 A방안이 최종방안으로 선정된다.

㉡ C방안이 상정되는 경우의 수는 A방안을 제외하고 (B, C), (C, D), (C, E), (C, F)로 4가지이다. 이 중 (B, C), (C, D)의 경우 2:1로, (C, E), (C, F)의 경우 3:0으로 C방안이 최종방안으로 선정된다.

㉣ F방안이 상정되는 경우의 수는 (A, F), (B, F), (C, F), (D, F), (E, F)로 5가지이다. 각 경우 중 어떤 경우에도 F방안이 최종방안으로 선정되는 경우는 없다.

| 오답풀이 |

㉢ B방안이 상정되는 경우의 수는 (A, B), (B, C), (B, D), (B, E), (B, F)로 5가지이다. 이 중 B방안이 최종방안으로 선정되는 경우는 (B, D), (B, E), (B, F)로 3가지이다.

40 ②

A방안과 D방안이 상정되면 업체별 우선순위에 따라 ○○사, □□사는 A를 ◇◇사는 D를 선택하게 된다. 따라서 A, D방안이 상정될 경우 2:1로 A가 최종방안으로 선정된다.

| 오답풀이 |

① 임의로 두 가지 안을 상정하여 투표를 진행한다고 하였을 때 가능한 경우의 수는 (A, B), (A, C), (A, D), (A, E), (A, F), (B, C), (B, D), (B, E), (B, F), (C, D), (C, E), (C, F), (D, E), (D, F), (E, F) 15가지이다.

③ D방안이 상정되는 경우의 수는 (D,A), (D, B), (D, C), (D, E), (D, F) 5가지이다. 이 중 (D, E)와 (D, F)가 상정되는 경우 2:1로 D가 최종방안으로 선정된다. 따라서 D가 최종방안으로 선정되는 경우의 수는 2가지이다.

④ (A, B), (A, C), (A, D)가 상정되는 경우 2:1로 A가 최종방안으로 선정되며, (A, E), (A, F)가 상정되는 경우 3:0으로 A가 최종방안으로 선정된다. 따라서 A가 최종방안으로 선정되는 경우의 수는 5가지이다.

⑤ □□사가 가장 선호하는 방안은 B방안으로 B방안이 상정되는 경우의 수는 (B, A), (B, C), (B, D), (B, E), (B, F) 5가지이다. 이 중 (B, D)와 (B, F)는 2:1로 (B, E)는 3:0으로 B가 최종방안으로 선정된다. 따라서 B가 최종방안으로 선정되는 가능성은 3가지이다.

41 ④

피자는 초기 상태가 냉장일 때 2조각 분량을 내열 접시나 키친타월 위에 놓고 뚜껑 없이 1~1.5분을 데워야 하므로 옳은 설명이다.

| 오답풀이 |

① 김밥은 냉장 상태인 것을 데우는 것을 기준으로 하여 설명되어 있다.

② 제시된 음식 중 랩을 씌워서 조리할 수 있는 것은 생선조림, 치킨, 카레 세 종류이다.

③ 생선조림을 조리할 때는 내열 접시에 랩 또는 뚜껑을 씌워 데워야 한다.

⑤ 제시된 자료에는 조리 중에 전자레인지를 열어서는 안 된다고 언급한 내용이 없다. 오히려 [알아두기] 항목에서 '조리 중에 한 번 저어주거나 음식물의 중앙과 가장자리 위치를 재배열해 주면 고르게 데워진다'라고 쓰여 있어, 카레를 데울 때 중간에 한 번 열어서 저어주는 것이 좋다는 것을 알 수 있다.

42 ④

강한 진동이 있는 곳에서 사용해야 하므로 저항 온도계, 유리제 온도계, 써미스터 온도계는 부적절하다. 진동이나 충격에 강한 열전대 온도계와 액충만식 온도계를 비교할 때, 열전대 온도계가 응답이 정확한 편이라고 하였으므로 가장 적절한 것은 열전대 온도계이다.

43 ⑤

김 씨는 삼파장 전구를 설치하려고 한다. 따라서 설치할 수 있는 전구 형태는 볼 타입 또는 EL 타입이어야 한다. 그런데 볼 타입의 전구가 들어갈 수 없는 곳이라고 하였으므로 EL 타입의 전구를 설치해야 하고, 소켓 지름이 2cm 미만이면서 가장 얇은 것이 아니어야 한다고 하였으므로 소켓 지름이 1.7cm여야 한다. 따라서 주어진 [상황]에서 김 씨가 사용할 수 있는 전구는 E17의 EL 타입 전구이다.

44 ⑤

GTIN 표준형 코드는 13자리로 구성되어 있으며 각 자릿수별 구성은 다음과 같다.
국가코드(3자리, 한국 '880')＋업체코드(4~6자리)＋상품코드(3~5자리)＋체크디지트(1자리)
국가코드: 한국 880, 업체코드: 2731, 상품분류코드: 3(대분류－주방용품)20(중분류－주방세정용품)11(소분류－주방세제(액체)), X(체크디지트)
따라서 항균 액체 주방세제의 상품식별코드 880273132011X은 적절하다.

| 오답풀이 |
각각의 바코드를 수정하면 다음과 같다.
① 곡물 때비누－880273110111X
　비누는 소분류 110이다.
② 늘어나는 매직랩－880273132232X
　랩은 중분류 22－조리 · 보관용품에 해당한다.
③ 3겹 화장지－880273110333X
　화장지는 소분류 330이다.
④ 파워세탁 액체세제－880273121013X
　액체 세탁세제는 소분류 130이다.

45 ①

체크디지트 계산은 GTIN 표준형 코드의 경우 왼쪽에서부터 '(홀수 번째 숫자의 합)＋(짝수 번째 숫자의 합)×3'이 10의 배수가 되도록 하면 된다.
44번 문제에서 고른 제품은 항균 액체 주방세제이며, 상품식별코드는 880273132011X이다.
체크디지트 계산을 하면 다음과 같다.
- 홀수 번째 숫자의 합＝8＋0＋7＋1＋0＋1＝19
- 짝수 번째 숫자의 합＝8＋2＋3＋3＋1＝17
따라서 19＋17×3＝70 → 10의 배수이므로 체크디지트는 0이 된다.

| 오답풀이 |
각각의 바코드를 수정된 바코드로 체크디지트를 계산하면 다음과 같다.
① 곡물 때비누－880273110111X
　· 홀수 번째 숫자의 합＝8＋0＋7＋1＋0＋1＝17
　· 짝수 번째 숫자의 합＝8＋2＋3＋1＋1＝15
　· 전체: 17＋15×3＝62 → 10의 배수 70이 되려면 체크디지트는 8이 된다.
② 늘어나는 매직랩－880273132232X
　· 홀수 번째 숫자의 합＝8＋0＋7＋1＋2＋2＝20
　· 짝수 번째 숫자의 합＝8＋2＋3＋3＋2＝18
　· 전체: 20＋18×3＝74 → 10의 배수 80이 되려면 체크디지트는 6이 된다.
③ 3겹 화장지－880273110333X
　· 홀수 번째 숫자의 합＝8＋0＋7＋1＋3＋2＝22
　· 짝수 번째 숫자의 합＝8＋2＋3＋3＋3＝19
　· 전체: 22＋19×3＝79 → 10의 배수 80이 되려면 체크디지트는 1이 된다.

④ 파워세탁 액체세제－880273121013X
  - 홀수 번째 숫자의 합＝8＋0＋7＋1＋1＋2＝18
  - 짝수 번째 숫자의 합＝8＋2＋3＋2＋3＝18
  - 전체: 18＋18×3＝72 → 10의 배수 80이 되려면 체크디지트는 8이 된다.

46 ④

기술이전 업무 흐름도상에서 요청된 기술을 공개하는 것에 대한 적격 여부를 판단하는 것은 본사임을 알 수 있다. 담당 부서는 해당 내용을 검토하는 것이고, 본사에 의견을 전달하면 본사에서 기술 공개 여부를 판단하여 공개 및 마케팅을 진행한다고 제시되어 있다.

| 오답풀이 |
① 현장 설명회나 기술 지원 등의 기술이전 지원은 담당 부서가 기술을 도입하는 기업에 대해 직접 진행한다고 제시되어 있으므로 계약이 체결된 이후에 실제 기술이전이 이루어지는 데에는 본사가 관여하지 않는다.
② 담당 부서의 기술이전 지원은 계약이 체결된 이후에 진행한다.
③ 기술을 도입하는 기업에서는 기술이전 이후 기술을 도입하여 사업화하면서 △△ 회사의 본사에 사후 관리를 요청할 수 있다.
⑤ 기술이전 업무 흐름도에서 이전하는 기술에 대해 특허가 포함되어 있다면 산업재산권 심의위원회를 거쳐 계약이 체결됨을 알 수 있다.

47 ②

기술이전 업무 흐름도상 T회사(乙)는 기술이전 계약체결 이후에 기술사업화를 통하여 제품의 생산이 진행됨을 알 수 있다. 따라서 乙이 계약기술을 이용한 제품의 생산개시일을 甲에게 서면으로 통지하는 것은 계약을 체결한 이후이다.

| 오답풀이 |
㉠ △△회사(甲)는 기술이전 이후 T회사(乙)가 기술의 실시 등에 있어서 기술적인 지원을 요청할 경우 사후 관리를 해야 하므로 이에 성실히 지원하여야 한다.
㉢ T회사(乙)는 기술사업화가 이루어지면 계약기술에 대하여 경상기술료를 △△회사(甲)에게 지급해야 한다.

48 ③

C로 시작하는 것은 북아메리카 혹은 남아메리카이다. 변경 후 북아메리카는 1순위로 출고하므로 마지막 두 자리가 01이고, 남아메리카는 5순위로 출고하므로 마지막 두 자리가 05가 되어야 한다. 따라서 C012102는 불가능하다.

| 오답풀이 |
① 변경 후 아시아 지역은 2순위로 출고하므로 A032102가 가능하다.
② 유럽 지역은 변경 전후 모두 3순위로 출고하므로 B032103이 가능하다.
④ 아메리카 지역 중 남아메리카 지역은 5순위로 출고하므로 C031205가 가능하다.
⑤ 오세아니아는 신설되었고, 6순위로 출고하므로 E022206이 가능하다.

49 ③

변경 후 수입품 코드는 북아메리카(C)와 남아메리카(D)가 합해져 C로 바뀌고, 아프리카가 D로 바뀌고, 아시아, 북아메리카의 ⑥, ⑦ 코드가 바뀐다. 오세아니아 지역은 기존에 코드가 없었으므로 신설된 것이지 코드가 변경되는 것이 아니다. 따라서 북아메리카, 남아메리카, 아프리카, 아시아 지역에 해당하는 것은 1, 2, 4, 5, 7, 10, 11, 12이므로 변경 전후에 코드가 변경된 물품은 총 8개이다.

50 ②

주어진 '실 청구요금(원)' 항목에서는 '합계(원)' 항목의 수치를 소수점 이하 버림 처리하여 원 단위로 표시한 것을 알 수 있다. 따라서 TRUNC 함수와 INT 함수를 사용하여 나타낼 수 있다.

- TRUNC 함수: '=TRUNC(해당 셀, 소수점 이하 표시 자리)'와 같이 입력하여 해당 셀의 수치를 소수점 이하 표시 자리까지 버림 처리를 하여 나타낸다. 소수점 이하 표시 자리를 입력하지 않으면 정수 단위로 나타낸다. 예를 들어 주어진 표의 E4 셀에 '=TRUNC(D4,0)' 또는 '=TRUNC(D4)'를 입력하면 소수점 이하 표시 자리가 0이므로 8을 버림 처리하여 정수인 20,199를 표시하게 된다.
- INT 함수: INT 함수는 TRUNC 함수와 표시 방법이 같으며, 실수값의 소수점을 잘라내고 정수로 변환하는 함수이다. 즉, 소수점을 반올림하지 않고 모두 제거할 때 사용하는 함수이다.

| 오답풀이 |
- VLOOKUP 함수: 정해진 범위의 첫 열에서 찾을 값에 해당하는 데이터를 찾은 후 찾을 값이 있는 행에서 열 번호 위치에 해당하는 데이터를 구하는 함수로, 주어진 자료와는 관계없다.
- ROUND 함수: TRUNC 함수와 동일한 방법으로 입력하나, 버림이 아닌 반올림을 하는 함수이다. 따라서 ROUND 함수를 사용하면 주어진 자료의 D가구의 '실 청구요금(원)' 항목에 31,276이 아닌 31,277이 입력된다.

51 ⑤

조직도에서 건설사업실보다 환경사업실의 부서가 더 많지만, 부서의 수가 많다고 해서 본부 내에서 더 큰 영향력을 행사할 수 있는 것은 아니다.

| 오답풀이 |
① △△공사는 기획본부, 관리본부, 사업본부, 감사본부의 4개 본부와 경영지원실, 행정지원실, 건설사업실, 환경사업실, 감사실의 5개 실로 구성되어 있다.
② 기획본부, 관리본부, 사업본부는 이사장의 하위 항목으로 구성되어 있지만, 감사본부는 다른 본부와 달리 독립적으로 운영되고 있음을 알 수 있다.
③ 사업본부는 건설사업실과 환경사업실로 구성되어 있다. 따라서 건설사업실장과 환경사업실장의 보고를 받는다.
④ 행정지원실과 환경사업실은 각각 4개의 부서로 구성되어 있으므로 그 수가 같다.

52 ⑤

사업본부에 제시된 성과급 100%가 1천만 원이고 건설사업실은 40%의 비중을 가지고 있으므로 건설사업실에 할당된 성과급은 $1,000 \times 0.4 = 400$(만 원)이다. 이때, 뉴딜사업팀의 팀 업무 평가 등급은 A이므로 배분된 성과급의 120%를 받게 된다. 즉, 뉴딜사업팀에 할당된 성과급은 $400 \times 1.2 = 480$(만 원)이다.

따라서 뉴딜사업팀의 김 사원의 업무 평가 등급은 S이므로 성과급은 $480 \times 1.5 = 720$(만 원)을 받는다.

53 ③

사업예산 편성 및 운영 업무 총괄에 관한 결재는 예산처의 업무이며, 기획처의 결재를 경유할 필요는 없다. 따라서 '예산처 → 대표이사' 순으로 업무 결재가 이루어진다.

| 오답풀이 |
① 비서실, 기획조정실, 경영지원실, 노사협력실, 홍보실의 5실과 4개 '실'의 산하 조직인 8개 '처'로 구성되어 있다.
② 비서실은 대표이사의 직할 조직이므로 대표이사의 산하 조직과는 별도의 업무가 진행된다. 따라서 각 '처'의 업무는 비서실을 경유하지 않고 대표이사에게 직접 보고된다.
④ 교육관리시스템 운영 등 직원 교육에 대한 업무는 인사처의 업무로 볼 수 있다.
⑤ 노무처는 임금협약이나 단체교섭 업무를 담당하고 있으며, 임금이나 복리후생 관련 노사 업무를 담당하는 급여복지처와 공통되는 업무가 있다고 볼 수 있으므로 두 조직은 업무 협조를 할 수 있다고 판단 가능하다.

54 ①

마지막 결재를 담당한 조직이 노무처이므로 노무처장 대신 노무처 본부장이 결재를 하였다. 따라서 대표이사의 결재는 필요하지 않고, 노무처 본부장의 결재란에는 '전결'을 표시하며 노무처 본부장은 대표이사의 결재란에 서명해야 한다.

| 오답풀이 |

② '기획처장' 대신 '기획처 본부장'이 결재를 해야 한다.

③ 홍보처 본부장의 결재란에는 상향대각선 대신 '전결'을 표시해야 한다.

④ '예산처장' 대신 '예산처 본부장'이 결재를 해야 하며, 상향대각선은 필요하지 않다.

⑤ 언론처 본부장의 결재란에 '전결'을 표시해야 하며, 언론처 본부장은 대표이사의 결재란에 서명해야 한다.

55 ④

[보기]에 따르면 WO 전략은 약점을 극복하여 시장의 기회를 활용하는 전략이다. 자료의 '기회'에서 '중산층의 전기차 수요 증가로 고객층 다양화 추세'라고 하였으므로 해당 내용이 WO 전략이 되기 위해서는 기존에 확보된 상위층 고객에 경쟁력을 가질 수 있는 최고급형 전기차 모델이 아닌 다양한 가격대의 전기차 모델을 선보이는 것이 더 적절하다고 할 수 있다.

| 오답풀이 |

① 다른 기업들과의 협력(강점 발휘)을 통해 전 세계 국가들에 전기차 충전소 인프라를 구축(위협 회피)하는 것은 ST전략에 해당한다.

② 표준 완속 충전기 사용 시 소요되는 긴 충전 시간의 감소(약점 최소화) 노력을 통해 보다 다양한 국가의 인프라를 사용(위협 회피)할 수 있도록 하는 것은 WT 전략에 해당한다.

③ 특허들을 기반으로 한 기술력과 이를 결합한 디자인 능력(강점 발휘)으로 기존의 내연기관 차량들과의 경쟁력을 가지는 것(기회 활용)은 SO 전략에 해당한다.

⑤ 각 국가별 법적 및 규제를 만족(위협 회피)하면서 자체적인 생산 및 개발 가이드라인을 명확(약점 최소화)히 하여 각국의 정부 및 소비자와 신뢰를 쌓는 것은 WT 전략에 해당한다.

휴노 찐기출 모의고사

성 명

수 험 번 호

| ⑩ | ① | ② | ③ | ④ | ⑤ | ⑥ | ⑦ | ⑧ | ⑨ |

출생(생년을 제외한) 월일

수험생 유의 사항

(1) 아래와 같은 방식으로 답안지를 바르게 작성한다.

[보기] ① ② ● ④ ⑤

(2) 성명란은 왼쪽부터 빠짐없이 순서대로 작성한다.

(3) 수험번호는 각자 자신에게 부여된 번호를 표기하여 작성한다.

(4) 출생 월일은 출생연도를 제외하고 작성한다.

(예) 2002년 4월 1일 → 0401

문번	답란
01	① ② ③ ④ ⑤
02	① ② ③ ④ ⑤
03	① ② ③ ④ ⑤
04	① ② ③ ④ ⑤
05	① ② ③ ④ ⑤
06	① ② ③ ④ ⑤
07	① ② ③ ④ ⑤
08	① ② ③ ④ ⑤
09	① ② ③ ④ ⑤
10	① ② ③ ④ ⑤
11	① ② ③ ④ ⑤
12	① ② ③ ④ ⑤
13	① ② ③ ④ ⑤
14	① ② ③ ④ ⑤
15	① ② ③ ④ ⑤
16	① ② ③ ④ ⑤
17	① ② ③ ④ ⑤
18	① ② ③ ④ ⑤
19	① ② ③ ④ ⑤
20	① ② ③ ④ ⑤
21	① ② ③ ④ ⑤
22	① ② ③ ④ ⑤
23	① ② ③ ④ ⑤
24	① ② ③ ④ ⑤
25	① ② ③ ④ ⑤
26	① ② ③ ④ ⑤
27	① ② ③ ④ ⑤
28	① ② ③ ④ ⑤
29	① ② ③ ④ ⑤
30	① ② ③ ④ ⑤
31	① ② ③ ④ ⑤
32	① ② ③ ④ ⑤
33	① ② ③ ④ ⑤
34	① ② ③ ④ ⑤
35	① ② ③ ④ ⑤
36	① ② ③ ④ ⑤
37	① ② ③ ④ ⑤
38	① ② ③ ④ ⑤
39	① ② ③ ④ ⑤
40	① ② ③ ④ ⑤
41	① ② ③ ④ ⑤
42	① ② ③ ④ ⑤
43	① ② ③ ④ ⑤
44	① ② ③ ④ ⑤
45	① ② ③ ④ ⑤
46	① ② ③ ④ ⑤
47	① ② ③ ④ ⑤
48	① ② ③ ④ ⑤
49	① ② ③ ④ ⑤
50	① ② ③ ④ ⑤

한국사회능력개발원 씬기출 모의고사

문번						문번						문번					
01	①	②	③	④	⑤	16	①	②	③	④	⑤	31	①	②	③	④	⑤
02	①	②	③	④	⑤	17	①	②	③	④	⑤	32	①	②	③	④	⑤
03	①	②	③	④	⑤	18	①	②	③	④	⑤	33	①	②	③	④	⑤
04	①	②	③	④	⑤	19	①	②	③	④	⑤	34	①	②	③	④	⑤
05	①	②	③	④	⑤	20	①	②	③	④	⑤	35	①	②	③	④	⑤
06	①	②	③	④	⑤	21	①	②	③	④	⑤	36	①	②	③	④	⑤
07	①	②	③	④	⑤	22	①	②	③	④	⑤	37	①	②	③	④	⑤
08	①	②	③	④	⑤	23	①	②	③	④	⑤	38	①	②	③	④	⑤
09	①	②	③	④	⑤	24	①	②	③	④	⑤	39	①	②	③	④	⑤
10	①	②	③	④	⑤	25	①	②	③	④	⑤	40	①	②	③	④	⑤
11	①	②	③	④	⑤	26	①	②	③	④	⑤	41	①	②	③	④	⑤
12	①	②	③	④	⑤	27	①	②	③	④	⑤	42	①	②	③	④	⑤
13	①	②	③	④	⑤	28	①	②	③	④	⑤	43	①	②	③	④	⑤
14	①	②	③	④	⑤	29	①	②	③	④	⑤	44	①	②	③	④	⑤
15	①	②	③	④	⑤	30	①	②	③	④	⑤	45	①	②	③	④	⑤
												46	①	②	③	④	⑤
												47	①	②	③	④	⑤
												48	①	②	③	④	⑤
												49	①	②	③	④	⑤
												50	①	②	③	④	⑤

성 명

수 험 번 호

⓪ ① ② ③ ④ ⑤ ⑥ ⑦ ⑧ ⑨

출생(생년을 제어한) 월일

⓪ ① ② ③ ④ ⑤ ⑥ ⑦ ⑧ ⑨

수험생 유의 사항

(1) 아래와 같은 방식으로 답안지를 바르게 작성한다.

[보기] ① ② ● ④ ⑤

(2) 성명란은 왼쪽부터 빠짐없이 순서대로 작성한다.

(3) 수험번호는 각자 자신에게 부여받은 번호를 표기하여 작성한다.

(4) 출생 월일은 출생연도를 제외하고 작성한다.

(예) 2002년 4월 1일 → 0401

휴스테이션 찐기출 모의고사

	① ② ③ ④ ⑤
01	① ② ③ ④ ⑤
02	① ② ③ ④ ⑤
03	① ② ③ ④ ⑤
04	① ② ③ ④ ⑤
05	① ② ③ ④ ⑤
06	① ② ③ ④ ⑤
07	① ② ③ ④ ⑤
08	① ② ③ ④ ⑤
09	① ② ③ ④ ⑤
10	① ② ③ ④ ⑤
11	① ② ③ ④ ⑤
12	① ② ③ ④ ⑤
13	① ② ③ ④ ⑤
14	① ② ③ ④ ⑤
15	① ② ③ ④ ⑤

16	① ② ③ ④ ⑤
17	① ② ③ ④ ⑤
18	① ② ③ ④ ⑤
19	① ② ③ ④ ⑤
20	① ② ③ ④ ⑤
21	① ② ③ ④ ⑤
22	① ② ③ ④ ⑤
23	① ② ③ ④ ⑤
24	① ② ③ ④ ⑤
25	① ② ③ ④ ⑤
26	① ② ③ ④ ⑤
27	① ② ③ ④ ⑤
28	① ② ③ ④ ⑤
29	① ② ③ ④ ⑤
30	① ② ③ ④ ⑤

31	① ② ③ ④ ⑤
32	① ② ③ ④ ⑤
33	① ② ③ ④ ⑤
34	① ② ③ ④ ⑤
35	① ② ③ ④ ⑤
36	① ② ③ ④ ⑤
37	① ② ③ ④ ⑤
38	① ② ③ ④ ⑤
39	① ② ③ ④ ⑤
40	① ② ③ ④ ⑤
41	① ② ③ ④ ⑤
42	① ② ③ ④ ⑤
43	① ② ③ ④ ⑤
44	① ② ③ ④ ⑤
45	① ② ③ ④ ⑤

46	① ② ③ ④ ⑤
47	① ② ③ ④ ⑤
48	① ② ③ ④ ⑤
49	① ② ③ ④ ⑤
50	① ② ③ ④ ⑤

성 명

수 험 번 호

① ① ② ③ ④ ⑤ ⑥ ⑦ ⑧ ⑨
(각 칸) ⓪ ① ② ③ ④ ⑤ ⑥ ⑦ ⑧ ⑨

출생(생년을 제외한) 월일

⓪ ① ② ③ ④ ⑤ ⑥ ⑦ ⑧ ⑨

수험생 유의 사항

(1) 아래와 같은 방식으로 답안지를 바르게 작성한다.

[보기] ① ② ● ④ ⑤

(2) 성명란은 왼쪽부터 빠짐없이 순서대로 작성한다.

(3) 수험번호는 각자 자신에게 부여받은 번호를 표기하여 작성한다.

(4) 출생 월일은 출생연도를 제외하고 작성한다.

(예) 2002년 4월 1일 → 0401

인크루트 찐기출 모의고사

※ 본 답안지는 마킹 연습용입니다. 회차별 풀이 문항 수에 맞춰 활용하시기 바랍니다.

01	① ② ③ ④ ⑤	16	① ② ③ ④ ⑤	31	① ② ③ ④ ⑤	46	① ② ③ ④ ⑤

(답안 마킹란)

01 ① ② ③ ④ ⑤   16 ① ② ③ ④ ⑤   31 ① ② ③ ④ ⑤   46 ① ② ③ ④ ⑤
02 ① ② ③ ④ ⑤   17 ① ② ③ ④ ⑤   32 ① ② ③ ④ ⑤   47 ① ② ③ ④ ⑤
03 ① ② ③ ④ ⑤   18 ① ② ③ ④ ⑤   33 ① ② ③ ④ ⑤   48 ① ② ③ ④ ⑤
04 ① ② ③ ④ ⑤   19 ① ② ③ ④ ⑤   34 ① ② ③ ④ ⑤   49 ① ② ③ ④ ⑤
05 ① ② ③ ④ ⑤   20 ① ② ③ ④ ⑤   35 ① ② ③ ④ ⑤   50 ① ② ③ ④ ⑤
06 ① ② ③ ④ ⑤   21 ① ② ③ ④ ⑤   36 ① ② ③ ④ ⑤
07 ① ② ③ ④ ⑤   22 ① ② ③ ④ ⑤   37 ① ② ③ ④ ⑤
08 ① ② ③ ④ ⑤   23 ① ② ③ ④ ⑤   38 ① ② ③ ④ ⑤
09 ① ② ③ ④ ⑤   24 ① ② ③ ④ ⑤   39 ① ② ③ ④ ⑤
10 ① ② ③ ④ ⑤   25 ① ② ③ ④ ⑤   40 ① ② ③ ④ ⑤
11 ① ② ③ ④ ⑤   26 ① ② ③ ④ ⑤   41 ① ② ③ ④ ⑤
12 ① ② ③ ④ ⑤   27 ① ② ③ ④ ⑤   42 ① ② ③ ④ ⑤
13 ① ② ③ ④ ⑤   28 ① ② ③ ④ ⑤   43 ① ② ③ ④ ⑤
14 ① ② ③ ④ ⑤   29 ① ② ③ ④ ⑤   44 ① ② ③ ④ ⑤
15 ① ② ③ ④ ⑤   30 ① ② ③ ④ ⑤   45 ① ② ③ ④ ⑤

성 명

수 험 번 호
⓪ ① ② ③ ④ ⑤ ⑥ ⑦ ⑧ ⑨

출생(생년을 제외한) 월일
⓪ ① ② ③ ④ ⑤ ⑥ ⑦ ⑧ ⑨

수험생 유의 사항

(1) 아래와 같은 방식으로 답안지를 바르게 작성한다.
[보기] ① ② ● ④ ⑤

(2) 성명란은 왼쪽부터 빠짐없이 순서대로 작성한다.

(3) 수험번호는 각자 자신에게 부여된 번호를 표기하여 작성한다.

(4) 출생 월일은 출생연도를 제외하고 작성한다.
(예) 2002년 4월 1일 → 0401

사람인 찐기출 모의고사

성 명		

수 험 번 호				출생(생년을 제외한) 월일		

번호	①	②	③	④	⑤
01	①	②	③	④	⑤
02	①	②	③	④	⑤
03	①	②	③	④	⑤
04	①	②	③	④	⑤
05	①	②	③	④	⑤
06	①	②	③	④	⑤
07	①	②	③	④	⑤
08	①	②	③	④	⑤
09	①	②	③	④	⑤
10	①	②	③	④	⑤
11	①	②	③	④	⑤
12	①	②	③	④	⑤
13	①	②	③	④	⑤
14	①	②	③	④	⑤
15	①	②	③	④	⑤
16	①	②	③	④	⑤
17	①	②	③	④	⑤
18	①	②	③	④	⑤
19	①	②	③	④	⑤
20	①	②	③	④	⑤
21	①	②	③	④	⑤
22	①	②	③	④	⑤
23	①	②	③	④	⑤
24	①	②	③	④	⑤
25	①	②	③	④	⑤
26	①	②	③	④	⑤
27	①	②	③	④	⑤
28	①	②	③	④	⑤
29	①	②	③	④	⑤
30	①	②	③	④	⑤
31	①	②	③	④	⑤
32	①	②	③	④	⑤
33	①	②	③	④	⑤
34	①	②	③	④	⑤
35	①	②	③	④	⑤
36	①	②	③	④	⑤
37	①	②	③	④	⑤
38	①	②	③	④	⑤
39	①	②	③	④	⑤
40	①	②	③	④	⑤
41	①	②	③	④	⑤
42	①	②	③	④	⑤
43	①	②	③	④	⑤
44	①	②	③	④	⑤
45	①	②	③	④	⑤
46	①	②	③	④	⑤
47	①	②	③	④	⑤
48	①	②	③	④	⑤
49	①	②	③	④	⑤
50	①	②	③	④	⑤

매일경제 찐기출 모의고사

성 명		

수 험 번 호					

01	① ② ③ ④ ⑤
02	① ② ③ ④ ⑤
03	① ② ③ ④ ⑤
04	① ② ③ ④ ⑤
05	① ② ③ ④ ⑤
06	① ② ③ ④ ⑤
07	① ② ③ ④ ⑤
08	① ② ③ ④ ⑤
09	① ② ③ ④ ⑤
10	① ② ③ ④ ⑤
11	① ② ③ ④ ⑤
12	① ② ③ ④ ⑤
13	① ② ③ ④ ⑤
14	① ② ③ ④ ⑤
15	① ② ③ ④ ⑤

16	① ② ③ ④ ⑤
17	① ② ③ ④ ⑤
18	① ② ③ ④ ⑤
19	① ② ③ ④ ⑤
20	① ② ③ ④ ⑤
21	① ② ③ ④ ⑤
22	① ② ③ ④ ⑤
23	① ② ③ ④ ⑤
24	① ② ③ ④ ⑤
25	① ② ③ ④ ⑤
26	① ② ③ ④ ⑤
27	① ② ③ ④ ⑤
28	① ② ③ ④ ⑤
29	① ② ③ ④ ⑤
30	① ② ③ ④ ⑤

31	① ② ③ ④ ⑤
32	① ② ③ ④ ⑤
33	① ② ③ ④ ⑤
34	① ② ③ ④ ⑤
35	① ② ③ ④ ⑤
36	① ② ③ ④ ⑤
37	① ② ③ ④ ⑤
38	① ② ③ ④ ⑤
39	① ② ③ ④ ⑤
40	① ② ③ ④ ⑤
41	① ② ③ ④ ⑤
42	① ② ③ ④ ⑤
43	① ② ③ ④ ⑤
44	① ② ③ ④ ⑤
45	① ② ③ ④ ⑤

46	① ② ③ ④ ⑤
47	① ② ③ ④ ⑤
48	① ② ③ ④ ⑤
49	① ② ③ ④ ⑤
50	① ② ③ ④ ⑤
51	① ② ③ ④ ⑤
52	① ② ③ ④ ⑤
53	① ② ③ ④ ⑤
54	① ② ③ ④ ⑤
55	① ② ③ ④ ⑤

출생(생년을 제외한) 월일

수험생 유의 사항

(1) 아래와 같은 방식으로 답안지를 바르게 작성한다.

[보기] ① ② ● ④ ⑤

(2) 성명란은 왼쪽부터 빠짐없이 순서대로 작성한다.

(3) 수험번호는 각자 자신에게 부여받은 번호를 표기하여 작성한다.

(4) 출생 월일은 출생연도를 제외하고 작성한다.

(예) 2002년 4월 1일 → 0401

정답과 해설

최신판

에듀윌 공기업 NCS 6대 출제사 찐기출문제집 +무료특강

고객의 꿈, 직원의 꿈, 지역사회의 꿈을 실현한다

에듀윌 도서몰
book.eduwill.net

• 부가학습자료 및 정오표: 에듀윌 도서몰 > 도서자료실
• 교재 문의: 에듀윌 도서몰 > 문의하기 > 교재(내용, 출간) / 주문 및 배송

꿈을 현실로 만드는 에듀윌

DREAM

공무원 교육
- 선호도 1위, 신뢰도 1위! 브랜드만족도 1위!
- 합격자 수 2,100% 폭등시킨 독한 커리큘럼

자격증 교육
- 9년간 아무도 깨지 못한 기록 합격자 수 1위
- 가장 많은 합격자를 배출한 최고의 합격 시스템

직영학원
- 검증된 합격 프로그램과 강의
- 1:1 밀착 관리 및 컨설팅
- 호텔 수준의 학습 환경

종합출판
- 온라인서점 베스트셀러 1위!
- 출제위원급 전문 교수진이 직접 집필한 합격 교재

어학 교육
- 토익 베스트셀러 1위
- 토익 동영상 강의 무료 제공

콘텐츠 제휴 · B2B 교육
- 고객 맞춤형 위탁 교육 서비스 제공
- 기업, 기관, 대학 등 각 단체에 최적화된 고객 맞춤형 교육 및 제휴 서비스

부동산 아카데미
- 부동산 실무 교육 1위!
- 상위 1% 고소득 창업/취업 비법
- 부동산 실전 재테크 성공 비법

학점은행제
- 99%의 과목이수율
- 17년 연속 교육부 평가 인정 기관 선정

대학 편입
- 편입 교육 1위!
- 최대 200% 환급 상품 서비스

국비무료 교육
- '5년우수훈련기관' 선정
- K-디지털, 산대특 등 특화 훈련과정
- 원격국비교육원 오픈

에듀윌 교육서비스 **공무원 교육** 9급공무원/소방공무원/계리직공무원 **자격증 교육** 공인중개사/주택관리사/손해평가사/감정평가사/노무사/전기기사/경비지도사/검정고시/소방설비기사/소방시설관리사/사회복지사1급/대기환경기사/수질환경기사/건축기사/토목기사/직업상담사/전기기능사/산업안전기사/건설안전기사/위험물산업기사/위험물기능사/유통관리사/물류관리사/행정사/한국사능력검정/한경TESAT/매경TEST/KBS한국어능력시험·실용글쓰기/IT자격증/국제무역사/무역영어 **어학 교육** 토익 교재/토익 동영상 강의 **세무·회계** 전산세무회계/ERP정보관리사/재경관리사 **대학 편입** 편입 영어·수학/연고대/의약대/경찰대/논술·면접 **직영학원** 공무원학원/소방학원/공인중개사 학원/주택관리사 학원/전기기사 학원/편입학원 **종합출판** 공무원·자격증 수험교재 및 단행본 **학점은행제** 교육부 평가인정기관 원격평생교육원(사회복지사2급/경영학/CPA) **콘텐츠 제휴·B2B 교육** 교육 콘텐츠 제휴/기업 맞춤 자격증 교육/대학취업역량 강화 교육 **부동산 아카데미** 부동산 창업CEO/부동산 경매 마스터/부동산 컨설팅 **주택취업센터** 실무 특강/실무 아카데미 **국비무료 교육(국비교육원)** 전기기능사/전기(산업)기사/소방설비(산업)기사/IT(빅데이터/자바프로그램/파이썬)/게임그래픽/3D프린터/실내건축디자인/웹퍼블리셔/그래픽디자인/영상편집(유튜브) 디자인/온라인 쇼핑몰광고 및 제작(쿠팡, 스마트스토어)/전산세무회계/컴퓨터활용능력/ITQ/GTQ/직업상담사

교육문의 **1600-6700** www.eduwill.net